W0268357

Wolfgang Wagner
(Hrsg.)

ARZNEIMITTEL
und Verantwortung

Grundlagen und Methoden
der Pharmaethik

Mit Beiträgen von

H. Baier, K. Bayertz, K. Dallibor, E. Deutsch, H. Jonas †,
H.-G. Koch, P. Koslowski, H. Letzel, H. Losse,
H. Schaefer, F. Scheler, B. Schöne-Seifert,
J.-M. Graf v.d. Schulenburg, T.A. Wagner, W. Wagner,
K.D. Wiedey, M. Wolff

und einem Geleitwort von
E. Seidler

Springer-Verlag
Berlin Heidelberg New York
London Paris Tokyo
Hong Kong Barcelona
Budapest

Dr. med. Wolfgang Wagner
Solvay Human Health Division
Freundallee 19-23
W-3000 Hannover 1, Deutschland

ISBN-13: 978-3-642-77779-0   e-ISBN-13: 978-3-642-77778-3
DOI:10.1007/978-3-642-77778-3

Die Deutsche Bibliothek – CIP-Einheitsaufnahme
Arzneimittel und Verantwortung: Grundlagen und Methoden der Pharmaethik
Wolfgang Wagner (Hrsg.). Mit Beitr. von H. Baier ...
Geleitw. von E. Seidler. – Berlin; Heidelberg; New York; London; Paris; Tokyo;
Hong Kong; Barcelona; Budapest: Springer 1993

NE: Wagner, Wolfgang (Hrsg.); Baier, Horst

Die Wiedergabe von Gebrauchsnamen, Handelsnamen, Warenbezeichnungen usw. in diesem Werk berechtigt auch ohne besondere Kennzeichnung nicht zu der Annahme, daß solche Namen im Sinne der Warenzeichen- und Markenschutz-Gesetzgebung als frei zu betrachten wären und daher von jedermann benutzt werden dürften.

Produkthaftung: Für Angaben über Dosierungsanweisungen und Applikationsformen kann vom Verlag keine Gewähr übernommen werden. Derartige Angaben müssen vom jeweiligen Anwender im Einzelfall anhand anderer Literaturstellen auf ihre Richtigkeit überprüft werden.

Satz: Ulrich Kunkel Textservice, W-6921 Reichartshausen, Deutschland

Weiterverarbeitung: Fa. Schäffer, W-6718 Grünstadt, Deutschland
19/3130 - 5 4 3 2 1 0 –

Geleitwort

Mühsamer Wandel

Eduard Seidler zur aktuellen Situation des Ethikdiskurses
in der Medizin

Dieses Buch erscheint zu einem Zeitpunkt, an dem sich im deutschsprachigen Raum der sog. Ethikdiskurs zu verändern beginnt. Es mag daher erlaubt sein, diesem Buch – über seinen Anlaß und sein Thema hinaus – einige allgemeine Überlegungen voranzustellen.

Nach einer längeren Phase im wesentlichen theoretischer Bearbeitung ethischer Probleme in der Medizin beginnt sich derzeit ein verstärkter Handlungsbedarf in der Bewältigung klinischer und wissenschaftlicher Alltagsprobleme abzuzeichnen. Es ist ein nüchternes Faktum, daß die wachsende Komplexität diagnostischer und therapeutischer, technischer und administrativer Herausforderungen den Arzt und alle heilberuflich Tätigen zu einer erweiterten Entscheidungs- und Handlungsfähigkeit zwingt. Diese ist nicht mehr zwangsläufig aus dem vorgegebenen ärztlichen oder wissenschaftlichen Expertentum ableitbar; die Befähigung, in der jeweiligen Situation auch ethische Wert- und Zielkonflikte wahrzunehmen und in die anstehende Entscheidung einzubeziehen, verlangt nach zusätzlichen Denk- und Kommunikationsformen.

Die internationale Ethikdiskussion hat inzwischen einen Standard erreicht, dem man mit Fug und Recht einen „state of the art" zumessen kann. Ethikbedarf ist entstanden im Bereich der Qualitätssicherung von Entscheidungsabläufen, im Monitoring des Forschungsbereichs, in der Bereitstellung qualifizierter Information, Dokumentation und eigener Forschungsergebnisse, vor allem aber auf dem Gebiet der Aus-, Weiter- und Fortbildung aller Heilberufe. Dabei sind längst nicht mehr nur die gängigen ethischen Theorien und Prinzipien in die Überlegungen eingegangen; die praktischen Probleme der Güterabwägung, der Aufklärung, der Probanden- und Patientenrechte, der Kosten/Nutzen-Analysen haben inzwischen einen erheblichen, ethisch relevanten Differenzierungsgrad erreicht.

Der Weg zur notwendigen Kompetenz erweist sich nach wie vor als mühsam. Einerseits kann von den im Alltag stehenden Heilberufen wie auch von den Wissenschaftlern im Laborbetrieb nicht mehr verlangt werden, daß sie die ethischen Dimensionen neuer Sachverhalte aus eigener Kraft mitverfolgen. Andererseits werden vor allem im klinischen Anwendungsbereich nach wie vor Widerstände spürbar, für den unaufhaltsamen Vorstoß der Medizin in Entscheidungsgrenzbereiche neue Denk- und Lösungsmodelle zu akzeptieren; man fürchtet den kontrollierenden Anspruch einer moralisierenden Instanz und setzt das eigene, den ethischen Herausforderungen als genügend empfundene Fachexpertentum dagegen. Inzwischen zeigt sich auch, daß die Beschäftigung mit ethischen Fragen im europäischen, insbesondere im deutschsprachigen Raum mit seiner traditionell paternalistischen Struktur der Medizin andere Zugangswege suchen muß als etwa in den angloamerikanischen Ländern, wo „the ethicist" oder der „hospital philosopher" akzeptierte Ansprechpartner geworden sind. Dies freilich in einem Medizinsystem mit anderen ethischen und rechtlichen Denkfiguren, weswegen die dort erarbeiteten Grundsätze des Ethikdiskurses nur bedingt in historisch und soziokulturell anders gelagerte Verhältnisse übertragen werden können.

In unserem, durch eine länger andauernde Ethikscheu in der Nachkriegszeit geprägten Kulturraum beginnt sich inzwischen Konsens abzuzeichnen, daß Ethik in der Medizin nur bedingt Gegenstand einer abgrenzbaren Disziplin oder Fachvertretung sein kann, vielmehr als genuine Aufgabe aller betroffenen Wissenschaften und Professionen anzusehen ist. Daher können und sollen ethische Entscheidungen auch nicht an ethische Fachleute delegiert werden, vor allem, wenn diese außerhalb der klinischen Praxis stehen. Demgegenüber verlangt die rasch wachsende Informationsfülle nach verfügbarer sachlicher und personaler Kompetenz in diesem Bereich. Die Fähigkeit, ethisch reflektiert zu handeln, ist eine Herausforderung an alle Angehörigen der Heilberufe; ihnen muß die notwendige aktuelle Information vermittelt sowie die interprofessionelle und interdisziplinäre Diskussion ermöglicht werden.

Hier setzt ersichtlich der Anspruch des vorliegenden Buches ein. Der Umgang mit dem Arzneimittel ist seit dem Zweiten Weltkrieg in besonderer Weise zu einem ethisch und rechtlich sensiblen Feld geworden, da die Fragen nach Wirksamkeit und Sicherheit untrennbar mit der direkten Forschung bzw. Anwendung am Menschen verbunden sind. Das Humanexperiment hat in diesem Jahrhundert aus dem politischen Mißbrauch heraus eine sensible Aufmerksamkeit erfahren; auch der innovative Therapieversuch hat immer der sachlichen und sittlichen Rechtfertigung bedurft. Die Methodik der Arzneimittelprüfung wurde zu einem differenzierten Instrument aus Gesetzen, Standesrichtlinien und ethischen Grundsätzen; kaum ein anderes Gebiet der Ethik in der Medizin ist inzwischen so sehr in kritische Entscheidungsphasen aufgeteilt, die nach jeweils spezifischer Kompetenz verlangen.

Unverkennbar ist dabei ein gewisser Trend zur Formalisierung der Entscheidungsabläufe, wie immer, wenn solche detailliert kodifiziert sind. Es ist jedoch offenkundig, daß die bisher eher internen Diskussionen in den Ethikkommissionen oder im Pharmabereich Dimensionen offengelassen haben, die der sozialen Akzeptanz dieses Wissenschafts- und Wirtschaftszweiges eher abträglich waren. Der Herausgeber dieses Buches versucht diesem Defizit gerecht zu werden, indem er eine eigene „Pharmaethik" entwirft, in welche – über die Forschung hinaus – die Handlungsbereiche Sicherheit, Wirtschaft, Verteilung und Vertrieb als ihrerseits ethisch relevant eingebunden werden. Dem formalen Ablauf einer Arzneimittelprüfung oder der Routine der therapeutischen Anwendung unterlegt er aus den gängigen ethischen Prinzipien die Verantwortung als kardinales Fundament jeder pharmaethischen Entscheidung, weil in diesem Bereich besonders augenfällig die Folgen von Handeln, Nichthandeln oder Unterlassen nach einem hochrangigen, nicht selbst zur Disposition stehenden Leitprinzip verlangen.

Aus diesem Ansatz heraus ist weitaus mehr als etwa ein Nachschlagewerk für Mitglieder von Ethikkommissionen entstanden. Die neueren gesundheitspolitischen Auflagen, die Fragen der sozialen Verträglichkeit von Forschung, der Zwang zu Kosten/Nutzen-Analysen und zur Verteilungsgerechtigkeit, die Erwägung ökonomischer und ökologischer Risiken, vor allem aber die Verantwortung gegenüber dem Kranken, der ein Recht auf wirksame und schonende Behandlung hat, erfordern nicht nur Sachkompetenz, sondern auch Gewissens- und Dialogfähigkeit. Das Buch wäre sicher mißverstanden, wenn der Herausgeber mit dem Begriff „Pharmaethik" eine eigene, besonderen Gesetzen gehorchende Partialethik intendiert hätte. Der Umgang mit dem Arzneimittel erscheint vielmehr hier als eindrückliches Modell für die grundsätzliche Relevanz ethischer Reflexion in der Medizin; indem es durch kompetente Autorinnen und Autoren die hierzu notwendige Breite ausmißt und Tiefe auslotet, kommt der Aussagekraft des Buches sicher innovative Bedeutung zu und dies weit über sein eigentliches Thema hinaus. Für die Bewältigung der eingangs geschilderten, nach wie vor fragilen Situation des Bereiches Ethik in der Medizin kann dies nicht hoch genug veranschlagt werden.

Freiburg i.Br., im Dezember 1992

Vorwort

Gegen Dornröschenschlaf und polemische Agitation

Wolfgang Wagner zur Rolle der Pharmaethik in einer Welt
der neuen Wirklichkeiten

Die Ware ist von besonderer Art, das Umfeld hochkomplex, schwer
durchschaubar sowie stark gesetzlich und behördlich reguliert, das
Spektrum der Einschätzungen reicht von der Glorifizierung bis zur
Verdammung. Die Rede ist vom Arzneimittel. Hergestellt, um zu erkennen, zu lindern, vorzubeugen oder zu heilen, kann es sowohl helfen als auch schaden. Der Gesunde, der es nicht braucht, beurteilt es
anders als der Kranke, der es benötigt, der Gesundheits- anders als
der Sozialpolitiker, der Christdemokrat anders als der Grüne. Singen
wir das Gloria: von großen Forschern entdeckt, von einer machtvol-
len Industrie – dem wirtschaftlichen Aushängeschild der Nation –
entwickelt und vertrieben, von einer unabhängigen Ärzteschaft verordnet, von kundigen Apothekern behütet und verteilt, von den
Krankenkassen ob des günstigen Kosten/Nutzen-Verhältnisses ger-
ne bezahlt, und all dies überwacht durch zuverlässige Bundes- und
Landesbehörden. Die Patienten sind zufrieden und schöpfen Hoffnung. Neben dieser wohlgesetzten Hymne vernehmen wir jedoch
auch Klanggebilde anderer Art, disharmonische Kompositionen voller gewagter Akkorde, im Stile schmerzhafter Vorwürfe arrangiert
und schonungslos als Kontrapunkt vorgetragen. Scheuen wir uns
nicht, das Lied vom verdammten Arzneimittel anzuspielen: entdeckt
von lizenzbesessenen Wissenschaftlern, getestet von bezahlten Prüfärzten an bezahlten Probanden und unwissenden Patienten, im
Waschmittelstil vermarktet von einer profitgierigen Industrie, verschrieben von manipulierten Ärzten, ausgegeben vom Personal
wohlhabender Apotheker, abgerechnet über kollabierende Kranken-
versicherungssysteme ... Bittere Pillen eben. Daß Arzneien als
„Heil-Mittel" in allen Kulturen dieser Welt, seit es solche gibt, da waren und da sind, ist ungeheuerlich, es muß sich um eine schizoide
Fehlentwicklung der Zivilisation handeln oder um etwas Mystisches.
  Jedes Bauelement dieser extremen Positionen berührt zutiefst
Moralisches. Dabei geht es nicht nur um das Vorhandensein von

Arzneimittelrisiken. Daß technische wie auch natürliche Güter bei Fahrlässigkeit oder Mißbrauch, aber auch bei bestimmungsgemäßem Gebrauch riskant sein können, ist uns vertraut. Die Sonne wärmt nicht nur, sie kann auch verbrennen; das Wasser stillt nicht nur den Durst, es kann auch ertränken; Fahrrad, Auto, Zug, Schiff und Flugzeug befördern nicht nur, sie können auch töten. Das Gefahrenpotential eines segensreichen Gutes legitimiert alleine nicht dessen Verbot. Entscheidend ist, wie wir mit risikobeladenen Gütern umgehen, wie wir moralisch annehmbare Handlungsentscheidungen erreichen. Gefordert ist also eine Sittenlehre, eine Ethik. Für den Umgang mit Arzneimitteln nenne ich sie Pharmaethik. Und ich behaupte: diese Ethik kann nur eine Verantwortungsethik sein.

Zur Klarstellung sei vermerkt, daß Ethik im Sinne der großen philosophischen oder religiösen Traditionen als universale Orientierung des menschlichen Gewissens grundsätzlich unteilbar ist. „Spezialethiken" kann es demnach nicht geben. Wo wir aber nach dem äußeren Verhalten des Menschen in umschriebenen Zusammenhängen fragen, sind Arbeitsbegriffe wie „Medizinische Ethik" oder „Pharmaethik" hilfreich. Im Gegensatz zur philosophischen Ethik steht das Bemühen um metaphysische Letztbegründung bei diesen Formen der angewandten Ethik nicht im Vordergrund. Dies bedeutet aber keinesfalls, daß ihre Prinzipien nicht letztbegründbar wären; sie tragen vielmehr eine ganze Menge an Anthropologie und Metaphysik – sozusagen intrinsisch – in sich.

Weiter ist klarzustellen, daß das Übermaß an Institutionalisierung und Regulierung im Pharmabereich keinen Grund für den Verzicht auf eine Pharmaethik darstellt. Im Gegenteil: noch so ausführliche Vorschriften können in einem hochkomplexen Szenario niemals alle auftretenden Problemkonstellationen abdecken. Die Pflicht zur Befolgung der arznei- und standesrechtlichen Vorschriften ist der wichtigste Aspekt der Verantwortung, allerdings nicht der einzige und nicht der schwierigste. Faktisch erfordern viele Problemzusammenhänge die Abwägung von Gütern, um Handlungsentscheidungen zu ermöglichen. Außerdem ist eine Pharmaethik ihrerseits für die Gestaltung oder Weiterentwicklung der Regularien von grundlegender Bedeutung.

Daß Güter miteinander in Konflikt stehen, ist nicht ungewöhnlich und keine Besonderheit des Arzneimittelbereiches. Unsere gesamte Rechtspraxis, ja sogar unser Grundgesetz enthält solche Spannungen. Den Brennpunkt bildet vielmehr die Frage, wie Güterabwägungen durchgeführt werden, genauer, von welchem Ziel oder Leitprinzip der Vorgang des Abwägens bestimmt wird. Für eine Pharmaethik kann dieses Leitprinzip niemals rein utilitaristischer Natur sein, also ausschließlich der Maximierung von Glück oder Gewinn dienen. Ähnlich ungeeignet wäre ein Minimalkonsens als Ziel des Abwägungsprozesses. Die Erarbeitung verschiedener Handlungsoptionen im Stile der amerikanischen Bioethik und die nachfolgende Auswahl derjenigen Option, die in einer pluralistischen Gesellschaft am ehesten (minimal) konsensfähig erscheint, wäre für den Pharmabereich ein denkbar schlechter Weg. Allzugroß ist das Wissensgefälle zwischen dem Fachmann und dem Laien bei Arzneimitteln, mit der Gefahr divergierender Einschätzungen durch die Betroffenen. Die Auswahl der Handlungsoption kann auch nicht dem Handelnden auf der Grundlage seiner individuellen Präferenzen und seines persönlichen Wertbildes selbst überlassen werden. Zu unterschiedlich sind die Interessenslagen im Arzneimittelbereich, zu unterschiedlich sind auch die Weltanschauungen und Lebensziele in unserer pluralistischen, offenen Gesellschaft. Einer Gesinnungsethik, vor der 1919 schon Max Weber gewarnt hat, wäre Tür und Tor geöffnet. Aus denselben Gründen wären auch die Tugenden, verstanden als selbstauferlegte moralische Pflichten, für sich alleine ganz und gar untaugliche Wegweiser.

Die Pharmaethik kann sich durchaus der bewährten Güterabwägungsmethoden der angewandten Ethik bedienen, etwa des Technology Assessment oder der Nutzen/Risiko-Analyse; sie hat dem Abwägungsprozeß jedoch ein Leitprinzip überzuordnen, das diesen bis zur getroffenen Handlungsentscheidung bestimmt und sogar darüber hinaus wirkt: das Prinzip Verantwortung. Der Status des Verantwortungsprinzips ist absolut, es kann unter keinen Umständen eingeschränkt oder außer Kraft gesetzt werden. Niemals steht das Prinzip Verantwortung selbst als Abwägungsgut zur Disposition. Auf die einfachste Formel gebracht besagt es, daß man für die Folgen seines Handelns und Nichthandelns einzustehen hat.

Im allgemeinen Sinne ist Verantwortung zunächst ein amoralischer Begriff, ein Kriterium, das keine sittlichen Wertungen enthält. Um das Kriterium mit moralischem Gehalt zu füllen und es zum Prinzip zu erheben, sind die Verantwortungsinhalte für einen umschriebenen Kontext zu konkretisieren, zu spezifizieren und operational zu präzisieren. In der Pharmaethik erstreckt sich die Verantwortung auf das technologische Produkt „Arzneimittel" als nichtnatürliches Gut, sowie auf die Natur im weitesten Sinne, nämlich auf den Menschen als Individuum und als Kollektiv, auf das Tier, und auf die Umwelt. In diesem konkreten Zusammenhang müssen sich für die Handlungsbereiche der Forschung, der Entwicklung, der Produktion, des Vertriebs und der Anwendung von Pharmaka mit zunehmender Präzisierung die verschiedenen Spezifikationen vollziehen.

Das weitere Umfeld ist seit Jahren durch eine Reihe neuer Strömungen gekennzeichnet. Die zunehmende Vielfalt von Wertbildern und Lebensplänen, die Verschiebung traditioneller sittlicher Prioritäten, das Vordringen der technischen Machbarkeit in ungeahnte Bereiche, das wachsende ökologische Bewußtsein und die Verknappung der Mittel im Gesundheitswesen sind Kraftlinien, deren Aufforderungscharakter kaum zu übersehen ist. Dennoch hat es allzu lange gedauert, bis die ersten der am Arzneimittelwesen beteiligten Partner ihren Dornröschenschlaf aufgegeben haben. Mehr denn je drohte die dirigistische Erstickung, und ein erlösender Prinz war nicht in Sicht. Frisch ausgeschlafen ergingen sich die Erwachten sodann in polemischer Agitation und im Austeilen verschiedener Roter Karten, verzweifelt bemüht, systemverändernde Elemente einer wohl unvermeidlichen Reform abzuwehren. Lange wird es noch dauern, bis die letzten ihr Daunenbett im schalldichten Glaskasten verlassen haben, um in die Welt der neuen Wirklichkeiten hinauszutreten. Und einige Unbelehrbare werden es wie immer vorziehen, die Zeichen der Zeit zu ignorieren und im güldenen Schrein der Erinnerungen zu verharren, bestaunt von gelegentlichen Museumsbesuchern sowie zur Freude der Reporter. Allzu menschlich?

Auch dieses Buch gleicht – bildlich gesprochen – einer Karte, und zwar der weniger dogmatischen, der Gelben: sie gilt dem Märchenschlaf genauso wie der agitierten Polemik. Der hier gewiesene Weg ist die Pharmaethik. Wer aber Wegweiser aufstellt, sollte, soweit es nicht nur um die Umfahrung einer Baustelle geht, zusätzlich zur Richtung auch das Reiseziel angeben. Vorrangiges Ziel der Pharmaethik ist die sachliche Analyse sowie die fachliche und verantwortungsethische Bewertung der Handlungsfelder, verbunden mit intensiver sozialer Arzneimittelkommunikation und getragen vom Bemühen um maximalen Schutz des Patienten in seiner Rolle als Forschungssubjekt wie auch als Verbraucher. Damit gewinnt sie ihre handlungs- und entscheidungsleitende Funktion, und damit bereitet sie den Weg aus der dirigistischen Sackgasse in eine neue, bessere Zukunft des gesamten Arzneimittelwesens.

Sich für Pharmaethik verantwortlich zu fühlen, mag ein erster, wichtiger Schritt auf dem Wege sein, selbst Verantwortung zu übernehmen. Ihre Aufgabe kann die Pharmaethik aber nur dann erfüllen, wenn jeder einzelne Beteiligte sich zur fachlichen Qualität, Moralität, Legalität und Humanität seiner Handlungsentscheidungen bekennt und bedingungslos für deren Folgen einsteht. Pharmaethik bedeutet, auf einen modernen Begriff reduziert: *Total Quality Management*. Dies ist ein auf Dauer ausgelegtes Programm, das den langfristigen Erfolg auf breiter Ebene sucht. Das Kurieren von Einzelsymptomen wird durch einen ganzheitlichen, kausal orientierten Therapieversuch ersetzt. Im individualethischen Bereich sind kurzfristige Fortschritte durchaus zu erhoffen. Überall dort, wo sozialethische Begründungen notwendig erscheinen, steht jedoch als Bezugspunkt der Argumentation das elementare politische Grundbekenntnis aus, an welcher Stelle auf dem Kontinuum zwischen staatlicher Regulierung und freiem Markt das Gesundheitssystem positioniert sein soll. Diesen Legitimationsnotstand wird die Pharmaethik wohl noch eine Weile ertragen müssen.

Dieses Buch will weder nackter Statusbericht noch missionarischer Wunschtraum sein, sondern eine breitgefächerte praktisch-philosophische Reflektion über die Ethik des Umgangs mit Arzneimitteln. Gleichzeitig wird versucht, die Gesamtthematik systematisch zu ordnen. Spekulationen werden zugunsten der sachlichen Diskussion und der Vorweisung verschiedener akademischer Standpunkte zurückgestellt. Anzunehmen ist, daß die einzelnen Positionen in der Praxis in ganz unterschiedlichem Ausmaß verwirklicht sein dürften. Die Zählung der weißen und schwarzen Schafe mag jedoch den Hirten vorbehalten bleiben, die sich dazu berufen fühlen.

Erster und wichtigster Schritt auf dem Wege zur Verantwortungsfähigkeit ist die theoretische Auseinandersetzung mit den Konfliktfeldern zur Stärkung der Verbalisations- und Analysekompetenz ethischer Probleme. Sie kann durch konkrete Fallbesprechungen im eigenen beruflichen Umfeld oder in Diskussionsgruppen wertvolle Impulse und Ergänzungen erfahren. Einer Reihe medizinethischer Fallstudien mit engagierten Studenten der Universität Hannover verdanke ich wesentliche Einsichten, über die Möglichkeiten der angewandten Ethik in einer wertepluralen Welt genauso wie über unsere heimliche Sehnsucht nach letzten Wahrheiten, unstillbar und allen rationalen Argumenten trotzend.

Mein Dank gilt den Autoren dieses Buches für ihr Vertrauen und die spontane Bereitschaft zur Zusammenarbeit. Ohne ihre Bausteine wäre dieser erste Entwurf einer Pharmaethik nicht möglich gewesen. Dem Springer-Verlag – namentlich Claudia Osthoff, Toni Graf-Baumann, Francois Wolter, Lothar Picht und Bernd Stoll für alle Mitarbeiter der Redaktion Medizin, des Lektorats und der Produktionsabteilung sowie Erich Kirchner für die sensible Einbandgestaltung – danke ich für all die Unterstützung bei der Veröffentlichung. Zum wiederholten Male schafft das traditionsreiche Haus Springer der jungen Disziplin der angewandten Ethik ein stattliches Forum. Der Verlagsdirektion gilt dafür meine Anerkennung.

Dieses Vorwort endet mit einer schmerzlichen Bekundung. Kurz vor Drucklegung erreichte mich die Nachricht, daß Hans Jonas am 5. Februar 1993 im Alter von 89 Jahren in New York gestorben ist. Wenige Wochen zuvor hatte er die Fahnenkorrekturen seines Beitrags ausgeführt. Das fertige Buch konnte er nicht mehr sehen. In der Philosophie lebt er jedoch durch sein großes Werk weiter; vor allem der Begriff Verantwortung wird in der Ethikgeschichte mit seinem Namen verbunden bleiben – untrennbar und für alle Zeiten. Nehmen wir dies als Trost, Aufruf und Verpflichtung.

Hannover und Atlanta, Georgia, im Februar 1993

Inhaltsverzeichnis

Autorenverzeichnis

Baier, Horst, Prof. Dr. med.
Sozialwissenschaftliche Fakultät, Universität Konstanz,
Universitätsstr. 10, Postfach 55 60, W-7750 Konstanz, Deutschland

Lehrstuhlinhaber für Soziologie an der Sozialwissenschaftlichen Fakultät der Universität Konstanz

Bayertz, Kurt, Dr. phil. habil.
SysTa Biomed,
Wielandstr. 28 a, W-4970 Bad Oeynhausen 1, Deutschland

Leiter der Abt. Technikfolgenabschätzung am Institut für System- und Technologieanalysen am ZT Biomedizin, Bad Oeynhausen

Dallibor, Klaus
Schutzbaumstr. 36 A, W-6050 Offenbach, Deutschland

Freier Medizinjournalist

Deutsch, Erwin, Prof. Dr. jur. Dr. h.c., M.C.L.
Juristischer Fachbereich, Universität Göttingen,
Platz der Göttinger Sieben 6, W-3400 Göttingen, Deutschland

Direktor der Abt. für internationales und ausländisches Privatrecht am Collegium Juridicum der Universität Göttingen

Jonas, Hans, Prof. †
New School for Social Research,
9 Meadow Lane, New Rochelle, New York 10805, USA

Professor für Philosophie an der New School for Social Research in New York; Träger des Friedenspreises des Deutschen Buchhandels

Koch, Hans-Georg, Dr. jur.
Max-Planck-Institut für ausländisches und internationales Strafrecht,
Günterstalstr. 73, W-7800 Freiburg i.Br., Deutschland

Leiter des Referats Recht und Medizin am Max-Planck-Institut für ausländisches und
internationales Strafrecht in Freiburg i.Br.

Koslowski, Peter, Prof. Dr. phil., Dipl.-Volksw.
Forschungsinstitut für Philosophie,
Lange Laube 14, W-3000 Hannover 1, Deutschland

Direktor des Forschungsinstituts für Philosophie Hannover und Prof. für Philosophie
und Politische Ökonomie an der Universität Witten/Herdecke

Letzel, Heinz, Priv.-Doz. Dr. med.
Staticon – Medizinische Forschungsgesellschaft mbH,
Behringstr. 12, W-8033 Planegg, Deutschland

Geschäftsführer von Staticon in Planegg bei München

Losse, Heinz, Prof. Dr. med.
Holteistr. 8, W-4400 Münster-Roxel, Deutschland

Em. Direktor der Medizinischen Poliklinik der Universität Münster und Vorsitzender
des Vorstands des Arbeitskreises Med. Ethikkommissionen in der Bundesrepublik
Deutschland

Schaefer, Hans, Prof. Dr. med. Dr. h.c.
Karl-Christ-Str. 19, W-6900 Heidelberg 1, Deutschland

Em. Direktor des Physiologischen Instituts der Universität Heidelberg

Scheler, Fritz, Prof. Dr. med.
Medizinische Universitätsklinik,
Robert-Koch-Str. 40, W-3400 Göttingen, Deutschland

Direktor der Abt. für Nephrologie und Rheumatologie der Medizinischen Universitätsklinik in Göttingen und Vorsitzender der Arzneimittelkommission der Deutschen
Ärzteschaft, Köln

Schöne-Seifert, Bettina, Dr. med.
Philosophisches Seminar der Georg-August-Universität,
Humboldtallee 19, W-3400 Göttingen, Deutschland

Wissenschaftliche Assistentin am Philosophischen Seminar der Universität Göttingen

Schulenburg, Johann-Matthias, Graf von der, Prof. Dr. rer. pol.
Institut für Versicherungsbetriebslehre der Universität Hannover
Wunstorfer Str. 14, W-3000 Hannover 91, Deutschland

Direktor des Instituts für Versicherungsbetriebslehre im Fachbereich Wirtschaftswissenschaften der Universität Hannover

Seidler, Eduard, Prof. Dr. med.
Institut für Geschichte der Medizin, Universität Freiburg
Stefan-Meier-Str. 26, W-7800 Freiburg i.Br., Deutschland

Direktor des Instituts für Geschichte der Medizin der Universität Freiburg; bis Ende 1992 Präsident der Akademie für Ethik in der Medizin, Göttingen

Wagner, Thomas A., Dr. med., Dipl.-Sozialwiss.
Bereich Medizin, Duphar Pharma GmbH,
Freundallee 19–23, Postfach 16 05, W-3000 Hannover 1, Deutschland

Leiter der Abt. Arzneimittelinformation und Stufenplanbeauftragter der Duphar Pharma, Hannover; stv. Bundesvorsitzender der Fachgesellschaft der Ärzte in der Pharmazeutischen Industrie e.V. (FÄPI)

Wagner, Wolfgang, Dr. med.
Solvay Human Health Division,
Freundallee 19–23, W-3000 Hannover 1, Deutschland

Corporate Medical Director der Solvay Human Health Division, in Deutschland vertreten mit den Gesellschaften Duphar, Kali-Chemie und Giulini Pharma, Hannover

Wiedey, Klaus D., Dr. med.
Institut für klinische Forschung und medizinische Konzeption
Dr. Wiedey GmbH,
Zeppelinstr. 5, W-7750 Konstanz, Deutschland

Arzt für klinische Pharmakologie und Geschäftsführer des Instituts für klinische Forschung und medizinische Konzeption Dr. Wiedey GmbH, Konstanz

Wolff, Michael, Dr. rer. soc., M.A.
Epidemiologische Forschung Berlin (EFB),
Hauptstr. 11, 1000 Berlin 62, Deutschland

Abteilungsleiter mit den Schwerpunkten Arzneimittelepidemiologie und Pharmamarktforschung bei der EFB, Berlin

Das Fundament:
Verantwortung

Verantwortung als Kardinalprinzip der Pharmaethik

Wolfgang Wagner

Als Grundlage für den Umgang mit Hochtechnologie und ihren Erzeugnissen eignet sich weder eine libertäre, unreflektierte Technikgläubigkeit noch eine defensive Technophobie; zu fordern ist eine offensive Verantwortungsethik. Dies gilt besonders für das Arzneimittel als präventiv, diagnostisch oder therapeutisch wirkendes Produkt pharmazeutischer Technologie. Um die kardinale Bedeutung des Prinzips Verantwortung im Arzneimittelbereich herauszustellen und es für die Pharmaethik nutzbar zu machen, bedarf es

- der Definition und Abgrenzung des Verantwortungsbegriffs,
- der kontextualen Konkretisierung sowie
- der Spezifizierung und operationalen Präzisierung.

Erst damit sind die Voraussetzungen für die Systematik einer Verantwortungsethik für das Arzneimittel geschaffen. Eine detaillierte systematische Lehre der Pharmaethik kann derzeit noch nicht vorgelegt werden. Sie zeichnet sich jedoch im Aufbau dieses Buches bereits ab. Für die klinische Prüfung von Arzneimitteln wurde die Systematik exemplarisch bis zur operationalen Präzisierung ausgearbeitet. In anderen Bereichen treten vorläufig Positionsbestimmungen, Kasuistiken, Richtlinien oder die Darstellung der Rechtsgrundlagen an ihre Stelle.

Grundlage der Pharmaethik: Definition und Abgrenzung des Prinzips Verantwortung

Der Begriff *Verantwortung* wird in der Umgangssprache häufig mit dem Begriff *Verantwortlichkeit* gleichgesetzt. Zur Klarstellung wird deshalb die Definition dieser beiden Begriffe aus ihrer Abgrenzung zueinander entwickelt (Tabelle 1). Das sittlich reflektierende Subjekt ist die Bedingung für die ethischen Kriterien Verantwortlichkeit und Verantwortung. Durch kontextuale Konkretisierung, durch Spezifizierung der Pflichten und korrelativen Rechte sowie durch deren operationale Präzisierung wird Verantwortung zum ethischen Prinzip. Erst als solches kann es in der angewandten Ethik eingesetzt werden. Auch das Kriterium Verantwortlichkeit erstreckt sich letztlich auf konkrete Sachzusammenhänge, ein vergleichbares Ausmaß an spezifischer und präziser Ausformulierung wird jedoch nicht benötigt. Beide, das Kriterium Verantwortlichkeit wie auch das Prinzip

Tabelle 1. Operationale Darstellung des Verantwortlichkeits- und Verantwortungsbegriffs im Vergleich

Begriff	Verantwortlichkeit	Verantwortung
Status	ethisches Kriterium	ethisches Prinzip
Qualität	teleologisch	teleologisch-dialogisch
Gültigkeit	relativ	absolut
Ausrichtung	retrospektiv (kausal), prospektiv (präventiv)	
Geltung	universell-unspezifisch	kasuistisch-spezifisch
Determinante	Charakter	Kontext
Bedingung	sittlich reflektierendes Subjekt	sittlich reflektierendes Subjekt plus Konkretisierung, Spezifizierung, Präzisierung des Kontexts
Instanz	Gewissen	
Instrument	Intuition	Kognition
Kategorie	überdauerndes Persönlichkeitsmerkmal	Leitprinzip für Handlungsentscheidungen
Resultante	Disposition zum sittlichen Denken und Handeln	Pflicht zur Normenbeachtung und ethischen Güterabwägung

Verantwortung, sind von teleologischer Qualität; sie sind in die Zukunft gerichtet und orientieren sich an den Folgen von Handlungsentscheidungen. Damit gewinnt die Folgenabschätzung zentrale Bedeutung. Eine Handlungsfolge besteht aus der Gesamtheit aller direkten und indirekten Auswirkungen (Nebenfolgen). Das sich verantwortlich fühlende Subjekt erahnt die Folgen in ihrer universell-unspezifischen Geltung. Das Verantwortung übernehmende Subjekt jedoch steht kasuistisch-spezifisch für die Folgen seiner Handlungsentscheidung, seines Handelns und seines Nichthandelns ein, seien diese beabsichtigt, unbeabsichtigt oder in Kauf genommen. Beabsichtigte und in Kauf genommene Folgen sind vorhersehbar. Unbeabsichtigte Folgen können sowohl vorhersehbar wie auch unvorhersehbar sein. Die Frage, ob man auch für unvorhersehbare Folgen einzustehen habe, erfordert eine Differenzierung der Ausrichtung des Einstehens. Das Einstehen kann retrospektiv im Sinne einer kausalen Zurechnung begangenen Handelns oder Unterlassens ausgerichtet sein (mit den Konsequenzen der Belohnung, Schuldzuweisung oder Haftung) oder prospektiv (mit der Absicht der Prävention). Zu unterscheiden ist weiter das rechtliche Einstehen in Form von Haftung und das moralische Einstehen in Form von Schuld. *Vorhersehbare Folgen* verpflichten zur Haftung und gehen mit moralischer Schuldzuweisung einher. *Unvorhersehbare Folgen* bedingen die Pflicht zur Haftung, sofern die kausale Verbindung mit der Handlung oder Unterlassung so eng ist, daß eine eindeutige Zuschreibung erfolgen kann. Sie führen jedoch nicht in jedem Fall zur moralischen Zuweisung von Schuld. Handlungsentscheidungen sollten deshalb von Zeit zu Zeit überprüft und im Falle des Hinzukommens früher unvorhersehbarer und nunmehr voraussehbarer Folgen bestätigt oder revidiert werden.

Die Instanz von Verantwortlichkeit und Verantwortung ist das Gewissen. Dort führt die fremd- oder selbstzugewiesene Schuld zu Schuldbewußtsein, und dort hinterläßt dieses als innere Sanktion auch seine moralischen Spuren in Form von Schuldgefühlen, Scham oder Reue. Allerdings führt fremdzugewiesene Schuld nicht in jedem Einzelfall zu Schuldbewußtsein und Schuldgefühlen. Im ideologischen und fundamentalistischen Bereich ist uns Schuld ohne Schuldbewußtsein durchaus bekannt, genauso wie wir in der Psychopathologie das umgekehrte Phänomen starker selbstzugewiesener Schuldgefühle ohne objektivierbare Schuld antreffen. Solche Einseitigkeiten, Defizite, Übersteigerungen und pathologischen Verzerrungen der Beziehung zwischen Schuld und Schuldgefühl schmälern jedoch in keiner Weise die Bedeutung der Schuldfähigkeit in sozialen Bezugssystemen. Als zentrales Humanum (Hole 1989) stellt sie vielmehr einen Grundpfeiler der Verantwortungsethik dar.

Die offene Situation, die der Mensch als persönliche Freiheit erfährt, bietet ihm verschiedene Handlungsoptionen. Diese werden im Gewissen vernommen und mitsamt ihren Folgen durch Abgleich mit den individuellen Wertmaßstäben und Erfahrungen auf ihre moralische Vertretbarkeit geprüft. Damit kann dem Prinzip Verantwortung eine autodialogische Qualität zugesprochen werden. Gleichzeitig wird dieser autodialogische Prozeß durch Rekurrieren auf die Gesetze und anerkannten Richtlinien, verstanden als Kanon allgemeinverbindlicher Normen innerhalb der Gesellschaft, durch starke heterodialogische Komponenten gespeist. Die Organe der Gesellschaft verfügen über ein Instrumentarium materiell-kompulsiver äußerer Sanktionen zivil-, standes- und strafrechtlicher Art, deren Kognition die innerpsychischen Sanktionen des Gewissens als schmerzhaft und bedrohlich für die eigene Psychohygiene antizipieren läßt und damit entscheidungsleitend wirkt. Das Ergebnis dieses komplexen dialogischen Prozesses mit gemischten individual- und sozialethischen Zuflüssen ist schließlich die konkrete Handlungsentscheidung. Der Handelnde hat diese nun vor sich und bei Bedarf vor anderen zu verteidigen und für ihre Folgen einzustehen.

Das Kriterium der Verantwortlichkeit wird von der individuellen Persönlichkeit des sittlich reflektierenden Subjekts bestimmt, seine Determinante ist der Charakter, sein Instrument die Intuition. Als überdauerndes Persönlichkeitsmerkmal disponiert es zum sittlichen Denken und Handeln. Die Determinante des Prinzips Verantwortung dagegen ist der Kontext, sein Instrument die Kognition.

Das Verantwortungsprinzip legitimiert sich aus der „Pflicht der kausalen Macht" (Jonas 1984). Verfügt das Subjekt über „kausale Macht", dann wird Verantwortung zum Kardinalprinzip für konkrete Handlungsentscheidungen mit der Pflicht zur Normenbeachtung und, wo erforderlich, zur Güterabwägung. Bei dieser geht es ausschließlich um die Abwägung ethischer Risiken in komplexen Entscheidungssituationen, die nicht durch Anwendung gesetzlicher oder standesrechtlicher Normen gelöst werden können. Das Verantwortungsprinzip selbst steht dabei niemals als Abwägungsgut zur Disposition. Als absolutes Leitprinzip kann es unter keinen Umständen eingeschränkt oder außer Kraft gesetzt werden, und es kann auch nicht hinter ein anderes, vermeintlich höherrangiges Prinzip („overriding principle") zurücktreten. Das Kriterium Verantwortlichkeit ist dagegen von relativer Gültigkeit; seine Inhalte können fluktuieren, seine Ausprägung kann über den Zeitverlauf schwanken, und es kann teilweise oder ganz von anderen Charakterzügen (ich nenne sie „overriding traits") überlagert werden.

Voraussetzungen für eine Systematik der Pharmaethik: Konkretisierung, Spezifizierung und operationale Präzisierung

Verantwortung ohne kontextuale Konkretisierung zielt ins Leere. Erst die Festlegung von Verantwortungsinhalten für einen definierten Sachzusammenhang schafft die Voraussetzung für die Erarbeitung der zu berücksichtigenden ethischen Prinzipien und ihrer Konflikte. Als erster Schritt sind die Güter, auf die im Arzneimittelbereich das Handeln direkt oder indirekt abzielt, zu identifizieren. Das *technologische Produkt „Arzneimittel"*, ein nichtnatürliches Gut, steht im Mittelpunkt der Betrachtungen. Die Verantwortung im Pharmabereich erstreckt sich aber, mit dem Produkt untrennbar verbunden, gleichermaßen auf die *belebte und unbelebte Natur*, nämlich auf den *Menschen* als Individuum sowie als Kollektiv, auf das *Tier* und auf die *Umwelt*. In diesem konkreten Kontext vollziehen sich die Handlungen der Erforschung, der Entwicklung, der Herstellung, des Vertriebs und der Anwendung von Arzneimitteln.

Diese Verantwortungsinhalte werden nur durch weitere Spezifizierung und operationale Präzisierung einer moralischen Qualitätskontrolle zugänglich. Um die Grundlagen für eine langfristige Qualitätssicherung zu schaffen, sind für jedes einzelne Arzneimittelszenario zunächst die tragenden ethischen Prinzipien zu ermitteln und zu benennen (*Makrospezifizierung*).

Im Arzneimittelbereich üben ganz unterschiedliche Handelnde kausale Macht aus. Je nach Kontext ist es der Arzt als Diagnostiker, Therapeut oder Forscher, der Pharmazeut in Apotheke, Krankenhaus oder Industrie, der pharmazeutische Unternehmer, der Gesundheits- oder Sozialpolitiker, der Patient, der gesunde Proband, der Medizinjournalist, der Arzneimitteljurist, der Mitarbeiter einer

Aufsichtsbehörde, der Gesundheitsökonom, das Mitglied einer Ethikkommission. Am häufigsten wird die Macht gemeinsam mit einem oder mehreren anderen ausgeübt oder betrifft, bestenfalls in partnerschaftlicher Übereinstimmung, eine dritte Person. Damit kommt das Moment der Fremdverantwortung zum Tragen. So verschieden die Handelnden und die einzelnen Szenarien auch sein mögen, meistens begegnen uns bei der pharmaethischen Makrospezifizierung einzeln oder kombiniert dieselben ethischen Prinzipien:

- das Prinzip der Fürsorge (für Gesundheit, Wohlbefinden, „Lebensqualität"),
- das Prinzip der Unschädlichkeit,
- das Prinzip der Achtung der Autonomie (Selbstbestimmung),
- das Prinzip der sozialen Zuträglichkeit („Gerechtigkeit"),
- das Prinzip der Solidarität,
- das Prinzip der Unverzüglichkeit,
- das Prinzip der Offenheit (vollständige Information),
- das Prinzip der Wahrhaftigkeit und
- das Prinzip der Ausgewogenheit („fair balance").

Diese mittleren Prinzipien sind von verschiedenen philosophischen und weltanschaulichen Standpunkten aus begründbar und gelten in der westlichen Welt als konsensfähig. Unschädlichkeit und Achtung der Selbstbestimmung können theoretisch als Bestandteile des Fürsorgeprinzips aufgefaßt werden. In der Pharmaethik, wo die Arzneimittelsicherheit, die Nutzen-Risiko-Abwägung und der „Informed consent" eine herausragende Rolle spielen, empfiehlt sich jedoch aus praktischen Gründen deren getrennte Berücksichtigung.

Aus den einzelnen ethischen Prinzipien ergeben sich Pflichten für die Handelnden und korrelative Rechte für die vom Handeln oder Nichthandeln betroffenen. Diese Pflichten und Rechte sollten im Zuge einer operationalen Präzisierung in detaillierte Arbeitsanweisungen umgesetzt werden, die der handelnden Person als Entscheidungsgrundlage dienen *(Mikrospezifizierung)*. Das erreichbare Maß an Ausführlichkeit solcher Ausarbeitungen kann für die einzelnen Szenarien sehr unterschiedlich sein. Im allgemeinen nimmt die Präzision mit zunehmender Komplexität der Sachzusammenhänge ab. So liegen für die klinische Prüfung mustergültige Arbeitsvorschriften vor, während sie für die gesundheitsökonomisch fundierte Verteilung von Arzneimitteln mit dem Ziel eines gerechten Lastenausgleichs innerhalb einer sozialen Marktwirtschaft allenfalls akademisch und politisch diskutiert werden, und dies zumeist äußerst kontrovers. Wenig geregelte oder ungeregelte Situationen fordern die in der Verantwortung stehende Person besonders heraus. Sie verlangen die Abwägung von Gütern, wobei die Auswahl verantwortbarer Handlungsentscheidungen häufig unter den Bedingungen der Unsicherheit erfolgen muß. Der Rekurs auf die im Konflikt stehenden Prinzipien wird hier zur unbedingten moralischen Verpflichtung. Auch die Analyse vergleichbarer Fälle aus dem eigenen Umfeld oder der Literatur kann wertvoll sein.

Für den Bereich der Arzneimittelprüfung am Menschen läßt sich der skizzierte methodische Ansatz in diesem Buch am deutlichsten nachvollziehen: Erarbeitung der ethischen Prinzipien, ihrer Konflikte, sowie der resultierenden Pflichten und Rechte für die klinisch-pharmakologische Forschung (Beitrag Wagner, S. 151ff.) und für den Schutz der Versuchsperson (Beitrag Jonas, S. 120ff.), einschließlich einer Darstellung der arzneimittelrechtlichen Grundlagen (Beitrag Koch, S. 187ff.) sowie der revidierten Deklaration von Helsinki/Tokyo/Venedig/Hongkong des Weltärztebundes für die biomedizinische Forschung am Menschen (*Makrospezifizierung*, s. Anhang, S. 541ff.), Umsetzung dieser Pflichten in Handlungsanweisungen für die ordnungsgemäße klinische Prüfung (Beitrag Wiedey, S. 212ff.) auf der Grundlage der Ausführungsbestimmungen zum Arzneimittelgesetz und der Good-clinical-practice-Richtlinien der Europäischen Gemeinschaft (*Mikrospezifizierung*, s. Anhang, S. 549ff.), Vorweisung eines Standardprüfplans mit detaillierten Erläuterungen, von Mustererhebungsmodulen und Checklisten für die Studiendurchführung sowie die Konsultation einer Ethikkommission (*operationale Präzisierung*, s. Anhang, S. 671ff.). Die Verantwortungsethik verlangt, daß alle an der klinischen Prüfung eines Arzneimittels Beteiligten für die Befolgung der Vorschriften, die Einhaltung der Richtlinien, und, wo erforderlich, für die Güterabwägung und deren Ergebnisse einstehen. Verantwortlichkeit im Sinne einer Charaktereigenschaft reicht hierzu nicht aus. Dies gilt genauso für die präklinische Arzneimittelforschung, das Risikomanagement im Interesse der Arzneimittelsicherheit, die Pharmakommunikation, die Herstellung, den Vertrieb und den individuellen Einsatz von Arzneimitteln zum Zwecke der Diagnostik, Prävention oder Therapie.

Angesichts der vielfältigen Pflichten des pharmazeutischen Unternehmers haben sich in der Arzneimittelindustrie interne Arbeitsvorschriften für die einzelnen Aufgabengebiete bewährt. Solche „standard operating procedures" (SOP) sind v.a. für das Handlungsfeld der Arzneimittelsicherheit, wo die Verantwortung weltweite Dimensionen erreicht, zu fordern. Sie gewährleisten am besten die multinationale Logistik und Koordination, die zur Sammlung, Bewertung und unverzüglichen Weitermeldung von Arzneimittelrisiken notwendig ist. Diese Methode der operationalen Präzisierung ist in Kliniken, Instituten und Praxen bislang wenig verbreitet. Sie könnte jedoch gerade „vor Ort", wo Risiken in aller Regel zuerst beobachtet werden, einen wichtigen Beitrag zur Pharmaethik leisten.

Bausteine der Pharmaethik: Versuch einer Systematik der Verantwortungsbereiche

Bei dem Versuch, die einzelnen Verantwortungsbereiche im Arzneimittelwesen systematisch zu ordnen, eröffnen sich unterschiedliche Möglichkeiten. Die Systematik könnte sich zum einen an den *Adressaten* der Pharmaethik orientieren, mit dem Ergebnis einer Individual- und einer Sozialethik für das Arzneimittel. Dem Vorteil einer überschaubaren Gliederung stünde der Nachteil der Unschärfe gegenüber. Mangelnde praktische Differenzierung wäre die Folge eines derart groben Ordnungsprinzips. Zum anderen könnten die für eine Pharmaethik wichtigsten *ethischen Prinzipien* als Orientierung dienen. Eine solche Systematik wäre von einer Fürsorge-, einer Unschädlichkeits-, einer Selbstbestimmungs-, einer Gerechtigkeits- und einer Solidaritätsethik für das Arzneimittel gekennzeichnet. Auf den ersten Blick erscheint diese Einteilung wegen ihrer moralphilosophischen Ausrichtung sehr vielversprechend. Bei genauerer Betrachtung erweist sich aber der Rückgriff auf isolierte Prinzipien im Pharmabereich als wirklichkeitsfremd. Der Charakter einer derartigen Gliederung wäre zu artifiziell. Schließlich können die einzelnen *Handlungsbereiche* selbst als Ordnungsgeber für eine Systematik herangezogen werden. Beim Umgang mit Arzneimitteln sind nach diesem Ansatz eine Wirtschafts-, eine Forschungs-, eine Sicherheits-, eine Vertriebs- und eine Verteilungsethik zu unterscheiden. Diese 5 Bausteine lassen sich zu einem „Pentagon der Pharmaethik" zusammenfügen (Abb. 1). Unschärfen sowie Überschneidungen sind dabei

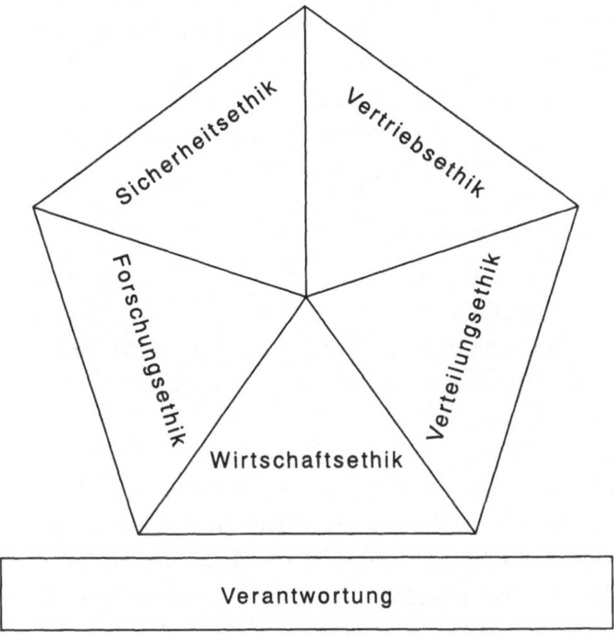

Abbildung 1. Das Pentagon der Pharmaethik: 5 Handlungsbereiche als Bausteine auf dem Fundament der Verantwortung

nicht zu vermeiden, werden aber durch die unmittelbare Praxisrelevanz aufgewogen. Da die Praxisnähe erhebliche Operationalisierungsvorteile mit sich bringt, wird dieser Systematik der Vorzug gegeben.

Wirtschaftsethik

Das Wirken des pharmazeutischen Unternehmers wird durch seine Fähigkeit zur Innovation in Verbindung mit dem gesellschaftlichen und individuellen Bedarf an Arzneimitteln ethisch legitimiert und orientiert sich an der *Unternehmensphilosophie,* der die Wirtschaftsethik als theoretische Grundlage dient. Die Unternehmensphilosophie setzt sich ihrerseits aus 2 unterschiedlich ausgerichteten Anteilen zusammen. Die *Geschäftsethik* bezeichnet das nach außen gerichtete Wirken des pharmazeutischen Unternehmers. Ihre wichtigsten Aspekte sind die Zusammenarbeit mit den verschiedenen Partnern im Gesundheitswesen und das Auftreten im Arzneimittelmarkt. Der nach innen gerichtete Anteil der Unternehmensphilosophie beschreibt den Umgang mit Mitarbeitern in seiner individuellen und sozialen Dimension und führt bei langfristiger Durchsetzung zur Ausbildung einer *„Unternehmenskultur"*. Geschäftsethik und Unternehmenskultur stehen miteinander in enger Wechselbeziehung.

Aus der Vielfalt unternehmensphilosophischer Modelle sind grundsätzlich jene zu bevorzugen, die auf eine breitgefächerte Erziehung aller Mitarbeiter zur Verantwortungsfähigkeit abzielen. Dabei spielen die Führungskräfte eine Schlüsselrolle. Derzeit stellen mehr und mehr Pharmakonzerne ihr Bekenntnis zum Verantwortungsprinzip in großflächigen Imageanzeigen öffentlich heraus. Auch der Bundesverband der Pharmazeutischen Industrie engagiert sich in verschiedenen Medien mit dem Ziel, das weitverbreitete Mißtrauen der Bevölkerung durch sachliche Information über Arzneimittelthemen abzubauen. Der Bürger als Adressat solcher pharmaethischen Großoffensiven sieht sich dabei mangels Sachkenntnis und eigener Nachprüfbarkeit oft überfordert oder in seiner Skepsis bestätigt, obgleich die Meinungsforschung erste Erfolge meldet.

Wie in anderen Industriezweigen bildet auch in der Pharmaindustrie die Produktverantwortung den Kern der Unternehmensphilosophie. Ihre Aufschlüsselung in einzelne Verantwortungsinhalte zeigt jedoch, daß die Verantwortung des pharmazeutischen Unternehmers weit über das technologische Produkt Arzneimittel hinausreicht und daß sich Pharmaka als „Ware besonderer Art" deutlich von sonstigen Gebrauchsgütern abheben. Die auf das Produkt bezogenen Verantwortungsinhalte sind im Arzneimittelgesetz konkret benannt: Qualität, Wirksamkeit und Unbedenklichkeit. Zur Sicherung der pharmazeutischen Qualität der Wirk- und Hilfsstoffe wie der fertigen galenischen Formulierung dienen ausführliche Vorschriften für die Herstellung, Kontrolle und Stabilitätsprüfung in den verschiedenen Pharmakopöen, etwa dem Deutschen Arzneibuch (DAB), und die Good-manufacturing-practice-Richtlinien (GMP).

Mit der Herstellung von Arzneimitteln ist als weiterer Verantwortungsbereich des pharmazeutischen Unternehmers die Umwelt angesprochen. Die *ökologische Ethik* verkörpert einen integralen Bestandteil der Verantwortungsethik für die industrielle Zivilisation und damit auch der Pharmaethik. Die Pflicht zur Erhaltung unserer natürlichen Lebensgrundlagen kann sowohl anthropologisch aus dem ungeschriebenen Generationenvertrag mit nachgeborenen Bewohnern unseres Ökosystems, christlich-religiös aus der Treuhänderschaft Gottes für die uns anvertraute Schöpfung, wie auch moralphilosophisch aus der Macht des handelnden Subjekts gegenüber einer wehrlosen Biosphäre heraus begründet werden. Nicht immer ist es akute, offensichtliche Willkür, die unsere Lebensgrundlagen beschädigt, wie die Ausrottung von Pflanzen- und Tierarten. In den Vordergrund tritt mehr und mehr die schleichende, unterschwellige Aggression der technischen Zivilisation in ihrer Kumulation und gegenseitigen Potenzierung, deren Auswirkungen erst über lange Zeiträume greifbar werden. Irgendwann führen auch sie zum Zusammenbruch unserer erstaunlich stark ausgeprägten Kompensationsmechanismen. Das Leugnen der ökologischen Fernverantwortung kann nur als pathologisch-destruktives und suizidales Verhalten bezeichnet werden. Dem Schutz der Biosphäre unseres Planeten ist demnach bei der großtechnischen chemisch- und biologisch-pharmazeutischen Produktion größte Aufmerksamkeit zu widmen. In den letzten Jahren wurden neue Überwachungsmethoden entwickelt, die eine bessere Bewertung der Auswirkungen von Emissionen erlauben (*Biomonitoring*). Die Analyse von Pflanzen zur Kontrolle der Luftqualität, die Untersuchung von Verteilungsmustern der Boden- und Wasservegetation in der Nähe der Herstellungsanlagen und die Überprüfung des Bodenzustandes stehen im Vordergrund der Bemühungen. Zusammen mit den toxikologischen Stoffeigenschaften bilden solche ökotoxikologischen Befunde die Grundlage für die Erarbeitung von Ökobilanzen für einzelne Produktionsstandorte. Die ökologische Verantwortung umfaßt aber weit mehr als nur das umweltgerechte Betreiben der Herstellungsanlagen, nämlich alle Maßnahmen für den risikolosen Transport, die sichere Lagerung, Anwendung sowie Entsorgung der Ausgangs-, Zwischen- und Endprodukte, die Schulung und ständige Fortbildung der Mitarbeiter in allen Belangen des Umweltschutzes eingeschlossen.

Wirksamer ökologischer Schutz bei der pharmazeutischen Produktion setzt seinerseits aufwendige Hochtechnologie voraus. Deren Entwicklung ist kostenintensiv, und ihre Umsetzung erfordert enorme Investitionen in die Betriebsanlagen. Ein Blick auf die Situation in den Ostblockstaaten führt uns eindrücklich vor Augen, welcher ökologische Preis für das Technologieversagen zu bezahlen ist: Umweltzerstörung, häufig erschütternden Ausmaßes, oft irreparabel. In einem marktwirtschaftlichen System werden Umweltschutzmaßnahmen aus unternehmerischen Gewinnen finanziert. Dieser Gesichtspunkt wird bei Abhandlungen über die Ethik des Gewinnstrebens meist übersehen, genauso wie die Notwendigkeit der Amortisation der Forschungs- und Entwicklungskosten, die für einen innovativen Wirkstoff mehrere hundert Millionen DM betragen können. Verfahrensforschung, Biomonitoring und Transfer bewährter Technologien sind teure, aber unverzichtbare Bestandteile der ökologischen Verantwortung, zu der sich ein Pharmaunternehmen entschlossen und uneingeschränkt bekennen muß. Dies schließt die behördliche und öffentliche Kontrolle mit ein.

Aus der Pflicht der Produktverantwortung heraus begründet sich andererseits das Recht des pharmazeutischen Unternehmers auf einen wirksamen Schutz seiner Patente und Warenzeichen sowie seines Gewerbebetriebs im Ganzen, der gewerbliche Rechtsschutz. Dieser ist im Arzneimittel-, Patent- und Warenzeichengesetz verankert.

Unternehmerische Entscheidungen im Arzneimittelbereich sind in aller Regel komplex und erfordern die Abwägung von Gütern. Im Vordergrund stehen die Nutzen-Risiko-Analyse sowie die Technikfolgenabschätzung („technology assessment"). Für beide Verfahren der Konfliktreduktion stellt die angewandte Ethik gut entwickelte methodische Konzepte bereit.

Forschungsethik

Die Forschungsethik wendet sich an den ärztlichen Forscher und dient vorrangig dem Schutz der Lebewesen, die in ein Forschungsvorhaben einbezogen werden. Diese besondere Schutzpflicht ergibt sich aus dem begrenzten Erkenntnisstand über potentielle Risiken des zu prüfenden Wirkstoffes.

Eine notwendige, jedoch keineswegs hinreichende Voraussetzung für die Erforschung und Entwicklung neuer Wirkstoffe ist wissenschaftliche Phantasie. Das ontische Element bildet den Auftakt für den mühevollen Prozeß der empirischen präklinischen und klinischen Entwicklung. Dies gilt für die gezielte Syntheseforschung genauso wie für die biotechnologische Forschung und die zufällige Entdeckung diagnostisch, therapeutisch oder präventiv nutzbarer Wirkungen. Hinzukommen müssen Tugenden, Ressourcen und ethisches Bewußtsein. Teamfähigkeit, Fleiß und selbstkritische Einstellung gelten für die beteiligten Forscher als unerläßliche Charaktereigenschaften. Zeit und Geld sind die kritischen Ressourcen; die Entwicklung eines neuen Arzneimittels von der Synthese bis zur Markteinführung dauert heute im Durchschnitt 12 Jahre und kostet mehr als 200 Millionen Deutsche Mark.

Bevor im Rahmen der Entwicklung eines neuen Arzneimittels Studien am Menschen möglich sind, schreibt das Arzneimittelgesetz die präklinische pharmakologisch-toxikologische Prüfung vor. Damit betrifft die Verantwortung des Pharmaforschers das Versuchstier. Der Schutz des Versuchstiers ist ausführlich gesetzlich geregelt. Obgleich das deutsche Tierschutzgesetz in seiner 1987 erlassenen Novelle im internationalen Vergleich – zumindest seinem Wortlaut nach – als vorbildlich zu bezeichnen ist, bleibt das Bemühen um weitestmögliche Reduzierung der Versuchstierzahlen und die engagierte Suche nach Alternativmethoden eine vorrangige moralische Verpflichtung. Der Forscher benutzt das Versuchstier zum präklinischen Erkenntnisgewinn, ohne daß es einwilligen kann. In ihrer Anwendung auf organisches Leben vermag diese utilitaristische Legitimation nicht zu befriedigen, auch dann nicht, wenn das Forschungsziel letztlich der Gesundheit des Menschen als dem „höherstehenden Lebewesen" dient.

Im Jahre 1990 wurden in den alten Bundesländern für universitäre, industrielle und andere Forschungsvorhaben nach der Versuchstiermeldeverordnung insgesamt 2 365 928 Versuchstiere verwendet. Diese Zahl umfaßt anzeige- sowie genehmigungspflichtige Versuche und entspricht einem Rückgang von 10,4% gegenüber 1989. Davon waren, nach Tierarten aufgeschlüsselt, 51% Mäuse, 26% Ratten, 10% Fische, 9% Meerschweinchen, Kaninchen und andere Nager, 4% Vögel und Hühner und 2% andere Tiere; 57% der Versuche fanden im Rahmen der Arzneimittelforschung statt, 15% zur Erforschung und Erprobung von Diagnostikmethoden, 14% im Bereich der Grundlagenforschung, 7% zur Erkennungsprüfung von Umweltgefährdungen, 4% zur Stoff- und Produktprüfung und 3% zur Entwicklung und Prüfung von Pflanzenschutzmitteln.

Zur Beratung der Länderbehörden, die für die Genehmigung von Tierversuchsanträgen zuständig sind, wurde im Bundesgesundheitsamt eine „Zentralstelle zur Erfassung und Bewertung von Ersatz- und Ergänzungsmethoden zum Tierversuch" (ZEBET) eingerichtet. Dadurch sollen unnötige Tierversuche verhindert, die Versuchstierzahlen verringert und das Leiden der Tiere so weit wie möglich reduziert werden. Die Abschaffung des LD 50-Tests, bei dem durch Verabreichung ansteigender Dosen der Prüfsubstanz diejenige Dosis ermittelt wird, bei der 50% der Versuchstiere sterben, durch eine internationale Übereinkunft unter Beteiligung des Bundesgesundheitsamts, der Weltgesundheitsorganisation und der pharmazeutischen Industrie ist als richtungweisender forschungsethischer Schritt zu betrachten. Das gleiche gilt für die Begrenzung der Regelversuchsdauer auf 6 Monate. Auf Initiative des Bundesgesundheitsamts wurde auch die Abschaffung unnötiger reproduktionstoxikologischer Prüfungen in die Wege geleitet. Dagegen gilt die Wertigkeit von Kanzerogenitätsstudien am Tier für die Arzneimittelsicherheit noch als international ungelöstes Problem.

Auf dem weiteren Weg der Arzneimittelentwicklung erstreckt sich die Verantwortung auf den Menschen als Individuum, der auf verschiedene Weise mit dem Pharmakon in Kontakt tritt: als gesunder Proband in der Humanpharmakologie, wenn es um die Erforschung der Verträglichkeit, der Bioverfügbarkeit, der Pharmakokinetik oder der ersten Wirkungen geht, die später therapeutisch genutzt werden sollen, oder als Patient in der klinischen Prüfung, zum Nachweis der Wirksamkeit und Verträglichkeit des Prüfarzneimittels. Die Pflicht zum bestmöglichen *Schutz vor Risiken* ist dabei untrennbar mit der Pflicht zur *Achtung der Selbstbestimmung* der Versuchsperson verbunden. Damit ist der pharmazeutische Unternehmer keineswegs aus der Verantwortung entlassen. Er allein ist im Vollbesitz der wissenschaftlichen Erkenntnisse über den zu prüfenden Wirkstoff und hat diese dem ärztlichen Forscher umfassend und wahrhaft offenzulegen; er allein befindet darüber, welche Moleküle in die präklinische und klinische Entwicklung gegeben werden. Aus dieser kausalen Macht erwächst die Verantwortung für forschungsbegleitende Güterabwägungen, die meist als interdisziplinäre, periodische Nutzen/Risiko-Analysen mit dem Ziel von „Stop-and-go-Entscheidungen" ausgeführt werden. Die praktische Bedeutung dieses forschungsethischen Instruments wird deutlich, wenn wir uns die Erfolgsquoten der Arzneimittelforschung vor Augen führen. Von 8000 synthetisierten neuen Molekülen erreicht, statistisch gesehen, nur eines die Marktreife.

Ein wesentlicher Aspekt der Forschungsethik betrifft den Probanden und Patienten selbst. Mit seiner Einwilligung zur Teilnahme an einer klinischen Prüfung nimmt er die Verpflichtung auf sich, durch sorgfältige Beobachtung aller ärztlichen Anweisungen zum Gelingen des Forschungsvorhabens beizutragen („compliance"). Diese Zuverlässigkeit kann der Prüfarzt vom Studienteilnehmer als korrelatives Recht moralisch einfordern, denn schlechte Studien ohne Aussagekraft stellen für sich selbst ein ethisches Problem dar.

Als Bereicherung der Forschungsethik haben sich pluralistisch zusammengesetzte Ethikkommissionen erwiesen, die der forschende Arzt vor Aufnahme seiner Untersuchungen zu konsultieren hat. Wenngleich sie nur beratende Autorität besitzen, sind ihre Voten als antizipierende Sachverständigengutachten und damit als wertvolles Instrument zum Schutz der Versuchsperson, aber auch des Forschers, aufzufassen.

Zwischen dem Einsatz eines Arzneimittels in der klinischen Prüfung und der Anwendung im medizinischen Alltag besteht kein qualitativer ethischer Unterschied. Aus diesem Grunde wird auf die Darstellung einer eigenen „Anwendungsethik für das Arzneimittel" verzichtet. Begründet durch den unterschiedlichen empirischen Erkenntnisstand, der mit der Lebensdauer eines Pharmakons anwächst, können sich allenfalls quantitative Unterschiede im Umfang der Güterabwägung und der Aufklärung ergeben. Immer bleiben aber die Grundsätze der Forschungsethik gültig.

Sicherheitsethik

Die Adressaten der Sicherheitsethik im Pharmabereich sind der Arzt in Klinik und Praxis, der pharmazeutische Unternehmer, die Arzneimittelkommission der Deutschen Ärzteschaft sowie die Aufsichtsbehörden des Bundes und der Länder. Wie die Forschungsethik dient die Sicherheitsethik dem Schutz des Patienten vor Arzneimittelrisiken. Darüber hinaus bildet sie die Grundlage für ein verantwortungsvolles Risikomanagement, das nur in Form einer engen Zusammenarbeit aller ihrer Adressaten geleistet werden kann. Die mangelhafte Harmonisierung nationaler Regularien erschwert es immer wieder allen Beteiligten, der internationalen Dimension der Arzneimittelsicherheit im wünschenswerten Umfang gerecht zu werden.

Arzneimittelsicherheit ist kein absolutes Faktum, kein Tatbestand und kein eindimensionales Gut, sondern das punktuelle Ergebnis einer Einschätzung, die mit der empirischen Erkenntnis kontinuierlich fortschreitet. Und Arzneimittelsicherheit ist mehr als die Abwesenheit von Risiken. Sie stützt sich auf das Verhältnis von Risiko und Nutzen in konkreten therapeutischen Situationen.

Die beiden wichtigsten Erkenntnisquellen für das Bemühen um Arzneimittelsicherheit sind die (reaktive) Spontanerfassung unerwünschter Wirkungen durch Meldesysteme und die (aktive) pharmakoepidemiologische Untersuchung. Das Risikomanagement ist in Form eines Stufenplanverfahrens arzneimittelrechtlich geregelt. Zu seiner Operationalisierung haben sich interne Alarmpläne mit definierten Kontaktsequenzen bewährt. Im Alarmfalle sollten die ethischen Prinzipien der *Unverzüglichkeit,* der *Offenheit* und der *vollständigen gegenseitigen Information* das Handeln bestimmen, um in der Situation des Entscheidungsdrucks die gebotenen fundierten Ergebnisse zu erreichen. Ökonomische Interessen, Strategien des Aufschubs und Beschwichtigungsversuche aller Art sind bei der Risiko/Nutzen-Bewertung fehl am Platze. Beim Umgang mit Sicherheitsproblemen schaden derart kurzsichtige Ansätze mehr, als sie nützen. Das gleiche gilt für überstürzten Aktionismus auf der Basis mangelhaften Erkenntnismaterials. In allen Zweifelsfällen sollte solange vom Vorliegen des fraglichen Risikos ausgegangen werden, bis es mit ausreichender Sicherheit ausgeschlossen werden kann („worst case scenario").

Angesichts der enormen Informationsmengen, die es in jeweils kürzester Zeit zu handhaben gilt – mehr als 3 Mio. Datenpunkte für die Sicherheitsparameter von 25 000 Patienten in einer eigenen Europa-Studie –, ist der Einsatz leistungsstarker elektronischer Datenverarbeitungsanlagen und laseroptischer Langtextspeicher unerläßlich. Handkarteien sind für das weltweite Management pharmazeutischer Risiken als Anarchie zu bezeichnen. In der Pharmakoepidemiologie ist die Hochtechnologie längst zur sicherheitsethischen Pflicht und der Datenbankexperte zum selbstverständlichen Teammitglied geworden.

Vertriebsethik

Die Vertriebsethik zielt auf den Interessenausgleich zwischen dem Patientenanspruch auf wirksame und sichere Arzneimittel auf der einen und der Gewinnerzielungsabsicht des pharmazeutischen Unternehmers oder des Apothekers auf der anderen Seite ab. Bei verschreibungspflichtigen Präparaten ist der verordnende Arzt als „Filter" zwischengeschaltet und wird damit zum indirekten Adressaten der Vertriebsethik. Dagegen treffen bei freiverkäuflichen Arzneimitteln die Interessen des Kunden und des Apothekers direkt aufeinander.

Der pharmazeutische Unternehmer kann als Motor des Vertriebssystems betrachtet werden; er wirft ihn durch das Einführen eines Pharmakons an und hält ihn mit den Mitteln des Marketing, der Arzneimittelinformation und der Medizinkommunikation auf vielfache Weise in Gang. Seine Innovationsfähigkeit rechtfertigt die Bereitstellung der Produkte, und der Bedarf verpflichtet ihn, deren Verfügbarkeit zu gewährleisten. Stellt er ein Präparat bereit, übernimmt er die Pflicht zur Information über Nutzen und potentielle Risiken, deren Basis die umfassende, ordnungsgemäße Dokumentation ist. Gleichzeitig besitzt er das Recht, für seine Produkte einzutreten. Die Grenzen des Eintretens definiert das Heilmittelwerbegesetz. Darüber hinaus sind die Mitgliedsfirmen des Bundesverbandes der Pharmazeutischen Industrie umfangreiche, sanktionsfähige Selbstverpflichtungen eingegangen, die im „Pharma Kodex" niedergeschrieben wurden.

Ein weiterer indirekter Ansprechpartner der Vertriebsethik ist der Medizinjournalist, soweit er sich Arzneimittelthemen widmet. Die Unabhängigkeit der Berichterstattung steht wegen der existenziellen Abhängigkeit vieler medizinischer Zeitschriften vom Anzeigenvolumen der Pharmaindustrie oft auf dem Prüfstand. Zudem leiden einige dieser Blätter unter der unseligen Last scheinredaktioneller Beiträge, die an Anzeigenschaltungen geknüpft sind. Die fundierte Bewertung arzneimitteljournalistischer Maßnahmen setzt eine kritische Analyse der Wirkung öffentlich angebotener Botschaften voraus.

Wahrhaftigkeit und *Ausgewogenheit (,,fair balance")* gelten als tragende ethische Prinzipien der Vertriebsethik. Ihre Umsetzung verlangt Sachkenntnis und Augenmaß, zumal die Grauzonen in der Vertriebspraxis breit und Sanktionen auffallend selten sind. Das Überzeugungssystem im Pharmamarketing wird traditionell vom naturwissenschaftlich-pharmakologischen Paradigma getragen. Damit ist weder der gesellschaftliche Nutzen von Arzneimitteln glaubhaft darzustellen, noch können legitime Freiheitsgrade im wirtschaftlichen Handeln erhalten werden. Der Übergang zum sozialen Paradigma als Grundlage einer neuen Vertriebsethik erscheint daher dringend geboten. Wertvolle Aufschlüsse über die Wirkungen einzelner vertrieblicher Maßnahmen beim Empfänger liefern die verschiedenen Formen der *Rezeptionsforschung.* Völlig unerwartete

Erkenntnisse sind häufig. Aus diesem Grunde ist ihr breiter Einsatz als Korrektiv dringend zu wünschen.

Verteilungsethik

Seit durch Kostensteigerungen im Gesundheitswesen die Verteilungsprobleme wachsen und öffentlich diskutiert werden, tritt auch die Verantwortung des pharmazeutischen Unternehmers der Gesellschaft gegenüber stärker in das allgemeine Bewußtsein. Die an sich banale Erkenntnis, daß Ressourcen nur im Schlaraffenland unbegrenzt sind, gewinnt plötzlich an Aktualität und Dramatik. Kriterien der Lebensqualität oder, weniger wertebeladen, des „Gesundheitsstatus" gehören in anderen Ländern längst zum Standardrepertoire der Gesundheitspolitik, während man ihnen bei uns über lange Zeit nur eine nachgeordnete Bedeutung zusprach. Nun treten sie ans Tageslicht, gelegentlich in merkwürdiger Verzerrung.

Der Ruf nach mehr Verteilungsgerechtigkeit und nach Verfahren zur ökonomischen Bewertung von Gesundheitsleistungen wird lauter. Damit gewinnt die Gesundheitsökonomie als akademische Disziplin zunehmend an Beachtung. Wirtschaftlichkeitsstudien erbrachten trotz einer Reihe methodischer Schwierigkeiten aufschlußreiche Erkenntnisse über das günstige Verhältnis von Kosten und Nutzen verschiedener Pharmakotherapien im Vergleich mit alternativen Behandlungsweisen. Die Gesundheits- und Sozialpolitik tut sich schwer, darauf angemessen zu reagieren. Angesichts des Spannungsverhältnisses, in dem der geregelte Pharmamarkt zur freien Marktwirtschaft steht, verwundert dies kaum. Solange jedoch eine politische Grundsatzentscheidung über die Positionierung des Gesundheitswesens auf dem Kontinuum zwischen totaler Regulierung und völliger Freigabe aussteht, sind Modelle zur gerechten Verteilung der Mittel nicht logisch herleitbar. Dieser Legitimationsnotstand ist in mehrfacher Hinsicht schmerzhaft: Er verhindert die schlüssige Begründung sachlicher Argumente, er bereitet der polemischen Agitation jeglicher Couleur einen fruchtbaren Boden, und er bedingt die vorläufig lückenhafte Systematik der Pharmaethik. Die Frage, wie der pharmazeutische Unternehmer seine Geschäftsethik an den allgemeinen Grundlinien der Wirtschaftsethik orientieren soll, bleibt in dieser Situation offen. Damit schließt dieser letzte Baustein der Pharmaethik – zumindest thematisch – an den ersten an.

Der Rohbau einer Verantwortungsethik für das Arzneimittel ist erstellt. Er sei zum Richtfest mit dem Prinzip Hoffnung geschmückt.

Literatur

Hole G (1989) Schuld und Schuldgefühle. In: Pöldinger W, Wagner W (Hrsg) Aggression, Autoaggression, Familie und Gesellschaft. Springer, Berlin Heidelberg New York, S 81–99
Jonas H (1984) Das Prinzip Verantwortung. Versuch einer Ethik für die technologische Zivilisation. Suhrkamp, Frankfurt am Main, S 172–183

Güterabwägung als Methode der Pharmaethik

Wolfgang Wagner

Rationale: Gifte und Heilmittel

Bereits Paracelsus (1493–1541) stellte fest, daß alle Stoffe Gifte seien und daß lediglich die richtige Dosis ein Heilmittel von einem Gift unterscheide. Diese kategorische Feststellung erwies sich über viele Jahrhunderte als richtig. Scheinbar erschüttert wurde sie erst durch Vertreter der allerneuesten Generation gentechnologisch hergestellter Arzneimittel. So erwies sich rekombinantes humanes Erythropoietin (Epoetin α; INN), ein hämatopoetischer Wachstumsfaktor zur Behandlung der Anämie bei chronischer Niereninsuffizienz, als praktisch frei von unerwünschten Wirkungen. Die Lebensqualität der Patienten verbesserte sich in den Studien deutlich, Bluttransfusionen wurden meist überflüssig.

Doch bereits der nächste biotechnologische Durchbruch auf dem Gebiet der blutbildenden Wachstumsfaktoren, G-CSF („recombinant human granulocyte colony-stimulating factor", Filgrastim; INN), erschütterte die Hoffnung auf ein weiteres, hochwirksames Protein mit perfekter Verträglichkeit. Die Verabreichung dieses Wachstumsfaktors, der die Bildung von Granulozytenkolonien und die Produktion neutrophiler Leukozyten stimuliert sowie die Freisetzung von Granulozyten aus dem Knochenmark induziert, ist mit dem Risiko störender Arzneimittelwirkungen verbunden. In klinischen Prüfungen, die auf eine Verminderung der Neutropenie als Folge einer zytotoxischen Chemotherapie abzielten, wurde über Knochenschmerzen, Vaskulitiden und eine Verschlimmerung psoriatischer Hauterscheinungen berichtet. Die therapeutischen Wirkungen waren allerdings äußerst vielversprechend: Das Ausmaß und die Dauer von Neutropenien ging zurück, fieberhafte Episoden traten seltener auf, und bei einem größeren Prozentsatz von Patienten konnte ein gesamter chemotherapeutischer Zyklus bis zum Ende durchgeführt werden.

Ein noch jüngeres blutbildendes Glykoprotein, GM-CSF („recombinant human granulocyte/macrophage colony-stimulating factor"), ist offenbar mit weiteren Risiken behaftet. In klinischen Prüfungen wurden häufig Fieber, Myalgien, Müdigkeit, Hautausschläge, gastrointestinale Beschwerden und Knochenschmerzen beobachtet; Perikarditis, Pleuritis, Pleuraergüsse und Lungenembolien scheinen dosisbegrenzende toxische Wirkungen zu sein (Hillman 1990).

Die Frage einer Erschöpfung der Stammzellen des Knochenmarks bei langfristiger Gabe ist für alle diese Wachstumsfaktoren noch ungeklärt. Damit hat Paracelsus auch im Zeitalter der Gentechnologie recht behalten. Trotz der Risiken dieser innovativen Arzneimittel gibt ihr therapeutisches Potential berechtigten Anlaß zu größten Hoffnungen für die Behandlung von Infektions-, Autoimmun- und Tumorerkrankungen, aplastischen Anämien und Aids sowie für die Vorbereitung von Patienten zur Knochenmarkspende; eines Tages werden sie vielleicht das Leben vieler Patienten retten und langwierige, teure Klinikaufenthalte verhindern. Mit dieser Aussage wurde bereits eine (theoretische) Güterabwägung vorgenommen. Nun gilt es, die Natur der Abwägungsgüter zu definieren und ihre möglichen Konstellationen aufzuzeigen, um auf dieser Grundlage eine Prozeßanalyse der pharmaethischen Güterabwägung durchzuführen.

Natur der Abwägungsgüter

Die Gesellschaft erwartet vom Toxikologen, daß er Arzneimittel entweder als sicher oder als toxisch einstuft. Das optimale Arzneimittel wäre demnach bei erwiesener Wirksamkeit frei von allen Problemen. Dieses Modell der idealen Normen ist wirklichkeitsfremd. Jeder Wirkstoff besitzt nützliche wie auch riskante Eigenschaften. Damit sind die pharmaethischen Abwägungsgüter benannt: *Nutzen* und *Risiko*. Jedes Arzneimittel entfaltet ein Spektrum verschiedener Wirkungen, von denen in der Regel nur eine, die erwünschte Wirkung, die therapeutische Wirksamkeit und damit den Nutzen begründen kann. Die übrigen Wirkungen sind unerwünscht; sie können vereinfacht in toxische, allergische und idiosynkratische Reaktionen eingeteilt werden und begründen in ihrer Gesamtheit das Risiko des Arzneimittels. Da Nutzen und Risiko bei jedem Arzneimittel, abhängig von verschiedenen Determinanten, vorhanden sind, stellt die Nutzen-Risiko-Abwägung eine zentrale Methode der Pharmaethik dar.

Vor einer Analyse der Methode sind die Begriffe Nutzen und Risiko operational zu definieren:

	Nutzen	Risiko
Status	ethisches Gut	
Grundlage	empirisch erwiesene Präparateeigenschaften (intrinsische Faktoren)	
Bestimmung	normativ	
Ausrichtung	prospektiv-antizipatorisch	
Qualität	intangibel	
Legitimation	Fürsorgeprinzip	Unschädlichkeitsprinzip
Determinanten	individuelle therapeutische Gegebenheiten (extrinsische Faktoren)	

Nutzen und Risiko besitzen den Status ethischer Güter, die auf der Grundlage empirisch erwiesener, mit einer gewissen Wahrscheinlichkeit auftretender Präparateeigenschaften *normativ* bestimmt werden. Die in der präklinischen und klinischen Prüfung eines Wirkstoffs ermittelten intrinsischen Eigenschaften erlauben die theoretischen Werturteile „Nutzen" und „Risiko". Bei der Anwendung eines Präparates im konkreten Einzelfall (genauer: bei der Erwägung seiner Anwendung) treten extrinsische Faktoren, die aus den besonderen Gegebenheiten der individuellen therapeutischen Situation resultieren, hinzu und ermöglichen die praktischen Werturteile „Nutzen" und „Risiko".

Im konkreten Einzelfall umfaßt die normative Festlegung von Nutzen und Risiko eines Arzneimittels also intrinsische *und* extrinsische Komponenten. Werden die extrinsischen Faktoren wie Alter, Geschlecht, Lebensumstände, Begleiterkrankungen und Compliance des Patienten, Begleitmedikation und Dosierung in der Anwendungspraxis vernachlässigt, entstehen zusätzliche Risiken. So vermag sich die sedierende Begleitwirkung eines Pharmakons beim hospitalisierten Patienten segensreich, beim berufstätigen Patienten störend und beim Kraftfahrer tödlich auszuwirken.

Die ethischen Güter Nutzen und Risiko sind prospektiv-antizipatorisch ausgerichtet und von intangibler Qualität. Nur im Rekurs auf die der normativen Bestimmung zugrundeliegenden Präparateeigenschaften werden tangible, meßbare Elemente sichtbar. Die Bestimmung von Nutzen und Risiko ist demnach, wie auch jedes andere Werturteil, a priori subjektiv. Objektiv bestätigt oder widerlegt wird sie ex post durch den Einsatz des beurteilten Arzneimittels in jedem Einzelfall. Gelangt das Arzneimittel (etwa wegen der Annahme unvertretbarer Risiken) nicht zur Anwendung, bleibt die Gültigkeit der getroffenen praktischen Festlegung offen.

Die normative Bestimmung des Nutzens eines Arzneimittels wird durch das Fürsorgeprinzip (bonum facere) ethisch legitimiert, während sich die Bestimmung des Risikos durch die Pflicht zur Beachtung des Unschädlichkeitsprinzips (primum nil nocere) rechtfertigt.

Konstellation der Abwägungsgüter

Die Darstellung der möglichen Nutzen- und Risikokonstellationen verfolgt das Ziel, eine praktische Kernkonstellation herauszuarbeiten, die als Ausgangspunkt einer Prozeßanalyse der pharmaethischen Güterabwägung dienen kann. In allen folgenden Ableitungen werden nur der vorhersehbare Nutzen und die vorhersehbaren Risiken eines Arzneimittels oder einer alternativen Behandlungsmethode berücksichtigt; denn nur für die Abwägungsfolgen vorhersehbarer Güter kann im Schadensfall Verantwortung mit moralischer Schuldzuweisung *und* Haftungspflicht übernommen werden. Unvorhersehbare Risiken werden als gleichmäßig verteilt angenommen und vernachlässigt. Die Abwägungsgüter werden rein qualitativ betrachtet. Das quantitative Kriterium wird erst später, im Rahmen der Analyse des Abwägungsprozesses, eingeführt. Zur Verdeutlichung der komplexen Zusammenhänge wurden einfache Schemata entwickelt, deren Symbole sich auf die vorangegangenen operationalen Definitionen der Abwägungsgüter stützen.

Ein Arzneimittel A weist, für sich betrachtet, 4 theoretische Grundkonstellationen von Nutzen und Risiko auf: vorhandener Nutzen (N+) bei vorhandenem Risiko (R+), vorhandener Nutzen bei nicht vorhandenem Risiko (R–), fehlender Nutzen (N–) bei vorhandenem Risiko und fehlender Nutzen bei fehlendem Risiko:

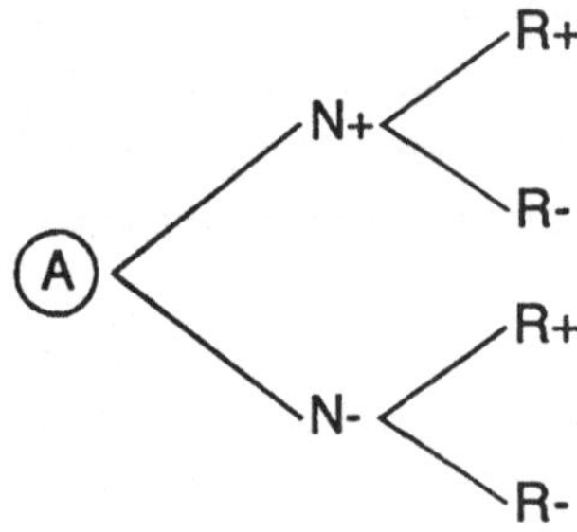

Bei näherer Betrachtung zeigt sich, daß 2 dieser Konstellationen rein hypothetisch sind: Die ideale Norm eines vorhandenen Nutzens bei völliger Risikofreiheit kommt in der Praxis nicht vor, und ein Stoff ohne Nutzen und ohne Risiken erfüllt nicht die Definition eines Arzneimittels. Beide Konstellationen gelten, wie an anderer Stelle gezeigt wird, nicht einmal für ein Placebo. Eliminieren wir sie aus dem Schema, so ergibt sich für ein Arzneimittel A die folgende praktische Grundkonstellation der Abwägungsgüter:

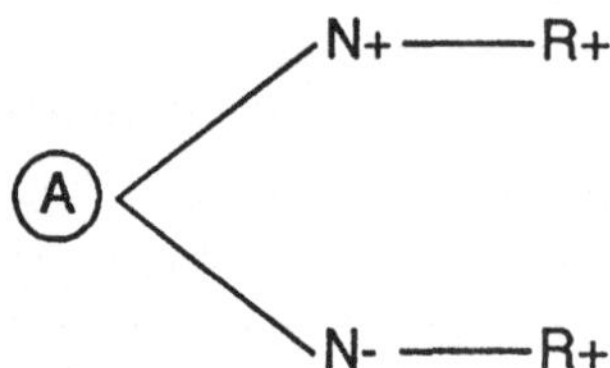

Ein Arzneimittel besitzt demnach bei vorhandenem Risiko einen Nutzen oder keinen Nutzen. Jede der beiden Konstellationen kann sich sowohl auf der Grundlage intrinsischer Präparateeigenschaften aus der Arzneimittelprüfung als auch, überlagert durch extrinsische Determinanten, aus der Anwendung im konkreten Einzelfall ergeben.

Einführung des deskriptiven Kriteriums „Vergleich"

Mangels objektiver Algorithmen zur Bestimmung des absoluten Nutzens und des absoluten Risikos spielt bei der Bewertung von Arzneimitteln der Vergleich eine bedeutende Rolle. Dieses Instrument erlaubt zumindest, mit einiger Objektivität den relativen Nutzen und das relative Risiko festzulegen. Das Arzneimittel A wird dazu je nach Fragestellung einem anderen Arzneimittel oder einer alternativen (diätetischen, psychotherapeutischen, psychosomatischen, physikalischen, chirurgischen oder sonstigen) Behandlungsform (A_1) gegenübergestellt. Der Vergleich ist durch 6 theoretische Konstellationen der Abwägungsgüter gekennzeichnet:

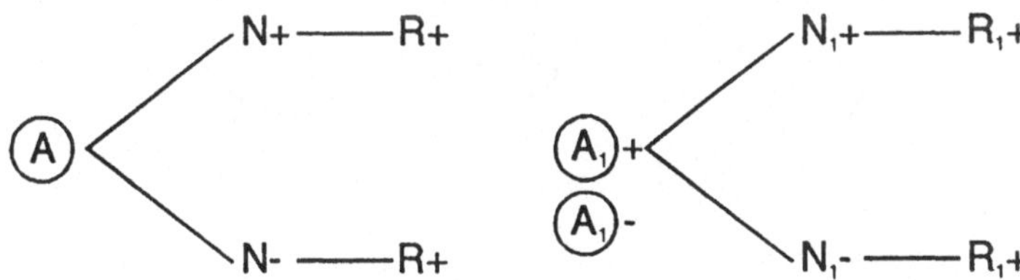

Aus Gründen der Logik entfernen wir aus diesem Schema die nicht vorhandenen Alternativen (A_1–) und erhalten damit die praktische Nutzen-Risiko-Konstellation für den Vergleich eines Arzneimittels A mit einer alternativen Behandlungsmethode A1:

Einführung des normativen Kriteriums „Vertretbarkeit"

Im nächsten Ableitungsschritt führen wir – zunächst in die theoretische Vergleichskonstellation – eine weitere normative Bestimmung ein, die sich unmittelbar aus dem Prinzip der Verantwortung ergibt: das Kriterium der Vertretbarkeit der Abwägungsgüter. Dazu sind die ihrerseits normativ festgelegten Güter Nutzen und Risiko einem weiteren subjektiven Werturteil zu unterziehen. Das Werturteil stützt sich auf die Frage, ob für die mit einer gewissen Wahrscheinlichkeit antizipierten Folgen des infrage stehenden Nutzens und Risikos moralisch und rechtlich eingestanden werden kann. Zweifellos erfordert dieser Schritt Wissen, Erfahrung, Intuition, Kognition und ethisches Bewußtsein. Für den Vergleich ergeben sich folgende theoretische Konstellationen (R⊕ Risiko vorhanden und vertretbar, R⊠ Risiko vorhanden und nicht vertretbar):

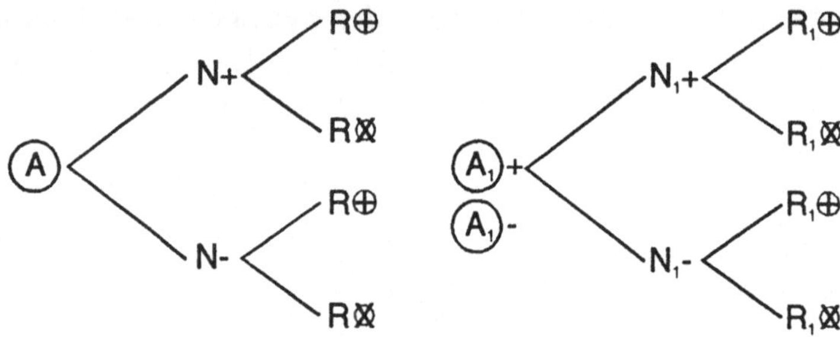

Als kategorisch unvertretbare Güter eliminieren wir nun den nicht vorhandenen Nutzen (N–) sowie das vorhandene, aber nicht vertretbare Risiko (R⊠). Entfernen wir aus dem Schema aus Gründen der Logik zusätzlich die nicht vorhandenen Alternativen (A_1–), erreichen wir die praktische Kernkonstellation der Abwägungsgüter für den Vergleich eines Arzneimittels A mit einer alternativen Behandlungsmethode A_1:

Diese knappe Formel, die sich aus der Einführung des Vergleichskriteriums und des verantwortungsethischen Werturteils der Vertretbarkeit in die Konstellation der Abwägungsgüter ergibt, beschreibt den Auftrag der pharmaethischen Güterabwägung. Er lautet: Die vertretbaren Risiken und der bestimmte Nutzen eines Arzneimittels sind abzuwägen mit den vertretbaren Risiken und mit dem bestimmten Nutzen einer alternativen Behandlungsmethode.

Methode der pharmaethischen Güterabwägung

Die pharmaethische Güterabwägung entspricht in ihren Aktions-
schritten weitgehend dem Aufbau der bewährten Methoden der klinischen Ethik. Eine gute Übersicht über die wichtigsten amerikanischen, europäischen und lateinamerikanischen Modelle findet sich
bei dem Bioethiker Drane (1991). Die Ausgestaltung einiger Schritte
unterscheidet sich jedoch wegen der Eigenheiten der pharmaethischen Abwägungsgüter deutlich. Die folgende Prozeßanalyse baut
auf die vorangegangenen Definitionen und Konstellationen auf,
ohne daß diese bei der Darstellung der einzelnen Schritte explizit
wiederholt werden. Das Abwägungsmodell ist grundsätzlich auf alle
Fragestellungen der Pharmaethik anwendbar, wenngleich im Verlauf der Analyse vorwiegend auf die Entscheidungsfindung zur Anwendung eines Arzneimittels im konkreten Einzelfall zurückgegriffen wird. Dieser paradigmatische Kunstgriff erscheint dadurch gerechtfertigt, daß die Entscheidung über den Einsatz eines Pharmakons in der praktischen Medizin mit Abstand die häufigste Situation
im gesamten Bereich der Pharmaethik darstellt. Da es trotz weltwei-
ter Recherche mittels der einschlägigen Datenbanken nicht gelungen
ist, prozeßanalytische Referenzliteratur zur pharmaethischen Nutzen-Risiko-Abwägung aufzufinden, sind alle Fachkreise eingeladen,
den vorliegenden Versuch durch konstruktive Kritik zu verbessern.
Die pharmaethische Güterabwägung hat folgenden Verlauf:

1. Schritt: Analyse:
   – Bestimmung des Nutzens,
   – Bestimmung des Risikos;

2. Schritt: Bewertung:
   – Nutzen-Risiko-Beziehung,
   – Nutzenvergleich,
   – Risikovergleich;

3. Schritt: Entscheidung:
   – Elimination unvertretbarer Nutzen-Risiko-Beziehungen,
   – Bestimmung der günstigsten Beziehung,
   – Handlungsentscheidung: Anwendung oder Verwerfung,
   – Organisation der Handlungsentscheidung,
   – Verteidigung der Handlungsentscheidung;

4. Schritt: Überprüfung:
   – Bestätigung oder Korrektur der Handlungsentscheidung,
   – Organisation der Korrektur,
   – Verteidigung der Korrektur.

1. Schritt: Analyse

Im 1. Schritt sind der Nutzen und das Risiko des in Frage stehenden
Arzneimittels theoretisch zu bestimmen. Als Ausgangspunkt dieser
normativen Festlegung dienen die in der pharmakologischen, toxikologischen, humanpharmakologischen und klinischen Prüfung ermittelten Präparateeigenschaften. Den Mitarbeitern des pharmazeutischen Unternehmers und der Zulassungsbehörde steht hierzu die
Gesamtheit des bis zum Abwägungszeitpunkt erarbeiteten wissenschaftlichen Erkenntnismaterials mit allen Originalbefunden und
Einzeldaten zur Verfügung. Der klinisch oder praktisch tätige Arzt
stützt sich vorwiegend auf sekundäre Quellen, wie die vom pharmazeutischen Unternehmer bereitgestellte Fachinformation, ergänzt
oder vertieft durch die Erläuterungen eines Pharmaberaters im wissenschaftlichen Außendienst. Zusätzlich steht dem interessierten
Arzt das eigene Studium der Primärliteratur offen, soweit die Forschungsergebnisse bereits veröffentlicht sind.
   Das Werturteil Nutzen wird auf der Basis mittlerer Veränderungen von Zielparametern getroffen, die für die therapeutische Wirksamkeit des Arzneimittels in der Zielindikation für wesentlich erachtet werden; das Werturteil Risiko gründet sich auf die Auftre-
tenshäufigkeiten unerwünschter Wirkungen (klinische Symptome,
elektrophysiologische, laborchemische und hämatologische Auffälligkeiten, Veränderungen der Vitalfunktionen), die, genauso wie die
Veränderungen der Zielparameter, mit den Methoden der biostati-
schen Wahrscheinlichkeitsrechnung ermittelt wurden. Nachgewie-
sene oder aus dem pharmakologischen Profil des Wirkstoffs theoretisch zu erwartende Kontraindikationen und Interaktionen mit anderen Arzneistoffen werden ebenfalls berücksichtigt.

2. Schritt: Bewertung

Im 2. Schritt ist für das Arzneimittel eine Nutzen-Risiko-Abwägung vorzunehmen. Diese weitläufig verwendete Bezeichnung ist irreführend und bestenfalls als Arbeitsbegriff zu akzeptieren. Nutzen und Risiko sind wegen der sie tragenden gegenläufigen Intentionalität logisch asymmetrische Güter: Der Nutzen ist zu erbringen (Intention: Maximierung), während es gilt, das Risiko so weit wie möglich zu verringern (Intention: Minimierung). Deshalb ist ihre Abwägung (oder gegenseitige Aufrechnung) im strengen Sinn nicht möglich. Tatsächlich werden Nutzen und Risiko lediglich zueinander in Beziehung gesetzt. Deshalb wird vorgeschlagen, den Begriff „Nutzen-Risiko-Abwägung" durch die Bezeichnung *„Nutzen-Risiko-Beziehung"* zu ersetzen. Bedingt durch ihre Natur als normatives Werturteil sind beide Güter nicht objektiv quantifizierbar und können somit nicht miteinander verrechnet werden. Die bei ihrer Gegenüberstellung verbleibende logische Lücke wird durch eine weitere normative Bestimmung geschlossen. Im Ergebnis wird die Nutzen-Risiko-Beziehung als *günstig* oder *ungünstig* beurteilt. Dieses Urteil besitzt den Status einer subjektiven Einschätzung und kann durch Rückgriff auf die intrinsischen Präparateeigenschaften zwar verdeutlicht, aber nicht objektiv nachvollziehbar begründet werden.

Die Bewertung gewinnt an Stringenz, wenn zu dem Arzneimittel eine medikamentöse oder nichtmedikamentöse Behandlungsalternative zur Verfügung steht. In diesem Fall ist die Einführung eines (halb)quantitativen Kriteriums und die Abwägung logisch symmetrischer Güter möglich: Der größere Nutzen kann mit dem geringeren Nutzen und das größere Risiko mit dem geringeren Risiko verglichen und abgewogen werden. Im Idealfall wurde das Arzneimittel in randomisierten, kontrollierten Doppelblindprüfungen im Vergleich zu verschiedenen Standardpräparaten (deren Nutzen-Risiko-Beziehung nach dem Stand der wissenschaftlichen Erkenntnis als günstig eingeschätzt wird) untersucht. Damit kann sich die Nutzen-Risiko-Beziehung auf biostatistisch abgesicherte Nutzenvergleiche und Risikovergleiche, also auf quantitative Elemente, stützen. Durch die strengeren Anforderungen der Zulassungsbehörden an den Wirksamkeits- und Verträglichkeitsnachweis dürfte diese Situation bei neueren und allen künftigen Pharmaka die Regel sein.

3. Schritt: Entscheidung

Der 3. Schritt der pharmaethischen Güterabwägung beginnt mit der Elimination unvertretbarer Nutzen-Risiko-Beziehungen. Besitzt das in Frage stehende Arzneimittel im Vergleich zu einer alternativen Behandlungsmethode einen geringeren Nutzen bei größerem Risiko, darf seine Anwendung als unvertretbar gelten. Ob ein größerer Nutzen bei größerem Risiko oder ein geringerer Nutzen bei geringerem Risiko als vertretbar eingeschätzt werden kann, hängt von den besonderen Gegebenheiten des konkreten Einzelfalles ab.

Nach der Aussonderung unvertretbarer Nutzen-Risiko-Beziehungen wird das Arzneimittel oder die alternative Behandlungsmethode mit der günstigsten Beziehung bestimmt. Die Auswahl orientiert sich am Wohl des Patienten und verfolgt das Ziel einer Nutzenmaximierung bei bestmöglicher Minimierung des Risikos. Extrinsische Determinanten, die sich aus der individuellen therapeutischen Situation ergeben, sind zu berücksichtigen, da sie die Einschätzung der einzelnen Nutzen-Risiko-Beziehungen verändern können. Ist die günstigste Behandlungsmethode bestimmt, wird die Handlungsentscheidung zu ihrer Anwendung getroffen. Willigt der Patient nach Aufklärung in die Behandlung ein, wird die Handlungsentscheidung organisiert. Versagt der Patient die Einwilligung, wird sie zugunsten einer Alternative (die auch der Behandlungsverzicht sein kann) verworfen.

Das Verantwortungsprinzip verlangt, daß der Arzt für die Folgen und Nebenfolgen seiner so getroffenen Handlungsentscheidung einsteht und sie vor sich selbst und, wenn die Umstände es erfordern, vor anderen verteidigt.

4. Schritt: Überprüfung

Der mit der Lebensdauer eines Arzneimittels fortschreitende Erkenntnisstand vermehrt das Wissen über die intrinsischen Präparateeigenschaften. Auch die extrinsischen Determinanten können sich im Verlaufe einer Pharmakotherapie verändern. Aus diesen Gründen ist die im dritten Schritt getroffene Handlungsentscheidung von Zeit zu Zeit kritisch zu überprüfen. Ergibt sich die Notwendigkeit einer Korrektur, wird diese mit dem Patienten besprochen und organisiert. In der Praxis handelt es sich häufig um Dosisanpassungen, um Hinzugabe oder Modifikation der Begleitmedikation, um das Absetzen des Arzneimittels, oder um das Umstellen auf ein anderes Präparat. Wie die ursprüngliche Handlungsentscheidung ist auch deren Korrektur zu verteidigen.

Management von Unsicherheit

Bei der Bestimmung der günstigsten Nutzen-Risiko-Beziehung für ein Arzneimittel treten Unsicherheiten auf, die sich durch das Heranziehen von Unterstützungsinstrumenten vermindern oder beseitigen lassen. Ein wichtiges Instrument ist das Kriterium der Risikoakzeptanz. Beim Fehlen therapeutischer Alternativen nimmt die Risikoakzeptanz proportional zum Nutzen zu. Dagegen steht die Risikoakzeptanz in umgekehrter Proportionalität zur Anzahl verfügbarer alternativer Behandlungsmethoden. Bestehen erhebliche Unsicherheiten bei der Bestimmung des Risikos, empfiehlt sich das Denkmodell des „worst case scenario"; dabei wird solange der schlimmste Fall, also das Vorliegen des fraglichen Risikos, angenommen, bis er durch neue Erkenntnisse mit größerer Zuverlässigkeit ausgeschlossen werden kann. Bei unsicherem Kausalzusammenhang zwischen einem reversiblen unerwünschten Symptom und einem Arzneimittel kann im Einzelfall das Reexpositionsverfahren erwogen werden. Klingt das Symptom nach dem Absetzen des Präparates ab und tritt es nach ausreichend bemessener Auswaschphase bei Reexposition erneut auf, ist ein kausaler Zusammenhang wahrscheinlich. Aus erkenntnistheoretischen Gründen besitzt ein positiver Reexpositionsversuch für sich alleine allerdings keine absolute Beweiskraft. Als weiteres Unterstützungsinstrument zum Management von Unsicherheit dient die möglichst enge Anlehnung an den empirischen Erkenntniszuwachs durch Institutionalisierung der Nutzen-Risiko-Bestimmung. Hierzu wird gleichzeitig mit dem Treffen der Handlungsentscheidung ein engmaschiger Zeitraster zu deren Überprüfung festgelegt. Bei der klinischen Arzneimittelprüfung geschieht dies regelmäßig durch eine entsprechende Definition der Erhebungszeitpunkte im Prüfprotokoll; in der ärztlichen Praxis spielt dieses Vorgehen in Form des „abwartenden Offenlassens" mit kurzfristigen Nachuntersuchungsterminen eine bedeutende Rolle. Zur

Bewältigung hochkomplexer Szenarien dienen schließlich die Instrumente des ärztlichen Konsiliums („second opinion") sowie der Anrufung einer pluralistischen Ethikkommission. Die sich daraus ergebenden Voten besitzen beratende Autorität. Sie nehmen dem handelnden Arzt weder die Entscheidung ab noch entlassen sie ihn aus seiner Verantwortung. Für das grundsätzlich hochkomplexe Szenario der Arzneimittelprüfung am Menschen ist die Konsultation einer Ethikkommission Pflicht. Die Unterstützungsinstrumente können einzeln oder kombiniert eingesetzt werden.

Die Prozeßanalyse der pharmaethischen Güterabwägung zeigt, daß die Unsicherheit bei jedem ihrer Schritte der zentrale Faktor ist. Die Bestimmung von Nutzen und Risiko erfordert normative Werturteile auf der Grundlage statistischer Wahrscheinlichkeiten; die Ermittlung günstiger, ungünstiger und unannehmbarer Nutzen-Risiko-Beziehungen bedient sich des Vertretbarkeitskriteriums und damit eines weiteren normativen Urteils; die Entscheidung im konkreten Einzelfall bezieht extrinsische, zumeist intangible Determinanten ein und bleibt damit ebenfalls eine subjektive Festlegung.

Das Ziel des Handelnden muß sein, durch Einsatz seines Wissens, seiner Erfahrung, seiner intuitiven, kognitiven und – im Umgang mit dem Betroffenen – seiner emotionalen und affektiven Fähigkeiten die Unsicherheiten soweit wie möglich zu reduzieren. Auf diesem Weg sind epistemiologische Fragen absolut unerläßlich. Solche Fragen, etwa nach den unbekannten Faktoren oder nach den Grenzen des eigenen Wissens, wären in der amerikanischen Bioethik kaum vorstellbar. In der reichen philosophischen Tradition Europas haben sie jedoch ihre Berechtigung. Das Integral der geforderten Fähigkeiten wird „ärztliche Kunst" genannt. Wenngleich der Begriff heute in den Augen vieler etwas Antiquiertes an sich hat, gilt es, dieses Erbe zu bewahren; denn es ruft uns das Gebot der Humanität ins Gedächtnis, dem leidenden oder bedrohten Mitmenschen in seiner Not unaufdringlich Hilfe anzubieten. Das Arzneimittel, mit der Menschheitsgeschichte eng verbunden, hat hier seinen Platz.

Literatur

Drane JF (1991) Methoden klinischer Ethik. In: Sass H-M, Viefhues H (Hrsg) Güterabwägung in der Medizin. Ethische und ärztliche Probleme. Springer, Berlin Heidelberg New York, S 168–180
Hillman RS (1990) Hematopoetic agents: growth factors, minerals, and vitamins. In: Gilman AG, Rall TW, Nies AS, Taylor P (eds) The pharmacological basis of therapeutics, 8th edi. Pergamon Press, New York Oxford, pp 1277–1282

Der erste Baustein:
Wirtschaftsethik

Grundlinien der Wirtschaftsethik[*]

Peter Koslowski

Die folgenden Grundzüge einer Ethik der Wirtschaft werden, ausgehend vom Problem der Nebenwirkungen (Externalitäten), in 4 Abschnitten entwickelt. Der 1. einleitende Abschnitt behandelt die Frage, warum Wirtschaftsethik gegenwärtig an Interesse gewinnt. Der 2. Abschnitt entwirft Grundzüge einer Sozialethik der Wirtschaft, ausgehend von der Fage, wie die Wirtschaftssubjekte im Markt dazu geführt werden können, die Nebenwirkungen ihres Handelns zu berücksichtigen und negative externe Effekte zu verringern. Der 3. Abschnitt untersucht, inwieweit Preis- und Vertragsgestaltung ethisch relevant sind. Die Grundlinien einer Individualethik der Wirtschaft und die Frage der Unterscheidung und der Vereinigung von Ethik und Ökonomie werden im 4. Abschnitt dargestellt.

Menschliches Handeln erzeugt Nebenwirkungen, die nicht vollständig voraussehbar und oft so nicht gewollt sind. Diese positiven oder negativen Nebenwirkungen, oder ökonomisch gesprochen externen Effekte, die das wirtschaftliche und jedes Handeln größerer Wirkungstiefe hervorruft, sind weder in der Ethik noch in der Ökonomie nebensächlich. Negative Nebenwirkungen können ungewollten Schaden anrichten und die eigentliche Handlungsabsicht vereiteln, positive Nebenwirkungen unvorhergesehenen Nutzen und Gewinn schaffen und dem bewußten Leben neue Handlungsmöglichkeiten eröffnen.

Über den „Nebeneingang" der externen Effekte läßt sich ein Ansatz der Wirtschaftsethik gewinnen, der unmittelbar zur zentralen Frage der Sozial- und Individualethik der Wirtschaft führt.

---

[*] Erstveröffentlichung in: Zeitschrift für Wirtschafts- und Sozialwissenschaften 109/3: 345–383, 1989. Abdruck mit freundlicher Genehmigung.

Warum entsteht heute das Bedürfnis nach Wirtschaftsethik?

Das Interesse an Wirtschaftsethik und Unternehmensethik („business ethics") und die Zahl der Publikationen über Wirtschaftsethik sind in den vergangenen Jahren sprunghaft angestiegen. Drei Gründe können für dieses neuerwachte Interesse an einer alten Disziplin, die bis zu Kant in der aristotelischen Tradition integraler Bestandteil der praktischen Philosophie war, genannt werden:

Wachsende Nebenwirkungen des Wirtschaftshandelns

Nebenwirkungen sind die in Kauf genommenen Wirkungen neben der Hauptwirkung, die vom Handelnden vor der Handlung als Zweck ausgezeichnet worden ist. Sie stellen 2 Aufgaben: einerseits die Aufgabe der ethisch-ökonomischen Analyse ihrer Verursachung durch den Handelnden und ihrer Zurechnung zum Handelnden und andererseits die ethische und ökonomische Aufgabe der Voraussage und Bewertung von Nebenwirkungen durch den Entscheidenden.[1]

Mit der Zunahme der Macht des Menschen über die Natur wachsen die möglichen Wirkungen und Nebenwirkungen des Handelns an. Ausdruck und Manifestation der Vermehrung von Nebenwirkungen sind das erwachte ökologische Bewußtsein und die Debatte über die Energienutzung. Die zunehmenden nichtintendierten Nebenwirkungen rufen das Bedürfnis nach einer ganzheitlichen Berücksichtigung von Handlungswirkungen, d.h. nach einer ganzheitlichen Ethik der Kultursachgebiete, die nicht nur im engeren Sinne ökonomische und naturwissenschaftliche Gesichtspunkte enthält, hervor. Nebenwirkungen sind nicht nur ein *Problem* der Wirtschaftsethik, sondern auch eine *Ursache* für sie.

---

[1] Vgl. Spaemann (1977) und Koslowski (1984a). Zur ökonomischen Literatur über externe Effekte vgl. Mishan (1971) und Koslowski (1983).

Wiederentdeckung des Menschen in den Wissenschaften: anthropologischer Standpunkt

Die zweite Ursache für das Bedürfnis nach Wirtschaftsethik ist das Phänomen der „Wiederentdeckung des Menschen" in den Wissenschaften. „Bringing mind back in"[2] war eine Forderung der Organisationswissenschaft im letzten Jahrzehnt. Die postindustrielle Wirtschaft erfordert eine stärkere Beachtung des menschlichen Faktors. Die Rechtfertigungserwartung an Führungskräfte und Institutionen nimmt mit der Höherqualifikation der Arbeitenden und den höheren Leistungsanforderungen an die Arbeit im Zeitalter der Mikroelektronik zu. Der Übergang von der energie- zur informationsverarbeitenden Maschine ersetzt Energie und Materie durch Wissen. Diese Entwicklung beschreibt den zunehmend geistigen Charakter der Arbeit. Die Frage nach der Angemessenheit des wissenschaftlichen Welt- und Menschenbildes für das Selbstverständnis des Menschen wird so wieder aufgeworfen. Für die Ökonomie ist die Bewegung vom Paradigma der unbelebten Natur, dem Physikalismus, zu einer Wissenschaft, die das Subjekt der Wissenschaft – den Menschen – in der Wissenschaftspraxis selbst berücksichtigt, besonders zu beachten, weil sie praktische Wissenschaft, Wissenschaft vom bewußten Handeln ist. Ökonomie ist als Lehre vom bewußten Handeln des geistigen Wesens Mensch eher Geistes- als Naturwissenschaft.

Normative Durchdringung der Wirtschaft als Komplement ihrer Ausdifferenzierung

Die Ausdifferenzierung des Systems Wirtschaft aus dem Gesamtsystem der Gesellschaft führt dazu, daß die ökonomischen Funktionsbedingungen des Marktes, Konkurrenz und Marktpreisbildung, mit den soziologischen Erfordernissen der sozialen Kohäsion und Integration, d.h. der Gemeinsamkeit des symbolischen Weltbegreifens und der Verhaltenskonformität, in Konflikt geraten.[3] Ökonomisch gesehen können Markt- und Preissystem ihre Steuerungs- und Koordinationsfunktion um so besser erfüllen, je größer und unpersönlicher der Markt und die Konkurrenz zwischen Anbietern und Nachfragern und je anonymer und versachlichter daher die Sozialbezie-

---

2 Pondy/Bojen (1976). Vgl. auch Kirsch/Esser/Gabele (1979), 231ff.
3 Vgl. Koslowski (1987a).

hungen der Wirtschaftenden sind.[4] Je größer und anonymer der
Markt ist, desto höher sind die ökonomische Realität und Arbeitsteilung, desto geringer ist aber auch die Gemeinsamkeit der Sinnerfah-
rung. Dieses Dilemma wird durch die Ausdifferenzierung der Gesamtgesellschaft und die Autonomisierung der Wirtschaft verursacht. Die Ausdifferenzierung und Autonomisierung von Subsyste-
men haben soziale Kosten und können kein Gut an sich sein. Sie stoßen an interne Grenzen dort, wo die Gemeinsamkeit der Sinnerwar-
tungen der Menschen und die Funktionsbedingungen der Subsyste-
me zu weit auseinanderfallen und daher in den Rollenerwartungen
der Individuen kein sie übergreifender gemeinsamer Sinn mehr er-
fahrbar ist.

Annahme der Ethik ist es, daß alle Bereiche des Handelns mit
Wertorientierungen durchdrungen sind, Anspruch der Ethik ist es,
die Art und Weise zu sein, in der die Wertorientierungen auf ihre
sittliche Richtigkeit befragt und gegebenenfalls berichtigt werden.
Die gesellschaftliche Aufgabe der Ethik ist es, die gemeinsamen
Werte und Normen zu formulieren, welche die Handlungsorientierung der Mitglieder einer Gesellschaft bilden sollen. Ethik zielt auf
die *Durchdringung* der Gesellschaft und Wirtschaft mit den gemeinsamen Werten und Normen. Sie gleicht dadurch die Tendenz moderner Gesellschaften zur Ausdifferenzierung und Trennung der
Lebensbereiche aus. Wirtschaftsethik ist der Versuch, gegen die
Entwicklung der kulturellen Segmentierung eine neue Einheit zwischen Wirtschaft und Kultur, Arbeitswelt und Lebenswelt zu schaffen.[5]

Sozialethik der Wirtschaft

Sozialethik und praktische Philosophie

Ethik ist die Lehre vom richtigen Leben, d.h. vom richtigen Handeln
und vom richtigen Ethos und Habitus, den richtigen Gewohnheiten.
In diesem Sinne bezieht sich Ethik zunächst auf die individualethi-
sche Dimension der Reflexion auf das richtige Leben des einzelnen.

---

[4] Vgl. Buchanan (1965).
[5] Vgl. Koslowski (1988).

Da sich das richtige Leben des einzelnen aber nur in Gemeinschaft mit anderen entfalten kann, ist Ethik immer eingebettet in eine Theorie des Sozialen im Ganzen, in eine Theorie der Gesellschaft oder sozialen Totalität. Die umfassende Theorie der Gesellschaft, der sozialen Welt, nennt Aristoteles praktische Philosophie. Die praktische Philosophie untersucht das Ganze der Dinge und Verhältnisse, die veränderlich und geschichtlich sind, die theoretische Philosophie die unveränderlichen Gesetze der Natur und des Erkennens. Die Individualethik ist bei Aristoteles, der sie zuerst als eigenständige wissenschaftliche Disziplin entwickelt hat, Teil der Trias der praktischen Philosophie, der Trias von Ökonomie, Ethik und Politik.

Die mittelalterliche und frühneuzeitliche Philosophie verwendet den Begriff Ethik jedoch auch synonym mit praktischer Philosophie als Oberbegriff für Ökonomie, Politik und Monastik, wobei letztere als Synonym für Individualethik steht.[6] Aus diesem erweiterten Ethikkonzept ist der Begriff Sozialethik, insbesondere in der evangelischen Sozialethik und der katholischen Soziallehre, entstanden. Sozialethik sollte terminologisch streng auf das erweiterte Ethikkonzept beschränkt und nicht für individualistische Fragestellungen verwendet werden, obgleich Individual- und Sozialethik sachlich nicht trennbar sind. Unter Sozialethik ist demnach eine umfassende, analysierende und wertende Theorie des Gesamt des Sozialen zu verstehen. Die Sozialethik ist ein Teil der praktischen Philosophie, die zugleich mit der Sozialethik auch die Individualethik umfaßt und in der die normativen und positiven Elemente der Theorie des Sozialen noch weniger stark differenziert sind als im modernen Konzept der Sozialethik.

Das aristotelische Konzept der praktischen Philosophie beschränkt die Ökonomik auf die Lehre vom Wirtschaften des Hauses, auf die *Oikonomia*, also Privatwirtschaft. Dem Staat werden von Aristoteles wenig wirtschaftliche Funktionen zugeschrieben und diese von ihm in den *Politika* abgehandelt. Das Konzept einer aristotelischen praktischen Philosophie, das in England bis Hobbes und in Deutschland bis zu Kant bestimmend war, ist daher um eine politische Ökonomie zu ergänzen, die den Zusammenhang von Politik und Sozial- oder Makroökonomie thematisiert. Die politische Ökonomie erweitert die Politikwissenschaft zur „gesamten Staatswissenschaft".[7] Gesamte Staatswissenschaft ist praktische Philosophie als

---

[6] Vgl. Romberg (1972), 766ff.
[7] Vgl. Koslowski (1985a).

Theorie der Gesellschaft und Wirtschaft unter Einschluß des Gesichtspunkts der staatlichen Steuerung bzw. Lenkung durch das politische Entscheidungszentrum.

Internalisierung von Nebenwirkungen und Einschluß von Betroffenen als Kriterien der Sozialethik

Gesellschaften können Produktion und Distribution durch 3 Entscheidungs- und Koordinationssysteme, durch Markt, Wahlprozesse oder zentrale Lenkung, steuern. Die Sozialethik hat zu untersuchen, welches dieser gesellschaftlichen Entscheidungs- und Koordinationssysteme die Zwecke der Gesellschaft und der Individuen am besten, d.h. nach den Bedürfnissen der Mitglieder einer Gesellschaft und zugleich in effizienter, ressourcenschonender Weise, zu verwirklichen vermag.

Das Ideal einer freien Marktgesellschaft ist das der vertraglichen Einigung zwischen Individuen. Wenn 2 Parteien ein Geschäft abschließen, sind alle Nebenwirkungen eines Gutes, alle Nebenerträge und -verluste den Vertragspartnern bekannt und in ihren Nutzenkalkül eingegangen. Es treten keine Nebenwirkungen auf Dritte auf: Alle Wirkungen sind internalisiert, und alle von dem Geschäft Betroffenen sind eingeschlossen bzw. im Falle des Markttausches Dritte nicht betroffen.[8] Wenn man diese Kriterien des wechselseitig vorteilhaften Tausches auf gesellschaftliche Entscheidungssysteme erweitert, werden die *Internalisierung* aller Handlungswirkungen und -nebenwirkungen und die *Inklusion* aller Betroffenen zu den Kriterien für gesellschaftliche Entscheidungssysteme.[9] Es sollen alle Wirkungen und Nebenwirkungen und alle von einer Entscheidung Betroffenen in den Koordinations- und Entscheidungsverfahren berücksichtigt sein. Das heißt, daß für das Entscheidungs- und Koordinationsverfahren der demokratischen Abstimmung die Bedingung des gleichen Wahlrechts und für dasjenigen des Marktes und Preissystems die Bedingung des unbeschränkten Marktzuganges erfüllt sein müssen. Diese Bedingungen formulieren die Bedeutung von Freiheit und Gleichheit in Demokratie und Wirtschaft: Niemand darf von den formalen Rechten der politischen Mitentscheidung und des Marktzugangs ausgeschlossen werden, und auf niemanden dürfen

---

[8] Vgl. Buchanan (1954a) und (1954b).
[9] Koslowski (1983) und (1987b).

ohne rechtlichen Grund oder eigene Zustimmung negative (Neben)-wirkungen überwälzt werden.

Private Vices – Public Benefits: das Gute als Nebenwirkung

Die zentrale Aussage der Markttheorie ist, daß der Markt unter Bedingungen vollständiger Konkurrenz nicht nur den Einschluß, die Inklusion, von Betroffenen und die Internalisierung von negativen Nebenwirkungen sicherstellt, sondern auch Effizienz als positive Nebenwirkung (Externalität) in einem Prozeß produziert, der auf etwas ganz anderes als das Gemeinwohl aus ist. Die Wirtschaftssubjekte verfolgen im Markt ihr Eigeninteresse, sie suchen ihren Gewinn und werden durch die unsichtbare Hand des Wettbewerbs dazu geführt, effizient zu produzieren und zum Gleichgewichtspreis zu verkaufen.[10] Ein ethisch neutrales Motiv wie die Gewinnerzielungsabsicht führt durch die Marktkräfte zu einem sozialen Gut, nämlich Effizienz.

Mandeville hat diese Fähigkeit des Marktes, Effizienz als Externalität, als *Nebenwirkung*, in einem Prozeß zu produzieren, der eigentlich auf etwas ganz anderes zielt, zu dem bekannten Paradox verschärft, daß private Laster öffentliche Vorteile sind: *„private vices – public benefits"*. Nicht nur eine ethisch neutrale Motivation wie das Gewinnstreben, sondern auch unmoralische Motive, Laster, werden durch die unsichtbare Hand des Marktes in eine positive Nebenwirkung, in ein Gut verwandelt.

In Mandevilles Theorie wird die Ethik aus der Marktwirtschaft eliminiert. Sie hat keine Funktion mehr. Mandevilles Theorie ist konsequent: Das direkte Intendieren des Guten ist ökonomisch nicht wünschenswert, weil das Verfolgen des Guten immer auch schlechte Nebenwirkungen hat. Andererseits hat das Verfolgen des Schlechten immer auch *gute* Nebenwirkungen. Es gibt daher keinen Grund, die gute Handlung vor der schlechten auszuzeichnen. Jede Handlung hat für irgend jemanden gute und für irgend jemand anderen schlechte Nebenwirkungen. Zum Beispiel setzte das große Feuer von London, so Mandeville, viele Feuerwehrmänner und beim Wiederaufbau viele Bauleute in Brot und Arbeit, während die Sparsamkeit im Konsum bei wohlhabenden Schichten die Arbeitslosigkeit der

---

[10] Vgl. Buchanan (1980).

unteren Schichten förderte.[11] Mandevilles These ist, daß in der Marktgesellschaft kein konsistentes Ethos, keine widerspruchsfreie Ethik mehr möglich ist. Gutes bewirkt Schlechtes und Schlechtes Gutes. Dies ist die Gegenposition zu dem Satz des Thomas von Aquin: bonum est diffusivum sui,[12] das Gute ist sich selbst verströmend und verbreitend. Das Gute bewirkt Gutes und ist dabei immer als Zweck und Handlungswirkung zu erstreben. Es kommt nicht, wie bei Mandeville, nur als ungewollte Nebenwirkung des Handelns zustande.

Der Einfluß von Mandevilles Paradox war und ist außerordentlich. Adam Smith las Mandevilles *Bienenfabel* zwischen dem Abfassen der *Theorie der moralischen Gefühle* und dem *Wohlstand der Nationen* und wurde nicht zuletzt durch diese Lektüre dazu gebracht, die Ökonomie als eigenständige Wissenschaft zu begründen. Für die „Cambridge Tradition" der Ethik und Ökonomie, bei George Edward Moore und John Maynard Keynes,[13] wurde Mandevilles Paradox zu einer entscheidenden Anregung.

Die Frage, die Mandevilles Paradox der Wirtschaftsethik stellt, lautet: Wie können wir an der Forderung, gut zu handeln, festhalten, wenn wir gar nicht übersehen können, welche positiven oder negativen Nebenwirkungen unser Handeln in der Unendlichkeit der Interdependenz der Wirklichkeit verursachen wird? Wenn die Wahrheit die Übereinstimmung des Verstandes mit der Sache ist, wenn die Gerechtigkeit die Übereinstimmung des Willens und der Handlung mit dem Guten ist und wenn die Oeconomia, das richtige Wirtschaften, die Angemessenheit der Handlung an die Umstände ist, wie können wir dann jemals sicher sein, richtig gehandelt zu haben? Die Grundnormen können im Netz der Kausalitäten nicht vollständig bis zur konkreten Handlung durchbegründet werden. Das Wahre ist nicht die einzelne Handlung, sondern das Ganze. Keine Anpassung einer Handlung an die Wirklichkeit kann in der unermeßlichen Ereignisfülle der Welt vollkommen sein.

---

[11] Vgl. Mandeville (1705), Bd. 1, 367.
[12] Vgl. Thomas von Aquin, Summa contra Gentiles III, 24: „Auf je höhere Weise etwas gut ist, desto mehr und weiter strahlt es seine Gutheit aus."
[13] Moore (1903), 105f., und Keynes (1921), 309ff.

Ökonomieversagen oder Wohlfahrtsverlust als Nebenwirkung ausschließlicher Verfolgung des Eigeninteresses

Das Modell der unsichtbaren Hand, des ethikfreien Marktes in der menschenfreundlicheren Fassung von Adam Smith und der zynischeren Form Mandevilles ist nur unter 3 sehr restriktiven Bedingungen gültig. Die unsichtbare Hand führt bei vollständig egoistischen Motiven dann trotzdem zum Optimum, wenn die Zahl der Anbieter und Nachfrager sehr hoch ist, wenn alle Anpassungen ohne Kosten und Zeitverlust vorgenommen werden können und wenn die vertraglichen Vereinbarungen ohne Kosten, d.h. ohne Transaktionskosten, eingehalten bzw. durchgesetzt werden können. Nur wenn diese Bedingungen erfüllt sind, werden egoistische Bestrebungen durch die unsichtbare Hand des Marktes in sozial vorteilhafte Marktergebnisse verwandelt. Nur unter diesen Bedingungen wird Ethik und ethisches Verhalten im Markt überflüssig, weil sich die gesellschaftliche Koordination und das Gemeinwohl auch ohne die lästige Zumutung von Ethik herstellen.

Die Bedingungen vollständiger Konkurrenz und kostenfreier Vertragsdurchsetzung sind jedoch Idealbedingungen, die in der Wirklichkeit der Marktwirtschaft nicht erfüllt sind. Der Markt ist nicht der ideale Mechanismus, den die neoklassische Theorie des allgemeinen Gleichgewichts unterstellt, sondern er ist ein Interaktionszusammenhang handelnder und sich verständigender Individuen.[14] In diesem Austauschzusammenhang bleibt Ethik des Wirtschaftens nötig. Man kann sich der Pflicht der verantwortlichen Entscheidung durch Hinweis auf den Automatismus des Marktes nicht entledigen, auch wenn die Nebenwirkungen unseres Handelns in ihren letzten Verästelungen nicht vollständig aufzuhellen sind. Die wirtschaftliche Bedeutung der Ethik im Markt zeigt sich an der Wirkung, die das Vertrauen zueinander und die Zuverlässigkeit der Handelspartner für eine Senkung der Kosten von Vertragsabschlüssen besitzen, und an dem Spielraum der freien Entscheidung, den der Wirtschaftende bei der Preisfestsetzung und bei der Erfüllung seiner vertraglichen Verpflichtungen aus einem Kauf- und Arbeitsvertrag – vor allem bei ungleichem Wissen zwischen Anbieter und Nachfrager und bei Einzigartigkeit der Anbieter- oder Nachfragerposition auch im Markt besitzt. Dieser Spielraum überschreitet das bloße Hinnehmen des

---

14 Vgl. Koslowski (1988), 24ff.

Marktpreises, wie es in der Theorie der vollständigen Konkurrenz für das Verhalten eines bloßen Mengenanpassers unterstellt wird.[15]

Zuverlässigkeit und Vertrauen der Handelspartner zueinander bewirken eine Senkung der Kosten des wirtschaftlichen Austausches. Unsicherheit und Unbestimmtheit in vertraglichen Einigungen können entweder durch Vertrauen akzeptiert oder durch rechtliche Kontrolle und Sanktionen zu hohen Kosten teilweise reduziert werden. Vertrauen senkt Transaktionskosten, weil sich die Vertragsparteien schneller einigen werden und weniger kontrollieren müssen.[16]

Da ethische Haltungen Transaktionskosten senken, erhöhen sie die Leistungsfähigkeit des Marktes, reduzieren die Wahrscheinlichkeit von Marktversagen und verringern den Anreiz, zu staatlicher Zwangskoordination überzugehen. Ethik ist ein Korrektiv gegen Ökonomie- bzw. Marktversagen, weil sie die Kosten von Sanktion und Kontrolle senkt.[17] Da staatliche Kontrolle durch Rechtsorgane auch im staatlichen Sektor kostspielig ist, reduziert Ethik auch die Kosten von Staatshandeln und die Wahrscheinlichkeit von „Staatsversagen" im Staatssektor.

Es gibt daher ein eindeutiges volkswirtschaftliches Argument für ethisches Verhalten. Aber das volkswirtschaftliche Argument ist nicht zwingend auf der individuellen privatwirtschaftlichen Ebene, ist nicht überzeugend für denjenigen, der unmittelbar seinem Interesse folgt, für den nutzenmaximierenden *Homo oeconomicus*. Es besitzt Überzeugungskraft nur für denjenigen, der das allgemeine Interesse, den Gesamtnutzen oder eben die Moralität, zu seinem Anliegen macht. Dezentralisierte, herrschaftsfreie Koordination erreicht ihr Optimum nur dort, wo nicht nur das besondere, sondern auch das allgemeine Interesse in die Maximen der Handelnden aufgenommen wird, wo das Allgemeine mit zum Motiv des individuellen (Wirtschafts)handelns wird. Geschieht dies nicht, so sind entweder Wohlfahrtsverluste durch hohe Transaktionskosten der Kontrolle

---

[15] Neumann/Morgenstein (1944), 9–15, und Morgenstern (1972), 271, 283ff., zeigen, daß das Bild des Marktes als eines beweglichen Gleichgewichts von unbegrenzt anpassungsfähigen Individuen nur für die Markteröffnung und den Beginn der Markttransaktionen zutrifft. Wenn die Individuen erst einmal ihre Präferenzen festgelegt haben und ihre Austauschbeziehungen eingegangen sind, verwandelt sich der freie Markt in einen Markt „mit festen Bindungen" (und ethischen Handlungserwartungen).

[16] Vgl. Albach (1980).

[17] Zu Ethik als Korrektiv von Marktversagen vgl. Arrow (1971).

und Durchsetzung oder aber bei prohibitiv hohen Transaktionskosten Marktversagen und daher Zwang die Folge.

Ethik als Korrektiv von Ökonomieversagen

Auf diese Einsicht in den Zusammenhang von Ethik und Ökonomie, von ethischem Verhalten wie Regelbefolgung, Vertrauen, Zuverlässigkeit, Treu und Glauben einerseits und der Reduktion von Transaktionskosten andererseits kann der einzelne auf dreierlei Weise und mit 3 Optionen für sein Handeln antworten:

Der Handelnde kann erstens unbedingt moralisch handeln. Er macht dann die Einsicht in den ökonomischen Gesamtnutzen von ethischem Verhalten auch zum *Motiv* seines *eigenen Handelns.* Er macht das allgemeine Interesse zu seinem Interesse, d.h. er handelt unabhängig vom Verhalten der anderen moralisch *(Fall 1).* Zum Beispiel bemüht sich ein Mitarbeiter einer Firma unabhängig davon, was die anderen leisten, darum, seine volle Leistung zu erbringen, ein Unternehmer unabhängig von der weit verbreiteten Form von unlauterem Wettbewerb darum, fair zu bleiben.

Der einzelne kann zweitens bedingt moralisch handeln. Er ist bereit, sich an ethische Regeln zu halten, wenn die anderen oder doch die meisten es auch tun, er bricht aber selbst die Regeln, wenn er das Gefühl hat, allein „der Dumme zu sein" *(Fall 2).* Der Mitarbeiter erbringt seine volle Leistung nur, wenn alle anderen es auch tun.

Der einzelne kann drittens die Einsicht haben, daß für alle ein besserer Zustand erreicht wird, wenn sich alle an die Regeln halten, findet aber die beste Situation diejenige, in der sich alle anderen, nur nicht er selber an die Regeln halten *(Fall 3).* Der Mitarbeiter weiß, daß alle die volle Leistung für das Überleben des Unternehmens erbringen müssen, macht für sich selbst aber doch lieber eine Ausnahme.

Das unmoralische Individuum des Falles 3 interpretiert die Situation spieltheoretisch als Gefangenendilemma, als Dilemma eines nutzenmaximierenden Gefangenen unter anderen Gefangenen: Wenn sich alle an die ethischen Regeln halten, wird der für alle zusammen beste Zustand verwirklicht. Jeder einzelne kann sich aber noch besserstellen, wenn er die Regeln nicht einhält, aber alle anderen sich an sie halten. Das Dilemma dieses einzelnen so Handelnden ist jedoch, daß er nicht sicher sein kann, ob nicht auch die anderen mit der Verletzung der Regeln reagieren, wenn er selbst sie nicht einhält, und dann jener selbst und alle anderen noch schlechter gestellt würden als bei allgemeiner Regelbefolgung. In der kleinen, überschaubaren Gruppe ist dieses Problem des Gefangenendilemmas nicht so bedeutsam, weil jedes Gruppenmitglied das Verhalten des anderen kontrollieren und auf die Einhaltung der Gegenseitigkeit pochen kann. In größeren Gruppen, in denen diese Transparenz nicht mehr gegeben ist, stößt die Durchsetzung allgemeiner Regelbefolgung auf größere Probleme. Der einzelne kann sein Verhalten nicht mehr unmittelbar an dasjenige aller anderen anpassen und läuft daher Gefahr, daß er allein sich an die Regeln hält, während die anderen „auf seine Kosten" die Regeln brechen.

In der modernen Verkehrsgesellschaft ergibt sich in moralischer Hinsicht ein „Schwarzfahrerproblem": Individuen wollen die Vorteile eines moralischen Zustandes in Anspruch nehmen, ohne sich selbst an dessen Kosten zu beteiligen, indem sie ihre eigenen, unmittelbaren Begehrungen in ethisch verallgemeinerbare und regelkonforme verändern. Dieses Schwarzfahrerproblem nimmt mit der Anzahl der Mitglieder einer Gruppe und der abnehmenden Transparenz des Verhaltens zu. Es entsteht ein „Dilemma der großen Zahl" (Buchanan). Durch die Vergrößerung des Marktes, des Verkehrs und der Gruppen, auf die sich das Individuum bezieht, wird Kontrolle von Angesicht zu Angesicht und informeller Druck zur Einhaltung der Regeln in kleinen Gruppen, die in Gesellschaftsformationen vor der Verkehrsgesellschaft soziale Konformität erzwungen haben, unmöglich.

Wer das Allgemeine, die verallgemeinerungsfähige moralische Regel oder den Imperativ des Sittlichen nur zur Regel des moralischen Handelns der anderen, nicht aber zu seiner Regel und zum Motiv des Handelns macht und daher bei Intransparenz des Geschehens und Verbergbarkeit seines Handelns die Moralität der anderen zu seinem eigenen Vorteil ausnutzt, handelt u.U. ökonomisch sinnvoll, nicht aber moralisch. Bemerkenswert ist jedoch, daß dieses ökonomische Verhalten zu keiner spieltheoretisch stabilen Situation führt. Der Fall 3 der Handlungsoptionen ist eine typische Dilemmasituation, in der man nicht bleiben kann. Das Gefangenendilemma beschreibt eine Situation, in der sich alle besserstellen, wenn sich *alle* an die Regeln halten, in der aber jeder einzelne ein Interesse hat, derjenige zu sein, der allein die Regeln brechen kann. Die Regel wird also zusammenbrechen, wenn ihre Einhaltung nicht von außen durch Kontrolle und Sanktion erzwungen wird oder von den einzelnen aus ethischen Gründen gewollt wird. Fall 3 muß entweder in die ethischen Optionen von Fall 1 oder 2 oder in ein äußeres Zwangssystem überführt werden.

Betrachten wir die Option von Fall 2. Fall 2 ist eine typische Zwischensituation, die für das Verhalten der meisten Menschen hohe Plausibilität besitzt. Man handelt moralisch, wenn es die anderen tun, man hört auf, moralisch zu handeln, wenn man das Gefühl hat, der einzige Moralische zu sein. Die Ethik ist ein Mittel, die Situation des Gefangenendilemmas, das einen Fall von Ökonomieversagen darstellt, in die Situation von Vertrauen oder Zusicherung zu überführen. Die allgemeine Geltung ethischer Regeln in einer Gesellschaft würde so das von Sen so genannte Isolationsparadox[18] von Fall 2 in eine Situation relativer Sicherheit überführen. Das Isolationsparadox besagt, daß sich in der Isolation und unter Unsicherheit über das Verhalten anderer das Individuum nicht an die Regel halten wird, weil es fürchtet, übervorteilt zu werden, obgleich es grundsätzlich bereit ist, den Verallgemeinerungsgrundsatz auf sich selbst anzuwenden.[19]

Doch auch Fall 2 ist nicht stabil, weil die Zusicherung, daß sich alle anderen oder wenigstens die meisten von ihnen an die Regel halten, immer nur im großen und ganzen und mit Einschränkungen gegeben ist. Sen nimmt zwar an, daß allgemein anerkannte moralische Werte den Fall 3 des Gefangenendilemmas in den Fall 2 der Zusicherung, des „assurance game", verwandeln, weil der einzelne bei Geltung dieser Werte nicht mehr unter Unsicherheit über die Moralität der Präferenzen der anderen handelt.[20] Diese Annahme ist jedoch eine *Petitio principii*, die dem einzelnen nicht weiterhilft. Sie besagt ja nur, daß, wenn ethisches Verhalten allgemein ist, d.h. „Werte" anerkannt sind, die Individuen weitere Anreize haben, ethisch zu handeln. Ob die Werte allgemein anerkannt sind und ob das Individuum die soziale Wirklichkeit so wahrnimmt, ist aber gerade das, was für Fall 2 des Isolationsparadoxes in Frage steht. Wie ist es erreichbar, daß moralische „Werte" allgemein anerkannt sind, die anderen also ethisch handeln und der einzelne ebenfalls die Regel zu seinem Motiv macht? Das Unsicherheitsmoment ist hier nicht zu be-

---

[18] Sen (1967), 112.
[19] Zur formalen Darstellung der Fälle 1–3 im Anschluß an Sen (1975), 107–110, vgl. Koslowski (1988), 34ff.
[20] Sen (1975), 109/10.

seitigen, die Zusicherung immer nur eine relative. Fall 2 ist deshalb zwar stabiler als Fall 3, weil in Fall 2 die Individuen zumindest partiell moralisch sind, Fall 2 kann aber nicht die Zusicherung des moralischen Verhaltens der anderen leisten und das Vertrauen in dieses beim Handelnden begründen.

Für Fall 2, für die Situation des Isolationsparadoxes, entstehen daher 2 Fragen. Einmal die Frage, wie lange das Individuum bereit sein wird, an der moralischen Regel festzuhalten, auch wenn die meisten anderen sie brechen oder es unsicher über das tatsächliche Verhalten der anderen ist. Zum anderen die Frage, wie die Unsicherheit und Ungewißheit über das Verhalten der anderen reduziert werden kann. Diese Fragen sind von der Ethik allein nicht zu lösen. Ihre Beantwortung innerhalb der Ethik führt immer wieder in die *Petitio principii*, daß die Ethik vom einzelnen akzeptiert werden und die allgemeine Anerkennung finden wird, wenn sie bereits allgemeine Anerkennung hat, daß das Isolationsparadox des Akzeptierens der Ethik überwunden werden kann, wenn die Ethik bereits allgemeine Gültigkeit hat.

Fall 2 zeigt, daß das Gefangenendilemma und das Isolationsparadox durch die Ethik nur überwunden werden können, wenn die Individuen die moralische Regel frei und ohne Berücksichtigung des Verhaltens der anderen anerkennen und zu ihrem Motiv machen. Da die Unsicherheit über das Verhalten der anderen nicht zu beseitigen ist, kann die ethische Regel nur dann aus sich heraus Anerkennung finden, wenn sie unabhängig vom Verhalten der anderen anerkannt wird. Eben dieses ist die Forderung von Kants kategorischem Imperativ: Die ethische Maxime muß aus bloßer Achtung für das Gesetz ohne empirische Nutzenerwägungen ergriffen werden. Sobald die Maxime des Handelns, die als allgemeine gelten können soll, aus Überlegungen über die Folgen des eigenen Handelns und der Bedingungen des Handelns anderer gewählt wird, ist sie nicht mehr sittlich „rein" und auch nicht mehr, was für unseren Zusammenhang bedeutsamer ist, unter Gewißheit gewählt. Man gerät dann ins endlose leere Reflektieren, was wohl die anderen tun werden, welche Wirkungen die Handlung unter den und den Randbedingungen haben wird etc. und wird sich auf diese Weise schließlich überhaupt nicht mehr entscheiden oder von der Gefordertheit der sittlichen Maxime überzeugen können.

Für die Sittlichkeit der kantischen Ethik ist das Verhalten der anderen für die Wahl der handlungsleitenden Maxime ohne Belang.

Das sittliche Subjekt handelt selbst dort nach der Regel des kategorischen Imperativs, wo die Folgen unangenehm sind und sich die anderen nicht an sie halten, sondern ihren eigensüchtigen Zielen nachgehen. Das Isolationsparadox existiert für den Kantianer nicht.

Wenn wir das Ergebnis unserer Fallunterscheidungen der Ethik
zusammenfassen, zeigt sich, daß Fall 3 des Gefangenendilemmas
und Fall 2 des Isolationsparadoxes nicht stabil sind, Fall 1 der reinen
Moralität ohne Berücksichtigung des Verhaltens der anderen aber
sehr unwahrscheinlich ist und moralischen Heroismus verlangt. Eine
der Ethik immanente Begründung von Sittlichkeit „aus reiner Achtung vor dem Gesetz" ist zwar möglich, die Anreize des einzelnen,
eine „reine" Ethik für sich zu übernehmen, sind jedoch vergleichs-
weise gering. In Analogie zum Marktversagen wird es sehr wahrscheinlich sein, daß es hier zu „Ethikversagen" kommen wird.

Religion als Korrektiv von Ethikversagen

Ethikversagen erfordert ein Korrektiv. Auch Kant hat das Problem
des Ethikversagens durchaus gesehen. Wenn das sittliche Individuum dem kategorischen Imperativ, alle anderen aber der Regel der
eigenen Glückseligkeit folgen, wird das Zusammenstimmen von
Sittlichkeit und Glückseligkeit beim einzelnen erheblich gestört sein.
Die Antwort auf dieses Problem sah Kant in der Postulatenlehre. Die
Postulate der praktischen Vernunft, Gott, Freiheit und Unsterblichkeit der Seele, stellen das Vertrauen in den Sinn ethischen Handelns,
in das Zusammenstimmen von Glück und Sittlichkeit wieder her.
Die Voraussetzung dafür, daß das Individuum bereit sein wird, zur
Verwirklichung des Zustandes allgemeiner Regelbefolgung beizutragen, auch wenn es über die Präferenzen der anderen bezüglich ihrer
Handlungsalternativen nicht sicher ist, liegt in dem religiösen Glauben an den transzendenten Ausgleich von Sittlichkeit und Glückseligkeit für die unsterbliche Seele. Durch die Postulate, die diesen
Ausgleich glaubhaft machen, wird es für das Individuum sinnvoll,
den Zustand, in dem nur es sittlich handelt, dem Zustand, in dem
keiner sittlich handelt, vorzuziehen.

Der religiöse Glaube kann Ethikversagen in Vertrauen in den Sinn
von Ethik, die empirische Unsicherheit des Isolationsparadoxes in
die Glaubensüberzeugungen des Sinns von Sittlichkeit überführen.
Erst die Religion verwirklicht das, was Sen schon der Ethik zurech-

net: die Situation des Gefangenendilemmas und Isolationsparadoxes in diejenige einer Zusicherungssituation (spieltheoretisch: eines „assurance game") zu transformieren. Zusicherung und Vertrauen in den Sinn sittlichen Handelns sind nicht aus der Ethik allein, sondern nur durch die religiöse Begründung von Sittlichkeit zu gewinnen. Die Religion leistet – bei Kant in der postulatorischen Form, bei Plato in der Form der Idee des Guten und des Mythos vom Totengericht über die Seele – die Versicherung des Subjekts, daß Sittlichkeit und Glück langfristig konvergieren. Sie ermöglicht Handeln unter Sicherheit in der Ethik auch dort, wo das Individuum aufgrund der Unsicherheit über das Verhalten der anderen in einem Isolations- und Gefangenendilemma steht.

Gegen diese Begründung könnte der Einwand erhoben werden, daß die Religion damit nur eine raffinierte Weise der sozialen Kontrolle und Durchsetzung von Konformität sei, indem die sozialen Verhaltenserwartungen eben internalisiert und damit bedrückender würden. Dagegen ist deutlich zu machen, daß die ethischen Regeln wahrheitsfähig sein müssen, daß die religiöse Versicherung des Sinns von Ethik für *alle* Gültigkeit haben muß und daß dieser religiöse Glaube, wenn er allgemein ist, tatsächlich alle besserstellt.

Durch die Religion wird das Vertrauen auf die Sittlichkeit und Regelbefolgung der anderen verstärkt, das Vertrauen darauf, daß der Zustand allgemeiner Regelbefolgung häufiger eintreten wird, auch wenn dieses Vertrauen gelegentlich enttäuscht wird. Damit wird aber die Bereitschaft des Individuums erhöht, eigene moralische Vorleistungen zu erbringen. Denn die Furcht davor, Vorleistungen zu erbringen, führt schließlich dazu, daß sich niemand an die Regeln hält. Dieser Gefahr einer selbsterfüllenden Prophezeiung[21] kann durch die Postulate der praktischen Vernunft gegengesteuert werden. Die religiöse Absicherung des Satzes, daß Unrecht erleiden besser ist als Unrecht tun, führt, wie Plato gesehen hat, dazu, daß das Vertrauen in das Verhalten der anderen wächst und daher der Zustand der allgemeinen Regelbefolgung wahrscheinlich wird.

Daraus folgt, daß die Religion nicht nur die Bereitschaft erhöht, moralische Vorleistungen zu erbringen, sondern daß ihre soziale Gültigkeit die Wahrscheinlichkeit erhöht, daß moralisches Handeln nicht den Charakter der Vorleistung, sondern des allgemeinen Ver-

---

[21] Vgl. zur Gefahr der „self-fulfilling prophecy" im kollektiven Handeln Olson (1965), 105–110.

haltens hat. Die Schritte unseres Arguments – Ökonomie- bzw. Marktversagen, Ethik als Korrektiv von Ökonomieversagen, Religion als Korrektiv von Ethikversagen – zeigen die enge Verknüpfung der ökonomischen, individualethischen und religiösen Handlungsorientierung. Sie zeigen, daß die Ökonomie sich selbst zur Ethik und die Ethik sich selbst zur Religion transzendiert.

Die kleine Transzendenz des ökonomischen Vertrags, die in dem Hinübergehen der Interaktion des einen Vertragspartners zu dem anderen und der Überschreitung der Getrenntheit der Personen im wirtschaftlichen Austausch besteht, verweist auf die mittlere Transzendenz der Ethik, in der die Getrenntheit der Person noch weiter zur Gemeinsamkeit der ethischen Regel und Werte und zur Antizipation des gemeinsamen Interesses oder Gemeinwohls transzendiert wird. Die mittlere Transzendenz der Ethik transzendiert das Selbstinteresse und die einfache Abgleichung der Interessen im wechselseitig vorteilhaften Tausch des ökonomischen Vertrags auf die Berücksichtigung des Allgemeinen im besonderen Interesse hin. Die mittlere Transzendenz der Ethik verweist wiederum auf die große Transzendenz der Religion und wird in ihr geschlossen zu einer sinnvollen Lebensoption, in der ethisches Verhalten als ein solches gedacht wird, das langfristig und im ganzen auch vorteilhaft ist. Die große Transzendenz in der Religion ist die Bedingung der individuellen Sinnhaftigkeit des ethischen Handelns, ist die Voraussetzung dafür, daß sich der Sinn der mittleren Transzendenz der Ethik erfüllt und Moralität und Vernunft bzw. Eigeninteresse sich vereinigen.[22]

Ökonomie, Ethik und Religion bilden ein System von Transzendenzen, von Übergehen in anderes, und eine Iteration von Kompensationen. Ethik ist das Korrektiv und die Kompensation von Marktversagen, Religion das Korrektiv und die Kompensation von Ethikversagen. Die Gefahr ist freilich gegeben, daß sich Ethikversagen in Religionsversagen wiederholt, daß auch die Religion das Individuum nicht des Sinnes des ethischen Handelns zu versichern vermag, weil es keine letzte Zusicherung für die Wahrheit der Religion gibt. Religionsversagen ist nicht durch weitere Iteration kompensierbar. Die „assurance", die Zusicherung der religiös-transzendenten „Entlohnung" für die Vorleistung ethischen Verhaltens und die Vorleistung des Vertrauens darauf, daß Beachtung des allgemeinen Interesses und der ethischen Regel besser ist als die Verletzung der Ethik

---

[22] Der Begriff der kleinen, mittleren und großen Transzendenzen stammt von Luckmann. Vgl. Luckmann (1985), 28f.

aufgrund des eigenen Mißtrauens, daß sich die anderen nicht ethisch verhalten werden, bleibt selbst Folge eines ontologischen Vertrauens.

Das hier vorgetragene Modell der Trias von Ökonomie, Ethik und Religion stellt, wie die philosophische Ethik und praktische Metaphysik Kants, ein sehr rationales Argument für die Geltung einer monotheistischen Religion und Metaphysik dar. Die philosophische Ethik vermag die traditionelle Metaphysik mit ihren speziellen Metaphysiken der rationalen Theologie (Gottesbegriff) und rationalen Psychologie (Freiheit und Unsterblichkeit der Seele) rational zu begründen, aber sie kann nicht die Geltung und den Glauben an diese Metaphysiken herbeiführen oder argumentativ „erzwingen". Das gilt aber umgekehrt ebenso für die Ethik, die auch auf ihre freie Anerkennung durch den Menschen angewiesen bleibt. Der ethische Diskurs ist näher am ökonomischen Diskurs als der religiöse, er erfordert nur eine mittlere, keine große Transzendenz der erfahrbaren Wirklichkeit. Andererseits sind, ökonomisch gesprochen, die Erträge der Ethik geringer als die der Religion, so daß das Risiko der Ethik geringer ist als das der Religion, aber ebenso auch ihre Gewinne. Die Religion ist daher ökonomisch, von der Vorteilsüberlegung des einzelnen gesehen, der Ökonomie näher als die Ethik. Daß die Wirtschaftsethik – ebenso wie die allgemeine Ethik – auf die Metaphysik und Religion verweist und mit ihnen verbunden ist, zeigen nicht zuletzt die Wirtschaftsethiken der Weltreligionen und die außerordentliche Bedeutung der Weltreligionen für die Ausbildung wirtschaftlicher Ethosformen, von Wirtschaftsstil und -gesinnung.[23]

Eigeninteresse, Unternehmensethik und Mitarbeitermotivation

Wenn man von der religiösen Lösung des Isolationsparadoxons und des Koordinationsproblems absieht, ist es die Ethik allein, die das Isolationsparadox von Sen in eine Situation von Zusicherung allgemeiner Regelbefolgung für das Individuum verwandelt. Die Aufgabe der Ethik im Sinne einer individuell angenommenen Moral besteht darin, das Individuum durch die Allgemeingültigkeit eines ethischen Kodexes zu versichern, daß sich die anderen auch an die

---

[23] Vgl. Weber (1920), Bd. 1, 238: „Zu den Determinanten der Wirtschaftsethik gehört als eine – wohlgemerkt: nur eine – auch die religiöse Bestimmtheit der Lebensführung." Vgl. auch Pesch (1918), 84ff.

Regeln halten werden. Die Aufgabe der Wirtschaftsethik als spezieller Ethik liegt darin, dem einzelnen die Zusicherung zu geben, daß allgemeine Regelbefolgung auch für das Handeln in der Wirtschaft, im innerbetrieblichen Leben wie im Markttausch, gilt, und damit seinen Willen und seine Anreize zu stärken, sich selbst an die gemeinwohlfördernden Regeln des Wirtschaftlebens zu halten. Durch die allgemeine und die Wirtschaftsethik wird dem mittelmäßig moralischen Menschen des Falles 2, der nur moralisch handelt, wenn es die anderen auch tun, versichert, daß die meisten anderen sich auch ethisch verhalten werden.

Wirtschaftsunternehmen bemühen sich deshalb auch um die Ausbildung eines ethischen Kodexes der wechselseitigen Zusicherung von ethischem Verhalten. Die Firma IBM z.B. hat ein explizit formuliertes Wertsystem für ihre Mitarbeiter ausgebildet, das von allgemeinen Glaubensannahmen und Überzeugungen, sog. „basic beliefs", über Handlungsstrategien, „policies", zu empfohlenen Handlungsweisen und Geschäftspraktiken, „business practices", reicht.[24] Es ist bemerkenswert, daß der Aufbau des Wertsystems oder besser der praktischen Philosophie und Weltsicht dieses Unternehmens dem System der Transzendenzen von der Ökonomie zur Ethik und von der Ethik zur Metaphysik insofern folgt, als die Regeln von der partikularen und operativen Ebene der Geschäftspraktiken über die allgemeinere Ebene der Strategien bis zu allgemeinen Überzeugungen über die Struktur der Gesamtwirklichkeit fortlaufend allgemeiner und verallgemeinert werden. Das Beispiel zeigt, daß auch die Unternehmensethik *basic beliefs* über die Gesamtwirklichkeit von Mensch und Welt voraussetzt, die den Menschen des Sinnes der Ethik „versichert".

Der Entwurf einer Unternehmensethik muß jedoch beachten, daß die Ethik nicht bloß funktional eingeführt werden kann, um primär etwas anderes, nämlich Gewinnsteigerung, zu erreichen, und daß sie im Kern allgemein ist und nicht firmenspezifisch sein kann. Es kann natürlich firmenspezifische Ethosformen, Gewohnheiten, Bräuche etc. geben, aber die allgemeinen Regeln einer Unternehmensethik können nicht in dem Sinne firmenspezifisch sein, daß sie nur für *eine* Firma gelten, weil sie nur für diese Firma gut sind. Versuche, firmenspezifische und funktional allein dem wirtschaftlich-monetären Zweck einer Unternehmung nützliche Unternehmensethiken einzuführen, unterliegen deshalb Einwänden wie funktionalistische Be-

---

[24] Vgl. Trux/Kirsch (1979), 233.

gründungen der Ethik überhaupt. Funktionale Begründungen haben die Schwäche, daß sie mit funktionalen Äquivalenten argumentieren und argumentieren müssen. Etwas ist gut für die Erfüllung einer Funktion, aber etwas anderes kann die Funktion ebensogut erfüllen, so daß immer auch etwas *anderes* an die Stelle desjenigen treten kann, der oder das die Funktion erfüllt.

Einer solchen Ethik fehlt die Überzeugungskraft. In der Ethik muß deshalb zugleich das Unbedingte und Selbstzweckliche der menschlichen Freiheit anerkannt sein. Die Ethik muß zur Darstellung bringen, daß, um mit Kant zu sprechen, der Mensch sich selbst und den anderen niemals nur als Mittel, sondern immer zugleich auch als Zweck an sich ansehen muß. Das heißt nicht, daß man andere Menschen und die Ethik *niemals* als Mittel für etwas ganz anderes ansehen darf. Ein solcher Hypermoralismus würde die Idee wirtschaftlicher Kooperation und Arbeitsteilung unmöglich machen. Kants Forderung lautet vielmehr: Man darf den Menschen und die Ethik niemals *nur* als Mittel verwenden. Auf die Wirtschaftsethik angewendet bedeutet dies, daß Unternehmensethik wirtschaftlichen Zwecken förderlich sein kann und soll, daß sie aber niemals allein aus diesen Zwecken begründet und niemals vollständig für Erwerbszwecke instrumentalisiert werden darf.

Wirtschaftsethik ist wie jede Ethik Pflicht-, Tugend- und Güterlehre[25] und zielt als solche nicht nur auf ein „ethisches Minimum" der Sicherung von Effizienz und wirtschaftlichem Überleben, sondern auch auf das richtige und sinnvolle Wirtschaften, auf die Vervollkommnung des Wirtschaftlebens.

Preisgestaltung und Vertragsgerechtigkeit als Problem der Wirtschaftsethik

Die Differenz zwischen einem strategischen Leitbild des Überlebens und einem wirtschaftsethischen Leitbild der Vervollkommnung zeigt sich am Unterschied zwischen der Theorie der mechanischen *Preisanpassung* und der wirtschaftsethischen Theorie der *Preisgestaltung*, also bei der Auffassung, die über die Preisbildung im Wettbe-

---

25 Schleiermacher (1803).

werbsmarkt vertreten wird. Die Frage der Preisbildung leitet zugleich von der Sozialethik zur Individualethik der Wirtschaft über, da die Preisgestaltung sowohl gesamtwirtschaftlich durch die Marktbedingungen beeinflußt wie in der persönlichen Entscheidung vom wirtschaftenden Individuum getroffen wird. Die Preisgestaltung ist eine Variable im Gesamt der Vertragsgestaltung und Vertragsgerechtigkeit.

Spielräume der Preis- und Vertragsgestaltung

Der Produzent und Konsument sind auch im Wettbewerbsmarkt nicht bloße Mengenanpasser, sie können innerhalb bestimmter Grenzen den Preis gestalten. Die mikroökonomische Preistheorie ist der Meinung, daß die ethische Preislehre vom fairen oder gerechten Preis durch die positive Preisbestimmungslehre ersetzt worden ist. Nach letzterer ist der Preis das gleichsam durch ein mechanisches Kräftegleichgewicht bewirkte Resultat des Verhältnisses von Angebots- und Nachfragekräften. Dieser Gleichgewichtspreis ist für den Mengenanpasser gegeben und keine von ihm zu variierende Größe und daher nicht relevant.[26] Die meisten Preise sind aber nicht von dieser Art. Zum einen existiert häufig kein allgemeiner und fixer Marktpreis, sondern nur ein normaler Marktpreis, weil Güter von Ort und Zeit ihres Vorkommens, von ihrer Raum-Zeit-Stelle abhängig sind. Die spezifische Raum-Zeit-Stelle einer wirtschaftlichen Transaktion führt nach dem physikalischen Gesetz der Irreversibilität jedes Geschehens, wie es aus dem Zweiten Hauptsatz der Thermodynamik folgt, zu einer „Individuation" eines Gutes und Preises.

Jedes materielle, greifbare Gut und jedes Gut, das nicht entweder triviales Massengut oder stellvertretender Rechtstitel für ein anderes abwesendes Gut ist, wird in Raum und Zeit und durch seinen Ort im Strom der Wirklichkeit zu einem Individuum, zu einem unverwechselbaren, nicht vollständig austauschbaren Gut. Vermeintlich identische Güter sind an einem anderen Ort und zu einem anderen Zeitpunkt doch unterschiedliche Güter, so daß der Verkäufer oder Käufer sagen können: „Derselbe Preis wie der Marktpreis ist für dieses besondere Gut zu zahlen, aber nicht an diesem Ort und zu diesem Zeitpunkt." Die Einmaligkeit von Raum- und Zeitstellen bewirkt, daß die Homogenität von Gütern, die die Vorbedingung eines ein-

---

[26] Vgl. Koslowski (1988), 262ff.

heitlichen Marktpreises im strengen Sinne ist, stets nur cum grano salis gegeben ist. Käufer und Verkäufer können immer auf die Inhomogenität des in Rede stehenden Gutes hinweisen, die durch sein einmaliges Vorkommen an dieser Raum-Zeit-Stelle verursacht ist, und sagen: „Wir sind bereit, denselben Preis wie andere für ein Gut aus der Klasse dieser Güter zu bezahlen, aber nicht für dieses besondere Individuum aus dieser Klasse an diesem Ort und zu diesem Zeitpunkt."

Der individuelle Preis schwankt um einen Normalpreis in einer Bandbreite nach oben und unten, und diese Bandbreite ist wirtschaftsethisch relevant. In ihr kann Preisdiskriminierung zugunsten oder zuungunsten des Käufers oder Verkäufers betrieben werden oder gar geboten sein, in ihr kann aber auch Preisunterschiedslosigkeit ein ethisches Gebot der Fairneß sein. Die wirtschaftsethische Diskussion um den fairen oder gerechten Preis ist primär eine Diskussion über die Ausgestaltung des Preises im individuellen Austausch, nicht über die Bildung des Marktpreises, der als Richtschnur des individuellen Preises gilt und die Präsumption der Gerechtigkeit für sich hat. Die von staatlichen Interventionen freie Bildung des Marktpreises als Normalpreis galt schon der spanischen Naturrechtslehre der frühen Neuzeit als ethisch und naturrechtlich gefordert und gerecht.[27] Nicht die Bildung des Marktpreises, sondern die Ausgestaltung des individuellen Preises, der um den Markt- oder Normalpreis oszilliert, ist die wirtschaftsethische Aufgabe der Preisgestaltung zwischen Anbieter und Nachfrager. Der individuelle Preis eines Gutes bzw. der tatsächliche Preis eines räumlich und zeitlich individuierten Gutes ist nicht vollständig durch den Marktpreis determiniert, sondern entsteht aus Entscheidungen, die ethisch relevant sind.

Ein weiteres Argument für die Möglichkeit einer Wirtschaftsethik in der Sphäre des Marktes nimmt seinen Ausgang von der Marktformenlehre. Die Bedingungen, die das Modell der vollständigen Konkurrenz und des allgemeinen Gleichgewichtes formuliert, daß nämlich auf allen Märkten der Preis den Anbietern vorgegeben ist, der Gewinn durch bloße Mengenanpassung an den Markt maximiert wird, aber zugleich tendenziell durch die Konkurrenz auf Null herabgedrückt, „wegkonkurrenziert" wird, stellen so hochspezifische Bedingungen dar, daß sie für real existierende Märkte den Ausnahmefall bilden und nicht als Argument gegen die Möglichkeit und

---

[27] Vgl. Höffner (1955) und Weber (1959).

Notwendigkeit von Wirtschaftsethik verwendet werden können. Der wirtschaftliche Wettbewerb als Marktprozeß geschieht nicht um normalen Gewinnens willen oder gar, um Gewinnlosigkeit durch Wettbewerb zu erreichen, sondern er wird um Extragewinne oder Renten willen unternommen.

Nur im statischen Idealmodell vollständiger Konkurrenz gibt es keine Renten, ja nicht einmal Gewinne mehr, weil die Gewinne durch den Konkurrenzdruck, der alle zwingt, am „break-even-point" zu produzieren, verschwinden. Wie Frank Knight sagt: „Under perfect competition there is no competition." Unter vollständigem Wettbewerb gibt es keinen Wettbewerb. Solange Wettbewerb besteht, ist es Wettbewerb um Extrarenten. Jeder Anbieter versucht, sich selbst Produzentenrenten durch ein Quasimonopol oder unnachahmliche Wettbewerbsvorteile wie Standort, Good-will- oder Patentvorteile zu sichern. Jeder Nachfrager sucht sich in die Lage des Monopsons, in der er besondere Käufermacht hat, zu bringen, um sich Konsumentenrenten zu sichern.

Das Phänomen Renten und Rentseeking ist ethisch relevant, und da es auch im Wettbewerbsmarkt Renten gibt, ist auch der Wettbewerbsmarkt keine ethisch neutrale Zone. Die Aufteilung der Konsumenten- und Produzentenrente ist eine offene Frage zwischen 2 Vertragsparteien und daher eine wirtschaftsethisch relevante Frage, in der Fairneß- und Wohlwollensgesichtspunkte eine Rolle spielen müssen. Der als solcher unwiederholbare Tausch an einer irreversiblen Raum-Zeit-Stelle zwischen 2 durch ihre Individualität und in ihren Möglichkeiten, Produzenten- und Konsumentenrente aus dem in Rede stehenden Gut zu ziehen, unverwechselbaren und einmaligen Parteien zeigt sich auch im Konkurrenzmarkt und bei Marktpreisbildung als das, was er ist: ein soziales *und* ökonomisches und nicht nur ein materielles Phänomen.

Der friedliche und sozial eingebettete Tausch ist ein Akt der Solidarität, der gesellschaftlichen Zusammengehörigkeit. Zunächst kann der Tausch auch etwas Gegnerisches, ja Feindliches sein. Primitive Gesellschaften tauschen nur an ihren Rändern mit Stammesfremden. Tausch und Krieg haben für primitive Gesellschaften das Stammesfremde und daher Feindselige gemeinsam. Die Lehre vom gerechten Preis bzw. Tausch versucht die Feindseligkeit des Tausches in einem sozial gezähmten Verfahren zu domestizieren, die Gegnerschaft des

Tausches zu hegen,[28] wie die Lehre vom gerechten Krieg eine Hegung des Krieges versucht, die Gewalt, Eskalation und Grausamkeit des Krieges einzudämmen.

Eine besondere Form der „Hegung des Tausches" und Wettbewerbs zum reduzierten Preiswettbewerb geschieht zugunsten des Käufers in solchen Märkten, auf denen der Verkäufer Preissetzer und der Käufer Preisnehmer ist. Preisnehmer zu sein ist, wie Scitovsky zeigt,[29] nicht in allen Situationen nachteilig oder eine unfaire Behandlung. Vielmehr kann der Preisnehmer auf einen Teil des Preiswettbewerbs der Anbieter verzichten und die Preissetzung des Verkäufers akzeptieren, um sich dafür größere nichtpreisbezogene Vorteile, die durch Verzicht auf vollständige Preiskonkurrenz ermöglicht sind, wie stärkeres Sich-Bemühen, erhöhte Freundlichkeit usw. des Verkäufers einzuhandeln. Diese im Vergleich zum Konkurrenzmarkt größeren nichtpreislichen Vorteile kann der Verkäufer anbieten, weil ihm im Preiskartell anstelle des vollständigen Preiskampfes ein erhöhter Oligopolpreis sicher ist.

Preissetzer können zwar Kartell- oder Oligopolgewinne erzielen, aber dies muß dann noch nicht ethisch abgelehnt werden, wenn sie, was oft geschieht, Dienstleistungen als Kompensation für höhere Preise anbieten. Sie können größere Verfügbarkeit, räumliche Nähe, schnelle Erledigung u.ä. im Austausch für Preise, die über dem Gleichgewichtspreis liegen, anbieten, so z.B. der Einzelhandel mit seinen Quasigebietsmonopolen in den meisten Städten. Es muß in jedem einzelnen Fall entschieden werden, ob der Tausch fair oder unfair oder, mit anderen Worten, Vertrag und Preis gerecht oder ungerecht sind.[29]

Bestimmungen eines gerechten Vertrages

Fair ist ein Tauschvertrag dann, wenn er nach der Natur der Tauschsache und nach dem geltenden Marktpreis unter Berücksichtigung der positiven und negativen Nebenwirkungen des Handelsgeschäf-

---

[28] Nach Brentano (1902), 18, nahm die Emanzipation und Ausdifferenzierung der Wirtschaft aus den gesellschaftlichen Normen von der Entwicklung der Außenwirtschaft ihren Anfang. Vom Naturrecht des Außenhandels ausgehend, habe sich die Wirtschaft das ganze Leben unterworfen.

[29] Scitovsky (1985), 526: „Price markers do, indeed, earn monopoly or oligopoly profits but they often provide services in exchange; and it remains to be decided in each particular case whether the exchange is fair or exploitative."

tes auf beide Seiten nach einem gerechten Interessenausgleich abgeschlossen wird – wobei zu den Nebenwirkungen auch die Produzenten- bzw. Konsumentenrenten zu zählen sind – und wenn er für beide Seiten vorteilhaft ist. Es gibt nach diesem Kriterium für die Beurteilung von Verträgen nicht den einen gerechten Preis, der ein für allemal feststeht und als fester Bezugspunkt dienen könnte, es gibt aber auch nicht Preisbeliebigkeit, sondern Preise, die fairer und gerechter sind, und solche, die weniger fair sind. Das genannte Kriterium enthält 4 Bestandteile: Natur der Tauschsache, wechselseitig vorteilhafter Tausch, Marktpreis, Interessenausgleich.

Natur der Tauschsache

Daß der Preis und das Tauschgeschäft der Natur der Tauschsache entsprechen müssen, ist nicht trivial oder tautologisch. Dieses Teilkriterium des gerechten Verfahrens erfordert vielmehr, daß es sich bei dem Tauschgut um ein echtes Gut handelt und nicht um ein „Scheingut", bei dem auf einer der beiden Seiten Illusionen über die Natur der Sache bestehen und aus diesen Illusionen von der anderen Seite einseitig Gewinn gezogen wird. Es muß sich bei dem Tausch um eine Einkommensübertragung gegen ein echtes Gut handeln. Im Falle eines Scheingutes liegt ein Einkommenstransfer zugunsten des Verkäufers vor, bei dem das Gut des Käufers nur durch Manipulation des Verkäufers, nicht aber durch eine angemessene wirtschaftliche Wertschöpfung zustande kam.

Einkommenstransfers vom Käufer auf den Verkäufer für Scheingüter, ohne daß auf seiten des Verkäufers eine Wertschöpfung stattgefunden hätte, stellen ungerechtfertigte Einkommen dar.[30] Es können folgende Ursachen von ungerechtfertigten Einkommenstransfers und damit ungerechten Verträgen unterschieden werden:

a) Ein ungerechtfertigter Einkommenstransfer entsteht dadurch, daß der Stärkere, der Verkäufer, sich verpflichtet, seine bereits existierende Machtstellung nicht auszunutzen, also das Gut nur im Verzicht auf mögliches Unrechttun durch den Verkäufer besteht. Ein besonders drastisches Beispiel hierfür sind die „Schutzgebühren" der Mafia.

---

[30] Vgl. Wolf (1908), 143, und vor allem Pesch (1918), 50ff.

b) Wirtschaftsethisch müssen auch Formen des Einkommens abgelehnt werden, die dadurch entstehen, daß eine Zwangslage des Käufers oder Verkäufers durch den Tauschpartner erst herbeigeführt und geschaffen wird. Ein Beispiel wäre die Herbeiführung und Ausnutzung von Zwangslagen durch ungerechtfertigte Streiks oder Aussperrung.

c) Den dritten Typus eines Scheingutes und daraus fließenden ungerechtfertigten Einkommens bilden die Übervorteilung durch Vorschubleistung an die Selbsttäuschung und die Ausnutzung von Unerfahrenheit.

d) Der vierte Typus von ungerechtfertigtem Einkommen entsteht aus der Vortäuschung eines falschen Tatbestandes (Fälschung). Dieser Typus ist wirtschaftsethisch vor allem dort von Belang, wo er durch das Recht nicht erreicht wird.

Die genannten Formen des nichtgerechtfertigten Einkommens werden zum Teil schon durch das Recht verboten und geahndet, und man könnte die Frage stellen, was die Wirtschaftsethik in dieser Frage über das Wirtschaftsrecht hinaus beizutragen vermag. Das Recht als Zwangsordnung arbeitet mit Normierung, Verbot und Sanktion. Wo das Recht zur Sollens- und Wollensordnung wird – und kein Recht kann nur Zwangsordnung sein –, geht es in die Ethik über. Die Wirtschaftsethik bildet daher in den Fragen der Tauschgerechtigkeit die *Sollens- und Wollensordnung des Wirtschaftens*, die sich an den freien Willen der Handelnden wendet, solche Handlungen zu unterlassen, die sich in der Zwischenzone zwischen dem vom Recht noch Erlaubten und dem Verbotenen bewegen.

Diese Grenze ist nicht immer eindeutig zu ziehen. Beispielsweise ist im Fall c) des ungerechtfertigten Einkommens aus Selbsttäuschung des Käufers gar keine eindeutige rechtliche Normierung möglich. Die Verstärkung oder Ausnutzung einer Selbsttäuschung des Käufers durch den Verkäufer ist, weil sie ein Innenverhältnis des Käufers zu sich selbst betrifft, äußerlich weder nachzuweisen noch justitiabel zu machen.

Die Wirtschaftsethik muß auch erkennen, daß das Prinzip *caveat emptor*, der Käufer solle sich vorsehen, ebenfalls ein wichtiges ethisches Prinzip darstellt, das, da es die Anerkennung der Eigenverantwortlichkeit und Freiheit der Person enthält, nicht einfach durch wirtschaftsethische Forderungen an den Verkäufer außer Kraft gesetzt werden kann. Die Wirtschaftsethik muß hier einen Weg zwischen einem rücksichtslosen *Caveat-emptor-Prinzip* des Stärkeren und einem ebenfalls entfremdenden Prinzip der Konsumentenbetreuung durch das Recht oder die Ethik finden. Der Verkäufer kann nicht seines Bruders, des Käufers, Hüter sein. Dennoch bleibt die Differenz zwischen Täuschen und Tauschen bestehen und ethisch relevant.

Wechselseitig vorteilhafter Tausch

Grundprinzip des Tausches ist es, daß er für beide Seiten vorteilhaft ist. Das Vermögen keines der Vertragspartner, das vor dem Tausch realisiert war, darf durch den Tausch verringert werden. Diese Regel bezieht sich auf das *realisierte* Vermögen. Wenn durch den Tausch das latente Vermögen des Verkäufers in ein erheblich größeres realisiertes Vermögen überführt wird, die durch den Tausch herbeigeführte Wertsteigerung vom Käufer im Tausch jedoch nicht vollständig abgegolten wird, liegt kein ungerechtfertigter Vermögensgewinn des Käufers vor, weil eine relative Vermögenssteigerung des Verkäufers durch das im Tausch realisierte Einkommen eingetreten ist.

Angenommen, ein Kunstfachmann entdeckt den „wahren" Wert eines kostbaren Gemäldes, das sein Besitzer für wertlos hielt. Wenn er es ihm weit unter dem ihm bekannten Schätzpreis abkauft, findet kein Vermögensverlust des Verkäufers im strengen Sinne statt, da dieser von dem Wert des Gemäldes nichts wußte, sein Vermögen also nicht realisiert hatte, und andererseits kein unmittelbarer Marktpreis existiert, an den angeschlossen werden könnte. Eine andere Frage ist, ob die Wirtschaftsethik etwas darüber sagen kann, ab wann die Differenz zwischen geschätztem „Marktpreis" und vereinbartem Preis in einem solchen Falle unethisch wird. Übertriebener Rigorismus ist hier nicht angebracht, weil die „Entdeckung" des Wertes des Gemäldes eine vermögenssteigernde Leistung ist.

Die wirtschaftsethische Preislehre kann sich nicht auf den bloßen Konventionalpreis zurückziehen und jeden tatsächlich vereinbarten Preis auch als einen wirtschaftsethisch gerechtfertigten ansehen. Kein Vertragspartner *will* durch einen Tausch einen Vermögensverlust erleiden, also einen den Wert des ausgetauschten Gutes übersteigenden Preis bezahlen. Wenn ein vermögensmindernder Tausch „freiwillig" nur deshalb zustande kommt, um einen noch größeren Schaden, den der Vertragspartner zufügen könnte, abzuwenden, ist er kein Tausch, sondern Nötigung zu einem Vermögenstransfer vom Schwächeren auf den Stärkeren.

Marktpreis

Das wichtigste Kriterium der Bestimmung eines fairen Preises ist der geltende Marktpreis einschließlich der Bandbreite seiner Schwankungen nach oben und unten, die seinen „Individuationen" in Raum, Zeit und Umständen entsprechen. Der Marktpreis ist der entscheidende Orientierungspunkt einer gerechten Preisgestaltung, weil in ihn bei angemessenen Marktbedingungen die Wertschätzungen und die Knappheitsrelationen zwischen allen Gütern auf dem Gütermarkt und die Knappheitsrelationen auf dem Faktorenmarkt zwischen allen Produktionsfaktoren, die zur Herstellung des in Rede stehenden Gutes nötig sind, eingegangen sind.

Berücksichtigung der positiven und negativen Nebenwirkungen
und Renten des Tauschgeschäftes und fairer Interessenausgleich

Die ökonomische Markttheorie nimmt an, daß die Vertragspartner alle positiven und negativen Nebenwirkungen, alle *Renten*, die sie selbst aus dem Vertragsgeschäft treffen können, berücksichtigt und internalisiert haben und diese Internalisierung mit ihrer Zustimmung zum Vertrag zum Ausdruck bringen. Eine weitergehende Berücksichtigung der Externalitäten des Vertrages auf den anderen Vertragspartner scheint in dieser Sicht der Dinge überflüssig, ja schädlich, weil das eine Individuum über die „externen" Effekte des Vertrages auf den anderen gar keine adäquaten Informationen habe und nicht in das Innere des Herzens des anderen hineinblicken könne und solle. Jeder habe im Vertragsgeschäft seine Sphäre und für seine Sphäre zu sorgen, die den anderen nichts angehe. Dieser Argumentation ist zunächst zuzustimmen.

Es wird hier die Differenz zwischen dem ethischen Minimum des Rechts, d.h. der Nichtinterferenz mit der Sphäre des anderen, und der ethischen Tugend der Gerechtigkeit sichtbar. Tausch und Markt sind auch ohne Beachtung der Nebenwirkungen auf den anderen als bloßes Sich-Abgleichen von Interessen funktionsfähig. Der Tausch kann jedoch über das Sich-Abgleichen hinaus auch zu einem Sich-

Ausgleichen der Interessen im Tausch werden. Ein fairer Vertrag ist in dieser Sicht ein Vertrag, der über den Preis, der sich aus einem bloßen Sich-Abgleichen von Interessen ergibt, hinausgeht und einen fairen Interessenausgleich der Nebenwirkungen und wechselseitigen Konsumenten- bzw. Produzentenrenten anstrebt.

Das Problem des fairen Interessenausgleichs in der Vertragsgestaltung ergibt sich nicht nur dort, wo nur ein Konventionalpreis möglich ist, da kein Marktpreis, keine Schätzung der Gesellschaft und kein Taxpreis existieren. Die ethische Aufgabe des Interessenausgleichs entsteht auch dann, wenn ein Marktpreis als Orientierungspreis vorliegt, obgleich sie sich im Falle eines gegebenen Marktpreises in einer weniger dringlichen Form stellt. Der Satz von Hobbes, daß jeder Vertrag, auf den sich 2 Kontrahenten einigen, auch ein gerechter Vertrag ist, trifft nicht zu. Je nach Situation und Umständen kann Preisdiskriminierung entweder zugunsten eines Notleidenden oder zuungunsten eines Wohlhabenden ethisch geboten sein, je nach Situation kann aber auch Preisunterschiedslosigkeit für jedermann ein ethisches Gebot der Fairneß sein.

Rücksichtslose Vorteilsnahme ist kein ethisch hochstehendes Verhalten und wahrscheinlich auch keine langfristig vorteilhafte Strategie, weil sie mit ebenso harter Vorteilsnahme der Gegenseite beantwortet werden wird. Ein großzügiges wechselseitiges Einräumen von Renten mit abwechselnder Bevorzugung des einen oder des anderen Vertragspartners, nach unterschiedlichen Gelegenheiten, wird langfristige und wiederholte Vertragsbeziehungen (*„repeat business"*) verbessern und humanisieren und ist daher nicht nur ethisch, sondern auch ökonomisch sinnvoll.

Der äußere Koordinationsmechanismus des Preissystems ist nicht die einzige Koordinationsform der Wirtschaft. Vielmehr findet in der Selbstbestimmung des Willens nach dem Kriterium der Verallgemeinerbarkeit der Handlungsmaxime eine innere Koordination der Präferenzen als Antizipation der äußeren (Markt)koordination statt. Die Marktkoordination leistet die formale, äußere Koordination der offenbarten Präferenzen. Die ethische Koordination der Verallgemeinerung zielt auf eine Transformation der noch nicht ausgeformten Präferenzen zu vernünftigen, d.h. verallgemeinerbaren Präferenzen.[31]

---

[31] Vgl. Koslowski (1988), 72–78.

Individualethik der Wirtschaft

Die Trennung von Individualethik und Ökonomie ist der Gegenwart
eine geläufige Sache, eine zu geläufige Sache. Sie ist historisch neueren Datums und erst seit Kant und Adam Smith zu beobachten.

Fehlende Vermittlung und Dualismus von Ethik und Ökonomie in der Moderne

Die ältere Einheit der praktischen Philosophie, die Zusammengehörigkeit von Ethik, Politik und Ökonomie, ist seit der Durchsetzung
der Nationalökonomie als eigenständiger Wissenschaft bei Adam
Smith und der Auswanderung der Pragmatik und Sozialethik aus
der Moralphilosophie bei Kant aufgelöst worden. An die Stelle der
Trias von Ethik, Politik und Ökonomie ist die Verselbständigung der
3 Disziplinen getreten. Diese Segmentierung der Fächer der praktischen Philosophie kann nicht endgültig sein, weil das individuelle
und soziale Handeln sich nicht segmentieren läßt, sondern in unserer „Lebenswelt" eine politisch-ökonomisch-ethische Einheit bildet.
Es muß eine neue Integration dieser Fächer gefunden werden.

Wirtschaftsethik stellt den Versuch einer Integration der ethisch-
lebensweltlichen Handlungsaspekte in das ökonomische Hand-
lungsmodell der Wirtschaftwissenschaften dar, sie macht den Versuch, die Kluft zwischen der Totalität der sozialen Bezüge des Wirtschaftshandelns und der notwendigen Abstraktion des *Homo oeconomicus* zu überwinden. Weil die Lebenswelt oder die Welt der Totalität unserer sozialen Bezüge die Welt ist, in der wir leben und
wirtschaften, muß eine angemessene Theorie wirtschaftlichen Handelns dieser Totalität gerecht werden.

Die Trennung von Ethik und Ökonomie ist v.a. eine Folge des
Siegeszuges des mechanistischen Weltbildes und seiner Übertragung
auf die Wirtschaft seit Hobbes und Mandeville, eine Mechanisie-
rung, die für die klassische und neoklassische wie für die marxisti-
sche Nationalökonomie gilt. Die Wirtschaftssubjekte werden als von
unersättlichen Begierden getriebene Akteure angesehen, deren Aktivitäten in der Produktion durch Marktgleichgewicht oder zentrale
Lenkung mechanisch und technisch vermittelt werden müssen. Ontologisch wird – z.B. bei Kant – die Wirtschaftswissenschaft der Na-

turwissenschaft zugerechnet und die praktische Vernunft allein auf die Innerlichkeit der Moralität beschränkt – auf den reinen Willen. Diese Ontologie der Wirtschaft als technischem oder naturhaftem Bereich ist der vormarxschen politischen Ökonomie eines David Ricardo ebenso eigen wie Marx selber. Die Ökonomie wird hauptsächlich als „Auseinandersetzung mit der Natur", als Entwicklung der Produktivkräfte gesehen. Der deterministisch-mechanistische Grundton der klassischen und neoklassischen *und* der marxistischen Ökonomie ist unüberhörbar. Die sinnhaften und ethischen Aspekte des Wirtschaftshandelnden bleiben weitgehend ausgeblendet. Am deutlichsten sichtbar wird dies in Lenins Zustimmung zu Sombarts These, daß es im Marxismus kein Gran Ethik gäbe, sondern nur ökonomische Gesetzmäßigkeiten.[32]

Der Dualismus der kantianischen Tradition der Philosophie bestimmt jedoch auch einflußreiche nationalökonomische Denker wie Max Weber. Auch Weber trennt zwischen dem stählernen Gehäuse der ökonomischen Notwendigkeiten und der Subjektivität und Freiheit des Reiches der Werte. Die von Kant beeinflußte Ethikdiskussion konzentriert sich auf eine Ethik der formalen Allgemeinheit, Regelhaftigkeit und Verallgemeinerbarkeit. Die Ethik des kategorischen Imperativs ist eine Pflichtenethik, die auf die Allgemeinheit des Sittengesetzes und die Verallgemeinerbarkeit der Willensmaxime zielt. Die Konsequenzen der Maxime in der empirischen Welt sind für sie sittlich nicht relevant. Die Folgenbetrachtung wird von ihr aus der Ethik verbannt.

Diese Trennung von Empirie und Apriori, von Folgenbetrachtung einerseits und apriorischer Allgemeinheit der Maxime und dem nichtempirischen Charakter des guten Willens andererseits führte dazu, daß die Ökonomie des Handelns und die Abwägung seiner Folgen vollständig von der Innerlichkeit der sittlichen Autonomie getrennt wurden. Dem kantischen Dualismus von der Moralität der praktischen Vernunft, des reinen Willens, einerseits und der Pragmatik und Ökonomie andererseits, entspricht die Tendenz der Ökonomie, sich auf Kosten-Nutzen-Kalküle und das Koordinationsproblem der Wirtschaft zu beschränken und alle normativen Überlegungen aus der Ökonomie zu verbannen.

---

32 Lenin (1971), Bd. I, 436.

Umfassende Güterabwägung als Vereinigung
von Ethik und Ökonomie

Das Phänomen der Güterabwägung in jeder belangvollen Entscheidung mit weiterreichenden Konsequenzen verweist auf einen Begriff, den auch die ökonomische Theorie nicht entbehren kann, und beschreibt das gemeinsame Feld von Ethik und Ökonomie. Wo abgewogen wird, wird gewertet *und* analysiert, nicht nur ethisch gewertet oder ökonomisch gerechnet.

Eine umfassende Güterabwägung schließt auch die „Nebengüter" und die Nebenwirkungen auf wichtige Güter ein. Güterabwägung verweist auf Interdependenz zwischen Gütern, zwischen ethischen und ökonomischen Gütern. Nebenwirkungen sind ein Phänomen, das per definitionem Grenzziehungen aufhebt. Ethische Entscheidungen haben ökonomische Nebenwirkungen, ökonomische Entscheidungen ethische. Ökonomische Nebenwirkungen überzeugen uns manchmal von der Undurchführbarkeit einer ethischen Entscheidung – bei manchen Entscheidungen aber auch nicht. Ethische Erwägungen verbieten andererseits manche ökonomisch höchst profitable Strategie.

Nebenwirkungen von Erfahrungen auf Wertüberzeugungen
und umgekehrt in der Güterabwägung

Physische Nebenwirkungen unseres Handelns vermögen unsere Wertüberzeugungen und damit unsere Güterabwägung zu verändern. Wir ändern unsere Wertüberzeugungen und Sollensaussagen aufgrund von Seinsaussagen über die Nebenwirkungen unseres Handelns und über die Wirkungen derjenigen Wertüberzeugungen, die wir bisher hatten, wenn die Erfahrung der Folgen unserer Werte schwerwiegende Wert- und Seinsargumente für eine Änderung unserer Wertüberzeugungen hervorrufen. Die Nebenwirkungen unseres Handelns und unserer Lebensführung auf uns selbst und die Wirklichkeit um uns verändern unsere bisherigen Wertüberzeugungen, wie ebenso ein Beharren auf den eigenen Wertüberzeugungen ethisch gefordert ist, wenn die Wirklichkeit unseren Wertüberzeugungen und nicht unsere ethische Haltung der Wirklichkeit angepaßt werden muß.

Allen Nebenwirkungen ist gemeinsam, daß sie nachträglich korrigierend auf das Wollen, seine emotionalen, wertenden und sachlichen Momente, und das Bewußtsein des wollenden und handelnden Subjektes zurückwirken.[33] Was Max Weber für unmöglich hielt, daß die Werteinstellung durch Erkenntnis dessen, was in der geistigen Welt aus dem Handeln gemäß der vorgegebenen Werteinstellung folgt, umgebildet wird, geschieht durch die Nebenwirkungen des Handelns und die Diskrepanz von Wollen und Vollbringen.[34] Es ist unmöglich, daß Wertüberzeugungen sich nur durch Veränderungen innerhalb der Wertsphäre wandeln, weil die Wertsphäre auf die Seinssphäre zielt. Wertüberzeugungen müssen durch Nebenwirkungen veränderbar sein, weil anders ein vollständiger Solipsismus, ein fensterloses Monadensein der individuellen Wertsphäre, die Konsequenz wäre.

Der wichtigste Fall einer Korrektur der eigenen Zwecksetzungen und Werthaltungen durch die Erfahrung der Erfolge des eigenen Handelns ist die durch das Erleiden der eigenen Handlungswirkungen hervorgerufene Gesinnungsänderung und Veränderung der Wertmaßstäbe. Die eigentlichen Umwälzungen des Inneren sind diejenigen, die durch die Rückwirkung des eigenen Handelns auf die Gesamteinstellung der Person hervorgerufen werden.[35] Das Phänomen der Wandlungen des Ichs und seiner Werte durch Fakten und Erfahrungen hebt die vermeintlich saubere Trennung von Seins- und Sollensaussagen auf. Sach- und Wertargumente, ökonomische und ethische Gesichtspunkte, sind nicht vollständig trennbar, sondern stehen in Interdependenz, haben Nebenwirkungen aufeinander. Schon das bloße Verstehen von gegebenen Sachverhalten und Zusammenhängen der Kultur und der gesellschaftlichen Institutionen ist ohne begleitendes und stillschweigendes Werten gar nicht möglich.[36] Deshalb können auch ökonomische Überlegungen Einstellungsänderungen bewirken und Einstellungsänderungen ökonomische Argumente verändern.

Ethik im umfassenden Sinn kann keinen Gegensatz von Gesinnung (Moral) und Erfolgsorientiertheit (Ökonomie), Wertwelt und Seinswelt, gelten lassen. Der Erfolg und die Nebenwirkungen sind ebenso zu beachten und in die Gesinnung aufzunehmen wie die Fol-

---

[33] Vgl. Wundt (1889), Bd. I, 337.
[34] Spranger (1962), 101.
[35] Vgl. ebd., 94f.
[36] Vgl. Koslowski (1989).

gen durch Wertung erst zu dem werden, was sie sind: nicht bloße Ereignisse, sondern Handlungswirkungen. Der Entscheidende muß ex ante seine Strategien, die möglichen Umweltereignisse und Folgen seines Handelns unter Vorzugsregeln oder -perspektiven, unter Wertgesichtspunkten, entwerfen und bewerten. Werte sind nicht dingliche Konstruktionen, sondern Perspektiven, Vorzugsperzeptionen.

Grade des Öffentlichseins von Gütern oder Übergänge zwischen ökonomischen und ethischen Gütern

Unterschiedliche materielle Wertgesichtspunkte in der Beurteilung von Handlungen und Nebenwirkungen spielen in der wirtschaftlichen wie in der ethischen Entscheidung eine Rolle. Sie können nicht auf den gemeinsamen Nenner „subjektiver Nutzen" reduziert werden, ohne daß die Spezifik der Wahlhandlung verlorengeht. Dies gilt v.a. für die Dichotomie von privaten und öffentlichen Gütern bzw. Werten. Zwischen dem Pol des puren privaten und des puren öffentlichen Gutes liegen Übergänge, die von ethischer und ökonomischer Relevanz sind. Der höhere Wert, das höhere und öffentliche Gut, offenbart nach Max Scheler seine Überlegenheit darin, daß er sich im Gegensatz zu materiellen Werten nicht aufbraucht und ökonomisch gesprochen keine Rivalität des Konsums aufweist. Der höhere Wert nutzt sich nicht wie die sinnlichen Werte ab, d.h. er ist nicht dem Gesetz des abnehmenden Grenznutzens unterworfen, er läßt sich nicht wie die Werte des Nützlichen verrechnen, und er erlaubt keine scharfe ökonomische Ausschließung (Exklusion).[37]

Bestimmte Tugenden wie Tapferkeit, Güte, Gerechtigkeit u.ä. und bestimmte geistige Werte und Güter wie Kunst, Wissenschaft und Religion lassen sich nicht verrechnen, sind aber auch nicht reine öffentliche Güter, sondern weisen Grade des Öffentlichseins auf. Sie werden vom geistigen Menschen zwar privat erworben, aber ihre Nutzung ist halböffentlich, weil bei ihrer Nutzung nichts von ihnen verlorengeht oder sich abnutzt. Tugenden und geistige Güter und ihre Vereinigung in der Weisheit sind von wirtschaftlicher Relevanz, weil sie die Wahlakte der Wirtschaftenden und die Bewertung des volkswirtschaftlichen Outputs ebenso beeinflussen wie die Bedingungen, unter denen das Isolationsparadox des um den Sinn seines

---

[37] Scheler (1913). Vgl. auch Korff (1982), 79.

ethischen Handelns bangenden Menschen in die Zusicherung von
Sinnhaftigkeit, in ein *„assurance game"*, überführt wird: Die höheren
Werte im Schelerschen Sinn helfen, öffentliche Güter und das Kapital
der Ethik zu produzieren. Sie verstärken die Bereitschaft, an ihrer
Produktion mitzuwirken.

Alles, was wert ist, getan zu werden, ist wert, gut getan zu werden

Nebenwirkungen der Ethik auf die Ökonomie und der Ökonomie
auf die Ethik zeigen, daß eine klare Trennung von Ökonomie und
Ethik nicht durchführbar ist. Wir müssen jede bedeutsame Entscheidung ethisch und ökonomisch zugleich beurteilen. Dieser Tatsache
trägt das Projekt der Wirtschaftsethik Rechnung. Es schließt an die
aristotelische Tradition der praktischen Philosophie, an die Zusammengehörigkeit von Ökonomie und Ethik an. Der umfassende Ethik-
begriff sagt: Alles, was wert ist, getan zu werden, ist wert, gut getan
zu werden. Alle Handlungen, die primär lebensweltlich-soziale, primär ökonomische und primär politische, zielen auf die ihnen eigentümliche Vollkommenheit, auf das Gut-Gemachtwerden und Gut-
Werden.

Man kann nicht sagen, nur was ethisch wertvoll ist, ist es wert,
gut getan zu werden, aber was ökonomisch wertvoll ist, ist nur wert,
effizient getan zu werden. Aus der Ethik des Aristoteles kann das
Prinzip abgeleitet werden: Alles, was wir überhaupt tun, sollten wir
gut tun.[38] James Buchanan hat die Gegenthese aufgestellt: Für den
Ökonomen sei nicht alles, was wert ist, getan zu werden, auch wert,
gut getan zu werden.[39] Darin besteht gerade das Wesen der Ökonomie, daß es ökonomisch gut sei, auch etwas nicht so gut zu machen.

Liegt hier ein wirklicher Widerspruch zwischen Ethik und Ökonomie vor? George Edward Moore hat behauptet, das Wort „gut"
könne man ebensowenig wie andere einfache Qualitäten definieren.[40] Die Schwierigkeit, das Ethische und das Gute nur als Pflicht,
nur als Tugend oder nur als das erstrebte Gut zu bestimmen, bestätigt, daß die Bestimmung des Inhaltes des Wortes „gut" schwer,

---

[38] Aristoteles, Nikomachische Ethik I 6, 1098 a 10.
[39] Vgl. Buchanan (1966), 168. Allerdings trägt diese Position bei Buchanan auch Züge
eines Gedankenexperimentes.
[40] Moore (1903).

wenn auch nicht unmöglich ist. Ein Widerspruch von „ethisch gut"
und „ökonomisch gut" ist jedoch logisch und ontologisch unmöglich
und sozialphilosophisch und sozialökonomisch unzulässig, weil er
in den die Einheit der Lebensführung zerreißenden Dualismus von
gut und nützlich führt. Man muß eine Bestimmung des Guten finden, die den Dualismus aufhebt und den Widerspruch von ethisch
gut und ökonomisch gut überwindet.

Im freien Rückgang auf die aristotelische Ethik sei „gut" folgen-
dermaßen bestimmt. Gut heißt, die je eigentümliche „Bestheit"
(„areté") oder Vollkommenheit einer Sache oder Handlung zu erreichen. Der ethische Begriff des Guten übergreift den Sinn von moralisch und ökonomisch gut. Wenn man, wie heute in Ökonomie und
Ethik üblich, zwischen ökonomisch gut im Sinne von profitabel bzw.
effizient und ethisch gut im Sinne von unbedingt gut unterscheidet,
folgt daraus, daß es ökonomisch gut sein kann, auch etwas nicht so
gut zu machen. Es ist dann ökonomisch gut, Massenprodukte um einer Preissenkung willen nicht so gut zu machen.

Der Widerspruch, den hier mancher zu erkennen glaubt, ist kein
wirklicher Widerspruch. Auch der Ethiker wird sagen, daß Massenproduktion gut ist, wenn sie zu Konsumchancen breiterer Kreise
führt, auch wenn ihre Produkte „nicht so gut" sind. Wenn das umfassend gute Massenprodukt aufgrund der Kostensituation, der Umstände und der Nebenwirkungen der Produktion auf andere wirtschaftliche Zwecke nicht möglich ist, erreicht die Massenproduktion
von billigen und mäßig guten Produkten die den Umständen entsprechende und mögliche Bestheit. Sie ist dann auch ethisch gut, was
weitere Verbesserungen nicht ausschließt.

Das Gute als Vereinigungsleistung und Vollkommenheit
der Sache oder Handlung

Das Beispiel der Massenproduktion zeigt, daß der ethische Standpunkt des Guten nicht ein Gesichtspunkt neben dem ökonomischen
Gesichtspunkt des ökonomisch Guten, d.h. Nützlichen, und dem
ästhetischen Gesichtspunkt des ästhetisch Guten, d.h. Schönen, ist.
Der ethische Standpunkt ist vielmehr der Standpunkt der Zusam-
menschau und Integration aller Aspekte des Guten, des Moralischen,
Nützlichen und Schönen. Das Ethische ist in der individuellen Entscheidung nicht ein Aspekt neben anderen, sondern eine Weise, die

Perspektiven und Argumente der Wissenschaften zur Kenntnis zu
nehmen, sie zu ordnen und zu bewerten und sie für das Handeln
wirksam werden zu lassen. Diese Definition der Ethik gilt für die In-
dividual- und Sozialethik. Auch die Frage nach der ethischen Recht-
fertigbarkeit einer Wirtschaftsordnung, etwa des Kapitalismus, kann
dann nicht lauten: „Ist der Kapitalismus moralisch?", sondern muß
lauten: „Ist der Kapitalismus unter den Bedingungen der menschlichen Natur und der Knappheit der Ressourcen nach Integration der
Analysen der Wissenschaften vom Menschen und von der Natur
und unter Berücksichtigung der Beurteilungsgesichtspunkte von
Ethik, Ökonomie und Ästhetik eine menschenwürdige und gute
Wirtschaftsordnung?"[41]

Das Unbedingte, die Würde der Person und der Wert des Lebens
sind die Güter, die in der *Einheit* von Ökonomie und Ethik als Güterabwägung nicht angemessen gefaßt werden können. Sie sind Bedingungen der Personalität des Menschen und daher Voraussetzungen jeder Bewertung überhaupt. Sie stehen außerhalb der Güterabwägung, weil sie Güter für ein bewußtes Ich sind und Güterbewer-
tung durch Personen erst möglich machen. Ihre von Güterwerten
unabhängige Anerkennung durch jeden Menschen ist daher Pflicht.
Der Mensch ist, mit Kant,[42] dasjenige Seiende, das keinen Preis und
keinen Wert, sondern Würde hat. Er ist die Bedingung von Wert und
Preis schlechthin und kann daher nicht wie ein Warenwert als ein
Bedingtes mit anderem Bedingten abgewogen werden. Der Mensch
hat Würde, nicht einen Preis oder Äquivalent, das gegen andere
Äquivalente abgewogen werden könnte.

Die Bestimmung der auf die Ökonomie bezogenen Ethik und
ethischen Ökonomie als Theorie über die Verwirklichung des umfas-
send verstandenen Guten muß noch um den Begriff der Würde des
Menschen erweitert und wie folgt definiert werden: Der ethische
Standpunkt ist der Standpunkt und die Tugendhaltung, die die Be-
wertungsperspektiven in ein Ganzes integriert und eine umfassende
Güterabwägung unter dem pflichtgemäßen *„constraint"*, unter der
Nebenbedingung, vornimmt, daß die Würde des Menschen die
Grenze der Abwägungen von Gütern darstellt. Eine menschliche
Handlung ist nach dieser Bestimmung der Ethik gut, wenn sie in je-
der Hinsicht, d.h. nach dem Zweck bzw. der Absicht des Handeln-
den, nach dem Ergebnis, den Mitteln, den Umständen und den Ne-

---

[41] Vgl. Koslowski (1982b).
[42] Kant (1785), 433f.

benwirkungen der Handlung, der Natur der Sache oder Handlung entspricht; sie ist schlecht, wenn sie in irgendeiner dieser Hinsichten einen Mangel aufweist. Die Einhaltung des negativen *„constraint"* ist sittliche Pflicht, die Haltung und das Motiv, die Vollkommenheit der Handlung zu realisieren, sittliche Tugend und der Inhalt des Handelns die Verwirklichung der Idee der Sache. Pseudo-Dionysius Areopagita hat dieses Prinzip im 5. Jahrhundert auf die kurze Formel gebracht: „bonum ex integra causa, malum ex quocumque defectu".[43] Das Gute besteht in der Vollkommenheit der Sache, das Schlechte darin, daß sie in irgendeiner Hinsicht einen Mangel aufweist.

Ethik ist die Thematisierung der Einheit der Lebenswelt in der Handlung gegenüber der Ausdifferenzierung von handlungsleitenden Zwecken und Handlungsbeurteilungen in ästhetische, ökonomische und moralische Werte und Prinzipien. Die Ethik muß das Gute in der Intention auf das Pflichtgemäße, in der sittlichen Gesinnung und mit dem Streben, die Idee der Sache zu verwirklichen, nach den 3 wichtigsten Wertqualitäten zur Erscheinung und zur Erkennbarkeit bringen. Sie verwirklicht das Gute nach den Wertqualitäten des Nützlichen, *utile,* des Schönen, *pulchrum,* und des Moralischen oder Edlen, des *honestum.* Als Integrationswissenschaft und -weisheit sperrt sich die Ethik gegen die Aufteilung der Einheit unseres Handelns in ökonomische, ethische und ästhetische Handlungsaspekte. Sie zielt vielmehr darauf, eine umfassende Handlungsorientierung für den Handelnden und Sich-Entscheidenden, eine Entscheidungshilfe für den Selbstentwurf und die Selbstverwirklichung des Menschen zu leisten.

Auch die erfolgreiche Unternehmung muß die Integration von Nützlichkeit bzw. Effizienz und Ethik und Ästhetik leisten. Der Begriff der „Unternehmenskultur" (*„corporate culture", „corporate identity")* zeigt, daß das Bedürfnis nach einer Kultivierung des innerbetrieblichen Lebens über das rein Utilitaristische und Ökonomische der Gewinnerzielungsabsicht hinaus gespürt wird.[44]

Ökonomie ist die Berechnung der Mittel, Umstände und Nebenwirkungen bei gegebenen Zwecken. Ökonomie nennt Marc Aurel in

---

[43] Thomas, S. th. (1262–73) I–II, q. 18, a.4 ad. 3, mit Verweis auf Pseudo-Dionysius, De divinis nominibus (nach 485), c. 4. So auch Petrus Lombardus, Libri IV Sententiarum (1158), II, d. 36. Vgl. auch (Cursus) Tract. XI, Disp. IV, Dub. 1 (Comm. in S. Thomae s. th. I–II q.18, a.3). Auch Leibniz bestimmt das Gute als die je mögliche Vollkommenheit einer Sache und Handlung.

[44] Vgl. Koslowski (1987a), 98–118, und (1989).

seinen *Selbstbetrachtungen* die Berechnung der Umstände.[45] Ethik ist die Reflexion über die Zwecke, die wir uns setzen sollen, und über die Abstimmung unserer Zwecke mit den Zwecken anderer Menschen und den Zwecken der Natur. Beide Reflexionsweisen können integriert werden in die umfassende Ethik der simultanen Betrachtung von Zwecken und Mitteln in ihrer Interdependenz. Zwecke und Mittel sind nicht voneinander abhängig, sondern interdependent und können einander vertreten. Wegen der Interdependenz von Zwecken und Mitteln können Ethik und Ökonomie nicht getrennt werden. Was Zweck ist, kann Mittel werden und umgekehrt. Der eine sieht Gartenarbeit als Mittel und Arbeit, der andere als Zweck und Vergnügen an. „Der Weise sucht soweit als möglich die Mittel auch zugleich zu Zwecken zu machen", sagt Leibniz.[46]

Wer die Mittel zu Zwecken macht, gewinnt eine Quasirente: Er tut das, was er ohnehin tun muß, gern. Der Nutzen aus dem Gerne-Tun ist Zusatznutzen oder Rente, die über den Nutzen oder Ertrag aus dem ohnehin nötigen Einsatz der Arbeit als Mittel für einen anderen Zweck hinausgehen. Was ohnehin getan werden muß, wird zur beabsichtigten Nebenwirkung von etwas, das gern getan wird. Dies ist eine externalitätentheoretische Rekonstruktion von Prozessen der Kultivierung und Sublimation. Die Kultur macht sich, wie Hegel sagt, stärker in der Kultivierung von Mitteln als in der Kultivierung von Zwecken bemerklich. Kultivierte Zwecke haben wir im allgemeinen immer schon, nur die Mittel dazu wollen wir meist nicht, weil sie beschwerlich sind. Sublimationsphänomene wenden die Logik von Zwecken, Mitteln und beabsichtigten Nebenwirkungen auf den Bereich von Verboten und Geboten an. Sublimationen dirigieren die Mittel auf andere erlaubte Zwecke um, bei deren Verfolgung sich die Erfüllung der ursprünglichen Zwecke als Nebenwirkung der neuen Zwecke erledigen soll.

---

[45] Marc Aurel (172), Lib. IV, c.51, 97. Oikonomía heißt bei Marc Aurel ebenso Nebenwirkung (ebd. IV, c.19, 81) wie Berechnung der Nebenwirkung und Nebenabsicht (XI, c.18, 267).

[46] Leibniz (1710), § 208.

Schluß

Die Wirtschaftsethik zielt wie die allgemeine Ethik auf die Vollkommenheit der Handlung, respektive der wirtschaftlichen Handlung, in der alle Aspekte der Entscheidungssituation berücksichtigt sind.

Die Wirtschaftsethik muß sich an der Natur der Sache der Wirtschaft orientieren. Der Inhalt der Wirtschaftsethik kann nicht allein in bloßer Regelbefolgung, formaler Übereinstimmung mit einem allgemeinen Gesetz oder in der Befolgung dessen bestehen, was Ergebnis des gegenwärtigen und daher immer auch kontingenten Konsensus einer Diskursgemeinschaft ist. Wegen des Entwurfcharakters des Handelns ist Wirtschaftsethik, wie alle Ethik, auf Zukunft aus und muß daher das Einmalige, Noch-nicht-Erprobte und Unwiederholbare zu erkennen und entscheiden suchen. Es gibt nur eine Ethik, die auf die Vollkommenheit der menschlichen Handlung zielt und die sich in alle Kulturgebiete vermittelt – auch in das Kultursachgebiet der Wirtschaft. Ihr Verpflichtungsgrund und ihre Entscheidungshilfen ergeben sich aus der Natur der Sache: obligatio oritur a natura rei.

Die Wirtschaft wird nicht nur von ökonomischen Gesetzen regiert, sondern durch Menschen bestimmt, in deren Wollen und Wählen immer ein ganzes Ensemble von wirtschaftlichen Erwartungen, gesellschaftlichen Normen, individuellen Einstellungen und ethischen Vorstellungen vom Guten wirksam ist. Deshalb muß im wirtschaftlichen Handeln und in der ökonomischen Theorie auch diese Gesamtheit ihre Berücksichtigung finden und die Reflexion auf den ethischen Charakter des Wirtschaftshandelns enthalten sein.

Literatur

Albach H (1980) Vertrauen in der ökonomischen Theorie. Zeitschrift für die gesamte Staatswissenschaft 136:2–11
Aristoteles (1972) Die Nikomachische Ethik (hrsg von Gigon O) dtv, München
Arrow KJ (1971) Political and economic evaluation of social effects and externalities. In: Intriligator MD (ed) Frontiers of quantitative economics. North Holland, Amsterdam, pp 3–25
Brentano L (1902) Ethik und Volkswirtschaft in der Geschichte. Reinhardt, München

Buchanan JM (1954a) Social choice democracy, and free markets. Journal of Political Economy 62:114–123

Buchanan JM (1954b) Individual choice in voting and the market. Journal of Political Economy 62:334–343

Buchanan JM (1965) Ethical rules, expected values, and large numbers. Ethics 76:1–13

Buchanan JM (1966) Economics and its scientific neighbors. In: Krupp SR (ed) The structure of economic science: essays on methodology. Prentice Hall, Englewood Cliffs/NJ

Buchanan JM (1980) Rent seeking and profit seeking. In: Buchanan JM, Tollison RD, Tullock G (eds) Toward a theory of the rent-seeking society. Texas A&M University Press, College Station, pp 3–15

[Cursus] Collegii Salmanticensis Cursus Theologicus (1647ff.), Tomus VI et VII. Paris, Bruxelles 1877–78

Dumont L (1977) From Mandeville to Marx. The genesis and triumph of economic ideology. University of Chicago Press, Chicago

Elster J (1984) Ulysses and the Sirens. Studies in rationality and irrationality, 2. Ed. Cambridge University Press, Cambridge

Enderle G (Hrsg) (1985) Ethik und Wirtschaftswissenschaften. Schriften des Vereins für Socialpolitik N.F. 147. Duncker & Humblot, Berlin

Gäfgen G (1980) Ökonomische Implikationen ethischer Prinzipien. In: Duwendag G, Siebert H (Hrsg) Politik und Markt. Wirtschaftspolitische Probleme der 80er Jahre. Hans Karl Schneider zum 60. Geburtstag gewidmet. Fischer, Stuttgart New York, S 191–207

Gauthier D (1978) Economic rationality and moral constraints. Midwest Studies in Philosophy 3:75–96

Gibbard A (1971) Utilitarianisms and coordination. Harvard University Press, Cambridge/MA

Hegel GWF (1821) Grundlinien der Philosophie des Rechts. Suhrkamp, Frankfurt am Main

Herms E u.a. (Hrsg) (1986–1988) Theologische Aspekte der Wirtschaftsethik. Bisher 5 Bde. Loccum (Loccumer Protokolle, Evangelische Akademie Loccum). Eigenverlag

Hesse H (Hrsg) (1988) Wirtschaftswissenschaft und Ethik. Duncker & Humblot, Berlin

Hirschman AO (1985) Against parsimony: three easy ways of complicating some categories of economic discourse. Economics and Philosophy 1:7–21

Höffner J (1955) Statik und Dynamik in der scholastischen Wirtschaftsethik. Westdeutscher Verlag, Köln

Kant I (1785) Grundlegung zur Metaphysik der Sitten. Akademie-Ausgabe der Preußischen Sammlung der Wissenschaften. Berlin 1902ff. Nachdruck: Berlin 1968, Bd 4. De Gruyter, Berlin

Keynes JM (1921) A treatise on probability. Macmillan, London

Kirsch W, Esser WM, Gabele E (1979) Das Management des geplanten Wandels von Organisationen. Poeschel, Stuttgart

Kliemt H (1987) Ökonomik und Ethik. Wirtschaftswissenschaftliches Studium, Bd 16. Wirtschaftsverlag, Bremerhaven, S 113–118

Knight FH (1935, [2]1951) The Limitations of scientific method in economics. In: Knight FH (ed) The ethics of competition and other essays. George Allen & Unwin, London. Reprint: Book of Libraries Press, Freeport/NY, pp 105–147

Korff W (1982) Ethische Entscheidungskonflikte: Zum Problem der Güterabwägung. In: Handbuch der christlichen Ethik, Bd 3. Herder, Freiburg; Mohn, Gütersloh

Koslowski P (1979) Zum Verhältnis von Polis und Oikos bei Aristoteles. Politik und Ökonomie bei Aristoteles, 2. Aufl. Münchner Hochschulschriften, Reihe Philosophie und Geisteswissenschaften. Donau-Verlag, Straubing München

Koslowski P (1982a) Gesellschaft und Staat. Ein unvermeidlicher Dualismus, mit einer Einführung von Robert Spaemann. Klett-Cotta, Stuttgart

Koslowski P (1982b) Ethik des Kapitalismus. Mit einem Kommentar von James Buchanan, 3. Aufl. 1986. Mohr, Tübingen

Koslowski P (1983) Markt- und Demokratieversagen? Grenzen individualistischer gesellschaftlicher Entscheidungssysteme am Beispiel der Umwelt- und Kernenergiefrage. Politische Vierteljahresschrift 24:166–187

Koslowski P (1984) Artikel „Nebenwirkungen". In: Ritter J, Gründer K (Hrsg) Historisches Wörterbuch der Philosophie, Bd 6. Schwabe, Basel Stuttgart

Koslowski P (1985a) Die Grenzen der ökonomischen Theorie. Plädoyer für eine gesamte Staatswissenschaft. Merkur (Doppelheft „Zerstören/Bewahren"): 791–806

Koslowski P (1985b) Economy principle, maximizing, and the co-ordination of individuals in economics and philosophy. In: Koslowski P (ed) Economics and philosophy. Mohr, Tübingen, S 39–67

Koslowski P (1985c) Religion, Ökonomie, Ethik. Eine sozialtheoretische und ontologische Analyse ihres Zusammenhangs. In: Koslowski P (Hrsg) Die religiöse Dimension der Gesellschaft. Religion und ihre Theorien. Mohr, Tübingen, S 76–96

Koslowski P (1985d) Über die Notwendigkeit und Möglichkeit einer Wirtschaftsethik. Scheidewege. Jahresschrift für skeptisches Denken, Bd 15. Himmelheber-Stiftung, Baiersbronn

Koslowski P (1987a) Die postmoderne Kultur. Gesellschaftlich-kulturelle Konsequenzen der technischen Entwicklung, 2. Aufl. 1988. Beck, München

Koslowski P (1987b) Market and democracy as discourses. Limits to discoursive social coordination. In: Koslowski P (ed) Individual Liberty and Democratic Decision-Making. The Ethics, Economics, and Politics of Democracy. Deutsch: Individuelle Freiheit und demokratische Entscheidung. Mohr, Tübingen, S 58–92

Koslowski P (1988) Prinzipien der Ethischen Ökonomie. Grundlegung der Wirtschaftsethik und der auf die Ökonomie bezogenen Ethik. Mohr, Tübingen

Koslowski P (1989) Wirtschaft als Kultur. Wirtschaftskultur und Wirtschaftsethik. Passagen, Wien

Leibniz GW (1710) Die Theodizee, übersetzt von A. Buchenau. Meiner, Hamburg 1968

Lenin WI (1971) Staat und Revolution. Werke, Bd 1. Dietz, Berlin

Luckmann T (1985) Über die Funktion der Religion. In: Koslowski P (Hrsg) Die religiöse Dimension der Gesellschaft. Mohr, Tübingen, S 26–41

Mackie JL (1981) Ethik. Reclam, Ditzingen

Maiwald W (1922) Ethik und Wirtschaft. Ein Beitrag zur Erkenntniskritik der Nationalökonomie unter Zugrundelegung des Problems der Gerechtigkeit. Diss. rer. pol., Tübingen

Mandeville B de (1705–29) The Fable of the Bees (Kayer FB, ed) Oxford University Press, Oxford 1924

Markou Antoninou Autokratoros, Ta eis heauton – Kaiser Marc Aurel (1985) Wege zu sich selbst, hsrg v Theiler W. Artemis, München

Matthews RCO (1981) Morality, competition, and efficiency. The Manchester School of Economics and Social Studies, pp 289–309

McKenzie RB (1977) The economic dimension of ethical behavior. Ethics 87:208–221

Messner J (1929) Sozialökonomie und Sozialethik. Studie zur Grundlegung einer systematischen Wirtschaftsethik, 2. Aufl. Schöningh, Paderborn

Mishan E (1971) The postwar literature on externalities. An interpretative essay. Journal of Economic Literature 9:1–29

Molina L de (1593) De justitia et jure. Moguntiae 1602

Moore GE (1903) Principia Ethica. Cambridge. Deutsch:Principia Ethica. Reclam, Ditzingen 1970

Morgenstern O (1972) Thirteen critical points in contemporary economic theory: an interpretation. In: Morgenstern O (1976) Selected economic writings. New York University Press, New York, pp 267–293

Nell-Breuning O von (1930) Das Äquivalenzprinzip. Jahrbücher für Nationalökonomie und Statistik, Bd 133. Fischer, Stuttgart, S 33–47

Nell-Breuning O von (1935) Die Lehre vom gerechten Preis. In: Miscellanea Vermeersch, Analecta Gregoriana 9, 2 Bde. Rom

Neumann J von, Morgenstern O (1944) Theory of games and economic behavior, 3. ed. 1953. Princeton University Press, Princeton

Olson M (1965) The logic of collectice action. Public goods and theory of groups. Harvard University Press, Cambridge/MA. Deutsch: Die Logik des kollektiven Handelns. Mohr, Tübingen 1968

Parfit D (1981) Prudence, morality, and the prisoner's dilemma. Proceedings of the British Academy. Oxford University Press, Oxford

Paul EF, Paul J, Miller FD (eds) (1985) Ethics and economics. Oxford University Press, Oxford

Pesch H (1918) Ethik und Volkswirtschaftslehre. Herder, Freiburg

Polanyi K (1971) Primitive, archaic, and modern economies. Beacon Press, Boston

Pondy LR, Boje RM (1976) Bringing mind back in. In: Paradigm development as a frontier problem in organization theory. Unveröffentlichtes Manuskript des Department of Business Administration. University of Illinois, Urbana/IL

Rahmsdorf D, Schäfer H-B (Hrsg) (1988) Ethische Grundfragen der Wirtschafts- und Rechtsordnung. Reimer, Berlin Hamburg

Rich A (1985) Wirtschaftsethik. Grundlagen in theologischer Perspektive, 2. Aufl. Verlagshaus, Gütersloh

Romberg P (1972) Artikel „Ethik". Historisches Wörterbuch der Philosophie, Bd 2. Schwabe, Basel, Sp 759–805

Scheler M (1913–16) Der Formalismus in der Ethik und die materiale Wertethik. [5]1966. Bouvier, Bern

Schleiermacher F (1803) Grundlinien einer Kritik der bisherigen Sittenlehre. Berlin

Schönke A, Schröder H ([22]1982) Strafgesetzbuch. Kommentar. Beck, München

Scitovsky T (1985) Pricemakers' plenty: a neglected benefit of capitalism. Kyklos 38:517–536

Sen A (1967) Isolation, assurance, and the social rate of discount. Q J Economics 81:112–124

Sen A (1975) Ökonomische Ungleichheit. Campus, Frankfurt am Main New York

Sen A (1976) Rational fools: A critique of the behavioral foundations of economic theory. Philosophy and Public Affairs 6:317–344

Sen A (1987) On ethics and economics. Basil Blackwell, Oxford

Shackle GLS (1972) Epistemics and economics. A critique of economic doctrines. Cambridge University Press, Cambridge/MA

Shakle GLS (1979) Imagination and the nature of choice. Edinburgh University Press. Edinburgh

Spaemann R (1977) Nebenwirkungen als moralisches Problem. In: Spaemann R, Kritik der politischen Utopie. Klett-Cotta, Stuttgart, S 167–182

Spaemann R (1981) Über die Unmöglichkeit einer universalteleologischen Ethik. Philosophisches Jahrbuch Bd 88, S 70–89

Spranger E (1954) Die Wirtschaft unter kulturphilosophischem Aspekt. In: Spranger E (1969) Kulturphilosophie und Kulturkritik (Gesammelte Schriften V). Niemeyer, Tübingen

Spranger E (1962) Das Gesetz der ungewollten Nebenwirkungen in der Erziehung. Quelle & Meyer, Heidelberg

Thomas von Aquin (1267–73) Summa theologiae. Biblioteca de Autores Cristianos, Madrid 1951
Trux W, Kirsch W (1979) Strategisches Management oder die Möglichkeit einer „wissenschaftlichen" Unternehmensführung. Die Betriebswirtschaft 39:215–235
Velasquez MG (1988) Business Ethics. Concepts and Cases, 2. ed. Prentice Hall, New York
Weber M (1920) Die Wirtschaftsethik der Weltreligionen. In: Weber M (1986) Gesammelte Aufsätze zur Religionssoziologie, 8. Aufl. Mohr, Tübingen
Wolf J (1908) Nationalökonomie als exakte Wissenschaft. Deichert, Leipzig
Wünsch G (1927) Evangelische Wirtschaftsethik. Mohr, Tübingen
Wundt W (1889) System der Philosophie. Engelmann, Leipzig

Arzneimittelschutz: Patent, Warenzeichen, Erstanmeldung, Gewerbebetrieb

Erwin Deutsch

Gewerblicher Rechtsschutz: Monopol gegen Arzneimittelverfügbarkeit

Patente und Warenzeichen spielen für Arzneimittel eine bedeutende Rolle. Für ein mit erheblichen Kosten entwickeltes neues Heilmittel wünscht der Hersteller regelmäßig einen Sachschutz, der ihm entweder als Patent oder als Gebrauchsmuster zuteil werden kann. Die „Bezeichnung des Arzneimittels", die gemäß § 10 Abs. 1 Ziff. 2 AMG jedes Medikament tragen muß, wird als Warenzeichen gegen Mißbrauch und Verwechslung geschützt und ermöglicht auch nach Ablauf des Patents noch eine gewisse Weiterwirkung des Schutzes kraft des Bekanntheitsgrades der Marke. Während der Patentschutz nämlich nach 20 Jahren erlischt, kann ein Warenzeichen für jeweils weitere 10 Jahre verlängert werden; der Bezeichnungsschutz währt theoretisch ewig. Die gewisse Fortwirkung des erloschenen Sachschutzes durch ein Warenzeichen kann bisweilen sogar im öffentlichen Interesse liegen, denn es ist eine bekannte Tatsache, daß nach Ablauf des Patentschutzes auf den Markt nachdrängende Konkurrenten Stoffe teilweise unter dem Mindestwirkungsniveau anbieten.[1]

Das englische Recht verhindert die Möglichkeit eines teilweisen Fortbestandes des Sachschutzes durch einen Bezeichnungsschutz dadurch, daß es bei der Mischung von Patent und Warenzeichenschutz mit Ablauf des Patents auch das Warenzeichen zum Freizeichen bzw. zur Beschaffenheitsangabe erklärt, wenn es der einzige praktikable Name des Gegenstands ist.[2] Darauf hat die Industrie mit der Einführung sog. Firmenzeichen reagiert, d.h. neben die Marke für das pharmazeutische Produkt wurde die Firma des pharmazeutischen Produzenten gesetzt. Das Firmenzeichen insgesamt konnte jedenfalls nicht mit dem Ablauf eines Patents zur Beschaffenheitsangabe werden. Das ist der Grund, warum man in den USA nicht Aspirin als Warenzeichen findet, sondern es dort Bayer-Aspirin heißt.

---

[1] Schwietzer, Arzneimittelsicherheit – wo Anfang, wo Ende?, 2.
[2] Trade Marks Act (1938) Art. 15 (1) b. Anklänge daran für das deutsche Recht finden sich in RGZ 100, 3 (8) (Antiformin) und RGZ 101, 407 (412) (Simonsbrot).

Sach- und Bezeichnungsschutz für Arzneimittel werfen die Frage auf, ob es im vorrangigen Interesse der Allgemeinheit liegt, daß man den pharmazeutischen Produzenten einen zeitlich beschränkten Sachschutz und einen möglicherweise ewigen Bezeichnungsschutz gewährt.[3] Motiv dieses Schutzes ist, daß der pharmazeutische Unternehmer durch die Aussicht, ein Patent- oder ein Warenzeichen zu erlangen, eher zur Forschung und Entwicklung neuer Heilmittel veranlaßt wird, die der Allgemeinheit nutzen. So wird eine Ursache des Rückgangs der pharmazeutischen Innovation in den USA in der Verkürzung des effektiven Patentschutzes gesehen,[4] der freilich mittlerweile durch den Patent Term Restoration Act teilweise wieder gutgemacht worden ist. Allerdings liegt augenblicklich die Erfolgsquote für die Entwicklung eines neuen Arzneimittels bei 1:8 000, d.h. von 8 000 neu synthetisierten Substanzen entspricht nur eine den Anforderungen an Wirksamkeit und Sicherheit.[5] Aus der Sicht des Verbrauchers beschränkt der Sach- und Bezeichnungsschutz den Zugang des Patienten zu den vorhandenen Arzneimitteln, weil er diese verteuert. Das ergibt sich schon daraus, daß bei Gewährung von Sachschutz ein Konkurrenzprodukt fehlen wird. Auch ist es eine bekannte Tatsache, daß die sog. „Generics", also nur Typbezeichnungen tragende Produkte, wesentlich preisgünstiger sind als die chemisch gleichen Stoffe, die unter einem Warenzeichen verkauft werden.

In den Vereinigten Staaten von Amerika hat sich der Wind schon wieder gedreht. Dort ist im Jahre 1988 bereits eine neu entwickelte Mäuserasse patentiert worden. Auch werden routinemäßig besondere Zellinien mit Sachschutz belohnt.[6]

In der Bundesrepublik Deutschland hat man in der letzten Zeit ebenso den Aspekt der Motivierung zur Entwicklung neuer Heilmittel betont, indem dem pharmazeutischen Unternehmer jedenfalls

---

[3] v. Loesch, Lebens- und Arzneimittelrecht der Vereinigten Staaten von Amerika, 4, zeigt auf, daß überhöhte Arzneimittelpreise in den USA in 4 von 5 Fällen auf einem Produktpatent beruhen.

[4] Vgl. zu den pharmazeutischen Patenten und der Innovation Gakenheimer, Pharm Ind 83, 95f.

[5] Mitteilung von Pölnitz, PharmInd 82, 13.

[6] TIME v. 4.5.87, S. 48: Should animals be patented?; DNÄ v. 18.4.88: Zum ersten Mal wurde ein Tier patentiert. Zum Patentschutz für Zellinien vgl. Moore v. Regents of the University of California, 249 Cal. Rptr. 494 (California Court of Appeal 1988).

der Sachschutz in erweiterter Form in Aussicht gestellt wurde.[7] So werden seit 1968 chemisch-pharmazeutischen Produkten nicht mehr nur Verfahrensschutz, sondern auch Sachpatente gewährt. Stellte der BGH noch im Jahre 1967 den Leitsatz auf, daß Heilverfahren nicht patentierbar seien, so hat er sich 10 Jahre später revidiert und läßt nunmehr Patente für therapeutische Anwendungsverfahren zu. Schließlich hat die Rechtsprechung der Entwicklung von Mikroorganismen und ihrer Verwendung in einem neuen Verfahren Patentschutz gewährt.[8]

Patente für Arzneimittel, nicht aber für ärztliche Heilverfahren

Entwicklung des Arzneimittelpatents

Bis Ende der 60er Jahre waren vom Patentschutz ausgenommen „Erfindungen von Nahrungs-, Genuß- und Arzneimitteln sowie von Stoffen, die auf chemischem Wege hergestellt werden, soweit die Erfindungen nicht ein bestimmtes Verfahren zur Herstellung der Gegenstände betreffen", § 1 Abs. 2 Ziff. 2 PatG (1936). Man wollte durch die Einschränkung auf Verfahrenspatente die Monopolisierung von Mitteln verhindern, die der Erhaltung oder Wiederherstellung der Gesundheit dienen. Als im Ausland zunehmend Stoffschutz für Arzneimittel gewährt wurde und die Vereinheitlichung des Europäischen Patentrechts in dieselbe Richtung ging, hat der inländische Gesetzgeber gleichfalls das Stoffschutzverbot für Arzneimittel wegfallen lassen. Dieses Verbot hat dann nämlich dazu geführt, daß die Anmelder von Stofferfindungen versuchten, sich möglichst alle denkbaren Verfahren zur Herstellung dieser Substanz schützen zu lassen, um auf diese Weise im praktischen Ergebnis doch noch Stoffschutz zu erreichen. Die Folge war, daß das Patent

---

7 Albach, Die wirtschaftliche Bedeutung des Innovationsschutzes, in: Arzneimittel und gewerblicher Rechtsschutz (1986), 12; MPS, Patent- und Warenzeichenschutz für Arzneimittel (1968), 73.

8 Vgl. zum Vorstehenden BGHZ 48, 313 – Glatzenoperation; BGHZ 68, 156 – Antidiabetikum; BGHZ 64, 101 – Mikroorganismus; BGH NJW 81, 2414 – Mikrobiologisches Verfahren.

mit einer Vielzahl von Verfahrensanmeldungen überschwemmt
wurde, wozu es wohl nicht gekommen wäre, wenn die Möglichkeit
bestanden hätte, für den Stoff selbst Patentschutz zu erlangen.[9]

Umfassender Patentschutz für Arzneimittel

Seit 1968 ist nach § 1 PatG die Erteilung eines Sachanspruchs für
einen neuen, pharmazeutisch wirksamen Stoff als solchen möglich.
Selbstverständlich müssen auch die sonstigen Patentvoraussetzun-
gen, etwa Fortschritt und Erfindungshöhe, gegeben sein. Gegenstand
des Patentanspruchs kann ein einzelner Stoff, auch eine chemische
Verbindung oder ein Stoffgemisch, also auch ein Arzneimittelge-
misch sein. Außer für einen neuen Wirkstoff als solchen kann Patentschutz auch für das Verfahren zur Herstellung des Arzneimittels
erlangt werden. Für Medikamente gibt es also Sachpatente und Verfahrenspatente.[10] Neu kann das Medikament auch sein, wenn es bekannte Wirkstoffe in einer neuen Anwendungsform enthält, die Erfindungshöhe besitzt. Die Ansprüche des Patents, richtig gefaßt,
können alle Arten von Anwendungen des geschützten Arzneimittels
enthalten.

Patente für Heilverfahren

Die Patentfähigkeit von Heilverfahren hat die Rechtsprechung unterschiedlich beurteilt. Im Fall der sog. Glatzenoperation lehnte der
BGH im Jahre 1967 ein Patent für einen vorgeschlagenen operativen
Eingriff ab. Dabei wies er v.a. darauf hin, daß der ärztliche Beruf
kein Gewerbe sei und daß deswegen die gewerbliche Verwertbarkeit
eines besonderen chirurgischen Verfahrens nicht in Betracht komme,
wie § 1 PatG (1936) verlangte.[11] In Wirklichkeit widerspricht die Monopolisierung des in der Hand des Arztes liegenden Heilverfahrens
aus ethischen Gründen den guten Sitten. In einer Entscheidung aus
dem Jahre 1977 hat der BGH das erste Urteil nicht mehr in vollem
Umfang aufrechterhalten. Im neuen Fall ging es darum, daß eine

---

[9] Bernhardt/Kraßer, Lehrbuch des Patentrechts[4], § 6–9; Benkard, PatG[8] § 1 Rdnr. 82.
[10] Einen Einblick in die Vielfalt der Patentanmeldungen im Arzneimittelrecht vermittelt Habernickel, Aktuelles aus der Patent-Rechtsprechung, PharmInd 89, 161.
[11] BGHZ 48, 313 – Glatzenoperation.

chemische Verbindung unter anderem als Antidiabetikum Anwendung finden sollte. Dabei handelte es sich um Benzolsulfonylharnstoff, der unter dem Namen Tolbutamid bekannt ist. Das Gericht läßt neben dem Hauptanspruch auch einen Verwendungsanspruch auf therapeutische Anwendung durch den Arzt zu. Dabei geht es davon aus, daß die Bekämpfung des Diabetes durch das neue Pharmazeutikum eine therapeutische Maßnahme, also eine nichtgewerbliche Anwendung sei. Das Gericht weist aber darauf hin, daß es sich nicht ausschließlich um die ärztliche Anwendung oder Verordnung des Medikaments handele, sondern daß regelmäßig auch eine Anzahl anderer Handlungen in Betracht komme, die nicht außerhalb der gewerblichen Nutzung lägen, z.B. die Formulierung und Konfektionierung des Medikaments, die Dosierung und die gebrauchsfertige Verpackung. Daß es neben der gewerblichen Verwertung auch noch andere, nichtgewerbliche Arten der Anwendung gebe, hindere die Patentierung nicht. Der BGH meint weiter, daß er damit von der Entscheidung im Fall der Glatzenoperation nicht abgewichen sei. Damals habe es sich um ein chirurgisches Verfahren gehandelt, das ausschließlich in der Hand des Arztes gelegen habe.[12]

Für Verwendungsansprüche von Arzneimittelerfindungen wird Patentschutz gewährt, dagegen nicht für besondere chirurgische und andere ärztliche Behandlungsverfahren, die entweder ausschließlich oder doch ganz überwiegend und schwerpunktmäßig in der Hand des Arztes liegen. Damit ist das zutreffende Unterscheidungsmerkmal herausgearbeitet, denn die Beschränkung der Behandlung auf einen oder wenige Ärzte durch ein Patent steht der umfassenden medizinischen Versorgung der Bevölkerung im Wege.[13] Da mit patentierten Arzneimitteln hingegen der Markt unbeschränkt, wenn auch kostspieliger, versorgt werden kann, kommt insoweit eine untragbare Beschränkung der medizinischen Versorgung nicht in Betracht. Im Jahre 1980 hat § 5 Abs. 2 PatG diesen Grundsatz kodifiziert. Verfahren zur chirurgischen oder therapeutischen Behandlung des menschlichen oder tierischen Körpers und Diagnostikverfahren, die am menschlichen oder tierischen Körper vorgenommen werden, gelten nicht als gewerblich anwendbare Erfindungen. Dies gilt nicht für Erzeugnisse zur Anwendung in einem der Verfahren.

---

[12] BGHZ 68, 156 – Antidiabetikum.
[13] Vgl. zu dieser Problematik Bernhardt/Kraßer, Lehrbuch des Patentrechts[4], § 6–9.

Patent und wissenschaftliche Forschung

Der Schutz des Patents für ein Arzneimittel sollte jedoch nicht die wissenschaftliche Forschung behindern. Soweit das Patent in eine bereits weit fortgeschrittene Forschung hineinreicht, kommt ein Vorbenutzungsrecht in Betracht, § 12 Abs. 1 PatG. Reine Forschung ist im übrigen nach § 11 Nr. 2 PatG keine zustimmungspflichtige Benutzung. Außerdem kann die Forschung, soweit sie auf privater Basis erfolgt, auch als private Benutzung angesehen werden. Ein besonderes Problem bildet die Fortsetzungsforschung, für die ein sog. abhängiges Patent gewährt werden kann. Die Abhängigkeit des Patents hindert aber nicht, die Forschung an einem patentierten Arzneimittel fortzusetzen. Es wäre unerträglich, wenn die Gewährung eines Patents die Verbesserung des Medikaments, bessere Wege zu seiner Erzeugung und die bessere Versorgung der Patienten mit Arzneimitteln verhindern würde.[14]

Schadensersatz

Bei Verletzung eines Patents für ein Arzneimittel kann Schadensersatz verlangt werden. Dabei ist nicht nur der Absatzrückgang und der entgangene Gewinn zu ersetzen, sondern es kann auch die Schadensliquidation nach der sog. Lizenzanalogie erfolgen. Dabei wird unter Zugrundelegung des typischen Lizenzsatzes (etwa 8% des Preises) der Schaden berechnet.[15] Der rechtliche Grund liegt darin, daß der Verletzer den Geschädigten wenigstens so zu stellen hat, als habe er eine Patentlizenz erhalten und die dafür übliche Vergütung zu bezahlen. Das Patent wird jedoch nicht dadurch verletzt, daß Mängel, Nebenwirkungen usw. des Arzneimittels behauptet werden.[16]

---

[14] Chrocziel, Die Benutzung patentierter Erfindungen zu Versuchs- und Forschungszwecken (1986), passim.
[15] BGHZ 77, 16 – Tolbutamid.
[16] A.A. Küchenhoff, Sozialgerichtsbarkeit 75, 127.

Patentrestlaufzeit

Das Patent dauert 20 Jahre, die mit dem Tag beginnen, der auf die Anmeldung der Erfindung folgt, § 16 PatG. Im allgemeinen wird ein neuer pharmazeutischer Wirkstoff alsbald zum Patent angemeldet. Es dauert dann aber noch Jahre, bis das Arzneimittel entwickelt, geprüft und zugelassen worden ist. Insgesamt ist deshalb die ökonomische Nutzungszeit von deutschen Arzneimittelpatenten erheblich zurückgegangen. Sie beträgt jetzt etwa, je nach den unterschiedlichen Berechnungen, 8 oder 10 Jahre von der Zulassung bis zum Ablauf der Patentzeit gerechnet.[17] Die Interferenz des Arzneimittelzulassungsverfahrens, das mit der Prüfung schon lange vor der Anmeldung beim BGA beginnt, auf das Patentgeschehen bedarf der Verbesserung. In den Vereinigten Staaten von Amerika ist mittlerweile der Patent Term Restoration Act in Kraft getreten.[18] Danach kann der Anmelder maximal einen Patentlaufzeitersatz von 5 Jahren erreichen, wenn er nachweist, daß er entsprechend lange durch das Zulassungsverfahren vor der FDA an der Nutzung des Patents verhindert worden ist. Auch in der EG werden Pläne für eine erweiterte Patentrestlaufzeit geschmiedet: Vorgeschlagen ist, mit einem Zertifikat zur Wiederherstellung des Patentschutzes die wirtschaftlich nutzbare Patentlaufzeit auf 16 Jahre zu verlängern.[19] Das Zertifikat gilt nur für das registrierte Indikationsgebiet, betrifft also keine anderen Anwendungen, für die wahrscheinlich ein neues Patent der zweiten Indikation zur Verfügung steht. Die Kosten dieser Maßnahme werden unterschiedlich beurteilt.[20]

---

[17] Suchy, Patentrestlaufzeit neuer pharmazeutischer Wirkstoffe, PharmInd 87, 692.

[18] Lourie, United States Patent Term Restoration Act – US-Gesetz zum Patentlaufzeitersatz, PharmInd 85, 824.

[19] Rahner, Wann greift der verbesserte Patentschutz?, PharmInd 89, 1185; Suchy, PharmInd 87, 692.

[20] Die Spitzenverbände der Krankenkassen befürchten die finanzielle Belastung für Versicherte und Patienten. Die MPS schätzt, daß sich die Ausgaben erst nach 10 Jahren ergeben werden, DNÄ v. 19.6.90, S. 7.

Zweite Indikation

Seit es Patente für Arzneimittel gibt, ist die Frage des spezifischen Anwendungsgebiets immer mehr in den Vordergrund getreten. Wie steht es, wenn neben der im ersten Patent genannten Indikation eine völlig neue Anwendung bekannt wird, etwa ein Mittel gegen Gicht nunmehr gegen den Reinfarkt schützen soll (Fall Anturan).[21] Die zweite oder weitere Indikation wurde früher nicht für patentfähig gehalten. Besonders deutlich zeigt sich das im Fall des Prontosils: 1932 erhielt die I.G.-Farbenindustrie ein Patent für das Sulfonamid Prontosil, das gegen bakterielle Infektionen wirksam war. Erstaunlicherweise wurde es erst 1935 auf den Markt gebracht. Französische Wissenschaftler entdeckten dann, daß das komplexe Prontosilmolekül 2 hauptsächliche Bestandteile enthielt: einen roten Farbstoff von keinem erkennbaren antibakteriellen Wert und eine hochwirksame Substanz, die als Sulfonamid bekannt war. Sulfonamid war früher für die I.G.-Farbenindustrie als Farbzwischenstoff patentiert worden, aber das Patent war bereits abgelaufen.[22]

In der Bundesrepublik Deutschland wird die Möglichkeit einer zweiten Indikation heute mehrheitlich bejaht.[23] Auch der BGH und das EPA haben mit unterschiedlichen Begründungen Patentschutz für die zweite und weitere Indikation ermöglicht. Nach BGHZ 88, 209 – Hydropyridin – kann eine neue, nicht naheliegende medizinische Anwendung eines Stoffs, für den eine andere medizinische Anwendung bereits zum Stand der Technik gehört, als Verfahren zur Behandlung einer Krankheit patentiert werden. Die Große Beschwerdekammer des Europäischen Patentamts hat es andererseits abgelehnt, die Verwendung eines Stoffs zur therapeutischen Behandlung des menschlichen Körpers zu patentieren. Jedoch wurde die Verwendung eines Stoffs oder Stoffgemischs zur Herstellung eines Arzneimittels für eine bestimmte neue und erfinderische therapeutische Anwendung als Patent geschützt.[24] Dieser Erweiterung

---

[21] Vgl. Lancet 82, 337: Report from the Anturan Reinfarction Italian Study; PharmInd 80, 182.

[22] S. genauer Silverman/Lee, Pills, Profits and Politics (1974), 4. Vgl. auch Schadewaldt, 50 Jahre Sulfonamide, DMW 85, 1179, der freilich die Problematik der zweiten Indikation nicht erwähnt.

[23] Bernhardt/Kraßer, Lehrbuch des Patentrechts[4], § 14 V m.w.N.; anders Schulte, PatG[4], § 1 Rdnr. 107.

[24] EPA GRUR Int. 85, 193.

der Patentierbarkeit ist zuzustimmen. Arzneimittel werden heute nicht nur als solche, sondern für bestimmte Indikationen verwendet. Wenn die Indikationen weit genug auseinanderklaffen, so daß für die zweite und weitere Indikation ein erfinderischer Schritt notwendig ist, ist auch die Gewährung des Patentschutzes nach allgemeinen Regeln begründet.

Patente für gentechnische Arbeiten und Mikroorganismen

Die Herstellung von Medikamenten durch Züchtung von Mikroorganismen und gentechnologischen Arbeiten ragt in das Patentrecht hinein. Patente werden für Erfindungen erteilt, die neu sind, auf einer erfinderischen Tätigkeit beruhen und gewerblich anwendbar sind, § 1 PatG. Gewerblich anwendbar ist eine Erfindung dann, wenn sie wiederholbar ist. Bei lebenden Stoffen kommt anstelle der Wiederholbarkeit die Reproduktion in Betracht. Ähnlich steht es bei Mikroorganismen, die auf neue Weise isoliert oder gezüchtet werden und nunmehr eine Aufgabe bewältigen, die der Heilung oder Gesundheit des Menschen dient. So werden z.B. die Enzyme Somatostatin und Insulin vom menschlichen und von manchen tierischen Organismen gebildet. Es ist möglich, im Wege gentechnischer Arbeit Einzellern die Erbinformation einzupflanzen, eines dieser Enzyme zu produzieren. Diese Einpflanzung ist zum ersten Mal hinsichtlich Somatostatin gelungen, als man – bewußt oder versehentlich – an beiden Enden der Erbinformation einen Kohlenstoffring mehr stehen ließ. Dieses Verfahren ist zum Patentschutz geeignet.

Der BGH hat im Jahre 1975 entschieden, daß für einen neuen Mikroorganismus ein Patent erteilt werden kann, wenn der Erfinder einen nacharbeitbaren Weg aufzeigt, wie der Mikroorganismus zu erzeugen ist. Der Mikroorganismus ist bei einer anerkannten Stelle zu hinterlegen. Die Erfindung kann ebenso in der Verwendung eines neuen mikrobiologischen Verfahrens bestehen.[25] Früher war es erforderlich gewesen, daß der neue Mikroorganismus ohne Rückgriff auf das vom Erfinder geschaffene Erzeugnis unter zumutbarem

---

[25] BGHZ 64, 101 – Bäckerhefe; BGH NJW 81, 2414 – Erythronolid.

Aufwand an Zeit und Mitteln genotypisch identisch nachgezüchtet
werden konnte. Bei Anwendung herkömmlicher Mutations- und
Selektionsverfahren war diese Bedingung nur schwer zu erfüllen.
Nunmehr hat der BGH die Erfordernisse der Patenterteilung in
Übereinstimmung mit dem Ausland erleichtert. Es genügt die Mög-
lichkeit einer wiederholbaren Neuzüchtung durch Hinterlegung und
Freigabe einer vermehrbaren Probe des Mikroorganismus.[26]

Geheimverfahren für Arzneimittel

Geheimverfahren genießen als solche keinen Sachschutz. Jedoch
kann die Mitteilung geheimen technischen Wissens an einen anderen
diesen aufgrund Vertrags zur Lizenzzahlung verpflichten. Das gilt
auch für Medikamente: Im Fall des Pankreaplex hatte ein Heilprak-
tiker ein Medikament gegen Erkrankungen des Magens entwickelt,
das er von einer chemisch-pharmazeutischen Fabrik in Lizenz herstellen ließ. Dieses Unternehmen kündigte den Lizenzvertrag und
beabsichtigte, Herstellung und Vertrieb des Heilmittels fortzusetzen.
Der BGH macht die Lizenzpflicht davon abhängig, daß die Rezeptur
des Medikaments geheim ist. Daran fehlt es, wenn der Durch-
schnittsfachmann in der Lage ist, das Herstellungsverfahren hinsichtlich der Ausgangsstoffe und der Verfahrensschritte nachzuvoll-
ziehen.[27]

Schutz des Erstanmelders und der Mitanmelder

Zweitanmeldung

Ist der Wirkstoff oder seine Anwendung nicht patentrechtlich geschützt, kann auch ein anderes Pharmaunternehmen ihn zur Grundlage eines Arzneimittels machen. Das nennt man die Zweitanmel-

---

[26] BGH PharmInd 88, 166. Vgl. dazu Laudien, Verbesserung des Patentschutzes von
Mikroorganismen, PharmInd 88, 165.
[27] BGH PharmaR 81, 182 – Pankreaplex.

dung. Zweitanmelder ist jeder pharmazeutische Unternehmer, der einen Antrag auf Zulassung für ein neues Fertigarzneimittel mit einem bekannten Stoff stellt, der in einem anderen Fertigarzneimittel für den Erstanmelder bereits vom BGA zugelassen wurde.[28] Nach § 24a AMG kann der spätere Antragsteller bei einem Arzneimittel, das der Verschreibungspflicht unterliegt oder unterlegen hat, auf Unterlagen einschließlich der Sachverständigengutachten des Voranmelders Bezug nehmen. Der Voranmelder wird benachrichtigt, wenn die erstmalige Zulassung des Medikaments nicht länger als 10 Jahre zurückliegt. Der Vorantragsteller kann der Verwertung seiner Unterlagen widersprechen. In diesem Falle ist das Zulassungsverfahren für die zweite Anmeldung für einen Zeitraum von 10 Jahren nach der Zulassung des Medikaments des Vorantragstellers auszusetzen.[29] Damit ist ein Leistungsschutzrecht geschaffen worden, das auf den Unterlagen zur Zulassungsfähigkeit des Arzneimittels basiert. Diese sind mit Mühe, Arbeit und Kosten erstellt worden und stellen eine schutzwürdige Position dar. Es handelt sich um eine Leistung, die einen zeitlich begrenzten Schutz, nämlich 10 Jahre, erhält.[30]

Dem späteren Anmelder steht es grundsätzlich frei, die Unterlagen seinerseits nachzubringen. Jedoch sind unnötige Tierversuche gesetzlich untersagt und wiederholende Versuche am Menschen gelten bei Ethikkommissionen als unethisch und mögen negativ bewertet werden. Das Ergebnis ist ein faktisches Monopol des Erstanmelders, das freilich meistens im Schatten seines Patents steht. Ein solches Monopol kann mißbraucht werden, wenn die Arzneimittelversorgung nicht gesichert erscheint. Dann sollte der Erstanmelder aus Treu und Glauben (§ 242 BGB) verpflichtet sein, auf den Widerspruch gegen Entgeltzahlung zu verzichten.[31]

---

[28] Vgl. dazu die Ergebnisse der Tagung der Deutsch-Amerikanischen Juristen zur Zweitanmelderproblematik, PharmaR 85, 25ff.; Kloesel/Cyran, AMG Anm. 1 m.w.N.

[29] May, Die Regelung der Zweitanmelderfrage im AMG, PharmaR 86, 253.

[30] Ein solcher Leistungsschutz besteht nicht in England: in: Smith Kline & French Laboratories Ltd. 2. W.L.R. (1989) 397 (House of Lords).

[31] Zum Mißbrauch vgl. Kloesel/Cyran, AMG, § 24a Anm. 21.

Mitanträger

War schon vor Erlaß des § 24a AMG die Bezugnahme durch den
Zweitanmelder als Tatbestand der ungerechtfertigten Bereicherung
angesehen worden, so gewährt § 24b AMG im Verhältnis von Mitan-
meldern einen gesetzlichen Ausgleichsanspruch. Voraussetzung ist,
daß Unterlagen nachgefordert werden und es mehrere Zulassungsinhaber gibt. Einigen sie sich nicht, greift die Bundesoberbehörde
einen der Zulassungsinhaber heraus und verlangt von ihm Unterlagen. Die Kosten für die Unterlagen haben die anderen Zulassungsinhaber anteilig mitzutragen. Das gilt auch für ein noch laufendes Zulassungsverfahren, das von mehreren Antragstellern betrieben
wird.[32]

Warenzeichen für Arzneimittel

§ 10 AMG verlangt, daß Fertigarzneimittel unter einer „Bezeichnung
des Arzneimittels" in Verkehr gebracht werden. Es liegt nahe, diese
Bezeichnung als Warenzeichen schützen zu lassen. Das hat den
Vorteil, daß man Nachahmungen untersagen, Verwechslungen verhindern und die Bekanntheit des Zeichens als „good will" ausnutzen
kann.[33] Die Eintragung von Arzneimittelbezeichnungen als Warenzeichen ist durchaus gebräuchlich. Allerdings müssen sie Unterscheidungskraft haben. Das ist bei Worten der medizinischen Fachsprache nicht der Fall, auch wenn sie nur bei den medizinischen
Fachkreisen als Sachangabe wirken. So ist „Insulin Semitard" nicht
als Warenzeichen eingetragen worden.[34] Freilich ist seit dem Jahre
1973 der Benutzungszwang im Warenzeichenrecht eingeführt worden. Früher hatte man gerade im Pharmabereich mit Defensiv- und
Vorratszeichen gearbeitet. Warenzeichen wurden als Defensivzei-
chen eingetragen, um den Schutzbereich der Hauptmarke zu erweitern, etwa Mecca, Mocca, Mucca. Noch wichtiger war es, Vorratszei-

---

[32] Zu den europarechtlichen Bezügen der Zweitanmelderregelung Hilken, Innovation
und Patentschutz auf dem EG-Arzneimittelmarkt (1989), 126ff., und Papier, Sander
u. Deutsch, in: Arzneimittel und gewerblicher Rechtsschutz (1986), 110ff.
[33] Siehe genauer MPS, Patent- und Warenzeichenschutz für Arzneimittel (1968), 95ff.
[34] BGH MDR 82, 292 – Insulin Semitard.

chen zu speichern, die erst bei Bedarf abgerufen werden sollten. Der Benutzungszwang gemäß § 11 Abs. 1 Ziff. 4 WZG verlangt, daß das Warenzeichen spätestens 5 Jahre nach der Anmeldung in Gebrauch genommen wird, sonst kann ein Konkurrent die Löschung des Warenzeichens wegen Nichtgebrauch beantragen. Auch wenn gegen die Eintragung einer beantragten Marke Widerspruch aufgrund eines schon eingetragenen Zeichens erhoben wird, das länger als 5 Jahre in der Zeichenrolle steht, hat der Widersprechende gemäß § 5 Abs. 7 WZG glaubhaft zu machen, daß das Zeichen in den letzten 5 Jahren gebraucht worden ist. Gerade bei pharmazeutischen Zeichen spielt diese Sperre in der Praxis eine erhebliche Rolle.

BGH PharmaR 80, 268: Das Wort „Firium" war als Warenzeichen für Arzneimittel angemeldet worden. Dagegen wurde vom Inhaber des eingetragenen Zeichens „Frisium" für pharmazeutische Erzeugnisse Widerspruch erhoben. Der Widerspruch ist nur zulässig, wenn das Zeichen „Frisium" in den letzten 5 Jahren benutzt worden ist. Der BGH hat das bejaht. Zwar befand sich kein pharmazeutisches Präparat mit der Kennzeichnung „Frisium" im Handel. Jedoch war eine klinische Prüfung eines Sedativums mit der Bezeichnung „Frisium" eingeleitet worden, das an über 1000 Patienten angewendet wurde.

BGH PharmaR 81, 69: Das Warenzeichen „Arthroforte Azuchemie" war angemeldet worden. Der Widerspruch erfolgte aufgrund der Marke „Arthrexforte". Nunmehr klagt der Anmeldende auf Löschung des Widerspruchszeichens „Arthrexforte" und gewinnt den Prozeß. Da der Widersprechende sein Zeichen in der Form „ARTHREX FORTE" benutzt hatte, war von dem einheitlichen Zeichenwort „Arthrexforte" abgewichen worden. Die Abwandlung des einheitlichen Zeichens auf 2 Zeilen in Großschrift genügt nicht als Benutzung.

Der Warenzeichenschutz hängt davon ab, daß ein identisches oder verwechslungsfähiges Zeichen für die gleiche oder gleichartige Ware gebraucht wird. Voraussetzung des Markenschutzes gemäß § 24 WZG ist also auf der einen Seite Gleichheit oder Gleichartigkeit der Ware und auf der anderen Seite Identität bzw. Verwechslungsgefahr der Bezeichnungen. Was die Gleichartigkeit angeht, so bestimmt das Gesetz nicht, wann Waren als gleichartig anzusehen sind. Die Frage ist aus dem Zweck des Zeichenschutzes zu beantworten. Der Zeicheninhaber ist nicht umfassend geschützt, sondern es kommt auf die Warenklasse und ihre Position zu anderen Warenklassen nach der Verkehrsauffassung an.[35] Im Bereich der Medikamente hat man als gleichartig angesehen: Brandbinden mit Gichtwatte, pharmazeutische Tees mit Arzneimitteln, Augenpflegemittel mit Parfüm und Seife, Vitaminbonbons, medizinische Seifen sowie

---

[35] Vgl. genauer Baumbach/Hefermehl, Warenzeichenrecht[12], § 5 Rdnr. 98.

Pflanzenschutzmittel mit Arzneimitteln.[36] Ungleichartig sind nach der Rechtsprechung: Mineralwasser und alkoholfreie Getränke mit Arzneimitteln; Eiweiß, Mischfutter und Arzneimittel; Schnupfenmittel mit Pflanzenschutzmitteln.[37]

Gemessen an der Warengleichartigkeit ist die Frage der Verwechslungsgefahr auf dem Arzneimittelsektor schwierig zu beantworten. Der Schutz hängt davon ab, wie weit die Arzneimittelkennzeichnung Unterscheidungskraft besitzt und sich im Verkehr durchgesetzt hat. Es hat entweder keine oder nur geringe Unterscheidungskraft, wenn sie sich für einen Fachmann nicht mehr als ein die Art, Zusammensetzung, Wirkung, Indikation, Darreichungsform usw. des Mittels beschreibender Begriff darstellt. Die Rechtsprechung ist insoweit nicht kleinlich: So wurde „Ulcugel", „Nitroretard" und „Monodenti" Unterscheidungskraft zugesprochen.[38] Voraussetzung des Warenzeichenschutzes gegenüber einer fremden Marke ist Identität oder Verwechslungsgefahr, § 31 WZG. Man unterscheidet dabei die Verwechslungsgefahr im engeren und im weiteren Sinne. Im engeren Sinne besteht sie dann, wenn beide Erzeugnisse miteinander verwechselt werden können. Von Verwechslungsgefahr im weiteren Sinne ist die Rede, wenn man meinen könnte, daß sowohl das eine als auch das andere Erzeugnis aus dem Betrieb desselben Herstellerunternehmens stammen.[39] Bei der Feststellung der Verwechslungsgefahr ist auf die Bildwirkung, Klangwirkung und den Sinngehalt des Zeichens zu achten. Entscheidend ist, ob ein nicht ganz unerheblicher Kreis der Benutzer, seien es Ärzte, Apotheker oder Patienten, der Ansicht sein kann, die Produkte wären gleich oder stammten aus demselben Betrieb. Dabei kommt es nicht darauf an, ob das Arzneimittel nur auf Rezept verabfolgt oder frei verkauft werden kann. Bei parallelen Mitteln achten Arzt und Apotheker vornehmlich auf den Heilungserfolg, was jedoch die Verwechslungsge-

---

[36] Brandbinden = Gichtwatte: RG, MuW 11, 532; pharmazeutische Tees = Arzneimittel: RPA, MuW 33, 380; Augenpflegemittel = Parfüm und Seife: BGH, GRUR 57, 125; Vitaminbonbons = Arzneimittel: BPatG 5, 68; Monatsbinden = Arzneimittel: BGH, GRUR 63, 572; vgl. im übrigen Baumbach/Hefermehl, WZG, § 5 Rdnr. 126.

[37] Mineralwasser und alkoholfreie Getränke ≠ Arzneimittel: RPA, Mu'W 31, 546; Eiweißmischfutter ≠ Arzneimittel: BPatG 4, 54; Schnupfenmittel ≠ Pflanzenschutzmittel: DPA GRUR 71, 250.

[38] BPatG 14, 222: „Ulcugel", eingetragen für Arzneimittel; BPatG 14, 148: „Nitroretard", eingetragen für Arzneimittel, BPatG 16, 79; „Monodenti", eingetragen für Injektionsspritzen.

[39] Baumbach/Hefermehl, WZG[12], Rdnr. 13ff.; Hubmann, Gewerblicher Rechtsschutz[5], § 45 II.

fahr nicht ausschließt. Im übrigen ist dann noch die mögliche Täuschung des Patienten zu prüfen. So hat man die Verwechslungsgefahr von „Tropon" mit „Magnetopon", von „Lidaprim" mit „Sigaprin", von „Venostasin" mit „Topostasin", von „Arctuvan" mit „Artesan" sowie von „Sulfa-Perlongit" mit „Perlingon" verneint.[40] Dagegen wurde in folgenden Fällen eine Verwechslungsgefahr bejaht: „Pavyka" mit „Pivako", „Recresal" mit „Recrephos".[41]

Im Warenzeichen- und Patentschutz setzt die Erschöpfung des Verbreitungsrechts eine deutliche Grenze. Wenn im Inland ein Arzneimittel vom Inhaber des Schutzrechts auf den Markt gebracht wird, so kann es weiterverkauft werden, ohne das Sach- oder Bezeichnungsrecht zu verletzen. Das gilt grundsätzlich auch, wenn der Inhaber des Rechts das Arzneimittel im Ausland in Verkehr bringt und es dann reimportiert wird. Allerdings darf es dann nicht umgepackt und erneut mit der Marke gekennzeichnet werden. Kohler hat hier vom Zusammenhang der Benutzungsformen gesprochen.[42] Gemeint ist damit, daß es dem Inhaber des Schutzrechts nur einmal vorbehalten ist, die Ware in den Verkehr zu bringen; die weiteren Bewegungen auf dem Markt darf er aufgrund seines Schutzrechts nicht mehr beeinflussen, es sei denn, die Ware hat eine erhebliche Veränderung erfahren. Das Gesagte gilt uneingeschränkt für den internationalen europäischen Markt nur, soweit ein identisches Schutzrecht in dem Staat besteht, in welchem das Medikament in Verkehr gebracht wurde. Nur soweit es besteht, kann sich das Verbreitungsrecht erschöpfen. Wenn in einem patentfreien Staat ein Arzneimittel auf den Markt gebracht wird, darf es nicht frei in einen patentgebundenen Staat eingeführt werden. Ebensowenig ist es erlaubt, ein Medikament, das unter einem anderen Warenzeichen in einem Mitgliedsstaat der EG auf den Markt gekommen ist, unter Hinzufügung eines neuen Warenzeichens in einen anderen Mitgliedsstaat zu importieren.[43]

---

[40] OLG Köln GRUR 34, 743: „Tropon" ≠ „Magnetopon"; OLG Frankfurt GRUR 78, 362; „Lidaprim" ≠ „Sigaprin"; BGH GRUR 57, 339; „Venostasin" ≠ „Topostasin"; BGH GRUR 55, 415; „Arctuvan" ≠ „Artesan"; BPatG PharmaR 87, 229: „Sulfa-Perlumid" ≠ „Perlingon".

[41] RGZ 156, 355; „Pavyko" = „Pivako"; RG, MuW 38, 292: „Recresal" = „Recrephos".

[42] Kohler, Handbuch des deutschen Patentrechts in rechtsvergleichender Darstellung (1900), 452ff. Zur heutigen Doktrin vgl. Hubmann, Gewerblicher Rechtsschutz[5], § 19 III, § 40 III.

[43] Zur Erschöpfung des Verbreitungsrechts im gemeinsamen Markt vgl. Christian v. Bar, Territorialität des Warenzeichens und Erschöpfung des Verbreitungsrechts im gemeinsamen Markt, insbesondere S. 80ff.

EuGH XIV, 85: Die amerikanische Firma Parke Davis & Co. war Inhaber eines niederländischen Patents zur Herstellung eines Antibiotikums, das auch in Italien gekauft werden konnte, wo es keinen Patentschutz genoß. Der Gerichtshof in Den Haag legte dem EuGH die Frage vor, ob Parke Davis in Holland den Import aus Italien verhindern könne. Das Gericht gestattete das Verbot in Holland.

EuGH NJW 79, 484: Eine Pharmafirma hatte für das gleiche Arzneimittel in England und in den Niederlanden 2 unterschiedliche Warenzeichen eintragen lassen. Nunmehr wurde das von ihr in England auf den Markt gebrachte Medikament in die Niederlande importiert und dort mit dem neuen Warenzeichen versehen. Das Gericht beantwortet die ihm vorgelegte Frage dahingehend, daß die Herkunftsgarantie des Warenzeichens einschließe, daß sich nur der Inhaber des Erzeugnisses durch die Anbringung des Warenzeichens identifizieren dürfe. Dritten sei dies nicht gestattet.

BGH NJW 84, 1295: Valium Roche wird in Deutschland von einer Tochtergesellschaft der Schweizer Mutter vertrieben. Eine andere Tochtergesellschaft vertreibt zu erheblich geringeren Preisen größere Packungen mit dem gleichen Warenzeichen in England. Nach Holland gebracht wurde es dort umgepackt und mit einem deutschsprachigen Informationszettel versehen. Der BGH sieht es als warenzeichengemäße Verwendung an, wenn die Ware der Originalverpackung entnommen, umgepackt und auf der neuen Verpackung vom Erwerber ohne Erlaubnis des Zeicheninhabers wieder mit dem Warenzeichen versehen wird.

Schutz des Gewerbebetriebs gegen unrichtige oder schmähende Angaben

Arzneimittel und ihre Bezeichnungen sind auch gegenüber Dritten geschützt, soweit nicht überwiegende Interessen der anderen entgegenstehen. Unrichtige Angaben über die Zusammensetzung eines Arzneimittels,[44] etwa in Nachschlagewerken, wissenschaftlichen Veröffentlichungen oder populären Hinweisen, können vom Arzneimittelhersteller verboten werden. Sie stellen einen Eingriff in seinen eingerichteten und ausgeübten Gewerbebetrieb dar, der gemäß § 823 Abs. 1 BGB geschützt ist. Das bedeutet allerdings nicht, daß an Arzneimitteln, ihrer Zusammensetzung, ihrer Dosierung und ihren Nebenwirkungen keine Kritik geübt werden darf. Weder der Schutz des Patents noch eines eingerichteten und ausgeübten Gewerbebe-

---

[44] LG Hamburg PharmInd 82, 880: Im *Medikamentenbuch für den kritischen Verbraucher* war eine seit Jahren aufgegebene Zusammensetzung eines Medikaments weiterhin enthalten. Der durch die unrichtige Angabe vorgenommene Eingriff in den Gewerbebetrieb erfolgte auch fahrlässig, da schon mehrere Jahre vor dem Erscheinen der letzten Auflage die Herausgeber auf die Unrichtigkeit der Darstellung hingewiesen worden waren.

triebs schränkt die verfassungsrechtlich garantierte Kritikfreiheit ein. Jedoch muß sich die Kritik in angemessenen Grenzen halten. Kritikern, denen eine öffentliche Aufgabe hinsichtlich der Überwachung von Medikamenten obliegt, etwa die Arzneimittelkommission oder die Massenmedien, steht ein besonders weiter Spielraum zur Verfügung, da sie in Wahrnehmung berechtigter Interessen handeln, § 824 Abs. 2 BGB. Zwar spricht die Vermutung für die Zulässigkeit der freien Rede, wenn es sich um einen Beitrag zum geistigen Meinungskampf in einer die Öffentlichkeit wesentlich berührenden Frage durch einen dazu Legitimierten handelt.[45] Schmähkritik ist jedoch nicht zulässig.[46]

---

[45] BVerfG NJW 76, 1681; BGHZ 45, 308.
[46] LG Frankfurt vom 5.6.87, Az. 2/3 O 36/87 (Todesursache: Alival?): „Wenn's ums Geschäft geht, dann geht der Vorstand der Hoechst AG über Leichen" als Schmähkritik verboten.

Der zweite Baustein:
Forschungsethik

Präklinische Arzneimittelforschung
und Tierschutz

Hans Schaefer

Die durch den Tierschutz gebotenen Strategien der Arzneimittelforschung werfen 3 grundsätzliche ethische Fragen auf:

- Ist die präklinische Prüfung von Arzneimitteln nötig?
- Ist diese Prüfung möglich und wie ist die Entscheidbarkeit über Nutzen und Risiken eines Heilmittels beschaffen?
- Ist, im Falle der Möglichkeit, die Prüfung „verantwortbar", wobei das „Prinzip Verantwortung" zu definieren ist.

Wie auch immer diese Fragen beantwortet werden (und die Antworten sind derzeit recht kontrovers), bleibt das ethische Prinzip zu diskutieren, mit welchem Recht der Mensch das Tierleben zu seinem eigenen Wohlergehen benutzen oder opfern darf und welche Grenzen ihm hierbei Recht und Gesellschaft (nämlich die Ethik) ziehen.

Arzneimittel bedürfen
der experimentellen Prüfung

Arzneimittel greifen in das Wohlergehen (das „Heil") des Menschen auf 2fache Weise ein: sie sollen (können) durch ihre erwünschten Wirkungen Krankheit bessern und sie können unerwünschte Wirkungen haben, die unangenehm oder sogar gefährlich sind. Eine Voraussage des Verhältnisses von Nutzen und Risiken ist aus der chemischen Struktur praktisch unmöglich. Wenn also ein Arzneimittel beurteilt werden soll, ist eine Prüfung dieses Verhältnisses unerläßlich, weil im Interesse jedes potentiellen Patienten liegend.

Prüfungen dieser Art sind nur mit *experimentellen Methoden* möglich, weil andere Formen des Erkenntnisgewinns aus sachlichen Gründen ausscheiden.

Da sich Nutzen und Gefahren der Arzneistoffe in der Humanmedizin auf den Menschen beziehen, muß die hier zu gewinnende Erkenntnis entweder am Menschen oder an Objekten gewonnen werden, deren Reaktion sich auf den Menschen in einer mehr oder weniger vollkommenen Analogie übertragen läßt.

Erfahrungen am Menschen mit neuen Arzneistoffen, und nur um solche handelt es sich in unserer Überlegung, würden nur so gewonnen werden können, daß der zu testende Stoff beim Menschen appliziert wird und man seine Wirkungen und Nebenwirkungen möglichst vollständig registriert. Diese Testung bleibt in jedem Fall notwendig als klinische Prüfung. Die präklinische Prüfung hat es dagegen mit der Ermittlung von 2 Tatsachenbereichen zu tun: mit der Erkennung von dem Arzneistoff innewohnenden Gefahren und mit seinem Nutzen, wobei der Nutzen ohne Schwierigkeit auch direkt am Menschen geprüft werden könnte. Nur die Tatsache, daß sehr viele Stoffe bei der Entwicklung eines wirksamen Pharmakons als seine Vorstufen hergestellt zu werden pflegen, macht auch die Prüfung des Nutzens durch präklinische Versuche wünschbar, weil sonst eine sehr große Zahl meist wirkungsarmer Stoffe im Menschenversuch zu prüfen wäre, eine solche Prüfung aber auch dann nicht ohne Risiken denkbar ist, wenn toxische Nebenwirkungen nicht existieren sollten. Risiken entstehen nämlich keinesfalls nur durch den zu testenden Stoff. Schon die Prinzipien der „vergleichenden Therapie" und des „Blindversuchs" setzen voraus, daß unbehandelte oder mit Placebo oder anderen Methoden behandelte Kranke als Kontrollen gefordert werden, ein Umstand, der als Einschränkung der Fürsorgepflicht in jedem Fall problematisch ist und in Einzelfällen bis zur „unterlassenen Hilfeleistung" mit strafrechtlichen Folgen reicht (Fincke 1977). Da die Zahl solcher Prüfungen aus unvermeidbaren, in der Natur chemischer Synthesen von Pharmaka liegenden Gründen aber immer sehr groß sein muß, ist eine Reduzierung der Testung am Menschen unverzichtbar. Schon die begrenzte Zahl der zur Verfügung stehenden Patienten würde eine Prüfung der therapeutischen Wirkung aller synthetisierter Moleküle so gut wie unmöglich machen. Will man also Belastungen und Gefährdungen von Patienten vermeiden, eine Prüfung am Tier aber ebenfalls, so blieben nur 2 Auswege: den Tierversuch durch Testungen an anderen Testobjekten zu ersetzen oder die Entwicklung neuer Pharmaka entscheidend einzuschränken.

Die Problematik verlagert sich also auf 2 Fragen:

1) Gibt es Alternativmethoden für den Tierversuch?
2) Ist es sinnvoll, eine so große Zahl neuer Wirkstoffe herzustellen, wie das augenblicklich der Fall ist?

Forderungen an Testmethoden

Beide Fragen lassen sich nur angesichts der Forderungen an pharmakologische Testungen beantworten. Zwei grundsätzliche Forderungen sind, daß 1. das Wirkungsspektrum des Arzneimittels ermittelt werden muß und daß 2. toxische Nebenwirkungen festzustellen bzw. auszuschließen sind. Die 1. Forderung der pharmakologischen Prüfung überwiegt quantitativ, weil sie alle Vorstufen und Molekülvariationen eines Pharmakons betrifft. Die 2. Forderung der toxikologischen Prüfung steht für den Patienten im Vordergrund, weil er vor Schaden geschützt sein will. Die Testung auf Toxizität ist natürlich nur dann gefordert, wenn eine bestimmte erwünschte Wirkung feststeht.

Zwar bemüht sich die moderne Pharmaforschung, durch Struktur-Wirkungs-Beziehungen und hochselektive Rezeptorbindungsstudien bereits bei der Syntheseplanung ein günstiges Nutzen-Risiko-Verhältnis zu erreichen, dennoch ist die Zahl der Testungen hoch, wie betont wurde (Daten bei Bundesverband der pharmazeutischen Industrie 1986). Diese unvermeidliche Tatsache fordert die Suche nach Alternativmethoden. Es gibt 2 Wege, auf denen eine Senkung der Versuchszahlen mit Tieren möglich sein könnte: durch Testung an Zellen oder subzellulären Systemen, wie sie z.B. bei der Messung bakterizider Eigenschaften üblich ist, und durch Reduzierung der individuellen Streuungen der Versuchsergebnisse durch Verwendung erbgleicher Versuchstiere mit identischen Reaktionseigenschaften. Der 2. Weg kann hier nicht besprochen werden. Die alternativen Methoden sind aber für unsere Fragestellung fundamental.

Die Zelle ist kein hinreichendes Modell
des Organismus

Die Aufgabe, welche dem zu testenden Wirkstoff zugedacht wird,
besteht, in allgemeiner Form formuliert, in der Heilung oder Besserung von Krankheit. Es ist schwierig, die Bedeutung dieser Aussage
kurz zu umreißen, weil „Krankheit" ein Prozeß ist, der sich einer eindeutigen und allgemein gültigen Definition entzieht (Schaefer 1976).
Man kann den Inhalt dieser Aussage dahin definieren, daß Krankheit immer den *ganzen Menschen* betrifft, daß aber die Wirkung des
Arzneimittels dabei primär über chemische Wirkungseinflüsse erfolgt, die auf *zellulärer* Ebene ablaufen. Diese beiden Aussagen über
die Natur der Krankheit und die Natur einer pharmakologischen
Wirkung bedeuten, daß die *therapeutischen Wirkungen* der Arzneimittel in der Regel letztlich nicht allein in zellulären Effekten bestehen.
Sie dienen vielmehr oft der Beeinflussung von Regulationsvermögen
und von psychischen Prozessen, welche jede Krankheit teils mit verursachen, teils symptomatisch begleiten. Diese „organisierte Natur"
der Pharmakotherapie erkennt man mit einem Blick in dem Stan-
dardwerk der pharmakologischen Prüfmethoden von Ther (1949).
Über die begrenzte Leistungsfähigkeit alternativer Methoden zum
Tierversuch ist sich die Fachwelt einig (vgl. Brusick 1983; Smyth
1978; Weiss et al. 1983).

Die toxischen Nebenwirkungen der Arzneistoffe sind häufig von
der gleichen organismischen (systemischen) Natur wie die Heilwir-
kungen, betreffen also Schäden an Organen oder Verstellungen an
Regelkreisen, die das System des Organismus bedrohen und daher
deletär sein können, wenn sie nicht, wie Allergien oder Suchtgefah-
ren, sogar komplizierte Reaktionen des Organismus betreffen, welche die chemische, hormonelle oder nervöse Integration verändern.
Dennoch scheint die Toxizität einer chemischen Substanz in gewis-
sem Maße durch meßbare Veränderungen auf zellulärer Ebene faß-
bar zu sein. Eine Prüfung solcher zellulärer Effekte setzt dann nicht
unbedingt Beobachtungen am ganzen Tier oder gar am Menschen
voraus. Nur wo es sich um Wirkungen handelt, die auch bei geringen zellulären Veränderungen bedrohliche Störungen des Gesamtorganismus hervorrufen, wie z.B. bei Beeinflussungen der Resorption,
der Blutparameter, des Stoffwechsels, der Ausscheidung oder der

zentralnervösen Koordination, ist die Zelle kein ausreichendes Testorgan.

Die Begründung der zellulären Testbarkeit toxischer Wirkungen übersteigt den Rahmen dieses Beitrags. Sie betrifft v.a. die chemische Toxizität und insbesondere alle Prozesse, welche zu Störungen der fetalen Entwicklung oder zu Krebs führen. Hier lassen sich andere Methoden als die des Tierversuchs entwickeln und besitzen eine steigende Bedeutung (Brusick 1983; Lembeck 1988; Smyth 1978).

Der Schluß von zellulären Prozessen auf systemische Folgen ist dennoch immer problematisch. Wir kennen z.B. weder die Initiation noch die Promotion von Karzinomen so gut, daß wir von zellulären Befunden auf die Auslösung einer Krebskrankheit beim Menschen schließen können. Insbesondere tritt die Zellmembran als Ort der Auslösung weitreichender zellulärer Veränderungen immer mehr in unser Blickfeld (Gabius u. Nagel 1988). Die schwierige Beurteilung zellulärer Prozesse in ihrer Bedeutung für die Auslösung systemischer Erkrankungen (d.h. Erkrankungen von Organen und Organismen) schränkt die Anwendung zellulärer Testmodelle und erst recht der Modelle im subzellulären Bereich entscheidend ein. Selbst wenn eine zu testende Substanz Veränderungen an den Chromosomen auslöst, etwa vermehrt Aberrationen oder Schwester-Chromatid-Austausche hervorruft, ist die kanzerogene Potenz keineswegs bewiesen. Wohl darf man umgekehrt schließen, daß die Abwesenheit chromosomaler Änderungen gegen eine Krebsgefährdung durch diese Substanz spricht (vgl. Rosenthal u. Obe 1989).

Sind pharmakologische Prüfungen an Tieren möglich?

Die Notwendigkeit, pharmakologische Prüfungen an höheren Systemen als an Zellen durchzuführen, steht also wissenschaftlich außer Zweifel. Es bleibt die Frage, ob solche Testungen *möglich* sind. Die Übertragbarkeit der am Tier gewonnenen Ergebnisse auf den Menschen ist oft bezweifelt worden, z.B. von Hensel (1977) und Kienle (1974, S. 62 ff.). Sie ist in der Tat nicht immer möglich. Die Kritiker übersehen aber, daß es *keine Alternativen* gibt, wenn man nicht auf alle Innovationen verzichten will oder die Prüfung ohne jeden Schutz am Patienten vornimmt, was strafrechtliche Konsequenzen unvermeidlich macht. Die Kritiker des Tierversuchs bezweifeln ohne Grund die Tatsache, daß Mensch und Tier in sehr vielen Funktionen völlig übereinstimmen, so daß die Wirkung von Pharmaka bei beiden identisch ist. Nicht nur zelluläre Prozesse mit systemischer Wirkung, wie Kraftentfaltung, Stoffwechsel, Sekretion und ähnliches, sondern insbesondere die meisten Regelvorgänge sind bei Tier und Mensch identisch. Nur dort, wo chemische Wechselwirkungen mit hoher *individueller Reaktionsform* vorherrschen, wie bei allen Immunprozessen und Wachstumsvorgängen, ist die Vergleichbarkeit nicht gegeben. Die „Einheit" der Naturprozesse ist erstaunlich groß. Wir haben freilich noch keine befriedigende Theorie der individuellen Reaktionsbereitschaft von Tier und Mensch, ein Mangel, der den Kritikern des Tierversuchs scheinbar Argumente liefert. Die Suszeptibilität der Organismen gerade toxischen Prozessen gegenüber ist offenbar genetisch bestimmt, eine Tatsache, die erst neuerdings, z.B. beim Risiko, Krebs auszulösen, genauer bekannt geworden ist (Rüdiger 1990).

Die Grenzen der Übertragbarkeit von tierexperimentellen Ergebnissen auf den Menschen sind sicher ein Argument, die Verantwortung des Experimentators dem Tierleben gegenüber zu verstärken. Wie groß ist aber diese Verantwortung und wie läßt sie sich angesichts solcher Unsicherheiten der Erfolgschancen definieren?

Verantwortung des Experimentators

Ein Experiment an Tieren, Zellen oder leblosen Testobjekten ist *immer* ein willkürlicher (wenn auch sachlich begründeter) Eingriff des Experimentators in die Natur. Nur durch diesen Zusammenhang zwischen dem Willkürakt des Experimentators und dem durch ihn ausgelösten Naturereignis (z.B. einer Schädigung durch einen Teststoff) ist eine kausale Deutung der Folgen dieser Stoffwirkung möglich.

Der Tatbestand des obligaten willkürlichen Eingriffs in Naturvorgänge begründet aber neben der kausalen Deutbarkeit der Ergebnisse zugleich auch die Verantwortung für das experimentelle Handeln. Diese Verantwortung wird derzeit in der Öffentlichkeit stark ideologisiert. Jonas (1984) spricht z.B. der Natur eine eigene Zielfindung und deswegen ein „sittliches Eigenrecht" zu, von dem er dann für den Menschen verpflichtende Normen ableitet. Dieses Argument ist aber nicht einleuchtend begründbar. Eingriffe in die derzeit bestehende Natur nimmt diese Natur selbst in extrem radikaler Weise vor, und der Begriff „Natürlichkeit" kann nicht als Grundlage moralischer oder ethischer Normen benutzt werden (Böckle 1987; Schaefer 1987). Es gibt, um gleiches Normverhalten zu begründen, wesentlich einleuchtendere Argumente. Verantwortung wird immer dort geltend gemacht, wo das Handeln des Verantwortungsträgers in das Heil der Menschen eingreift und es bedroht. Zum Heil des Menschen gehört aber auch die Natur, in der er lebt, von der er lebt und die sein Wohlbefinden begründet. Der Landschaftsschutz z.B. wird gefordert, weil sich der Mensch in der heute existierenden Landschaft „zu Hause" fühlt, obgleich die Landschaft ein extrem „unnatürliches" Produkt der Agrikultur ist (vgl. Schaefer u. Schlemmer 1988). Der gleiche Gedanke trifft auf die tierische Umwelt zu. Der Kampf gegen Umweltgifte wurde von Rachel Carson (1964) bekanntlich mit dem Schlagwort des „stummen Frühlings" geführt, in dem die Vögel nicht mehr singen. Es sterben aber ständig Tierarten aus, und eine nicht genau zu definierende Umweltkatastrophe hat unzählige Arten in der sog. Kreide-Tertiär-Wende vernichtet (Lit. bei Courtillot 1990). Der Mensch wünscht sich dennoch eine Erhaltung jener pflanzlichen und tierischen Umwelt, die sein Kulturbedürfnis befriedigt, ein Bedürfnis übrigens, das in seiner inhaltlichen Ausformung absolut zeitgebunden und variabel ist.

Ethos entsteht nun allein aus dem Selbstverständnis einer durch ihre Kultur geformten Gesellschaft und kann sich zu apodiktischen Geboten *religiöser* Natur verfestigen, was Jonas (1984, S. 30, 36) damit bestätigt, daß er metaphysische und religiöse Begründungen als letzte Quelle aller ethischen Normen bezeichnet. Für unser Thema bedeutet das, daß die Einstellung zum Tier ebenfalls durch den in einer konkreten Gesellschaft sich herausbildenden Konsens den Charakter von Normen annehmen kann, in dem Maß, wie die Menschen einer Gesellschaft das Tier und seine Erhaltung als für ihr Befinden *heilsnotwendig* erachten. Ein so manifest gewordenes Ethos würde Verantwortung begründen.

Die Ebenen der ethischen Theorie

Man versteht nun die Härte der ethischen, philosophischen und politischen Diskussion um den Tierversuch nicht, wenn nicht eine grundsätzliche Betrachtung die verschiedenen Ebenen dieser Diskussion klarstellt. In einer Ethikkonferenz der Max-Planck-Gesellschaft hat Stent (1984) dieses Problem erörtert. Über ihn, einer Bemerkung von Stegmüller auf dieser Konferenz folgend, hinausgehend muß man 2 Ebenen der Ethik-Diskussion unterscheiden:

- die Ebene der Beschreibung sich faktisch vorfindender ethischer Normen und ihrer Anwendung;
- die Ebene der Begründung ethischer Normen.

Was die Begründungen anlangt, welche von der philosophischen Ethik bislang vorgelegt worden sind, so mag man mit Stent 2 Prinzipien unterscheiden, welche Stent die idealistische und die naturalistische Ethik nennt. Der 1. Begriff, die idealistische Ethik, geht auf Platon zurück. Der 2. Begriff, der insbesondere die Ethik des Aristoteles, wie er sie in der Nikomachischen Ethik entwirft, kennzeichnen soll, mag treffender das ethische Prinzip vom größtmöglichen Glück der Menschen genannt werden, das in der Praxis, wie Aristoteles selber darlegt, nicht nur schwer auf einen einheitlichen Begriff zu bringen ist, sondern noch schwerer im Detail begründet werden kann, wie das insbesondere die Kritik des Utilitarismus dargelegt hat (Williams 1979). Die meisten Tierschützer arbeiten mit Argumenten einer idealistischen Ethik.

Die Ebene der Begründungen findet freilich noch in einer 3. Form der Analyse statt, welche wir in Anlehnung an Nietzsche die „Genealogie der Moral" oder auch die Entwicklungsgeschichte ethischer Prinzipien nennen können, eine Betrachtungsweise, die uns derzeit durch die Versuche, das gesamte menschliche Denken entwicklungsgeschichtlich zu sehen, besonders nahe gebracht worden ist (Riedl 1981; Vollmer 1975). Der genealogische Aspekt ist auf alle der vorstehend beschriebenen Ebenen und Begründungen anwendbar.

Die Geschichte der Ethik zeigt, in welch komplizierter Form idealistische und naturalistische Prinzipien miteinander verquickt worden sind, wobei naturalistische Prinzipien vielleicht die ursprünglichsten sein könnten, aber immer von idealistischen Motiven überlagert waren, Motiven, die nur religiös bzw. metaphysisch begründbar sind und ihren Ursprung in einfachen emotionalen Reaktionen des Menschen auf die ihm unbegreifliche Umwelt haben mögen, wie das Topitsch (1958, 1962) dargestellt hat.

Das „Heil" der Menschen wird nun nicht nur von naturwissenschaftlich definierbaren Tatsachen bestimmt, sondern immer auch als von idealistisch-metaphysischen Forderungen abhängig erlebt, selbst wenn solche Forderungen dem Glück und Wohlbefinden des Menschen eindeutig widersprechen. In den Forderungen der Tierschützer haben wir es nicht selten mit derartigen Forderungen zu tun. Zu ihnen muß freilich von vornherein gesagt werden, daß sie nur religiös oder metaphysisch begründbar (und damit nicht widerlegbar) sind.

Klassifizierung derzeitiger Argumente zum Tierversuch

Entsprechend der im vorigen Abschnitt skizzierten Argumentationsebenen kann man die derzeit gängigen Argumente für und wider den Tierversuch zu ordnen versuchen.

Die härtesten Meinungen sind auch hier, wie in allen politischen Diskussionen, die religiös-metaphysischen Argumente, wobei die Unversöhnbarkeit der Standpunkte v.a. aus 2 Argumenten resultiert:

- daß der Argumentationsgegner moralisch defekt ist oder mindestens aus moralisch unqualifizierten Grundanschauungen heraus urteilt;
- daß der eigene Standpunkt nicht etwa einer Ideologie entstammt, sondern mit objektiven Argumenten begründbar ist, z.B. mit dem Naturrecht oder dem „Recht der Tiere", wobei beide Rechtsbegriffe nicht weiter hinterfragt werden. Das mit solchen Begründungen vorgebrachte Argument ist für die üblichen rationalen Widerlegungen unzugänglich.

Die derzeit vorherrschenden Argumente gegen den Tierversuch sind folgende:

1) Die Ehrfurcht vor dem Leben gebietet es, Leben in jeder Form zu
   schützen und keinesfalls willkürlich zu vernichten. Kein Geringerer als Albert Schweitzer hat sich dieses Argumentes bedient, wobei er so weit ging zu bekennen, daß er sich als Mörder fühle,
   wenn er, um sein Dasein zu erhalten, das Mäuschen töte, das in
   seinem Haus wohnt, oder die Bakterien, die sein Leben gefährden
   könnten (Schweitzer 1960, S. 339). Freilich gesteht er zu, daß Vernichtung von Leben durch harte Notwendigkeit erlaubt wird.
   Man erkennt in dieser Ansicht unschwer Züge des Buddhismus.
   Begründen läßt sich eine solche Ethik „ohne Kompromisse", wie
   Schweitzer sagt, nur mit religiösen Dogmen. Es ist zuzugeben,
   daß diese Art einer Dogmatik jedenfalls nicht jüdisch-christlich ist
   (Stent 1984).
2) Das 2. Argument setzt ein „Recht des Tieres" voraus, und in den
   USA hat ein „animal rights movement" der Durchführung von
   Tierversuchen erhebliche Schwierigkeiten bereitet (Stent 1984,
   S. 98; zur Lit. vgl. Brockhaus 1975). Die Begründung dafür, daß
   dem Tier „Rechte" gegenüber dem Menschen eingeräumt wer-
   den, entspringt dem Analogverständnis des Tieres, das so viele
   Verhaltensformen mit dem Menschen gemeinsam hat. Jedenfalls
   verbietet dieses Recht des Tieres, sein Leben „zum Wohle des
   Menschen" zu opfern. Vertreter dieser Ideologie sind dann freilich auch zum Vegetarismus verpflichtet.
3) Das 3. Argument leitet das Verbot des Tierversuchs aus der
   Pflicht ab, den Kosmos, wie er ist, zu erhalten, eine Pflicht, der die
   Natur selbst bekanntlich nicht nachkommt (Patzig 1986, S. 70)
   und die durch Tötung von Labortieren kaum beeinträchtigt werden dürfte.
4) Das 4. Argument verbietet es, dem Tier Schmerzen zuzufügen.
   Hier griffe, weil es sich um das „Heil" des Tieres handelt, das Argument der Verantwortung ein. Die Begründung fließt wieder
   aus der Analogie, die fraglos besteht, denn Tiere empfinden
   Schmerz ebenso wie der Mensch, doch ist damit nicht zugleich begründet, warum eine solche Analogie zwischen Tier und Mensch
   verpflichtende Gebote der Tierschonung impliziert. Diese Impli-
   kation liefert nur das 5. Argument:
5) Die Analogie zum Tier und die Liebe zum Tier machen es einem
   empfindsamen Menschen in der Tat unmöglich, ein Tier zu quä-
   len, und Kant betont dieses pädagogische Element mit allem
   Nachdruck: weil durch die grausame Behandlung der Tiere „das
   Mitgefühl an ihrem Leiden im Menschen abgestumpft ... wird"
   (Kant VIII, S. 579).

Man wird die Argumente 4 und 5 nicht als ideologisch, sondern als psychologisch-pädagogisch betrachten müssen: Es wird in der Verletzung des „Heils" der Tiere zugleich das „Heil" des Menschen, wenn auch in einem abgeleiteten Sinn, verletzt.

Die Argumente *für* den Tierversuch sind weit homogener. Der Tierversuch sei notwendig, um Unheil vom Menschen abzuwenden, eine Aussage, welche zugleich beinhaltet, daß die Abwendung des Unheils auch *möglich* ist, so wie wir das auf S. 107ff. dargelegt haben. Das Argument setzt natürlich voraus, daß die Argumente gegen den Tierversuch in ihrer ideologischen Begründung nicht zwingend sind. Diese Annahme fehlender Begründungsüberzeugung wird insbesondere aus einer Argumentation hergeleitet, die wir „Güterabwägung" nennen wollen.

Güterabwägung

Die im vorigen Abschnitt unter 1) und 2) formulierten Argumente gegen den Tierversuch setzen das Leben des Tieres als absoluten Wert und sind, sofern man diese Einschätzung bejaht, nicht zu widerlegen. Eine gesellschaftliche (also ethisch normierende) Gültigkeit erlangt eine so apodiktische Ansicht dann, wenn die Mehrheit der Menschen eines Kulturraumes sich diese Ansicht zu eigen macht. In einer Gesellschaft, in der diese Ansicht zugleich als religiöse Forderung auftritt, wie im Buddhismus, ist sie schon heute sakrosankter Teil der öffentlichen Meinung. Solange eine Diskussion über diese Argumentation aber zulässig ist (und das ist sogar in Indien noch der Fall), werden die absoluten Forderungen der Tierschützer sich mit 2 Gruppen von Gegenargumenten konfrontiert sehen, welche derzeit die Meinungsbildung in den Industriestaaten weitgehend geformt haben.

Die 1. Gegenargumente bestehen im Aufweis logischer Widersprüche in den apodiktischen Forderungen.

Die 2. Gegenargumente erkennen die ethische Qualität der apodiktischen Forderungen zwar im Prinzip an, weisen aber darauf hin, daß solche Forderungen zu Konsequenzen führen, die selber unerwünscht oder unethisch sind, so daß zwischen Forderungen und Konsequenzen eine Güterabwägung erfolgen muß.

Widersprüche in den apodiktischen Forderungen der Tierschützer sind z.B. die Tolerierung der Tötung von Tieren zu Zwecken des menschlichen Konsums oder die Tolerierung der Aufzucht von Tieren, etwa (wie bei der Produktion von Eiern) zur gewerblichen Verwertung der biologischen Leistung von Tieren. Wer beides, das Schlachten der Tiere und ihre gewerbliche Ausnutzung, konsequent für sich und die Gesellschaft ablehnt, wie z.B. Teutsch (1979a, 1983), ist freilich mit logischen Argumenten nicht mehr angreifbar. Ihm kann man allenfalls die Grausamkeit der Natur vorhalten, die aber nachzuahmen dem Menschen nicht gestattet wird.

Das Argument vom „Recht" der Tiere kann mit dem Hinweis ungültig gemacht werden, daß nur der Mensch im System der derzeitigen Rechtslehre, und zwar in allen Industrienationen, zur Schaffung von Recht befugt ist. Sollte freilich eine geschlossene Gesellschaft, z.B. eine Nation, ein rigoroses Tierschutzrecht beschließen, so ist gegen seine Geltung nur noch das Prinzip der Konsequenzbetrachtung, also der Güterabwägung, anwendbar.

Güterabwägung ist bei so gut wie allen ethischen Normen geboten, da es kaum Handlungsvorschriften gibt, welche nur die in der ihnen zugrunde liegenden Norm angezielten Folgen haben. In der Regel pflegen die Folgen des Handelns vielfältig zu sein, und dem beabsichtigten Effekt treten unbeabsichtigte „Nebeneffekte" zur Seite, genau so, wie das bei jeder wirksamen Therapie zu sein pflegt. Das Prinzip der Güterabwägung ist bemerkenswert wenig in der philosophischen Ethik bedacht worden, wenn man vom „Utilitarismus" absieht (vgl. Schaefer 1983, S. 56; Williams 1979). Sicher ist es auch schwierig, den Wert verschiedener Konsequenzen menschlichen Handelns abzuschätzen, weil sich Werte von verschiedenen Standpunkten aus verschieden anzusehen pflegen. In der Diskussion um Tierversuche müßte diese Problematik angesprochen werden. Sie sieht dann zunächst so aus, daß man die Leiden der Tiere gegen den Nutzen des Menschen abzuwägen habe, eine Abwägung, welche, vom Menschen selbst vorgenommen, schwerlich objektiv ausfallen kann, abgesehen davon, daß völlig unvergleichbare Güter gegeneinander abzuwägen wären. In dieser Abwägung „Tier gegen Mensch" hilft man sich bekanntlich so, daß man die dem Tier aufzuerlegenden Lasten minimiert, wie es alle Tierschutzgesetze der Industrienationen tun. Die Forderung, das Leben des Tieres zu schonen, wird durch die Forderung des Todes ohne Leiden und die Forderung nach Minimierung der Opferzahlen ersetzt. Die Forderung nach einem absoluten Schutz des Tierlebens ist aber von der Grundeinstellung der meisten Gesellschaften und Religionen so weit entfernt, daß diese Extremforderung in der Regel nicht erhoben wird und werden kann. (Ausnahmen wie z.B. im Buddhismus dürften in Industrienationen noch nicht akzeptabel sein.)

Die Güterabwägung hat aber noch eine andere, weit eher entscheidbare Problematik: Wenn der Tierversuch in der präklinischen Prüfung verboten werden soll, so hat das 2 Folgen:

- Es müßte entweder jede pharmakologische Neuentwicklung unterlassen werden,
- oder die Testung müßte direkt am Menschen erfolgen, mit allen damit verbundenen Gefahren.

Es gibt keine 3. Lösung des Problems, wenn unsere eingangs aufgestellten Grundsätze korrekt sind, daß zu einer Prüfung die *nicht* direkt am Menschen erfolgt, ein Versuch mit höheren Tieren möglich und nötig ist.

Angesichts dieser Sachlage ist es verständlich, daß sich auch die prinzipielle ethische Diskussion vorwiegend auf Argumente der Güterabwägung erstreckt, also den Nutzen der Tierversuche einerseits, die Notwendigkeit mindestens so hoher Versuchszahlen andererseits bestreitet. Der Nutzen des Tierversuchs ist, wie gezeigt wurde, groß, solange man den Nutzen der Pharmaforschung bejaht. Die Zahl der Tierversuche, welche die Pharmaindustrie selbst angibt, ist allerdings hoch, sinkt aber neuerdings drastisch ab (Bundesverband der pharmazeutischen Industrie 1986). Doch bedarf beides der ständigen Diskussion, die hinsichtlich der Übertragbarkeit der Ergebnisse vom Tier auf den Menschen etwas tiefgründiger geführt werden müßte, als das z.B. in den so oft zitierten Untersuchungen von Lichfield (1961) geschah, ohne daß damit dieser ersten bedeutenden Arbeit ihr Pioniercharakter abgesprochen wird. Fraglos schützt aber die Testung im Tierversuch den Menschen vor zahlreichen Gefahren, welche eine toxikologische Prüfung am Menschen direkt mit sich brächte. Ein erster Versuch einer globalen Analyse des Problems ist von Kienle (1974) vorgelegt worden, und er sollte fortgeführt werden, unter Korrektur aller Einseitigkeiten.

Es bleiben derzeit v.a. die Fragen offen, welche mit der Struktur der Pharmaforschung selbst zusammenhängen. Sie konzentrieren sich auf die Grundprobleme,

– ob die Zahl der Tiere, die für jeden neuen Wirkstoff geopfert werden, sich nicht reduzieren läßt;
– ob die Zahl neu zu erprobender Wirkstoffe nicht wirklich problematisch ist, weil der Nutzen dieser Innovationen problematisch
erscheint.

Die zu fordernde Tierzahl pro Prüfung wird durch die wissenschaftlichen Gesetze der Biostatistik festgelegt, ist insofern also kein
ethisches Problem, und höchstens die Frage der Verläßlichkeit von
alternativen Methoden zum Ersatz der Tierversuche appelliert an die
Sorgfalt und den Einfallsreichtum der Experimentatoren. Die einzig
wirklich entscheidende Frage ist die nach dem Nutzen der Entwicklung neuer Arzneimittel. Auch sie stellt letztlich kein ethisches Problem dar, ist aber in der gegenwärtigen Industriegesellschaft ein politisches Problem erster Ordnung geworden. Es hat gelegentlich den
Anschein, als werde die ethische Frage der Zuverlässigkeit von Tierversuchen dazu benutzt, die politische Natur der Problematik zu
verschleiern.

Die politischen Lösungen

Die Frage nach der Sinnhaftigkeit und Wünschbarkeit pharmazeutischer Innovationen ist mit wissenschaftlichen Argumenten *allein* offenbar nicht zu entscheiden. Die Entscheidung, wie immer sie ausfällt, greift einerseits tief in wirtschaftliche Probleme der modernen
Industriegesellschaft ein und wirft u.a. das Problem der Arbeitslosigkeit bei drastischen Reduktionen der Pharmaproduktion auf. Andererseits ist die Feststellung des Nutzens oder gar der Notwendigkeit
der Entwicklung neuer Heilmittel solange schwer apodiktisch zu
leugnen, als die Medizin noch unbehandelbare Krankheiten kennt.
Das Argument, die meisten Novitäten des Arzneimittelmarktes verbesserten die Heilungsaussichten der Patienten kaum, mag sogar
richtig sein, sagt aber nichts über die Chancen noch unbekannter,
also noch zu erfindender Pharmaka aus. Probleme der pharmakologischen Prüfung sind aus diesem Grund immer Probleme, welche
teils die Medizin insgesamt, teils die Gesamtgesellschaft (die Poli-
teia) angehen. Sie sind also politische Probleme und bedürfen einer

politischen Antwort, auch wenn diese Antwort ohne pharmakologischen Sachverstand nicht sachgerecht formuliert werden kann. Der Gesetzgeber hat den politischen Forderungen in fast allen Industrienationen durch eine entsprechende Gesetzgebung entsprochen (Paton 1983).

Dadurch entstehen politische „Zielkonflikte", die sich vorwiegend auf 2 Probleme beziehen: den Konflikt zwischen Tierschutz und Gesundheitsschutz und den Konflikt zwischen Tierschutz und der im Grundgesetz garantierten Freiheit der Forschung. Dieses 2. Problem hat für uns nur eine geringe Bedeutung (zur Problematik vgl. Kloepfer 1986). Das 1. Problem wird stark durch Emotionen belastet, welche schließlich im totalen Mißtrauen gegenüber dem Argumentationsgegner enden. In der Bekämpfung dieses Mißtrauens liegt auch ein bedeutendes ethisches Problem, sowohl was die Integrität der Interessenten als auch die Loyalität der Tierschützer anbetrifft. Hier gibt es unsachliche Exzesse (z.B. bei Stiller u. Stiller 1977). Die Antwort des Politikers auf die emotionale Situation ist die 1987 erlassene *Reform des Tierschutzgesetzes (TSG)*, das bestimmte das Tier besonders belastende, z.B. schmerzhafte Versuche mit streng begrenzten Ausnahmen verbietet (§ 7 TSG) und die Durchführung von Tierversuchen allgemein an die Erteilung einer Genehmigung bindet. Die eine Genehmigung erteilende Behörde wird durch *Tierschutzkommissionen* beraten, in denen Tierschützer immer eine gewichtige Stimme, wenn auch nicht die Mehrheit haben. Diese Bestimmung läßt deutlich die Situation des wechselseitigen Mißtrauens erkennen, das an der Wurzel des TSG stand.

Man wird voraussagen können, daß das Problem des Tierversuchs seine endgültige Lösung in dem geltenden Tierschutzrecht vermutlich noch nicht gefunden hat, und sich die allgemeine Mentalität der Technikfeindlichkeit, wenn nicht gar der Wissenschaftsfeindlichkeit (Lübbe 1984), weiter vertiefen könnte. Eine solche Mentalität ist, wie alle emotionalen Massenbewegungen, rational kaum zu steuern. Es darf aber doch wohl behauptet werden, daß das relativ vorsichtige deutsche Tierschutzgesetz derzeit von der überwiegenden Mehrheit der Bevölkerung getragen wird und *extreme Tierschützer* eine klare Minorität darstellen, zumal der Tierschutz als Notwendigkeit überall anerkannt und praktisch befolgt wird. Die weitgehenden negativen gesamtgesellschaftlichen Folgen eines extremen Tierschutzes mit absolutem Verbot des Tierversuchs werden aber gerade von denen nicht durchdacht, die solche Verbote fordern.

Literatur

Böckle F (Hrsg) (1987) Der umstrittene Naturbegriff. Patmos, Düsseldorf

Brockhaus W (Hrsg) (1975) Das Recht der Tiere in der Zivilisation. Hirthammer, München

Brusick DJ (1983) The use of short term in vitro and submammalian tests as alternatives to large scale animal bioasseys. In: Sechzer JA (ed) The role of animals in biomedical research. Ann N Y Acad Sci 406:68–73

Bundesverband der pharmazeutischen Industrie (1986) Pro und Contra Tierversuche (Dr. Schuppan, Vorsitzender). Frankfurt am Main

Carson R (1984) Der stumme Frühling. Biederstein, München

Courtillot VE (1990) Die Kreide-Tertiär-Wende: verheerender Vulkanismus? Spektrum der Wissenschaft 12:60–69

Fincke M (1977) Arzneimittelprüfung. Strafbare Versuchsmethoden. Müller, Juristischer Verlag, Heidelberg Karlsruhe

Gabius HJ, Nagel GA (eds) (1988) Lectins and glycoconjugates in oncology. Springer, Berlin Heidelberg New York Tokyo

Hensel H (1977) Zur Problematik des Wissenschaftsbegriffs in der Medizin. In Büttner EG (Hrsg) Biologische Medizin. Fischer, Heidelberg, S 82–102

Jonas H (1984) Das Prinzip Verantwortung. Suhrkamp TB, Frankfurt am Main

Kant I (1956) Werke. Theorie-Werk-Ausgabe VIII: Schriften zur Ethik. Suhrkamp, Frankfurt am Main; Insel, Wiesbaden

Kienle G (1974) Arzneimittelsicherheit und Gesellschaft. Eine kritische Untersuchung. Schattauer, Stuttgart New York

Kloepfer M (1986) Juristische Aspekte des Tierversuchs. In: Bundesverband der Pharmazeutischen Industrie. Frankfurt, Heft 2, S. 23–30

Lembeck F (1988) Alternativen zum Tierversuch. Thieme, Stuttgart New York

Lichfield J (1961) Forecasting drug effect in man from studies in laboratory animals. J Am Med Assoc 177:104

Lübbe H (1984) Über den kulturellen Geltungsschwund wissenschaftlicher Weltbilder. In: Engler NE (Hrsg) Kongreß: Die Stellung der Wissenschaft in der modernen Kultur. Studienzentrum Weikersheim, S 140–154

Max-Planck-Gesellschaft (Hrsg) (1984) Verantwortung und Ethik in der Wissenschaft. Berichte und Mitteilungen Nr. 3. Max-Planck-Gesellschaft, München

Paton WDM (1983) Animal experiment: british and european legislation and practice. In: Sechzer JA (ed) The role of animals in biomedical research. Ann N Y Acad Sci 406:201–214

Patzig G (1986) Der wissenschaftliche Tierversuch unter ethischen Aspekten. In: Hardegg, W, Preiser G (Hrsg) Tierversuche und medizinische Ethik. Olms Weidmann, Hildesheim S 68–84

Riedl R (1981) Biologie der Erkenntnis, 3. Aufl. Parey, Berlin Hamburg

Rosenthal M, Obe G (1989) Effects of 50 Hz electromagnetic fields on proliferation and chromosomal alterations in human peripheral lymphocytes untreated or pretreated with chemical mutagens. Mutation Res 210:329–335

Rüdiger HW (ed) (1990) Cancerogenic risk by endogenous factors and processes. Mutation Res 238/3 (Sonderheft)

Schaefer H (1976) Der Krankheitsbegriff. In: Blohmke M, Ferber C von, Kisker KP, Schaefer H (Hrsg) Handbuch der Sozialmedizin, Bd 3. Enke, Stuttgart, S 15–30

Schaefer H (1983) Medizinische Ethik. Fischer, Heidelberg

Schaefer H (1987) Natur und Natürlichkeit. In: Böckle F (Hrsg) Der umstrittene Naturbegriff. Patmos, Düsseldorf, S 69-96

Schaefer H, Schlemmer J (Hrsg) (1988) Staatlicher Landschaftspfleger – eine Alternative für unsere Landwirte? Schriftenreihe der Lennart-Bernadotte-Stiftung, Mainauer Gespräche, Bd 5. Mainau

Schweitzer A (1960) Kultur und Ethik. Beck, München

Smyth DH (1978) Alternatives to animal experiments. Scolar Press, London

Stent GS (1984) Ethische Dilemmas der Biologie. In: Verantwortung und Ethik in der Wissenschaft. Max-Planck-Gesellschaft, Berichte und Mitteilungen, Heft 3. Max-Planck-Gesellschaft, München, S 88–102

Stiller H, Stiller M (1977) Tierversuch und Tierexperimentator. Hirthammer, München

Teutsch GM (1979 a) Die Intensivhaltung von Nutztieren in ethischer Sicht. Schriftenreihe der Himmelheber-Stiftung, Studien und Dokumente, Bd 3, Langewiesche-Brandt, Ebenhausen

Teutsch GM (1979 b) Der wissenschaftliche Versuch an Tieren in ethischer Sicht. Schriftenreihe der Himmelheber-Stiftung, Studien und Dokumente, Bd 2. Langewiesche-Brandt, Ebenhausen

Teutsch GM (1983) Tierversuche und Tierschutz. Beck, München

Ther L (1949) Pharmakologische Methoden, Wissenschaftliche Verlagsgesellschaft, Stuttgart

Topitsch E (1958) Vom Ursprung und Ende der Metaphysik. Springer, Wien

Topitsch E (1962) Phylogenetische und emotionale Grundlagen menschlicher Weltauffassung. Edizioni di „Filosofia", Turin

Vollmer G (1975) Evolutionäre Erkenntnistheorie. Hirzel, Stuttgart

Weiss B, Wood RW, Merigan WH (1983) Toxicity evaluation needs the intact animal. In: Sechzer JA (ed) The role of animals in biomedical research. Ann N Y Acad Sci 406:82–91

Williams B (1979) Kritik des Utilitarismus. Klostermann, Frankfurt am Main

Im Dienste des medizinischen Fortschritts: Über Versuche an menschlichen Subjekten[*]

Hans Jonas †

Die Eigenart von Humanexperimenten

Das Experiment im methodischen Sinn des Wortes wurde ursprünglich sanktioniert durch die Naturwissenschaften. In seiner klassischen Form hat es mit leblosen Objekten zu tun und ist damit sittlich neutral. Aber sobald lebende, fühlende Wesen Versuchsobjekte werden, wie dies in den biologischen Wissenschaften und speziell in medizinischer Forschung geschieht, verliert die Suche nach Erkenntnis diese Unschuld, und Gewissensfragen erheben sich. Wie tief diese das moralische und religiöse Empfinden aufwühlen können, zeigt der Streit um die Vivisektion seit dem 19. Jahrhundert. Experimente am Menschen müssen das Problem verschärfen, da sie an letzte Fragen persönlicher Sakrosanktheit rühren. Ein grundlegender Unterschied zwischen menschlichem und physikalischem Experiment, außer dem Unterschied zwischen beseelter und unbeseelter, fühlender und nichtfühlender Natur, ist dieser: Das physikalische Experiment benutzt künstlich angeordnete Substitute im verkleinerten Maßstab für das, worüber man Wissen gewinnen will, und der Experimentator extrapoliert von diesen Modellen und simulierten Bedingungen auf die Natur im großen. Etwas steht vertretend für die „wirkliche Sache" – z.B. Entladungen von Leydener Flaschen für den wirklichen Blitz. Im biologischen Bereich ist eine solche Substitution meist nicht möglich. Wir müssen mit dem Original selbst, dem Lebewesen im vollen Sinne arbeiten und es vielleicht dabei unwiderruflich affizieren. Kein Abbild kann seinen Platz einnehmen. Besonders im menschlichen Bereich verliert das Experiment gänzlich den Vorteil reinlicher Scheidung zwischen stellvertretendem Modell und

---

[*] Erstveröffentlichung in: Jonas H (1985) Technik, Medizin und Ethik. Insel, Frankfurt am Main. Abdruck mit freundlicher Genehmigung.

wahrem Objekt. Nach allen Tierversuchen muß zuletzt der Mensch selbst die Kenntnis über sich liefern, und der bequeme Unterschied von unverbindlichem Versuch und verbindlicher Tat schwindet. Ein Experiment in Erziehung beeinflußt das Leben seiner Subjekte, vielleicht einer ganzen Generation von Schulkindern. Experimente mit Menschen, für welchen Zweck auch immer, sind jedesmal *auch* ein verantwortlicher, nichtexperimenteller, im Ernste geltender Umgang mit dem Subjekt selbst. Und auch der nobelste Zweck entbindet nicht von der Verantwortung, die hierin liegt.

Dies ist die Wurzel des Problems, dem wir uns gegenüber sehen: Kann *beides*, jener subjektäußere Zweck und diese dem Subjekt schuldige Pflicht, erfüllt werden? Und wenn nicht völlig, was wäre ein gerechter Kompromiß? Welche Seite soll hier der anderen weichen? Der Konflikt läßt sich so formulieren: Grundsätzlich, so fühlen wir, sollte mit Menschen nicht wie mit Versuchskaninchen verfahren werden; andererseits werden uns solche Verfahren mit wachsendem Nachdruck aufgedrängt durch Erwägungen, die ebenfalls an Grundsätze appellieren und ihnen die Kraft zusprechen, den Einwand zu überstimmen. Solch ein Anspruch muß sorgfältig geprüft werden, besonders wenn er von einer mächtigen Strömung getragen wird. Indem wir die Sache so ausdrücken, haben wir bereits stillschweigend eine wichtige Annahme gemacht, die in unserer „westlichen" Kultur wurzelt: Die verbietende Regel ist für diese Denkweise die primäre und axiomatische; die erlaubende Gegenregel, welche die erste einschränkt, ist sekundär und bedarf der Rechtfertigung. Wir müssen die Verletzung einer primären Unantastbarkeit rechtfertigen, die selber keiner Rechtfertigung bedarf; und die Rechtfertigung muß sich auf Werte und Notwendigkeiten stützen, die den zu opfernden an Rang ebenbürtig sind.

Wir wollen den gefühlsmäßigen Widerstand gegen eine bloß utilitaristische Ansicht der Sache etwas verdeutlichen. Er bezieht sich auf einen Wesenszug des Menschenversuchs als solchen, noch vor der Frage einer etwaigen Schädigung des Subjekts. Das grundsätzlich Anstößige bei der Nutzung einer Person als Versuchsobjekt ist nicht so sehr, daß wir sie dabei zeitweilig zu einem Mittel machen (was in gesellschaftlichen Verhältnissen aller Art dauernd geschieht), wie daß wir sie zu einem Ding machen – zu etwas bloß Passivem für die Einwirkung von Akten, die nicht einmal Handlungen im Ernste, sondern Proben für wirkliches Handeln anderwärts und in der Zukunft sind. Das Sein der Versuchsperson ist reduziert zum fingierten

„Fall" oder Beispiel. Das ist verschieden von den Situationen sozialen Lebens auch in deren ausnützendsten Formen. Dort ist die Angelegenheit real, nicht fiktiv. Das Subjekt, wie sehr vielleicht mißbraucht, bleibt doch ein Handelnder und wird damit kein bloßes „Objekt". Lehrreich ist der Fall des Soldaten: Der einseitigsten Befehlsgewalt unterstellt, im Ernstfall gezwungen, Verstümmelung und Tod zu riskieren, einberufen ohne und vielleicht gegen seinen Willen, wurde er doch einberufen mit seiner Fähigkeit zu handeln, in Situationen zu bestehen oder zu versagen, wirklichen Anforderungen zu begegnen, in denen es um Wirkliches geht. Obwohl für das Oberkommando nur eine Ziffer, ist er doch kein bloßes Exempel und kein Ding. (Man stelle sich seine Reaktion vor, wenn sich herausstellen würde, daß der Krieg inszeniert war, um Beobachtungen über seine Ausdauer, Tapferkeit oder Feigheit zu sammeln.)

Diese Kompensationen des Selbstseins sind der Versuchsperson versagt, die Einwirkungen erleidet für einen sie nicht betreffenden Zweck, ohne engagiert zu sein in einer realen Beziehung, in der sie als Gegenspieler zum Andern oder zu den Umständen in Aktion treten kann. Bloße formelle „Zustimmung" zur Versuchsrolle (die meist nicht mehr als Erlaubnis ist) macht diese Verdinglichung noch nicht ethisch richtig. Nur echte, voll motivierte und wissende Freiwilligkeit kann den Zustand der „Dingheit" gutmachen, dem sich das Subjekt unterwirft. Davon später.

„Individuum und Gesellschaft" als begrifflicher Rahmen

Zuerst: welches sind die Ansprüche, die hier denen der persönlichen Sakrosanktheit gegenübertreten? Nach allgemeinster Formel sind es die des Gemeinwohls, das im Sinne des Fortschritts verstanden wird. Mit dessen aktiver Förderung sehen wir Heutigen die Gesellschaft betraut, während früher, weniger expansiv, die Aufgabe des „Gesellschaftsvertrages" nur darin gesehen wurde, Sicherheit und Rechte der Individuen durch eine gesetzliche Ordnung zu schützen. Verglichen mit dieser weiterhin obligatorischen Aufgabe der Erhaltung ist die stete Verbesserung des menschlichen Gesamtzustands ein an sich wahlfreies Ziel, für das „wir" uns aber irgendwie „entschieden" haben. Bevor wir diese neuartige Erweiterung des gesellschaftlichen Mandats ins Auge fassen, die für unser Thema so bedeutsam ist, laßt uns das hier angerufene Begriffspaar „Individuum und Gesellschaft" an sich daraufhin befragen, was es allgemein über das gegenseitige Verhältnis und speziell über etwaige Rechte des öffentlichen Interesses auf unser Leibesinneres zu sagen hat.

Als etwas Selbstverständliches gestehen wir dem Gemeinwohl einen gewissen, pragmatisch zu bestimmenden Vorrang vor dem individuellen Wohl zu. Oder, in der Sprache von Rechten: Wir lassen manche natürliche Rechte des Individuums überstimmt werden vom anerkannten Recht der Gesellschaft – und das als sittlich richtig und vernünftig im steten Lauf der Dinge und nicht erst als Sache bitterer Notwendigkeit in Ausnahmezuständen (so sehr eine solche Notwendigkeit zur Ausdehnung jenes Rechtes der Allgemeinheit angerufen werden mag). Aber indem wir dies konzedieren, verlangen wir eine sorgfältige Klärung dessen, was die Bedürfnisse, Interessen und Rechte der Gesellschaft sind, denn „die Gesellschaft", anders als jede Vielheit von Individuen, ist ein Abstraktum und als solches mitbestimmt von unserer Definition, wohingegen das Individuum das primär Konkrete ist, das aller Definition vorangeht, und sein Wohl und Wehe ist mehr oder weniger bekannt. Demnach ist die Unbekannte in unserem Problem das sogenannte Gemeinwohl oder das öffentliche Gut und seine potentiell überlegenen Ansprüche, denen das individuelle Gut manchmal geopfert werden muß, und zwar unter Umständen, die ebenfalls zu den Unbekannten in unserer Gleichung gezählt werden müssen. Beachten wir, daß, wenn die Frage so gestellt wird – d.h. als Frage nach dem Recht der Gesellschaft auf individuelle Opfer –, die Zustimmung des Opferbringenden nicht notwendig darin einbegriffen ist.

„Zustimmung" aber ist der andere, am ständigsten berufene Begriff in Diskussionen über die Ethik unseres Themas. Diese Betonung verrät ein Gefühl dafür, daß der „gesellschaftliche" Gesichtspunkt allein nicht genügt. Wenn die Gesellschaft ein Recht hat, ist seine Ausübung nicht an Freiwilligkeit der Gegenseite gebunden. Andererseits, wenn Freiwilligkeit völlig genuin ist, dann braucht kein öffentliches Recht auf den frei angebotenen Akt konstruiert zu werden. Es besteht ein Unterschied zwischen dem sittlichen oder emotionalen Appell einer Sache, der ein freiwilliges Sich-Erbieten hervorruft, und einem Recht, das Willfährigkeit verlangt. Also z.B. mit speziellem Bezug auf die Sozialsphäre, ein Unterschied zwischen dem moralischen Anspruch eines Gemeinschaftsgutes und dem Rechte der Gesellschaft auf dieses Gut und auf die Mittel seiner Verwirklichung. Ein moralischer Anspruch wirbt um unsere Zustimmung, und ihm kann ohne diese nicht eigentlich entsprochen werden. Ein Recht kann ohne sie auskommen und seine Erfüllung mit Hilfe des Gesetzes erzwingen: Die Einwilligung ist dann Sache des Gehorsams und braucht nicht spontane Willigkeit zu sein. Ist die Zustimmung ohnehin da, kann die Unterscheidung gegenstandslos werden. Aber das Bewußtsein der mannigfachen Zweideutigkeiten, die der „Zustimmung" anhaften, wie sie de facto in medizinischer Forschung solizitiert und benutzt wird, veranlaßt den Rückgriff auf die Idee eines öffentlichen Rechtes, das unabhängig von Zustimmung und als ihr vorangehend konzipiert ist; und umgekehrt läßt die problematische Natur eines solchen Rechtes selbst seine Befürworter immer noch auf der Idee der Zustimmung mit all ihren Zweideutigkeiten bestehen: eine theoretische unbequeme Lage nach beiden Seiten.

Es hilft auch nicht viel, die Rede von „Rechten" mit der von „Interessen" zu vertauschen und dann das schiere kumulative Gewicht der Interessen der Vielen gegenüber dem der Wenigen oder des einzelnen zu verfechten. „Interessen" reichen von den nebensächlichsten und beliebigsten zu den lebenswichtigsten und gebieterischsten, und nur solchen von besonderem Rang wird man in einem solchen Kalkül mitzuzählen erlauben – womit wir einfach wieder zu der Frage von Recht und sittlichem Anspruch zurückgebracht sind. Außerdem ist die Berufung auf Zahlen gefährlich. Ist die Zahl derer, die mit einer bestimmten Krankheit geschlagen sind, groß genug, um die Verletzung der Interessen der Nichtbetroffenen zu rechtfertigen? Da die Zahl der letzteren gewöhnlich soviel größer ist, kann das Argument sich tatsächlich zu der Behauptung umkehren, daß das kumulative Interessengewicht auf ihrer Seite ist. Es könnte schließlich auch sein, daß das Interesse des Individuums an seiner eigenen Unverletzlichkeit selber ein öffentliches Interesse ist, derart, daß seine öffentlich geduldete Verletzung, unabhängig von Zahlen, das Interesse aller verletzt. Dann würde sein Schutz in jedem Einzelfall ein ausschlaggebendes Interesse sein, und der Vergleich von Zahlen wäre fehl am Platz.

Dieses sind einige der Schwierigkeiten, die in dem Begriffsschema versteckt liegen, das durch die Ausdrücke „Gesellschaft–Individuum", „Interesse" und „Rechte" gekennzeichnet ist. Wir sprachen aber auch von einer sittlichen Forderung, und das weist in eine andere Dimension, die zwar von der sozial-rechtlichen nicht getrennt ist, sie aber transzendiert. Und dann gibt es noch etwas sogar jenseits davon: wahre Aufopferung aus höchster Hingabe, für die es kein Gesetz und keine Regel gibt, außer daß sie absolut frei sein muß. „Niemand", so wurde in einem amerikanischen Symposium geäußert, „hat das Recht, Märtyrer für die Wissenschaft auszuwählen." Aber kein Forscher kann daran gehindert werden, sich selbst zum Märtyrer für seine Wissenschaft zu machen. Zu allen Zeiten haben Forscher, Denker und Künstler sich im Namen ihres Berufes „geopfert"; das schöpferische Genie zahlt häufig mit Glück, Gesundheit und Leben für seine eigene Vollendung. Aber niemand, auch nicht die Gesellschaft, hat die Spur eines Rechtes, derartiges im normalen Lauf der Dinge zu erwarten und zu verlangen. Seine Frucht kommt zu uns Vielen als eine Gratia gratis data.

Das Opferthema

Dennoch müssen wir der dunklen Wahrheit ins Auge sehen, daß die Ultima ratio des Gemeinschaftslebens von jeher die zwangsmäßige, stellvertretende Opferung individuellen Lebens war und ist. Die urtümliche Opfersituation ist die von Menschenopfern in frühen Gemeinschaften. Sie waren nicht Akte aus Blutdurst oder zügelloser Wildheit, sondern die feierliche Vollziehung einer höchsten sakralen Notwendigkeit. Einer aus der Genossenschaft der Menschen mußte sterben, damit alle leben können, die Erde fruchtbar sei, der Kreislauf der Natur sich erneuere. Das Opfer war oft nicht ein gefangener Feind, sondern ein erwähltes Mitglied der Gruppe: manchmal der jährliche König. Soweit Grausamkeit im Spiele war, war es nicht die der Menschen, sondern die der Götter oder vielmehr der strengen Ordnung der Dinge, von der man glaubte, daß sie diesen Preis für die Wohltat des Lebens forderte. Um sie für die Gemeinschaft zu sichern und sie immer wieder zu sichern, mußte das furchtbare „quid pro quo" wieder und wieder bezahlt werden.

Ferne soll es von uns sein, von der Höhe unseres aufgeklärten Wissens das Große am Grunde dieses Schrecklichen zu verkennen. Die bestimmten Kausalvorstellungen, die hier am Werke waren, sind längst ins Reich des Aberglaubens verwiesen. Aber in Augenblicken nationaler Gefahr senden wir auch heute unsere jungen Männer aus, ihr Leben für das fortdauernde Leben der Gemeinschaft einzusetzen, und wenn es ein gerechter Krieg ist, sehen wir sie ausziehen wie Geweihte und seltsam geadelt durch eine Opferrolle. Und wir machen ihr Ausrücken nicht abhängig von ihrem Willen und ihrer Zustimmung, sosehr wir diese wünschen und züchten mögen. Wir rekrutieren sie dem Gesetze gemäß. Wir rekrutieren die Besten und fühlen uns moralisch beunruhigt, wenn entweder nach Absicht oder im Ergebnis das Aushebungssystem so funktioniert, daß hauptsächlich die Benachteiligten, sozial weniger Nützlichen, leichter Entbehrlichen es sind, deren Leben unseres erkaufen soll. Keine rationale Überzeugung von der pragmatischen Notwendigkeit, die hier waltet, kann das aus Dankbarkeit und Schuld gemischte Gefühl beseitigen, daß die Sphäre des Heiligen berührt ist mit der stellvertretenden Darbietung von Leben für Leben. Aber auch abgesehen von diesen dramatischen Anlässen akuter Existenzkrise scheint ein ständiges Begleitmotiv menschlichen Opfers zum bloßen Dasein und Gedeihen menschlichen Gemeinwesens zu gehören – eines Opfers an Leben und Glück, auferlegt oder freiwillig, Weniger für die Vielen. Was Goethe in bezug auf den Aufstieg des Christentums sagte, mag sehr wohl für das Wesen der Kultur im allgemeinen gelten: „Opfer fallen hier / Weder Lamm noch Stier / Aber Menschenopfer unerhört" (Die Braut von Korinth). Wir können nie in dem bequemen Glauben ruhen, daß der Boden, aus dem unsere Befriedigungen wachsen, nicht mit dem Blut von Märtyrern getränkt ist. Aber ein unruhiges Gewissen läßt uns, die unverdienten Nutznießer, fragen: Wer soll Märtyrer sein? Im Dienste welcher Sache? Und nach wessen Wahl?

Nicht für einen Augenblick will ich medizinische Versuche an menschlichen Subjekten, gesunden oder kranken, in Vergleichsnähe mit urzeitlichen Menschenopfern rücken. Aber etwas von Opfer ist enthalten in der selektiven Aufhebung persönlicher Unverletzlichkeit und der ritualisierten Preisgabe einzelner an unnötige Risiken von Gesundheit und Leben um eines größeren sozialen Gutes willen. Meine Beispiele aus der Sphäre des massiven Opfers hatten den Zweck, den Blick für diesen geheimen Aspekt unseres Themas zu schärfen und ihn klar abzuheben von den normalen Verpflichtungen und Zwängen, die das soziale Ganze dem einzelnen im Austausch für die Vorteile der Gesellschaft auferlegt.

Das Thema „Gesellschaftsvertrag"

Als erstes in einer solchen Abhebung ist zu sagen, daß der Begriff des sogen. „Gesellschaftsvertrages" das einseitige Opfer nicht einschließt. Diese Fiktion der politischen Theorie, die vom Primat des Individuums ausgeht, begründet solche Einschränkungen der persönlichen Freiheit, die nötig sind für die Existenz des Gemeinwesens, das seinerseits zum Nutzen der Individuen existiert. Das Prinzip dieser Einschränkungen ist, daß ihre *allgemeine* Beobachtung *allen* zugute kommt: daß also der einzelne, indem er sein Teil zur allgemeinen Innehaltung der Regel beiträgt, selber davon profitiert. Ich beachte Eigentumsrechte, weil ihre allgemeine Beachtung meine eigenen schützt; ich beachte Verkehrsregeln, weil ihre allgemeine Beachtung meine eigene Sicherheit gewährleistet; und so weiter. Die Verpflichtungen sind hier gegenseitig und allgemein; niemand wird ausgelesen für ein besonderes Opfer. Ferner, als Einschränkungen meiner Freiheit bestimmen die derart vom fiktiven Gesellschaftsvertrag ableitbaren Gesetze in weit höherem Maße, was man *nicht* tun *darf,* als was man tun *soll* (wie es die Gesetze der Feudalgesellschaft taten). Auch wo positive Akte vorgeschrieben sind (etwa beim Steuerzahlen), ist die zugrundeliegende Begründung, daß ich selber ein Nutznießer der so finanzierten öffentlichen Dienste bin. Selbst die vom Wohlfahrtsstaat erhobenen Beiträge, die direkt nur bestimmten Teilen der Bevölkerung zugute kommen sollen (und in der liberalen Version des Gesellschaftsvertrages nicht vorgesehen waren), lassen sich als persönliche Versicherungspolicen dieser oder jener Art interpretieren – sei es gegen die Eventualität meiner eigenen Bedürftigkeit, sei es gegen die Gefahren der Anomie bei weitverbreiteter ungelinderter Not, sei es gegen die wirtschaftlichen Nachteile eines verminderten Konsummarktes. Jedenfalls können solche Beiträge immer noch unter das Prinzip des aufgeklärten Eigennutzes subsumiert werden. Aber keine völlige Aufhebung des Eigeninteresses irgendwann liegt im Begriffsrahmen des Gesellschaftsvertrages, und daher fällt das reine Opfer außerhalb desselben. Unter den hypothetischen Bedingungen des Vertrags allein kann nicht von mir verlangt werden, für das Allgemeinwohl zu sterben. (Thomas Hobbes machte das eindringlich klar.) Auch von diesem Äußersten abgesehen, wünschen wir zu denken, daß niemand gänzlich und einseitig der Leidtragende ist in irgendwelchen der Verzichte, die unter normalen

Umständen die Gesellschaft „im Allgemeininteresse" – d.h. zugunsten der anderen – erzwingt. „Unter normalen Umständen" ist, wie wir sehen werden, eine notwendige Klausel. Ferner legitimiert der „Vertrag" nur Ansprüche auf unsere sichtbaren, öffentlichen Handlungen und nicht solche auf unser unsichtbares, privates Sein, wovon noch zu sprechen sein wird. In einer Hinsicht allerdings erstrecken sich öffentliches Interesse und öffentliche Kontrolle mit allgemeiner Zustimmung in die private Sphäre: im Schulzwang unserer Kinder. Aber auch da wird angenommen, daß das Lernen und das Gelernte, abgesehen von allem zukünftigen Nutzen der Gesellschaft, dem Individuum auch zum Wohle in seinem eigenen Sein gereicht. Wir würden es nicht dulden (und gewiß möchten wir vermeiden), daß die Schulerziehung zur Abrichtung nützlicher Roboter für die gesellschaftliche Maschine entartet.

Es ist daran zu erinnern, daß beide Limitierungen des öffentlichen Anspruches im Namen des Gemeinwohls – die betreffs einseitigen Opfers und die betreffs der Privatsphäre – nur gelten bei Voraussetzung des Primats des Individuums, auf welcher die ganze Idee des „Gesellschaftsvertrages" ruht. Dieser Primat ist selber ein unserer westlichen Überlieferung eigenes Axiom, sozusagen ihre metaphysische Wahl, und ein – sorglos oder nachgiebig zugelassener – Verfall seiner Kraft würde die Grundlagen dieser Überlieferung gefährden. Bemerken wir beiläufig, daß Systeme, die den alternativen Primat der Gesellschaft zu ihrem Axiom machen, natürlich weniger an die von uns postulierten Grenzen gebunden sind. Während wir die Idee sozial „entbehrlicher" Elemente ablehnen und solche, die dem Sozialzweck nicht dienlich oder gar widerspenstig sind, als eine von der Gesellschaft zu tragende Bürde ansehen (da ihr immanenter Anspruch auf Dasein so unbedingt ist wie derjenige der Allernützlichsten), mag ein wahrhaft totalitäres Regime es für recht halten, daß das Kollektiv sich dieser Lästigen entledigt oder die einigermaßen Tauglichen unter ihnen zum Dienst an einem Sozialzweck konskribiert (und es gibt wirksame Kombinationen beider Wege). Wir geben normalerweise – d.h. wenn kein Notstand vorliegt – dem Staate nicht das Recht, Arbeit zu konskribieren, während wir ihm wohl das Recht geben, Geld einzuziehen, denn Geld ist von der Person abtrennbar, wie die Arbeit es nicht ist. Noch weniger als Zwangsarbeit dulden wir behördlich aufgezwungene Gefahr, Körper- und Würdeverletzung.

Jedoch in Kriegszeiten suspendiert unsere eigene Gesellschaft die feine Balance des Gesellschaftsvertrages und setzt an ihre Stelle eine beinahe unbedingte Vorherrschaft öffentlicher Notwendigkeit vor individuellen Rechten. In Notständen dieser Art wird die Sakrosanktheit des Individuums weitgehend aufgehoben und ein praktisch beinahe totalitärer, quasi-kommunistischer Zustand zeitweilig in Kraft gesetzt. Es wird der Gemeinschaft das Recht zugebilligt, Anforderungen an seine Mitglieder zu stellen, die nach Art und Ausmaß gänzlich über die normalerweise erlaubten hinausgehen. Dann gilt es für Recht, daß ein Teil der Bevölkerung unverhältnismäßige Risiken trägt und der größere Rest dies Opfer annimmt und später seine Früchte genießt – so schwierig wir es finden, dies nach normalen ethischen Maßstäben zu rechtfertigen. Wir rechtfertigen es sozusagen transethisch mit dem äußersten kollektiven Notstand, dessen legaler Ausdruck z.B. die Erklärung eines Kriegszustands ist.

Medizinische Versuche an menschlichen Subjekten fallen irgendwo zwischen diesen Extremfall und die normalen Transaktionen des Gesellschaftsvertrages. Einerseits steht im allgemeinen kein vergleichbar extremes Entweder-Oder kollektiven Überlebens auf dem Spiel. Und kein vergleichbar extremes Opfer oder Risiko wird verlangt. Andererseits geht das, was verlangt wird, entschieden über das hinaus, was man sonst nach Recht und Billigkeit das Individuum von seiner Person dem „Gemeinwohl" zur Verfügung stellen läßt. In der Tat, unsere Empfindlichkeit gegen die Art von Invasion und Nutzung des intimsten, eigenleiblichen Bereichs, um die es sich hier handelt, ist derart, daß nur ein Zweck von überragendem Wert oder gebieterischer Dringlichkeit sie uns annehmbar machen kann.

Gesundheit als ein öffentliches Gut

Der in Frage stehende Zweck ist Gesundheit und in seinem kritischen Aspekt das Leben selber – evident hohe Güter, denen der Arzt direkt durch Heilen dient und der Forscher indirekt durch das Wissen, das aus seinen Experimenten erwächst. Weder über das superlative Gut, das gefördert, noch über das Übel, das bekämpft wird – Krankheit und vorzeitiger Tod –, besteht ein Zweifel. Aber ein Gut für wen und ein Übel für wen? In dem Bestreben, medizinischer Experimentation die rechte Würde zu geben (in dem Glauben, daß ein Wert größer wird, wenn er kollektiv statt nur individuell ist), werden Gesundheit und Krankheit vom sozialen Ganzen ausgesagt, als ob es die Gesellschaft wäre, die in der Person ihrer Mitglieder sich der einen erfreut und die andere erleidet. Für die Zwecke unseres Problems läßt sich dann öffentliches Interesse gegen Privatinteresse ausspielen, das Gemeinwohl gegen das individuelle Wohl. Tatsächlich habe ich Gesundheit ein nationales Gut nennen hören – was sie gewiß auch ist, aber doch nicht in erster Linie.

Um das Undeutliche dieser Begrifflichkeit etwas aufzuhellen, habe ich über eine Formulierung nachgedacht, die wiederholt in einer amerikanischen Konferenz über diesen Gegenstand gebraucht wurde, zuerst in Form einer rhetorischen Frage: „Kann die Gesellschaft es sich leisten, die Gewebe und Organe eines irreversibel bewußtlosen Patienten ‚wegzuwerfen‘, wenn sie dazu benutzt werden könnten, ein sonst hoffnungslos krankes, aber noch rettbares Individuum wiederherzustellen?" Die Frage wird verneint, wobei als Ziel der Gewebe- und Organverwertung außer der Rettung anderer Patienten auch noch Forschung und Versuche genannt werden. Auf einige dieser Begriffe wollen wir näher eingehen.

Was sich die Gesellschaft leisten kann

„Kann die Gesellschaft es sich leisten ...?" Was? Menschen intakt sterben zu lassen und dadurch anderen etwas vorzuenthalten, was diese verzweifelt nötig haben und ohne welches sie ebenfalls sterben müßten? Diese unglücklichen anderen können es sich in der Tat nicht leisten, ohne die Niere, das Herz oder sonstige Organe des nebenan sterbenden Patienten auszukommen, von dem ihr Weiterleben abhängt. Aber gibt ihnen das ein Recht darauf? Und verpflichtet es die Gesellschaft, ihnen das Benötigte zu verschaffen? Ja, steht der Komatöse unter einer Pflicht, es ihnen zu überlassen? Gehört der Leib etwa, wenn er für die eigene Person nicht mehr zu retten ist, der Gesellschaft? Lassen wir beiseite, was die Gesellschaft darf oder soll: „leisten" kann sie es sich gewiß, Mitglieder durch natürlichen Tod zu verlieren, ja, sie ist geradezu aufgebaut auf dem naturgegebenen Ausgleich von Tod und Geburt. Dies ist natürlich zu allgemein für unsere Frage, aber vielleicht der Erinnerung wert, denn es zeigt, daß in die Frage marginaler Lebensverlängerung durch so außerordentliche Mittel wie Organverpflanzung das Wohl der Gesellschaft gar nicht hineingezogen werden sollte: Es ist zu robust dafür. Wenn Krebs, Herzkrankheiten und andere organische (nichtansteckende) Leiden, besonders solche, die mehr die Alten als die Jungen treffen, bei gleichbleibender Frequenz fortfahren, ihren tödlichen Tribut zu erheben (auch den an privater Angst und Qual), so könnte die Gesellschaft doch in jeder Weise gedeihen.

Und nun einige Beispiele dessen, was in Tat und nüchterner Wahrheit die Gesellschaft sich nicht leisten kann. Sie kann es sich nicht leisten, eine Seuche ungehemmt wüten zu lassen; keinen konstanten Überschuß der Todes- über die Geburtenrate; aber ebensowenig – so müssen wir hinzufügen – einen zu großen Überschuß der Geburten- über die Todesrate; keine zu niedrige durchschnittliche Lebensdauer, selbst wenn demographisch ausgeglichen durch hohe Fruchtbarkeit; noch andererseits eine zu große allgemeine Langlebigkeit mit der notwendig entsprechenden Verknappung von Jugend im Sozialkörper; kein debilitierendes Niveau des allgemeinen Gesundheitszustands; und anderes dieser Art. Dieses sind klare Fälle, wo der Gesamtzustand der Gesellschaft kritisch in Mitleidenschaft gezogen wird, und das öffentliche Interesse kann seine gebieterischen Ansprüche erheben. Der Schwarze Tod im 14. Jahrhundert war eine öffentliche Kalamität akuter Art; die entkräftenden Verheerungen endemischer Malaria in manchen Ländern sind eine öffentliche Kalamität chronischer Art. Solche Situationen kann eine Gesellschaft als ganze „sich nicht leisten", und sie mögen wohl außerordentliche Abhilfen nötig machen, einschließlich der Invasion privater Sakrosanktheiten.

Dies ist nicht gänzlich eine Sache von Zahlen und Mengenverhältnissen. In einem subtileren Sinne kann sich die Gesellschaft nicht einen einzigen Justizmord leisten, keine Rechtsbeugung, noch eine Verletzung der Menschenrechte selbst der winzigsten Minderheit, denn solches untergräbt die sittliche Basis, auf der die Existenz der Gesellschaft ruht. Aus ähnlichem Grunde kann sie sich aber auch nicht die Abwesenheit von Mitleid in ihrer Mitte leisten, den Schwund des Bemühens, Leiden zu lindern, seien sie nun weitverbreitet oder selten – wovon eine Form die Bemühung ist, Krankheiten jeder Art zu besiegen, einerlei ob sie durch Zahl gesellschaftlich ins Gewicht fallen oder nicht. Kurz, die Gesellschaft kann sich nicht

das Fehlen von Tugend in ihrer Mitte leisten, mit ihrer Bereitschaft
zum Opfer jenseits definierter Pflicht. Da ihre Anwesenheit, also die
von persönlichem Idealismus, bei aller Erziehung doch zuletzt ein
unberechenbares Geheimnis ist, so haben wir das Paradoxon, daß
die Gesellschaft für ihren Bestand von Unwägbarkeiten „religiöser"
Ordnung abhängt, die sie fördern, auf die sie hoffen, die sie aber
nicht erzwingen kann. Um so mehr muß sie dies höchst kostbare
Kapital vor Mißbrauch bewahren.

Für welche Zwecke aus der biomedizinischen Sphäre sollte dies
Kapital angegriffen werden – z.B. indem man die Dienste menschlicher Versuchssubjekte solizitiert und benutzt? Wir postulieren, daß
dies nicht nur allgemein bejahenswerte Ziele sein müssen, wie es
zweifellos die Förderung von jedermanns Gesundheit ist, sondern
Ziele mit überlegenem Anspruch auf soziale Sanktion. Hier denkt
man zuerst an jene vorhin illustrierten Fälle, wo der ganze gegenwärtige und zukünftige Zustand der Gemeinschaft kritisch affiziert
ist. Ein öffentlicher Notstand vergleichbar einem Kriegszustand kann
erklärt werden, in dem gewisse sonst unverletzliche Verbote und
Tabus zeitweilig aufgehoben sind. Bemerken wir hier, daß Abwendung eines Unheils immer ein größeres Gewicht hat als Beförderung
eines Gutes. Außerordentliche Gefahr entschuldigt außerordentliche
Mittel. Dies gilt auch für physische Versuche an Menschen, die man
doch eher unter die außerordentlichen als die ordentlichen Formen
öffentlich geforderten Dienstes am Gemeinwohl rechnen möchte.
Natürlich, da Voraussicht und Zukunftsverantwortung zum Wesen
institutioneller Gesellschaft gehören, erstreckt sich Katastrophenab-
wehr auch auf langfristige Vorbeugung, obwohl die geringere Dringlichkeit weniger radikale Zumutungen erlaubt.

Gesellschaft und die Sache des Fortschritts

Viel schwächer wird das Argument, wenn es sich nicht um die Rettung, sondern um die immer weitere Verbesserung der Gesellschaft
handelt. Vieles von medizinischer Forschung fällt in diese Kategorie.
Wie schon gesagt, Gefährdung der Gesellschaft ist zu unterscheiden
von persönlicher Tragik. Solange gewisse statistische Werte eingehalten werden, ist das Vorkommen von Krankheit und dadurch be-

dingtem Tod kein im strikten Sinne „soziales" Unglück. Ich beeile mich hinzuzufügen, daß es darum nicht weniger ein menschliches Unglück ist, und der Ruf nach Abhilfe, der mit stummer Beredsamkeit von jedem Opfer und allen potentiellen Opfern aufsteigt, ist von keiner geringeren Dignität. Aber es ist irreführend, die fundamental menschliche Antwort darauf mit dem gleichzusetzen, was der Gesellschaft geschuldet wird: sie ist von Mensch zu Mensch geschuldet – und deshalb ist sie von der Gesellschaft dem Individuum geschuldet, sobald die angemessene Versorgung dieser Bedürfnisse über den Wirkungskreis privater Spontaneität hinauswächst (wie es zunehmend der Fall ist) und zum öffentlichen Mandat gemacht wird. Erst auf diese Weise übernimmt die Gesellschaft die Verantwortung für ärztliche Versorgung, Forschung, Alterspflege und zahllose andere Dinge, die nicht ursprünglich in der öffentlichen Domäne gelegen haben, und jetzt werden sie wirklich zu Pflichten gegenüber der Gesellschaft anstatt direkt gegenüber dem Mitmenschen, eben dadurch, daß sie jetzt gesellschaftlich verwaltet werden.

In der Tat, wir erwarten von der Gesellschaft nicht mehr nur Recht und Ordnung und Schutz unserer Sicherheit, sondern aktive und ständige *Verbesserung* auf allen Lebensgebieten: die weitere Bändigung der Natur ebenso wie die Mehrung und Steigerung menschlicher Befriedigungsmöglichkeiten – kurz, die Förderung des *Fortschritts*. Dies ist ein expansives Ziel, das die negative Katastrophennorm unserer vorigen Reflexionen weit hinter sich läßt. Es fehlt ihm die Dringlichkeit der letzteren, aber es hat den Adel freien Vorwärtsdrängens. Sicher ist es eines Preises an Opfern wert. Die Frage ist dann gar nicht mehr, was der Gesellschaft nottut, sondern wozu sie durch unser Mandat über alle Notwendigkeit hinaus verpflichtet worden ist. Die Treuhänderschaft für diese ansteigenden Ziele ist ein offizielles, fortwährendes, institutionalisiertes Mandat des politischen Organismus geworden. Als eifrige Nutznießer seiner Gewinne schulden wir der „Gesellschaft", als dem Hauptgeschäftsführer, unsere individuellen Beiträge zum gewünschten „Immer weiter" der Bewegung. Ich betone das „Immer weiter". Ein bestehendes und im ganzen schon akzeptables Niveau zu halten erfordert nicht mehr als die orthodoxen Mittel der Besteuerung und der Überwachung professioneller Standards. Das wahlfreie Ziel des Fortschritts verlangt mehr. Wir haben also dieses Syndrom: Fortschritt ist nach unserem Willen ein anerkanntes Interesse der Gesellschaft, an dem wir einzelnen in verschiedenen Graden gewinnbeteiligt sind; Forschung ist ein notwendiges Instrument des Fortschritts; in der Medizin ist die Experimentation an menschlichen Subjekten ein notwendiges Instrument der Forschung: ergo ist menschliche Experimentation ein Gesellschaftsinteresse geworden.

Aber kann die Gesellschaft wirklich, für irgendein öffentliches Interesse, den Beitrag meines innerleiblichen Seins verlangen? Der sogenannte „Sozialvertrag" legitimiert nur Ansprüche an unsere sichtbaren, öffentlichen Handlungen, nicht solche an unser unsichtbares, geheimes, sogar uns selbst verborgenes Sein. Unsere Fähigkeiten, nicht ihr Ursprung in der Person, liegen im Geltungsbereich öffentlicher Rechte. An unser welthaftes Verhalten und unseren weltlichen Besitz dürfen Forderungen des Allgemeinwohls gestellt werden, bis zur Requirierung von Leistungen und Eigentum: beide sind abtrennbar von der Person, ihre äußeren Erstreckungen sozusagen, offen dem Zugriff öffentlicher Rechte, die das Äußere, in die Welt aller Reichende durch Gesetz und Sitte regeln. Aber an der Grenze zwischen der gemeinsamen, mit anderen geteilten Außenwelt und dem ureigenen Leibesinnern, an unserer Haut, macht jedes öffentliche Recht halt. So wie niemand, weder der Staat noch der notleidende Nächste, ein Anrecht auf eine Niere von mir hat; und sowenig, wie die Organe des im irreversiblen Koma Liegenden gesetzlich zur Rettung anderer requirierbar sind, so wenig hat das öffentliche Interesse oder Gemeinwohl ein Recht an meinem Stoffwechsel, meiner Zirkulation, inneren Sekretion, Neuroaktivität oder irgend etwas von meinem innerleiblichen Geschehen. Dies ist das Privatissimum des Privaten, die nichtkommunale, unentfremdbare Eigensphäre schlechthin. Nimmt man hinzu, daß beim medizinischen Fortschritt kein öffentlicher Notstand vorliegt, keine allgemeine Katastrophe abzuwenden ist (wo auch letzte Privatrechte dahinfallen können), daß vielmehr, nüchtern-statistisch gesagt, die Gesellschaft wohl bestehen kann, wenn Krebs und Herzleiden noch etwas länger unbezwungen bleiben – dann sieht man, daß mit dem „contrat social" in unserer Frage wenig auszurichten ist und Freiwilligkeit unzertrennlich zu ihr gehört. Es besteht, wie schon bemerkt, ein Unterschied zwischen dem *moralischen Anspruch* eines Gemeinschaftsgutes (welches jeder Sieg über jede Krankheit zweifellos ist) und einem *Rechte* der Gesellschaft auf dieses Gut und die Mittel seiner Verwirklichung.

Die Bestimmung der Forschung ist wesentlich melioristisch. Sie dient nicht der Erhaltung eines bestehenden Gutes, von dem ich selbst schon profitiere und dem ich Gegenleistung schulde. Außer wenn der gegenwärtige Zustand unerträglich ist, ist das melioristiche Ziel kein notwendiges: es ist fakultativ; und das nicht nur vom Standpunkt der Gegenwart her. Unsere Nachkommen haben ein Recht darauf, daß wir ihnen einen ungeplünderten Planeten hinterlassen; sie haben kein Recht auf neue Wunderkuren. Wir haben gegen sie gesündigt, wenn wir ihr Erbteil zerstört haben – was wir aus Kräften dabei sind zu tun; wir haben nicht gegen sie gesündigt, wenn zur Zeit ihrer Ankunft die Arteriosklerose noch nicht ausgerottet ist (außer durch sträfliche Nachlässigkeit). Ganz allgemein, so wie die Menschheit keinen Anspruch auf das Erscheinen eines Newton oder Michelangelo oder Franz von Assisi hatte, und kein Recht auf die Segnungen ihrer nichtprogrammierten Taten, so kann auch der Fortschritt, mit all unserer methodischen Arbeit für ihn, nicht vorausbudgetiert und seine Früchte wie ein fälliger Zins eingefordert werden. Daß er überhaupt stattfindet und zum Guten ausfällt (wessen wir nie sicher sein können), muß eher als so etwas wie „Gnade" angesehen werden.

Meliorismus, medizinische Forschung und individuelle Pflicht

Nirgends ist das melioristische Ziel dem Wesen der Sache inhärenter als in der Medizin. Für den Arzt ist es alles andere als fakultativ. Heilen, d.h. Besserung des Patienten, ist sein Beruf, und damit ist auch die Verbesserung der Fähigkeit zu heilen ein Teil *seiner* Pflicht. Wie weit verpflichtet das *andere*, an sich nicht Beteiligte? Als *gesellschaftliches* Ziel, so sagten wir, ist das stete Verbessern wahlfrei. Es muß sich auf seinen inneren Adel berufen. Beides, Wahlfreiheit und Adel, muß daher auch die Art bestimmen, wie im medizinischen Felde der Opfersinn Außenstehender im Dienste des Fortschritts aufgerufen und angenommen wird. Freiheit ist sicher die erste Bedingung, die hier beobachtet werden muß. Die Überlassung des eigenen Leibes für medizinische Versuche steht gänzlich außerhalb des erzwingbaren „Gesellschaftsvertrags".

Oder kann sie doch als dahineinfallend konstruiert werden – nämlich als Rückzahlung für die mir selbst zuteilgewordenen Wohltaten aus früherer Experimentation? Doch für diese bin ich nicht der Gesellschaft verschuldet, sondern den ehemaligen Opferwilligen, denen die Gesellschaft selbst verschuldet ist, und die letztere hat kein Recht, meine persönliche Schuld einzufordern und dadurch ihre eigene zu vermehren. Außerdem ist Dankbarkeit nicht sozial erzwingbar; und ohnehin gebietet sie nicht, ihre Ursache mit gleicher Tat nachzuahmen. Vor allem aber, wenn es damals unrecht war, das Opfer zu erzwingen, wird es nicht recht, es wieder zu erzwingen mit Berufung auf den Nutzen, den es mir gebracht hat. War es aber damals nicht erzwungen, sondern gänzlich frei, wie es sein sollte, dann soll es auch so bleiben, und der Präzedenzfall darf nicht als sozialer Druck auf Spätere benutzt werden, das Gleiche im Zeichen der Pflicht zu tun.

In der Tat, wir müssen außerhalb der Sphäre des Gesellschaftsvertrags, außerhalb des ganzen Bereiches öffentlicher Rechte und Pflichten Ausschau halten nach den Motiven und Normen, von denen wir erwarten können, daß daraus immer wieder ein Wille entsteht, etwas zu geben, worauf niemand ein *Recht* hat – weder Gesellschaft noch Mitmensch noch Nachwelt. Solche transsozialen Quellen des Verhaltens gibt es im Menschen, und ich habe schon auf das Paradoxon oder Mysterium hingewiesen, daß ohne sie die Gesellschaft nicht gedeihen kann, daß sie von ihnen zehren muß, sie aber nicht kommandieren kann.

Wie steht es mit dem *Sittengesetz* als einer solchen transzendenten Motivierung des Verhaltens? Es geht beträchtlich über das öffentliche Gesetz des Gesellschaftsvertrags hinaus. Der letztere, wie wir sahen, ist gegründet auf die Regel des aufgeklärten Eigennutzes: Do ut des – ich gebe, damit mir gegeben wird. Das Gesetz des persönlichen Gewissens verlangt mehr. Unter der „Goldenen Regel" z.B. soll ich tun, wie ich wünsche, daß unter gleichen Umständen mir getan wird, aber nicht, *damit* mir so getan wird, und in Erwartung eines Lohnes. Gegenseitigkeit, wesentlich für das soziale Gesetz, ist keine Bedingung des moralischen Gesetzes. Zwar mag eine subtilere Erwartung des „Eigennutzes", aber selber schon der moralischen Ordnung angehörig, immer noch mitspielen: Ich ziehe vor, in einer sittlichen Gesellschaft zu leben, und darf hoffen, daß mein Beispiel zur allgemeinen Sittlichkeit beiträgt. Aber selbst, wenn ich darin immer das Nachsehen habe, bleibt die „Goldene Regel" bestehen. (Wenn das Sozialgesetz mir die Treue bricht, bin ich von seinem Anspruch entbunden).

Moralgesetz und transmoralische Hingabe

Kann ich also im Namen des Moralgesetzes zu medizinischen Versuchen an mir selbst aufgerufen werden? Zunächst scheint die „Goldene Regel" hier zu passen. Ich würde wünschen, wenn ich an einer tödlichen Krankheit leide, daß genügend Freiwillige in der Vergangenheit genug Wissen durch die Hergabe ihrer Körper ermöglicht hätten, so daß ich jetzt gerettet werden könnte. Ich würde wünschen, wenn ich unbedingt ein Transplantat benötige, daß der Patient nebenan einer Definition des Todes zugestimmt hätte, nach der seine Organe im frischesten Zustand für mich verfügbar würden. Ich würde gewiß auch wünschen, wenn ich ertrinke, daß jemand sein Leben für mich riskiert, ja opfert.

Doch das letzte Beispiel erinnert uns daran, daß nur die negative Form der Goldenen Regel („Tue anderen *nicht*, was du dir selbst nicht getan haben willst") volle Vorschriftskraft hat. Die positive Form („Tue anderen, wie du wünschst, daß sie dir tun"), worein unsere Frage fällt, weist in einen unendlichen offenen Horizont, wo Vorschriftskraft bald aufhört. Wir können wohl von A sagen, er hätte dem B beistehen, in seiner Not mit ihm teilen sollen etc., aber wir können nicht sagen, A hätte sein Leben für B hingeben sollen. Es getan zu haben wäre preiswürdig; es nicht getan zu haben, ist nicht tadelnswert. Es kann nicht von ihm verlangt werden. Wenn er es nicht tut, verletzt er keine Pflicht. Aber *er* kann von sich selbst sagen, und *nur* er, daß er sein Leben hätte hingeben sollen. *Dieses* „Sollen" ist strikt zwischen ihm und sich selbst, oder zwischen ihm und Gott. Keine außenstehende Partei – Mitmensch oder Gesellschaft – kann sich seine Stimme anmaßen.

Wir müssen, mit anderen Worten, unterscheiden zwischen moralischer Verpflichtung und der viel weiteren Sphäre moralischen Wertes. (Dies, nebenbei, zeigt den Irrtum in der verbreiteten Ansicht der Werttheorie, daß, je höher der Wert, er desto bindender sei und desto größer die Pflicht, ihn zu verwirklichen. Die höchsten Werte sind in einer Region jenseits von Pflicht und Anspruch). Die ethische Dimension geht weit über die des Sitten*gesetzes* hinaus und reicht in die erhabene Einsamkeit von Hingabe und letzter Selbstwahl, fern von aller Rechnung und Regel – kurz, in die Sphäre des Heiligen.

Von dort allein kann das Angebot der Selbstaufopferung entsprin-
gen, und diese seine Quelle muß aufs sorgsamste gehütet werden.
Wie?

Die erste Pflicht, die hier der Forschergemeinde erwächst, ist die
Sicherung wahrer Authentizität und Spontaneität seitens der Subjekte.

Das Problem der „Zustimmung"

Aber hier müssen wir uns darüber klar sein, daß die bloße Ausgabe
des Appells, der Ruf nach Freiwilligen, mit dem moralischen und gesellschaftlichen Druck, den er unvermeidlich erzeugt, selbst unter
peinlich beobachteten Regeln der Zustimmung nicht umhin kann,
auf eine Art von Konskribierung hinauszulaufen. Und eine gewisse
Überredung ist notwendigerweise mit im Spiele. Darum bedeutet
Zustimmung – sicher die unveräußerliche Minimalbedingung – noch
nicht die volle Lösung des Problems. Zugestanden also, daß Auffor-
derung und Zureden und damit so etwas wie Rekrutierung zur Situation gehören, erhebt sich die Frage: Wer darf rekrutieren, und
wer darf rekrutiert werden? Oder milder ausgedrückt: Wer soll den
Appell und an wen ausgeben?

Der natürlich qualifizierte Ausgeber des Appells ist der Forscher
selbst, kollektiv der hauptsächliche Träger des Impulses und der einzige mit der technischen Kompetenz des Urteils. Da er aber in hohem Grade auch interessierte Partei ist (und interessiert nicht nur am
öffentlichen Wohl, sondern auch am wissenschaftlichen Unternehmen als solchem, an „seinem" Projekt, ja, an seiner Karriere), so ist er
kein ganz unverdächtiger Zeuge. Die Dialektik dieser Situation – ein
delikates Kompatibilitätsproblem – macht besondere Kontrollen seitens der Forschungsgemeinde und öffentlicher Behörden nötig, die
wir hier nicht zu erörtern brauchen. Die Kontrollen können das Problem mildern, aber nicht beseitigen. Wir müssen mit der Zwei-
deutigkeit alles Menschlichen leben.

Selbstrekrutierung der wissenschaftlichen Gemeinschaft

An wen soll sich der Appell richten? Der natürliche Aussender des Rufes ist auch sein natürlicher erster Adressat: der ärztliche Forscher selber und die wissenschaftliche Zunft im ganzen. Bei einem solchen Zusammenfall – in der Tat die noble Tradition, womit das ganze Kapitel der Menschenversuche begann – verschwinden fast alle der sonst auftauchenden rechtlichen, ethischen und metaphysischen Probleme. Wenn es volle, autonome Identifizierung des Subjekts mit dem Forschungszweck ist, die seine Versuchsrolle legitimieren muß – hier ist sie; wenn volles Verständnis (nicht nur des Zweckes, sondern auch des Versuchsverfahrens und seiner Chancen) – hier ist es; wenn stärkste Motivation – hier ist sie; wenn freieste Entscheidung – hier ist sie; wenn größte Integration mit dem gesamten Trachten und Tun der Person – hier ist sie. Die Selbstrekrutierung hat per se das Zustimmungsproblem mit all seiner unauflöslichen Vieldeutigkeit umgangen. Nicht einmal die für die Fremdrekrutierung geltende Bedingung, daß der Zweck wahrhaft wichtig und das Projekt einigermaßen aussichtsreich sei, braucht hier erfüllt zu sein. Für sich selbst ist der Forscher frei, seiner Besessenheit zu gehorchen, seine Ahnung zu erproben, sein Glück zu versuchen, der Lockung des Ehrgeizes zu folgen. Soweit er sich selbst und Miteingeweihte der Forschungsgemeinschaft dem Wagnis des Versuchs aussetzt, ist das Problemgelände noch nicht betreten.

Aber natürlich ist es selbst bei idealer Bereitschaft dieses inneren Kreises damit nicht getan. Weder an Zahl noch qualitativer Streuung des Materials genügt dies Potential für den vielarmigen, systematischen, ständigen Angriff auf Krankheit jeder Art, zu dem die einsamen Taten früher Forscher sich ausgewachsen haben. Statistische Bedürfnisse allein stellen ihre gefräßigen Forderungen. Wäre nicht das ganze Fortschrittsunternehmen fakultativ, verglichen mit dem obligatorischen Respekt vor einer unverletzlichen Privatsphäre, so wäre die einfachste Lösung, die ganze Bevölkerung in „Stammrollen" einzuschreiben und z.B. durchs Los entscheiden zu lassen, wer aus jeder Kategorie jeweils zum „Dienst" einberufen wird. Man kann sich unschwer Gesellschaften vorstellen, mit deren Grundanschauungen dies übereinstimmen würde. Wir sind uns einig darüber, daß die unsrige keine derartige ist und es nicht werden soll. Das Gespenst dieser Möglichkeit gehört zu den bedrohlichen Utopien an unserm eigenen Horizont, und wir müssen achthaben, es nicht durch unmerkliche Schritte dazu kommen zu lassen. Wie können wir dann jenem obligatorischen Respekt treu bleiben, wenn wir gleichzeitig einem anderen Werte von nicht geringem Rang das Seine geben wollen? Wir wiederholen einfach die frühere Frage: An wen soll der Ruf sich richten?

„Identifizierung" als Ausleseprinzip im allgemeinen

Wenn wir die Eigenschaften, welche die Mitglieder der Forschungsgemeinschaft vornehmlich für die fragliche Rolle qualifizieren, zu allgemeinen Auslesekriterien erweitern, dann sollte man sich nach weiteren Subjekten umsehen, bei denen ein Maximum an Identifizierung, Verständnis und Spontaneität zu erwarten ist – d.h. unter den gebildetsten und ihrer ökonomischen Lage nach am wenigsten manipulierbaren Teilen der Bevölkerung. Von dieser naturgemäß knappen Reserve führt eine absteigende Skala idealer Zulässigkeit zu ansteigender realer Reichlichkeit des Angebots, dessen Nutzung um so zurückhaltender sein sollte, je mehr die exkulpierenden Kriterien gelockert werden. Das läuft auf eine Umkehrung normalen, rationellen „Marktverhaltens" hinaus, wo das billigere Angebot zuerst genutzt wird und das teurere allenfalls am Ende.

Das Leitprinzip dieser Erwägung ist, daß das „Unrecht" der Verdinglichung nur „Recht" werden kann durch eine so authentische Identifikation mit dem Forschungszweck, daß dieser ebenso ein Zweck des Versuchssubjekts wie des Forschers ist. Dann wird die Versuchsrolle vom Subjekt nicht einfach erlaubt, sondern positiv *gewollt*. Dieser sein souveräner Wille, der sich den Zweck zu eigen macht, bewahrt seine Personhaftigkeit in der sonst entpersonalisierenden Situation. Um gültig zu sein, muß der Wille autonom und informiert sein. Die letztere Bedingung ist außerhalb der Forschungsgemeinschaft nur gradweise erfüllbar. Aber je höher der Grad des Verständnisses hinsichtlich des Zwecks und der Technik, desto gültiger wird die Zustimmung des Willens. Eine Marge des bloßen Vertrauens bleibt unvermeidlich. Letztlich sollte der Ruf nach Freiwilligen diese freie und gebefreudige Zustimmung suchen, die Ap-

propriierung des Forschungszweckes in das eigene Zweckschema
der Person. Der Appell ist demnach in Wahrheit gerichtet an die
eine, geheimnisvolle und heilige Quelle jeder solchen Freigebigkeit
des Willens – „Aufopferung", die sich in verschiedenen Individuen
an verschiedenen Motiven und Gegenständen entzünden kann. Folgende Motivationen z.B. können für den hier erörterten „Ruf" emp-
fänglich sein: Mitleid mit menschlichem Leiden, Eifer für die
Menschheit, Verehrung der Goldenen Regel, Begeisterung für Fortschritt, Ergebenheit an die Sache des Wissens, sogar sachfrei das
Verlangen an sich nach Rechtfertigung durch Opfer. All diese Motivationen, behaupte ich, darf der Forscher sich nutzbar machen, wenn
das Forschungsobjekt würdig genug ist; und es ist eine vorrangige
Pflicht der Forschergemeinschaft (besonders im Hinblick auf das,
was ich die „Marge des Vertrauens" nannte), darauf zu achten, daß
diese kostbare Quelle niemals für unernste Zwecke mißbraucht
wird. Für ein weniger als vollwertiges Ziel sollte selbst das freieste,
spontanste Angebot nicht angenommen werden.

Die Regel der „absteigenden Reihe"
und ihr kontra-utilitarischer Sinn

Wir haben eine Regel aufgestellt, die der zahlenhungrigen For-
schungsindustrie nicht sehr genehm sein kann. Da ich zu dem transzendenten Potential im Menschen Vertrauen habe, fürchte ich nicht,
daß die „Quelle" jemals einer Gesellschaft mangeln wird, die sie
nicht selbst zerstört – und nur eine solche ist der Wohltaten des Fortschritts wert. „Elitistisch" allerdings ist diese Regel (wie das recht
verstandene Unternehmen des Fortschritts selbst), und Eliten sind
von Natur aus klein. Das vereinte Attribut von Motivation und Information, plus Freiheit von äußerem Druck, pflegt gesellschaftlich
so eng umschrieben zu sein, daß strikte Einhaltung der Regel den
Forschungsprozeß numerisch aushungern könnte. Deshalb sprechen
wir von einer absteigenden *Reihe* der Zulässigkeit, die eben eine
Lockerung der Regel zuläßt, bei der aber das Bewußtsein, daß die *Le-*
gitimierung in ihr abnimmt, nicht ohne praktische Folgen ist. Von der
puristischen Norm abgehend verschiebt sich die Treffzone des An-
rufs notwendig vom Idealismus zur Willfährigkeit hin, von Hoch-

herzigkeit zur Konformität, von Urteil zum Vertrauen. „Zustimmung" und „Freiwilligkeit" im formalen Sinne ist über das ganze Spektrum ausgebreitet, aber wir gelangen in Zwielichtzonen, wo ihr Gehalt fragwürdig, vielleicht illusorisch wird; z.B. bei Bedürftigen, wenn geldliche Entlohnung mitspricht; oder bei Abhängigen, die mit einem Nein die Gunst der Oberen zu verscherzen fürchten bzw. mit einem Ja zu gewinnen hoffen. Hier denkt man an die Psychologie von Wohlfahrtspatienten, aber auch an Studenten im Verhältnis zu dem Professor, der Versuchssubjekte für sein Forschungsprojekt anwirbt. (Andererseits erfüllen gerade sie das Desiderat des Verstehens sehr gut.) Eine besonders handliche Population für Versuchszwecke sind Gefängnisinsassen: sie mögen ihre Einwilligung, ohne die auch da nichts geschehen darf, gegen die Zusage von Vergünstigungen, bei größerem Risiko sogar gegen Straferlaß, geben. All das sind Zwielichtzonen, die wohl nicht zu vermeiden, aber nur mit großer ethischer Umsicht zu betreten sind. Die untere Grenze ist Verständnisvermögen und Zustimmungs- (also auch Verweigerungs)fähigkeit als solche. Das schließt Schwachsinnige ebenso aus wie militärische Gehorsamsverhältnisse. Auf eine Kasuistik kann ich hier nicht eingehen. Ich zeige nur das Prinzip der Präferenzordnung an, jetzt von der negativen Seite: je ärmer an Wissen, Motivation und Entscheidungsfreiheit die Subjektgruppe (und das bedeutet leider auch die immer breitere und verfügbarere), desto behutsamer, ja widerstrebender sollte das Reservoir benutzt werden, und desto zwingender muß deshalb die aufwiegende Rechtfertigung durch den Zweck sein.

Bemerken wir, daß dies das Gegenteil eines sozialen Utilitätsstandards ist, die Umkehrung der Ordnung nach „Verfügbarkeit und Aufwendbarkeit": Die wertvollsten und knappsten, am schwersten ersetzbaren Elemente des sozialen Organismus sollen die ersten Kandidaten für Risiko und Opfer sein. Es ist der Standard des „noblesse oblige"; und trotz seiner Tendenz gegen die Nützlichkeit und seiner anscheinenden Verschwendung fühlen wir, daß es damit seine Richtigkeit hat und sogar eine höhere „Nützlichkeit", denn die Seele der Gemeinschaft lebt von diesem Geist. Es ist auch das Gegenteil dessen, wonach der tagtägliche Bedarf der Forschung verlangt, und seine Beachtung verlangt von der wissenschaftlichen Gemeinschaft, daß sie die starke Versuchung bekämpft, sich routinemäßig an die leichtest nutzbare Lieferquelle zu halten – die Suggestiblen, die Unwissenden, die Abhängigen, die „Gefangenen" in mehrfachem Sinne. Ich glaube nicht, daß erhöhter Widerstand gegen diese Versuchung die Forschung lähmen muß, was nicht erlaubt werden darf; er mag sich allerdings hie und da verlangsamen durch die kleineren Zahlen, die infolgedessen in die Experimentation eingespeist werden. Dieser Preis – ein vielleicht langsameres Tempo des Fortschritts – könnte zu zahlen sein für die Erhaltung des kostbarsten Kapitals höheren Gemeinschaftslebens.

Versuche an Patienten

Bis hierher gingen wir von der stillschweigenden Annahme aus, daß die Versuchssubjekte aus den Reihen der Gesunden genommen werden. Auf die Frage: „Wer ist rekrutierbar?" dürfte die spontane Antwort sein: am wenigsten und letzten von allen die Kranken – von allen doch gerade die Verfügbarsten, da sie sowieso in Behandlung und unter Beobachtung sind. Daß den schon Geplagten nicht zusätzliche Lasten und Risiken zugemutet werden sollten, daß sie in besonderer Hut der Gesellschaft und in der ganz besonderen des Arztes stehen – das sagt uns unser elementares sittliches Gefühl. Doch gerade das Ziel medizinischer Forschung, die Besiegung der Krankheit, erfordert im entscheidenden Stadium des Weges den verifizierenden Versuch an Patienten eben dieser Krankheit selbst, und ihre Auslassung würde den Zweck vereiteln. Mit der Anerkennung dieser unausweichlichen Notwendigkeit betreten wir die sensitivste Zone des ganzen Komplexes, denn das Geschehen hier rührt an den Kern des Arzt-Patienten-Verhältnisses und stellt seine feierlichsten Verpflichtungen auf die Probe. Über die Ethik dieses Verhältnisses habe ich nichts Neues zu sagen, aber zum Zwecke seiner Konfrontierung mit der Frage des Experiments müssen einige der ältesten Wahrheiten in Erinnerung gebracht werden.

Das fundamentale Privileg des Kranken

Im Verlauf der Behandlung ist der Arzt dem Patienten verpflichtet und niemandem sonst. Er ist nicht der Sachwalter der Gesellschaft oder der medizinischen Wissenschaft oder der Familie des Patienten oder seiner Leidensgefährten oder der künftig an derselben Krankheit Leidenden. Der Patient allein zählt, wenn er in der Fürsorge des Arztes steht. Schon nach dem einfachen Gesetz des bilateralen Vertrages (analog z.B. dem Verhältnis des Anwalts zum Mandanten mit seinem berufsethischen Begriff des „Interessenkonflikts") ist der Arzt gebunden, keinen anderen Interessen zu erlauben, mit dem Interesse des Patienten an seiner Heilung in Wettbewerb zu treten. Aber offenbar sind noch sublimere Normen als rein vertragliche im Spiel. Wir können von einem heiligen Treueverhältnis sprechen. Strikt in seinem Sinne ist der Arzt sozusagen allein mit seinem Patienten und mit Gott.

Eine normale Ausnahme gibt es von der·Regel, daß der Doktor nicht der Sachwalter der Gesellschaft gegenüber dem Patienten ist, sondern einzig der Treuhänder seiner Interessen: die Isolierung des ansteckend Kranken. Dies geschieht offenkundig nicht im Interesse des Patienten, sondern in dem anderer, die von ihm bedroht sind. (In obligatorischer Impfung haben wir eine Kombination beider Interessen: Schutz des Individuums und der anderen). Aber den Patienten an der Schädigung anderer zu hindern ist nicht dasselbe, wie ihn zum Vorteil anderer auszunutzen. Dann gibt es natürlich noch die Ausnahme der kollektiven Katastrophe, die Analogie eines Kriegszustands. Der Arzt, der in verzweifeltem Kampf gegen das Wüten einer Epidemie steht, befindet sich unter einer einzigartigen Dispensation, die in unspezifischer Weise manche Gebote normaler Praxis außer Kraft setzt, darunter vielleicht auch solche gegen experimentelle Freiheiten mit seinen Patienten. Für die Aufhebung von Regeln in Extremsituationen läßt sich keine Regel aufstellen. Und wie bei dem berühmten Schiffbruchbeispiel ethischer Theorie: je weniger darüber gesagt wird, desto besser. Aber was hier vorübergehend zulässig wird und später mit verzeihendem Schweigen zugedeckt wird, darf nicht als Präzedenzfall gelten. In unserer Untersuchung haben wir es mit nicht-extremen, Nichtnotstands-Bedingungen zu tun, wo Prinzipien sich zu Gehör bringen und Ansprüche frei von Zwang gegeneinander gewogen werden können. Wir haben zuge-

standen, daß es solche Ansprüche von jenseits der Therapie gibt und
daß, wenn überhaupt medizinischer Fortschritt sein soll, nicht einmal das superlative Vorrecht des Leidenden völlig intakt gehalten
werden kann gegen die Intrusion solcher Ansprüche. Über diesen
prekärsten, beunruhigendsten Teil unseres Gegenstandes habe ich
nur tastende, nicht ganz schlüssige Bemerkungen zu bieten.

Das Prinzip der „Identifikation", angewandt auf den Patienten

Im ganzen scheinen hier dieselben Prinzipien zu gelten, die wir für
normale Versuchsobjekte festgestellt haben: Identifikation, Motivation, Verständnis von seiten des Subjekts. Aber es ist klar, daß diese
Bedingungen eigentümlich schwierig zu erfüllen sind im Falle eines
Patienten. Sein körperlicher Zustand, seine seelische Hilflosigkeit,
das abhängige Verhältnis zum Arzt, die aus der Behandlung sich ergebende Haltung der Fügsamkeit und Entmündigung – alles was
mit seiner Verfassung und Situation zusammenhängt, macht den
Kranken zu einer weniger souveränen Person, als der Gesunde es ist.
Auch der Quasi-Autismus der Krankheitsfixation und des Gene-
sungsinteresses ist zu bedenken. Spontaneität des Selbstangebots ist
fast auszuschließen, und Zustimmung ist beeinträchtigt durch ver-
minderte Freiheit. In der Tat, all die Faktoren, die den Patienten als
Klasse so ausnehmend zugänglich und willkommen für Versuche
machen, kompromittieren zugleich die Qualität der antwortenden
Bejahung, die nötig ist, um ihre Nutzung sittlich zu rechtfertigen.
Dies, zusammengenommen mit dem Primat der ärztlichen Aufgabe,
macht es dem in einer Person vereinigten Arzt und Forscher zur erhöhten Pflicht, seine ungebührliche Macht nur für die würdigsten
Forschungsziele zu gebrauchen und natürlich ein Minimum an
Überredung anzuwenden.

Dennoch lassen all diese Einschränkungen Raum dafür, auch unter Patienten die „absteigende Skala der Zulässigkeit" zu beachten,
die wir allgemein postuliert haben. Ihr gemäß kommen jene Patienten zuerst, die sich am meisten mit der Sache der Forschung identifizieren können und sie am besten verstehen – Mitglieder des medizinischen Berufs und seines naturwissenschaftlichen Umkreises, die ja

auch manchmal Patienten sind; gleich danach, unter den Laienpati-
enten, die hochgradig Motivierten und durch Bildung Verständnis-
fähigen, zugleich auch am wenigsten Abhängigen; und so fort die
Leiter abwärts. Eine zusätzliche Erwägung ist hier die Schwere des
Zustands, die wiederum im umgekehrten Verhältnis wirkt. Da muß
die Profession dem verführerischen Sophismus widerstehen, daß der
hoffnungslose Fall am ehesten „verausgabbar" ist (da im voraus bereits abgeschrieben) und daher vorzüglich verfügbar; und allgemein
der Einstellung, daß, je schlechter die Chancen des Patienten, desto
berechtigter seine Rekrutierung für Experimente sei, die nicht direkt
zu seinem eigenen Wohl gedacht sind. Das Gegenteil ist wahr.

Geheimhaltung als Grenzfall

Dann gibt es den Fall, wo Nichtwissen, ja Täuschung des Subjekts
zum Wesen des Experiments gehört (statistisch z.B. bei Kontroll-
gruppen- und Placeboanordnungen). Wir müssen der Versicherung
glauben, daß dies für gewisse Verifizierungszwecke unerläßlich ist.
Bei gesunden Subjekten, die der Geheimhaltung im voraus zugestimmt haben, läßt sich die Ethik der Sache vertreten. Gegenüber
dem Kranken aber, der im Glauben ist, er werde behandelt (wozu
auch der Versuch eines neuen Mittels noch gehören würde), und
statt dessen ein Placebo erhält, liegt ein planer ärztlicher Treuebruch
vor. Schon das Nachsuchen um die Einwilligung des Kranken in eine
solche Lotterie, also um die Erlaubnis, ihn gegebenenfalls zu täuschen, geht nach vorher Gesagtem zu weit. Vor allem aber enthält
die bloße (sich herumsprechende) Praxis solcher gelegentlichen Täuschung im Dienste eines allgemeinen Projekts die Gefahr, den Glauben an die Bona fides der Behandlung, an die unbedingt wohltätige
Absicht des Arztes in jedem Einzelfall, zu erschüttern und damit die
Basis des ganzen Arzt-Patienten-Verhältnisses zu untergraben. In jeder Hinsicht folgt, daß versteckte Versuche am Patienten unter der
Maske *seiner* Behandlung moralisch unstatthaft sind. Bestenfalls sollten sie die seltenste Ausnahme sein, wenn sie sich im höheren Interesse nicht ganz vermeiden lassen; d.h. sie sollten ein typischer
Grenzfall sein, in dem Unrecht und Recht sich auf heikelste Weise
mischen.

Kein Grenzfallproblem hingegen ist die andere Variante notwendigen Nichtwissens des Patienten – die des bewußtlosen, komatösen Subjekts. Ihn für nichttherapeutische Experimente zu benutzen, ist schlicht und ohne Einschränkung unerlaubt. Fortschritt oder nicht – der bewußtlose Patient darf niemals „benutzt" werden, nach dem unbeugsamen Grundsatz, daß äußerste Hilflosigkeit äußersten Schutz verlangt.

Das Ganze der Versuche an Patienten aber ist eine Schattenzone, in der es ohne Kompromisse nicht abgeht. Die Schattierungen sind endlos, und nur der Arzt und Forscher in einer Person kann sie richtig unterscheiden im jeweiligen Vorkommen der Fälle. In seinen Schoß ist die Entscheidung geworfen. Die philosophische Regel, wenn sie erst einmal die Idee einer gleitenden Skala in sich aufgenommen hat, kann ihre eigene Anwendung nicht wirklich spezifizieren. Was sie dem Praktiker mitteilen kann, ist nur eine allgemeine Maxime oder Haltung für die Ausübung seines Urteils und Gewissens in den konkreten Gelegenheiten seiner Arbeit. In unserem Fall heißt das, so fürchte ich, ihm das Leben zu erschweren.

Versuche an Patienten müssen sich auf eigenes Leiden beziehen

Obwohl meine Überlegungen im ganzen eher Gesichtspunkte als definitive Vorschriften geliefert haben und eher Prämissen als Konklusionen, bin ich doch in einigem zu einem unzweideutigen Ja oder Nein gekommen. Eines davon sei hier zum Schluß vorgetragen, nämlich die emphatische Regel, daß Patienten, wenn überhaupt, dann *nur* solchen Versuchen unterworfen werden dürfen, die Bezug auf ihre eigene Krankheit haben. Niemals sollte die von ihnen aus bestehende Unnötigkeit des Experiments an ihnen vermehrt werden durch die Unnötigkeit des Dienstes an einer fremden Sache. Das folgt einfach aus dem, was wir als einzige Entschuldigung für die Verletzung der speziellen Schonrechte des Kranken überhaupt gelten ließen, nämlich daß der wissenschaftliche Krieg gegen Krankheit seine Aufgabe nicht erfüllen kann, ohne die an der betreffenden Krankheit Leidenden in die Forschungsprozedur hineinzuziehen.

Wenn sie unter dieser Entschuldigung Versuchssubjekte werden, dann eben *wegen* – und *nur* wegen – *ihrer* Krankheit.

Dies ist die fundamentale und vollgenügende Überlegung. Es ist außerdem richtig, daß der Patient von dem mit seiner Krankheit nichtverbundenen Experiment keinen therapeutischen Nutzen haben *kann*, während dies bei einem damit verbundenen Experiment möglich wäre. Aber das führt schon über die Sphäre des bloßen Experiments hinaus in die der Therapie. Wir diskutieren hier nur nichttherapeutische Versuche, wovon der Patient selbst ex hypothesi nicht profitiert. Experiment als Teil der Behandlung, d.h. mit der Aussicht, dem Subjekte selbst zu helfen, steht auf einem anderen Blatt und ist hier nicht unsere Sache. Der Arzt, der nach dem Versagen herkömmlicher Therapien dem Patienten vorschlägt, es mit einer neuen zu versuchen, die erst ausprobiert wird, handelt als sein Arzt, zu seinem erhofften Besten. Auch wenn der Versuch fehlschlägt, war es doch ein Versuch *für* den Patienten und nicht bloß *an* ihm.

Ganz allgemein, und fast müßig zu sagen, hat ja selbst die regelrechteste, statistisch erprobteste Behandlung, wenn es zum Einzelfall kommt, immer etwas vom Experiment an sich, beginnend schon mit der Diagnose; und das wäre kein guter Arzt, der nicht von jedem Fall für künftige Fälle zu lernen bereit wäre und etwaige neue Einsichten an die Gesamtprofession weitergäbe. Es kann also sehr wohl, zugleich mit dem Interesse des Patienten, auch dem Interesse der medizinischen Wissenschaft gedient werden, wenn aus seiner Behandlung etwa gelernt wird, was anderen Opfern desselben Leidens zugute kommt. Aber der Gewinn für Wissenschaft und künftige Therapien ist dann ein Nebenertrag der Bona-fide-Behandlung des gegenwärtigen Patienten. Dieser hat das Recht zu erwarten, daß sein Arzt nichts *im Namen der Behandlung* an ihm vornimmt zu dem bloßen Zweck, etwas daraus für andere zu lernen.

In diesem Fall würde der Arzt etwa so sprechen müssen: „Ich kann nichts mehr für dich tun. Aber du kannst etwas für mich tun, d.h. für die medizinische Wissenschaft. Wir könnten viel für künftige Fälle deiner Art lernen, wenn du uns den und den Versuch an dir erlauben würdest. Zwar nicht du, aber andere nach dir würden von dem etwa dabei gewonnenen Wissen profitieren." Nehmen wir die Bedingung hoher Wichtigkeit des Zwecks und persönlicher Qualifikation des Subjekts als gegeben an, um eine solche Frage überhaupt stellen zu dürfen. Dann würde ein Ja dazu führen, daß der Arzt nicht mehr versucht, den Patienten zu heilen, sondern herauszufinden, wie er andere in Zukunft heilen kann.

Doch selbst in diesem Fall – dem des Experiments *am* und nicht *für* den Patienten – wird doch immerhin *seine eigene* Krankheit in den Dienst künftiger Bekämpfung eben dieser Krankheit gestellt. Wiederum etwas anderes ist es, unter gleichen Bedingungen dem unheilbar Kranken anzusinnen, sich für irgendeine Forschung von *anderweitiger* medizinischer Wichtigkeit herzugeben. Der Forscher-Arzt mag keinen großen Unterschied zwischen diesem und dem vorigen Fall sehen. Ich hoffe, meine medizinischen Leser finden es keine zu feine Distinktion, wenn ich sage, daß vom Standpunkt des Subjekts und seiner Würde ein kardinaler Unterschied besteht, der das Erlaubte vom Unerlaubten scheidet – und zwar gemäß demselben Prinzip der „Identifikation", das wir fortwährend angerufen haben. Wie immer es um Recht oder Unrecht jeglicher nichttherapeutischen Experimentation an jeglichen Patienten steht: im vorigen Falle wird dem Patienten wenigstens dies Residuum von Identifizierung gelassen, daß es sein eigenes Leiden ist, mit dem er zur Behebung dieses Leidens bei anderen beitragen kann, und so ist es im gewissen Sinne seine eigene Sache. Es ist gänzlich unvertretbar, den Unglücklichen dieser Intimität mit dem Zweck zu berauben und sein Unglück zum bequemen Mittel für die Beförderung ihm fremder Zwecke zu machen. Die Ehrung dieser Regel ist, so glaube ich, wesentlich, um das Unrecht wenigsten zu mildern, das nichttherapeutisches Experimentieren an Patienten in jedem Fall begeht.

Schlußbemerkung

Eine Bemerkung zum Schluß. Wenn der Eindruck entstanden ist, daß manche meiner Überlegungen, ins Praktische übersetzt, auf eine Verlangsamung des medizinischen Fortschritts hinauslaufen, so sollte das Unbehagen darüber nicht zu groß sein. Vergessen wir nicht, daß Fortschritt ein fakultatives, kein unbedingt obligatorisches Ziel ist, und daß insbesondere sein Tempo, so zwanghaft es historisch-faktisch geworden ist, nichts Heiliges an sich hat. Bedenken wir ferner, daß ein langsamerer Fortschritt in der Krankheitsbezwingung die Gesellschaft nicht bedroht, so schmerzlich er für diejenigen ist, die beklagen müssen, daß gerade ihre Krankheit zu ihrer Zeit noch nicht bezwungen ist: daß aber die Gesellschaft in der Tat gefährdet würde durch die Erosion jener sittlichen Werte, deren möglicher Verlust durch eine zu rücksichtslose Betreibung wissenschaftlichen Fortschritts dessen blendendste Erfolge des Besitzes unwert machen würde. Bedenken wir zuletzt, daß es nicht das Ziel des Fortschritts sein kann, das Los der Sterblichkeit abzuschaffen. An dieser oder jener Krankheit wird jeder von uns sterben. Unsere sterbliche Verfassung liegt auf uns mit ihrer Härte, aber auch Weisheit, denn ohne sie gäbe es nicht die ewig neue Verheißung der Frische, der Ursprünglichkeit und des Eifers der Jugend; noch gäbe es für jeden von uns den Antrieb, unsere Tage zu zählen und sie zählen zu machen. Bei all unserem Bestreben, der Sterblichkeit abzuringen, was wir können, sollen wir ihr Gewicht mit Geduld und Würde zu tragen wissen.

Ethik der Arzneimittelprüfung am Menschen

Wolfgang Wagner

Die klinische Pharmakologie ist die Lehre von der rationalen Urteilsbildung in der Arzneimitteltherapie. Ihre Methode ist die klinisch-experimentelle und angewandte Therapieforschung am gesunden und kranken Menschen, die „klinische Prüfung". Die Begriffe der klinischen Prüfung (für einzelne Forschungsvorhaben) und der klinischen Forschung oder klinischen Entwicklung (zur Bezeichnung des gesamten Arbeitsgebietes oder ganzer Forschungsprogramme) haben sich als Termini technici eingebürgert, sind jedoch mißverständlich. Arzneimittel werden häufig, jedoch keineswegs ausschließlich in der Klinik geprüft. Die ersten Entwicklungsschritte am Menschen erfolgen in den humanpharmakologischen Instituten der Universitäten und der forschenden pharmazeutischen Industrie oder in kommerziellen Auftragsforschungseinrichtungen. Kurz vor der Zulassung und nach der Markteinführung werden Arzneimittelprüfungen meist in den Praxen niedergelassener Ärzte durchgeführt (Wagner u. Witte 1980).

Therapeutische Urteilsbildung

Die ärztliche Intuition, die den Prozeß der Urteilsbildung im medizinischen Alltag in Klinik und Praxis kennzeichnet, stößt dann an ihre Grenzen, wenn das zu beurteilende System aus zu vielen Variablen besteht oder wenn Veränderungen im Zeitverlauf zu objektivieren und zu quantifizieren sind. Die klinische Pharmakologie bemüht sich deshalb, intuitives Schließen durch rationale, naturwissenschaftliche Methoden zu ergänzen. Dabei hat sich das vergleichende Experiment in Form der kontrollierten klinischen Prüfung zum anerkannten Paradigma für den Nachweis der Wirksamkeit, Verträglichkeit und Sicherheit von therapeutischen oder präventiven Maßnahmen entwickelt (Dettli 1984; Hölzel u. Überla 1984; Kuemmerle 1984).

Die Wurzeln des vergleichenden Experimentes reichen weit zurück (Bull 1959). Ein einfacher Zugang findet sich bereits im Alten Testament: „Mache bitte mit Deinen Knechten 10 Tage lang die Probe, und man möge uns etwas Gemüse geben, damit wir essen, und Wasser, damit wir trinken; und unser Gesicht und das Gesicht der Kinder, die die Delikatessen des Königs essen, mögen vor Dir erscheinen, und gemäß dem, was Du siehst, tu mit Deinen Knechten" (Daniel 1, 12–13). Auch Linds berühmter Versuch zur Prävention von Skorbut mit frischen Früchten aus dem Jahre 1747 unterstreicht die Natürlichkeit und Einfachheit des Konzepts (Lilienfeld 1980). Die methodischen Grundlagen wurden in Deutschland vor 60 Jahren v.a. von dem Bonner Internisten Paul Martini erarbeitet (Martini 1932) und anschließend, besonders in biostatistischer Hinsicht, erheblich weiterentwickelt.

Die Transformation der therapeutischen Fragestellung des Arztes in eine experimentelle Nullhypothese des klinischen Pharmakologen ist der entscheidende Schritt von der Intuition zur Wissenschaftlichkeit der Methode. Die Nullhypothese wird durch das Experiment geprüft, wobei der Beweis der Überlegenheit einer Therapie ihre Verwerfung zur Voraussetzung hat. Dieser scheinbar komplizierte Umweg ist dadurch begründet, daß es aus erkenntnistheoretischen Gründen unmöglich ist, die Richtigkeit einer Hypothese im positiven Sinne zu beweisen. Da die für die Studie ausgewählten Patienten eine Stichprobe aus einer Grundgesamtheit darstellen, wird als Arbeitshypothese akzeptiert, daß die Stichprobe repräsentativ für die Gesamtpopulation der gleicherart betroffenen Patienten sei. Werden statistisch signifikante Unterschiede gefunden, so wird die Signifikanz, da es sich um einen Wahrscheinlichkeitsbeweis handelt, nie absolut sein, sondern stets ein Irrtumsrisiko enthalten. Dieses ist bei der Studienplanung im voraus festzulegen. Zur Sicherung der Strukturgleichheit, die als faire Ausgangsbedingung erforderlich ist, sowie zur Gleichverteilung verfälschender Fremdeinflüsse und Störgrößen auf alle Behandlungsgruppen dient die Zufallszuteilung (Randomisierung). Die Unkenntnis des Behandlungsschlüssels beim Probanden oder beim Probanden und Arzt (Einfach- oder Doppelblindprinzip) schaltet die subjektive Voreingenommenheit aus und sichert damit die Beobachtungsgleichheit.

Für die Studienplanung steht eine Vielzahl einfacher bis äußerst komplizierter Versuchsanordnungen („experimentelle Designs") zur Verfügung. Jede kontrollierte klinische Prüfung weist jedoch 3 grundlegende Merkmale auf: den *therapeutischen Vergleich*, die *Verringerung von Fremdeinflüssen und Störquellen* und die *Wahrscheinlichkeitsrechnung*. Je nach Entwicklungsphase wird das Prüfarzneimittel (Verum) mit Placebo oder mit einer dem Stand der wissenschaftlichen Erkenntnis entsprechenden Standardsubstanz verglichen. Nach internationaler Übereinkunft wird die klinische Prüfung in 4 Phasen eingeteilt:

Phase I (Erstanwendung am Menschen; Humanpharmakologie): Pharmakodynamik, Pharmakokinetik, Biotransformation, Verträglichkeit, Reaktionsfähigkeit; gesunde Probanden (Ausnahme: Zytostatika, Antibiotika, Antiarrhythmika); n = 10–50;

Phase II (erste begrenzte klinisch-therapeutische Anwendung): Wirksamkeit, Verträglichkeit in vorläufigen Indikationen; therapeutischer Dosisbereich (Dosis-Wirkungs- und Zeit-Wirkungs-Beziehungen); Patienten; n = 50–300;

Phase III (breite klinische und ambulante Anwendung): Wirksamkeit, Unbedenklichkeit in den „endgültigen" Indikationen; Langzeitverträglichkeit, seltenere unerwünschte Wirkungen; Interaktionen, Kontraindikationen; Patienten; n = mehrere Tausend;

Phase IV (Langzeitanwendung nach Zulassung): Langzeitverträglichkeit, therapeutischer Nutzen unter Praxisbedingungen, Positionierung im vorhandenen Arzneispektrum, medizinisch-ökonomische Aspekte; Erweiterung der Anwendungsgebiete (Rückgang in Phase II); Patienten; n = viele Tausend.

Schließlich soll aufgrund der in den verschiedenen Phasen gewonnenen Informationen ein vergleichendes Urteil über den *therapeutischen Nutzen* des Prüfarzneimittels gefällt werden. Die Daten zur Wirksamkeit sind hierzu mit den Ergebnissen zur Verträglichkeit und Sicherheit abzuwägen und zusammenschauend zu interpretieren. Subjektive Elemente sind dabei unvermeidbar. Die Übertragung der Ergebnisse auf die Gesamtpopulation ist mit allen Unsicherheitsfaktoren eines induktiven Beweisverfahrens behaftet. Das

Urteil kann niemals endgültig sein, sondern allenfalls den derzeitigen Erkenntnisstand wiederspiegeln. Die Verantwortung für die endgültige Wertbestimmung eines neuen Arzneimittels liegt deshalb nicht beim klinischen Pharmakologen, sondern beim therapeutisch tätigen Arzt. Allerdings schafft die klinische Pharmakologie durch ihre schrittweise Approximation des therapeutischen Nutzens die wesentliche Voraussetzung für eine rationale Pharmakotherapie und damit für die Arzneimittelsicherheit.

Erster Exkurs: Psychopharmakologie

In der Nervenheilkunde trifft die klinische Prüfung auf schwierige methodische Probleme. Nirgendwo sind die diagnostischen Kriterien subjektiver, die Ermessensspielräume weiter, die Grenzen zwischen gesund und krank fließender, nirgendwo ist für den behandelnden Arzt die Spannung zwischen individueller und sozialer Verantwortung stärker, nirgendwo ist der Kranke in der ganzen Tiefe seines Menschseins betroffener und verletzlicher als in der Psychiatrie. Die Forderung der Objektivierung und Quantifizierung psychischer Funktionen als Grundlage für den Wirksamkeitsnachweis kann nur mit validen, reliablen Erhebungsinstrumenten zur therapeutischen Urteilsbildung erfüllt werden. Im Vergleich zu anderen Präparateklassen zeichnet sich die Wirkung von Psychopharmaka auf einer größeren Anzahl von Meßdimensionen ab, ist durch vielfältigere Zusatzfaktoren überlagert und aufgrund der sich ergebenden größeren inter- und intraindividuellen Streuung schlechter reproduzierbar. Das Bedürfnis nach Standardisierung und Validierung von Meßverfahren zur Erfassung psychopathologischer Phänomene und ihrer Veränderung über die Zeit sowie die Forderung nach der Anwendung streng kontrollierter Versuchspläne und anspruchsvoller statistischer Auswertungsverfahren sind deshalb in der klinischen Psychopharmakologie stärker entwickelt als in den medizinischen Nachbardisziplinen, denn dort ist der Wirksamkeitsnachweis in der Regel mit gröberen Testverfahren möglich und besser aus den präklinischen Befunden vorhersagbar (Netter 1981, 1986a).

Quantifizierung und Objektivierung psychiatrischer Befunde sind nur auf einem hohen Abstraktionsniveau möglich. Die Erhebungsinstrumente begünstigen dadurch die Reduktion komplexer, multifaktorieller Bedingungszusammenhänge des psychopathologischen Geschehens auf einzelne Zielsymptome. Dies bringt die Gefahr der Ausblendung von Anteilen mit sich, die für den Einzelfall therapeutisch von Bedeutung sein könnten oder für zukünftige wissenschaftliche Fragestellungen entscheidende Gesichtspunkte enthalten. Der psychometrische Reduktionismus birgt eine weitere Schwierigkeit in sich, die sich anhand einer in den USA verbreiteten Forschungspraxis illustrieren läßt: Dort werden in den frühen Phasen der Entwicklung von Psychopharmaka klinische Prüfungen an „symptomatic volunteers" durchgeführt, an Probanden also, die als Träger eines einzigen psychischen Merkmals über Laienpresse und Rundfunk rekrutiert werden. Wenngleich eine Prüfung der Anwerbungstexte vor deren Veröffentlichung durch Ethikkommissionen erfolgt, geht eine solche Praxis mit der Gefahr der „Psychiatrisierung" normaler Zustände und Verhaltensweisen sowie der Förderung einer allgemeinen „Medikalisierung" einher. Die unkritische Massenanwendung von Psychopharmaka als „Glückspillen", „Zauberformel" oder „Gottesgabe" für die Bewältigung von Alltagsbelastungen gibt ohnehin genügend Anlaß zur Sorge, und die Frage der Übertragbarkeit derart gewonnener Befunde auf wirklich psychisch erkrankte Patienten ist zumindest in den Raum zu stellen.

Auch die Frage, ob es berechtigt ist, eine kontinuierliche Meßdimension anzunehmen, die sich vom Normalen zum Pathologischen ausdehnt und die Voraussetzung für die Verwendung psychometrischer Skalen bildet, ist ungeklärt. Möglicherweise stellen bestimmte psychopathologische Phänomene ab einer gewissen Ausprägung etwas qualitativ anderes dar, das übergangslos daneben existiert. Als Beispiel hierfür kann der Unterschied zwischen normaler und pathologischer Aggression zitiert werden (Wagner 1989).

Trotz dieser und weiterer Unsicherheiten liegt heute eine ganze Reihe psychometrischer Skalen vor, deren Gütekriterien als gut gesichert gelten. Ein besonderes Verdienst hat sich das Collegium Internationale Psychiatriae Scalarum erworben: Diese Arbeitsgruppe hat seit 1977 über 30 der wichtigsten Erhebungsinstrumente zusammengestellt und mit Angaben zur Reliabilität und Validität veröffentlicht (CIPS 1986). Damit wurde eine wertvolle Basis für die Standardisierung und internationale Vergleichbarkeit klinisch-psychopharmakologischer Ergebnisse geschaffen, aber auch die Grundlage für die Vereinheitlichung der Zulassungsverfahren von Psychopharmaka in verschiedenen Ländern und die Basis für ein einheitliches Ausbildungsprogramm im Rahmen des methodischen Pharmakologie- und Psychiatrieunterrichts für Studenten sowie Assistenten in der Facharztausbildung.

Placebo

Mit dem Einzug der Fortschrittsgläubigkeit und des mechanistischen Denkens in die moderne Medizin wandelte sich auch die Bedeutung des Placebo. Aus einer verbreiteten Behandlungsmaßnahme mit langer Tradition in der gesamten Heilkunde, die das Wohlbefinden des Empfängers fördern sollte, wurde die „pharmakodynamisch unwirksame Substanz". Einerseits konnte der wissenschaftliche Reduktionismus unsere Kenntnisse über die Placebomechanismen erweitern. Ein Beispiel ist die Endomorphinhypothese zur Analgesie unter Placebo: Die Schmerzdämpfung durch Placebo wurde über die Freisetzung körpereigener Opioide, der Endomorphine, erklärt, da die Verabreichung des Opiatantagonisten Naloxon diese Placebowirkung dämpft (Levine et al. 1978). Andererseits ist der Reduktionismus einer ethischen Analyse des Problems abträglich. Die komplexen Wechselwirkungen zwischen dem Placebo selbst, der Persönlichkeit des Patienten, der Haltung des Arztes und der äußeren Umstände erfordern biopsychosoziale Modelle und ganzheitliches Denken. Häufig wird der gesellschaftliche Bezug vernachlässigt. Gerade im Zusammenhang mit der kontrollierten klinischen Prüfung wird das Arzneimittel in eine „soziale Kommunikation" eintreten müssen, die nicht nur die Fachkreise mit technischer Information versorgt, sondern auch in verständlicher Sprache zum Bürger des Sozialstaates spricht (Baier 1988). Erst damit werden sich die Konflikte um Placebo auf breiter Basis verringern. Unkenntnis ist ein fruchtbarer Boden für irrationale Ängste, wie das Beispiel der Utopie der „sozialen Kontrolle" durch Antiaggressiva im Trinkwasser eindrücklich zeigt (Wagner 1989).

Wirksamkeit und Verträglichkeit

Ein Placebo ist kein Nichts. Das Vertrauen des Patienten auf die Heilkraft der ärztlichen Handlung verbindet sich mit dem Glauben an das verabreichte Präparat und führt zu einer Vielzahl erwünschter wie auch unerwünschter Wirkungen. Lange, bevor Placebo Eingang in die Arzneimittelprüfung fand, wurde es bereits in der Heilkunde verwendet, entweder in bewußter therapeutischer Absicht oder um dem subjektiven Bedürfnis eines Patienten nach einer medikamentösen Behandlung zu entsprechen. In vielen Untersuchungen wurden erstaunliche Erfolgsquoten erzielt, so daß die Bezeichnung „powerful placebo" geprägt wurde (Beecher 1955). Sogar von einer „Pharmakologie und Toxikologie des Placebo" wurde gesprochen (Spitzy 1984), mit dem Hinweis, daß die Dosis letalis unbekannt bliebe (Doongaji et al. 1978).

Die Wirksamkeit bezieht sich, in absteigender Häufigkeit, auf psychologische, physiologische und biochemische Parameter. So war in einer Studie ein Drittel aller Asthmaanfälle durch Kochsalzinjektionen zu beheben. Heuschnupfen, Husten, Kopfschmerzen, Spannungs- und Angstzustände besserten sich in etwa der Hälfte der Fälle durch Placebo; Schlafstörungen, Obstipation, postoperative Wundschmerzen sowie viele andere Schmerzzustände waren bei 30–40% der Patienten durch Placebo günstig zu beeinflussen; bei postpartalen Schmerzen führte Placebo bei 30% der Wöchnerinnen zur Schmerzfreiheit. Placeboeffekte werden jedoch auch durch objektive Befunde untermauert: den Rückgang von Fingertremor, die Milderung der Entzugserscheinungen nach Drogenmißbrauch, die Normalisierung von Blutdruck und Magensaftsekretion, eine vorübergehende Lymphozytendepression, die Besserung der Blutzuckerspiegel bei nichtinsulinpflichtigem Diabetes mellitus, die Besserung von Enuresis und Harninkontinenz sowie die Steigerung der Arbeitsleistung. Allerdings konnte ein spezifischer „Placeborespondertyp" bisher nicht eindeutig definiert werden. Aber auch unerwünschte Wirkungen werden bei 10–25% der Patienten im Zusammenhang mit Placebo berichtet, so etwa Mundtrockenheit, Übelkeit und Appetitlosigkeit, Schläfrigkeit oder Erregung, Konzentrationsschwäche, Kopfschmerzen und Verstopfung. Sogar Exantheme der Haut, Ödemneigung, Hang-over-Empfindungen, unterschiedliche Wirkungsstärken in Abhängigkeit vom Dosierungsintervall sowie Entzugserscheinungen werden angegeben (Sehrt 1980).

Der Wirkmechanismus von Placebo erklärt sich auf der Grundlage *biopsychosozialer Interaktionen* (White et al. 1985), wobei die Variablen Arzt, Patient, Präparat und Umfeld miteinander in Wechselwirkung treten (Netter 1986 b). Wichtige Determinanten für die Placebowirkung sind die Attribute des Präparates wie Farbe, Form, Größe, Geschmack und Menge, die Art der Begleitinstruktion, die Persönlichkeitsstruktur, Erfahrungen und Erwartungen des Patienten, die Art des therapeutischen Milieus sowie die Persönlichkeit und Haltung des Arztes. Lerntheoretische Konzepte, durch Vorerfahrung bedingte Reaktionsmuster und die konditionierte Stimulation durch Vorinformationen auf der Grundlage eines hohen Erwartungsgrades werden zur Erklärung der Placebowirkungen herangezogen (Schölmerich 1989).

Anwendungsgebiete

Neben der Verabreichung einer pharmakodynamisch inerten Substanz muß auch die nach allgemein-klinischen Standards unterdosierte Gabe wirksamer Arzneimittel sowie die Behandlung mit abseits der Schulmedizin liegenden Medikamenten, für die ein Wirksamkeitsnachweis fehlt, als Placebotherapie aufgefaßt werden (Müller-Oerlinghausen 1986). Demnach ist davon auszugehen, daß in der allgemeinen therapeutischen Praxis häufig mit Placebo gearbeitet wird. Der Einsatz unterdosierter Wirkstoffe („unreine" oder „falsche" Placebos) wurde als Placeboersatz auch für die klinische Prüfung vorgeschlagen. Da sie aber die ethischen Probleme nicht reduzieren und die methodischen Probleme, insbesondere bei der Interpretation der Ergebnisse, verschärfen, lehnen wir solche *Pseudoplacebos* für die Arzneimittelprüfung ab.

In der klinischen Pharmakologie verstehen wir unter Placebo eine mit dem Prüfarzneimittel äußerlich identische Arzneiform ohne dessen Wirkstoff. Im Rahmen der klinischen Prüfung kann es in der Auswasch- oder Baselinephase, als Vergleichspräparat während der Therapiephase, oder zum Erkennen von Absetzphänomenen nach Abschluß der Prüfphase eingesetzt werden. Ein grundsätzlicher Unterschied zwischen der therapeutischen Verabreichung von Placebo und dem Einsatz in der Arzneimittelprüfung ergibt sich für den Arzt aus dem paradoxen Umstand, daß die Aufklärung des Patienten (zumindest theoretisch) das Placebokonzept ad absurdum führt: Beim therapeutischen Einsatz wird deshalb häufig der *„fürsorglichen Täuschung"* („benevolent deception") der Vorzug gegeben, während sich dies bei der Arzneimittelprüfung grundsätzlich verbietet. Der „informed consent", also die Einwilligung nach Aufklärung, hat sich in der klinischen Pharmakologie weltweit zur anerkannten Doktrin entwickelt, wobei Ausnahmen (*„therapeutisches Privileg"*) nur in besonders begründeten Einzelfällen zulässig sind.

Erwünschte wie auch unerwünschte Placebowirkungen treten erstaunlicherweise auch nach vollständiger Aufklärung des Patienten unter den Bedingungen der kontrollierten Doppelblindprüfung auf. Unsere Arbeitsgruppe fand in einer internationalen Studie mit 464 depressiven Patienten unter Anlegung stringenter Kriterien in Übereinstimmung mit der Literatur eine therapeutische Placeboansprechquote von 40%, wogegen 60% auf das Standardantidepressivum (Imipramin) und 70% auf das Prüfpräparat (Fluvoxamin) ansprachen. An unerwünschten Wirkungen wurden bei denjenigen Patienten der Placebogruppe, die keine Begleitmedikation erhielten, folgende Symptome und Häufigkeiten dokumentiert: 25% Mundtrockenheit, 15% Kopfschmerzen, 11% Schlaflosigkeit, 9% Übelkeit/ Erbrechen, 9% Schwitzen, 8% Schwindel/Synkopen, 7% Akkommodationsstörungen, 5% Schläfrigkeit, 5% Diarrhö und vieles mehr. Sogar Agitation, Schwäche, Tremor, Tachykardie, Verwirrung und Harnverhaltung wurden, wenngleich seltener, unter Placebo berichtet. Während wir den potentiellen Einflußfaktor „Begleitmedikation" mit aufwendigen statistischen Methoden kontrollieren konnten, blieb bei der Interpretation der Ergebnisse die Schwierigkeit, daß viele der angegebenen „Nebenwirkungen" zugleich Symptome der depressiven Grunderkrankung sowie typische unerwünschte Wirkungen des trizyklischen Vergleichsantidepressivums darstellen, über die ausführlich aufgeklärt worden war (Wagner et al. 1986). Die häufig geäußerte theoretische Befürchtung, die Aufklärung des Patienten über Placebo würde das methodische Konzept der kontrollierten Doppelblindprüfung ab absurdum führen, da gerade die Unkenntnis die Voraussetzung für den Ausschluß subjektiver Voreingenommenheit sei, auf dem die Rationale der blinden Untersuchungsanordnung beruht, erweist sich also unter Praxisbedingungen als wenig bedeutend.

Stellenwert

Die Unverzichtbarkeit placebokontrollierter Studien für den Nachweis der Wirksamkeit, Verträglichkeit und Sicherheit von Arzneimitteln wird am nachdrücklichsten von den Zulassungsbehörden, allen voraus der Food and Drug Administration (FDA) der Vereinigten Staaten von Amerika, postuliert. Der Leiter der Neuropharmakologischen Abteilung der FDA, die als strengste Zulassungsbehörde der Welt betrachtet wird, hält die Placebokontrolle für ein unverzichtbares Werkzeug:

„Placebo controls are our surest protection against fads and fashions that come and go in pharmacology, against the reckless claims of therapeutic enthusiasts, and, most important, against our own mistaken beliefs and prejudices" (Leber 1986).

Bis vor kurzem verlangte die FDA Placebokontrollen auch dann, wenn sie nach klinisch-pharmakologischem Verständnis unnötig waren; so wurden für ein Antiarrhythmikum, das in 80–90% der Fälle nach intravenöser Injektion innerhalb von 30–120 s mit EKG-Nachweis objektiv wirksam war, Kontrollgruppen mit Kochsalzlösung gefordert (Kleinsorge 1986).

Kliniker und klinische Pharmakologen halten die placebokontrollierte Doppelblindanordnung in der Regel mangels methodischer Alternativen ebenso für unverzichtbar, differenzieren dabei jedoch meist sorgsam nach Indikation und Fragestellung. Für die Psychiatrie, in der Placebo ein besonderes Problem darstellt, wird betont, daß der notwendige Fortschritt auf diesem Gebiet an empirische Vergleichsuntersuchungen, an die Doppelblindstudie und den placebokontrollierten Versuch gebunden sei. Placebokontrollen seien jedoch nur dort notwendig, wo die psychopathologische Beobachtungsebene relativ unbestimmt, unspezifisch und schwierig zu beurteilen ist und wo keine eindeutig wirksamen Medikamente bekannt sind, etwa in der Psychogeriatrie. Schließlich seien sie dort zu fordern, wo der Verdacht eines statistischen Fehlers 2. Ordnung besteht, daß nämlich doch ein Wirksamkeitsunterschied zu Ungunsten des weniger Nebenwirkungen verursachenden Präparates vorliege (Heimann 1986). Aus der Sicht der klinischen Pharmakologie wird eine frühzeitige Einplanung placebokontrollierter Studien in die Forschungsstrategien appelliert, um zu vermeiden, daß der Zeitraum, der für solche Studien genutzt werden kann, verstreicht, ohne daß die Frage der therapeutischen Wirksamkeit des Prüfarzneimittels eindeutig beantwortet ist (Weber 1986).

Aus juristischer Sicht werden die Grenzen, wie später gezeigt wird, deutlich enger gezogen.

Die Patienten in placebokontrollierten Studien schließlich hoffen in der Mehrzahl, nicht das Placebo, sondern das Prüfarzneimittel zu erhalten (Byington et al. 1985). Das Placebo „gefällt" den Patienten also durchaus nicht.

Ethisches Modell

Die Sorge um den Schutz der Versuchsperson bei der klinischen Prüfung von Arzneimitteln fand ihren Ausdruck in zahlreichen Richtlinien, allen voran der mehrfach revidierten Deklaration von Helsinki, sowie in den nationalen Arzneimittelgesetzen mit deren Ausführungsbestimmungen. Die darin enthaltenen Regelungen wie Nutzen-Risiko-Abwägung, Informed consent und Haftpflichtversicherung, stellen für die klinische Pharmakologie einen festen Rahmen dar und legitimieren die Arzneimittelprüfung rechtlich. Hier geht es um die Ebene der (Makro)spezifizierung der Verantwortungsbereiche im Zusammenhang mit der klinische Prüfung. Auf der Grundlage entscheidungsleitender mittlerer Wertprinzipien wird ein ethisches Legitimationsmodell für das Paradigma der placebokontrollierten Doppelblindprüfung vorgestellt und eine Auswahl wesentlicher Rechte und Pflichten, die sich daraus für alle Beteiligten ergeben, aufgezeigt.

Die placebokontrollierte Doppelblindprüfung eines Arzneimittels ist als empirische wissenschaftliche Methode aufzufassen, bei der bei einem Teil der Patienten auf der Grundlage einer autonomen Einwilligung und unter Wahrung des Leitprinzips der Unschädlichkeit das ärztliche Fürsorgeprinzip zugunsten des Erkenntnisgewinns zum Nutzen künftiger Patienten partiell eingeschränkt wird (Wagner 1990 b).

Als Bauelemente des Modells dienen die Prinzipien der Fürsorge, der Achtung der Selbstbestimmung, der Unschädlichkeit und der Solidarität, die (zumindest in der westlichen Medizin) prima facie als konsensfähig gelten. Dabei wird anerkannt, daß nicht jedes dieser Prinzipien im Sinne idealer Normen gleichzeitig maximal durchsetzbar ist, und deshalb die Erreichung praxisrelevanter Normen ethische Güterabwägungen erfordern kann. Gleichzeitig wird davon ausgegangen, daß die Einschränkung eines Wertprinzips nur unter definierten Bedingungen gerechtfertigt ist.

Einschränkung des Fürsorgeprinzips

Der Arzt, der einen Patienten in eine placebokontrollierte Doppelblindprüfung einbezieht, enthält ihm, wenn er der Placebogruppe zugeteilt wird, eine wirksame oder besser, die wirksamere Pharmakotherapie vor. Zwar ist das Arzneimittel nur *ein* Bestandteil des Gesamtbehandlungsplanes und der Placebopatient somit nicht „unbehandelt"; zwar entfaltet Placebo, wie jedes Arzneimittel, seine unmittelbare Wirksamkeit erst in den Händen des Arztes und mag im Einzelfall durchaus zweckmäßig und ausreichend sein. Dennoch wird das Fürsorgeprinzip durch den Verzicht auf ein bewährtes Standardpräparat partiell eingeschränkt. Zudem kann sich auch das Prüfarzneimittel als unwirksam erweisen. Die Einschränkung eines ethischen Prinzips ist jedoch nur gerechtfertigt, wenn wenigstens 4 Bedingungen erfüllt sind (Beauchamp u. Childress 1989):

1) Die realistische Aussicht auf Erreichung des Ziels, dessentwegen das Prinzip eingeschränkt werden soll. Für den Forscher bedeutet dies die Verpflichtung, sorgfältig zu überprüfen, ob die Gesamtheit des präklinischen Erkenntnismaterials bei zusammenschauender Bewertung eine begründete Wirksamkeitshypothese für das Prüfarzneimittel in der Zielindikation zuläßt, aber auch, ob die räumlichen, personellen und apparativen Gegebenheiten die Durchführung der Studie nach den Regeln der ordnungsgemäßen klinischen Prüfung gewährleisten. Gerade die organisatorische, zeitliche und personelle Belastung durch eine Doppelblindstudie wird häufig unterschätzt.

2) Zur beabsichtigten Einschränkung des Prinzips dürfen keine ethisch vorzuziehenden Alternativen bestehen. Diese Bedingung verlangt, daß der Wirksamkeitsnachweis bei einem Verzicht auf die Placebokontrolle nicht möglich ist. Placebokontrollen sind dann verzichtbar, wenn valide, objektive Wirkparameter zur Verfügung stehen, zum Beispiel elektrokardiographische Methoden zur Prüfung von Antiarrhythmika. Sie sind überflüssig, wenn die Wirksamkeit der Substanz bereits in der wissenschaftlichen Literatur oder in Monographien ausreichend belegt ist.

3) Die Einschränkung des Prinzips muß, gemessen am Ziel der Handlung, so gering wie möglich sein. Diese Bedingung fordert, daß die placebokontrollierte Prüfphase nicht länger sein darf, als in der jeweiligen Indikation für einen sicheren Wirknachweis erforderlich ist. Die Prüfdauer ist an der klinischen Erfahrung und an anderen, vergleichbaren Studien zu bemessen. Besondere Probleme stellen sich bei Langzeitstudien. Die 3. Bedingung bedeutet aber auch, daß nicht mehr Patienten, als zum Erreichen der Studienziele erforderlich, einbezogen werden dürfen. Die Fallzahlschätzung durch einen erfahrenen Biometriker im Rahmen der Studienplanung ist deshalb unerläßlich. Schließlich sollen placebokontrollierte Doppelblindprüfungen frühzeitig, also zu Beginn der klinischen Entwicklung, eingeplant werden, damit die Frage der therapeutischen Wirksamkeit einer neuen Substanz rasch beantwortet wird und unnötige weitere Studien unterbleiben.

4) Der Handelnde muß versuchen, die Auswirkungen der Einschränkungen des Prinzips zu minimieren. Diese Bedingung verlangt, den nicht eingeschränkten Anteilen des Fürsorgeprinzips, wie der Sorgfalt und der Präzision des eigenen Handelns sowie den handlungsleitenden ärztlichen Tugenden, während des Studienverlaufs besonderes Gewicht zu verleihen. Die ausführliche Anleitung der beteiligten Mitarbeiter und deren sorgsame Führung gehört dazu.

Unter der Voraussetzung, daß sich das Prüfarzneimittel als wirksam erweist, wird das Fürsorgeprinzip bei denjenigen Patienten, die nicht der Placebogruppe zugewiesen werden, durch die Randomisierung (Zufallszuteilung) zu Studienbeginn *„verdeckt restauriert"* (Wagner 1990 b). Wegen der Doppelblindanordnung erfahren sowohl Arzt als auch Patient erst nach Abschluß der Prüfung mit Eröffnung des Behandlungsschlüssels, ob ein Patient der Placebogruppe angehörte oder ob er mit Verum behandelt wurde. Wichtig ist, daß aus juristischer Sicht die Fürsorgepflicht nicht beliebig weit eingeschränkt werden kann. Das Arzneimittelgesetz schreibt vor, daß die klinische Prüfung nur durchgeführt werden darf, „wenn die Anwendung des zu prüfenden Arzneimittels nach den Erkenntnissen der medizinischen Wissenschaft angezeigt ist, um das Leben des Kranken zu retten, seine Gesundheit wiederherzustellen oder sein

Leiden zu erleichtern", und „wenn und solange die Risiken, die mit
ihr für die Person verbunden sind, bei der sie durchgeführt werden
soll, gemessen an der voraussichtlichen Bedeutung des Arzneimittels
für die Heilkunde ärztlich vertretbar sind". Für die Placebokontrolle
ergeben sich daraus enge rechtliche Grenzen. Die Therapie mit Placebo muß ärztlich indiziert und vertretbar erscheinen; geringfügige
Belastungen dürfen hingenommen werden, nicht jedoch erhebliche
Schmerzen und Angstzustände (Schreiber 1986). Dies bedeutet, daß
eine libertäre Ethik, die jegliche vom Patienten etwa in aufopfernder
oder heroischer Gesinnung ermächtigte Handlung legitimiert, mit
der Methode der placebokontrollierten Doppelblindstudie nicht zu
vereinbaren ist.

Achtung des Unschädlichkeitsprinzips

Das Prinzip der Unschädlichkeit, das manche Autoren als Bestandteil der ärztlichen Fürsorgepflicht auffassen, verlangt, daß kein Patient im Rahmen einer placebokontrollierten Studie durch den Verzicht auf eine wirksame Pharmakotherapie oder durch das Prüfpräparat einen Schaden erleidet. Der Begriff „Unschädlichkeit" entspricht in der klinischen Pharmakologie weniger dem Begriff „Unbedenklichkeit", also der Sicherheit und Verträglichkeit eines Wirkstoffes, als dem Begriff des *„therapeutischen Nutzens"*, also dem Verhältnis zwischen erwünschten und unerwünschten Wirkungen, gemessen an der Schwere der zu behandelnden Erkrankung. So wird man
etwa trotz schwerwiegender unerwünschter Wirkungen einen therapeutischen Nutzen von Zidovudine (AZT) bei neurologischen Komplikationen von Aids annehmen. Bei leichten Erkrankungen hingegen wären gravierende „Nebenwirkungen" nicht akzeptabel.
    Eine placebokontrollierte Prüfung ist nicht vertretbar, wenn durch
das Vorenthalten eines wirksamen Pharmakons mit vertretbarem
Nutzen-Risiko-Verhältnis eine Verschlechterung des Leidens, eine
wesentliche Verzögerung der Besserung oder Heilung oder gar eine
Lebensbedrohung zu befürchten ist (Illhardt 1988). Damit scheidet
diese Methode für bestimmte Präparategruppen, etwa für Zytostatika, Antibiotika oder Mittel zur postoperativen Thromboseprophylaxe, von vorneherein aus. Für den forschenden Arzt ergeben sich
aus dem Unschädlichkeitsprinzip Pflichten zur genauen Beachtung
der Abbruchkriterien, zur Aufstellung eines Notfallplans mit Kon-

taktsequenz und zur engmaschigen Überwachung der Studienteilnehmer. Schließlich bedingt das Unschädlichkeitsprinzip die Pflicht zum Ausgleich im Schadensfalle. Dieser ist in Form einer Haftpflichtversicherung arzneimittelrechtlich vorgeschrieben.

Achtung der Autonomie

Der Informed consent, die Einwilligung des Patienten nach Aufklärung, hat sich weltweit zur anerkannten und unverzichtbaren Voraussetzung der klinischen Prüfung von Arzneimitteln entwickelt. In der Bundesrepublik Deutschland schreibt das Arzneimittelgesetz vor, daß die klinische Prüfung grundsätzlich erst nach Aufklärung über Wesen, Bedeutung und Tragweite der Studie und nur mit Einwilligung des Probanden (schriftlich) oder Patienten (schriftlich oder mündlich in Gegenwart eines Zeugen) begonnen werden darf.

Die Idee des Informed consent beruht auf dem Konzept der autonomen Handlung. Eine völlig autonome Handlung kann es jedoch nicht geben. Dies gilt im besonderen Maße für die Entscheidung zur Teilnahme an einer klinischen Prüfung. Die Kriterien der autonomen Handlung werden nur jeweils bis zu einem bestimmten Grad erfüllt sein können und begründen somit unterschiedliche *Standards der Entscheidungskompetenz*. Dabei wird die *Intentionalität*, also die Absicht, an der Studie teilzunehmen, als absolutes Kriterium verstanden, während das *Verstehen*, das *Fehlen beeinflussender Faktoren* und (gegebenenfalls) die *Authentizität* der Entscheidungen als Kontinuum aufgefaßt werden (Faden u. Beauchamp 1986). Die entscheidende Frage ist nicht, *ob* die Einwilligung autonom ist, sondern *wie* autonom sie ist. Das Beurteilen der Entscheidungskompetenz des Patienten wird damit zum zentralen Kriterium. Das Urteil ist eine ärztliche Leistung des Forschers und bleibt subjektiv; es kann weder an Nichtärzte delegiert, noch durch Formblätter ersetzt werden.

Als *Kriterien zur Beurteilung der Validität* einer Einwilligung wurden mentale Fähigkeiten, die in bezug zum Autonomiekonzept stehen, wie kognitive Leistungen und die Unabhängigkeit des Beurteilungsvermögens, vorgeschlagen, aber auch die Rationalität, die Durchführbarkeit, die soziale Annehmbarkeit der Entscheidung sowie gesellschaftsbezogene Altersschwellen. Auch in der Rechtsprechung werden unterschiedliche Standards der Kompetenz zugrunde gelegt: die Fähigkeit, auf der Grundlage vernünftiger Gründe eine

Entscheidung zu erreichen, die Fähigkeit durch eine Entscheidung ein vernünftiges Ergebnis zu erreichen, oder die Fähigkeit, überhaupt eine Entscheidung zu treffen. Diese Standards können auch zu einem *kombinierten Standard* zusammengefaßt werden: eine Person ist dann, und nur dann kompetent, wenn sie auf der Grundlage rationaler Gründe vernünftige Entscheidungen treffen kann (Beauchamp u. Childress 1989). Auf die Situation der klinischen Pharmakologie angewandt, bedeutet dieser Standard, daß ein kompetenter Patient in der Lage sein muß, eine Therapie oder ein Forschungsverfahren zu verstehen, den Nutzen und die hauptsächlichen Risiken abzuwägen und im Lichte dieser Abwägung eine Entscheidung zu treffen (Appelbaum u. Roth 1982; Appelbaum et al. 1981, 1987).

Auch Inhalt und Umfang der Aufkärung kann nach verschiedenen Standards bestimmt werden: dem *Standard der professionellen Praxis*, dem *Standard der vernünftigen Person* und dem *subjektiven Standard* (Beauchamp u. Childress 1989). Die Spannweite erstreckt sich von der Totalaufklärung bis zum völligen Aufklärungsverzicht, der in begründeten Einzelfällen möglich ist. Die Spannungen zwischen der philosophischen, juristischen und praxisrelevanten Auslegung des Aufklärungsstandards konnten noch nicht zufriedenstellend gelöst werden. Die Möglichkeit seltener oder unerwarteter Risiken, die auch bei größter Sorgfalt aufgrund der Übertragungsunsicherheit präklinischer Befunde auf den Menschen nicht antizipiert werden können, erschwert die Situation. Solche unerwünschten Wirkungen entziehen sich dem Informed consent. Eine allgemeine „Duldungserklärung" nicht näher bezeichneter potentieller Risiken dürfte zudem – analog der Rechtsprechung bei operativen Eingriffen – juristisch unwirksam sein.

Die formale Beratung des Forschungsplans durch Ethikkommissionen, wie sie heute weltweit gefordert wird, kann Konflikte antizipatorisch verringern. Eine wirksame Konfliktreduktion findet jedoch letztlich nur auf einer Ebene der Arzt-Patienten-Beziehung statt, die sich als dynamischer, situationsbezogener Kommunikationsrahmen in ihrer jeweiligen Einmaligkeit entwickelt. Bei placebokontrollierten Langzeitstudien zum Nachweis der präventiven Wirkung der Pharmaka („primary und secondary prevention trials") stellt sich die Frage nach der Notwendigkeit einer Zwischenaufklärung, wenn Trends erkennbar werden. Wegen methodischer und statistischer Bedenken scheint dieses Problem nicht abschließend geklärt zu sein (Kleinsorge 1986). Eine Begleitung solcher Langzeitstudien durch Ethikkommissionen ist sicher sinnvoll.

Legitimation durch Solidarität

Die Teilnahme an einer placebokontrollierten Doppelblindprüfung legitimiert sich durch das sozialethische Prinzip der Solidarität mit der Grundgesamtheit künftiger Patienten, denen Arzneimittel mit einem größeren therapeutischen Nutzen zur Verfügung stehen sollen. Dieser Beitrag dient einer rationalen Pharmakotherapie und damit sowohl der Arzneimittelsicherheit als auch der Gesundheitsökonomie, nämlich der Verminderung von Allokationsproblemen im Gesundheitswesen bei knapper werdenden Ressourcen. Diese abstrakten Ziele sind für den Patienten schwer zu verstehen; er kommt mit einer Erwartungshaltung auf Heilung oder Linderung zum Arzt und erfährt komplizierte Sachverhalte, die mit seinem Leiden in keiner direkten Beziehung stehen. Zudem kann sich der Patient einen Arzt nicht vorstellen, der nicht weiß, was er im Einzelfall verordnet. Anders als beim Solidaritätsprinzip der Krankenversicherung, wo der Gesunde für den Kranken einsteht und die Lastenverteilung nach sozialen Gesichtspunkten erfolgt, soll hier der Kranke für die künftig Erkrankenden einstehen, wobei ein Lastenausgleich nicht vorgesehen ist (die arzneimittelrechtlich vorgeschriebene Haftpflichtversicherung tritt nur im Falle eines Schadens an Leib, Gesundheit oder Leben ein). Zudem möchte der Patient seinen Arzt nicht durch eine Absage enttäuschen. Der Arzt selbst sieht sich bei einer Doppelblindstudie in der ungewohnten Lage, nicht zu wissen, was er dem einzelnen Patienten verabreicht.

Für den forschenden Arzt ist es deshalb wichtig, in allen Konfliktfällen dieser Art den individuellen Persönlichkeitsrechten des Patienten den Vorrang vor sozialethischen Erwägungen einzuräumen. Die Möglichkeit einer selektierten Stichprobe mit geringerer Repräsentativität für die Grundgesamtheit ist in Kauf zu nehmen. Zwar garantiert das Grundgesetz die Freiheit der Wissenschaften; zwar ist der Arzt dem Standesrecht nach sowohl der Gesundheit des einzelnen als auch der des ganzen Volkes verpflichtet; zwar ist Solidarität ein hohes sittliches Prinzip in einem Gemeinwesen. Alle diese Rechte finden jedoch dann ihre Grenzen, wenn sie mit den verfassungsrechtlich garantierten Persönlichkeitsrechten kollidieren. Die grundgesetzlich gewährleistete Forschungsfreiheit kann nur innerhalb der Menschenwürdegarantie gelten. Weder die Forschungsfreiheit noch das Solidaritätsprinzip begründen für den einzelnen Patienten die Pflicht, an klinischer Forschung mitzuwirken, genausowenig, wie sich eine allgemeine Pflicht zur Organspende einklagen läßt. Solidarität bedarf zu ihrer Durchsetzung der freien, selbstbestimmten Einwilligung nach Aufklärung. Eine dadurch verursachte Verlangsamung des Prüfungsverlaufs ist hinzunehmen. Fortschritt ist ein fakultatives und kein unbedingt obligatorisches Ziel und sein Tempo, so zwanghaft es historisch-faktisch geworden ist, hat „nichts Heiliges" an sich (Jonas 1987).

Das Solidaritätsprinzip bringt aber auch für den Patienten Pflichten mit sich. Hat er seine einsichtige Einwilligung zur Teilnahme an einer Arzneimittelprüfung erteilt, ist er moralisch verpflichtet, seinen Beitrag zum Gelingen des Forschungsvorhabens zu leisten und dieses wie auch sich selbst nicht durch Fahrlässigkeit oder Fehlverhalten zu gefährden. Die Anweisungen des Arztes sind zu befolgen, die Untersuchungstermine einzuhalten und die Prüfarzneimittel zuverlässig nach Vorschrift einzunehmen (Compliance). Der Arzt hat das Recht, die Zuverlässigkeit des Patienten mit geeigneten Methoden regelmäßig zu überprüfen und ihn, falls unzureichend, von der weiteren Mitwirkung an der klinischen Prüfung auszuschließen.

Pharmakoepidemiologie

Placebokontrollierte Doppelblindstudien werden v.a. in den frühen Phasen der klinischen Entwicklung zum Wirksamkeitsnachweis eingesetzt und erfordern zu ihrer ethischen Legitimation die gleichzeitige Anwendung von 4 mittleren Prinzipien: geringstmögliche Einschränkung des Fürsorgeprinzips, Achtung des Unschädlichkeits-, Autonomie- und Solidaritätsprinzips. Davon abzugrenzen ist einerseits die klinische Prüfung der Phase IV und andererseits die pharmakoepidemiologische Methode der *Anwendungsbeobachtung*.

Anwendungsbeobachtungen unterscheiden sich von klinischen Prüfungen dadurch, daß sie sich darauf beschränken, die im wesentlichen unbeeinflußte ärztliche Therapie zu dokumentieren, wobei auf prüfbedingte zusätzliche Untersuchungen und dadurch bedingte

Risiken und Belastungen für den Patienten verzichtet wird. Das Arzneimittel wird in der zugelassenen Indikation eingesetzt, die Anforderungen des Arzneimittelgesetzes für klinische Prüfungen entfallen. Von der Phase-IV-Prüfung unterscheidet sich die Anwendungsbeobachtung in den Anzeige- und Kennzeichnungspflichten. Sie muß dem Bundesgesundheitsamt und der Kassenärztlichen Bundesvereinigung, nicht jedoch den Aufsichtsbehörden der Länder angezeigt werden. Bei Studien der Phase IV stellt der pharmazeutische Unternehmer die Prüfmuster mit dem Hinweis „Zur Klinischen Prüfung bestimmt" zur Verfügung, wobei auf die Angabe des Warenzeichens zu verzichten ist. Mit dieser Regelung wollte der Gesetzgeber dem Mißbrauch von Phase-IV-Prüfungen zu Werbezwecken begegnen. Bei der Anwendungsbeobachtung dagegen sind die Arzneimittel vom Arzt zu verordnen und damit von den Krankenkassen zu bezahlen, eingesetzt wird also normale Apothekenhandelsware.

Während die herkömmliche „Feldstudie" der Phase IV beim niedergelassenen Arzt vorwiegend einem Marketinginteresse diente, nämlich der Absatzförderung durch breite, rasche Penetration des Warenzeichens in das Verschreibungsverhalten der Ärzte, macht die Anwendungsbeobachtung zu ihrer Legitimation einen Wechsel des ethischen Paradigmas erforderlich. Sie legitimiert sich durch das Bemühen um *Arzneimittelsicherheit*. Arzneimittelsicherheit ist jedoch mehr als die bloße Abwesenheit von Risiken. Gemeint ist der therapeutische Nutzen, also das Verhältnis von Nutzen und Risiko eines Pharmakons in einer bestimmten therapeutischen Situation. Somit repräsentiert Arzneimittelsicherheit ein gemischtes ethisches Prinzip aus den Bestandteilen der Gesundheits- und Wohlbefindensfürsorge sowie der den Umständen nach bestmöglichen Schadensverhütung. Wenn man den Autoren folgt, die das Unschädlichkeitsprinzip als integralen Bestandteil des Fürsorgeprinzips auffassen, läßt sich die Anwendungsbeobachtung durch ein einziges ethisches Prinzip rechtfertigen. Pharmakotherapeutischer Bedarf sowie die Fähigkeit zur Innovation mit dem Ziel der späteren gewinnbringenden Vermarktung bestimmen bei den Studien zum Wirksamkeitsnachweis die Handlung des pharmazeutischen Unternehmers. Bedarf und Innovationsfähigkeit dienen als Legitimation bei der Bestimmung von Forschungszielen für eine rationale Arzneimittelforschung. Arzneimittelsicherheit nach der Markteinführung ist dagegen ein gemeinsames Interesse der Ärzteschaft, der pharmazeutischen Industrie sowie der Aufsichtsbehörden und dient zuallererst der Gesamtheit der betroffenen Patienten. Dem trägt bei der Anwendungsbeobachtung auch die andersartige Verteilung der finanziellen Lasten Rechnung. Der pharmazeutische Unternehmer vergütet dem Arzt lediglich den Organisations- und Dokumentationsaufwand. Über das übliche Maß hinausgehende Mehrleistungen sollen nicht erbracht werden. Mit der Vergütung des Aufwandes geht die zum Datenschutz anonymisierte Dokumentation in den Besitz des pharmazeutischen Unternehmers über. Er gelangt damit zu Datensätzen, die aus pharmakoepidemiologischer Sicht die bestmögliche Approximation an die Bedingungen der alltäglichen Praxis darstellen und deshalb für die Bewertung des therapeutischen Nutzens von unermeßlichem Wert sind. Zusammen mit den Erkenntnissen aus den verschiedenen Spontanerfassungssystemen unerwünschter Arzneimittelwirkungen bilden sie die Grundlage für eine verantwortungsbewußte Sicherheitspolitik eines Pharmaunternehmens.

Bei der Anwendungsbeobachtung trägt die Pharmaindustrie nicht die Kosten für die Arzneimittel, vielmehr müssen diese zu Lasten der Krankenversicherungen verordnet werden. Ein Mehrumsatz entsteht dem Arzneimittelunternehmer aus der Anwendungsbeobachtung jedoch nicht, denn der Arzt folgt seinen normalen Therapie- und Verschreibungsgewohnheiten. Er soll nur die Patienten in die Anwendungsbeobachtung eines Arzneimittels einbeziehen, die er auch sonst mit diesem Präparat behandelt hätte. Damit trägt dieser Typ der Beobachtungsstudie auch aus verteilungsethischer Sicht dem andersartigen Paradigma Rechnung. Arzneimittelsicherheit ist aufwendig; denn sie ist kein absolutes Faktum, kein Tatbestand, sondern das Ergebnis einer mit dem Stand der empirischen Erkenntnis fortschreitenden Güterabwägung, eine punktuelle Einschätzung also, die nur durch enge Zusammenarbeit aller am Arzneimittelwesen beteiligten Partner erreicht werden kann. Für das Instrument der Anwendungsbeobachtung erscheinen die Kosten gerecht verteilt (Wagner 1991a).

Zweiter Exkurs: Teleologische Reduktion

Die Methode der teleologischen Reduktion zielt darauf ab, eine nach ihrem Wortlaut zu weit gefaßte Norm auf den ihr eigentlich zukommenden Anwendungsbereich zurückzuführen. Ein anschauliches Beispiel ist die Problematik der klinischen Prüfung von Antiaggressiva.

Bei depressiven wie auch nichtdepressiven suizidalen Patienten, bei Brandstiftern, bei Gewaltverbrechern, bei Patienten mit Schizophrenie, mit Alkoholkrankheit und bei verschiedenen Persönlichkeitsstörungen wurden niedrige Konzentrationen des Serotoninmetaboliten 5-Hydroxyindolessigsäure (5-HIAA) im Liquor nachgewiesen. Gleichzeitig deutet vieles darauf hin, daß Aggression, Depression, Angst und impulsives Verhalten oft miteinander verbunden sind. Diese nosologische Unspezifität legte es nahe, die funktionelle Psychopathologie zu einer funktionellen Psychopharmakologie weiterzuentwickeln (van Praag 1988). Demnach wäre der Einsatz eines spezifisch auf das Serotoninsystem wirkenden Antiaggressivums unabhängig von der nosologischen Grunderkrankung immer dann angezeigt, wenn pathologisch-destruktives Verhalten das Krankheitsbild bestimmt. In der klinischen Psychiatrie treten Aggressionen häufig bei Patienten mit mentaler Retardierung, mit Altersdemenz sowie mit chronischer Schizophrenie auf. Viele dieser Menschen befinden sich auf behördliche oder richterliche Anordnung in Verwahrung.

Eine wirksame antiaggressive Pharmakotherapie würde durch den Wegfall von Zwangsmaßnahmen die Lebensqualität solcher Patienten erheblich verbessern. Durch die Erforschung der verschiedenen Subtypen des Serotonin-(5HT-)Rezeptors bahnen sich derzeit besonders interessante Entwicklungen an. Es gelang, Substanzen zu entwickeln, die spezifisch agonistisch oder antagonistisch auf 5-HT_{1A}-,5HT_{1B}- und 5-HT_2-Rezeptoren einwirken. Einige Vertreter dieser Substanzgruppe führen in allen gängigen Aggressionsmodellen zu einer spezifischen Abnahme des aggressiven Verhaltens, ohne sedierende Nebenwirkungen und bei erhaltenen sozialen Interaktionsmustern. Die zum Nachweis der Wirksamkeit, Sicherheit und Verträglichkeit dieser vielversprechenden Substanzen erforderlichen klinischen Prüfungen sind jedoch nicht überall möglich. So schreibt das deutsche Arzneimittelgesetz vor, daß die klinische Prüfung nur dann erfolgen darf, „wenn und solange die Person, bei der sie durchgeführt werden soll, nicht auf gerichtliche oder behördliche Anordnung in einer Anstalt verwahrt ist". Die absolut gehaltene Ausnahmenorm bedarf nach vorherrschender Rechtsauffassung der Einschränkung (Deutsch 1990, unveröffentlichtes Rechtsgutachten). Der Gesetzgeber beabsichtigte mit seinem Verbot einen maximalen Schutz des häufig in seiner Selbstbestimmung eingeschränkten, zwangsverwahrten Patienten vor dem Mißbrauch für Forschungszwecke; er kann aber nicht dieser Personengruppe gegenüber die Vorenthaltung einer wirksamen antiaggressiven Therapie, die der Restitution der Autonomiefähigkeit und somit der Menschenwürde der Betroffenen dient, beabsichtigt haben. Ziel einer wirksamen Therapie mit Antiaggressiva wäre ja gerade, durch Ausschaltung des Fremd- und Selbstgefährdungspotentials die Zwangsmaßnahmen überflüssig zu machen.

Die *teleologische Reduktion* ist eine Methode richterlicher Rechtsanwendung, die darauf abzielt, eine nach ihrem Wortlaut zu weit gefaßte Norm auf den ihr nach dem Regelungszweck oder dem Sinnzusammenhang des Gesetzes zukommenden Anwendungsbereich zurückzuführen. Da der Sinn und Zweck eines Gesetzes höher stehen als dessen Wortlaut, kann ein generell formuliertes gesetzliches Verbot nicht durchgreifen, wenn die Anwendung der Norm – aufgrund der in bestimmten Fällen vorliegenden besonderen Umstände – ihrem Zweck widerspricht. Eine teleologische Reduktion ist nur zulässig, wenn kein Reduktionsverbot besteht und wenn Möglichkeiten der rechtlichen Auslegung der einzuschränkenden Norm fehlen. Dies trifft im Falle des Verbots der klinischen Prüfung bei anstaltlich verwahrten Patienten zu: das Verbot ist eindeutig und absolut. Die durch teleologische Reduktion ethisch und rechtlich legitimierte klinische Prüfung als Heilversuch bei dieser Personengruppe setzt den Informed consent des Patienten voraus. Sofern er einwilligungsfähig ist, müssen sowohl er als auch der gesetzliche Vertreter bzw. Betreuer zustimmen. Soweit er einwilligungsunfähig ist, kann sein gesetzlicher Vertreter oder Betreuer, evtl. mit Zustimmung des Vormundschaftsgerichtes, die Einwilligung erteilen. Da die natürliche Einwilligungsfähigkeit nach Krankheitsbildern und mit dem Verlauf der Erkrankung variiert, sind während des gesamten Verlaufs der klinischen Prüfung ständige studienbegleitende Güterabwägungen vorzusehen. Ausnahmsweise darf die Zustimmung im Sinne einer „antizipierten Einwilligung" auch vorweg erteilt werden, für den Fall einer etwaigen späteren Einwilligungsunfähigkeit (Deutsch 1990, unveröffentlichtes Rechtsgutachten). Solche klinischen Prüfungen erfordern einen hohen logistischen Aufwand sowie eine enorme Motivation und Compliance aller beteiligten Partner. Ob sie in der Praxis durchführbar sein werden, ist im Augenblick nur schwer zu beurteilen.

Informed Consent

Bezeichnung

„Informed consent" ist eine unglückliche Bezeichnung. Sie wird meist „informierte Einwilligung" oder „freie Einwilligung nach Aufkärung" übersetzt. Gemeint ist aber die *„einsichtige Einwilligung"*. Einsicht ist eine aktive kognitiv-mentale Leistung des Probanden oder Patienten, sie setzt Verständnis voraus. Wissen allein muß weder mit Verständnis noch mit Einsicht verbunden sein. Die Vermittlung von Informationen erfüllt den Anspruch des „Informed consent" nicht. Sie müssen aufgenommen, verstanden und verarbeitet werden, so daß die Einsicht resultiert, die Teilnahme an der Studie sei die richtige Entscheidung im Rahmen des persönlichen Lebensgefüges. Erst diese Einsicht kann eine freie Willensentscheidung begründen. Ein Aufklärungsformblatt vermittelt nur Wissen, und die Unterschrift auf einer Einwilligungserklärung läßt offen, ob das Wissen verstanden worden ist. Sie befriedigt den formaljuristischen, jedoch nicht den ethischen Anspruch an den Informed consent. Nicht die Unterschrift des Patienten oder Probanden, sondern der den Aufklärungsdialog leitende Arzt gewährleistet eine valide Einwilligungserklärung. Aus ethischer (nicht aber aus juristischer) Sicht ideal ist die Methode der „Selbstbestimmungsaufklärung" (Kleinsorge u. Steichele 1981), bei der die Versuchsperson den Aufklärungsumfang mitbestimmt.

Aufklärung, Verständnis und Einsicht

Sowohl Aufklärung als auch Einwilligung sind in der klinischen Pharmakologie problematische Kriterien. Besondere Schwierigkeiten stellen sich dabei in der klinischen Psychopharmakologie. Auf der einen Seite besteht ein psychiatriespezifisches Methodenproblem darin, daß die therapeutische Wirkung mehr als in anderen medizinischen Disziplinen an die Person sowohl des Therapeuten als auch des Patienten gebunden ist (Helmchen u. Müller-Oerlinghausen 1975). Auf der anderen Seite ist bei vielen psychiatrischen Patienten, etwa mit deliranten oder dementiellen Zuständen, mit starker Angst oder Erregung, Aggressivität, Suizidalität oder Abhängigkeit von einer Einschränkung des Verständnisses und der Einsichtsfähigkeit auszugehen. Zudem kann die Belastbarkeit des psychiatrischen Patienten begrenzt sein. So erscheint es unethisch, bei Angstpatienten im Rahmen von Anxiolytikaprüfungen die Angst durch ausführliche Aufklärung über Risiken zu steigern oder eine Einwilligung von Patienten mit gehemmter Depression erlangen zu wollen, mit der Gefahr, Schuldgefühle auszulösen oder zu steigern (Helmchen 1982; Loftus u. Fries 1979). Die Berücksichtigung solcher Überlegungen in Form eines Verzichts auf die Aufklärung mag im Einzelfall notwendig sein; das Arzneimittelgesetz gestattet in besonders schweren Fällen den Verzicht auf Aufklärung und Einwilligung, wenn dadurch der Behandlungserfolg gefährdet würde und ein entgegenstehender Wille des Kranken nicht erkennbar ist. In der Rechtsprechung wird ein generelles „therapeutisches Privileg" abgelehnt. Danach kann in Ausnahmefällen der Aufklärungsumfang zwar eingeschränkt werden, die Aufklärungspflicht entfällt jedoch keineswegs gänzlich. Eine Beunruhigung oder eine depressive Beeinträchtigung der Gemütslage durch das Aufklärungsgepräch reicht als Begründung nicht aus. Vielmehr muß die Gefahr einer erheblichen Beeinträchtigung der Gesundheit, der Psyche oder des Heilerfolges bestehen, um das „therapeutische Privileg" zu begründen (Ehlers 1987). Die Beurteilung ist für jeden Patienten gesondert vorzunehmen und zu dokumentieren.

Allgemeingültige Empfehlungen für die Aufklärung vor klinisch-pharmakologischen Untersuchungen sind wegen der Verschiedenheit der einzelnen Personen und Fragestellungen nicht sinnvoll; einige Hinweise zur Art der Aufklärung erscheinen jedoch wichtig. In einer Studie an gesunden Probanden konnte gezeigt werden, daß kurze und präzise Angaben besser verstanden werden und die Bereitschaft zur Mitarbeit erhöhen (Epstein u. Lasagna 1969). Eine Überfrachtung mit Informationen ist zu vermeiden. Die von Weißauer (1980) für die Chirurgie und Anästhesie empfohlene *Stufenaufklärung* stellt auch für die klinische Pharmakologie ein interessantes Modell dar. Ärztliche Aufklärung wird nicht als Totalaufklärung, sondern als Selektion von Fakten verstanden, die für eine verständige Person von Bedeutung sind. Als 1. Stufe erhält der Patient oder Proband in einem kurz gefaßten Merkblatt in laienverständlicher Sprache alle Informationen über die geplante Untersuchung und deren Risiken, die nach ärztlicher Erfahrung für ihn von Bedeutung sind. Das Merkblatt weist darauf hin, daß als 2. Stufe ein Aufklärungsgespräch folgt, das der individuellen Aufklärung dienen soll und in dem die Gelegenheit besteht, alle persönlich interessierenden Fragen zu stellen, die im Merkblatt nicht aufgeführt sind, etwa die Frage nach den seltenen Risiken. Ziel der Stufenaufklärung ist, dem Patienten oder Probanden im Sinne einer „Selbstbestimmungsaufklärung" zu ermöglichen, den Umfang der Aufklärung entscheidend mitzubestimmen. Er soll alles erfahren, was er wissen will; er soll aber nicht zur forensischen Absicherung mit Fakten konfrontiert werden, die ihm bei seiner Entscheidungsfindung nicht weiterhelfen (Weißauer 1980; Herrmann u. Wagner 1984). Wichtig ist schließlich, dem Patienten oder Probanden genügend Überlegungszeit einzuräumen. In Rechtsprechung und Literatur werden Überlegungsfristen von 1–3 Tagen gefordert (Ehlers 1987).

Vertrauen

Die einsichtige Einwilligung setzt die Bereitschaft zum einfühlsamen Gespräch voraus. Das dadurch begründete Vertrauen auf die Integrität, Fachkompetenz und das Fürsorgeangebot des Arztes ist der Kernpunkt für die Zustimmung, an einer klinischen Prüfung teilzunehmen. Über die Vermittlung pharmakologischer Fakten hinaus muß der Arzt seine Emotionalität und Affektivität als Instrumente der Empathie und Intuition in das Aufklärungsgespräch einbringen, das Moment der „Leidenschaft". Ernesto Grassi, der große Vertreter und Verteidiger einer humanistischen Philosophie, beklagt das schmerzhafte Fehlen dieses Moments in den traditionellen abendländischen Geisteswissenschaften. Diese gingen vom Problem der logisch-rationalen Bestimmung des Seienden und damit vom Vorrang des rationalen Ausdrucks aus. „Die leidenschaftlichen Weisungen der Sinne also – innerhalb der Grenzen von Lust und Schmerz – sind der *ursprüngliche Ausgangspunkt* jeder unserer Reflektionen, und nicht das *Seiende*, das durch den rationalen Prozeß abstrahiert wird. Das Sichbekunden unserer Sinneserfahrung ist *organisch* und nicht *mechanisch, kausal*" (Grassi 1991). Der Übergang von einer „aseptischen" zu einer „organischen" Philosophie würde mechanistische Auffassungen mit der Folge einer rationalen Abwägung materialisierter Güter zu Gunsten anthropologischer Sichtweisen zurückdrängen. Nützlichkeitserwägungen bei der Folgenabschätzung von Handlungsentscheidungen und bei Beurteilungen der „Lebensqualität" könnten durch humanistisches Gedankengut ersetzt werden und der Konstitution der Arzt-Patient-Beziehung als „akzeptierte Abhängigkeit" entgegenwirken.

Viele Patienten sind auch durch die Aufführung aller nur denkbaren Risiken nicht davon abzuschrecken, an Untersuchungen teilzunehmen, und sie begründen dies mit dem Vertrauensverhältnis zum Prüfungsleiter (Rickels 1978). Dies belegt auch ein klassisches Experiment der Sozialpsychologie. Mitte der 60er Jahre wurde Probanden der Befehl erteilt, ihre Hände in eine Kiste zu halten, in der sich Schlangen befänden. Alle Versuchspersonen hielten die Hände in die Kiste. Nach ihren Motiven befragt, gaben sie an, daß sie sicher waren, daß ihnen nichts passieren könnte, da das Forschungsprojekt von kompetenten Wissenschaftlern geleitet würde (Orne u. Evans 1965).

Anspruch und Wirklichkeit

Die Methode des Informed consent wird vorrangig mit der Förderung individueller Selbstbestimmung und dem Schutz des Probanden oder Patienten begründet. Weitere wichtige Aufgaben sind das Vermeiden von Betrug und Zwang, die Ermutigung des Arztes zu größtmöglicher Gewissenhaftigkeit, die Förderung rationaler Entscheidungen und die Einbeziehung der Öffentlichkeit, indem Autonomie als grundlegender sozialer Wert betont und die biomedizinische Forschung kontrolliert werden (Capron 1974). Der Anspruch läßt sich nur erfüllen, wenn die im Rahmen der Aufklärung vermittelten Informationen verstanden und wenigstens für die Dauer der Untersuchung erinnert werden. Sind diese Bedingungen nicht erfüllt, ist die Gültigkeit der Einwilligungserklärung aus ethischer, aber auch aus rechtlicher Sicht anzuzweifeln. Retrospektive Überprüfungen dieser Kriterien haben ernüchternde Ergebnisse zu Tage gefördert. Im Rahmen der Studie „Patientenaufklärung in Deutschland" wurde die Effizienz von 108 präoperativen Aufklärungen anhand eines umfangreichen Erhebungsbogens analysiert. Das Wissen der Patienten entsprach bereits 4 h nach dem Aufklärungsgespräch in keinem einzigen Fall den Anforderungen der Rechtsprechung an eine wirksame Einwilligung. Dabei wurden nur 7% des erreichten Wissens durch die Aufklärungstechnik bestimmt. Bei Hinzunahme der unveränderlichen patientenspezifischen Merkmale wie Intelligenz und Ausbildung konnten 15% erklärt werden. Der Autor folgert, der Arzt habe keinerlei Möglichkeiten, selbst bei „idealer" Aufklärung, dem Patienten ein Wissen zu vermitteln, das ausreicht, die Einwilligung im Sinne der Rechtsprechung wirksam werden zu lassen (Ehlers 1987). Eine Vergleichsstudie zwischen Normal- und Idealaufklärung kam zu ähnlich besorgniserregenden Ergebnissen. Unabhängig vom Inhalt der Aufklärung und von der Zeitspanne zwischen Aufklärung und Befragung hatten die Patienten meist mehr als die Hälfte der erhaltenen Informationen in kürzester Zeit vergessen. Die „ideal" aufgeklärten Patienten konnten 3 Tage nach dem Eingriff 45%, die in der „üblichen" Form aufgeklärten Patienten nur 27% der vermittelten Informationen wiedergeben (Kraft 1985). Auch diese Untersuchung zeigt den begrenzten Einfluß der Aufklärungstechnik.

Die Repräsentativität dieser Ergebnisse für die Situation der klinischen Prüfung mag bezweifelt werden. Die Auswertung der kontrollierten Prüfung eines Antirheumatikums weist jedoch in die gleiche Richtung. Nach 6 Wochen konnten sich zwei Drittel der Patienten nicht mehr erinnern, ob und über welche Risiken sie aufgeklärt worden waren. Sogar die Gefahr des Auftretens von Magengeschwüren hatten sie vergessen. Einige wenige dieser Patienten, die vorwiegend der oberen Mittelklasse angehörten, glaubten, sich zu erinnern, daß ihnen die Untersuchung helfen würde, und sie waren stolz auf das Opfer, das sie gebracht hatten (Hassar u. Weintraub 1976).

Da gesicherte empirische Forschungsergebnisse fehlen, kann nur spekuliert werden, wie sich diese Defizite erklären. Die Phänomene der *selektiven Informationsaufnahme* sowie der bewußten und unbewußten *Verdrängung* unangenehmer Fakten bedürften vorrangig

einer systematischen Untersuchung. Eine naheliegende Einflußgröße
stellt die *Motivation* zur Teilnahme an einer klinischen Prüfung dar.
Eine gute Tradition größerer Pharmakonzerne ist, die Phase-I-Prüfung an Mitarbeitern des Unternehmens durchzuführen. In diesem
Falle, sowie bei universitären Projekten mit Studenten im Rahmen
ihrer Dissertationsarbeiten, dürften Solidarität und wissenschaftliches Interesse ausschlaggebend sein. In kommerziellen Prüfinstitu-
tionen wird bei der Mehrzahl der gesunden Probanden das Honorar
der motivierende Faktor sein, getragen vom Vertrauen auf die Unschädlichkeit der Prüfmedikation. Der Patient gründet seine Entscheidung zur Teilnahme an einer Therapiestudie jedoch auf den
potentiellen therapeutischen Nutzen, die relative Unschädlichkeit
sowie die Solidarität mit dem behandelnden Arzt, die ein solides
Vertrauensverhältnis voraussetzt. Unterschiedliche Auswirkungen
auf die Risikobereitschaft und damit den Aufklärungsbedarf sind
anzunehmen. Zu klären wäre auch, ob die Defizite den Wunsch der
Patienten nach einer Begrenzung der Aufklärungsinhalte wiederspiegeln und somit Ausdruck der (ethisch zu fordernden) Selbstbestimmung des Aufklärungsumfanges sind.

Die Forderung einer generellen „Totalaufklärung" ist als praxis-
fremde Norm mit dem Selbstbestimmungsrecht des Patienten un-
vereinbar. Sie charakterisiert einen „unheilvollen Weg in die defensive Medizin" (Wachsmuth u. Schreiber 1981). Der Konflikt zwischen Ethik und Recht belastet die klinische Forschung. Ob er, wie
verschiedentlich vorgeschlagen, durch eine Einschränkung der Aufklärungspflicht gelöst werden kann und ob eine solche juristisch
möglich ist, bleibt offen. Der klinische Forscher muß einstweilen
diese Kluft zwischen Anspruch und Wirklichkeit mit ärztlicher Verantwortung überbrücken.

Dritter Exkurs: Beziehungsmodelle

Art und Ausgestaltung einer zwischenmenschlichen Beziehung sind
entscheidende Faktoren für das Erreichen gemeinsamer Ziele sowie
für die Bewältigung von Konflikten. So hängt das Funktionieren
einer Familie davon ab, ob sie nach dem Modell der Institution, nach
dem Modell des Bündnisses, nach dem Modell der Partnerschaft

oder nach einem Modell mit dem Ziel der Verschmelzung gestaltet wird (Ritschl u. Luban-Plozza 1987). Auch die Beziehung zwischen Arzt und Patient ist in letzter Zeit verstärkt in den Vordergrund des Interesses gerückt. Innerhalb dieses Kommunikations- und Beziehungsrahmens entfaltet sich die ärztliche Ethik. Drei Beziehungsmodelle haben in ihrem klinischen Bezug als medizinische Realität das paternalistisch geprägte Arzt-Patient-Verhältnis früherer Generationen mit seiner vertrauensvollen Unterordnung des Patienten abgelöst: das hippokratische Modell, das Vertragsmodell und das Partnerschaftsmodell. Jede dieser Grundformen wird als situationsbezogener Kommunikationsrahmen verstanden, innerhalb dessen sich das individuelle Arzt-Patient-Verhältnis in seiner Einmaligkeit entwickelt. Dabei sind sowohl Mischformen als auch Übergänge in andere Modelle möglich. Vergleichende ethische Wertungen werden vermieden, da jedes der 3 Modelle unter bestimmten Umständen anzutreffen und diesen angemessen ist, jedes kann jedoch unter anderen Voraussetzungen unangemessen sein (Wolff 1989). Diese Beziehungsmodelle, ergänzt durch das nachhippokratische Modell eines „gemäßigten Paternalismus", wurden kürzlich auf die klinische Pharmakologie angewandt, um ihre wichtige Rolle bei der ethischen Konfliktreduktion zu verdeutlichen (Wagner 1990a, 1991b).

Die Beziehung zwischen Arzt und Patient ist ein Musterbeispiel für eine Dyade, die durch einen in ungeteilter Verantwortung handelnden und einen von dessen Handeln existentiell Betroffenen konstituiert wird. Ärztliches Handeln habe sich, in seinem Kernbereich von Institutionen unbeeinflußt, zu einem fast archetypischen Musterbild *natürlichen Handelns* entwickelt: „Der Handelnde trägt die ungeteilte Verantwortung für sein Tun, da er als Handelnder in keine Institution eingebunden ist, sondern nur auf die in seiner Profession verbindlichen Kunstregeln und auf die sittlichen Normen verpflichtet ist; er führt Handlungen aus, die mitsamt ihren Folgen im strengen Sinne irreversibel sind; er handelt stets unter Risiko, weil er trotz aller Bemühungen die Randbedingungen seines Handels niemals ganz durchschauen kann; er ist niemals ohne Einschränkung Herr der Situation, weil er den Erfolg seiner Tätigkeit immer nur intendieren, aber niemals garantieren kann (Wieland 1989). Auf die gewaltigen institutionellen Herausforderungen dieses „reinen" Handlungsstrukturtyps im Bereich der klinischen Forschung wird später noch hinzuweisen sein.

Die Beziehung zwischen Arzt und Versuchsperson ist für das zuverlässige Einhalten der Regeln des Prüfprotokolls und die Konfliktreduktion im Rahmen klinischer Prüfungen von grundlegender Bedeutung. Die menschliche Interaktion wird damit zum Fundament für den Erfolg oder Mißerfolg des Forschungsvorhabens. Für die zeitliche und inhaltlich definierte Situation der klinischen Prüfung sind als Kommunikationsrahmen 4 Beziehungsmodelle vorstellbar, wobei Mischformen zwischen verschiedenen Modellen und fließende Übergänge im Studienverlauf vorkommen.

1) Das hippokratische Modell: Das hippokratische Modell kann als reiner Paternalismus mit dem ethischen Leitprinzip der Fürsorge („beneficence") charakterisiert werden. Der Proband oder Patient vertraut sich dem Arzt passiv an und überläßt diesem alle wichtigen Abwägungen und Entscheidungen. Der Grundgedanke des Informed consent ist mit diesem Modell nicht kompatibel. Deshalb erscheint es für die klinische Forschung prinzipiell ungeeignet. Eine theoretische Ausnahme ist der vollständige Aufklärungsverzicht durch die Versuchsperson, eine praktische Ausnahme die Inanspruchnahme des „therapeutischen Privilegs" durch den ärztlichen Prüfungsleiter.

2) Das Vertragsmodell: Beim Vertragsmodell treten Forscher und Versuchsperson im Sinne eines Dienstleistungsabkommens zueinander in Beziehung. Interessen und Pflichten beider Parteien werden in einer Abmachung geregelt; die volle Autonomie der Versuchsperson ist Vertragsbestandteil. In der Phase-I-Prüfung am gesunden Probanden dürfte dieses Modell häufig vorkommen, besonders dann, wenn die Aufwandsentschädigung den hauptsächlichen Motivationsfaktor zur Teilnahme an einer Studie darstellt. Bestimmen Solidarität oder wissenschaftliches Interesse die Motivation des Probanden, sind Übergänge zum Partnerschaftsmodell möglich.

3) Das Partnerschaftsmodell: Beim Partnerschaftsmodell versteht sich der Forscher als fachlich und ethisch kompetenter Berater, die Versuchsperson als aktiver, selbstverantwortlicher Mitarbeiter. Im Mittelpunkt der Beziehung steht die gemeinsame Verantwortung für das Erreichen der Studienziele. Wegen seiner Konsensorientierung und der sich daraus ergebenden *Compliance* des Patienten stellt das Partnerschaftsmodell eine ideale Beziehungsform für die klinische Forschung dar. In der Praxis wird es nur erreichbar sein, wenn die

Fähigkeit und der Wille zur intensiven Kommunikation vorhanden sind und die Wertvorstellungen von Arzt und Versuchsperson in Einklang zu bringen sind. Beispiele sind langfristige klinisch-pharmakologische Maßnahmen mit Einnahmenotwendigkeit in beschwerdefreien Intervallen.

4) Das Modell des gemäßigten Paternalismus: Im Rahmen der Bemühung, Fürsorge als zentrales Prinzip einer Ethik für die Heilberufe zu restaurieren, wurde das nachhippokratische Modell eines „gemäßigten Paternalismus" vorgestellt (Pellegrino u. Thomasma 1988). Das Wohl des Patienten solle ärztliche Handlungsmaxime sein. Fürsorge sei jedoch so zu interpretieren, daß sie die Selbstbestimmung des Patienten nicht ausschließe. Auf die Situation des gesunden Probanden in der Phase I ist dieses Beziehungsmodells wegen des Fehlens eines therapeutischen Nutzens nicht anwendbar. Im gesamten Bereich der klinischen Prüfung am Patienten entspricht es jedoch in erstaunlichem Ausmaß der praktischen Wirklichkeit.

Vielleicht besteht die ärztliche Kunst in der klinischen Pharmakologie nicht zuletzt darin, die verschiedenen Modelle der Beziehung und deren Mischformen so einzusetzen und zu gestalten, daß sie dem jeweiligen Patienten oder Probanden als Individuum in seiner subjektiven Wirklichkeit gerecht werden.

Institutionalisierung und Verantwortung

Die klinische Pharmakologie sieht sich einer zunehmenden institutionellen Überformung ausgesetzt. Deklarationen, nationale, EG- und FDA-Richtlinien, Guidelines, Konsensusprotokolle, Bestimmungen der Krankenhausträger, klinikinterne Erlasse sowie eine Vielzahl von Formularen seien als Komponenten genannt. Formalisierung begünstigt jedoch Uniformierung: Verfolgt werden Standardprotokolle und Standardstrategien; die Erfindungsfähigkeit, das ontische Element, durch Öffnung des Geistes neue Horizonte zu erschließen, wird zurückgedrängt. Dies behindert den Fortschritt. Von dem Bemühen um formaljuristische Absicherung und dem Vermeiden rechtlicher Sanktionen getragen, sind vereinzelt Stimmen einer „Antiethik" zu hören, die in der Meinung gipfeln, ethische Abwägungen seien überflüssig, da man bei der Befolgung von Gesetzen und Richtlinien immer auf der sicheren Seite sei. Eine solche Position verkennt die vielschichtige Einmaligkeit eines jeden einzelnen Falles, den „kontextualen Problemzusammenhang" (Thomasma 1984), dem festgeschriebene Regelungen niemals in voller Breite gerecht werden können.

Immer wieder kommt es vor, daß Richtlinien für die klinische Prüfung in speziellen Indikationen, wie es in letzter Zeit im Rahmen europäischer „Konsensuskonferenzen" versucht wird, praktisch undurchführbare Studienanforderungen enthalten. Solche Empfehlungen dienen keinem der Beteiligten. Sie tragen durch ihren Einfluß auf die Zulassungspraxis der Bundesoberbehörden allenfalls zur ethischen Konfliktverschärfung bei und begünstigen den „Forschungstourismus": das Ausweichen mit bestimmten Studien in Länder mit liberaleren Rahmenbedingungen, um die Ergebnisse dann auch in den „harten" Ländern vorlegen zu können. Diese Situationen erinnern an das ethische Gebot der Einheit von Denken, Reden und Handeln. Pellegrino u. Thomasma (1988) haben es in ihr ärztliches Gelöbnis für die nachhippokratische Aera aufgenommen:

„To practice what I preach, teach and believe and, thus, to embody the foregoing principles in my professional life."

Sicher sind das Arzneimittelgesetz und ein gewisses Maß an institutionellen Vorschriften wichtig, um zu gewährleisten, daß einheitlich und mit Verantwortung gehandelt werden kann. Die Einzigartigkeit und Besonderheit der äußeren und inneren Wirklichkeit eines jeden Patienten bringt jedoch einen beachtlichen Anteil ungeregelter und jenseits der Regelungen liegender Komponenten mit sich. Diese durch Rückzug auf Regelwerke zu vernachlässigen, beraubt den Patienten seiner Individualität, macht seine Hoffnung zunichte, der Arzt werde zuallererst im besten Interesse und zum Wohle eines jeden Betroffenen handeln, beschädigt die Vertrauensbasis, degradiert den Patienten zu einer Nummer unter anderen im Prüfprotokoll, weist ihm die Rolle einer Figur im Schachspiel der zwangsläufig reduktionistischen Prüfmethoden zu und beschädigt seine Würde, wenngleich seine Persönlichkeitsrechte formal gewahrt sind.

Aus genau diesem Grunde sollten wir nicht zulassen, daß die ständig wachsende Institutionalisierung das Prinzip der persönlichen ärztlichen Verantwortung im Bereich der klinischen Pharmakologie mehr und mehr in den Hintergrund drängt. Ärztliches Handeln entspricht ohnehin in vielen Bereichen längst nicht mehr dem Strukturtyp natürlichen Handelns. Und schließlich ist es das Verantwortungsprinzip, das – aufgefaßt als unteilbare fachliche und menschliche Verpflichtung gegenüber dem Kranken in seiner subjektiven Wirklichkeit und Wertewelt – vom Arzt die integrale Einbringung seiner kognitiven, intuitiven, emotionalen und affektiven Fähigkeiten verlangt und damit die „ärztliche Kunst" begründet. Wenngleich dieser Begriff heute in den Augen vieler etwas Altmodisches an sich hat, wenngleich er sich einer operationalen Analyse weit mehr entzieht als die mittleren ethischen Prinzipien, und wenngleich wir nicht mit letzter Sicherheit voraussagen können, ob es ausreichen wird, der institutionellen Überformung ein offensives Verantwortungsprinzip entgegenzustellen, so sollten wir dennoch mit Nachdruck für dieses traditionsreiche hohe Gut des Arztberufes eintreten. Nicht nur in der klinischen Pharmakologie fängt die Kunst dort an, wo Macht und Ohnmacht der Regelwerke enden.

Literatur

Appelbaum PS, Roth L (1982) Competency to consent to research: A psychiatric overview. Arch Gen Psychiatry 39:951–958

Appelbaum PS, Mirkin SA, Bateman AL (1981) Empirical assessment of competency to consent to psychiatric hospitalization. Am J Psychiatry 138:1170–1776

Appelbaum PS, Lidz CW, Meisel A (1987) Informed consent: Legal theory and clinical practice, chap. 5. Oxford University Press, New York Oxford

Baier H (1988) Das Arzneimittel in der sozialen Kommunikation zwischen Arzt, Apotheker und Verbraucher. In: Baier H (Hrsg) Arzneimittel im sozialen Wandel. Springer, Berlin Heidelberg New York Tokyo, S 63–75

Beauchamp TL, Childress JF (1989) Principles of Biomedical Ethics, 3rd Edi. Oxford University Press, New York Oxford, pp 67–119

Beecher HK (1955) The powerful placebo. J Am Med Assoc 176:1102–1107

Bull JP (1959) The historical development of clinical therapeutic trials. J Chron Dis 10:221–248

Byington RP, Curb D, Mattson ME (1985) Assessment of doubleblindness at the conclusion of the β-blocker heart attack trial. J Am Med Assoc 253:1733–1736

Capron A (1974) Informed consent in catastrophic disease and treatment. Univ Pennsylv Law Rev 123:364–376

CIPS (Collegium Internationale Psychiatriae Scalarum, Hrsg) (1986) Internationale Skalen für Psychiatrie. Beltz Test, Weinheim

Dettli L (1984) Therapeutische Urteilsbildung. In: Kuemmerle H–P (Hrsg) Klinische Pharmakologie, Bd II–1.2. ecomed, Landsberg, S 1–3

Doongaji DR, Valhia VN, Bharucha MPE (1978) On placebos, placebo responses and placebo responders. A review of psychological, psychopharmacological and psychophysiological factors, part I and II. J Postgrad Med 23:91–147

Ehlers APF (1987) Die ärztliche Aufklärung vor medizinischen Eingriffen. Bestandsaufnahme und Kritik. Heymann, Köln Berlin Bonn München

Epstein LC, Lasagna L (1969) Obtaining informed consent. Form or substance. Arch Intern Med 123:682–688

Faden RR, Beauchamp TL (1986) A history and theory of informed consent. Oxford University Press, New York Oxford, pp 235–273

Grassi E (1991) Freuds Lustprinzip und der ursprüngliche Ausgangspunkt des Philosophierens. In: Heuser M, Schmied W (Hrsg) (1991) Gestalt – Gestaltwerdung, Gestaltzerfall. duphar med script, Sonderband, S 17–30

Hassar M, Weintraub M (1976) „Uninformed" consent and the healthy volunteer: an analysis of patient volunteers in a clinical trial of a new anti-inflammatory drug. Clin Pharmacol Ther 20:379–386

Herrmann WM, Wagner W (1984) Ethische Grundlagen und Probleme der Klinischen Pharmakologie. In: Kuemmerle HP (Hrsg) Klinische Pharmakologie, Bd I–1.4. ecomed, Landsberg, S 1–8

Heimann H (1986) Das Problem der Patientenaufklärung bei placebokontrollierten Therapieversuchen in der Psychiatrie. In: Hippius H, Überla K, Laakmann G, Hasford J (Hrsg) Das Placebo-Problem. Fischer, Stuttgart New York, S 117–123

Helmchen H, Müller-Oerlinghausen B (1975) The inherent paradox of clinical trials in psychiatry. J Med Ethics 1:167–173

Helmchen H (1982) Probleme der Therapieforschung in der Psychiatrie. Nervenarzt 53:377–384

Hölzel D, Überla KK (1984) Grundsätze der Versuchsplanung. In: Kuemmerle H-P (Hrsg) Klinische Pharmakologie, Bd II-1.2.1. ecomed, Landsberg, S 1–21

Illhardt JF (1988) Placebo und Ethik. Z Allg Med 63:279–283

Jonas H (1987) Technik, Medizin und Ethik. Zur Praxis des Prinzips Verantwortung, 1. Aufl. Suhrkamp, Frankfurt am Main, S 145

Kleinsorge H (Hrsg) (1986) Kontrollierte Arzneimittelstudien und ihre Alternativen. Fischer, Stuttgart New York, S 63–74

Kleinsorge H, Steichele C (1981) Arzneimittelinformation und Patientenaufklärung. perimed, Erlangen

Kraft P (1985) Was bleibt von der „idealen" Patientenaufklärung? Fortschr Med 15: 90–91

Kuemmerle H-P (1984) Einführung in die Grundlagen der klinisch-pharmakologischen und klinisch-therapeutischen Forschung. In: Kuemmerle H-P (Hrsg) Klinische Pharmakologie, Bd II-1.1. ecomed, Landsberg, S 1–15

Leber P (1986) The placebo control in clinical trials (a view from the FDA). Psychopharmacol Bull 22:30–32

Levine JD, Gordon NC, Fields HL (1978) The mechanism of placebo analgesia. Lancet II:654

Lilienfeld DE (1980) Foundations of Epidemiology, 2nd edn. Oxford University Press, New York Oxford

Loftus EF, Fries JF (1979) Informed consent may be hazardous to health. Science 204:11

Martini P (1932) Methodenlehre der therapeutischen Forschung. Springer, Berlin Heidelberg New York

Müller-Oerlinghausen B (1986) Anwendung von Placebo in der ärztlichen Praxis. In: Hippius H, Überla K, Laakmann G, Hasford J (Hrsg) Das Placebo-Problem. Fischer, Stuttgart, New York, S 87–92

Netter P (1986a) Vorwort zur 2. Auflage. In: CIPS (Collegium Internationale Psychiatriae Scalarum, Hrsg) Internationale Skalen für Psychiatrie. Beltz Test, Weinheim

Netter P (1986b) Systematik der am Placeboeffekt beteiligten Faktoren und Beispiele für ihre statistischen Wirkungen und Wechselwirkungen. In: Hippius H, Überla K,

Laakmann G, Hasford J (Hrsg) Das Placebo-Problem. Fischer, Stuttgart New York, S 61–75

Orne MT, Evans FJ (1965) Social control in the psychological experiment: antisocial behavior and hypnosis. J Pers Soc Psychol 1:189–200

Pellegrino W, Thomasma DC (1988) For the patient's good. The restoration of beneficence in health care. Oxford University Press, New York Oxford

Praag van HM (1988) Serotonin Disturbances in psychiatric disorders: functional versus nosological interpretation. Adv biol Psychiatry 17:52–57

Rickels K (1978) Die Bedeutung von lokalen Gutachterkommissionen (Institutional Review Boards) für den Schutz der Versuchsperson. In: Helmchen H, Müller-Oerlinghausen B (Hrsg) Psychiatrische Therapieforschung. Ethische und juristische Probleme. Springer, Berlin Heidelberg New York, S 94–112

Ritschl D, Luban-Plozza B (1987) Die Familie: Risiken und Chancen. Eine therapeutische Orientierung. Birkhäuser, Basel Boston, S 41–43

Schölmerich P (1989) Placebo. In: Eser A, Lutterotti M von, Sporken P (Hrsg) Lexikon Medizin Ethik Recht. Herder, Feiburg Basel Wien, S 812–819

Schreiber H-L (1986) Rechtliche Grenzen für die Placebo-Anwendung. In: Hippius H, Überla K, Laakmann G, Hasford J (Hrsg) Das Placebo-Problem. Fischer, Stuttgart New York, S 11–18

Sehrt U (1980) Pharmakotherapie. Unter Mitarbeit von E. Weber. MMW Medizin Verlag, München, S 113–118

Spitzy KH (1984) Das Placebophänomen. In: Kuemmerle H-P (Hrsg) Klinische Pharmakologie, Bd II–2.13. ecomed, Landsberg, S 1–8

Thomasma DC (1984) The context as a moral rule in medical ethics. J Bioethics 2:63–78

Wachsmuth W, Schreiber H-L (1981) Der unheilvolle Weg in die defensive Medizin. Arzt Krankenh 2:75–78

Wagner W (1989) Ethik, Aggression und Selbstaggression. Medizinethische Aspekte pathologisch-destruktiven Verhaltens. In: Pöldinger W, Wagner W (Hrsg) Aggression, Selbstaggression, Familie und Gesellschaft. Springer, Berlin Heidelberg New York Tokyo, S 135–164

Wagner W (1990a) Ethik-Kommissionen und die multizentrische Klinische Prüfung. In: Toellner R, Doppelfeld E (Hrsg) Jahrbuch des Arbeitskreises Medizinischer Ethik-Kommissionen in der Bundesrepublik Deutschland einschließlich Berlin-West 1989. Medizin-Ethik, Bd 2. Fischer, Stuttgart New York, S 211–219

Wagner W (1990b) Placebo. Ethische Prinzipien der kontrollierten Doppelblindprüfung. Ethik Med 2:68–78

Wagner W (1991a) Arzneimittelsicherheit in der Praxis. Das Paradigma der Anwendungsbeobachtung. Sonderbeilage Ärzteblatt Baden-Württemberg 1/91:1–3

Wagner W (1991b) Risikoabwägung in der Klinischen Pharmakologie. In: Sass H-M, Viefhues H (Hrsg) Güterabwägung in der Medizin. Springer, Berlin Heidelberg New York Tokyo, S 199–219

Wagner W, Witte R (1980) Die Rolle des niedergelassenen Arztes bei der Arzneimittelprüfung. Kontrollierte Therapiestudien in der ambulanten Praxis. Der Praktische Arzt/Arzt für Allgemeinmedizin 27:3019–3030

Wagner W, Cimander K, Schnitker J, Koch H-F (1986) Influence of concomitant psychotropic medication on the efficacy and tolerance of fluvoxamine. In: Stille G, Wagner W, Hermann WM (eds) Advances of pharmacotherapy, vol 2. Karger, Basel, pp 34–56

Weber E (1986) Vorteile des Placebo-Versuchs. In: Hippius H, Überla K, Laakmann G, Hasford J (Hrsg) Das Placebo-Problem. Fischer, Stuttgart New York, S 83–85

Weißauer W (1980) Die Problematik der ärztlichen Aufklärungspflicht. Arzt Krankenh 5:7–9

White L, Tursky B, Schwartz BE (1985) Placebo. Theory, research and mechanisms. Guilford Press, New York London, pp 431–447
Wieland W (1989) Strukturtypen ärztlichen Handelns. In: Sass H-M (Hrsg) Medizin und Ethik. Reclam, Stuttgart, S 69–95
Wolff HP (1989) Arzt und Patient. In: Sass H-M (Hrsg) Medizin und Ethik. Reclam, Stuttgart, S 185–211

Arzneimittelrecht und klinische Prüfung

Hans-Georg Koch

„Zielkonflikte" im Arzneimittelrecht

Arzneimittel sollen der Gesundheit förderlich sein. Indes gehört es heute zum Allgemeinwissen, daß die Anwendung eines Arzneimittels auch nachteilige Auswirkungen zeitigen kann, sei es infolge bestimmungswidrigen Gebrauchs, sei es, daß bereits die bestimmungsgemäße Applikation das Risiko unerwünschter Wirkungen mit sich bringt. Das Arzneimittelrecht steht damit vor der Aufgabe, der Gesundheit des einzelnen dadurch zu dienen, daß einerseits der Verbreitung „nützlicher", d.h. therapeutisch wirksamer und in ihrer Anwendung unbedenklicher Präparate keine unangemessenen Hindernisse entgegengebracht werden, andererseits dem Auftreten von Fehlgebräuchen und gesundheitsschädlichen Wirkungen ebenso wie der Vermarktung therapeutisch ineffektiver Mittel möglichst wirksam entgegengetreten wird. Diese Regelungsaufgabe hat auf allen relevanten Ebenen anzusetzen: Entwicklung, Herstellung, Vertrieb und Abgabe an den Anwender. Als Beispiel – für letzteres – seien die bekannten Vertriebsbeschränkungen genannt: Apothekenpflicht und einfache bzw. qualifizierte Verschreibungspflicht für Arzneimittel mit erhöhtem Risiko- oder Mißbrauchspotential.[1]

---

[1] Vgl. §§ 43ff. AMG; § 13 BtMG. – Zum „Risikomanagement" vgl. die Beiträge von T.A. Wagner und H. Letzel in diesem Buch.

Die „klinische Prüfung" als Element
der Arzneimittelsicherheit

Im Bestreben, unwirksame bzw. bedenkliche[2] Arzneimittel vom Markt fernzuhalten, hat der deutsche Arzneimittelgesetzgeber ein System präventiver Maßnahmen vorgesehen. Ein neues Medikament darf grundsätzlich[3] erst nach Zulassung durch die zuständige Behörde, dem Bundesgesundheitsamt mit Sitz in Berlin, in Verkehr gebracht werden. Für die Zulassung müssen u.a. „die Ergebnisse der klinischen oder sonstigen ärztlichen ... Erprobung (klinische Prüfung") vorgelegt werden (§ 22 Abs. 2 Nr. 3 AMG). Entsprechendes gilt für bereits zugelassene Arzneimittel, soweit ihre Anwendung über die bisherige Indikation hinaus erweitert werden soll oder wegen anderer tiefgreifender Änderungen eine Neuzulassung erforderlich ist.[4]

Für Nichtfachleute mag schon der Begriff *„klinische* Prüfung" zu Mißverständnissen Anlaß geben: Tatsächlich ist nicht entscheidend, daß die Prüfungen in einer „Klinik" durchgeführt werden; auch geht es nicht nur um die Erprobung am kranken Patienten, sondern auch und gerade an gesunden Versuchspersonen. Im Grunde genommen ist damit nicht mehr gemeint als die von einem Arzt durchgeführte „Anwendung eines Arzneimittels am Menschen zu dem Zweck, über den einzelnen Anwendungsfall hinaus Erkenntnisse über den therapeutischen oder diagnostischen Wert eines Arzneimittels, insbesondere über seine Wirksamkeit und Unbedenklichkeit, zu gewinnen,"[5] vor allem im Unterschied zum Tierversuch. Das hinläng-

---

[2] Vgl. § 5 AMG.

[3] Ausnahmen: Bloßer Registrierungspflicht (wie bis 1978 für alle Arzneimittel vorgesehen) unterliegen homöopathische Arzneimittel, vgl. § 38 AMG; „Hausspezialitäten" von Apotheken, die nur in geringer Menge vertrieben werden, sind von jeglichem förmlichen Verfahren befreit, vgl. § 21 Abs. 2 AMG. Sie können daher ohne klinische Prüfung im Sinne der §§ 40ff. AMG in Verkehr gebracht werden. Werden sie dennoch einer klinischen Prüfung unterzogen, sind jedoch – ebenso wie bei der klinischen Prüfung mit zugelassenen Arzneimitteln innerhalb des Zulassungsrahmens – die meisten der in den §§ 40, 41 AMG niedergelegten Bestimmungen zum Schutz der Versuchsperson zu beachten, vgl. § 42 S. 2 AMG.

[4] Vgl. § 29 Abs. 3 AMG.

[5] So die Definition in Z. 1.2 der „Grundsätze für die ordnungsgemäße Durchführung der klinischen Prüfung von Arzneimitteln" vom 9.12.1987, vgl. unten bei Anm. 10. Vgl. auch A. Kloesel/W. Cyran, Arzneimittelrecht, Kommentar, Stand 1.9.1990, Stuttgart 1961ff., § 22 AMG Anm. 48 sowie § 40 AMG Anm. 1b mit weiteren Nachweisen; A. Sander, Arzneimittelrecht, Kommentar, Stand Mai 1990, Stuttgart 1977ff., § 22 Anm. 20.

lich bekannte Vierphasenmodell der Arzneimittelprüfung[6] findet sich im AMG nicht ausdrücklich erwähnt; es kann jedoch gleichsam als gewohnheitsrechtlich anerkannt gelten und wird auch von manchen einschlägigen Regelwerken zugrundegelegt.[7]

Arzneimittelrechtliche Rechtsquellen zur klinischen Prüfung am Menschen

Im Verhältnis zu anderen arzneimittelrechtlichen Fragen ist die gesetzliche Regelung der Arzneimittelprüfung in den §§ 40–42 AMG eher knapp, ja fragmentarisch ausgefallen[8] und gibt dem Norminterpreten manche Rätsel auf. Auch hat der zuständige Bundesminister erst Ende 1989 Arzneimittelprüfrichtlinien aufgrund von § 26 AMG erlassen.[9] Immerhin liegen seit mehreren Jahren „Grundsätze für die ordnungsgemäße Durchführung der klinischen Prüfung von Arzneimitteln"[10] vor. Bereits 1975 ergangene EG-Richtlinien zur „Angleichung der Rechts- und Verwaltungsvorschriften der Mit-

---

[6] Eingehend dazu etwa E. Deutsch, Arztrecht und Arzneimittelrecht, 2. Aufl., Berlin 1991, S. 370f.; H. Helmchen, Stichwort Arzneimittelprüfung/1. Medizin, in: A. Eser u.a. (Hrsg.), Lexikon Medizin-Ethik-Recht, Freiburg 1989, Sp. 96ff.; M. Staak/A. Weiser, Klinische Prüfung von Arzneimitteln, Stuttgart 1978, S. 12ff. Speziell zu Phase-IV-Prüfungen vgl. R. Timmler, Zur klinischen Prüfung der Phase IV, Die Pharmazeutische Industrie 46 (1984), 17 ff; zur Abgrenzung der klinischen Prüfung vom Einzelfalltherapieversuch einerseits und von der Anwendungsbeobachtung andererseits vgl. W. Wagner, Arzneimittelsicherheit in der Praxis, Ärzteblatt Baden-Württemberg 1991, Sonderbeilage Medizinische Ethik Nr. 38, S. 1ff.

[7] Vgl. Ziff. 4.2 der „Empfehlungen und Grundsätze für die Durchführung klinischer Prüfungen von Arzneimitteln in den Europäischen Gemeinschaften" des Rates der Europäischen Gemeinschaften vom Mai 1987, abgedruckt bei K. Feiden, Arzneimittelprüfrichtlinien, Stuttgart 1990, Nr. 2.91, sowie bei Sander (Anm. 5), Anhang II/4d.

[8] Erheblich detaillierter – und auf dem deutschen AMG aufbauend – dagegen das österreichische Arzneimittelgesetz von 1983, auf das hier gelegentlich vergleichend hingewiesen wird.

[9] Bundesanzeiger Nr. 243a vom 29.12.1989, abgedruckt auch bei Feiden (Anm. 7), Nr. 1.10. Rechtstechnisch handelt es sich um eine an das Bundesgesundheitsamt gerichtete allgemeine Verwaltungsvorschrift, deren indirekte – aber erhebliche – Bedeutung für den pharmazeutischen Unternehmer sich daraus ergibt, daß sie die Behörde bei ihren Entscheidungen über die Zulassung eines Arzneimittels zugrundezulegen hat. Vgl. dazu auch E. Deutsch (Anm. 6), S. 371f.

[10] Im Bundesanzeiger bekanntgemacht am 30.12.1987, abgedruckt z.B. bei Sander (Anm. 5), Anhang I/40.

gliedsstaaten über die analytischen, toxikologisch-pharmakologischen und ärztlichen oder klinischen Vorschriften und Nachweise
über Versuche mit Arzneispezialitäten"[11] sind zwar nicht formell in
nationales Recht umgesetzt worden, haben jedoch weitgehende Beachtung gefunden[12] und offenbar auch die erwähnten Arzneimittelprüfrichtlinien wesentlich geprägt. Als jüngstes einschlägiges EG-
Dokument ist auf eine Empfehlung (Note for Guidance) mit dem
Titel „Gute klinische Praxis für die klinische Prüfung von Arzneimitteln in der Europäischen Gemeinschaft" hinzuweisen, die am
1.7.1991 in Kraft getreten ist.[13]

Grundkonzeption der rechtlichen Regelung
der Arzneimittelprüfung

Entsprechend dem Stellenwert der Arzneimittelprüfung im Rahmen
der Arzneimittelzulassung muß es bei deren rechtlicher Regelung
um den *Ausgleich teilweise gegenläufiger Anliegen* gehen: Das Ziel der
Risikominimierung für die spätere Anwendung des Medikaments
im klinischen Alltag impliziert notwendig, das Gefahrenpotential im
Rahmen der klinischen Prüfung zu evaluieren und zwingt so dazu,
die Teilnehmer an klinischen Prüfungen gewissen Risiken auszusetzen. Methodisch optimierte Versuchsdesigns (Blind- und Doppelblindstudien) scheinen Informations- und damit auch Autonomie-
interessen der Versuchspersonen zuwiderzulaufen. Soweit Arzneimittelprüfungen an Patienten vorgenommen werden sollen, kann es
zu gewissen Konflikten zwischen deren Behandlungsinteressen und
den Versuchsinteressen des klinischen Prüfers kommen (z. B. ver-
gleichsweise Placebobehandlung, Absetzen von Begleitmedikationen

---

[11] Amtsblatt der Europäischen Gemeinschaften Nr. 147 vom 9.6.1975, S. 1; abgedruckt
auch bei Sander (Anm. 5), Anhang II/4.

[12] Nach Deutsch (Anm. 6), S. 372, wird ihr Inhalt als Gewohnheitsrecht beachtet.

[13] Quelle: Kommission der Europäischen Gemeinschaften, Die Regelung der Arzneimittel in der Europäischen Gemeinschaft, Band III, Ergänzung Juli 1990, Hinweise
zur Qualität, Unbedenklichkeit und Wirksamkeit der für den Menschen bestimmten Arzneimittel, Luxembourg 1990, S. 57ff. – Diese Hinweise besitzen keine
Rechtskraft; sie sollen in Ergänzung der einschlägigen EG-Richtlinien Personen
unterstützen, die einen Antrag auf Genehmigung für das Inverkehrbringen von
Arzneimitteln stellen.

im Rahmen einer klinischen Prüfung, zusätzliche, belastende Kontrolluntersuchungen). Damit deutet sich ein gewisses Dilemma an: Optimierte man den Schutz der Versuchspersonen gegenüber Versuchsrisiken, ginge dies letztlich zu Lasten der späteren Arzneimittelsicherheit und damit auch zu Lasten späterer Patienten, die um so mehr zugleich auch – informelle – Versuchspersonen sein müßten, je weniger gesicherte Erkenntnisse im Rahmen vor der Zulassung erfolgter Tests gewonnen werden konnten.

In Übereinstimmung mit der *Helsinki-Tokyo-Deklaration* (1964/75, zuletzt revidiert in Hongkong 1989) des Weltärztebundes[14] unterscheidet das deutsche Arzneimittelgesetz denn auch im Ausgangspunkt zwischen Tests an gesunden und solchen an kranken Versuchspersonen, setzt diese Unterscheidung jedoch regelungstechnisch in einer nicht gerade der Klarheit dienenden Art und Weise um: In §§ 40 und 41 AMG wird zwischen „allgemeinen" und „besonderen" Voraussetzungen der klinischen Prüfung unterschieden, wobei § 41 im Ergebnis Zulässigkeitsmodifikationen für *therapeutische Versuche* am Patienten (Heilversuch)[15] enthält.

Hauptfragen der AMG-Bestimmungen zur klinischen Prüfung

Nachfolgend sollen die wichtigsten Fragen näher erörtert werden, die sich im Hinblick auf die praktische Handhabung der einschlägigen AMG-Bestimmungen stellen: Einigen Überlegungen zur Unterscheidung zwischen therapeutischem und nichttherapeutischem Versuch (1) wird sich eine Darstellung der rechtlichen Voraussetzungen anschließen, die Versuchspersonen erfüllen müssen, ohne über sie disponieren zu können (2). Den vielfältigen Problemen, die mit einer wirksamen Einwilligung des Probanden bzw. Patienten in eine klinische Prüfung verbunden sind, wird in einem eigenen Abschnitt genauer nachzugehen sein (3). Als überindividuelle Voraussetzung be-

---

[14] Abgedruck z.B. bei Feiden (Anm. 7), Nr. 9.1.

[15] Zur Unterscheidung zwischen *Heilbehandlung*, *Heilversuch* und *Experiment* aus rechtlicher Sicht vgl. näher A. Eser, Das Humanexperiment, Zu seiner Komplexität und Legitimität, in: W. Stree/T. Lenckner/P. Cramer/A. Eser (Hrsg.), Gedächtnisschrift für Horst Schröder, München 1978, S. 191ff., 198f.

darf die *Nutzen-Risiko-Abwägung* besonderer Erörterung (4), während für eine Reihe ergänzender formaler Bestimmungen es mit einer kurzen Aufzählung sein Bewenden haben soll (5).

1. Die Kategorienbildung: zur Unterscheidung zwischen therapeutischem und nichttherapeutischem Versuch

Die Einteilung in therapeutische und nichttherapeutische Versuche ist nicht so unproblematisch, wie es auf den ersten Blick den Anschein haben mag: Wo verläuft die Grenze? Üblicherweise dürfte sie in der intendierten bzw. nichtintendierten *gesundheitlichen Nützlichkeit* des anzuwendenden Medikaments für die Versuchsperson gesehen werden.

Dies wirft indes Probleme bei der Einordnung von *Versuchen mit Diagnostika bzw. Prophylaktika* auf. Aus den Sonderregeln des § 40 Abs. 4 AMG für die klinische Prüfung bei Minderjährigen wird man schließen können, daß der AMG-Gesetzgeber diese Kategorien *nicht* dem therapeutischen Versuch zuschlagen wollte, und zwar auch dann nicht, wenn Nachweis oder Vorsorge im unmittelbaren Interesse der Versuchsperson liegen würden. Damit entfernt sich das AMG insofern von dem üblichen Verständnis,[16] das diagnostische wie vorbeugende Maßnahmen dem klassischen Bereich der Heilbehandlung und damit der Therapie im weiteren Sinn zurechnet.[17] Auf dieses übliche Verständnis rekurriert aber andererseits der parlamentarische Ausschußbericht zu § 41 (früher § 39) AMG, wenn er ausführt, die Vorschrift sei auch auf klinische Prüfungen von Arzneimitteln anzuwenden, die zum *Erkennen* der Krankheit angewendet werden sollen, an der der Patient leidet.[18]

Daß der Ausschuß die Grenzen zulässiger Versuche am „einschlägig kranken" Patienten nicht zu eng gezogen sehen wollte, wird im übrigen auch daran deutlich, daß er die Ersterprobung von Arzneimitteln, bei denen eine Verträglichkeitsprüfung an gesunden

---

[16] Vgl. auch § 45 Abs. 1 Nr. 2 öst. AMG.

[17] Zum Problem der Einordnung von Versuchen mit Diagnostika und Prophylaktika in das System der §§ 40f. AMG vgl. näher A. Eser, Kontrollierte Arzneimittelprüfung in rechtlicher Sicht, Internist 1982, 218ff., 223.

[18] Der Ausschußbericht ist abgedruckt z.B. bei Kloesel/Cyran (Anm. 5), § 41 AMG, Blatt 72b (Hervorhebung vom Verfasser).

Menschen nicht erfolgen kann, nicht durch § 41 Nr. 1 AMG ausgeschlossen ansah.[19]

Aber auch hinsichtlich der Durchführung *placebokontrollierter Therapiestudien* tun sich Zweifel auf:[20] Ausgehend vom Behandlungsinteresse einschlägig kranker Versuchspersonen wird man hinsichtlich der Kontrollgruppe längst nicht immer von einem „therapeutischen", auf Behandlung der Krankheit ausgerichteten Versuch sprechen können. Allerdings läßt es § 41 Nr. 1 AMG genügen, daß das zu prüfende Arzneimittel als solches therapeutisch indiziert ist. Es soll also nur auf die erhoffte Eigenschaft des Prüfpräparats ankommen, nicht auf dessen tatsächliche Anwendung gegenüber jedem Versuchsteilnehmer. Daß jeder Versuchsteilnehmer tatsächlich das Prüfpräparat erhält, verlangt § 41 Nr. 1 AMG nicht. Die Zulässigkeit placebokontrollierter Studien am Patienten ist somit entscheidend anhand von § 40 Abs. 1 Nr. 1 AMG[21] zu beurteilen: Nicht nur die

---

[19] Vgl. Ausschußbericht zu § 41 AMG (wie Anm. 18). Gegen zu enge rechtliche Grenzen gegenüber auf die Krankheit des Patienten bezogener wissenschaftlicher Versuche z.B. auch G. Fischer, Medizinische Versuche am Menschen, Göttingen 1979, S. 29f.

[20] Eingehend zur rechtlichen Problematik von Placeboversuchen an Kranken D. Meurer, Arzneimittelprüfung in strafrechtlicher Sicht, in: Marburger Arbeitskreis für Sozialrecht und Sozialpolitik (Hrsg.), Arzneimittel in der modernen Gesellschaft – Hilfe oder Risiko für den Patienten?, Köln 1985, S. 217ff., 224ff.

[21] Zu der dort geforderten Nutzen-Risiko-Abwägung vgl. unten 4. – Indem Ziff. II.3 der Helsinki-Tokyo-Deklaration postuliert, „bei jedem medizinischen Versuch sollten alle Patienten – einschließlich derer einer eventuell vorhandenen Kontrollgruppe – die beste erprobte diagnostische und therapeutische Behandlung erhalten", scheinen *medizinethisch* dem placebokontrollierten Versuch am Kranken sehr enge Grenzen gesetzt zu sein [mit Recht großzügiger dagegen W. Wagner, Placebo – Ethische Prinzipien der kontrollierten Doppelblindprüfung, Ethik in der Medizin 2 (1990), 68ff., 73f.]. Aus *rechtlicher Sicht* hält man – unabhängig von der Frage der Patientenaufklärung – placebokontrollierte Versuche am „einschlägig" kranken Patienten insoweit für vertretbar, als auch außerhalb des Versuchsdesigns eine Placebotherapie indiziert erschiene oder eine Behandlung mit pharmakologisch wirksamen Substanzen ohne Gefahr der Verschlechterung des Gesundheitszustandes aufgeschoben werden kann. Auch soll es möglich sein, „gewisse geringfügige Belastungen und Unannehmlichkeiten für den Patienten dadurch in Kauf zu nehmen, daß zunächst nur mit Placebo gearbeitet wird" [vgl. H.-L. Schreiber, Rechtliche Grenzen für die Zulässigkeit der Placebo-Anwendung, in: H. Hippius/K. Überla/G. Laakmann/J. Hasford (Hrsg.), Das Placebo-Problem, Stuttgart 1986, S. 11ff., 16].

Anwendung der Prüfmedikation, sondern auch die eines Placebo muß im Sinne dieser Bestimmung ärztlich vertretbar sein.[22]

Vom Gesetzeswortlaut des § 41 AMG überhaupt nicht angesprochen ist dagegen die *nichttherapeutische klinische Prüfung* von Arzneimitteln *am „nicht einschlägig kranken" Patienten*. Auch wenn die amtliche Begründung zu § 41 AMG[23] den Eindruck erwecken will, solche Versuche seien – entgegen Z. III.2 der revidierten Helsinki-Tokyo-Deklaration – überhaupt unzulässig,[24] bleibt doch festzuhalten, daß ein solches Anliegen im Gesetzeswortlaut in keiner Weise zum Ausdruck kommt.[25]

2. Die Versuchspersonen: rechtliche Ein- bzw. Ausschlußkriterien

Der klinische Prüfer ist gewohnt, die „Kandidaten" für eine Medikamentenerprobung nach bestimmten gesundheitlichen Ein- und Ausschlußkriterien (z.B. Alter „in den besten Jahren", nicht erheblich vom Durchschnitt abweichendes Körpergewicht, unauffällige Laborwerte) sortieren zu müssen. In entsprechender Weise lassen sich – jenseits des noch eingehend zu behandelnden Einwilligungserfordernisses – für die *nichttherapeutische Arzneimittelprüfung* auch *rechtliche Ein- bzw. Ausschlußkriterien* benennen:

- An Personen, die auf gerichtliche oder behördliche Anordnung anstaltsverwahrt sind, darf eine Arzneimittelprüfung nicht vorgenommen werden (§ 40 Abs. 1 Nr. 3 AMG).[26]

---

[22] Entsprechendes hat für das Verhältnis von § 40 Abs. 4 Nr. 2 zu § 40 Abs. 1 Nr. 1 AMG zu gelten. – Problematisch bleibt, ob etwa die Einwilligungsvoraussetzungen nach § 40 oder nach § 41 AMG zu beurteilen sind. Unter Schutzaspekten spricht vieles dafür, auf Placebo-Kontrollprobanden § 40 AMG anzuwenden, vgl. dazu Eser (Anm. 17), S. 224f. Bei Blindstudien bedeutet dies freilich im Ergebnis eine Ausweitung der strengeren Voraussetzungen des § 40 AMG auf alle Versuchspersonen, also auch diejenigen, die das Verum erhalten. Vgl. dazu auch unten 3.3.

[23] Abgedruckt z.B. bei Kloesel/Cyran (Anm. 5), § 41 AMG, Blatt 72a.

[24] So ausdrücklich § 45 öst. AMG.

[25] Eher für eine Zulässigkeit – nach Maßgabe von § 40 AMG – denn auch beispielsweise Eser (Anm. 17), S. 219.

[26] Vgl. dazu die Aufstellung bei Kloesel/Cyran (Anm. 5), § 40 AMG Anm. 6. – Sachlich übereinstimmend § 43 Z. 3 lit. b) öst. AMG. Der Gesetzgeber unterstellt bei Internierten mangelnde Selbstbestimmungsfähigkeit. – Zu klinischen Versuchen in der Psychiatrie vgl. auch den gleichnamigen Aufsatz von R. Bork, NJW 1985, 654ff.

– Grundsätzlich muß die Versuchsperson geschäftsfähig (vgl. §§ 104ff. BGB) *sowie* einsichts- und urteilsfähig sein (vgl. § 40 Abs. 2 Nr. 1 AMG).[27]
– Nur unter engen Voraussetzungen ist die Durchführung von Arzneimittelprüfungen an gesunden minderjährigen, d.h. noch nicht 18jährigen Versuchspersonen statthaft (§ 40 Abs. 4 AMG): Die Anwendung des Arzneimittels muß nach den Erkenntnissen der medizinischen Wissenschaft angezeigt sein, um bei dem Minderjährigen (also bei jeder einzelnen Versuchsperson, nicht bei Minderjährigen generell) Krankheiten zu erkennen oder ihn vor Krankheiten zu schützen; die klinische Prüfung an Erwachsenen darf nach den Erkenntnissen der medizinischen Wissenschaft keine ausreichenden Prüfergebnisse erwarten lassen.[28]
– Vergleichbare Restriktionen enthält das österreichische Arzneimittelrecht hinsichtlich der Durchführung klinischer Arzneimittelprüfungen an Schwangeren (vgl. §§ 29 Abs. 3, 46 öst. AMG).

Diese Voraussetzungen stehen nicht zur Disposition der Versuchspersonen. Keine noch so aufgeklärte Einwilligung, keine noch so aufwendige Schadensvorsorge oder keine noch so großzügige finanzielle Kompensation führt daher an diesen Schutzvorschriften vorbei.

Gerade im Interesse der Versuchsperson beziehen sich diese Einschränkungen dagegen nur teilweise auf den *Heilversuch:*

– Ausdrücklich läßt § 41 Nr. 2 AMG therapeutische Versuche auch an Personen zu, die geschäftsunfähig oder in der Geschäftsfähigkeit beschränkt sind.[29]
– Das Verbot der klinischen Prüfung an anstaltsverwahrten Patienten hat demgegenüber in § 41 AMG keine lockernde Modifizierung erfahren.[30] Zurecht geht jedoch die einschlägige Literatur

---

[27] Sachlich übereinstimmend § 43 Z. 3 lit. a) öst. AMG.

[28] Ähnlich § 44 öst. AMG.

[29] Enger insofern offenbar das österreichische AMG, das therapeutische Versuche an nicht geschäfts- bzw. einwilligungsfähigen Personen nur unter den engen Voraussetzungen der § 45 Abs. 3 und 4 zuläßt. Vgl. dazu auch H. Mayer/W. Michtner/W. Schober, Kommentar zum Arzneimittelgesetz, Wien 1987, 45 Anm. 10ff.

[30] Anders – und insoweit sachgerecht – § 45 Abs. 3 öst. AMG, der bei infolge einer Krankheit voll oder beschränkt entmündigten oder anstaltsverwahrten Kranken klinische Arzneimittelprüfungen – offenbar auch nichttherapeutische – insoweit zuläßt, als das zu prüfende Arzneimittel zur Anwendung bei der Behandlung dieser Krankheit vorgesehen ist, und in Abs. 4 verschärfte Anforderungen an die Einwilligung formuliert.

davon aus, daß diesem Personenkreis der Zugang zu therapeutischen Versuchen in Anwendung der Grundsätze des rechtfertigenden Notstands (§ 34 StGB) möglich sein muß, namentlich dann, wenn der Einsatz des Arzneimittels die einzige Chance bietet, das Leben des Patienten zu retten oder einen sonstigen schwerwiegenden Nachteil zu vermeiden.[31]

– Rätsel gibt das Gesetz hinsichtlich der Durchführung therapeutischer Arzneimittelprüfungen an kranken Minderjährigen auf: In § 40 Abs. 4 AMG ist von ihnen nicht die Rede; § 41 AMG will ausdrücklich nur § 40 Abs. 1 bis 3, nicht jedoch § 40 Abs. 4 modifizieren. Indes erlaubt § 41 Nr. 2 AMG ausdrücklich auch die klinische Prüfung an geschäftsunfähigen oder beschränkt geschäftsfähigen Patienten, was Minderjährige einschließt. Sieht man damit den therapeutischen Versuch an Minderjährigen als generell für zulässig erklärt an – was als sachgerecht gelten darf –, so folgt daraus, daß insoweit die Sonderregeln des § 40 Abs. 4 AMG nicht anwendbar sind. Dies bedeutet vor allem, daß das „Subsidiaritätsprinzip" des § 40 Abs. 4 Nr. 3 AMG beim therapeutischen Versuch keine unmittelbare Beachtung findet. Auch dies läßt sich indes mit dem Anliegen eines weitreichenden Minderjährigenschutzes vereinbaren, sofern man eine „Heilversuchsindikation" im Sinne von § 41 Nr. 1 AMG dann nicht für gegeben erachtet, wenn die Behandlung mit dem zu erprobenden Präparat bei dem Minderjährigen im Verhältnis zur Anwendung eines Standardpräparates keinen nennenswerten Vorteil erwarten läßt.[32]

Es ist zu bedauern, daß diese gesetzestechnischen Ungereimtheiten alle bisherigen AMG-Novellierungen überdauert haben und der Gesetzgeber sich noch nicht zu einer klarstellenden Bereinigung entschließen konnte.

---

[31] Vgl. Kloesel/Cyran (Anm. 5), § 40 AMG Anm. 6; Eser (Anm. 17), S. 221; Fischer (Anm. 18), S. 66ff.; enger Bork (Anm. 26), 654ff., 659 (Heilversuch allenfalls bei vitaler Indikation zulässig).

[32] Zu Fragen der Arzneimittelprüfung bei Minderjährigen vgl. näher Eser (Anm. 17), S. 225; H.-G. Koch, Medical Research on Minors in the Law of the Federal Republic of Germany – Viewpoints of Penal Law, in: R. Dierkens (Hrsg.), Jus Medicum 10, Gent 1984, S. 281ff., M. Staak/W. Uhlenbruck, Problematik neuer Arzneimittel beim Minderjährigen aus rechtsmedizinischer Sicht, MedR 1984, 177ff.

3. Die Einwilligung der Versuchsperson als notwendige, aber nicht hinreichende Zulässigkeitsvoraussetzung

Zentrale rechtliche Voraussetzung jeder klinischen Prüfung eines Arzneimittels ist die Einwilligung der Versuchsperson. Dieses Prinzip der Autonomie und Freiwilligkeit der Versuchspersonen durchzieht wie kaum ein anderes die einschlägigen nationalen und internationalen Regelwerke zur Arzneimittelerprobung bzw. zu medizinischen Versuchen am Menschen.[33] Seine Umsetzung im konkreten Einzelfall ist indes mit einer Reihe von Problemen verbunden, von denen hier nur einige angesprochen werden können.

Aufklärung der Versuchspersonen – Grundfragen

Entsprechend ihrer Funktion, eine autonome Entscheidung zum Ausdruck zu bringen, bedarf die Einwilligung der Versuchsperson regelmäßig vorheriger verständlicher[34] Vermittlung der für eine abwägende Entscheidung bedeutsamen Informationen: der Einwilligung hat die *Aufklärung* vorauszugehen („informed consent").[35] *Worüber* aufzuklären ist, hängt im einzelnen von den vorgesehenen Versuchsmodalitäten ab. Nach allgemeinen rechtlichen Regeln hat die Aufklärung die Aufgabe, den Probanden bzw. Patienten zu einer Beurteilung des Für und Wider zu befähigen; die Aufklärungspflicht ist um so umfassender, je weniger die vorgesehene Maßnahme im gesundheitlichen Interesse des Betroffenen selbst liegt. Dementsprechend muß beim nichttherapeutischen Versuch umfassender aufgeklärt werden als beim therapeutischen Versuch. Als *Mindesterfordernisse* nennen die „Grundsätze für die ordnungsgemäße Durchführung der klinischen Prüfung von Arzneimitteln":

---

[33] Vgl. auch Art. 7 S. 2 des Internationalen Paktes über bürgerliche und politische Rechte von 1966, wonach „niemand ohne seine freiwillige Zustimmung medizinischen oder wissenschaftlichen Experimenten unterworfen werden" darf. – Zu Sonderregeln, insbesondere bei minderjährigen Versuchspersonen, vgl. unten 3.5.

[34] Dies betonen – mit Beispielen unterlegt – zurecht Kloesel/Cyran (Anm. 5), § 40 AMG Anm. 5.

[35] Zur ethischen und rechtstheoretischen Begründung dieses Erfordernisses vgl. näher H.-G. Koch, Das *Probandenrecht* im Rahmen der Arzneimittelprüfung, in: G.M. Fülgraff/H. Lenau/H. Maier-Lenz/H. Rode (Hrsg.), Klinisch-Pharmakologisches Kolloquium II, Freiburg 1986, S. 24ff., 27ff.

– Zielsetzung und Ablauf der Prüfung,
– Art der Behandlung und der Zuordnung der Patienten bzw. Probanden zu den einzelnen Behandlungsgruppen (z.B. Randomisierung),
– mögliche Belastungen und Risiken bei einer Schwangerschaft auch für das ungeborene Kind,
– zu erwartende Wirkungen,
– andere therapeutische Möglichkeiten,
– Angebot einer weitgehenden Unterrichtung,
– Hinweis auf das Recht, die Einwilligung zur Teilnahme an der Prüfung jederzeit zurückziehen zu können.[36]

Diese Aufzählung hilft leider in Detailfragen nicht weiter, zumal sie bedauerlicherweise nicht zwischen therapeutischen und nichttherapeutischen Versuchen unterscheidet.

Für interdisziplinären Zündstoff hat lange Zeit die juristische Forderung gesorgt, auch über Blind- bzw. Doppelblindcharakter einer Studie, über eine Placeboverwendung sowie über die Tatsache einer randomisierten Zuteilung müßten die Versuchspersonen aufgeklärt werden.[37] Inzwischen sind jedoch Modi entwickelt worden, die sowohl den pharmakologisch-methodischen als auch den juristischen Anforderungen Rechnung tragen.[38]

---

[36] Z. 3.3.1 bis 3.3.8 – Entsprechend ihrer Funktion als allgemeiner, an das Bundesgesundheitsamt gerichteter Verwaltungsvorschrift über die im arzneimittelrechtlichen Zulassungsverfahren anzulegenden Maßstäbe enthalten die Arzneimittelprüfrichtlinien von 1989 keine näheren Ausführungen zur Realisierung der Probandenschutzbestimmungen in den §§ 40f. AMG. Auch die einschlägigen EG-Bestimmungen widmen Einzelfragen im Zusammenhang mit Einwilligung und Aufklärung der Versuchspersonen nur marginale Aufmerksamkeit.

[37] Es wurde sogar versucht, aus diesen Anforderungen eine Unzulässigkeit der genannten Testverfahren abzuleiten, vgl. Fincke, Arzneimittelprüfung – Strafbare Versuchsmethoden, 1977, passim. Gegen dessen Thesen jedoch treffend z.B. E. Deutsch, Der Doppelblindversuch, JZ 1980, 289ff., 291ff.; A. Eser (Anm. 15), S. 203; E. Samson, Zur Strafbarkeit der klinischen Arzneimittelprüfung, NJW 1978, 1182ff.

[38] Vgl. etwa H. K. Selbmann, Methodische Anforderungen an die Patientenaufklärung bei Therapiestudien, in: H.K. Breddin/E. Deutsch/R. Ellermann/H.J. Jesdinsky (Hrsg.), Rechtliche und ethische Probleme bei klinischen Untersuchungen am Menschen, Berlin 1987, S. 21ff.; E. Samson, Rechtliche Aspekte von Placebo-Studien, in: H. Hippius u.a. (Anm. 21), S. 2ff.; ders., Ethische und rechtliche Fragen, in: U. Creutzig (Red.), Therapiestudien bei bösartigen Neubildungen, Bonn 1988, S. 41ff.

Aufklärung der Versuchspersonen –
praktische Umsetzung der rechtlichen Vorgaben

Obgleich die Probandenaufklärung auf den Einzelfall der jeweiligen klinischen Prüfung zugeschnitten sein muß, lassen sich doch aus der Praxis einige weiter ins Detail gehende Empfehlungen zu ihrer Gestaltung formulieren. Die *Information über eine Phase-I-Studie* wird – in verständlicher Form – etwa folgende Gesichtspunkte zu umfassen haben:

- Beschreibung der Erkrankung, um deren Behandlung es geht,
- kurze Vorstellung der Prüfsubstanz,
- Darstellung von Art, Ziel, Ablauf und Dauer der Studie (einschließlich Vor- und Nachuntersuchung),
- gegebenenfalls Erläuterungen zum Blind- oder Doppelblindcharakter sowie zur Randomisation,
- Auflistung möglicher Nebenwirkungen von Versuchs- und etwaigem Kontrollpräparat, soweit ihr Eintritt im Rahmen der vorgesehenen Anwendungsmodalitäten möglich erscheint (also keine unbegründete Auflistung spezifischer Langzeitnebenwirkungen, wenn die Prüfung lediglich eine Einmaldosis vorsieht),
- sonstige versuchsbedingte Gesundheitsrisiken oder Belastungen (z.B. bei Magenspiegelung),
- Anzahl der vorgesehenen Blutentnahmen und voraussichtliche Gesamtmenge des benötigten Testbluts,
- Beschreibung etwaiger weiterer Tests (z.B. Urinproben, EKG, HIV-Test),
- Angaben zur Verpflegung während eines stationären Aufenthalts, sowie
- Hinweise zum Verhalten während der Studie.

Wird mit dem Probanden ein schriftlicher Probandenvertrag abgeschlossen, empfielt es sich, diese studienspezifischen Informationen in einem eigenen Merkblatt zusammenzufassen.[39]
Bei an *Patienten* durchgeführten Studien ist es unumgänglich, detailliert darzulegen, inwieweit die Teilnahme an der klinischen Prü-

---

[39] Sofern nicht schon im Rahmen der Beurteilung durch eine Ethikkommission eine rechtliche Prüfung erfolgt (vgl. unter VI), empfiehlt es sich, die zur Verwendung vorgesehenen Schriftstücke vor Versuchsbeginn einer kompetenten juristischen Beurteilung zu unterbreiten.

fung zusätzliche, nicht schon mit der Routinebehandlung verbundene Belastungen mit sich bringt (z.B. zusätzliche Blutentnahmen und Kontrolluntersuchungen).[40] Noch viel weniger als bei Untersuchungen mit gesunden Probanden kann auf eine Aufklärung über Kontrollgruppendesign bzw. Randomisation verzichtet werden. Bei nichttherapeutischen Studien am Patienten ist die fehlende therapeutische Zielsetzung deutlich zu machen. In jedem Fall muß Patienten als Versuchspersonen versichert werden, daß ihre anerkannten Standards entsprechende Behandlung auch dann gewährleistet bleibt, wenn sie sich gegen eine Studienteilnahme aussprechen.

Zweckmäßigerweise wird die Aufklärung zwecks Erhalt einer wirksamen Einwilligung („Selbstbestimmungsaufklärung") mit der Vermittlung weiterer Informationen verbunden, die im Falle einer Versuchsteilnahme bedeutsam sind (z.B. Obliegenheiten im Rahmen der Probandenversicherung,[41] organisatorische Einzelheiten der Versuchsdurchführung).

Formerfordernisse

Gemäß § 40 Abs. 2 Nr. 2 AMG bedarf bei nichttherapeutischen Versuchen die Einwilligung der Schriftform, während beim therapeutischen Versuch auch die gegenüber dem behandelnden Arzt mündlich in Gegenwart eines Zeugen abgegebene Erklärung genügt (§ 41 Nr. 6 AMG). Steht bei letzterem die Beweissicherung im Vordergrund, so wird Formerfordernissen bei der Abgabe einer Erklärung auch die Funktion eines Übereilungsschutzes zugeschrieben. Insofern ist es verständlich, wenn das AMG an die Einwilligung in nichttherapeutische Versuche strengere Anforderungen stellt als an den Heilversuch.[42] Allerdings bleibt es der Praxis unbenommen, sich auch in anderen als in den vom Gesetz geforderten Fällen der

---

[40] Es sollte sich von selbst verstehen, daß im Rahmen einer klinischen Prüfung vorgenommene ärztliche Leistungen nicht dem Patienten oder seiner Krankenversicherung in Rechnung gestellt werden dürfen.

[41] Vgl. dazu Deutsch (Anm. 6), S. 380ff.; A. Kloesel/W. Cyran (Anm. 5), § 40 AMG Anm. 4f.; H. Kollhosser, Umfang und Form der Aufklärung über die Probandenversicherung bei der klinischen Prüfung von Arzneimitteln, MedR 1983, 201ff.

[42] Ergänzend sei in diesem Zusammenhang auf die §§ 44 Z. 5, 45 Abs. 4 des öst. AMG hingewiesen. Danach bedürfen klinische Prüfungen mit nicht unerheblicher Gefahr einer Beeinträchtigung der Gesundheit minderjähriger, voll oder beschränkt entmündigter oder anstaltsverwahrter Versuchspersonen, soweit überhaupt zulässig, zusätzlich der Einwilligung des Vormundschafts- bzw. Pflegschaftsgerichts.

Schriftform zu bedienen. Angesichts zunehmender Sorge vor haft-
pflichtrechtlicher Inanspruchnahme ist es mehr und mehr üblich geworden, selbst bei Standardbehandlungen gravierenderer Art – etwa
Operationen – eine schriftliche Einverständniserklärung des Patienten zu den Krankenakten zu nehmen. Aus rechtlichem Blickwinkel
hat dies gegenüber der Beiziehung eines Zeugen den Vorteil, daß der
Beweis noch geführt werden kann, wenn der Zeuge nicht mehr verfügbar ist. Auch beim arzneimittelrechtlichen Heilversuch spricht
daher einiges dafür, die Einwilligung der Versuchsperson in schriftlicher Form zu dokumentieren. Allerdings sollte sich diese Dokumentation stets auch auf die wesentlichen Elemente der Aufklärung
der Versuchsperson beziehen, da gerade die Erfüllung der Aufklärungspflicht zum juristischen Streitfall werden kann und im Arzthaf-
tungsprozeß insofern der Arzt beweispflichtig ist. Schließlich empfiehlt es sich, der Versuchsperson selbst eine Kopie der verwendeten
Schriftstücke zu überlassen.

Datenschutzrechtliche Erfordernisse

Die Auswertung der durch eine klinische Prüfung gewonnenen Daten wird zumeist mit Hilfe elektronischer Datenverarbeitung erfolgen. Damit ergibt sich die Notwendigkeit, auch die einschlägigen *datenschutzrechtlichen Bestimmungen* zu beachten. Die Verarbeitung personenbezogener Daten – das sind Einzelangaben über persönliche
oder sachliche Verhältnisse einer bestimmten oder bestimmbaren natürlichen Person (vgl. § 3 BDSG[43]) – in automatisierten Dateien ist
nur zulässig, wenn der Betroffene hierein eingewilligt hat oder das
BDSG oder eine andere Rechtsvorschrift die Verarbeitung erlaubt
(vgl. § 4 Abs. 1 BDSG).[44] Soweit eine Einwilligung des Betroffenen
eingeholt wird, ist jener auf den Zweck der Speicherung und einer
vorgesehenen Übermittlung sowie auf Verlangen auf die Folgen der
Verweigerung der Einwilligung hinzuweisen (§ 4 Abs. 2 S. 1 BDSG).
Diese Erfordernisse dürften sich problemlos im Rahmen des ohnehin
erforderlichen Aufklärungsgesprächs erfüllen lassen. Dem Grundsatz nach bedarf die Einwilligung des Probanden/Patienten der
Schriftform. Sie kann zusammen mit der Einwilligung in das Hu-

---

[43] Bundesdatenschutzgesetz (BDSG) in der Fassung vom 20.12.1990, BGBl. I S. 2954ff.
[44] Auf anonymisierte Daten finden die hier dargestellten datenschutzrechtlichen Zu-
lässigkeitsbeschränkungen keine Anwendung.

manexperiment bzw. in den Heilversuch dokumentiert werden; in diesem Fall muß sie sich aber in ihrem äußeren Erscheinungsbild von dem Rest der Erklärung abheben (§ 4 Abs. 2 S. 3 BDSG).

Auf die Schriftform der Einwilligung (nicht auf die Einwilligung selbst!) kann verzichtet werden, soweit wegen besonderer Umstände eine andere Form angemessen ist. Im Bereich der Forschung könnte ein solcher Umstand etwa darin liegen, daß durch die Schriftform der avisierte Forschungszweck erheblich beeinträchtigt würde. In diesem Fall wären die Gründe, aus denen sich diese erhebliche Beeinträchtigung des Forschungszwecks ergibt, schriftlich festzuhalten (§ 4 Abs. 3 BDSG). Eine derartige Beeinträchtigung der klinischen Prüfung eines Arzneimittels durch das Erfordernis der Schriftform dürfte nur in Ausnahmefällen in Betracht kommen.

Eine gesonderte Einwilligung ist entbehrlich, wenn die Daten im Rahmen der Zweckbestimmung eines Vertragsverhältnisses oder eines vertragsähnlichen Vertrauensverhältnisses mit dem Betroffenen verarbeitet oder genutzt werden (§ 28 Abs. 1 Z. 1 BDSG). Soweit also beispielsweise ein *Proband* mit der prüfenden und die Daten verarbeitenden Stelle ausschließlich wegen dieser klinischen Prüfung in Verbindung steht, dürfte eine zusätzliche Einwilligung in die Verarbeitung der Daten zum Zweck der Durchführung der klinischen Prüfung entbehrlich sein. Allerdings sind die betroffenen Personen von der Verarbeitung ihrer Daten in Kenntnis zu setzen (§ 33 BDSG).

Für einen *Patienten*, dessen personenbezogene Daten bereits im Hinblick auf den Behandlungsvertrag gespeichert werden, stellt sich die Verwendung dieser Daten zu Forschungszwecken als Zweckänderung dieser Speicherung dar, die grundsätzlich der Einwilligung (s. oben) bedarf. Auf diese Einwilligung kann nur verzichtet werden, wenn dies im Interesse der speichernden Stelle zur Durchführung wissenschaftlicher Forschung erforderlich ist, das wissenschaftliche Interesse an der Durchführung des Forschungsvorhabens das Interesse des Betroffenen an dem Ausschluß der Zweckänderung erheblich überwiegt und der Zweck der Forschung auf andere Weise nicht oder nur mit unverhältnismäßigem Aufwand erreicht werden kann (§ 28 Abs. 1 Z. 4 BDSG).

Diese Voraussetzungen dürften bei einer klinischen Prüfung jedoch kaum gegeben sein. Zwar wird die klinische Prüfung in aller Regel nicht ohne personenbezogene Daten durchführbar sein, aber da nur ein überschaubarer Personenkreis betroffen ist, innerhalb dessen ohnehin mit jedem einzelnen ein umfassendes Aufklärungsgespräch geführt werden muß, erscheint ein Hinwirken auf die Einwilligung der Betroffenen nicht unverhältnismäßig. Im Falle einer Ablehnung wäre auch das Ausweichen auf eine andere Versuchsperson möglich; der Zweck der Forschung ist mithin auf andere Weise bzw. mit verhältnismäßigem Aufwand erreichbar. Eine Einwilligung des Patienten ist damit generell erforderlich.

Im Hinblick auf die *Weitergabe bzw. Übermittlung* der Daten des Patienten/Probanden ist darüber hinaus nach wie vor die sich aus dem ärztlichen Standesrecht und § 203 Abs. 1 Z. 1 StGB ergebende *ärztliche Schweigepflicht* zu beachten. Die Verpflichtung zur Wahrung des ärztlichen Geheimnisses wird durch die Vorschriften des BDSG nicht berührt, vgl. § 1 Abs. 4 BDSG[45]. § 203 Abs. 1 Z. 1 StGB verbietet grundsätzlich auch die zum Zwecke der Forschung erfolgende Weitergabe personenbezogener Daten ohne Einwilligung des Betroffenen.[46] Die Übermittlungsbefugnisse des § 28 BDSG setzen daher voraus, daß hinsichtlich des ärztlichen Geheimnisses eine Offenbarungsbefugnis vorliegt.[47] Wegen § 1 Abs. 4 BDSG stellen die datenschutzrechtlichen Regelungen zum Umgang mit Daten in der wissenschaftlichen Forschung keine Befugnisnorm im Sinne von § 203 Abs. 1 StGB dar, so daß für die Datenübermittlung auch unter dem Aspekt der Schweigepflicht eine Einwilligung erforderlich ist.

---

[45] Die Vorschrift entspricht dem alten § 45 BDSG. Eine inhaltliche Änderung ist mit dem Wegfall der bloß klarstellenden (vgl. dazu H.-J. Ordemann/R. Schomerus, Bundesdatenschutzgesetz, 4. Aufl., München 1988, Anm. 2 zu § 45) bisherigen ausdrücklichen Nennung des § 203 I StGB und des ärztlichen Geheimnisses nicht verbunden, vgl. BT-Drucks. 11/4306, S. 39; vgl. auch E. Dörr/D. Schmidt, Neues Bundesdatenschutzgesetz, Handkommentar, Köln 1991, S. 15.

[46] Vgl. T. Lenckner, in: A. Schönke/H. Schröder, Strafgesetzbuch, Kommentar, 24. Aufl., München 1991, § 203 Rn 30; S. Simitis, Datenschutz – Ende der medizinischen Forschung?, MedR 1985, 195 ff, 196f. Ob Ausnahmen von diesem Grundsatz nach dem Prinzip der Güterabwägung zulässig sind, ist strittig, vgl. W. Kilian, Rechtsprobleme der Behandlung von Patientendaten im Krankenhaus, MedR 1986, S. 7ff., 11; vgl. auch die Stellungnahme des Wissenschaftlichen Beirates der Bundesärztekammer zur „Wahrung der ärztlichen Schweigepflicht und des Datenschutzes in der medizinischen Forschung", DÄBl. 86 (1989), 1743. Die ursprünglich rigide standesrechtliche Regelung [Mitteilung der entsprechenden Daten zum Zwecke der wissenschaftlichen Forschung nur zulässig, wenn die Anonymität des Patienten gesichert ist oder dieser ausdrücklich zustimmt (§ 2 Abs. 7 MuBO)], ist durch die Einfügung des Wortes „grundsätzlich" durch den 93. Ärztetag (DÄBl. 87 (1990), 1128) mit dem Ziel einer Anpassung an die (damals erwarteten) datenschutzrechtlichen Bestimmungen gelockert worden.

[47] Vgl. Dörr/Schmidt (Anm. 45), S. 68.

Weiterhin sind, sobald die Daten im Forschungsbereich gespeichert werden, die Vorgaben der Sondervorschrift des § 40 BDSG[48] zu beachten. Neben der strikten Zweckbindung der Verwendung der Daten und der Verpflichtung zu möglichst früher Anonymisierung ist hierbei auf das Prinzip der – auch innerbetrieblichen – Abschottung hinzuweisen: Daten, die einmal in den Forschungsbereich gelangt sind, dürfen diesen nicht mehr als personenbezogene verlassen.[49]

Gesetzliche Vertretung und mutmaßliche Einwilligung

Grundsätzlich ist die Einwilligung von demjenigen zu erteilen, bei dem die klinische Prüfung durchgeführt werden soll. Für den nichttherapeutischen Versuch am erwachsenen Probanden gilt dieser Grundsatz ausnahmslos. Ist die in Aussicht genommene Versuchsperson zur Abgabe einer wirksamen Erklärung selbst nicht in der Lage, scheidet sie als Studienteilnehmerin aus Rechtsgründen aus. Eine Substitution ihrer Erklärung ist nicht möglich. Denn rechtlich kommt ein „Einwilligungsersatz" überhaupt nur dann in Betracht, wenn mit der zu legitimierenden Maßnahme Interessen des Betroffenen selbst entsprochen werden soll. Charakteristikum nichttherapeutischer Versuche ist es aber gerade, daß Interessen Dritter im Vordergrund stehen. Solche Solidaropfer will das Recht grundsätz-

---

[48] § 40 BDSG lautet: (1) Für Zwecke der wissenschaftlichen Forschung erhobene oder gespeicherte personenbezogene Daten dürfen nur für Zwecke der wissenschaftlichen Forschung verarbeitet oder genutzt werden. (2) Die Übermittlung personenbezogener Daten an andere als öffentliche Stellen für Zwecke der wissenschaftlichen Forschung ist nur zulässig, wenn diese sich verpflichten, die übermittelten Daten nicht für andere Zwecke zu verarbeiten oder zu nutzen und die Vorschriften des Absatzes 3 einzuhalten. (3) Die personenbezogenen Daten sind zu anonymisieren, sobald dies nach dem Forschungszweck möglich ist. Bis dahin sind die Merkmale gesondert zu speichern, mit denen Einzelangaben über persönliche oder sachliche Verhältnisse einer bestimmten oder bestimmbaren Person zugeordnet werden können. Sie dürfen mit den Einzelangaben nur zusammengeführt werden, soweit der Forschungszweck dies erfordert. (4) Die wissenschaftliche Forschung betreibenden Stellen dürfen personenbezogene Daten nur veröffentlichen, wenn 1. der Betroffene eingewilligt hat oder 2. dies für die Darstellung von Forschungsergebnissen über Ereignisse der Zeitgeschichte unerläßlich ist.

[49] Vgl. Dörr/Schmidt (Anm. 45), S. 74.

lich der höchstpersönlichen Entscheidung des Betroffenen selbst vorbehalten.[50]

Umgekehrt soll es durch verschiedene Ausnahmen bzw. Einschränkungen des Prinzips persönlicher Einwilligung seitens der Versuchsperson gerade ermöglicht werden, deren Belangen auch im Falle „physischer" (z. B. Bewußtlosigkeit) oder „normativer" (z. B. mangelnde Verstandesreife) Einwilligungsfähigkeit bzw. überwiegendem Interesse am Nichtwissen zu entsprechen. Daher erlaubt § 41 AMG:

- die stellvertretende Einwilligung durch den gesetzlichen Vertreter oder Pfleger, d.h. durch den jeweils Personensorgeberechtigten, wenn der Kranke nicht fähig ist, Wesen, Bedeutung und Tragweite der klinischen Prüfung einzusehen und seinen Willen hiernach zu bestimmen (§ 41 Nr. 4 AMG),[51]
- in besonders schweren Fällen Ausnahmen vom Grundsatz der vorherigen Aufklärung und Einwilligung der Versuchsperson, wenn durch die Aufklärung der Behandlungserfolg gefährdet würde und ein entgegenstehender Wille des Kranken nicht erkennbar ist (§ 41 Nr. 7 AMG).[52]

Diese Ausnahmen stellen keine Besonderheit der rechtlichen Regelung gerade der Arzneimittelprüfung dar, sondern verkörpern all-

---

[50] Eine Ausnahme stellt die in § 40 Abs. 4 AMG eröffnete Möglichkeit gewisser klinischer Prüfungen auch am noch nicht einsichtsfähigen Minderjährigen dar (vgl. dazu auch oben 2.). Sie läßt sich trotz der auf Individualnutz hindeutenden Gesetzesformulierung letztlich nur als soziale Verpflichtung gesunder Minderjähriger gegenüber kranken Altersgenossen verstehen, so zutreffend Kloesel/Cyran (Anm. 5), § 40 AMG Anm. 23.

[51] Während nach deutschem Recht im rechtlichen Normalfall gemeinsamer elterlicher Sorge beide Eltern ihre Einwilligung geben müssen (vgl. etwa Kloesel/Cyran (Anm. 5), § 41 AMG Anm. 3), wobei in weniger gravierenden Fällen ein Elternteil den anderen bevollmächtigen kann, vgl. die (zum gewöhnlichen Heileingriff ergangene) Entscheidung des BGH NJW 1988, 2946ff., genügt nach österreichischem Recht (vgl. § 44 Nr. 4 öst. AMG) stets die Einwilligung *eines* Erziehungsberechtigten, auch wenn dieser damit die bürgerlich-rechtliche Pflicht zu gegenseitigem Einvernehmen der Eheleute untereinander (vgl. §§ 144f. AGB) verletzen sollte, vgl. Mayer/Michtner/Schober (Anm. 29), § 44 Anm. 12f. – Zur klinischen Prüfung von Medikamenten an Betreuten vgl. den gleichnamigen Aufsatz von H. Holzhauer, NJW 1992, 2325ff.

[52] Insofern findet sich im öst. AMG keine entsprechende Sonderregelung; indes dürfte bei Anwendung allgemeiner Regeln (vgl. E. Foregger/E. Serini, Strafgesetzbuch-Kurzkommentar, 4. Aufl., Wien 1988, § 88 Anm. 9) das Ergebnis dem des deutschen Rechts weitgehend entsprechen.

gemeine arztrechtliche Prinzipien. Ihre Ratio ist nicht eine Maximierung der Zahl potentieller Versuchspersonen, sondern die Optimierung der Behandlungsmöglichkeiten des Patienten. Der Einwilligungsstellvertreter ist dem Wohl der zu vertretenden Person verpflichtet. Er kann einem Heilversuch nur insoweit seine Zustimmung geben, als dieser im gesundheitlichen Interesse des Patienten liegt. Die bedeutet praktisch, daß zumindest die begründete Wahrscheinlichkeit bestehen muß, die Anwendung des Prüfpräparats werde sich im Hinblick auf die Behandlung der Erkrankung des vertretungsbedürftigen Patienten gegenüber einer vorhandenen Standardtherapie als überlegen erweisen. Auch die zweite genannte Erleichterung schafft kein Sonderrecht für potentielle Versuchspersonen: Die Voraussetzungen dieses verbreitet, aber nicht gerade glücklich so bezeichneten „therapeutischen Privilegs"[53] werden regelmäßig auch einer Aufklärung über eine verfügbare Standardbehandlung entgegenstehen.[54] In solchen Fällen sich mit entsprechend reduzierter Patientenaufklärung zufriedenzugeben, ist rechtlich ein Anwendungsfall der sog. mutmaßlichen Einwilligung: Der – normalerweise einwilligungsfähige – Patient selbst ist an einer eigenen (volle Information voraussetzenden) Entscheidung gehindert; eine Einbeziehung in den therapeutischen Versuch wird jedoch als in seinem überwiegenden Interesse liegend und seinem mutmaßlichen Willen entsprechend angesehen.

In einem wesentlichen Punkt weicht die Regelung des AMG allerdings von den allgemeinen Einwilligungsgrundsätzen ab: Während die herrschende juristische Auffassung hinsichtlich der Einwilligungszuständigkeit von einem Entweder-Oder-Prinzip ausgeht, postulieren § 40 Abs. 4 Nr. 4 sowie § 41 Nr. 3 AMG bei einsichtsfähigen, aber nicht voll geschäftsfähigen Versuchspersonen das Prinzip einer kumulativen Einwilligung von Patient und gesetzlichem Vertreter und gestehen damit eine „Vetomündigkeit" zu – eine sachgerechte Lösung,[55] die einen über das AMG hinausgehenden Anwendungsbereich verdient.

---

[53] Vgl. etwa E. Deutsch, Das therapeutische Privileg des Arztes: Nichtaufklärung zugunsten des Patienten, NJW 1980, 1306ff. Treffender nun E. Deutsch (Anm. 6), S. 70f., 379; „Humanitäres Prinzip".

[54] In Fällen erforderlicher gesetzlicher Vertretung läßt sich auf § 41 Nr. 7 AMG nur ein Aufklärungsdefizit des Patienten selbst, nicht auch des stellvertretend Einwilligenden, gründen.

[55] Ebenso §§ 44 Nr. 6, 45 Abs. 4 Nr. 3 öst. AMG.

Widerrufsrecht

Ganz gleich, wer einwilligungszuständig ist: Eine einmal abgegebene Erklärung kann jederzeit widerrufen werden. Sind für die Zulässigkeit einer klinischen Prüfung an einer Person rechtlich mehrere Einwilligungen erforderlich, darf schon bei Widerruf einer dieser Einwilligungen die klinische Prüfung an dieser Person nicht fortgesetzt werden.[56] Gerade bei Langzeitversuchen mag das Fehlen rechtlicher Druckmittel, um Versuchspersonen bei der Stange zu halten, aus der Sicht des Forschers bedauerlich sein. Indes wäre es schwerlich vorstellbar, absprungwillige Probanden mit juristischen Zwangsmitteln zum „Durchhalten" veranlassen zu wollen.[57]

4. Nutzen-Risiko-Abwägung

In der Reihenfolge der gesetzlichen Voraussetzungen sogar noch vor dem Einwilligungserfordernis plaziert ist in § 40 Abs. 1 Nr. 1 AMG eine Abwägungsklausel, wonach eine klinische Prüfung eines Arzneimittels bei Menschen nur durchgeführt werden darf, wenn und solange die Risiken, die mit ihr für die Person verbunden sind, gemessen an der voraussichtlichen Bedeutung des Arzneimittels für die Heilkunde ärztlich vertretbar sind.[58] Man wird diese Bestimmung als Konkretisierung des Verbots selbst konsentierter sittenwidriger Eingriffe in die körperliche Integrität (vgl. § 226a StGB) anzusehen haben.[59] Ihre Umsetzung in eine abwägende Beurteilung des Einzelfalls ist freilich mit der Schwierigkeit verbunden, daß im Grunde genommen Inkommensurables gegeneinander abgewogen werden soll: ein *individuelles Risiko* mit einem (erhofften) *kollektiven*

---

[56] So ausdrücklich § 47 öst. AMG.

[57] Ein anderes Problem von Lanzeitversuchen stellen die Fälle dar, in denen im Studienverlauf die Einwilligungsfähigkeit von Versuchspersonen und damit ihre Bereitschaft zur anhaltenden Teilnahme an der Studie zumindest fraglich wird – eine Konstellation, mit der man etwa bei der Gerontopsychiatrie nicht selten zu rechnen haben wird. Näher hierzu H. Helmchen/S. Kanowski/H.-G. Koch, Forschung mit dementen Kranken: Forschungsbedarf und Einwilligungsproblematik, Ethik in der Medizin 1 (1989), 83ff., 84ff.

[58] Der Sache nach ähnlich § 29 Abs. 2 öst. AMG, wobei jedoch § 29 Abs. 1 öst. AMG zusätzlich fordert, die gesundheitlichen Risiken und Belastungen für die Versuchspersonen zu minimieren.

[59] Vgl. Eser (Anm. 15), S. 209f.; Koch (Anm. 35), S. 29ff.; Sander (Anm. 5), § 40 AMG Anm. 6.

Nutzen.[60] Indem dabei auf die *ärztliche Vertretbarkeit* abgehoben wird, stellt der Gesetzgeber – mit Bedacht – eine Kongruenz zur Helsinki-Tokyo-Deklaration her, nach deren Ziff. I. 4. biomedizinische Forschung am Menschen nur zulässig ist, „wenn die Bedeutung des Versuchsziels in einem angemessenen Verhältnis zum Risiko für die Versuchsperson steht".[61] Letztendlich unterwirft sich damit das Recht weitgehend dem Urteil ärztlicher Sachverständiger und beschränkt seine Kontrollfunktion auf die Frage, ob bei der Abwägung die wesentlichen Gesichtspunkte des Einzelfalls beachtet wurden. Da es sich um ein Ex-ante-Urteil handelt, wird dem Votum der Ethikkommission, die das Projekt nach den Maßstäben der einschlägigen berufsethischen und rechtlichen Codices vorab beurteilt hat, erhebliche Bedeutung beizumessen sein.[62]

5. Sonstige arzneimittelrechtliche Zulässigkeitsvoraussetzungen

Der Vollständigkeit halber seien die übrigen arzneimittelrechtlichen Zulässigkeitsvoraussetzungen der klinischen Prüfung, die keine besonderen Rechtsfragen aufwerfen, stichwortartig aufgelistet:

– Leiter der Prüfung muß ein Arzt sein, der mindestens eine 2jährige Erfahrung in der klinischen Prüfung von Arzneimitteln nachweisen kann (§ 40 Abs. 1 Nr. 4 AMG).
– Der Prüfung am Menschen muß eine dem jeweiligen Stand der wissenschaftlichen Erkenntnisse entsprechende pharmakologisch-toxikologische Prüfung vorausgegangen sein (§ 40 Abs. 1 Nr. 5 AMG),
– deren Unterlagen beim Bundesgesundheitsamt zu hinterlegen sind (§ 40 Abs. 1 Nr. 6 AMG).
– Der Leiter der klinischen Prüfung muß durch einen für die pharmakologisch-toxikologische Prüfung verantwortlichen Wissen-

---

[60] Ansätze zur Operationalisierung der Nutzen-Risiko-Abwägung leisten z.B. Helmchen/Kanowski/Koch (Anm. 57), S. 88ff.; H.-L. Schreiber, Rechtliche Regeln für Versuche mit Menschen, in: H. Helmchen, R. Winau (Hrsg.), Versuche mit Menschen, Berlin 1986, S. 15ff.; 21ff.

[61] Vgl. auch Z. 1.5 der Deklaration, wo den Belangen der Versuchsperson deutlich Priorität eingeräumt wird.

[62] Ähnlich Kloesel/Cyran (Anm. 5) § 40 AMG Anm. 4f.; Sander (Anm. 5), § 40 AMG Anm. 6. Das Kommissionsvotum darf jedoch den Versuchsteilnehmern nicht als *Empfehlung* zur Durchführung des beurteilten Projektes präsentiert werden, vgl. Koch (Anm. 35), S. 31.

schaftler über deren Ergebnisse sowie über die voraussichtlich mit der klinischen Prüfung verbundenen Risiken informiert worden sein (§ 40 Abs. 1 Nr. 7 AMG).

– Es muß ein dem jeweiligen Stand der wissenschaftlichen Erkenntnisse entsprechender Prüfplan vorhanden sein (§ 40 Abs. 1 Nr. 7a AMG).

– Nach Maßgabe von § 40 Abs. 1 Nr. 8 in Verbindung mit Abs. 3 AMG muß eine Probandenversicherung abgeschlossen sein.

– Die bevorstehende Durchführung einer klinischen Prüfung ist der zuständigen Landesbehörde anzuzeigen (§ 67 AMG).[63] Einer staatlichen Genehmigung für die Durchführung einer bestimmten klinischen Prüfung bedarf es in der Bundesrepublik Deutschland nicht.

Diese Voraussetzungen gelten für therapeutische wie für nicht-therapeutische Versuche in gleicher Weise.[64]

---

[63] Zur Überwachungspraxis der Länderbehörden vgl. W. Fresenius, Überwachung der klinischen Prüfung von Arzneimitteln in Rheinland-Pfalz, in: H. Kleinsorge/C. Streichele/A. Sander (Hrsg.), Klinische Arzneimittelprüfung medizinische und rechtliche Grundlagen, Stuttgart 1987, S. 117ff. Insgesamt ist die „Begleitkontrolle" klinischer Prüfungen weit weniger normiert als die präventive Seite. Insofern werden in den neuen EG-Hinweisen „Gute klinische Praxis für die klinische Prüfung von Arzneimitteln in der Europäischen Gemeinschaft" (vgl. oben Anm. 13) den Ethikkommissionen besondere Aufgaben zugedacht (vgl. Kap. 1, Abschnitt 1.4: Information über Änderungen des Prüfprotokolls und über schwerwiegende Prüfzwischenfälle).

[64] Das österreichische Recht unterscheidet sich vom deutschen insoweit vor allem durch detaillierte Regeln über Qualifikation und Pflichten des Prüfungsleiters (§§ 32ff. öst. AMG) sowie durch einige strengere Verfahrenskautelen: Vor der Erstanwendung eines Prüfarzneimittels am Menschen bedarf es einer gutachtlichen Stellungnahme des Arzneimittelbeirats (vgl. §§ 34, 49 öst. AMG; näher dazu H. Winkler, Arzneimittelbeirat und Ethik-Kommissionen bei der Arzneimitteltestung in Österreich, in: R. Toellner (Hrsg.), Die Ethik-Kommission in der Medizin, Stuttgart 1990, S. 141ff.); Prüfzwischenfälle sind dem zuständigen Ministerium zu melden (vgl. § 41 öst. AMG); klinische Prüfungen müssen grundsätzlich, d.h. von definierten Ausnahmen bei Therapieversuchen abgesehen, stationär in Krankenanstalten durchgeführt werden (vgl. § 42 öst. AMG).

Ethikkommission und Arzneimittelprüfung

Zu den gegenwärtig meistdiskutierten Fragen des geltenden deutschen Rechts der Arzneimittelprüfung gehört – merkwürdigerweise – die Legitimation von Ethikkommissionen zur Beurteilung klinischer Prüfungen. Anknüpfend an die Empfehlung der Helsinki-Tokyo-Deklaration (Z. I.2):

> Die Planung und Durchführung eines jeden Versuchs am Menschen sollte eindeutig in einem Versuchsprotokoll niedergelegt werden; dieses sollte einem besonders berufenen unabhängigen Ausschuß zur Beratung, Stellungnahme und Orientierung zugeleitet werden.

hat sich auch in der BRD die Idee einer vorbeugenden „Kontrolle der Forschung am Menschen durch Ethikkommissionen"[65] umfassend durchgesetzt.[66] Der aktuelle Streit geht denn auch nicht um den grundsätzlichen Sinn und Zweck einer solchen beratenden Vorausbeurteilung.[67] Problematisch ist vielmehr die über Jahre hinweg übliche Tätigkeit sog. „freier Kommissionen" geworden, nachdem die Ärzteschaft in ihre Berufsordnungen folgende zunächst nur als Sollvorschrift ausgestaltete, später jedoch als Mußbestimmung formulierte Klausel aufgenommen hatte:

> Der Arzt muß sich vor der Durchführung klinischer Versuche am Menschen oder der epidemiologischen Forschung mit personenbezogenen Daten durch eine bei der Ärztekammer oder bei einer medizinischen Fakultät gebildeten Ethikkommission über die mit

---

[65] Zum Rechtstatsächlichen vgl. näher das gleichnamige Buch von W. van den Daele/H. Müller-Salomon, Stuttgart 1990, sowie J. Czwallinna, Ethik-Kommissionen: Forschungslegitimation durch Verfahren, Frankfurt a.M. 1987, S. 119ff.

[66] Zur Entwicklung vgl. näher R. Bork, Das Verfahren vor den Ethik-Kommissionen der medizinischen Fachbereiche, Berlin 1984, S. 32ff.; A. Laufs/E. Reiling, Ethik-Kommissionen – Vorrecht der Ärztekammern?, Berlin 1991, S. 16ff. Zu den Aufgaben von Ethikkommissionen im Zusammenhang mit Arzneimittelversuchen vgl. auch die EG-Hinweise „Gute klinische Praxis für die klinische Prüfung von Arzneimitteln in der Europäischen Gemeinschaft", Kapitel 1, Abschnitte 1.3 bis 1.7.

[67] Kritisch insoweit E. Samson, Über Sinn und Unsinn von Ethik-Kommissionen, DMW 1981, 667ff.; gegen ihn A. Eser/H.-G. Koch, Zum rechtlichen Wert von Ethik-Kommissionen, DMW 1982, 443ff.; Schreiber (Anm. 60), S. 31f.

seinem Vorhaben verbundenen berufsethischen und berufsrechtlichen Fragen beraten lassen.[68]

Die im Hinblick auf diese berufsrechtlichen Bestimmungen bei
Universitäten und Ärztekammern eingerichteten Ethikkommissionen sind in einem „Arbeitskreis Medizinischer Ethik-Kommissionen
in der Bundesrepublik Deutschland" zusammengeschlossen, der
einheitliche Verfahrensgrundsätze[69] entwickelt hat.[70]

Darüber, ob sich die Berufsordnungen mit der vorgesehenen Monopolisierung der Kommissionsträgerschaft noch im Rahmen ihrer
Regelungskompetenz bewegen, herrscht Streit.[71] So sehr das Anliegen verständlich ist, „Wildwüchse" zu vermeiden und die Kommissionen auf in etwa gleiche Standards zu bringen,[72] so bleibt doch
festzuhalten, daß auch die nicht berufständisch implementierten
Kommissionen offenbar gute Arbeit geleistet haben und daß diese
namentlich besser den Bedürfnissen gewerblicher Arzneimittelprüfung zu entsprechen vermögen, indem Anträge zügiger und auch
unter Beachtung maßgeblicher ausländischer (z.B. FDA) Standards
beurteilt werden können, sowie daß ihnen der – praktisch häufige –
Umgang mit englischsprachigen Unterlagen weniger Schwierigkeiten zu machen scheint. Vorzugswürdig erscheint daher ein Modell
„friedlicher Koexistenz" zwischen privatrechtlichen („freien") und
berufsethischen Ethikkommissionen.[73]

---

[68] § 1 Abs. 4 MuBO; in die meisten Berufsordnungen der Landesärztekammern über-
nommen. Gegen die entsprechende Bestimmung in der Berufsordnung für die
Ärzte in Hessen ist inzwischen ein Normenkontrollverfahren anhängig, das als
„Musterprozeß" verstanden wird, vgl. G. Pfeiffer, Die gegenwärtige und künftige
Problematik der Ethik-Kommissionen, VersR 1991, 613ff.; 616.

[69] Abgedruckt bei Toellner (Anm. 64), S. 163ff. – Zu den einschlägigen Verfahrens-
fragen vgl. näher Bork (Anm. 66), S. 117ff.

[70] Vgl. dazu die Neuveröffentlichung in DÄBl. 88 (1991), S. C-1503f. – Speziell zu
Problemen bei der Beurteilung multizentrischer Studien vgl. die Beiträge von G.
Schellong, W. Wagner und E. Deutsch, in: S. Schellong, Künstliche Beatmung,
Stuttgart 1990 (Medizin-Ethik, Band 2), S. 207ff.; 211ff. und 220ff.

[71] Bejahend etwa Laufs/Reiling (Anm. 66), S. 51ff.; verneinend dagegen z.B. Pfeiffer
(Anm. 68), S. 613ff.; W.-R. Schenke, Rechtliche Grenzen der Rechtsetzungsbefug-
nisse von Ärztekammern, NJW 1991, 2313ff.

[72] Dieses Anliegen wird namentlich durch Gelegenheit zum regelmäßigen Erfahrungsaustausch auf Jahrestagungen des Arbeitskreises Medizinischer Ethikkommissionen in der Bundesrepublik Deutschland gefördert, vgl. dazu E. Doppelfeld,
Arbeitskreis medizinischer Ethik-Kommissionen in der Bundesrepublik Deutschland einschließlich Berlin (West), in: R. Toellner (Anm. 64), S. 49ff.

[73] In diesem Sinne etwa I.K. Tiedemann, Voraussetzungen und Grenzen rechtlicher
Regelungen für die Tätigkeit von Ethik-Kommissionen bei Forschungsvorhaben am
Menschen, ZRP 1991, 54ff.; 61.

Ordnungsgemäße klinische Prüfung (GCP)

Klaus D. Wiedey

Einleitung

Die klinische Forschung experimentiert mit dem wertvollsten Gut, das wir besitzen: unserem Körper. Daraus ergibt sich zwangsläufig die moralische Verpflichtung, derartige Experimente mit größtmöglicher Sorgfalt zu planen und durchzuführen. Fehlergebnisse aufgrund von unsachgemäßer Planung, lässiger oder sogar bewußt falscher Dokumentation können dazu führen, daß Gesundheitsbehörden die überprüfte Substanz fälschlicherweise für den therapeutischen Gebrauch zulassen. Als Folge können über lange Zeitläufe Arzneimittelspezialitäten mit ungerechtfertigtem Nutzen-Risiko-Verhältnis im Handel sein und durch den verordnenden Arzt zu unbeabsichtigten Gesundheitsschäden führen.

Jeder Arzt, der an einer klinischen Prüfung beteiligt ist, sollte sich darüber im klaren sein, daß er – läßt er nicht höchstmögliche Sorgfalt walten – nicht nur dem aktuellen Experiment schadet, sondern vielmehr daran beteiligt ist, späteren Körperverletzungen Vorschub zu leisten.

Schlecht geplante oder nachlässig durchgeführte klinische Prüfungen sind unethisch: sie gefährden unnötig Patienten, führen aufgrund unklarer Ergebnisse zu vermeidbaren weiteren Prüfungen und sind damit auch unsozial; sie vergeuden das Geld der Solidargemeinschaft.

Ein strategischer Entwicklungsplan muß daher eindeutig differenzieren zwischen denjenigen klinischen Prüfungen, die für die Zulassungsverfahren essentiell sind, und denjenigen, die für den späteren Vertrieb nützlich sein können. Für beide Zielsetzungen sind, soweit möglich, offene klinische Prüfungen und ausschließlich verumkontrollierte Prüfungen zu vermeiden. Marketingorientierte, aber auch epidemiologische Fragestellungen können im Rahmen von Anwendungsbeobachtungen abgeklärt werden.

Der ethische Anspruch an die klinische Forschung ist in den letzten Jahres keineswegs gestiegen. Durch die Etablierung zahlreicher nationaler und internationaler Gesetze, behördlicher Verordnungen und supranationaler Richtlinien (der European Community) wird lediglich angestrebt, daß diesem Anspruch Genüge getan wird. Während des gesamten Prüfablaufs ist deshalb eine unerbittliche Qualitätssicherung unverzichtbare Voraussetzung, um den ethischen Anspruch an klinische Prüfungen sicherzustellen.

Die sachgerechte Anwendung der allgemein wissenschaftlich und rechtlich aufgestellten Regeln zur „ordnungsgemäßen klinischen Prüfung (Good Clinical Practice, GCP)" durch alle Beteiligten (Pharmaindustrie, Universitätsgremien, Leiter der klinischen Prüfung, Prüfärzte, Auftragsforschungsinstitute und Ethikkommissionen) gewährleistet, daß künftig ethisch und sozial akzeptable klinische Prüfungen durchgeführt werden. Es muß allerdings weiterhin unser Bestreben sein, daß die Ergebnisse von nach derartigem Standard durchgeführten Prüfungen über nationale Grenzen hinweg uneingeschränkt gegenseitige – auch behördliche – Anerkennung finden.

Die Grundlagen für das GCP-Regelwerk (Arzneimittelgesetz § 40, 41; Grundsätze für die ordnungsgemäße Durchführung der klinischen Prüfung von Arzneimitteln; Deklaration von Helsinki; EG-Richtlinien) finden sich in den Anhängen 1.1, 1.2, 2.6 und 3.1. Der Sponsor einer klinischen Prüfung ist verpflichtet, Standard Operating Procedures (SOP) zu erarbeiten, die unter Berücksichtigung der GCP und individuellen Gegebenheiten des Unternehmens (Sponsor) alle Einzelabläufe regeln und zudem sicherstellen, daß eine Qualitätskontrolle die Befolgung der SOP überprüft.

Mit dem umfassenden Regelwerk von GCP, GLP (Good Laboratory Practice) und GMP (Good Manufacturing Practice) bzw. GPhM (Good Pharmaceutical Manufacturing) verfolgen die beteiligten Behörden einen für die beabsichtigte Therapie unabdingbaren Sicherheitsaspekt. Die geforderte Therapiesicherheit kann nur dann gewährleistet sein, wenn

– in der Forschung der Kontrollstandard zu reproduzierbaren Ergebnissen führt,
– in der Produktion das Qualitätsprogramm reproduzierbare Chargen liefert, die innerhalb der vorgegebenen Spezifikationsvariablen liegen (Wiedey 1985).

Planung

Planungsvoraussetzungen

Zur Vorbereitung der Prüfplanung sind eine Reihe wissenschaftlicher, ethischer und rechtlicher Voraussetzungen zu prüfen.

Die Ergebnisse bisher durchgeführter tierexperimenteller und humanpharmakologischer Untersuchungen der Prüfsubstanz müssen die Durchführung der geplanten klinischen Prüfung rechtfertigen. Die sorgfältige Zusammensetzung aller wichtigen Informationen über die zu prüfende Substanz in einem Exposé kann gleichzeitig als Prüfarztinformation dienen (Investigators Drug Brochure). Mit der Pflicht zur Hinterlegung dieser Ergebnisse beim Bundesgesundheitsamt (AMG § 40 [1] 6) will der Gesetzgeber sicherstellen, daß im Fall einer prozessualen Auseinandersetzung zwischen Sponsor und Patient der Anwalt (Sachverständige) des Geschädigten nachträglich problemlos ein Gutachten über die Voraussetzungen für die Studie anfertigen kann. Eine Bezugnahme auf die Ergebnisse pharmakologisch-toxikologischer Untersuchungen anderer Hersteller ist aus diesem Grunde undenkbar (Sander 1988). Unproblematisch ist bei Phase-IV-Prüfungen der Verweis auf eigene Zulassungsunterlagen, sofern diese dem Stand der Wissenschaft entsprechen.

Eine formale Prüfgenehmigung, wie sie in den USA und England vorgeschrieben ist, wird im AMG und in den EG-Richtlinien (noch) nicht gefordert.

Die zu untersuchende Fragestellung soll geeignet sein, therapeutisch relevante Ergebnisse zu liefern. „Die Risiken, die mit der klinischen Prüfung für die Person verbunden sind, bei der sie durchgeführt werden soll, müssen – gemessen an der voraussichtlichen Bedeutung des Arzneimittels für die Heilkunde – ärztlich vertretbar sein" (AMG § 40 [1]).

An Patienten „darf die klinische Prüfung nur durchgeführt werden, wenn die Anwendung des zu prüfenden Arzneimittels nach den Erkenntnissen der medizinischen Wissenschaft angezeigt ist, um das Leben des Kranken zu retten, seine Gesundheit wiederherzustellen, oder sein Leiden zu erleichtern" (AMG § 41, 1).

„Gemessen an der voraussichtlichen Bedeutung des Arzneimittels für die Heilkunde, müssen die Risiken für die teilnehmenden Personen ärztlich vertretbar sein." Der Leiter der klinischen Prüfung „muß zwischen der Fürsorgepflicht gegenüber dem einzelnen Patienten/gesunden Probanden und dem allgemeinen Verlangen nach therapeutischem Fortschritt abwägen" (Bundesanzeiger 1987).

Es kann sehr wohl „good clinical practice" sein, von diesen Regeln abzuweichen, „soweit dies aufgrund spezieller medizinischer Fragestellungen notwendig ist". Diese Abweichungen sind allerdings sehr sorgfältig zu begründen (Bundesanzeiger 1987). Üblicherweise werden klinische Prüfungen jedoch im Rahmen des etablierten Regelwerkes durchgeführt. Ausnahmen müssen auf Einzelfälle beschränkt bleiben und dürfen keinesfalls dafür herhalten, daß einer Durchlöcherung oder Umgehung der GCP Vorschub geleistet wird. Ansonsten würden andere nationale Behörden der Frage der internationalen gegenseitigen Anerkennung von Studienergebnissen zu Recht negativ gegenüberstehen.

Es ist dem Planungsverantwortlichen auferlegt, bei der Prüfplanung nicht nur die Interessen seines Auftraggebers (Universität, Pharmaindustrie) an der Herausarbeitung eines Therapievorteils der zu untersuchenden Substanz zu beachten, sondern vorurteilsfrei und wissenschaftlich neutral den gesamten „Kenntnisstand über die zu behandelnde Krankheit (Ätiologie, Pathogenese, Spontanverlauf, Prognose und Therapiemöglichkeiten)" (Bundesanzeiger 1987) zu berücksichtigen. Bereits in der Planungsphase ist sicherzustellen, „daß eine dem Prüfziel entsprechende ärztliche Beurteilung und biometrische Auswertung der erhobenen Daten möglich ist" (Bundesanzeiger 1987). Es sollte damit endgültig der Vergangenheit angehören, daß erst nach Abschluß einer klinischen Prüfung ein Biometriker gebeten wird, Einblick in die erhobenen Daten zu nehmen, und, falls der Versuch lohnend erscheint, eine Auswertung durchzuführen.

Die biometrische Planung erfolgt vielmehr gemeinsam mit den Vorbereitungsarbeiten wissenschaftlicher Art (Fragestellung, Prüfschema, Art und Umfang der Untersuchungsmethoden) sowie der Überprüfung der ethischen Voraussetzungen. Dabei werden Auswertungsmethoden festgelegt und die Zielvariable definiert. Es soll damit vermieden werden, daß je nach Interessenslage des Auftraggebers post festum das am günstigsten erscheinende Ergebnis, womöglich unter vorheriger sorgfältiger Adaptation der Ein- und Ausschlußkriterien und damit Neufestlegung der Drop-outs (von der Prüfung und Analyse ausgeschlossener Patienten), wunschgemäß aufbereitet wird.

Die zur Verwendung kommenden medizinischen Untersuchungsmethoden müssen anerkannt und validiert (Good Laboratory Practice, GLP) sein. Daten zur inter- und intraindividuellen Reproduzierbarkeit müssen ebenso vorliegen wie statistische Kennwerte, die relevante Aussagen über das zu untersuchende Patientengut zulassen. Das Vorliegen derartiger Zahlen ist beispielsweise unverzichtbar für eine ordnungsgemäße Abschätzung der zur Erreichung verläßlicher Aussagen benötigten Fallzahl.

Da aufgrund der notwendigen Fallzahlen die Mehrzahl der aktuellen klinischen Prüfungen multizentrisch durchgeführt wird, ist es von besonderer Bedeutung, Standardvorgaben für die zu verwendende Methodik zu präzisieren. Die Notwendigkeit großer Fallzahlen darf nicht dazu führen, daß unterschiedliche Ergebnisse ein und desselben Parameters einen Therapievorteil verwischen. So kranken beispielsweise Studien an hypertensiven Patienten oft daran, daß unterschiedliche Methoden der Blutdruckmessung angewandt werden. Selbst bei Verwendung derselben Methode in allen Zentren treten individuell gewichtete Ergebnisse auf. Je mehr die Anwendung der Methodik subjektiven Einflüssen unterliegt (z.B. Fremdbeurteilung bei psychiatrischen Erkrankungen), desto eher werden zentrumsbetonte Ergebnisschwerpunkte zu erwarten sein. Prüfertreffen vor Beginn und während der Durchführung der Prüfung sollten verstärkt dazu dienen, diese Problematik zu besprechen. Jeder, der die Ergebnisse klinischer Prüfungen interpretiert – auch Gesundheitsbehörden –, wird allerdings akzeptieren müssen, daß individuell geprägte Unterschiede zwischen den Zentren nicht zu vermeiden sind. Dies ist insbesondere bei der Bewertung von Arzneimittelrisiken von entscheidender Bedeutung. Allein die Fragestellung des behandelnden Arztes, seine begleitende Gestik und seine eigene Einstellung zu unerwünschten Ereignissen können die Nebenwirkungshäufigkeit eines Arzneimittels entscheidender beeinflussen, als dieses selbst. Nebenwirkungshäufigkeiten, die nicht den Ergebnissen placebokontrollierter klinischer Studien entnommen sind, sollten daher mit größter Vorsicht betrachtet werden (Halo-Effekt = Aggravation aufgrund gezielter Befragung).

Die Verwendung von Placebo in klinischen Prüfungen fordert die Abwägung zwischen der wissenschaftlichen Erkenntnis, daß die placebokontrollierte klinische Prüfung den absoluten therapeutischen Stellenwert mit relativ geringen Patientenzahlen darstellen kann, und der ethischen Verpflichtung, auch im Rahmen von Forschungsbemühungen die primäre ärztliche Aufgabe, nämlich den Heilungsversuch, nicht zu unterlassen. Dabei darf allerdings nicht vergessen werden, daß bei vielen medizinischen Indikationen, auch außerhalb klinischer Prüfungen, im Rahmen des normalen Vorgehens häufig die Möglichkeit eines Placebotherapieversuchs angewendet wird. Weiterhin wurde in zahlreichen Versuchen darauf hingewiesen, daß die positive therapeutisch relevante pharmakologische Aktivität des Placebo nicht zu unterschätzen ist (Hippius 1986). Es bleibt der fachlichen Kunst und dem Einfühlungsvermögen des behandelnden Arztes überlassen, bei einer klinischen Prüfung den beteiligten Patienten über die wissenschaftliche Notwendigkeit einer Placebokontrolle aufzuklären und ihn über die Placebogabe als Teil des normalen ärztlichen Vorgehens bei der Therapie zu informieren.

In die gleiche Richtung geht die Frage, ob es z.B. erlaubt sein kann, im Rahmen kontrollierter klinischer Prüfungen bei infektiösen Erkrankungen, einer Patientengruppe pharmakologisch wirksame, aber nicht antibakteriell effektive Substanzen zu verabreichen. Ist es ethisch vertretbar, präfinalen Patienten mit Neoplasmen oder Aids bei kontrollierten klinischen Prüfungen das möglicherweise effektive Zytostatikum/Virustatikum vorzuenthalten und stattdessen Placebo zu geben?

Wesentlich ist bei der Entscheidungsfindung die Einsicht, daß jeder Mensch einerseits in Zukunft Patient werden kann und mit Recht eine optimale Therapie wünscht, sowie andererseits Anspruch auf besonderen Schutz hat, wenn er sich an einer Prüfung beteiligt (Coper 1990).

Da das Arzneimittel regelmäßig nur *ein* Bestandteil des Gesamtbehandlungsplanes ist, bleibt ein Placebopatient somit nicht „unbehandelt". Demnach wird das Fürsorgeprinzip für den Patienten nur partiell eingeschränkt, zumal sich auch das Prüfarzneimittel als unwirksam erweisen kann (Wagner 1990). Die Einschränkung dieses Prinzips ist jedoch nur gerechtfertigt, wenn wenigstens 4 Bedingungen erfüllt sind (Beauchamp 1989):

1) Die realistische Aussicht auf Erreichung des Ziels, aufgrund dessen das Prinzip eingeschränkt werden soll.
2) Zur beabsichtigten Einschränkung des Prinzips dürfen keine ethisch vorzuziehenden Alternativen bestehen.
3) Die Einschränkung des Prinzips muß, gemessen am Ziel der Handlung, so gering wie möglich sein.

4) Der Handelnde muß versuchen, die Auswirkungen der Einschränkung des Prinzips zu minimieren.

Durch konsequente Anwendung von Zufallszuteilung (Randomisation) und doppelblinder Verabreichung der Studienmedikation wird dem behandelnden Arzt die Möglichkeit entzogen, das Fürsorgeprinzip bei einzelnen Patienten vorurteilsbedingt gezielt einzuschränken.

Ein doppelblindes Vorgehen bei kontrollierten Prüfungen ist dann nicht mehr gewährleistet, wenn aufgrund auffälliger Effekte oder auch auffälliger Nebenwirkungen das Prüfpräparat sich so sehr vom Placebo unterscheidet, daß der Patient oder der erprobende Arzt es im Einzelfall rasch erkennen kann. Ein gutes Beispiel hierfür sind die ß-Rezeptorenblocker. Die herzfrequenzsenkende Wirkung ist bei vielen dieser Substanzen so ausgeprägt, daß die Doppelblindheit im placebokontrollierten Versuch schon nach wenigen Tagen nicht mehr gegeben ist (Ledermann u. Glocke 1981).

Klinische Prüfungen, die keinen therapeutischen Zweck verfolgen, müssen so angelegt sein, daß „Leben und Gesundheit der Person geschützt wird, an welcher biomedizinische Forschung durchgeführt wird" (Deklaration von Helsinki). „Die Versuchspersonen sollten Freiwillige sein, entweder gesunde Personen oder Patienten, für die die Versuchsabsicht nicht mit ihrer Krankheit in Zusammenhang steht."

Der Prüfplan

Die Durchführungsverordnung des Bundesgesundheitsamtes (Bundesanzeiger 1987) und die EG-Richtlinien empfehlen für den Aufbau des Prüfplanes quasi übereinstimmend (s. Übersicht 1 am Schluß des Beitrags) eine Reihe von Einzelpunkten. In der Praxis hat es sich bewährt, bei der individuellen Prüfplanung auf das Grundgerüst eines Standardprüfplans (s. Anhang 3.3) zurückzugreifen.

Der Prüfplan dient als wissenschaftliche Vertragsgrundlage zwischen Sponsor und Prüfarzt. Der Text des Prüfplans muß alle für die Durchführung der Prüfung notwendigen Vereinbarungen enthalten, welche die Vertragsparteien beschlossen haben. Um dem Prüfarzt die tatsächliche Durchführung der Prüfung zu erleichtern, ist bei der Abfassung des Textes darauf zu achten, daß sich die beabsichtigte

Vorgehensweise bei der geplanten Prüfung wie ein geradliniger roter Faden – unter Verzicht auf Schleifen und Kreise – durch den Prüfplan zieht. Insbesondere sind Wiederholungen zu vergleichbaren Themenabschnitten zu vermeiden. In der Planungsphase kommt es sonst nur zu leicht vor, daß bei Änderungen des einen Textabschnitts die gleichsinnige Änderung des anderen Textabschnitts vergessen wird. So kann sich z.B. im Kapitel „Studienmedikation" eine genaue Beschreibung des zu verabreichenden Präparates bis hin zur Dosierungsangabe finden. Die Dosierungsangabe taucht dann nochmals auf, wenn im Kapital „Studienablauf" die Ausgabe der Studienmedikation erläutert wird. Bei Dosisänderungen während der Planungsphase sind selbstverständlich beide Abschnitte gleichsinnig zu korrigieren.

Auch bei verwandten Abschnitten des Prüfplans ist auf Konsistenz der Aussage zu achten. So ist es z.B. widersprüchlich, wenn im Abschnitt „Einschlußkriterien" definiert wird, daß Patienten nur dann eingeschlossen werden dürfen, wenn außer der zu untersuchenden Prüfindikation keine weiteren körperlichen Erkrankungen vorliegen. Im Abschnitt „Begleitmedikation" wird dann aber gezielt darauf hingewiesen, daß die Therapie mit β-Blockern, Thyreostatika und nichtsteroidalen Antirheumatika verboten ist.

Zur Qualitätssicherung empfiehlt es sich, die Textfassung des Prüfplans durch eine fachlich vorgebildete Person kontrollieren zu lassen, die mit der Durchführung dieses Projektes ansonsten nicht beauftragt wurde („gegenseitige kollegiale Kontrolle"). Bei der Kontrolle des Prüfplans ist konkret darauf zu achten, daß bereits ein einmaliges Durchlesen des Textes den Prüfablauf einwandfrei erläutert. Mißverständliche oder redundante Textpassagen sind dabei entsprechend zu beseitigen.

Bei der Durchführung einer placebokontrollierten Doppelblindstudie geht der Statistiker im Rahmen der biometrischen Planung von der schlechtesten Möglichkeit aus: Verum ist nicht besser als Placebo. Diese Hypothese gilt es durch die Prüfung zu widerlegen. Dabei wird sich der klinische Prüfer eines Zielkriteriums bedienen. Dies kann beispielsweise für ein koronardilatierendes Arzneimittel die Erhöhung der noch symptomfreien Belastungsstufe bei der Ergometrie sein. Vor Beginn der Prüfung ist zu definieren, welche Änderung als klinisch relevant anzusehen ist.

Nunmehr legt der Statistiker die obere Grenze für das Risiko fest, bei der ein placeboartiges Medikament dem Placebo irrtümlich als überlegen angesehen wird (α). Weiterhin wird die Wahrscheinlichkeit definiert, mit der ein wirksames Medikament irrtümlich als placebogleich angesehen wird (β). Der Stichprobenumfang errechnet sich dann aus der Größe, mit der sich das Zielkriterium klinisch relevant ändert, sowie aus der Irrtumswahrscheinlichkeit, die für α (z.B. 0,05) und für β (z.B. 0,2) festgelegt wird.

Beim verumkontrollierten Versuch wird eine neue Substanz mit einem Standardpräparat verglichen. Der schlechteste Fall: „Neu" ist nennenswert schlechter als der Standard. Es ist verständlicherweise das erklärte Ziel der Prüfplanung, diese Hypothese zu widerlegen.

Prüfbogen

Inhaltliche Gestaltung

Die Durchführungsverordnung des Bundesgesundheitsamtes (Bundesanzeiger 1987) und die EG-Richtlinien schreiben übereinstimmend vor, daß zur Dokumentation der bei einer klinischen Prüfung erhobenen Daten ein Prüfbogen (Case Report Form, CRF) zu verwenden ist. Damit soll sichergestellt werden, daß alle Angaben erfaßt werden, die der Prüfplan fordert, und damit die im „Prüfplan formulierte Fragestellung fundiert beantwortet werden kann". In der vom Bundesgesundheitsamt erstellten Durchführungsverordnung ist eine Auflistung des Mindestinhaltes enthalten. Die EG-Richtlinien bezeichnen ihre entsprechende Auflistung als nicht vollständig (s. Übersicht 2 am Schluß des Beitrags). Bei einem Vergleich der Anforderungen kann man eine weitgehende inhaltliche Übereinstimmung feststellen. Die EG-Richtlinien fordern „eine Erklärung, falls einer oder mehrere dieser Punkte nicht berücksichtigt werden". Im Regelfall ist es durchaus sinnvoll, den Vorgaben Folge zu leisten.

Andererseits ist bereits bei der Konzeption des Prüfplans darauf zu achten, daß nur diejenigen Daten abgefragt werden, die nach Abschluß der Prüfung tatsächlich einer Auswertung zugeführt werden. Eine gewisse Anzahl von Begleitvariablen mag zwar in der Lage sein, Aussagen der Zielvariablen zu unterstützen, aber eine Unzahl von Variablen wird diese eher verschleiern.

Soweit ein Prüfbogen Originaldaten enthält (z.B. Fremd- und Selbstbeurteilungskriterien bei Studien mit psychotropen Substanzen; Aufzeichnungen physikalischer Untersuchungen wie EKG oder

EEG, die nur für die Studie durchgeführt werden), über deren ordnungsgemäße Erhebung keine Zweifel bestehen (s. Checklisten zum Studienmonitoring, Anhang 3.6) und die ordnungsgemäße Unterschrift des Prüfarztes vorliegt, kann dieser Prüfbogen als Originaldatensatz (Source Document) angesehen werden. Die Akzeptanz durch die Food and Drug Administration (FDA), einer amerikanischen Gesundheitsbehörde, ist erfahrungsgemäß gleichermaßen gegeben (s. Anhang 3.5).

Formale Gestaltung

An die formale Gestaltung des Prüfbogens sind besondere Anforderungen zu stellen. So wie die Stärke einer Kette von ihrem schwächsten Glied bestimmt wird, steht und fällt die Qualität einer klinischen Prüfung mit ihrer Dokumentation. Jeder Prüfbogen ist daher so zu gestalten, daß die Dokumentation der erhobenen Daten prüfplangemäß und unproblematisch erfolgen kann. Die verwendete Fragestellung für die Abfrage einzelner Prüfvariablen (Items) muß so klar sein, daß Antworten ohne Gehirnakrobatik erfolgen können. Als einfache Regel zur Vermeidung solcher Problematik kann beherzigt werden, daß Negativfragen oder solche, die sogar doppelte Verneinung enthalten, vermieden werden. Wahlfragen fördern ebenfalls zweideutige Antworten. Um für den Prüfarzt die Dokumentation so einfach und problemlos wie möglich zu gestalten, sollte der Prüfbogen den chronologischen Ablauf der einzelnen Untersuchungsabschnitte widerspiegeln. Alle Entscheidungspunkte des Prüfablaufs sollten sich im Dokumentationsbogen wiederfinden, um die Zuverlässigkeit (Compliance) der Prüfärzte zu erhöhen. Die meisten Prüfärzte sind derart im Alltag von Praxis oder Klinik gefangen, daß die Forderungen der Richtlinien, „sich intensiv mit den Vorgaben des Prüfplans vertraut zu machen", nicht darin gipfeln dürfen, daß der Prüfarzt den Prüfplan auswendig lernt.

Die heute zur Verfügung stehenden Möglichkeiten von Kleincomputern und leicht verständlicher Software zur Erarbeitung eines Layouts unter Verwendung von Desktop-Publishing sollte es jedem erlauben, Prüfbogen nicht nur prüfplangerecht, GCP-konform und vollständig, sondern auch optisch ansprechend, logisch und didaktisch einwandfrei zu gestalten.

Während der Prüfung wiederkehrende, gleichartige Dokumentationsteile (z.B. Abfrage der Symptomatik, unerwünschte Ereignisse, EKG, Medikationsausgabe) sollten unter Verwendung identischer Module gleichartig gestaltet werden. Nur so findet sich der Prüfarzt in den heutzutage immer umfangreicher werdenden Prüfbogen noch zurecht.

Zur Optimierung eines fortlaufenden und vielleicht flächendeckenden Prüfarzttrainings wäre es wünschenswert, daß sich einheitliche Dokumentations- und Abfragetechniken entwickeln. Solche Schemata dienen übrigens nicht nur einer erleichterten Dokumentation, sondern auch einer zuverlässigeren Studienüberwachung (Monitoring) und der mit einer geringeren Fehlerhäufigkeit behafteten Dateneingabe.

Relativ weit verbreitet ist die Vorgabe, bei der Verwendung von „Kreisen" ein Ankreuzen zu erlauben. Damit können längere Listen abgearbeitet werden, bei denen die Antwort „ja" oder „nein" lautet (z.B. Ein- und Ausschlußkriterien; s. Mustermodule für Prüfbogen, Anhang 3.6).

Für die Dokumentation von Ergebnissen, die in Zahlen ausgedrückt werden können, werden keine „Kreise" sondern „Kästchen" vorgegeben. In Erweiterung dazu werden in unserem Institut beim Layout von Prüfbogen folgende Regeln berücksichtigt:

- „Allseitig geschlossene Kästchen" werden für die Dokumentation von vorgegebenen Scorewerten verwendet. Hierunter kann sowohl die Kodierung des Geschlechts (männlich = 1, weiblich = 2), die Kodierung von einfachen Fragen (nein = 1, ja = 2) oder auch die Kodierung von Mehrfachantworten, die sich gegenseitig ausschließen (ethnische Zugehörigkeit: 1 = weiß, 2 = asiatisch, 3 = negroid), fallen (s. Mustermodule für Prüfbogen, Anhang 3.6).
- „Oben offene Kästchen" dienen zur Erfassung „offener" Ergebnisse (Gewicht, Größe, Blutdruck etc.). Hierbei ist selbstverständlich die zu erwartende Größenordnung bei der Anzahl der vorgesehenen Stellen (vor und nach dem Komma) zu berücksichtigen.
- „Alle Kästchen", die im Layout des Prüfbogens verwendet werden, sind „auszufüllen". Damit wird dem Prüfarzt die lästige Suche nach den Teilen des Prüfbogens erspart, die im besonderen Fall jeweils zu beachten sind. Gleichzeitig erleichtert dies die Kontrolle durch den Monitor. Wie bei jeder Regel ist auch hier eine Ausnahme vorgesehen: Ist eine der vorgesehenen Antworten

grau unterlegt, kann bei Wahl der nichtunterlegten Antwort das Ausfüllen der weiteren in diesem Block noch verbliebenen Kästchen unterlassen werden. Dagegen muß bei Wahl der grau unterlegten Antwort mit der Beantwortung der folgenden Fragen fortgefahren werden. Besonders eindrucksvoll kann dies bei der Abfrage des Geschlechts (z.B. weiblich) und den dazugehörigen Folgefragen, aber auch bei der Dokumentation von Begleiterkrankungen demonstriert werden (s. Mustermodule für Prüfbogen, Anhang 3.6).

Es gehört ein gewisses Maß an Konsequenz dazu, dieses Layout in einem Prüfbogen zu verwirklichen. Der Planungsverantwortliche wird aber dadurch belohnt, daß es geringerer Motivationsanstrengungen bedarf, den Prüfarzt zu einer ordnungsgemäßen Dokumentation anzuleiten. Ebenso wird das Monitoring vereinfacht (zeitlich und inhaltlich) sowie die Anzahl an Rückfragen vermindert. Insgesamt gesehen kann die Datenqualität letztendlich gesteigert werden.

Jede einzelne Seite des Prüfbogens muß zweifelsfrei identifiziert werden können, sollte sie wider Erwarten aus dem Zusammenhang herausgerissen werden. Daher müssen auf jeder Seite Hinweise auf die Kennzeichnung der Studie (z.B. Studiennummer), auf den beteiligten Patienten (z.B. Patientennummer) und auf die Zugehörigkeit zum Prüfabschnitt (z.B. Seitenzahl oder Angabe des Untersuchungszeitpunkts) vorhanden sein.

Da die Dokumentation des gesamten Prüfablaufs beim Prüfarzt lückenlos nachvollziehbar sein muß (EG-Richtlinien), ist es praktisch unvermeidbar, daß Prüfbögen auf NCR-Papier („no carbon required") gedruckt werden. Dabei ist eine ausreichende Anzahl von Kopien für den Sponsor, das Datenzentrum und evtl. externe Monitore vorzusehen. Der monetäre Aufwand für dieses Herstellungsverfahren macht sich im Vergleich zur früher üblichen Notwendigkeit, Fotokopien anzufertigen, mehr als bezahlt, ganz abgesehen von den logistischen Vorteilen bei der Handhabung.

Weiterhin ist es empfehlenswert, im Planungsstadium der klinischen Prüfung die Herstellung einer ausreichenden Anzahl an Prüfbogen vorzusehen. Um insbesondere bei Multicenterstudien eine gewisse Flexibilität zu erhalten, sollte dabei in bezug auf die geplante Zahl der auswertbaren Patienten mit mindestens 100 % Reserve gearbeitet werden.

Sofern die einzelnen Prüfhefte mit einer fortlaufenden Numerierung versehen werden, kann nach Beendigung der Prüfung der Verbleib eines jeden einzelnen Heftes nachverfolgt werden. Bei lückenloser Dokumentation entfällt damit der Verdacht, daß bei der Auswertung dieser Prüfung einzelne Patienten, die zwar dokumentiert wurden, aber nicht in einen GCP-gerechten Ablauf gepaßt haben (z.B. Betrugsversuch des beteiligten Prüfarztes), bei der Berichterstattung einfach negiert wurden.

Der Prüfarzt muß darauf hingewiesen werden, daß fehlende Daten (Serumprobe verlorengegangen, Gewicht nicht erhoben, Beginn eines unerwünschten Ereignisses nicht eruierbar etc.) in das dafür vorgesehene Kästchen eingetragen werden. Dabei ist ein „missing data code" („9", „–" o.ä.) zu verwenden, der mit der für die Auswertung vorgesehenen Datenbank kompatibel ist.

Prüfmuster

Die zu untersuchende Substanz muß in derselben Form geprüft werden, in der sie später in den Handel kommen soll. Auf die Herstellung, die Qualitätskontrolle und das Inverkehrbringen der Studienmedikation findet die Pharmabetriebsverordnung (GMP) Anwendung.

Von den Chargen, aus denen Material für die Studienmedikation entnommen wird, sind ausreichend Proben einzulagern. Damit wird gewährleistet, daß zu einem späteren Zeitpunkt ein unabhängiges Labor in der Lage ist, die Studienmedikation zu überprüfen und beispielsweise einen Bioäquivalenznachweis zu führen (s. EG-Richtlinien, Anhang 3.1).

Die Studienmedikation ist so zu verpacken, daß Ausgabe und Rückgabe sinnvoll und problemlos in den Ablauf des geplanten Beobachtungszeitraums eingefügt werden können. Auch wenn die Therapiephase einer Studie über 3 Monate bei 4wöchentlichen Kontrolluntersuchungen läuft, ist es nicht sinnvoll, dem Patienten die Medikation für die gesamte Studiendauer bereits beim ersten Untersuchungstermin auszuhändigen. Abweichungen von der erwünschten Einnahmetreue (Compliance) können bei kleineren Ausgabemengen früher entdeckt und damit gegebenenfalls noch geändert werden.

Anweisungen für den Patienten sollten auf den Medikationsbehältnissen (z.B. Blisterstreifen) deutlich lesbar angebracht werden. Gleichfalls empfiehlt es sich, auf dem Medikationsbehältnis neben der arzneimittelrechtlich vorgeschriebenen Kennzeichnung zusätzlichen Raum für Name, Anschrift und Telefonnummer des Prüfarztes vorzusehen (s. auch EG-Richtlinien, Anhang 3.1). Im Notfall (schwerwiegendes unerwünschtes Ereignis) können sich dann der Hausarzt oder der Notarzt die notwendigen Informationen über die Prüfmedikation umgehend beschaffen.

Die Herstellung von Prüfmustern für Doppelblindprüfungen stellt besondere Anforderungen an die Arbeit der galenischen Abteilung des pharmazeutischen Unternehmers. Um den Doppelblindcharakter zu gewährleisten, sind Placebo und Verum oder auch unterschiedliche Verumdarreichungsformen äußerlich absolut identisch herzustellen. Die Identität bezieht sich auf Farbe, Größe, Gewicht, Aussehen, Geschmack, Form, Überzug, Aufdruck, physikalisches Verhalten (z.B. Schütteln von Ampullen oder Kapseln, Farbabweichungen unter UV-Licht) sowie physiologische Folgeerscheinungen (Urin- und Stuhlverfärbung). Auf die vielschichtige Palette an Besonderheiten bei der Verabreichung von Placebo in diversen Darreichungsformen wurde bereits früher ausführlich hingewiesen (Wiedey 1985).

Die bisher vielfach geübte Praxis, Verum und Placebo mit unterschiedlichen Chargenkennzeichen auf der Darreichungsform (z.B. Kapseln) zu versehen oder ersatzweise bei der Beschriftung der Studienmedikation unterschiedliche Chargennummern für Placebo und Verum zu verwenden, sollte aufgegeben werden. Weniger für den Prüfpatienten als vielmehr für den Prüfarzt ist dadurch der Doppelblindcharakter einer Studie gefährdet. Auch das Verwenden von mehreren Chargennummern, die dann randomisiert Verum und Placebo zugeordnet werden, dürfte eher zu einem Verwirrspiel als zu einer im Notfall beabsichtigten Nachvollziehbarkeit des Inhalts werden. Die Erfahrung hat gezeigt, daß ein GCP-gerechter Randomisierungsvorgang, inklusive ordnungsgemäßer Etikettierung, eine ebenso zuverlässige nachträgliche Identifikation des tatsächlichen Inhalts sicherstellt.

Die Kennzeichnung der Studienmedikation (AMG § 10, 10) fällt in die Verantwortung des Herstellungsleiters. Dieser hat darauf zu achten, daß nur die Anzahl der für die Studie benötigten Etiketten gedruckt und die Kennzeichnung dann gemäß Randomisierungsplan chargenweise vorgenommen wird. Dabei ist sinnvollerweise mit der Kennzeichnung der Placebocharge zu beginnen. Zunächst werden die Medikationsbehältnisse, die Placebo enthalten, gekennzeichnet und etwaige Restbestände zur Prüfung des Gesamtverbrauchs bilanziert. Anschließend können die Verumcharge oder Schritt für Schritt (bei mehrarmigen Prüfungen) die weiteren Verumchargen sinngemäß in gleicher Weise verpackt werden. Damit können evtl. auftretende Fehler innerhalb eines Kennzeichnungsschritts problemlos beseitigt werden. Am Ende eines jeden Verpackungsschritts ist durch den Kontrolleiter die ordnungsgemäße Durchführung zu bestätigen.

Nach Abschluß des Kennzeichnungsvorganges werden die Medikationsbehältnise in numerisch aufsteigender Reihenfolge geordnet, pro Prüfzentrum verpackt und durch den Kontrolleiter zum Vertrieb freigegeben.

Es setzt sich zunehmend durch, die Kennzeichnung mittels durchschreibender Duplexetiketten vorzunehmen. Bei der Medikationsausgabe an den Patienten klebt der Prüfer den obenaufliegenden Teil des Etiketts in den Prüfbogen, während der Durchschreibesatz auf der Medikation verbleibt. Damit kann kontrolliert werden, ob der Prüfarzt die Medikationsausgabe korrekt vorgenommen hat. Dies ist ein Schritt auf dem Weg zur allgemeinen Prüfungscompliance und Datenwahrheit!

Der Prüfarzt muß bestätigen, „daß die Lieferungen des Sponsors korrekt in Empfang genommen wurden" (s. EG-Richtlinien, Anhang 3.1). Danach muß im Sinne einer ordnungsgemäßen Buchhaltung die Ausgabe der Prüfmedikation an den Patienten und die Rücknahme von demselben dokumentiert werden. Auch die Rückgabe an den Sponsor ist schriftlich zu bestätigen. „Am Ende der Studie muß es auf Basis der schriftlichen Dokumentation möglich sein, eine Übereinstimmung zwischen der vom Sponsor ausgegebenen mit den benutzten und zurückgegebenen Arzneimitteln sicherzustellen. Über jegliche Diskrepanz muß Rechenschaft abgelegt werden" (EG-Richtlinien). Um dem Prüfarzt eine zusätzliche Dokumentation zu ersparen, hat es sich in praxi durchaus bewährt, die Bilanzierung der Studienmedikation, soweit das Innenverhältnis Patient und Arzt betroffen ist, komplett im Prüfbogen zu dokumentieren.

Ethikvotum

Die Gesamtplanung eines in der Entwicklung befindlichen Arznei-
mittelprojekts bedarf ständiger Abwägung in wissenschaftlicher und
ethischer Sicht. Diese Forderung trifft selbstverständlich für die Planung einer einzelnen Prüfung ebenfalls zu. Jeder Planungsverantwortliche neigt allerdings dazu, die wissenschaftlichen Begründungen und die Risiko-Nutzen-Bewertung für „sein" Projekt entsprechend den Interessen der Projektplanung zu bewerten. Die subjektiv
gefärbte plausible Abwägung medizinischer Entscheidungen bedarf
daher der zusätzlichen ethischen Überprüfung.

Durch die Anhörung einer Ethikkommission vor Aufnahme einer
klinischen Prüfung wird der Schutz des Individuums unzweifelhaft
verbessert. Sowohl die Deklaration von Helsinki, die deutsche Berufsordnung für Ärzte, die Durchführungsverordnung für klinische
Prüfungen als auch die EG-Richtlinien verpflichten zu diesem Vorgehen.

Während die Grundsätze für die ordnungsgemäße Durchführung
klinischer Prüfungen (BGA) lediglich angeben, daß „eine Ethikkommission gehört werden soll", untersagen die EG-Richtlinien den
„Einschluß von Patienten, bevor nicht ein positives Votum der zuständigen Ethikkommission vorliegt".

Für den forschenden Prüfarzt treten aber dann Probleme auf,
wenn bei überregionalen Multizenterprüfungen unterschiedliche
Kommissionen unterschiedliche Voten abgeben. Hege (1990) fordert
für unabhängige Ethikkommissionen eine einheitliche Rechtslage
und Spruchpraxis. Er warnt allerdings bei der Vereinheitlichung vor
der Gefahr einer „Moralbürokratie", die ein Forschungsprojekt bis
ins Detail zensiert und damit die Freiheit der Forschung erheblich
einschränkt. Nach der derzeitigen Rechtslage ergibt sich allerdings
eine Monopolstellung der Ethikkommissionen bei den Landesärztekammern und medizinischen Fakultäten. Auf die verfassungsrechtli-
che Problematik des „Monopols" der bei den Landesärztekammern
gebildeten Ethikkommissionen wurde in einem Rechtsgutachten von
Rupp (schriftliche Mitteilung 1988) und in Vorträgen von Rupp und
Pfeiffer anläßlich des FÄPI-Symposiums „Ethikkommission in
Deutschland" am 7.11.1989 hingewiesen.

Die Voten der Ethikkommissionen sind als „antizipierte Sachverständigengutachten" einzustufen und insbesondere geeignet, die
Haftungsrisiken für eventuelle Gesundheitsschäden für Arzt und

pharmazeutischen Unternehmer zu vermindern (Wagner 1990). Unabhängig davon ist das Ethikvotum in Deutschland keine Prüfgenehmigung. Die volle ärztliche Verantwortung über den Ablauf verbleibt beim Prüfer!

Am 12.12.1990 hat das Europäische Parlament mit breiter Mehrheit die Einrichtung eines „Ethikobservatoriums für die Beobachtung medizinischer und biotechnischer Forscher" beschlossen. Es wird die erste internationale Organisation dieser Art in Europa sein und v.a. Rechtsvorschriften sowie Entwürfe im Bereich der Bioethik erfassen. Es ist geplant, daß dieses Observatorium ein echtes Europäisches Komitee für medizinische Ethik werden soll, das die gemeinsamen Empfehlungen zu medizinisch-ethischen Fragen berät.

Durchführung

Voraussetzungen für den Prüfbeginn

Allgemeine Voraussetzungen

Voraussetzungen jeder klinischen Prüfung sind die Benennung eines klinischen Prüfleiters, die Existenz eines Prüfplans, eine spezielle Probanden- und Patientenversicherung und die Aufklärung der jeweiligen Prüfpersonen sowie ggf. deren Personensorgeberechtigten.

Bei Untersuchungs- und Strafgefangenen und zwangseingewiesenen Patienten dürfen klinisch-pharmakologische Untersuchungen nicht durchgeführt werden. Eine Teilnahme von Kindern ist sehr eingeschränkt.

Das Arzneimittelgesetz schreibt vor, daß die Qualifikation für den Prüfleiter erbracht ist, wenn „er mindestens eine 2jährige Erfahrung in der klinischen Prüfung von Arzneimitteln nachweisen kann". Die bisher geübte Praxis im Hinblick auf den späteren Verkaufserfolg der Arzneimittelspezialität, einen berühmten und „aussagekräftigen" Ordinarius als Leiter der klinischen Prüfung zu bestimmen, wird man sicherlich überdenken müssen. Die mit der Benennung eines derartigen Spezialisten integrierte klinische Fachkompetenz auf dem jeweiligen Indikationsgebiet soll damit nicht in Abrede gestellt werden. Auch umfangreiche Erfahrungen mit Arzneimittelprüfungen werden unzweifelhaft vorhanden sein. Es bleibt jedoch zu überprüfen, ob eine ausreichende Erfahrung mit Good Clinical Practice nachgewiesen werden kann und ob auch die Bereitschaft besteht, alle Regeln und Richtlinien zu befolgen. Nur damit wird dem Gesetzgeber ebenso Genüge getan wie der ethischen Verpflichtung, die eine derartige Aufgabe erfordert. Vorschläge, die für die Benennung des Leiters der klinischen Prüfung die weitergehende Qualifikation eines Arztes für klinische Pharmakologie fordern oder zumindest einen vergleichbaren Sachkundenachweis nahelegen (Gundert-Remy, schriftliche Mitteilung), sind daher uneingeschränkt zu begrüßen.

Eine weitere Bedingung für die Ernennung zum klinischen Prüfleiter ist die deutsche ärztliche Approbation. Im Rahmen des gemeinsamen Marktes werden auch vergleichbare medizinische Qualifikationsnachweise anderer EG-Staaten auf Antrag anerkannt. Es ist damit sogar rein theoretisch denkbar, daß ein ausländischer Mediziner mit Wohnsitz im EG-Ausland Leiter für eine klinische Prüfung in Deutschland wird. Dies kann jedoch von den Landesüberwachungsbehörden abgelehnt werden (Walter, Regierungspräsidium Freiburg, schriftliche Mitteilung).

„Der Leiter der klinischen Prüfung muß durch einen für die pharmakologisch-toxikologische Prüfung verantwortlichen Wissenschaftler über die Ergebnisse der pharmakologisch-toxikologischen Prüfung und die voraussichtlich mit der klinischen Prüfung verbundenen Risiken informiert worden sein" (AMG). Diese Information sollte den Prüfleiter in die Lage versetzen, selbständig das Nutzen-Risiko-Verhältnis der geplanten klinischen Prüfung abschätzen zu können. Sie erfolgt üblicherweise schriftlich und ist durch die Übergabe einer ausführlichen Prüferinformation (Investigators Drug Brochure) sichergestellt.

Der Sponsor übergibt dem Leiter der klinischen Prüfung die Berechtigung, jederzeit über Beginn, Fortsetzung, Unterbrechung, Änderung oder Abbruch der klinischen Prüfung zu entscheiden. Diese Befugnisse können und dürfen ihm nicht beschnitten werden (Sander 1988). Das gilt selbstverständlich auch dann, wenn als Leiter der klinischen Prüfung ein Mitarbeiter des pharmazeutischen Unternehmens bestellt wird und dessen Entscheidung zwar wissenschaftlich korrekt ist, jedoch mit den wirtschaftlichen Interessen des Arbeitgebers kollidiert.

Im Rahmen der internationalen Harmonisierung des GCP-Regelwerks ist zu beachten, daß die FDA-Richtlinien (s. Anhang 3.5) zwar
einen „Principal Investigator" kennen, an diesen aber lediglich im
Falle von Multicenterstudien Anforderungen im Sinne einer koordi-
nativen Tätigkeit stellen. Diese Funktion ist in etwa mit der des wissenschaftlichen Koordinators gleichzusetzen, der in Deutschland bei
vielen groß angelegten Multicenterstudien benannt wird, ohne daß
er sich gleichzeitig verpflichtet, die arzneimittelrechtliche Verantwortung des „Leiters der klinischen Prüfung" zu übernehmen. Auch
die EG-Richtlinien kennen keinen Prüfungsleiter im Sinne unseres
Arzneimittelgesetzes. Dort wird lediglich im Rahmen von Multicenterstudien ein „Coordinating Investigator" vorgeschlagen, der für
die Zusammenarbeit der Prüfer in den verschiedenen Zentren zuständig ist. Es ist daher durchaus möglich, daß im Rahmen einer
Novellierung des deutschen Arzneimittelgesetzes auf die bisher definierte Funktion des Leiters der klinischen Prüfung verzichtet wird.

Da es trotz größtmöglicher Sorgfalt bei der Durchführung klinischer Prüfungen zu gesundheitlichen Schädigungen der behandelten
Patienten kommen kann und auch kommt, ist „eine Versicherung
abzuschließen, die auch dann Leistungen gewährt, wenn kein anderer für den Schaden haftet. Der Umfang der Versicherung muß in einem angemessenen Verhältnis zum Risiko stehen" (AMG § 40 [1] 8
und [3]). Gemäß den gegenwärtigen Versicherungsbedingungen ist
allerdings der Patient beweispflichtig, daß der erlittene Gesundheits-
schaden durch die Studienmedikation verursacht wurde. Derzeitige
Bestrebungen, die eine Beweislastumkehr zum Ziel haben, sind im
Sinne patientengerechter Studien begrüßenswert.

Ein eventuell Geschädigter hat unmittelbaren Anspruch gegen die
Versicherung. Daher ist deren Name bekanntzugeben. Weiterhin
muß der Patient/gesunde Proband mit seinen Obliegenheiten vertraut gemacht werden, damit der Versicherungsschutz nicht gefährdet wird! Der Eintritt einer Gesundheitsschädigung (Versicherungsfall) ist dem Versicherer unverzüglich anzuzeigen. Eine andere medizinische Behandlung während der klinischen Prüfung darf nur im
Einvernehmen mit dem Prüfer erfolgen.

Voraussetzungen für den Prüfbeginn im jeweiligen Prüfzentrum

Das Honorar für den Prüfarzt muß angemessen sein und darf nicht in Sachleistungen abgegolten werden. Vor Beginn der Prüfung muß eine schriftliche Honorarvereinbarung getroffen werden (Kodex BPI). Durch diese Regelung soll verhindert werden, daß Prüfärzte von der Industrie unkontrollierbare Sachzuwendungen (z.B. im Sinne von Luxusreisen) annehmen und damit der Eindruck erweckt wird, die Studienergebnisse könnten durch die Erwartung eines übermäßigen finanziellen Vorteils beeinflußt worden sein.

Es hat sich als durchaus praktikabel erwiesen, die schriftliche Honorarvereinbarung zu einer allgemeinen Prüfungsvereinbarung bzw. einem Prüfarztvertrag auszudehnen. Damit können alle Rechte und Pflichten der Vertragspartner festgelegt werden.

Bei der Bezahlung des Prüfarztes sollte davon ausgegangen werden, daß die während des Prüfverlaufs tatsächlich erbrachten ärztlichen Leistungen gemäß Leistungskatalog (z.B. GOÄ) berechnet werden. Selbstverständlich ist der zusätzliche Aufwand zu vergüten, der durch den erheblichen Organisationsaufwand im Zusammenhang mit einer GCP-gerechten Prüfung entsteht. Dazu gehören auch die Teilnahme an Prüfertreffen u.ä. Ungerechtfertigten Forderungen der Prüfärzte sollte dabei allerdings seitens der Pharmaindustrie begegnet werden. Eine Prüfung mit dem 10fachen GOÄ-Satz zu honorieren ist genauso wenig angemessen, wie zusätzlich zum Honorar für die Teilnahme am Prüfertreffen noch nachträglich eine Honorarzahlung für den Praxisvertreter zu fordern.

In diesem Zusammenhang stellt sich auch die Frage nach der Bezahlung der Patienten. In den USA – mit einem vom deutschen grundlegend unterschiedlichen Sozialversicherungssystem – ist es inzwischen üblich, Patienten für die Teilnahme an klinischen Prüfungen zu honorieren. Im europäischen Raum wird diese Praxis überwiegend abgelehnt. Unter die Ablehnung fällt selbstverständlich nicht die Erstattung von nachgewiesenen Unkosten (z.B. Fahrtkosten). Die Ablehnung wird überwiegend mit ethischen Begründungen unterlegt:

- Durch eine Bezahlung des Patienten könnte eine Selektion des zu untersuchenden Patientengutes erfolgen, die die Extrapolation der Ergebnisse auf das Gesamtpatientengut einengen würde. Sozial gering ausgestattete Patienten könnten durch das in Aussicht gestellte Honorar eher zur Teilnahme an einer Studie veranlaßt werden als nur durch das Therapieversprechen des Arztes.

– Nach GCP soll ein Patient jederzeit das Recht haben, seine Teilnahme an der Studie zu beenden. Patienten, die eigentlich von ihrem Rücktrittsrecht Gebrauch machen wollten, könnten wegen des zu erwartenden finanziellen Nachteils davon Abstand nehmen.

– Unser Kulturkreis betrachtet es unausgesprochen als moralisch verwerflich, wenn ein Patient seine Krankheit „verkauft".

Im Rahmen einer therapeutischen Prüfung wird der Patient behandelt; eine zusätzliche finanzielle Vergütung ist quasi unnötig. Je mehr Untersuchungen der Patient aber über das normale Maß hinaus über sich ergehen lassen muß, desto eher können Entschädigungen gerechtfertigt sein.

Im Unterschied dazu ist die Honorarfrage beim symptomtragenden Probanden zu sehen. So sollte ein Glaukompatient, bei dem in einer placebokontrollierten Prüfung lediglich eine Einmalapplikation einer augeninnendrucksenkenden Studienmedikation vorgesehen ist, ein volles Probandenhonorar erhalten, da das Studiendesign keineswegs als therapeutische Prüfung angesehen werden kann (Wuermeling 1991).

Das Honorar für gesunde Probanden (Phase-I-Prüfung) ist eine angemessene Entschädigung im Rahmen eines Dienstleistungsvertrags.

Dem Prüfarzt muß bewußt sein, daß die gesetzlichen Krankenkassen gemäß den RVO-Richtlinien nicht mit Unkosten belastet werden (dürfen), die im Zusammenhang mit klinischen-pharmakologischen Prüfungen entstehen (Schulte 1989).

Neben den finanziellen Vereinbarungen ist es selbstverständlich unabdingbar, daß sich der Prüfer mit den wissenschaftlichen Gegebenheiten des Prüfprojekts vertraut macht. Dazu muß er beispielsweise die ihm übergebene schriftliche Prüfarztinformation (Investigators Drug Brochure) studieren. Wie anders könnte er die für den Patienten korrekte Therapieentscheidung im Rahmen der Prüfung treffen?

Beinahe banal klingt die Forderung der EG-Richtlinien, daß der Prüfer „dem Prüfplan zuzustimmen und ihn zusammen mit dem Sponsor zu unterzeichnen und in schriftlicher Form zu bestätigen hat". Ebenso wird gefordert, daß „er/sie den Prüfplan gelesen und verstanden hat und gemäß dem Prüfplan und der Good Clinical Practice arbeiten wird". Leider muß man allzuoft mit Erstaunen feststellen, wie oberflächlich sich einige Prüfärzte trotz vorhandener schriftlicher Informationen und erfolgter ausführlicher persönlicher Diskussion mit dem Prüfablauf beschäftigt haben, sobald dieser hinterfragt wird. Die EG-Forderung existiert daher bedauerlicherweise zu Recht. Wenn ein Prüfarzt im Prüfungserstgespräch bei der Besprechung des Prüfablaufs erstaunt die Augenbrauen hochzieht (ich habe dergleichen des öfteren erlebt) und bei einer ausschließlich verumkontrollierten Doppelblindprüfung fragt, welche Patientengruppe nun Placebo erhalten würde, dann sollte der verantwortungsvolle Gesprächspartner zu diesem Zeitpunkt die Courage besitzen, sein Gegenüber nicht in die geplante Prüfung mit einzubeziehen. Ein derartig konsequentes Vorgehen wird nicht nur induktiv durch das GCP-Regelwerk gefordert, es wird auch für den späteren Prüfablauf von hohem Nutzen sein. Es ist nur schwerlich vorstellbar, daß ein Prüfarzt, der nach ausführlichen Prüfungsvorbereitungen nicht mit den wesentlichen Eckdaten der Prüfung vertraut ist, diese später ordnungsgemäß durchführen wird.

Bezeichnenderweise wird aus der größten Gruppe der klinischen Prüfer, nämlich der der niedergelassenen Ärzte, die Forderung erhoben, klinische Prüfung, z.B. im Rahmen eines seminarähnlichen Ausbildungsganges, zu lehren. Klinische Prüfungen wurden bislang den Ärzten aufgedrängt. Hier ist eine Umkehr nötig. Die Teilnahme sollte ein Privileg darstellen, das jedoch eine Qualifikation voraussetzt (Weber 1990).

Vor Beginn der klinischen Prüfung ist die Meldung bei der zuständigen Landesbehörde erforderlich (AMG § 67). Meldepflichtig ist zwar der Prüfarzt, in praxi wird aber die Meldung stellvertretend durch den Sponsor vorgenommen. Seitens der Arbeitsgemeinschaft der verantwortlichen Ministerialbeamten wurde dazu eine Richtlinie verabschiedet (AGLMB 1987). Obligatorisch ist demnach die Angabe aller Prüfärzte, der Bezeichnung des Prüfpräparates, des Leiters der Studie, der Art der Prüfinstitution, des Namens des Pharmaunternehmens. Weiterhin ist es zweckmäßig, neben der BGA-Hinterlegungsnummer den/die Wirkstoff/e des Prüfpräparates, die Darreichungsform und die Prüfdauer der Studie mitzuteilen sowie zu bestätigen, daß Prüfplan, Ethikvotum und Versicherungspolice vorliegen. Die zur Überwachung verpflichtete Landesbehörde ist keinesfalls befugt, eine Prüfung zu genehmigen. Ihr Kompetenzbereich beschränkt sich darauf, den durch Verordnungen und Gesetze festgelegten Rahmen zu kontrollieren. Dabei ist es durchaus gerechtfertigt, daß sie – um nur einige Punkte zu nennen – die ordnungsgemäße Kennzeichnung der Studienmedikation, den Geschäftssitz des Versicherers oder die einschlägige Erfahrung des Prüfleiters überprüft. Der Widerspruch durch die Landesüberwachungsbehörde kann also nur formalen Charakter haben.

Beim Ende einer Prüfung wird unterschiedlich verfahren. Einige Pharmafirmen teilen dies der Behörde mit, ohne daß dazu eine konkrete Verpflichtung bestünde. Man vermeidet dadurch sicherlich zeitraubende und evtl. unangenehme Rückfragen bei längst abgeschlossenen Studien.

Voraussetzungen für den Prüfbeginn beim einzelnen Patienten

Die notwendige Aufklärung der Bevölkerung über Arzneimittelprüfungen muß verbessert werden. Dazu gehört einerseits die Information über Grundlagen, Ziele, Durchführungs- und Sicherheitsmaßnahmen von Arzneimittelprüfungen und andererseits eine an den Schwierigkeiten des Gegenstandes orientierte öffentliche Diskussion der ethischen und rechtlichen Bedingungen von Arzneimittelprüfungen (Coper 1990).

Jeder Patient wird es begrüßen, wenn ihm sein Arzt mitteilt, es stehe ein neues Medikament zur Verfügung, das für die Behandlung seiner Krankheit den bisher benutzten Arzneimitteln überlegen sei. Dabei kann es sich um ein Mehr an therapeutischem Effekt handeln oder auch nur um ein Weniger an unerwünschten Wirkungen. Im optimalen Fall kommt beides zusammen: verbesserte Wirksamkeit bei kleinerem Risiko.

Der gleiche Patient, der die eben dargestellte Aussage seines Arztes mit Genugtuung zur Kenntnis nimmt, wird jedoch vielleicht mit Unwillen reagieren, wenn im Verlaufe einer Behandlung – sei es in der Klinik, sei es bei einem Hausarzt – die Frage an ihn gerichtet wird, an der Erprobung einer neuentwickelten Chemikalie mitzuwirken (Weber 1990). Dem Patienten darf keinesfalls der Eindruck vermittelt werden, er werde durch die Teilnahme an der klinischen Prüfung als „Versuchskaninchen mißbraucht". Hier ist der richtige Platz, den so angesprochenen Patienten darauf hinzuweisen, daß zu seiner Sicherheit ein umfangreiches Netz von Gesetzen, Verordnungen und Richtlinien neben ausgedehnten Kontrollbefugnissen der Behörden geschaffen wurde. Die Teilnahme an der klinischen Prüfung hat für ihn zudem eine außergewöhnlich intensive ärztliche Überwachung zur Folge, die sonst nur Schwerkranken zuteil wird.

Die Aufklärung des Patienten muß gemäß gängiger Rechtspraxis durch den behandelnden Arzt (AMG) erfolgen. Insoweit Prüfarzt und behandelnder Arzt nicht identisch sind, ist der behandelnde Arzt (Hausarzt, Assistenzarzt) voll in den Ablauf der Prüfung zu integrieren und damit auch über die Art der Aufklärung zu informieren. Es kann nicht ausreichend sein, daß der Prüfarzt, also beispielsweise der Chefarzt einer Klinik, der die Prüfung in seinem Krankenhaus koordiniert, lediglich das Aufklärungsgespräch mit einem Patienten führt und ihn danach nicht wiedersieht, weil dieser ausschließlich von einem Funktionsarzt behandelt wird. Auch die Vertrauensbasis, auf die ein Arzt-Patienten-Verhältnis gegründet ist, läßt ein solches Vorgehen nicht zu.

„Vor Aufnahme in die Prüfung müssen die Patienten bzw. Probanden in die Teilnahme an der Prüfung eingewilligt haben, nachdem sie über deren Wesen, Bedeutung und Tragweite in verständlicher Form aufgeklärt worden sind" (Bundesanzeiger 1987). Wichtig ist dabei die chronologische Reihenfolge. Keinesfalls darf das Aufklärungsgespräch nach Beginn der klinischen Prüfung dokumentiert werden. Dabei ist zu berücksichtigen, daß eine klinische Prüfung bereits dann beginnt, wenn der behandelnde Arzt Maßnahmen ergreift, die durch den Prüfplan bestimmt sind. Dazu gehören regelmäßig der Eintritt in eine Placeboauswaschphase, die Teilnahme an einem diätetischen Programm vor Beginn einer Placebophase, aber auch ein Auslaßversuch bei vorbestehender Behandlung.

Im Aufklärungsgespräch hat der Prüfarzt Formulierungen zu wählen, die dem Intelligenzgrad des Patienten angemessen sind. Durch Rückfragen ist sicherzustellen, daß der Patient auch Zusammenhänge begreift. Diese Art der Aufklärung wird den Kreis der Patienten einengen, die dann dem Procedere einer klinischen Prüfung zustimmen. Ebenso wie es zur ärztlichen Kunst gehört, einem Patienten im Aufklärungsgespräch verständlich zu machen, daß eine seiner Meinung nach indizierte Operation durchgeführt werden sollte, ohne daß gleichzeitig eine Erfolgsgarantie gegeben werden kann, muß der Prüfarzt in der Lage sein, trotz des ordnungsgemäß durchgeführten Aufklärungsgesprächs Patienten für die Prüfung auswählen zu können. Um späteren Enttäuschungen beim Prüfablauf vorzubeugen, ist es ratsam, diese Fähigkeiten des Prüfarztes bereits bei der Selektion des Prüfzentrums anzusprechen.

Über den Inhalt des Aufklärungsgesprächs macht die Verordnung des Bundesgesundheitsamtes (Bundesanzeiger 1987) präzise Angaben. Es ist inzwischen gängige Prüfpraxis, diese Inhalte patientengerecht zu formulieren und den potentiellen Prüfpatienten auszuhändigen. Es genügt nicht, den Patienten allein dieses Formular unterzeichnen zu lassen. Ein Formular hat lediglich Indizcharakter. Nach der Rechtsprechung ist die persönliche mündliche Aufklärung durch den Arzt nicht zu ersetzen, weder durch Formulare noch durch Patientenbroschüren (Stebner 1990).

Nach den EG-Richtlinien ist der Arzt prinzipiell nicht verpflichtet, sich eine schriftliche Einwilligungserklärung geben zu lassen. Die mündliche Einwilligungserklärung muß in Gegenwart eines Zeugen abgegeben werden (AMG § 41.6). Aus Gründen der Rechtssicherheit ist eine schriftliche Erklärung immer dann ratsam, wenn eine Behandlung im Rahmen der klinischen Prüfung ein hohes „Zwischenfallrisiko" beinhaltet. Die FDA-Praxis setzt bei in den USA durchgeführten klinischen Prüfungen in allen Fällen die schriftliche Einverständniserklärung voraus. Sie akzeptiert jedoch auch bei Prüfungen, die im Ausland durchgeführt werden (z.B. Europa), die dort weitverbreitete Einverständniserklärung auf mündlicher Basis.

Unabhängig von dem beschriebenen Procedere ist „die Einwilligung nur wirksam, wenn die Person, die sie abgibt, geschäftsfähig und in der Lage ist, Wesen, Bedeutung und Tragweite der klinischen Prüfung einzusehen" (AMG § 40 [2] 1). Der Patient/gesunde Proband ist ergänzend darauf hinzuweisen, daß er seine Einwilligung jederzeit widerrufen kann.

Der Prüfarzt muß dafür Sorge tragen, daß dem Patienten daraus keinerlei Nachteile erwachsen. Sein Verhalten dem Patienten gegenüber darf dadurch nicht beeinträchtigt werden (Deklaration von Helsinki II, 4), auch wenn ihm selbst finanzielle Einbußen (Kürzung des Prüfhonorars) entstehen.

Bei der Auswahl des Patienten für die klinische Prüfung ist darauf zu achten, daß der im Prüfplan festgehaltene Zeitablauf von diesem Patienten eingehalten werden kann. Um die Vergleichbarkeit von Ergebnissen zu erhalten, die in bestimmten Zeitabschnitten erhoben werden sollen, erlauben Prüfpläne für Wiederbestelltermine üblicherweise nur enge Zeitfenster. Kann ein Patient wegen geplanter privater oder beruflicher Aktivitäten (Urlaub, Seminare u.ä.)

diese Wiederbestelltermine voraussichtlich nicht einhalten, ist es unsinnig, ihn überhaupt in die Studie aufzunehmen. Es empfiehlt sich daher, den Prüfbögen übersichtliche Aufstellungen über die Terminplanung beizugeben (s. Mustermodule für Prüfbogen, Anhang 3.6).

Soweit Prüfungen nicht speziell darauf angelegt sind, an Schwangeren durchgeführt zu werden, ist bei gebärfähigen Frauen vor Beginn der Prüfung eine etwaige bestehende Schwangerschaft auszuschließen und mit der Patientin bezüglich eines sicheren Antikonzeptionsschutzes während der Prüfung zu sprechen. Es ist nur eine Frage der Zeit, bis sich auch bei uns die in den USA bereits gängige Praxis durchgesetzt haben wird, daß während des Prüfablaufs, je nach Dauer der einzelnen Prüfung, ein bis mehrmals und nach Beendigung der Therapiephase erneut ein Schwangerschaftstest durchgeführt wird.

Vor Aufnahme der Prüfung müssen alle Personen den Ein- und Ausschlußkriterien des Prüfplans genügen. Dabei ist zwischen denjenigen Ein- und Ausschlußkriterien zu unterscheiden, die dem Prüfarzt bekannt sind und für die keine weiteren diagnostischen oder therapeutischen Maßnahmen erforderlich sind, und denjenigen, die sich erst während eines Auslaßversuchs, einer diätetischen (oder physikalischen) Vorbehandlung oder einer Placebophase ergeben. In den zuletzt genannten Situationen ist der Patient bereits vollgültiger Teilnehmer einer klinischen Prüfung und muß vollständig aufgeklärt worden sein, obwohl er evtl. am Ende der Einschlußphase aus der Prüfung wieder ausscheidet, ohne die Prüfmedikation erhalten zu haben.

Ergänzend sind eine Reihe von allgemeinen Ausschlußkriterien zu beachten (s. Vorschlag für einen Standardprüfplan, Anhang 3.3), die für alle klinischen Prüfungen Geltung haben.

Bei der Aufnahme der einzelnen Patienten in die Prüfung ist durch den Prüfarzt darauf zu achten, daß die Selektion vorurteilsfrei erfolgt. Ob ein Prüfarzt diese Voraussetzung erfüllt, läßt sich am besten mit der Frage überprüfen: „Wie entscheiden Sie über die Aufnahme eines Patienten in die Studie, wenn dieser zur üblichen ärztlichen Behandlung zu Ihnen kommt, allen Ein- und Ausschlußkriterien dieser Prüfung genügt, Ihnen nach der Aufklärung die Einwilligung gibt, dieser Patient aber Ihr Vater/Sohn ist?"

Monitoring

„Der Monitor stellt die Kommunikation zwischen Sponsor und klinischem Prüfer her" (EG-Richtlinien). Um es gleich vorwegzunehmen, mit dem Monitoring (Überwachen) steht und fällt der Wert einer klinischen Studie. Zwar kann gutes Monitoring einer schon im Prüfplan schlecht angelegten Studie keine hervorragenden Ergebnisse liefern; doch umgekehrt kann schlechtes Monitoring eine optimal angelegte Prüfung mehr oder weniger entwerten (Witte 1989).

Der Monitor hat „den Prüfer vor, während und nach Abschluß der Studie zu besuchen, um die Einhaltung des Prüfplans zu kontrollieren" (EG-Richtlinien). Damit bleibt dem Monitor Spielraum, aber auch Verantwortung, um die Frequenz der Kontakte während des Prüfablaufs festzulegen.

Alle relevanten Kontakte mit dem Prüfer (Besuche, wesentliche Telefonkontakte, briefliche Kontakte) sind schriftlich an den Sponsor und, falls vorhanden, an das Steering Committee zu berichten, um das Prinzip des „Audit Paper Trail Concept" (EG-Richtlinien) zu verwirklichen.

Die Auswahl des Prüfers ist eine verantwortungsvolle Aufgabe, die lediglich erfahrenen Mitarbeitern des Sponsors vorbehalten bleiben sollte. Soweit auf Prüfzentren zurückgegriffen wird, die bereits durch frühere Prüfungen als zuverlässig eingestuft werden konnten, bleibt nur abzuklären, ob auch dieses spezifizierte Projekt durchführbar ist (verfügbare Zeit des Prüfers, ausreichende Patientenzahl etc.). Die Neurekrutierung von Prüfern gestaltet sich viel aufwendiger. Zunächst die Vorauswahl: Literaturrecherchen und Kongreßprogramme zum Thema werden daraufhin durchforstet, wer über vergleichbare Studien berichtet hat; dem Sponsor bekannte Prüfer werden gebeten, Empfehlungen zu geben; die Chefärzte von Spezialkrankenhäusern (z.B. kardiologische Rehabilitationskliniken, Diabetesambulanzen, Hochdruckambulanzen, Dialysezentren) werden angesprochen. Der durch diese Vorauswahl gewonnene, potentiell interessierte Personenkreis wird nunmehr auf die „Prüfeignung" untersucht. Eins vorweg: „Ein berühmter Prüfarzt ist nicht notwendigerweise ein guter Prüfarzt."

Für die Einschätzung der Prüferfahrung ist die Anzahl an nach GCP-Richtlinien durchgeführten, anspruchsvollen Prüfungen zu eruieren. Der Prüfarzt wird mit den wesentlichen Aspekten des Prüfprojekts vertraut gemacht. Dabei kann abgeklärt werden, ob das geplante Vorgehen praxisgerecht ist, das zu untersuchende Patiententengut in der angesprochenen Spezialklinik/Facharztgruppe überhaupt therapiert wird und ob der Prüfarzt das für den ordnungsgemäßen Prüfablauf notwendige Verständnis aufbringt. Ein Prüfarzt, der so beschäftigt ist, daß unzählige Kontaktversuche per Telefon ins Leere laufen, der trotz vorheriger Vereinbarung mit dem Kliniksekretariat nicht erreichbar ist und dann auch nicht zurückruft, wird später kaum genügend Interesse und Zeit für die Studie aufbringen.

Ergänzend ist die Motivation des Prüfers zu hinterfragen: Die freundliche Bereitschaft, aus reiner Gefälligkeit dem Sponsor gegenüber eine Prüfung durchzuführen oder der alleinige Wunsch nach finanzieller Bereicherung sollten den Sponsor veranlassen, einen derart „motivierten Prüfarzt" mit der Durchführung einer Studie nicht zu betrauen. Diese Beweggründe müssen mit einer gehörigen Portion von wissenschaftlichem Interesse gepaart sein, wenn eine ausgewogene „innere Teilnahme" des Prüfarztes an dem Projekt sichergestellt sein soll. Auch das rein wissenschaftliche Interesse unter Verzicht auf ein Studienhonorar kann dann finanzielle Anreize bieten, wenn der so motivierte Prüfer das geplante Projekt (z.B. im Rahmen seiner Habilitation) ohnehin durchführen wollte, es dann aber aus eigener Tasche hätte bezahlen müssen!

Mit den Jahren erwirbt man ein Gespür dafür, wer sich unter Berücksichtigung der aufgezählten Kriterien für die Durchführung der geplanten Prüfung eignen könnte. Und trotzdem kommt es, wie bei allen zwischenmenschlichen Beziehungen, immer wieder vor, daß man sich bei der Auswahl des Prüfers täuscht.

Alle telefonischen oder im persönlichen Gespräch aufgenommenen Kontakte sind schriftlich unter Verwendung einer „Initial Contact Form" (s. Checklisten zum Studienmonitoring, Anhang 3.6) zu protokollieren.

Studienerstbesuch

Im Rahmen der Studienvorbereitung sind mit dem Prüfarzt bereits mehrere Kontakte in Form von Telefongesprächen, Besuchen oder Prüfertreffen erfolgt. Dabei werden die speziellen wissenschaftlichen Fragen dieser Prüfung und die generellen ethischen und rechtlichen Regeln für klinische Prüfungen im allgemeinen angesprochen. Die Erfahrung hat jedoch gezeigt, daß es sehr sinnvoll ist, alle Aspekte der geplanten klinischen Prüfung in einem Studienerstgespräch nochmals zusammenfassend und detailliert darzustellen. Erstaunlicherweise werden im GCP-Regelwerk zur Qualifikation des Gesprächspartners für den Prüfarzt im Studienerstgespräch keine konkreten Forderungen formuliert. Hier bleibt viel Raum für Interpretationen und damit auch für die Qualität des Gesprächs. Es hat sich allerdings erwiesen, daß Prüfärzte entsprechende Hinweise nur von professionellen Gesprächspartnern annehmen. Die Professionalität setzt nicht unbedingt die Qualifikation eines „Arztes für klinische Pharmakologie" voraus, sollte aber die dafür notwendigen Weiterbildungsinhalte erfüllen. Das Verständnis für die ethischen und juristischen Grundlagen der klinischen Prüfungen wird vorausgesetzt. Das Spezialwissen um die Materie „klinische Prüfung" ist genauso unabdingbar wie die Fähigkeit, deren Inhalte für Prüfärzte verständlich weiterzugeben.

Entsprechend der Bedeutung des Gesprächs und der Vielzahl von Diskussionspunkten ist für den Studienerstbesuch ausreichend Zeit einzuplanen. Die Gesprächsdauer liegt selten – und dann nur bei GCP-erfahrenen Prüfärzten – unter 2 Stunden. Zur Erleichterung der Gesprächsvorbereitung, der Durchführung des Gespräches und der anschließenden Berichterstattung sind ausführliche Checklisten (s. Checklisten zum Studienmonitoring, Anhang 3.6) hilfreich. Diese Checklisten sollen gewährleisten, daß beim Studienbeginn in der Planungsphase auch tatsächlich nichts vergessen wurde. Spätestens jetzt hat z.B. die Anmeldung der Prüfung bei der zuständigen Landesüberwachungsbehörde zu erfolgen.

Beim Studieneinleitungsbesuch bestätigt der Prüfarzt sein Interesse an der Studie. Zu diesem Zeitpunkt sollten alle studienrelevanten Unterschriften und Formulare vorliegen (Genehmigung des Prüfplans, Honorarvereinbarung, Lebenslauf etc.). Wünschenswert ist die persönliche Übergabe (gegen Empfangsbestätigung) der Studienmedikation und die Demonstration des korrekten Gebrauchs.

Routinemonitoring

Das Routinemonitoring wird durch regelmäßige, bedarfsadaptierte Besuche oder durch regelmäßige Telefonkontakte durchgeführt. Die Verantwortlichkeiten des Monitors präzisieren die Richtlinien der FDA (Anhang 3.5) mit besonderem Hinweis auf den Patientenschutz: „Proper monitoring is necessary to assure adequate protection of the rights of human subjects involved in clinical investigations and the quality and integrity of the resulting data submitted to the Food and Drug Administration."

Es hat sich als sinnvoll erwiesen, mit dem Prüfer in regelmäßigen Abständen (ca. 4–6 Wochen, bei Bedarf auch häufiger) in Kontakt zu treten. Der Monitor wählt die dafür angemessene Form des Kontakts (Brief, Telefon, Telefax, persönlicher Besuch). Zumindest ein Teil der Aufgaben (Rohdatenkontrolle, EG-Richtlinien) verlangt, daß der Monitor den Prüfarzt persönlich besucht.

Zu den Verantwortlichkeiten des Monitors gehört es unter anderem, sich zu vergewissern, daß jeder Teilnehmer vor Beginn der Studie ordnungsgemäß aufgeklärt wurde, seine Einverständniserklärung abgegeben hat und dieser Vorgang dokumentiert wurde. Dazu reicht die Kontrolle des entsprechenden Vermerks auf dem Erhebungsbogen nicht aus. Vor Ort hat vielmehr eine Überprüfung der Originalunterschriften (Studienteilnehmer/Zeuge/behandelnder Arzt) stattzufinden.

Anhand der Einsichtnahme in die Rohdaten (neben den Krankenakten werden z.B. die Originalaufzeichnungen von apparativen Untersuchungen, Röntgenbilder und Laborbefunde, Fremd- und Selbstbeurteilungsskalen als „source data" definiert) muß sich der Monitor überzeugen, daß die Prüfung entsprechend dem Prüfplan abläuft. Bei der Kontrolle der Einschlußkriterien sind vorgegebene Grenzwerte (beispielsweise der Zielvariablen) exakt zu beachten, um nicht fahrlässigerweise die Prämissen der Fallzahlberechnung zu unterminieren. Das vielgehörte Argument des Prüfers: „Dieser Patient erreicht zwar nicht den bei der Eingangsuntersuchung vorgeschriebenen Mindestwert des diastolischen Blutdrucks (Zielvariable), aber er paßt doch sonst so gut in die Studie," darf den Monitor nicht erweichen. Er muß den Prüfer davon überzeugen, daß bei diesem Patienten die Studie zu beenden ist. Falls Sicherheitsgrenzwerte überschritten werden (pathologische Kreatininclearance, Transaminasen u.a), ist genauso zu verfahren. Wird eine derartige Protokollverletzung erst nach Beendigung der Studie entdeckt (auch Monitore sind fehlbar), kann der Patient bezüglich der Zielvariablen möglicherweise in die Endauswertung nicht eingeschlossen werden.

Alle Eintragungen im Prüfbogen sind auf Vollständigkeit und Plausibilität zu überprüfen. Protokollverletzungen, fehlerhafte oder unvollständige Eintragungen sind mit dem Prüfer zu besprechen und von diesem zu korrigieren. Dabei ist der Falscheintrag so zu streichen, daß er leserlich bleibt (nicht überschreiben oder gar mit Tipp-Ex übermalen), und die Korrektur mit Datum und Kurzzeichen des Prüfers zu versehen. Um dem späteren Verdacht der Datenfälschung vorzubeugen, dürfen selbst eindeutig mögliche Richtigstellungen nicht vom Monitor vorgenommen werden.

Selbstverständlich ist während der Prüfung kontinuierlich sicherzustellen, daß das Prüfzentrum weiterhin geeignet ist, alle übrigen Studienvoraussetzungen erhalten bleiben, die Studienmedikation ordnungsgemäß verwaltet wird und der Studienablauf inklusive unerwünschter Ereignisse lückenlos dokumentiert wird.

Der Prüfarzt muß immer wieder daran erinnert werden, dem Monitor schwerwiegende unerwünschte Ereignisse unverzüglich (telefonisch) mitzuteilen. Das Bundesgesundheitsamt hat die Formulierung gewählt, „daß unter schwerwiegenden Nebenwirkungen solche Wirkungen zu verstehen sind, bei denen Gewißheit oder der begründete Verdacht besteht, daß durch sie das Leben bedroht oder die Gesundheit schwer oder dauernd geschädigt wird. Dies trifft insbesondere für Nebenwirkungen zu, bei denen die Möglichkeit besteht, daß sie den Tod zur Folge haben, lebensbedrohlich sind, eine maligne Erkrankung verursachen, angeborene Mißbildungen bewirken oder einer ärztlichen Behandlung, vorwiegend stationärer Art, bedürfen. Ferner ist das Auftreten unerwartet starker unerwünschter Wirkung bei Gabe der in Prüfung befindlichen Dosis zu melden" (Bundesanzeiger 1987).

Die im Rahmen sowohl des Sicherheitsaspektes klinischer Prüfungen als auch üblicher ärztlicher Therapie mit Arzneimitteln verwendeten Begriffe werden bedauerlicherweise nicht immer gemäß ihrer korrekten Bedeutung verwendet:

– Das in der englischen Terminologie verwendete „Adverse Event (AE)" ist ein weitgehend neutraler Begriff und ist am ehesten mit „Unerwünschtes Ereignis (UE)" zu übersetzen. Im Rahmen von klinischen Prüfungen, bei denen eine Reexposition eher unüblich ist, dürfte es kaum möglich sein, das beobachtete „Ereignis" mit ausreichender wissenschaftlicher Sicherheit als einen Arzneimitteleffekt einzustufen. Als UE ist alles zu verstehen, das die gesundheitliche Unversehrtheit des Patienten beeinträchtigt. Hierunter fallen demnach auch Unfälle! Die Dokumentation und gegebenenfalls die Meldung des UE muß unabhängig davon erfolgen, ob ein Zusammenhang mit der Gabe der Studienmedikation hergestellt werden kann.

- Die „Unerwünschte Arzneimittelwirkung (UAW)", im englischen „Adverse Drug Reaction (ADR)", muß ihre Ursache in der verabreichten Studienmedikation haben. Die Zusammenhangswahrscheinlichkeit (von „wenig wahrscheinlich" bis „sicher") kann aufgrund statistischer Wahrscheinlichkeit oder plausibler medizinischer Daten eingeordnet werden. Für die Voraussetzungen, einen bestimmten Grad der Zusammenhangswahrscheinlichkeit anzunehmen, wurden unterschiedliche Definitionen vorgelegt (Karch u. Lasagna 1975; andere Autoren).
- Der Begriff „Nebenwirkung (NW)" oder „Side Effect (SE)" darf gemäß AMG (§ 4) nur im Zusammenhang mit dem bestimmungsgemäßen Gebrauch des Arzneimittels verwendet werden.

Die Arbeitsgruppe um Bethge (1990) hat eine Reihe von Empfehlungen angesprochen, die bei der Durchführung klinischer Studien Beachtung finden sollten, um eine ausführliche Dokumentation von unerwünschten Ereignissen zu gewährleisten (s. Anhang 3.7). Damit kann eine zuverlässigere Beurteilung im Sinne von UAW erfolgen, was später die Präzisierung des Nebenwirkungsprofils erleichtert. Dies kann auch dazu führen, daß die jetzt für Patienten schwer verständlichen und eher abschreckenden Gebrauchsinformationen vom Ballast einer Reihe von Nebenwirkungen befreit werden, die diese Bezeichnung bei ordnungsgemäßer Dokumentation nicht erhalten hätten.

Zur Durchführung der Rohdatenkontrolle sind 2 grundsätzlich verschiedene Techniken bekannt. Am einfachsten und wenigsten aufwendig ist es sicherlich, die Rohdaten vom Monitor direkt einsehen zu lassen. Recht zeitraubend ist dagegen die Interviewtechnik: Der Prüfarzt oder ein Mitarbeiter muß dem Monitor alle von diesem abgefragten Einzeldaten aus den Originaldaten vorlesen. Die Wahl der Methode hängt weitgehend von der Institution ab, in der geprüft wird. Die wenigsten Krankenhäuser (insbesondere nichtpsychiatrische Einrichtungen) erlauben die Einsichtnahme in die Krankenakte, wohingegen ein zunehmender Anteil an niedergelassenen Ärzten sich, durch die Nachteile der Interviewtechnik abgeschreckt, bereiterklärt, alle Unterlagen offenzulegen.

Falls in die vollständig identifizierbaren Patientendaten Einblick genommen werden muß, ist dies nur einer dazu autorisierten Person gestattet. Die Überwachung dieses Vorgangs durch einen Arzt wird nicht gefordert. Damit kann diese Arbeit vor Ort auch von Monitoren ausgeübt werden, die keine Ärzte sind. Jeder Studienteilnehmer muß darüber aufgeklärt werden, daß seine Daten überprüft werden könnten; seine schriftliche Zustimmung dazu muß vorher eingeholt werden. Außerdem erhält er die Versicherung, daß seine Daten streng vertraulich gehandhabt werden und nicht öffentlich verfügbar sind.

Das Ausmaß der Rohdatenkontrolle wird nur in den FDA-Richtlinien festgelegt. Soweit bei Prüfungen die Beachtung der EG-Richtlinien Vorrang hat, ist es der Verantwortlichkeit des Monitors überlassen, den Umfang der Kontrolle zu bestimmen. Da auch bei simplem Abschreiben Fehler auftreten können (z.B. Übertragung von Labordaten), darf auch bei anfangs fehlerfreier Dokumentation durch den Prüfarzt im Verlauf der Prüfung nicht auf ein Mindestmaß an Rohdatenkontrolle verzichtet werden. Beim Auftreten hoher Fehlerraten ist der Prüfarzt darauf hinzuweisen, daß die Dokumentation exakter zu erfolgen hat. Leistet der Prüfer den Hinweisen nicht oder nur unzureichend Folge, muß der Monitor dem Sponsor vorschlagen, diesen Prüfer von der weiteren Teilnahme an der Studie auszuschließen.

Abschlußbesuch

Nach erfolgtem Abschluß der Prüfung in dem jeweiligen Zentrum ist der abschließende Besuch („Study Termination Visit") durch den Monitor durchzuführen. Der Zeitpunkt des Besuchs ist wiederum der Verantwortlichkeit des Monitors überlassen. Idealerweise erfolgt zeitgleich zum Ablauf der Prüfung die Dateneingabe, so daß dabei entdeckte Ungereimtheiten oder fehlende Daten im Rahmen des Abschlußbesuchs geklärt werden können. Falls fehlende Daten nicht eruierbar sind, kann der Prüfarzt dies durch den Eintrag eines „missing data codes" bestätigen.

Der Prüfarzt ist nach Abschluß der Studie verpflichtet, die bei ihm verbleibenden Unterlagen (Rohdaten, Prüfplan, Patientenliste u.a.) für 15 Jahre zu archivieren und alle anderen Unterlagen dem Sponsor zurückzugeben. Darunter fallen insbesondere:

- nicht benutzte und von Patienten zurückgegebene Studienmedikation;
- alle Dekodierungskuverts, ungeöffnet beziehungsweise soweit geöffnet mit Unterschrift und Datum versehen. Der Grund zur Öffnung ist bereits im Prüfbogen zu dokumentieren. Ungeöffnete Dekodierungskuverts sind auf ihre Unversehrtheit zu überprüfen;
- nicht verwendete Prüfbogen, besonders dann, wenn diese als Einzelexemplare durchnumeriert wurden.

Dem Prüfer wird eine Empfangsbestätigung ausgehändigt. Der Monitor bilanziert die Studienmedikation; ist sie unvollständig, wird dokumentiert, welche Teile fehlen. Das Ergebnis des Endbesuches ist schriftlich zu dokumentieren und das ausgefüllte Formular zu archivieren (s. Checklisten zum Studienmonitoring, Anhang 3.6).

Auswertung

„Nach Abschluß der Prüfung ist ein Bericht zu erstellen" (Bundesanzeiger 1987). Darunter ist unzweifelhaft zu verstehen, daß jede klinische Prüfung ausgewertet und berichtet werden muß. Dies gilt natürlich auch für Studien, die vorzeitig abgebrochen wurden. „Unbequeme Studien" dürfen also nicht mehr in Schubladen archiviert werden. Man wird sich auch mit deren Ergebnissen auseinandersetzen müssen und damit sicherlich zu einer realistischeren Beurteilung der Prüfsubstanz gelangen.

Dateneingabe

Heutzutage wird wohl keine Auswertung mehr nach dem Handzählverfahren vorgenommen. Auch das Lochkartenverfahren (Hollerith) gehört der Vergangenheit an. Für die Auswertung – und diese beginnt bei der ordnungsgemäßen Dateneingabe auf elektronische Datenspeicher (Großrechner, Personal-Computer) – sind validierte und fehlerfreie Programme zu verwenden (EG-Richtlinien).

Die Datenbankstruktur muß sich nach den Vorgaben des Prüfbogens richten und ergänzend die Auswertungsvorschriften des Prüfplans berücksichtigen. Falls das verwendete Programm beispielsweise keine Datumsberechnungen vornehmen kann, diese aber verlangt werden, ist sinnvollerweise ein entsprechendes Feld vorzusehen. Bei der Eingabe in derartige zusätzliche Felder können Fehler auftreten, zu deren Vermeidung zusätzliche Maßnahmen der Qualitätssicherung notwendig sind.

Vorgegebene Minimum- und Maximumwerte bei numerischen Variablen tragen dazu bei,

- beim Monitoring übersehene irreale oder pathologische Werte zu entdecken;
- grobe Eingabefehler zu vermeiden.

In diesem Zusammenhang stellt sich die Frage, unter welchen Prämissen die mit der Dateneingabe betraute Person vorgehen soll:

- „Pure Dateneingabe", daß heißt Übertragung der im Prüfbogen vorgenommenen Dokumentation ohne jedwede Reflexion über deren Inhalt, Logik oder gar Längsschnittverhalten. Die Nachteile (u.a. die recht anspruchsarme Art dieser Tätigkeit insbesondere für qualifizierte Mitarbeiter) sind gegen den Zeitvorteil der Methode abzuwägen.
- „Reflektierte Dateneingabe", das bedeutet für einen qualifizierten Mitarbeiter, vorzugsweise den Monitor, der die Studie betreut hat, daß er bei der Dateneingabe die Plausibilität der eingegebenen Werte überprüft. Für Laborwerte – um nur ein Beispiel zu erwähnen – heißt das die Beachtung der folgenden Fragen: Stimmt die angegebene Einheit des Einzelwertes? Variiert die Einheit zwischen den einzelnen Untersuchungszeitpunkten? Bestehen Schwankungen, die größer sind als der doppelte Normbereich? Widersprechen die Laborwerte einander oder anderen Daten? Der Nachteil des höheren Zeitaufwandes wird bei weitem dadurch aufgewogen, daß die Tätigkeit, insbesondere für qualifizierte Mitarbeiter, motivierender ist und daß bereits während der Dateneingabe Ungereimtheiten auffallen können (und recht oft auch auffallen), die bei anderem Vorgehen übersehen werden. Soweit die Dateneingabe zeitnah zum Studienablauf erfolgt, können derart entdeckte prinzipielle Fehler für den weiteren Studienverlauf ausgemerzt werden. Bei individuellen Abweichungen sind zu diesem Zeitpunkt Rückfragen noch erfolgversprechend.

Es ist mir bewußt, daß sowohl die Anhänger der „puren Dateneingabe" als auch die der „reflektierten Dateneingabe" noch eine Reihe weiterer, sicher valider Argumente vortragen können. Meines Wissens existiert zu dieser Frage bislang keine allgemein akzeptierte Regel. In unserem Institut bevorzugen wir die „reflektierte Dateneingabe" unter der Prämisse, daß Studien von einer Mitarbeiterin oder einer Arbeitsgruppe komplett betreut werden, die dadurch mit allen Einzelheiten einer Studie vertraut ist.

Weiterhin gehen wir zunehmend dazu über, eine zuverlässigere Datenvalidation durch Doppeleingabe vorzubereiten. Dabei übernimmt der projektverantwortliche Mitarbeiter die „reflektierte Ersteingabe", während ein projektfremder Mitarbeiter den zweiten Datensatz mittels „purer Eingabe" erstellt.

Datenvalidation

Im Rahmen der Datenvalidierung sind alle Rohdaten in Zweifel zu ziehen, bei denen trotz eines GCP-gerechten sorgfältigen Monitoring Datenverwechslungen denkbar sind. Bei Ausdrucken eines Laborcomputers stellt sich beispielsweise die Frage, ob die Zuordnung der Plasmaproben zum Ergebnisausdruck stimmt. Im Laborbereich sind zuweilen auch Betrugsversuche aufgedeckt worden: Das Blut eines Patienten wurde geteilt und die Ergebnisse 2 unterschiedlichen Patienten zugeordnet. Derartige Unregelmäßigkeiten haben allerdings nur dann eine Chance zur Entdeckung, wenn im Rahmen der Datenvalidation die Varianz der Labordaten überprüft wird (Varianz kleiner als Fehlerbreite der Labormethode).

Datenverwechslungen bei apparativen Untersuchungen wie EKG, EEG, CT etc. sind durch einfache Namensverwechslungen durchaus denkbar. Bei unerwarteten oder medizinisch nicht begründbaren Abweichungen in der Längsschnittbetrachtung sollte daher die Möglichkeit in Betracht gezogen werden, daß eine Datenverwechslung vorliegt. Die Aufdeckung solcher Datenverwechslungen erfordert zwar kriminalistisches Gespür, sie wird allerdings zu einer verbesserten Validität der Studienaussage beitragen.

Der Zeitpunkt für die Datenvalidation kann flexibel gewählt werden. Der verantwortliche Biometriker muß sicherstellen, „daß die Datenintegrität während der Bearbeitung" (EG-Richtlinien) gewährleistet ist.

Bei der „Einfacheingabe" muß je nach Qualität der Daten und des Eingebenden mit einer Fehlerquote von 1–5% gerechnet werden. Unterhalb dieses Bereichs liegende Fehlerquoten sind Ausnahmen; eine höhere Anzahl an Fehlern muß zu konsequenten Nachschulungen der verantwortlichen Mitarbeiter führen.

Die Durchführung der Datenkontrolle sollte randomisiert erfolgen. Dabei können entweder die vollständigen Daten einzeln ausgewählter Patienten oder randomisiert wechselnd selektierte Daten von jedem Patienten kontrolliert werden. Durch SOP ist festzustellen, welche Methode durchzuführen ist und welche Fehlerquote akzeptiert werden kann. Bei Überschreiten der festgelegten Fehlerquote ist der gesamte Datensatz der Kontrolle zu unterziehen. Es bedarf keiner Begründung, daß alle derart entdeckten fehlerhaften Daten zu berichtigen sind.

Bei der doppelten Dateneingabe erfolgt ein elektronischer Vergleich der beiden generierten Datensätze durch ein validiertes Programm. Ein Ausdruck zeigt evtl. vorhandene Diskrepanzen auf, die vom Projektverantwortlichen in beiden Datensätzen überprüft bzw. korrigiert werden. Dieses Verfahren wird fortgesetzt, bis die beiden Datensätze identisch sind. Die bearbeiteten Ausdrucke werden mit Datum und Unterschrift gekennzeichnet und archiviert.

Während des Studienablaufs erfolgen Dateneingabe und Datenvalidation kontinuierlich. Soweit Rückfragen beim Prüfarzt notwendig werden, sind diese durch „discrepancy lists" abzuwickeln.

Den Abschluß der Datenvalidation bildet die Zuordnung der Patienten gemäß folgender Kriterien:

- Überprüfung der Ein- und Ausschlußkriterien, soweit für die Studie zwingend vorgeschrieben;
- akzeptable Compliance bei Einnahme der Studienmedikation und Befolgung des Prüfplans;
- Klassifikation evtl. Studienabbrecher (mit Sicherheit nicht durch die Studienmedikation bedingt; Medikation als Abbruchgrund nicht auszuschließen; Medikation als Abbruchgrund).

Alle beobachteten unerwünschten Ereignisse müssen soweit irgend möglich dokumentiert sein.

Der Randomisationscode darf erst danach gebrochen werden. In die Datenbank wird die Zugehörigkeit zu den Behandlungsgruppen (Verum/Placebo) eingegeben und die Richtigkeit der Dateneingabe kontrolliert. Nach diesem Vorgang sind weitere Änderungen der Datenbank nicht statthaft, beziehungsweise sie müssen, falls sie doch erfolgen, begründet und im Abschlußbericht erwähnt werden.

Soweit Studien durchgeführt werden, die sich an den Richtlinien der FDA orientieren, müssen Änderungen in der Datenbank so abgespeichert werden, daß sie nicht gelöscht werden können.

Konfirmatorische Analyse

Die konfirmatorische Analyse betrifft ausschließlich die Zielvariable, wobei das Auswertungsverfahren im Prüfplan festzulegen war. Die Auswertung ist so „darzustellen, daß die Anwendung des Verfahrens nachvollzogen werden kann" (Bundesanzeiger 1987). Es empfehlen sich daher die Auflistung aller Einzelwerte und die Benennung des Programms, mit dem die Auswertung durchgeführt wurde.

„Bei multizentrischen Prüfungen ist eine adäquate Darstellung der Zentrumseinflüsse" (Bundesanzeiger 1987) zu geben.

Die Gesamtdarstellung muß die Interpretation aus medizinischer Sicht ermöglichen. Dazu reicht keinesfalls die Angabe des Signifikanzniveaus aus. Die medizinisch relevante Aussage stützt sich vielmehr auf die Beurteilung der „Größenordnung des Therapieeffekts und der Vertrauensbereiche" (EG-Richtlinien).

Falls im Rahmen einer statistischen Analyse von den im Prüfplan vorgegebenen Methoden abgewichen werden muß, ist dies nachvollziehbar zu begründen. Nur dann ist die behördliche Akzeptanz der Ergebnisse zu erwarten.

Es ist auch weiterhin statthaft, Zwischenauswertungen vorzunehmen. Zeitpunkt und Umfang sind vorher im Prüfplan festzulegen. Bei der Endauswertung ist gegebenenfalls eine α-Adjustierung vorzunehmen.

Explorative Analyse

Auch ohne daß die einschlägigen Bestimmungen expressis verbis darauf hinweisen, sind ausnahmslos alle im Verlauf der Studie dokumentierten Variablen einer deskriptiven Analyse zu unterziehen.

Die Auswertung der demographischen Daten erlaubt eine Aussage über die Repräsentativität des untersuchten Krankenguts insgesamt, aber auch der Behandlungsgruppen (Placebo/Verum) und der Gruppen in den beteiligten Prüfzentren. Soweit aufgrund statistischer Tests die Homogenität der Gruppen in Zweifel gezogen werden muß, ist gemeinsam durch Biometriker und Mediziner zu entscheiden, ob die gefundenen Unterschiede das Ergebnis der konfirmatorischen Analyse gefährden.

Die Darstellung aller Begleitvariablen ist geeignet, den untersuchten Krankheitsablauf umfassend zu charakterisieren. Die statistischen Kennwerte dienen auch dazu, für die Fallzahlberechnung künftiger Studien solide Grundlagen zu schaffen und bei der aktuellen Studie die Aussage der konfirmatorischen Analyse zu unterstützen.

Verständlicherweise sollen die aufgestellten Tabellen Hinweise auf die Anzahl fehlender Daten enthalten, damit sich jeder Unabhängige ein Bild machen kann, auf welchem Personenumfang die gemachte Aussage tatsächlich beruht.

Berichterstattung

Die grundsätzlichen Anforderungen an eine wissenschaftliche Berichterstattung hat Maxwell (1973) bereits vor der GCP-Ära zusammenfassend formuliert: Der interessierte Leser muß über das,

- was getan wurde,
- wie und warum es getan wurde,
- was herausgefunden wurde,
- und was der Autor glaubt, daß es bedeutet,

informiert werden, und er muß in die Lage versetzt werden, aufgrund des Berichts die Studie deckungsgleich wiederholen zu können.

Die amerikanischen FDA-Richtlinien empfehlen die verbale Präsentation der Studienergebnisse nach dem Kaskadenprinzip. Dabei werden die dokumentierten Daten und die daraus abgeleiteten Fol-

gerungen in bezug auf klinische Relevanz und statistische Signifikanz in 4 Informationsebenen dargestellt:

- Die klinische Zusammenfassung präsentiert auf etwa 2–4 Seiten
  übersichtlich die wichtigsten Aussagen über den Ablauf der Studie und die daraus gefolgerten Interpretationen. Dabei ist darauf
  hinzuweisen, inwieweit die Ergebnisse der vorliegenden Studie
  das Nutzen-Risiko-Verhältnis der untersuchten Substanz beeinflussen können. Der Berichterstatter muß dabei den Leser in die
  Lage versetzen, die Kernaussage der Studie nachvollziehen zu
  können.
- Der eigentliche verbale Berichtsteil stellt ausführlich die Planung,
  die verwendeten Methoden, die Ergebnisse und die Begründung
  für die Interpretationen dar. Damit wird dem Leser die Möglichkeit gegeben, Aussagen der klinischen Zusammenfassung detailliert nachzulesen. Zulassungsbehörden begrüßen diese Art der
  Darstellung insbesondere deshalb, weil sie bei der Bearbeitung
  der für die Zulassungsentscheidung unwichtigen Ergebnisse nicht
  unbedingt ins Detail einsteigen müssen, wohingegen bei entscheidenden Studienergebnissen die Berechtigung für die getroffene
  Kernaussage gründlich überprüft werden kann.
- Der ausführliche Tabellenteil gibt weitere Hinweise auf das Datenmaterial dergestalt, daß der Ergebnisabschnitt des verbalen Berichts anhand ausführlichen Zahlenmaterials ergänzt und damit
  kontrollierbar wird.
- Als ausführlichste Stufe dieses Informationssystems und damit
  sozusagen als Fundament dient das „Case-wise-Listing", also die
  fallweise Darstellung aller Einzeldaten. Dabei ist optimalerweise
  eine Form zu wählen, bei der während der Prüfung mehrfach erhobene Daten im Sinne eines Längsschnittsverfahrens dargestellt
  werden. Einerseits können damit vom durchschnittlichen Verhalten abweichende Verläufe individuell betrachtet werden. Andererseits wird dadurch den Zulassungsbehörden die Möglichkeit
  gegeben, die durchgeführten Auswertungen durch Neuberech-
  nungen zu validieren.

Die kasuistische Darstellung ist für alle unerwünschten Ereignisse
vorzunehmen. Dabei ist „eine Bewertung der Erscheinungen und
eine Beurteilung ihres Zusammenhanges mit der Gabe des Arzneimittels" (Bundesanzeiger 1987) durchzuführen.

Bei der Berichterstattung darf man nie die Tatsache aus dem Auge verlieren, daß über ein therapeutisches Experiment an Kranken beziehungsweise gesunden Probanden berichtet wird. Damit steht der mögliche therapeutische Effekt im Vordergrund. Die medizinisch relevante Aussage der Studie hat Priorität. Bei eindeutigen Aussagen bleibt die Relevanz auch dann erhalten, wenn parallel das erforderliche Signifikanzniveau nicht erreicht wird. Medizinisch kaum relevante Aussagen werden auch durch die hochsignifikante statistische Absicherung (z.B. bei hohen Fallzahlen) nicht ausgewertet.

Die Nutzen-Risiko-Bewertung muß sich nicht nur auf die untersuchte Studienmedikation, sondern auch auf eine gleichfalls überprüfte therapeutische Alternative beziehen.

Qualitätssicherung

Verschiedene Faktoren erschweren die objektive Erfassung und Wiedergabe wissenschaftlicher Befunde. So können Irrtümer auch ohne eine bewußte Absicht zur Fälschung, zum Plagiat oder zum Mißbrauch von Vertraulichkeit entstehen. Die wichtigsten dieser Faktoren sind Interessenkonflikte, die Komplexität eines Untersuchungsgegenstands und die relative Entfernung eines verantwortlichen Forschers vom Forschungsprozeß selbst. Der Sinn des „Data Audit" besteht in der Verminderung von Irrtümern und Fälschungen und damit in einer Verbesserung des Endprodukts (Shamoo 1989).

Die Qualitätssicherung ist unzweifelhaft eine unbequeme Aufgabe. „Ein Audit muß durch Personen/Einrichtungen durchgeführt werden, die unabhängig sind von denen, die für die Studie verantwortlich sind" (EG-Richtlinien). Der die Qualitätssicherung durchführende Sachbearbeiter wird Fehler aufdecken. Auch wenn alle Beteiligten sich über die Notwendigkeit dieser Aufgabe im klaren sind, fühlt sich jeder Mensch durch die Überprüfung seiner Arbeit und die Möglichkeit betroffen, daß Fehler zutage gebracht werden. Mitglieder einer Qualitätssicherungsabteilung müssen daher mit einer gehörigen Portion psychologischer Geschicklichkeit ausgestattet sein, um zu vermeiden, daß sie aufgrund der gebotenen Sorgfalt bei der Durchführung ihrer Aufgabe die derart „Überprüften" ungerechtfertigt kritisieren oder gar schulmeisterlich behandeln.

Trotz des relativen Unbehagens, das jede interne Überwachungsmaßnahme induziert, sollte jedoch ein Audit nicht als „notwendiges Übel", sondern als Chance zur Qualitätsanhebung der eigenen Arbeit und damit zum zuverlässigeren Erreichen der Ziele von Forschung und Entwicklung angesehen werden (Schenk 1989).

Die Pflicht zur Gewährleistung der Qualität des ärztlichen Handelns ist seit 1988 in der Berufsordnung verankert; 1989 wurde sie im Gesundheitsreformgesetz sogar gesetzlich festgelegt. In den Vereinigten Staaten ist die Qualitätssicherung bereits seit den 60er Jahren in fast allen Krankenhäusern üblich. Der Regelkreis eines Qualitätssicherungsprogramms umfaßt sinnvollerweise 5 Schritte: Beobachtung ärztlichen Handelns, Erkennen von Qualitätsmängeln, Suche nach Lösungen für komplikationsbehaftete Bereiche, Anwendung im Alltag und schließlich Überprüfung, ob die Mängel oder Schwachstellen beseitigt wurden.

Dieser Maßstab, der für die Patientenversorgung gilt, muß bei allen klinischen Prüfungen zur Regel werden. Dazu ist es notwendig, daß „alle Beobachtungen und Befunde korrekt nachvollziehbar sein müssen" (EG-Richtlinien). Damit werden „die Glaubwürdigkeit der Daten und die Korrektheit der Schlußfolgerungen aus den Rohdaten sichergestellt". Die EG-Richtlinien akzeptieren dabei eine Auswahl der zu überprüfenden Daten, soweit statistische Verfahren dazu angewendet werden.

Interne Audits

Klinische Entwicklungsprogramme, Prüfpläne, Prüfbogen und firmeninterne Durchführungsbestimmungen richten sich hierzulande inhaltlich und in der praktischen Anwendung zunehmend nach den international üblichen Gepflogenheiten der Good Clinical Practice. Bei allen Beteiligten wird das Bewußtsein für Existenz und Notwendigkeit der Bestimmungen gefördert. Die Überprüfung einzelner Durchführungsabschnitte (Audit) stößt damit zunehmend auf Verständnis. Der Aufbau von firmeninternen Qualitätssicherungsabteilungen (Quality Assurance Unit, QAU) wird dazu führen, daß eine zuverlässigere Beachtung des GCP-Regelwerks bei der Durchführung klinischer Prüfprojekte erfolgt. Fehler bei der Projektplanung und der Prüfdurchführung sind oft folgenschwer: Zum einen wird die wissenschaftliche Aussagekraft der Studie und damit der Therapieanspruch der untersuchten Substanz in Frage gestellt, zum anderen werden unnötigerweise Patienten gefährdet (Barnett 1989). Die interne Qualitätssicherung sollte bei einem bestimmten vorher festgelegten Prozentsatz aller Studien einzelne Projektschritte überprüfen. Dabei ist nicht nur auf die Einhaltung der GCP-Regeln und der firmeninternen Standard Operating Procedures (SOP), sondern auch dort auf eine verantwortungsvolle Abwicklung zu achten, wo diese Regeln Freiräume lassen.

Deckt ein internes Audit eine nicht akzeptable Quote an Abweichungen und Fehlern auf, so sind umgehend Maßnahmen zur künftigen Vermeidung solcher Qualitätsmängel zu treffen. Die Ursachen für nicht GCP-gerechtes Verhalten können mannigfaltig sein:

- Firmeninterne SOP können zu theoretisch, wirklichkeitsfremd oder sogar widersprüchlich formuliert sein. Folglich werden sich die verantwortlichen Mitarbeiter mit eigenen Interpretationen ans Werk machen.
- Durch die Nachlässigkeit einzelner Mitarbeiter sind spezifiziert vorgeschriebene Projektschritte nicht beachtet worden, ohne daß ein Gesamtverantwortlicher dies bemerkt hätte.
- Teile der Dokumentation sind lückenhaft, so daß eine spätere chronologische Nachvollziehbarkeit nicht gewährleistet ist.

Die Qualitätssicherung muß feststellen, ob die Abweichungen personen-, abteilungs- oder systembezogen sind. Nur so können geeignete Maßnahmen getroffen werden, um künftig GCP-gerechtes Vorgehen zu gewährleisten bzw. das Maß der Abweichungen in vertretbarem Rahmen zu halten und entdeckte Abweichungen unter Vermeidung schwerwiegender Folgen korrigieren zu können.

Externe Audits

Das GCP-gerechte Verhalten im forschenden Arzneimittelunternehmen oder bei dem mit der Projektausführung betrauten Auftragsforschungsinstitut allein gewährleistet allerdings nicht die ordnungsgemäße Durchführung beim Prüfarzt. Externe Audits werden daher von der FDA durchgeführt und sind in den EG-Richtlinien und im Arzneimittelgesetz (Aufgabendelegation an die Landesüberwachungsbehörden/Regierungspräsidien) vorgesehen. Externe Audits sollen die überwachende Behörde überzeugen, daß die Existenz des untersuchten Patienten nachweisbar ist, der gesamte Prüfablauf den Vorgaben entspricht, die erhobenen Originaldaten ohne Übertragungsfehler Eingang in die Dokumentation gefunden haben und nachträglich keine Änderungen vorgenommen wurden. Bei der Durchführung von Audits sollte allerdings von den Beteiligten auch darauf geachtet werden, daß die Überwachungsbehörden ihre Kompetenzen nicht überschreiten. Sie sind keinesfalls berechtigt, fachliche Fragen zu beurteilen, wie beispielsweise die medizinische Qualifikation des Prüfarztes in Zweifel zu ziehen; sie können lediglich formale Kompetenz ausüben.

Soweit Fälschungen in Prüfzentren konkret aufgedeckt werden, sollte dies auch bei uns zu Konsequenzen führen. In den USA sind Pharmaunternehmen verpflichtet, Fälschungen der FDA anzuzeigen. In Deutschland besteht keine derartige gesetzliche Verpflichtung; auch die EG-Richtlinien sehen dies nicht vor, so daß – der Prüfarzt ist ja potentieller Verschreiber – derartige Vergehen zumeist totgeschwiegen werden. Auch Pharmafirmen dürfen sich künftig nicht erpressen lassen.

Schlußfolgerungen

Die leichtfertige Planung und Durchführung klinischer Studien gehört mit der Einführung der GCP-Richtlinien der Vergangenheit an.

Der für eine klinische Prüfung verantwortliche Leiter und der die Studie durchführende Arzt sind durch eine Reihe von Vorschriften gebunden, damit das derart durchgeführte wissenschaftliche Experiment für den beteiligten Patienten höchstmögliche Sicherheit bietet.

Good Clinical Practice generiert glaubwürdige Daten.

Die durch den hohen Aufwand GCP-gerechter Studien (insbesondere das Monitoring) gestiegenen Kosten werden zum Teil kompensiert:

– Die Validität der Ergebnisse ist überproportional gestiegen. Die Anzahl notwendiger Studien wird gesenkt.
– Die internationale Akzeptanz steigt.

Daraus folgt:

– Mit weniger Studien sind bei mehreren Zulassungsbehörden Erfolge erzielbar.

Die konsequente Anwendung der EG-Richtlinien und die verantwortungsvolle Ausführung klinischer Prüfungen werden auf längere Zeiträume verhindern, daß auch in Deutschland Prüfungen nur mit behördlicher Genehmigung machbar sind.

Freiheit, Integrität aber auch Flexibilität medizinisch-wissenschaftlicher Forschung bleiben gewahrt.

Literatur

Barnett ST, Hilsinger R, Harwood F, Ballard R (1989) Clinical research practices for the 1990s. Results of survey conducted for the Associates of Clinical Pharmacology. Barnett Associates Inc. (unpublished typescript)

Beauchamp TL, Childress JF (1989) Principles of biomedical ethics, 3rd edn. Oxford University Press, New York Oxford, pp 47–55

Bethge H, et al. (1990) Recommendations for the detection, recording, collection and evaluation of adverse events in the clinical investigation of drugs. Pharm Ind 52: 1499–1504

Bundesanzeiger vom 30.12.1987, Nr. 243, S 16618

Coper H, Deutsch E, Haas S, et al. (1990) Notwendigkeit kontrollierter klinischer Prüfungen in der Psychiatrie und Gerontopsychiatrie. Editio Cantor; Pharm Ind 52: 1300–1301

Hege H (1990) Dtsch Ärztebl

Hippius H, et al. (Hrsg) (1986) Das Placeboproblem. Gustav Fischer, Stuttgart

Karch, Lasagna (1975) Klassifikation der Kausalität. J Am Med Assoc 234: 1236–1241

Kodex BPI (o.J.) Pharmakodex des Bundesverbandes der Pharmazeutischen Industrie Loseblattsammlung, Editio Cantor

Ledermann H, Glocke M (1981) Grundzüge klinischer Arzneimittelprüfungen und medizinischer Statistik. Witzstock, Baden-Baden

Maxwell C (1973) Clinical Research for All. Cambridge Medical Publications, Cambridge/MA

Sander A (1988) Rechtsprobleme der klinischen Prüfung. Pharm Ind 50: 145–161

Schenk I (1989) Überwachung der klinischen Prüfung. In: Witte PU, Schenk, J, Kori-Lindner C (Hrsg) Ordnungsgemäße klinische Prüfungen. Habrich, Fürth, S 11–34

Schulte RM (1989) Rechtliche Grundlagen klinisch-pharmakologischer Prüfungen. Z Allg Med 65: 659–662

Shamoo AE (1989) Principles of research data audit. Gordon and Breach Publishers, Philadelphia

Stebner FA (1990) Interview – Rechtliche Probleme. Z Allg Med 66: 886–888

Wagner W (1990) Placebo. Ethische Prinzipien der kontrollierten Doppelblindprüfung. Ethik Med 2: 68–78
Wagner W (1991) Arzneimittelsicherheit in der Praxis. Das Paradigma der Anwendungsbeobachtung. Ärzteblatt Baden-Württemberg 1991, Sonderbeilage Heft 1
Weber E (1990 a) Zum Wohle der Menschen: Klinische Prüfungen von Arzneimitteln. Tempore 2: 8–10
Weber E (1990 b) Phase-III-Prüfungen. In: Ferber HP, et al. (Hrsg) Grundlagen und Methoden von Arzneimittelprüfungen. de Gruyter, Berlin New York, S 193–204
Wiedey KD (1985) Entwicklung von Arzneimitteln. In: Renovanz HD (Hrsg) Leitfaden für die klinische Prüfung in den Phasen III und IV. Verlag Grundlagen und Praxis, Leer, S 43–90
Witte PU (1989) Monitoring klinischer Prüfungen. In: Witte PU, Schenk J, Kori-Lindner C (Hrsg) Ordnungsgemäße klinische Prüfungen. Habrich, Fürth, S 11-34
Wuermeling HB (1991) Vortrag: Aufgaben der Ethikkommissionen unter besonderer Berücksichtigung multizentrischer und multinationaler Studien. 8. Seminar-Kongreß Pharma-Medizin der FÄPI 1.3.1991

Übersicht 1:

Inhaltliche Vorgaben für den Prüfplan

BGA		EG	
2.5	Vor der Prüfung ist ein Prüfplan aufzustellen. Er soll Angaben zu folgenden Punkten enthalten:	6	Eine gut geplante klinische Prüfung beruht in erster Linie auf einem gründlich durchdachten, gut aufgebauten und vollständigen Prüfplan. Der Prüfplan muß, sofern zutreffend, die in den folgenden Einzelpunkten angegebenen Informationen enthalten. Zumindest muß diese Liste von Einzelpunkten durchgeprüft werden, wenn der Prüfplan für eine klinische Prüfung erstellt wird
		6.1a	Titel des Projekts
2.5.1	Zielsetzung und Begründung der Prüfung; Festlegung des Hauptzielkriteriums und Begründung seiner Eignung für die Erreichung des Prüfziels	6.2a	Ziel der klinischen Prüfung
		6.2b	Grund für die Durchführung
		6.2c	Wesentliche Aspekte des Problems und Hintergrundinformationen, unter der Berücksichtigung der relevanten Publikationen

		6.3a	Allgemeine ethische Überlegungen zu der Studie
		6.3b	Darstellung der Vorgehensweise, wie die Patienten/gesunde Probanden informiert werden und wie die Einverständniserklärung eingeholt wird
		6.3c	Mögliche Gründe dafür, im vorliegenden Falle von der Aufklärung und dem Einholen des Einverständnisses abzusehen
2.5.2	Charakterisierung des zu prüfenden Arzneimittels: die Zusammensetzung und die pharmazeutische Qualität müssen über eine eindeutige Identifizierung (Chargenbezeichnung) zurückverfolgt werden können	6.7a	Klare Beschreibung des zu prüfenden Produkts oder der Produkte (in den Verkehr zu bringende Arzneimittel, keine „Laborformulierungen") sowie Begründung der zu prüfenden Dosierung
2.5.3	Beschreibung des Prüfdesigns und ggfs. Definition der Beobachtungseinheit	6.5a	Darstellung des Prüfungstyps, z.B. kontrollierte Untersuchung, Pilotuntersuchung, sowie möglichst die Phase, in die die vorliegende Prüfung einzuordnen ist
		6.5c	Beschreibung des Prüfplans (z.B. parallele Gruppen, Überkreuzplanung, sowie die gewählte Blindtechnik (z.B. Doppelblindstudie, Einfachblindstudie)
		6.5d	Darstellung anderer Faktoren, die den Versuchsbias reduzieren und in die Studienplanung einbezogen werden
2.5.4	Definition der Zielpopulation durch Ein- und Ausschlußkriterien	6.6a	Darstellung der Untersuchungspopulation (Patienten/gesunde Probanden), einschließlich Alter, Geschlecht, ethnischer Gruppen, prognostischer Faktoren usw.
		6.6b	Klare Darstellung der diagnostischen Einschlußkriterien
		6.6c	Ausführliche Angaben der Kriterien für die Aufnahme in die Prüfgruppe, für den Ausschluß vor der Aufnahme und den Ausschluß von Patienten aus der Prüfung nach Aufnahme in die Prüfung

2.5.5	Methodik der Personenauswahl		
2.5.6	Handhabung des Randomisierungsverfahrens und Beschreibung bei Doppelblindstudien	6.5b	Beschreibung der Randomisierungsmethode, einschließlich Verfahren und praktischer Durchführung
		6.9c	Informationen darüber, wo der Code aufbewahrt wird und wie er im Notfall gebrochen werden kann
2.5.7	Begründete Angaben über die Zahl der Patienten bzw. Probanden unter Berücksichtigung der geschätzten Ausfallrate	6.13b	Geplante Anzahl der Patienten, die einbezogen werden soll. Grund für die geplante Größe der Versuchsgruppen mit Überlegungen zur Aussagekraft der klinischen Prüfung inklusive Powerberechnungen sowie klinische Begründung
2.5.8	Bei multizentrischen Prüfungen: Anzahl der Zentren und Anzahl der Personen pro Zentrum		
2.5.9	Behandlung (Art, Dosis, Dauer, Art der Anwendung des Arzneimittels, ambulante/stationäre Durchführung) in den einzelnen Gruppen	6.7b	Beschreibung der Behandlung der Kontrollgruppe(n) oder im Kontrollzeitraum (Placebo, andere Arzneimittel usw.)
		6.7c	Verabreichungsweg, Einzeldosis, Dosierung, Behandlungszeitraum für das den wirksamen Bestandteil enthaltende und zu prüfende Erzeugnis und das (die) Referenzarzneimittel
2.5.10	Zulässige und unzulässige Begleittherapien	6.7d	Regeln für den Einsatz einer gleichzeitigen Behandlung
		6.7e	Vorschriften, um die unbedenkliche Handhabung der Arzneimittel zu gewährleisten
2.5.11	Auflistung aller Ziel- und Begleitvariablen	6.8a	Beschreibung verwendeter Zielgrößen
2.5.12	Die verwendeten Meßverfahren und deren Validierung. Bei multizentrischen Prüfungen müssen die entscheidenden Meßmethoden standardisiert sein	6.8b	Darstellung der Vorgehensweise für die Messung und Aufzeichnung von Effekten und Zielgrößen
		6.8c	Meßzeitprodukte und Meßzeiträume

		6.8d	Beschreibung durchzuführender spezieller Analysen und/oder Tests (pharmakokinetische, klinische, labortechnische, radiologische Tests usw.)
2.5.13	Ermittlung, Bewertung und Dokumentation unerwünschter Begleiterscheinungen	6.9a	Methoden zur Feststellung unerwünschter Arzneimittelwirkungen
		6.11a	Anweisungen für die Handhabung und Verarbeitung von Aufzeichnungen über Wirkung und Nebenwirkung des geprüften Arzneimittels
		6.9d	Einzelheiten über die Meldung unerwünschter Wirkungen und Angabe, an wen diese weitergegeben werden und wie rasch die Meldungen erfolgen müssen
2.5.14	Ausführliche Beschreibung des Prüfablaufs einschließlich des Zeitplans für die Untersuchungstermine	6.4a	Beschreibung des geplanten Zeitablaufs der Prüfung (mit Datumsangabe), d.h. Beginn, Untersuchungszeitraum, Ende der Prüfung
2.5.16	Vorgesehene Gesamtdauer der Prüfung	6.4b	Begründung der Zeitplanung, z.B. im Hinblick darauf, inwieweit Befunde für die Unbedenklichkeit der wirksamen Bestandteile/Arzneimittel vorliegen, im Hinblick auf den zeitlichen Verlauf der betreffenden Krankheit und im Hinblick auf die erwartete Behandlungsdauer
2.5.15	Überprüfung der Compliance		
		6.10a	Ein detaillierter Plan für die einzelnen Schritte und Vorgehensweisen, um die klinische Studie effektiv leiten und überwachen zu können
		6.10b	Vorschriften und Anweisungen über das Vorgehen bei voraussehbaren Abweichungen vom Prüfplan
		6.10c	Zuweisung von Pflichten und Verantwortlichkeiten innerhalb der Forschungsgruppe und koordinierende Aufgaben

<table>
<tr><td>

</td><td>

6.10d   Anweisung an die Mitarbeiter, einschließlich einer Beschreibung der Studie

6.10e   Adressen, Telefonnummern usw., die es jedem Mitarbeiter ermöglichen, die Arbeitsgruppe jederzeit zu erreichen

6.10f   Ausführungen zu Fragen der Vertraulichkeit der Daten, soweit erforderlich

</td></tr>
</table>

2.5.17   Biometrische Auswertungsmethoden mit Festlegung der Arbeitshypothesen und der Irrtumswahrscheinlichkeiten sowie Zeitpunkte und Umfang vorgesehener Zwischenauswertungen

6.12a   Eine ins einzelne gehende Beschreibung, wie die gemessene Prüfgröße ausgewertet wird

6.12b   Methoden der Berechnung des Effekts

6.12c   Eine Beschreibung, wie mit Probanden/Patienten, die aus der Studie herausgenommen wurden/aus der Studie ausscheiden, zu verfahren ist und wie über diese Fälle berichtet wird

6.12d   Qualitätskontrolle des Vorgehens bei der Auswertung

6.13a   Eine ausführliche Beschreibung der anzuwendenden statistischen Methoden

6.13c   Beschreibung der statistischen Einheit

6.13d   Das Signifikanzniveau

6.5.18   Eventuell notwendige Vorsichtsmaßnahmen einschließlich Handlungsanweisungen, wie etwa Veränderungen der Dosierung

6.9b   Handlungsanweisungen bei Komplikationen

6.5.19   Kriterien für den Abbruch der klinischen Prüfung sowohl im Einzelfall als auch für die gesamte Prüfung

6.13e   Regeln zur Beendigung der klinischen Prüfung (Abbruchregeln)

2.5.20   Verfahren zur Kontrolle der Einhaltung des Prüfplans

6.7f   Maßnahmen, um die strikte Befolgung der Vorschriften zu fördern und zu kontrollieren (Überwachung der Einhaltung)

2.5.21   Anleitung zur Dokumentation der Befunde

2.5.22 Quellenangaben der verwendeten Informationen, insbesondere der benutzten oder zu benutzenden historischen und bibliographischen Daten	**6.16** Ein Verzeichnis der Literatur, auf die im Prüfplan verwiesen wird, muß beigefügt sein
2.5.23 Der Ort (die Orte) der Prüfung sowie die Art der Einrichtung, wo die Prüfung stattfindet	**61d** Klinik/Abteilung/Ärztegruppe, der Ort der Prüfung (Adresse)
2.5.24 Name, Qualifikation und Verantwortungsbereich des jeweiligen Arztes für die einzelnen Abschnitte der klinischen Prüfung Der Prüfplan muß vom Leiter der klinischen Prüfung unterzeichnet werden	**6.1b** Name des für die Prüfung verantwortlichen Klinikers (Leiter der klinischen Prüfung) und Namen anderer möglicher Teilnehmer sowie Angaben zu ihrem Beruf (z.B. Arzt, Biochemiker, Krankenschwester, Statistiker usw.)
	6.1c Gegebenenfalls Name des Auftraggebers
	6.15 Der Prüfplan muß eine verständliche Zusammenfassung und notwendige Anhänge (z.B. Informationen für die Patienten, Anweisungen an die Mitarbeiter, Beschreibung spezieller Verfahren) enthalten
	6.11b Anweisungen für die Führung und Aufbewahrung von speziellen Patientenlisten und der Prüfbögen für jeden Patienten/Probanden, der an der Studie teilnimmt. Der Prüfbogen sollte eine rasche Identifikation des einzelnen Patienten/Probanden ermöglichen. Eine Kopie des Prüfbogens muß beigefügt sein

Übersicht 2:

Mindestinhalte für Prüfbögen

BGA	EG
Durchführungsverordnung, Kapitel 2, Absatz 6	EG-Richtlinien, Kapitel 7

14) Name und Adresse des prüfenden Arztes	a) Datum, Ort und Identifikation der Studie
1) Identifizierung unter Berücksichtigung des Datenschutzes	b) Identifikation der in die Studie einbezogenen Personen
2) Alter, Größe und Gewicht, Geschlecht, wichtige prognostische Faktoren (z.B. Raucher, Diät, bisherige Krankheitsdauer)	c) Alter, Geschlecht, Körpergröße und Gewicht sowie ethnische Zugehörigkeit
3) etwaige Schwangerschaft bei Frauen im gebärfähigen Alter	d) Besonderheiten der Person (z.B. Raucher, spezielle Diäten, Schwangerschaft, frühere Behandlungen)
5) Diagnose und Begründung für die Anwendung des Arzneimittels, Zeitpunkt der Diagnosestellung, Begleitdiagnosen sowie Zeitpunkt der Stellung der Begleitdiagnose	e) Diagnose; Indikation für die Gabe/Einnahme des Prüfpräparates in Übereinstimmung mit dem Prüfplan
	g) Dauer der Krankheit; Zeitpunkt des letzten Krankheitsausbruchs (falls zutreffend)
4) Erfüllung der Einschlußkriterien und Nichtvorliegen von Ausschlußkriterien	f) Übereinstimmung der Einschluß-/Ausschlußkriterien
6) Einzeldosis, Tagesdosis, Dosierungsschema und Art der Anwendung des Arzneimittels	h) Einzeldosis, Tagesdosierung und tatsächliche Gabe/Einnahme des Prüfpräparates; Angaben zur Compliance
11) Zur Compliance	
7) Beginn und Ende (Datumsangaben) der Behandlung und des Beobachtungszeitraums	i) Dauer der Behandlung
	j) Dauer der Beobachtungsperiode
8) Alle Begleittherapien und relevante Vortherapien	k) Begleittherapie(n), sowohl medikamentös wie nichtmedikamentös
	l) Ernährung

9) Ergebnisse der Messung der Ziel- und Begleitvariablen mit Angabe der Meßzeitpunkte

m) Registrierung der Effektgrößen (einschließlich Datum, Tageszeit, Unterschrift des Untersuchers)

10) Unerwünschte Begleiterscheinungen (Art, Zeitpunkt des Auftretens, Dauer, Intensität, Maßnahmen/Folgen, Zusammenhang)

n) Registrierung von unerwünschten Ereignissen, Art, Dauer, Intensität etc., Konsequenzen und Maßnahmen

12) Gründe für einen Therapieabbruch

o) Gründe für einen Abbruch (wenn zutreffend)

13) Gesamtbeurteilung (Wirksamkeit und Verträglichkeit)

Ethikkommissionen
für die klinische Prüfung

Heinz Losse

„Jede neuartige Heilbehandlung muß in ihrer Begründung und in ihrer Durchführung mit den Grundsätzen der ärztlichen Ethik und den Regeln der ärztlichen Kunst und Wissenschaft in Einklang stehen. Stets ist sorgfältig zu prüfen und abzuwägen, ob Schäden, die etwa entstehen können, zu dem erwarteten Nutzen im richtigen Verhältnis stehen."

Diese äußerst aktuell anmutende Forderung entstammt den berühmten Richtlinien, die am 28.2.1931 vom Reichsminister des Inneren den Landesregierungen zugestellt wurden. In diesen vor mehr als einem halben Jahrhundert erlassenen Richtlinien werden in 14 Abschnitten präziser und umfassender als in allen späteren Deklarationen sämtliche noch heute gültigen Gesichtspunkte für das Verfahren bei neuartigen Heilbehandlungen und für die Vornahme wissenschaftlicher Untersuchungen am Menschen angesprochen (Wagner 1975).

Der Absatz 5 lautet: „Eine neuartige Heilbehandlung darf nur vorgenommen werden, nachdem die betreffende Person oder ihr gesetzlicher Vertreter sich aufgrund einer vorangegangenen zweckentsprechenden Belehrung in unzweideutiger Weise mit der Vornahme einverstanden erklärt hat."

Darüber hinaus wurde die Unzulässigkeit von Experimenten unter Ausnutzung eines Abhängigkeitsverhältnisses oder einer Notsituation zum ersten Mal klargestellt. Auch wurde verlangt, daß Tierexperimente dem Humanversuch vorausgehen müssen. Sogar die Einrichtung von Ethikkommissionen wurde bereits gefordert. Wie wir alle wissen, blieb die Wirkung dieser Richtlinien leider sehr gering, da bald nach ihrer Herausgabe die Nationalsozialistische Ära begann, in der ethisches Verhalten von einigen Vertretern der Medizin bewußt ignoriert wurde.

Die moderne Medizin, insbesondere die medizinische Forschung
sowohl am Menschen als auch am Tier, wird heute von der Öffentlichkeit zunehmend kritischer und mißtrauischer betrachtet.

Insbesondere der forschende Arzt gerät dabei in Gewissenskon-
flikte: Er soll einerseits zur Verbesserung diagnostischer und therapeutischer Maßnahmen beitragen, was letztlich nur mit Hilfe des
wissenschaftlich einwandfreien Versuchs am Menschen möglich ist.
Andererseits ist er jedoch verpflichtet, seinen Patienten unter keinen
Umständen Schaden zuzufügen, was trotz vorangegangener Tierversuche und äußerster Sorgfalt nicht auszuschließen ist.

Dieses Dilemma ist erst mit der Einführung der naturwissenschaftlichen Methoden in die klinische Medizin in der 2. Hälfte des
19. Jahrhunderts entstanden.

Paul Ehrlich, der Begründer der Chemotherapie und Entdecker
des Salvarsans, sah sich um die Jahrhundertwende als einer der ersten Forscher überhaupt mit den Problemen der Erprobung eines
neuen Arzneimittels am Menschen konfrontiert (Howard-Jones 1982;
Rathscheck 1981). Er war sich dabei der ethischen Dimension durchaus bewußt. Der Arzt müsse, so sagte er, die Schwere der Erkrankung gegen das Risiko einer neuen Therapieform abwägen und den
Patienten über Art und Häufigkeit der Nebenwirkungen aufklären.
Das sei allerdings nur möglich, wenn entsprechende Erfahrungen an
einem ausreichend großen Krankengut gewonnen würden. Daher
könne bei Erstversuchen keine Garantie für u.U. auftretende unerwartete Nebenwirkungen übernommen werden. Ehrlich entschloß
sich damals, das Präparat an Geisteskranken zu erproben, nachdem
vorher seine Verträglichkeit für den Menschen in heroischen ärztlichen Selbstversuchen erprobt worden war. Obwohl sich das Salvar-
san in der Folgezeit als ungemein segensreich erweisen sollte, würden wir das Vorgehen Ehrlichs heute sicherlich nicht billigen, ja es
würde Entrüstungsstürme hervorrufen. Es führt uns aber vor Augen, daß ethische Begriffe und ethisches Handeln im Laufe der Zeiten einem beständigen Wandel unterliegen, abhängig von Kultur,
Tradition und Zeitgeist (Rathscheck 1981).

Auch in unserer Zeit gibt es Parallelen zu diesen Erstversuchen,
die sowohl im Grundsätzlichen als auch bezüglich der Ergebnisse
für den einzelnen Kranken und die Gesellschaft vergleichbar hero-
isch und vielleicht ebenso einmalig sind (Rathscheck 1981). Die erste
Herztransplantation von Barnard im Jahre 1967 war de facto ein
solch gewagtes und bezüglich des Nutzens außerordentlich frag-

würdiges therapeutisches Experiment. Inzwischen hat sich die Herztransplantation von der medizinischen Sensation des Jahrhunderts offensichtlich zu einer allgemein akzeptierten und segensreichen Behandlungsmethode entwickelt, ebenso wie die Chemotherapie Ehrlichs eine entscheidende Wende in der Behandlung der Infektionskrankheiten herbeiführte.

Als Ausdruck einer zunehmend kritischen Einstellung der Ärzteschaft und der Öffentlichkeit gegenüber Versuchen am Menschen wurden im Jahre 1964 in Helsinki, im Jahre 1975 in Tokio, im Jahre 1983 in Venedig und im Jahre 1989 in Hongkong ausführliche Richtlinien zur biomedizinischen Forschung am Menschen erarbeitet. In Hongkong wurde besonders auf die Notwendigkeit der Unabhängigkeit der Ethikkommission von Forscher und Sponsor hingewiesen.

Im Anschluß an die Helsinki-Tokio-Deklarationen des Weltärztebundes, die in erster Linie Ausdruck der Bemühungen um eine Verbesserung des Schutzes des Individuums im Hinblick auf Arzneimittelprüfungen waren, wurden in den verschiedensten Ländern der Welt Ethikkommissionen gegründet. In der Bundesrepublik Deutschland empfahl die Bundesärztekammer am 12.1.1979 die Einrichtung von Ethikkommissionen bei den Landesärztekammern, deren Aufgabe die Beratung und Beurteilung ethischer und rechtlicher Aspekte von biomedizinischen Forschungsvorhaben am Menschen sein sollte. Aufgrund dieser Empfehlung haben die Landesärztekammern in ihren Berufsordnungen festgelegt, daß jeder Arzt vor der Durchführung klinischer Versuche am Menschen eine bei der Ärztekammer oder bei einer medizinischen Fakultät gebildete Ethikkommission anrufen soll bzw. muß, um sich über die mit seinem Vorhaben verbundenen berufsethischen und berufsrechtlichen Fragen beraten zu lassen.

Abgesehen von diesen berufsrechtlichen Bestimmungen gibt es in der Bundesrepublik Deutschland noch kein rechtliches Gebot zur Einrichtung von Ethikkommissionen. Jedoch regeln das 1978 in Kraft getretene Arzneimittelgesetz und die „Grundsätze für die ordnungsgemäße Durchführung der klinischen Prüfung von Arzneimitteln" (1987) die klinischen Prüfungen von Arzneimitteln.

Mit dem Beitritt am 3.10.1990 wurden die bisher für die medizinische Forschung in der ehemaligen DDR geltenden Bedingungen durch die Regelungen in der alten Bundesrepublik Deutschland ersetzt. Zwar hatten einzelne Fakultäten bereits vor einigen Jahren

Ethikkommissionen gegründet, die Mehrheit der medizinischen Fakultäten hat eine solche Gründung jedoch erst in jüngster Zeit vorgenommen oder beschlossen. Das gleiche gilt für die neuen Landesärztekammern. Somit besteht die gleiche Situation wie in der alten Bundesrepublik Deutschland.

Wir können somit davon ausgehen, daß wissenschaftliche Versuche am Menschen unter bestimmten Bedingungen zulässig sind, sofern sie dem medizinischen Fortschritt, d.h. der Verbesserung medizinischer Untersuchungs- und Behandlungsverfahren, dienen und es keine anderen Möglichkeiten, z.B. Tierversuche, gibt, um diese Ziele zu erreichen. Damit wird allerdings von einzelnen Mitgliedern der Gesellschaft auch erwartet, daß sie sich freiwillig als Versuchspersonen zur Verfügung stellen, auch wenn eine gesundheitliche Gefährdung nicht ausgeschlossen werden kann.

Für den Forscher ergibt sich daraus die Verpflichtung, bei der Planung und Durchführung biomedizinischer Forschungsvorhaben am Menschen strengste wissenschaftliche, ärztliche, ethische und rechtliche Kriterien anzulegen und die Forderungen der Gesellschaft nach mehr Transparenz bei der Forschung am Menschen und nach optimalem Schutz des Individuums vor nicht vertretbaren Handlungen zu akzeptieren.

Diese Forderungen können dadurch erfüllt werden, daß der Arzt sein Forschungsvorhaben der für ihn zuständigen Ethikkommission zur Prüfung der ethischen und rechtlichen Zulässigkeit vorlegt, wobei die wissenschaftlich einwandfreie Planung des Vorhabens Voraussetzung ist. Die Stellungnahme der Ethikkommission hat für den Versuchsleiter lediglich beratenden Charakter. Die Entscheidung über die Durchführung des Vorhabens obliegt dem Antragsteller. Setzt sich dieser jedoch über Bedenken der Ethikkommission hinweg und kommen Versuchsteilnehmer dabei zu Schaden, so kann dies erhebliche rechtliche Konsequenzen haben.

Früher erfolgte die Erprobung neuer Arzneimittel am Menschen relativ unkritisch, da man weitgehend auf die Herstellung experimenteller Bedingungen, die es erlauben, ein sicheres, überprüfbares Urteil über die Wirksamkeit der Maßnahme zu gewinnen, verzichtete. Als erster forderte Martini im Jahre 1932 (Martini et al. 1968) das gezielte Experiment für die klinisch-therapeutische Forschung.

Natürlich gibt es Wirkungen von Arzneimitteln, die sofort objektiv feststellbar und reproduzierbar sind, so daß auf die kritische Prüfung der Wirksamkeit am Menschen verzichtet werden kann oder sogar muß. Die Wirkung des Penicillins und der Insulinbehandlung ließ sich z.B. ohne Doppelblindversuche sofort nachweisen. Dies sind jedoch epochemachende Marksteine, Jahrhundertereignisse in der Geschichte der Entwicklung von Arzneimitteln. Heute dagegen werden bei einer Vielzahl von bereits auf dem Markt befindlichen Arzneimitteln ständig neue Produkte angeboten, deren Wirksamkeit überhaupt oder im Vergleich zu bereits vorhandenen Medikamenten sehr schwer zu beurteilen ist. In dieser Situation ist der therapeutische Versuch zwingend. Dabei geht es nicht nur um die Beurteilung der Wirksamkeit eines Arzneimittels, sondern auch um eventuelle Nebenwirkunkgen.

Der kontrollierte therapeutische Versuch, u.U. in Form eines randomisierten Doppelblindversuchs, wirft selbstverständlich eine Reihe von rechtlichen und ethischen Problemen auf. Er ist jedoch inzwischen weltweit als wissenschaftliche Methode zur Beurteilung von Arzneimitteln für die Anwendung beim Menschen anerkannt. In einer entsprechenden Richtlinie der Weltgesundheitsorganisation heißt es:

„Die kontrollierte klinische Prüfung ist definiert als sorgfältig und ethisch geplanter Versuch, der das Ziel hat, bestimmte präzis formulierte Fragen zu beantworten" (Medizinisch-pharmazeutische Studien-Gesellschaft e.V. 1976).

Weiter heißt es: Der Zweck der kontrollierten klinischen Prüfung ist es, festzustellen, ob ein Arzneimittel einen günstigen Effekt bei der Behandlung oder Verhütung einer Erkrankung hat. Ferner gilt es, das Arzneimittel hinsichtlich Wirksamkeit und Toxizität in Beziehung zu anderen Behandlungsmöglichkeiten zu beurteilen.

Aufgaben der Ethikkommissionen

Die wichtigste Aufgabe der hier in Frage stehenden Ethikkommissionen ist die Prüfung der ethischen und rechtlichen Zulässigkeit biomedizinischer Forschungsvorhaben am Menschen. Dabei müssen zunächst bestimmte Voraussetzungen für die Durchführung des geplanten Versuchs erfüllt sein. Hierzu gehören (Losse 1990):

1) Der Forscher muß die erforderliche Qualifikation für die Durchführung des Vorhabens aufweisen. Im allgemeinen wird eine mindestens 2jährige Erfahrung mit der Prüfung von Arzneimitteln gefordert. Für die Beurteilung der Qualifikation des Forschers erweist es sich als Vorteil, wenn das Forschungsvorhaben von einer regionalen und nicht von einer zentralen bzw. überregionalen Ethikkommission beurteilt wird.
2) Die Planung und Durchführung der Studie müssen wissenschaftlichen Kriterien standhalten.
3) Das Risiko des Versuchs muß in einem angemessenen Verhältnis zum Nutzen für den Patienten oder die Heilkunde stehen.
4) Es muß, insbesondere bei Langzeitstudien, gewährleistet sein, daß sogenannte Abbruchkriterien aufgestellt werden für den Fall, daß sich im Verlauf des Versuchs bereits eindeutige Vor- oder Nachteile (z.B. Nebenwirkungen) des zu testenden Präparates bzw. Verfahrens erkennen lassen.
   Unter Umständen kann die regelmäßige Berichterstattung an die Ethikkommission zur Auflage gemacht werden (Studienbegleitung).
5) Die Versuchsteilnehmer müssen ihre Einwilligung – nach umfassender Aufklärung – geben.
6) Schließlich ist sicherzustellen, daß der Patient gegen das Risiko des Versuchs versichert ist.

Die Beurteilung des Vorhabens durch die Ethikkommissionen erfolgt anhand ethischer und rechtlicher Kriterien. Erstere ergeben sich aus den allgemeinen Normen ärztlich-sittlichen Verhaltens, wie sie in der Berufsordnung für Ärzte und speziell in den WHO-Deklarationen formuliert sind. Rechtliche Voraussetzungen für die klinische Prüfung von Arzneimitteln sind in dem Arzneimittelgesetz enthalten. Die dort aufgestellten Kriterien können im wesentlichen auch für die Beurteilung anderer biomedizinischer Vorhaben herangezogen werden. Darüber hinaus ergeben sich rechtliche Aspekte aus den allgemeinen Grundsätzen des Verfassungs-, Straf- und Haftungsrechts (Kollhosser 1990).

Die Ethikkommission sollte ganz besonders darauf achten, daß die Versuchsteilnehmer unter Berücksichtigung des individuellen Einsichts- und Verständnisvermögens über Wesen und Bedeutung der Studie umfassend aufgeklärt werden und im Anschluß daran ihre Einwilligung erteilen. Aufgeklärt werden muß über alle Punkte,

die für die Entscheidung des Versuchsteilnehmers vernünftigerweise
Bedeutung haben können. Gerade hier ergeben sich, wie eigene Erfahrungen zeigen, häufig Ansatzpunkte zur Kritik. Neben der für
den Laien unverständlichen sprachlichen Formulierung des oft vor-
gedruckten Aufklärungsformulars fehlen häufig auch allgemeinver-
ständliche Hinweise auf die Problematik der Randomisierung, des
Doppelblindversuchs und der Placebobehandlung. Gerade diese
Hinweise können jedoch die Entscheidung des Versuchsteilnehmers
beeinflussen.

Wirksam ist eine Einwilligung des Versuchsteilnehmers nur dann,
wenn die Person, die sie abgibt, geschäftsfähig und in der Lage ist,
die Tragweite des Entschlusses zu übersehen und ihren Willen hiernach zu bestimmen. Dies ist bei manchen Patientengruppen, z.B. bei
in Anstalten verwahrten Personen oder bei Minderjährigen und psychisch Kranken, i. allg. nicht der Fall. Eine schriftliche Einwilligungserklärung ist zum Schutz des Versuchsleiters unbedingt zu empfehlen.

Bei Patienten sowie gesunden Probanden (Studenten, Doktoran-
den), die in einem gewissen Abhängigkeitsverhältnis zum Forscher
stehen, muß sichergestellt sein, daß der Betreffende wegen der Verweigerung der Teilnahme oder eines Abbruchs des Versuchs keine
Nachteile befürchtet und auch nicht zu befürchten hat. Es ist selbstverständlich, daß jede Versuchsperson den Versuch zu jeder Zeit abbrechen kann. Diese Tatsache muß den Versuchspersonen im Rahmen der Aufklärung auch mitgeteilt werden.

Dem Schutz von Kindern und schwangeren Frauen müssen die
Ethikkommissionen besondere Aufmerksamkeit widmen. Hier ist
eine besonders sorgfältige Nutzen-Risiko-Abwägung erforderlich,
wobei die notwendigen Restriktionen allerdings zur Folge haben,
daß wir über Wirkungen oder Nebenwirkungen neuer therapeutischer Maßnahmen bei diesen Patientengruppen wenig wissen. Dies
ist nicht nur für den therapeutischen Fortschritt nachteilig, es birgt
auch die Gefahr von unerwarteten Zwischenfällen.

Ethikkommissionen haben auch wichtige erzieherische Aufgaben.
Sie können die zumeist jüngeren Forscher durch Beratung zu ethischem Verhalten anhalten und ihnen die oft komplizierten rechtlichen Aspekte des Forschungsvorhabens darlegen. Wenn die Mitglieder der Ethikkommissionen hier entsprechend behutsam vorgehen, werden sie bei den Antragstellern stets Verständnis für eventuelle Verbesserungs- und Veränderungsvorschläge finden, wie eigene

Erfahrungen zeigen. Schon die Existenz von Ethikkommissionen dürfte geeignet sein, eine ethisch und rechtlich einwandfreie Versuchsplanung zu fördern. Darüber hinaus sollte mit der heranwachsenden Generation von Studenten, Ärzten und Forschern mehr als bisher über Ethik und ethisches Verhalten gesprochen werden.

Vornehmste Aufgabe der Ethikkommissionen sollte es sein, durch sachgerechte und verständnisvolle Prüfung des Forschungsvorhabens und entsprechende Beratung des Forschers die Probanden bzw. Patienten vor ethisch und rechtlich nicht vertretbaren Handlungen zu schützen und andererseits die für den wissenschaftlichen Fortschritt unbedingt notwendige Forschung dadurch zu fördern, daß sie durch eine entsprechende Transparenz ihrer Entscheidungen zum Abbau des öffentlichen Mißtrauens klinischen Prüfungen gegenüber beitragen.

Zusammensetzung der Ethikkommissionen

Die Mitglieder einer Ethikkommission müssen einerseits mit der Problematik der klinischen Forschung vertraut sein und das uneingeschränkte Vertrauen der Forscher genießen und andererseits die Fähigkeiten besitzen, die ethischen und juristischen Implikationen des jeweiligen Forschungsvorhabens zu erkennen und zu beurteilen. Darüber hinaus sind Takt und Einfühlungsvermögen sowie Menschenkenntnis, insbesondere Verschwiegenheit und Unabhängigkeit, erforderlich.

Unter Berücksichtigung dieser Prämissen sollte es sich bei den Mitgliedern um erfahrene, allseits respektierte Persönlichkeiten von hohem wissenschaftlichem Ansehen handeln, die ihre Aufgabe nicht als Pflichtübung, sondern als Verpflichtung gegenüber dem medizinischen Fortschritt und der Öffentlichkeit auffassen. Im Interesse einer Kontinuität der Arbeit sollte die Mitgliedschaft unabhängig von institutionellen Wahlperioden sein.

Die Zusammensetzung der Ethikkommissionen variiert sowohl weltweit als auch innerhalb einzelner Länder, z.B. in der Bundesrepublik Deutschland.

Der Arbeitskreis medizinischer Ethikkommissionen in der Bundesrepublik Deutschland empfiehlt in seinen Verfahrensgrundsätzen

(s. Anhang 2.2) mindestens 5 Kommissionsmitglieder, davon mindestens 4 Ärzte und 1 Jurist. Häufig gehören der Kommission auch Philosophen oder Theologen an.

Den Nichtmedizinern in der Ethikkommission kommt eine doppelte Funktion zu: Sie sollen einerseits ihre fachspezifischen Kenntnisse zur Verfügung stellen, andererseits aber auch als medizinische Laien die Interessen der Probanden bzw. der Patienten vertreten. So ist z.B. das Urteil eines Laien bei der Abwägung des Nutzen-Risiko-Verhältnisses eines biomedizinischen Forschungsvorhabens von entscheidender Bedeutung. Das gleiche gilt für die Beratung des Projektleiters hinsichtlich einer verständlichen sprachlichen Gestaltung der Aufklärung der Versuchsteilnehmer.

Dem medizinischen Laien ermöglicht die Mitgliedschaft in der Ethikkommission darüber hinaus Einblicke in die Arbeitsweise der medizinischen Wissenschaft, die sonst kaum zu gewinnen wären und geeignet sind, die Arbeit der jeweiligen Fachgebiete zu befruchten.

Einige Ethikkommissionen verzichten auf die Mitgliedschaft eines Juristen. Dies ist insofern problematisch, als in den ärztlichen Berufsordnungen die ethische und juristische Beratung der Forscher gefordert wird. Dies ist um so berechtigter, als fast sämtliche Forschungsvorhaben auch rechtliche Probleme beinhalten (Deutsch 1990; Kollhosser 1990). Hier sei z.B. die Aufklärung der Probanden erwähnt, für die es bisher keine festen Richtlinien gibt, an denen man sich orientieren könnte. Man wird dann darauf angewiesen sein, Rechtsprechungserkenntnisse aus anderen Bereichen umzusetzen, und dies kann i. allg. nur ein Jurist. Ähnliches gilt im Hinblick auf die Einsichtsfähigkeit von Minderjährigen sowie für vergleichende Studien in Form des Doppelblindversuchs, dessen unbeschränkte Zulässigkeit in mehrfacher Hinsicht zweifelhaft ist. Auch die Auslegung bzw. der Anwendungsbereich des Arzneimittelgesetzes berührt in erheblichem Maße juristische Fragen. Ohne juristische Beratung wird der Versuchsleiter u.U. mit einem wesentlichen Anteil seiner Probleme, deretwegen er sich an die Ethikkommission gewandt hat, allein gelassen.

Wenn eine Kommission ohne juristisches Mitglied eine juristische Frage falsch beurteilt und ein von ihr für gut befundenes Projekt zur Schädigung des Probanden führt, tauchen ernstzunehmende Haftungsfragen auf, da die Kommission sich dem Vorwurf der Kompetenzüberschreitung aussetzt (Kollhosser 1990). Nur wenn eine Ethikkommission einen Juristen zur regelmäßigen Mitarbeit heranzieht und ihm damit Gelegenheit gibt, sich in die komplizierte Materie einzuarbeiten, wird sie ihrer Aufgabe voll gerecht werden können.

Im Interesse einer besseren Transparenz der Tätigkeit der Ethikkommissionen wird immer häufiger die Hinzuziehung von Vertretern verschiedener gesellschaftlicher Gruppierungen gefordert, die insbesondere in keiner Weise mit der Institution, der die Ethikkommission angehört, verbunden sein sollten. Dies erscheint im Hinblick auf die Vertraulichkeit der in den Ethikkommissionen behandelten Anträge sowie auf evtl. Haftungsansprüche nicht unproblematisch. Unserer Ansicht nach werden durch die Mitarbeit eines Juristen, evtl. eines Theologen oder Philosophen in der Ethikkommission das Laienelement und die Öffentlichkeit ausreichend vertreten. Darüber hinaus ist noch einmal festzuhalten, daß das Votum der Ethikkommission lediglich beratenden Charakter hat.

Ganz allgemein ist zu betonen, daß die Unabhängigkeit der Kommissionen entscheidende Voraussetzung für ihre Arbeit ist. Dies muß bei der Wahl der Mitglieder berücksichtigt werden, die im übrigen ehrenamtlich und unentgeltlich tätig sein sollten.

Arbeitsweise der Ethikkommissionen

Die Arbeitsweise der einzelnen Ethikkommissionen innerhalb der Bundesrepublik Deutschland ist ebenso uneinheitlich wie deren Zusammensetzung. Um die Tätigkeit der Ethikkommissionen zu koordinieren, ist auf Initiative der Ethikkommission der Medizinischen Fakultät der Universität Münster am 7.5.1983 der Arbeitskreis medizinischer Ethikkommissionen in der Bundesrepublik Deutschland gegründet worden, dem in Form eines freiwilligen Zusammenschlusses die Ethikkommissionen der Ärztekammern, medizinischen Fakultäten, Hochschulen und sonstiger öffentlich-rechtlicher Einrichtungen angehören. Der Arbeitskreis dient dem ständigen Meinungsund Erfahrungsaustausch unter den Mitgliedern (s. Anhang 2.1).

In gemeinsamen Diskussionen wurden Verfahrensgrundsätze sowie eine Checkliste zur Überprüfung der Vollständigkeit von Anträgen an die Ethikkommissionen erarbeitet (s. Anhänge 2.2 und 2.3).

Das Verfahren bei der Ethikkommission wird durch einen schriftlichen Antrag des für das geplante Vorhaben Verantwortlichen in Gang gesetzt. Der Antragsteller ist gehalten, anhand eines Fragenkatalogs (s. Checkliste, Anhang 2.3) sein Vorhaben so ausführlich zu schildern, daß eine ethische und rechtliche Beurteilung einwandfrei möglich ist.

Die Bearbeitung eines Antrags innerhalb der Ethikkommission kann grundsätzlich mündlich oder schriftlich, d.h. im Umlaufverfahren, erfolgen. In der Regel sollte jedoch dem mündlichen Verfahren unter Hinzuziehung des Antragstellers der Vorzug gegeben werden. Antragsteller muß, darauf sei besonders hingewiesen, derjenige Arzt sein, der die Prüfung vor Ort durchführt und die Probanden bzw. Patienten betreut. Nur er ist der Ethikkommission gegenüber verantwortlich und unterliegt der ärztlichen Berufsordnung.

Die Sitzungen der Ethikkommissionen sind nicht öffentlich, die Mitglieder der Kommission sind zur Vertraulichkeit und Verschwiegenheit verpflichtet. Dasselbe gilt für u.U. beratend hinzugezogene Sachverständige.

Der Beschluß der Ethikkommission ist dem Antragsteller schriftlich bekanntzugeben. Er kann mit Auflagen versehen werden. Ablehnende Beschlüsse, Auflagen und Empfehlungen zur Modifikation sind schriftlich zu begründen.

Der Vorsitzende der Ethikkommission sollte darauf achten, daß die eingereichten Anträge innerhalb einer annehmbaren Frist, d.h. etwa in 2–3 Monaten, bearbeitet werden.

Probleme der Ethikkommissionen

Gelegentlich wird die Befürchtung geäußert, daß die Ethikkommissionen die Forschung behindern und damit den Fortschritt der Wissenschaft hemmen könnten. Hierzu ist zu sagen, daß ein sorgfältig geplantes, die Risiken abwägendes, die Interessen der Probanden bzw. Patienten und die gesetzlichen Bestimmungen beachtendes Forschungsvorhaben durch die Ethikkommissionen sicherlich nicht behindert werden wird. Es ist im Gegenteil anzunehmen, daß die Ethikkommission dem Forscher bereits in der Planungsphase seines Vorhabens mit Rat und Tat zur Seite stehen kann, so daß seine Arbeit eher erleichtert wird. Darüber hinaus hat die Gemeinschaft das Recht darauf, daß die von ihr generell tolerierte Forschung am Menschen auch den aufgestellten Normen entspricht.

Gelegentlich wird, insbesondere in der Öffentlichkeit, der Vorwurf erhoben, die Ethikkommissionen hätten nur Alibifunktionen für den verantwortlichen Arzt und Forscher. Diesen Vorwurf können die Ethikkommissionen durch Transparenz der Verfahrensweise, absolute Vertrauenswürdigkeit der Mitglieder in der Öffentlichkeit und Unabhängigkeit, v.a. finanzieller Art, entkräften.

Bei multizentrischen Studien stellt sich häufig die Frage, welche Ethikkommission für die Beurteilung des Forschungsvorhabens verantwortlich ist. Im Interesse einer einheitlichen Vorgehensweise und um Verzögerungen zu vermeiden, hat der Arbeitskreis medizinischer Ethikkommissionen vorgeschlagen, daß bei multizentrischen Studien diejenige Ethikkommission in Anspruch genommen wird, welche für den für das Bundesgebiet verantwortlichen ärztlichen Projektleiter zuständig ist. Das Votum dieser Kommission wird allen an der multizentrischen Studie teilnehmenden Projektleitern übermittelt, die ihrerseits das Votum mit dem Prüfplan ihrer zuständigen Ethikkommission zur Kenntnisnahme zuleiten. Grundsätzlich sollte dieses Votum von allen öffentlich-rechtlichen Ethikkommissionen anerkannt werden. Die Entscheidung darüber bleibt jedoch bei der örtlichen Ethikkommission.

Die moderne Medizin wird heute gerade im Zusammenhang mit der biomedizinischen Forschung am Menschen von der Öffentlichkeit immer kritischer beobachtet. Wir müssen uns daher bemühen, den Forderungen der Gesellschaft nach mehr Transparenz bei der Forschung am Menschen und nach optimalem Schutz des Individuums vor nicht vertretbaren Handlungen nachzukommen und so Vertrauen zu schaffen, damit die für den Fortschritt unerläßliche Forschung durchgeführt werden kann. Hier können die Ethikkommissionen eine entscheidende Mittlerrolle spielen, wenn es ihnen gelingt, das Vertrauen der Öffentlichkeit durch verantwortungsbewußte Wahrnehmung ihrer Aufgaben zu gewinnen. So gesehen ist die Tätigkeit der Ethikkommission letztlich eine Dienstleistung für die Allgemeinheit.

Literatur

Deutsch E (1990) Die rechtlichen Grundlagen und Funktionen der Ethik-Kommissionen. In: Toellner R (Hrsg) Die Ethik-Kommission in der Medizin. Fischer, Stuttgart New York, S 67

Howard-Jones N (1982) Human experimentation in historical and ethical perspectives. In: Bankowski Z, Howard-Jones N (eds) Human experimentation and medical ethics. Proc. XVth CIOMS Round table conference Manila, 13.–16. September 1981. Council for International Organization of Medical Sciences, Genf

Kollhosser H (1990) Haftungs- und versicherungsrechtliche Fragen bei Ethik-Kommissionen. In: Toellner R (Hrsg) Die Ethik-Kommission in der Medizin. Fischer Stuttgart New York, S 19

Losse H (1990) Ethische Probleme der medizinischen Forschung am Menschen. In: Toellner R (Hrsg) Die Ethik-Kommission in der Medizin. Fischer Stuttgart New York, S 19

Martini P, Oberhoffer G, Welte E (1968, [1]1932) Methodenlehre der therapeutisch-klinischen Forschung, 4. Aufl. Springer Berlin Heidelberg New York

Medizinisch-pharmazeutische Studien-Gesellschaft e.V. (1976) Bericht der WHO-Richtlinien für die Beurteilung von beim Menschen anwendbaren Arzneimitteln. WHO Technical Report Series No. 563, Frankfurt am Main

Rathscheck R (1981) Ethische Probleme bei der Arzneimittelforschung und Pharmakotherapie. Pharma-Dialog, Nr. 70. Bundesverband der Pharmazeutischen Industrie, Frankfurt am Main

Wagner HJ (1975) Heilversuche und Experimente aus rechtsmedizinischer Sicht. Beitr Gerichtl Med 33:24–32 (dort auch der Text der Richtlinien)

Der dritte Baustein:
Sicherheitsethik

Spontanerfassung unerwünschter Arzneimittelwirkungen in der Bundesrepublik Deutschland

Fritz Scheler

„Die Pharmakovigilanz, die institutionalisierte Erfassung der Spontanmeldungen über schwere unerwünschte Arzneimittelwirkungen, ist mittlerweile gewiß so weit etabliert, daß sie ihre Existenz nicht mehr rechtfertigen muß." So schrieb vor kurzem ein Berliner Kollege im „Deutschen Ärzteblatt" (Günter 1991).

Eine solche Äußerung läßt uns hoffen; sie zeigt, wie sehr die Probleme der Arzneimittelsicherheit in das Bewußtsein der meisten Ärzte eingedrungen sind. Die Ärzte wissen, daß die Arzneimittelsicherheit ihrer eigenen Patienten von der Meldung über Arzneimittelnebenwirkungen ihrer Kollegen und damit letztlich auch von ihnen selbst abhängt.

Zwar wird immer wieder Klage geführt, daß bei vielen deutschen Ärzten im Unterschied etwa zu den englischen Ärzten die Bereitschaft zu Meldungen von unerwünschten Arzneimittelwirkungen nicht sehr groß sei. Zahlreiche Gründe werden genannt. Eine wesentliche Ursache besteht wohl darin, daß man sich oft nicht sicher ist, ob tatsächlich ein ursächlicher Zusammenhang zwischen Einnahme eines bestimmten Arzneimittels und dem Auftreten einer unerwünschten Wirkung besteht. Seltenere Gründe sind Zeitmangel, Interesselosigkeit und Furcht vor Schadensersatzklagen.

Drei Fallbeispiele: Quinapril, L-Tryptophan, Muzolimin

Selten liegt der Sachverhalt so offensichtlich auf der Hand wie in einem Fall, von dem die Arzneimittelkommission der deutschen Ärzteschaft in diesen Tagen erfuhr. Ein 45jähriger Mann nahm seit

Anfang Mai 1991 in einer üblichen Dosis von 20 mg einen relativ neuen ACE-Hemmer ein *(Quinapril)*; nach 3 Monaten erfolgte seine Krankenhauseinlieferung wegen Pankreatitis – Risikofaktoren konnten ausgeschlossen werden (Gallensteine, Alkohol, Fettstoffwechselstörung, Hyperparathyreoidismus). Nach Abklingen der Krankheitserscheinungen wurde in Unkenntnis des Zusammenhangs erneut der ACE-Hemmer verabreicht, worunter wiederum Schmerzen und Amylaseerhöhungen auftraten. Nach Absetzen war der weitere Verlauf komplikationslos.

In der Gebrauchsinformation für diesen ACE-Hemmer ist Pankreatitis als mögliche Nebenwirkung angegeben. In der Gebrauchsinformation erscheint Pankreatitis auch bei den ACE-Hemmern Ramipril und Enalapril; bei den anderen ACE-Hemmern werden lediglich Oberbauchbeschwerden, Bauchbeschwerden, Erbrechen und Übelkeit angegeben (Stand Juni 1991/November 1990). Der Arzneimittelkommission liegen 7 Meldungen über Pankreatitis unter ACE-Hemmern vor, bei 2 Fällen in Kombination mit Diuretika. Betroffen von den Meldungen waren lediglich Captopril und Enalapril. Die Frage, die sich die Kommission stellen muß, ist, ob es sich tatsächlich um eine Rarität bei den ACE-Hemmern handelt. Gibt es pathogenetische Hinweise für einen Zusammenhang, müßte man an Tiermodellen der Frage nachgehen, müßten die Ärzte auf diese Komplikation aufmerksam gemacht werden? Positive Expositionsversuche wie in diesem Fall haben selbstverständlich eine hohe Beweiskraft, sie können aber riskant sein und deswegen nicht ohne weiteres generell zur Aufdeckung unerwünschter Wirkungen empfohlen werden. Das Auftreten einer Pankreatitis ist heute in den Kliniken keine Seltenheit, und es ergibt sich oft die Frage nach auslösenden Mechanismen, v.a. dann, wenn die üblichen klassischen Risikofaktoren fehlen.

Meist gestaltet sich die Situation von seiten der Grundkrankheit, die erhebliche Variationen aufweisen kann, sehr viel komplexer. Oft sind geradezu kriminalistische Nachforschungen nötig, v.a. dann, wenn es sich um die Aufdeckung einer bisher überraschenden unerwünschten Reaktion handelt. Wer hätte denn je geglaubt, daß eine körpereigene Aminosäure – das *L-Tryptophan* –, die allerdings synthetisch hergestellt wird, zu schwerwiegenden Komplikationen führen kann? Daß möglicherweise nur eine bestimmte Patientengruppe betroffen wurde, macht die Situation nicht leichter; bis zum heutigen Tag ist der Mechanismus des Eosinophilie-Myalgie-Syndroms nicht eindeutig geklärt. Auch die bloße Auslösung einer ohnehin latent bestehenden Erkrankung (wie des Fibromyalgie-Syndroms) könnte in Betracht kommen. Ein gezielter Verordnungsschwerpunkt ergibt sich daraus, daß diese Patienten häufig unter Schlafstörungen leiden, zu depressiven Verstimmungen neigen und so am ehesten mit diesem als harmlos geltenden Schlafmittel bzw. Antidepressivum behandelt werden. Die erste Zulassung nach dem neuen Arzneimittelgesetz für L-Tryptophan stammt vom März 1986. Erste Hinweise über unerwünschte Wirkungen tauchten 3 Jahre später am 4.12.1989 auf (eine erste Mitteilung in der Süddeutschen Zeitung). Am 25.12.1989 erschien die erste Bekanntgabe im „Deutschen Ärzteblatt": „Einschränkung der Anwendungsgebiete L-Tryptophan-haltiger Fertigarzneimittel". Bereits wenige Tage später, am 6.1.1990, „Ruhen der Zulassung der Tryptophan-haltigen Arzneimittel", und schließlich nach weiteren 10 Monaten, am 11.10.1990, kam es zu „vorläufigem Vertriebsstop für Arzneimittel mit niedrigem L-Tryptophan-Gehalt". Im Archiv unserer Arzneimittelkommission findet sich eine Meldung vom 10.2.1983 über ein L-Tryptophan-Präparat, das fiktiv zugelassen war. Diese Meldung muß als erster Hinweis für ein Myalgie-Syndrom gedeutet werden. Ich zitiere einige Sätze aus dem Brief vom 10.2.1983, mit Genehmigung des Autors, des Facharztes für Neurologie und Psychiatrie Dr. R. Hirth aus Trier. Er beschrieb, m.E. als erster in der Welt – soweit wir es feststellen können – das „Myalgie-Syndrom": „62jähriger Patient, Diabetiker, beginnende zerebrovaskuläre Störungen, seit Jahren Depressionen, Ein- und Durchschlafstörungen." Zunächst nahm der Patient 2 Tabletten Kalma (L-Tryptophan) mit anderen Arzneimitteln (Asasantin, Trental) zusammen ein. In dem Bericht heißt es weiter: „Nach 4–5 Wochen plötzlich Auftreten von brennenden Hitzesensationen, zunächst an den Armen, dann Beinen und Rücken." Der Patient setzte alle Medikamente ab. Nach einer Pause von 4 Tagen erfolgte quasi ein Expositionsversuch nur mit Kalma, „und die Beschwerden traten eine Stunde nach Einnahme wieder auf". Darauf setzte der Patient das Medikament sofort ab. Zum Schluß schreibt der Kollege: „Bei über 200 Patienten ist dies die erste ernstliche Nebenwirkung, die von einem Patienten als äußerst unangenehm und schmerzhaft geschildert wird."

Dieser ausführliche Bericht blieb offenbar die einzige Meldung und führte jedenfalls nicht zu weiteren Nachforschungen oder gar zur Bekanntgabe durch die Arzneimittelkommission. Dieser Fall und diese Beobachtung lehren uns aber, wie gewissenhaft Meldungen von Ärzten aus der Praxis gesichtet und gewertet werden müssen, wenn frühzeitig Risiken für die Patienten abgewendet werden sollen. „Wir wollen mehr und eher und auch in *Einzelfällen* wissen, als dies in der Vergangenheit der Fall war, und wir brauchen dies", so Professor Steinbach in einem Referat (Steinbach 1989). Wir alle wissen, daß durch die Behandlung mit L-Tryptophan in den folgenden Jahren bei einer Reihe von Patienten schwerwiegende Symptome aufgetreten sind, die sich auch nach Absetzen nicht in allen Fällen völlig zurückgebildet haben.

Kriminalistisch mußte vorgegangen werden bei der Aufdeckung des Zusammenhangs zwischen einem neuen Diuretikum (*Muzolimin*), das im Januar 1985 zugelassen wurde, und schweren neurologischen Erscheinungen (Polyneuropathien) bei einer umschriebenen Patientengruppe (Dialysepatienten). 2 Jahre nach der Zulassung, am 15.4.1987, erhielt die Arzneimittelkommission aus 3 voneinander unabhängigen Dialysezentren Meldungen über eigenartige neurologische Symptome, die sich von den bekannten neurologischen Symptomen chronisch Nierenkranker (Polyneuropathien) zu unterscheiden schienen. In Telefongesprächen ergab sich, daß die Symptomatik in den 3 Dialysezentren offenbar völlig gleich war und daß sie in der Tat Ähnlichkeit mit der bekannten urämischen Polyneuropathie aufwies. Bemerkenswert war, daß zunächst unter dem Verdacht einer insuffizienten Dialysebehandlung auch nach intensivierter Dialysebehandlung die erwartete Besserung ausblieb und es im Gegenteil zu einer zunehmenden Verschlechterung kam. Daraufhin entschloß sich die Arzneimittelkommission der deutschen Ärzteschaft am 21.5.1987 zu einer Bekanntgabe mit dem Titel „Muzolimin – Polyneuropathie bei Dialysepatienten?". Während die Arzneimittelkommission sich um die Aufklärung der überraschend beobachteten Komplikation bemühte, veranstaltete zur gleichen Zeit die Vertriebsfirma ein internationales Symposium auf der Insel Rhodos. Der Wissenschaftsjournalist Dallibor hat in einer Diskussionsbemerkung im April 1990 zu diesem Vorgang das Folgende ausgeführt (Dallibor 1990): „Es gab einmal eine große Tagung in Rhodos, hochkarätig besetzt, über ein Medikament, dessen Risiko- und Nutzenabwägung dahin ging, daß alle Experten sich für das Medikament ausgesprochen haben, unter Abwägung der Risiken. Sechs Wochen später wurde das Medikament vom Markt genommen. Hier bleiben große Probleme, sowohl für die Experten wie auch für uns Journalisten. Die Frage ist also: Wie können Sie (diese Frage ist an einen Vertreter der pharmazeutischen Industrie gerichtet) erstens das Risiko minimieren und zweitens der Öffentlichkeit das auch klar machen?"

Tatsächlich konnte die Arzneimittelkommission der deutschen Ärzteschaft 2 Monate nach ihrer ersten Veröffentlichung am 23.6. 1987 die Zurücknahme von Muzolimin mitteilen: „Die Muzolimin-haltigen Arzneimittel werden durch den pharmazeutischen Unternehmer auf Veranlassung des Bundesgesundheitsamtes nicht mehr in den Verkehr gebracht. Die in dem Verkehr befindliche Ware wird von dem pharmazeutischen Unternehmen aus Apotheken und den übrigen Handelsstufen zurückgerufen." Und weiter heißt es: „Die Notwendigkeit dieser Maßnahme ergab sich durch die in der letzten Zeit eingegangenen Berichte über verschiedene gravierende neurologische Symptome, die im Zusammenhang mit lang andauernder bzw. hochdosierter Anwendung bei Patienten mit Einschränkung der Nierenfunktion beobachtet wurden. Die Beurteilung der Zusammenhänge erfolgte während der letzten Wochen auf der Basis der vorhandenen Nebenwirkungsberichte und durch enges Zusammenwirken von Arzneimittelkommission der deutschen Ärzteschaft, pharmazeutischem Unternehmen und Bundesgesundheitsamt." Und weiter heißt es: „Im Ergebnis bleibt auch für die niedrig dosierte Darreichungsform nach heutigem Kenntnisstand ein begründeter Verdacht auf medizinisch nicht vertretbare Risiken." Der folgende Satz soll ganz besonders hervorgehoben werden, er lautet: „Therapeutische Alternativen stehen ausreichend zur Verfügung." Bei der Nutzen-Risiko-Abwägung soll selbstverständlich keine einfache Bedarfsprüfung ausschlaggebend sein, trotzdem werden die Entscheidungen in Hinblick auf therapeutische Alternativen nicht unberücksichtigt gelassen.

Wenn auch die Experten des Symposiums auf der Insel Rhodos den Wirkstoff Muzolimin als ein besonders wertvolles und wichtiges Arzneimittel beschrieben haben, so war doch für den Praktiker und Kliniker von vornherein klar, daß der Einsatz dieses neuen Diuretikums die bereits vorhandenen Möglichkeiten der Steigerung der Urinausscheidung, z.B. mittels Furosemid, bei fortgeschrittener Niereninsuffizienz nicht überbieten konnte.

Nach den Bekanntgaben der Arzneimittelkommission berichteten innerhalb der nächsten 3 Monate insgesamt 34 Ärzte bzw. Kliniken von teilweise mehreren Dutzend betroffener Patienten über dieses Syndrom. Daraus ergibt sich zweierlei:

1) Wenn voneinander unabhängige Meldungen eintreffen mit identischen Beobachtungen, dann muß sorgfältig nachgeforscht werden.

2) Zur raschen Klärung müssen umgehend unabhängige „Spezialisten" und Ärzte, die in dem betreffenden Bereich praktische Erfahrungen haben, eingeschaltet werden, weil sie am ehesten eine Beurteilung abgeben können. „Superspezialisten", wie sie der Pharmahersteller oft präsentiert, reichen allein nicht aus. Der Vorteil der Arzneimittelkommission besteht darin, daß auf kürzestem Weg ohne bürokratische Umständlichkeit Experten, und zwar Theoretiker und Praktiker, konsultiert werden können. Es ist immer wieder erfreulich festzustellen, wie groß die Bereitschaft innerhalb der Arzneimittelkommission, sowohl unter den Klinikern wie auch unter den Pharmakologen und Praktikern, ausgeprägt ist, sofort und – nota bene – ehrenamtlich Hilfe zu leisten, wenn es um die Aufdeckung von Arzneimittelnebenwirkungen geht.

Die Arzneimittelkommission der deutschen Ärzteschaft: 80 Jahre im Dienste der Arzneimittelsicherheit

Vielleicht ist doch noch recht viel von dem ursprünglichen Idealismus aus den Gründerjahren der Arzneimittelkommission bis zum heutigen Tag erhalten geblieben. Hier sollen deshalb einige Bemerkungen zur Geschichte der Arzneimittelkommission angefügt werden, weil wohl in keinem anderen Land so früh und so konsequent von einigen engagierten Klinikern und Pharmakologen die Notwendigkeit der „Arzneimittelüberwachung" erkannt wurde und zu praktischen Maßnahmen führte.

„Auf dem 28. Kongreß für Innere Medizin 1911 wurde ein Ausschußbeschluß gefaßt, welcher drei Internisten, nämlich Franz Penzoldt, Erlangen, Georg Klemperer, Berlin, und Adolf Schmidt, Halle, sowie zwei Pharmakologen, Rudolf Gottlieb, Heidelberg, und Wolfgang Heubner, Göttingen, mit der Bildung einer Arzneimittelkommission beauftragte. Ein Grundsatzprogramm wurde nach Vorarbeiten, die schon 1910 begonnen hatten, 1914 von W. Heubner festgelegt" (Aschenbrenner 1973). 1925 erschien die 1. Auflage der „Arzneiverordnungen" im Verlag Urban und Schwarzenberg in Berlin, deren 17. Auflage derzeit kurz vor dem Abschluß steht. Von der 1. Auflage wurden 20 000 Exemplare im Buchhandel verkauft. Im Vorwort zu dieser 1. Auflage heißt es: „… die Ärzte bei der Auswahl von Arzneimitteln zu beraten und den Arzneimittelverkehr vor Mißbräuchen zu schützen." Der Schriftleiter des „Deutschen Ärzteblattes" schrieb zur 5. Auflage: „Gerade gegenüber den widerstreitenden Interessen, die auf dem Gebiet des Arzneimittelwesens nun einmal bestehen, muß als Hauptvorzug des Buches seine Urheberschaft und die Art seiner Entstehung hervorgehoben werden. Bei der Flut von Arzneipräparaten, die sich immerfort noch vermehrt, bedarf der Arzt eine gewisse Führung, um sich leicht und schnell über die bewährten Mittel, ihre Zusammensetzung, pharmakologische Wirkung, Anwendungsweise, Dosierung und Wirtschaftlichkeit zu orientieren" (zit. nach Aschenbrenner 1973). Die Kommission hat beide Weltkriege überstanden. 1949/50 erfolgte ihre Wiederbelebung. Aschenbrenner schreibt: „Wieder war es Wolfgang Heubner, der damals 75jährige, der zusammen mit L. Lendle (Göttingen), W. Koll (Göttingen) und H. v. Kress (Berlin) die Initiative ergriff." Unterstützung bekam die Kommission vor allem auch vom Präsidenten des Deutschen Ärztetages, H. Neuffer. „Auf der Gesamtsitzung der Kommission 1954 tauchte der Gedanke einer Selbsthilfe der Ärzteschaft durch Sammlung und Auswertung aller negativen Praxisbeobachtungen auf." Und später: „In ihrem Sitzungsbericht vom Februar 1958 unterrichtete die Arzneimittelkommission erstmals die Ärzteschaft von dem Plan einer zentralen Erfassung von Nebenwirkungen, Unverträglichkeiten und Zwischenfällen und forderte sie auf, diese Bemühungen zu unterstützen" (zit. nach Aschenbrenner 1973). Auf der 67. Tagung des Internistenkongresses im Jahre 1961 wurde die Sammlung und Auswertung der in Praxis und Klinik zur Beobachtung kommenden Nebenwirkungen und damit die Selbsthilfe der Ärzteschaft formell beschlossen. Die eingehenden Meldungen betrafen in den ersten Jahren allergische Reaktionen, neurologische Störungen, Herz-Kreislauf-, Magen-Darm- und Blutstörungen. Dann folgten psychische Reaktionen, Stoffwechsel-, Haut-, Leber- und Nierenstörungen. Die Zahl der Meldungen stieg von 100 im Jahr 1962 auf 900 im Jahr 1972 und erreichte 1980 bereits 3 000 und 1989 ca. 14 000 Berichte.

Die sich aus den Meldungen der Ärzte ergebenden Informationen erschienen im „Deutschen Ärzteblatt" als Bekanntgaben, die „durch einen breiten roten Rand" hervorgehoben wurden. Selbstverständlich wurden jeweils das Bundesgesundheitsamt und der Pharmahersteller informiert.

In der Öffentlichkeit und bei manchen Gesundheitspolitikern ist leider nicht bekannt, wie sehr sich die Ärzte seit über 80 Jahren aus eigenem Antrieb und ohne weitere finanzielle Unterstützung selbst intensiv um die Arzneimittelsicherheit in Deutschland kümmern. Generationen von hochrangigen Pharmakologen, Klinikern und Praktikern übernehmen bis zum heutigen Tag ganz selbstverständlich ehrenamtlich verantwortungsvolle Aufgaben. Mit Erstaunen hört man von Initiativen wie der „Stiftung Arzneimittelsicherheit" oder des „Arzneimittelinstituts". „Was wir für dieses große und auch zukunftsträchtige Unternehmen, das Beobachten, nach unserem Dafürhalten nicht brauchen, das ist so etwas wie eine zusätzliche Kommission dafür und ein dahinterstehendes Institut für Nebenwirkungen." So hat es Prof. Steinbach vom Gesundheitsministerium vor einigen Jahren formuliert (Steinbach 1989).

Wir freuen uns über alle Aktivitäten, die zur Arzneimittelsicherheit beitragen, gleichgültig von welcher Seite sie kommen. „Wir sind allen Seriösen und Außenstehenden dankbar ...", so sei Steinbach noch einmal zitiert. „Sicherheit" ist zur Mode geworden, da mancher glaubt, sich profilieren zu müssen. Der Philosoph Hermann Lübbe drückt es so aus: „Das Sicherheitsverlangen wächst mit der Höhe des bereits erreichten Sicherheitsniveaus. Je sicherer wir leben, um so empfindlicher werden wir gegen Sicherheitseinbußen" (Lübbe 1989). „Auf der Suche nach der verlorenen Sicherheit" ist zu einem Schlagwort geworden und Thema von Symposien und ähnlichen Veranstaltungen (Dallibor 1991).

Während man in den ersten Nachkriegsjahren über die Entwicklung neuer Arzneimittel glücklich und dankbar war (Diuretika, Steroide, Antibiotika, Antihypertensiva), wurden mit dem therapeutischen Fortschritt kritische Stimmen immer lauter. Schattenseiten der Arzneitherapie wurden plötzlich entdeckt und nicht selten unkritisch in der Öffentlichkeit diskutiert. Natürlich sind Nebenwirkungen „etwas Unangenehmes, Bedrückendes ..., sie werden aber verhängnisvoll, wenn sie unerkannt bleiben und nicht an die Erfassungszentren berichtet werden" (zit. nach Fischer 1987). Noch einmal soll Steinbach zitiert werden: „Mancher Arzt meint, er habe seiner Meldepflicht, die ja einen guten Sinn hat, dann Genüge getan, wenn er die Beobachtung einem Journalisten oder einem x-beliebigen Wissenschaftler oder Politiker sagt, der das dann morgen in der Boulevardpresse oder in der politischen Versammlung verwendet. Das kann er auch tun, aber der eigentliche Adressat der Meldung, zu der er verpflichtet ist, ist die dafür eingerichtete Instanz bei den Ärzten und beim Bundesgesundheitsamt. Ich halte es für nicht hinnehmbar, wenn ein Arzt nur Fachzeitschriften mit solchen Ergebnissen füttert oder selbsternannte Meldestellen. Er kommt um den rechten Weg nicht herum" (Steinbach 1989).

Je schneller und je umfangreicher die Anwendung eines neuen Arzneimittels durchgesetzt wird, d.h. oft je intensiver geworben wird und die Indikationen ausgeweitet werden, um so größer ist die Wahrscheinlichkeit, daß auch sehr seltene Nebenwirkungen auftreten und damit die weitere Verordnung belasten.

Bedeutung der Spontanerfassung

Für die Aufdeckung unerwünschter Arzneimittelwirkungen hat sich das Spontanerfassungssystem bewährt, das darauf beruht, Beobachtungen mitzuteilen, die der Arzt für mögliche unerwünschte Wirkungen eines Arzneimittels hält (Abb. 1). Eine derartige freiwillige Berichterstattung ist wahrscheinlich der praktikabelste Weg, unerwünschte Arzneimittelwirkungen zu entdecken, sie bleibt die wichtigste Quelle, um neue Erkenntnisse über Arzneimittel zu erfassen. Es kommt gar nicht darauf an, nur Formblätter auszufüllen, oft sind spontane Mitteilungen und überraschende Beobachtungen genauso hilfreich für gezielte Nachforschungen.

Die spontane Berichterstattung erlaubt die Überwachung einer großen Patientenpopulation; um eine seltene unerwünschte Wirkung mit einer Häufigkeit von 1 : 1 000 erfassen zu können, müssen mehr als 4 000 Patienten beobachtet werden. Wenn man davon ausgeht, daß ein niedergelassener Arzt im Durchschnitt etwa 1 000 Patienten im Quartal betreut, so würden 5 000 niedergelassene Ärzte ca. 5 Mio. Patienten in einem solchen Zeitabschnitt „überwachen" können. Diese Zahl würde ausreichen, vorausgesetzt, daß ein hoher Grad an Aufmerksamkeit bei den Ärzten besteht, um auch sehr seltene unerwünschte Reaktionen zu erfassen.

Bericht über unerwünschte Arzneimittelwirkungen (auch Verdachtsfälle)

an die Arzneimittelkommission der deutschen Ärzteschaft · Postfach 41 01 25 · 5000 Köln 41

☎ (02 21) 40 04-1

◀ Schraffierte Felder nicht ausfüllen! ▼

Code Nr.	Pat. Init.	Geburtsdatum	Geschlecht	Größe	Gewicht	Tätigkeit	ethn. Zugeh.	Schwangersch.- Monat:
			m ☐ w ☐					

Beobachtete unerwünschte Wirkungen   aufgetreten am: Dauer   Std./Tage

☐ lebensbedrohlich?

Arzneimittel/Darreichungsform	Tagesdosis	Applikation	gegeben von/bis	wegen	BGA-Nr.*
(auslös) 1.					
2.					
3.					
4.					

Vermuteter Zusammenhang mit

Arzneimittel Nr.   ☐1 ☐2 ☐3 ☐4   dieses früher gegeben   ja ☐ nein ☐   vertragen   ja ☐ nein ☐   ggf. Reexposition   neg. ☐ pos. ☐

Grunderkrankung: Begleiterkrankungen:

Anamn. Besonderheiten: Nikotin ☐ Alkohol ☐ Kontrazeptiva ☐ Schrittmacher ☐ Implantate ☐ Strahlentherapie ☐

physikal. Therapie ☐ Diät ☐ Allergien° ☐ Stoffwechseldefekte° ☐ Arzneimittelabusus° ☐ Sonstige:

° weitere Erläuterungen:

Veränderung von Laborparametern in Zusammenhang mit der unerwünschten Arzneimittelwirkung:

ggf. Berichtsbogen beil.

Verlauf und Therapie der unerwünschten Arzneimittelwirkung:

Ausgang der unerwünschten Arzneimittelwirkung:

wiederhergestellt ☐   wiederhergestellt mit Defekt ☐   noch nicht wiederhergestellt ☐   unbekannt ☐   Exitus ☐   Sektion ja ☐   nein ☐

(ggf. Befund beifügen)   Todesursache:

a) beh. Arzt
b) Hersteller
c) Arzneim.-Komm. Ärzte

Weitere Bemerkungen:

(ggf. Anlage verwenden)

Wer wurde informiert: BGA ☐   Hersteller ☐   Arzneim.-Komm. Ärzte ☐   Sonstige:

Name des Arztes: Tel.-Nr.   Datum:

Fachrichtung:

PLZ:

Klinik ja ☐   nein ☐   (ggf. Stempel)   Unterschrift

* Registrierungs-Nr., Zulassungs-Nr. oder Eingangs-Nr. (soweit bekannt)

Abbildung 1. Meldebogen für unerwünschte Arzneimittelwirkungen

Probleme der Spontanerfassung

Die Nachteile des Spontanerfassungssystems bestehen in der unzureichenden quantitativen Erfassung. Auch kann das Spontanerfassungssystem durch die Veröffentlichung bestimmter Arzneimittelnebenwirkungen in den Medien beeinflußt werden. Patienten und Ärzte beobachten dann besonders aufmerksam, daß es zu Verschiebungen eines Nebenwirkungsspektrums kommen kann.

Viel diskutiert wird derzeit die Unsicherheit bei der Verordnung niedrig dosierter oraler Kontrazeptiva, über die in den Medien wiederholt negativ berichtet wurde. Aus dem Spontanerfassungssystem weisen Signale auf ein häufiges Auftreten von Thromboembolien auch bei sehr jungen Frauen nach Einnahme gestagenhaltiger Präparate hin. Die dringliche Frage aber nach der Inzidenz der Reaktion im Vergleich zu anderen Präparaten gleicher Indikation sowie mit dem natürlichen Vorkommen von Thromboemboliefällen in den verschiedenen Altersgruppen läßt sich auch mit sehr komplizierten statistischen Methoden nicht ohne weiteres klären.

Vielleicht kann an dieser Stelle eine kleine Geschichte aus „Sicherheit – des Menschen Erzfeind jederzeit" von Paul Watzlawick eingefügt werden. Da heißt es: „Es war einmal ein Mann, der lebte glücklich und zufrieden, bis er sich eines Tages, vielleicht aus zweckloser Neugierde, vielleicht aus purem Leichtsinn, die Frage stellt, ob das Leben seine eigenen Regeln hat. Er wollte den Dingen auf den Grund gehen. Also ging er zu dem Mathematiker. Das lange Gespräch kann hier nicht wiedergegeben werden. Mehrmals unterbrach der Mann den Gelehrten höflich: Es sei ihm nicht so sehr daran gelegen, daß es nachweisbar unendlich viele Primzahlen gäbe, als vielmehr daran, ob die Mathematik klare, eindeutige Regeln für richtige Entscheidungen in Lebensfragen biete, oder verläßliche Gesetze zur Voraussage zukünftiger Ereignisse. Und nun glaubte der Fachmann endlich verstanden zu haben, worauf der andere hinaus wollte. Aber selbstverständlich, auf die Fragen gäbe ein Teilgebiet der Mathematik klare Antworten; nämlich die Statistik. So könne man zum Beispiel auf Grund jahrzehntelanger Untersuchungen mit an Sicherheit grenzender Wahrscheinlichkeit annehmen, daß die Benutzung von Verkehrsflugzeugen für 99,92 Prozent der Passagiere vollkommen sicher sei, 0,08 Prozent aber bei Abstürzen ums Leben kämen. Als unser Mann nun bloß wissen wollte, welchem Prozentsatz er persönlich angehöre, riß dem Mathematiker die Geduld und er warf ihn hinaus" (Watzlawick, 1983).

Vor der Zulassung können nicht alle Facetten eines Arzneimittels erfaßt werden. Die Studien im Vorfeld der Zulassung erfassen zu wenig Patienten. Oft sind es weniger als 2 000, die zudem noch an Alter, meist nur mittleres Lebensalter, und Geschlecht (keine Frauen im gebärfähigen Alter) und ohne weitere komplexe Behandlungssituationen (keine Multimorbidität, keine Risikopatienten) ausgewählt wurden. Auch fehlen Langzeitbeobachtungen für Arzneimittel, die später bei chronischen Erkrankungen eingesetzt werden sollen. Interaktionen bleiben meist vor der Zulassung unberücksichtigt.

Selbstverständlich sollen die statistischen Methoden der „Arzneimittelforschung nach der Zulassung" nicht diskriminiert werden. Viele der nach Abschluß der Phase III noch verbleibenden offenen Fragen können prinzipiell erst beantwortet werden, wenn das Arzneimittel breiter verfügbar ist. Vor allem, wenn es um seltene unerwünschte Wirkungen geht, sind lange Beobachtungszeiten an größeren Patientengruppen unerläßlich. Hier haben die verschiedenen statistischen Methoden (kontrollierte, randomisierte klinische Studie, nichtrandomisierte klinische Studie, Kohortenstudie) ihre große Bedeutung. Dabei darf freilich nicht vergessen werden, daß Patient und Arzt sich nicht selten in derselben Lage wiederfinden wie der Fragesteller in Paul Watzlawicks Geschichte. Was bedeutet ein Risiko von 1 : 1 000 bzw. 1 : 100 000 für den Patienten in seiner augenblicklichen Situation? Die statistischen Ermittlungen liefern einen weiteren Mosaikstein in der Gesamtabschätzung des Nutzen/Risikos einer bestimmten Therapie, wobei selbstverständlich die Schwere der Erkrankung und alternative Behandlungsmethoden ins Kalkül genommen werden müssen. Dieser Mosaikstein kann deshalb bei der individuellen Nutzen-Risiko-Abwägung v.a. für den Arzt sehr hilfreich sein.

Mitarbeit: standesethische Pflicht des Arztes

Es sei noch vermerkt, daß die Mitarbeit der Ärzteschaft, insbesondere bei dem Spontanerfassungssystem, zur Berufspflicht geworden ist; in diesem Zusammenhang wurde schon im September 1950 in

Bad Nauheim beschlossen, die „alte Arzneimittelkommission" in eine „Arzneimittelkommission der deutschen Ärzteschaft" umzuwandeln und sie als Fachausschuß in die Bundesärztekammer einzugliedern und ihr damit breitere Wirkungsmöglichkeiten für die Bearbeitung aller Arzneimittelfragen zu verschaffen. Schließlich ist in der Berufsordnung für die deutschen Ärzte (§ 24 Abs. 7) festgelegt: „Der Arzt ist verpflichtet, ihm aus seiner Verordnungstätigkeit bekanntwerdende unerwünschte Arzneimittelnebenwirkungen der Arzneimittelkommission der deutschen Ärzteschaft mitzuteilen." Und im Arzneimittelgesetz § 62 werden die Arzneimittelkommissionen der Heilberufe aufgefordert, bei der Durchführung der Erfassung von Arzneimittelrisiken mitzuwirken.

Der Erfahrungsaustausch der Ärzte kann problemlos über die Arzneimittelkommission der deutschen Ärzteschaft erfolgen, und von hier aus wird eine konsiliarische Beratung möglich, die dem Arzt eine gewisse Sicherheit geben kann. Gerade wenn er zunächst keine plausible Erklärung findet, soll er den Mut haben, seine Arzneimittelkommission, die ja auch finanziell von ihm mitgetragen wird, zu konsultieren. Mit den etwa 40 aktiven und etwa 120 korrespondierenden Mitgliedern aus allen Bereichen der theoretischen und praktischen Medizin stehen kompetente Kollegen zur Verfügung, die bei der Deutung und Beurteilung der Beobachtung herangezogen werden können. Innerhalb der Arzneimittelkommission kann eine weitere Klärung durch Vergleich mit bisher eingegangenen Meldungen, durch Literaturstudien oder durch Kontakt mit dem Collaborating Centre for International Drugmonitoring der World Health Organization (WHO) in Uppsala erreicht werden, das die Aktivität von 27 nationalen Erfassungssystemen speichert. Meldungen an die Arzneimittelkommissionen unterliegen der ärztlichen Schweigepflicht.

In der Geschäftsstelle der Arzneimittelkommission der deutschen Ärzteschaft in Köln treffen heute pro Monat ca. 150 Meldungen über unerwünschte Arzneimittelnebenwirkungen direkt von den Ärzten ein. Darüber hinaus bearbeitet die Arzneimittelkommission etwa 600–700 Meldungen monatlich, die über die Herstellerfirmen die Arzneimittelkommission erreichen. Berichte über unerwünschte Wirkungen aus dem Ausland machen pro Monat etwa 200–300 Meldungen aus. Aus dieser Fülle von Informationen kann die Arzneimittelkommission, in enger Zusammenarbeit mit dem Bundesgesundheitsamt und mit den Herstellerfirmen, Bekanntgaben, Stellungnahmen und Informationen im „Deutschen Ärzteblatt" veröffentlichen. So wurden der Ärzteschaft im Laufe des Jahres 1989 30 und bis Mitte 1990 18 Informationen und Bekanntgaben durch das „Deutsche Ärzteblatt" zur Kenntnis gebracht.

Empfehlung: Begrenzung, Kritik und Selbstkritik

Was kann die Arzneimittelkommission der deutschen Ärzteschaft ihren Kollegen empfehlen, um Arzneimittelanwendungen therapeutisch erfolgreich und weitgehend sicher zu machen? Ohne Zweifel kann die Arzneimittelsicherheit durch die Begrenzung des individuellen Arzneimittelrepertoires ganz entscheidend erhöht werden. Unser großes Arzneimittelangebot darf den Arzt nicht dazu verführen, jeden Tag ein neues Präparat zu verschreiben. Auch ein pharmakologisch interessierter Internist kann mit 60–80 Wirkstoffen i.allg. gut auskommen.

Nur der gründlich informierte und durch eigene Beobachtungen erfahrene Arzt wird verantwortungsvoll auswählen und die sinnvolle Anwendung auch neuer Arzneimittel planen und überwachen können. Kritik soll er suchen, „Fehler nach Möglichkeit vermeiden ... und lernen, daß Selbstkritik die beste Kritik ist; daß aber die Kritik durch andere eine Notwendigkeit ist" (Popper 1979).

Literatur

Aschenbrenner R (1973) Internist 1:2
Dallibor K (1991) Mannheimer Gespräche. Serie Piper, München, S 153
Fischer F (1987) Am J Gastroenterol 82:355
Günter C (1991) Dtsch Ärzteblatt 88/A:2306
Hirth R (1983) Brief an die Arzneimittelkommission der deutschen Ärzteschaft, 10.2.1983
Lübbe H (1991) Mannheimer Gespräche. Serie Piper, München, S 17
Popper KR (1979) Ausgangspunkte. Hoffmann & Campe, Hamburg, S 412
Steinbach M (1989) Vortrag im Rahmen von 25 Jahren Arzneimittelgesetz – Fortschritte der Arzneimittelsicherheit – Bundesverband der Pharmazeutischen Industrie
Watzlawick P (1983) Anleitung zum Unglücklichsein. Piper, München Zürich

Arzneimittelsicherheit als Risikomanagement

Thomas A. Wagner

Spätestens seit Paracelsus ist bekannt, daß jedes Arzneimittel neben nützlichen Eigenschaften auch schädliche Wirkungen besitzen kann. Neben den Nutzen tritt das Risiko. Welcher Patient aber unterzieht sich gern einem zusätzlichen Risiko, wenn er ein Arzneimittel einnimmt, von dem er sich Heilung oder Linderung seiner Beschwerden erhofft? Es ist also nicht ungewöhnlich, wenn Patienten auch nach dem Risiko eines Arzneimittels fragen.

Der Gesetzgeber definiert Arzneimittel als „Stoffe, ... die dazu bestimmt sind, durch Anwendung am oder im menschlichen ... Körper Krankheiten, Leiden, Körperschäden oder krankhafte Beschwerden zu heilen, zu lindern, zu verhüten oder zu erkennen ...“ (§ 2 Arzneimittelgesetz). Diese Eigenschaften eines Arzneimittels machen seinen Nutzen für Arzt und Patienten aus.

Nutzen-Risiko-Bewertung und Arzneimittelzulassung

Es steht außer Frage: Arzneimittel müssen sicher sein. Ihre Sicherheit ergibt sich aus dem Verhältnis des erwarteten Nutzens zum möglichen Risiko. Dieses Nutzen-Risiko-Verhältnis läßt sich allerdings mathematisch nur annähernd ermitteln; zu sehr sind Dividend (Nutzen) und Divisor (Risiko) vom Einzelfall abhängig. Außerdem müssen Nutzen und Risiko eines Arzneimittels auch in Abhängigkeit von der zu behandelnden Krankheit gesehen werden. Je risikoreicher die Krankheit selbst ist, desto größer dürfte die Bereitschaft von Arzt und Patient sein, auch Risiken des Arzneimittels in Kauf zu nehmen. Der Begriff Arzneimittelsicherheit läßt sich daher nur unscharf und annäherungsweise bestimmen.

Nun war und ist das Leben für Gesunde und Kranke nie risikolos. Die Haltung diesen allgemeinen Lebensrisiken gegenüber ist aber oft widersprüchlich, weil das Gefühl für Wahrscheinlichkeit und Risiko unterentwickelt ist (v. Randow 1990). Dort, wo Gesundheitsgefahren durch eigenes Verhalten vermieden werden können – etwa beim Autofahren, bei der Ernährung, beim Sport oder Rauchen –, zeigen sich viele Menschen sehr risikofreudig. Geht es aber darum, die Gesundheit durch Arzneimittel zu erhalten oder wiederherzustellen, gelten oft viel strengere Maßstäbe; selbst kleine „Restrisiken" werden nicht akzeptiert. Im Extremfall wird das Risiko, selbst eine schwere Krankheit unbehandelt zu lassen, dem Risiko vorgezogen, das mit der Arzneimitteleinnahme verbunden ist.

Risiken, die von Arzneimitteln ausgehen können, lassen sich daher nur dann angemessen bewerten, wenn sie im Verhältnis zu den Risiken gesehen werden, die von einem gesellschaftlich üblichen Lebensstil ausgehen. Erst wenn Schäden in Zahlen beschrieben werden, lassen sich Risiken quantifizieren. Damit werden sie auch vergleichbar. So betrug 1983 das Risiko, in der Bundesrepublik Deutschland im Straßenverkehr umzukommen, 1 : 5 000, an einer Herz-Kreislauf-Erkrankung infolge eines oralen Kontrazeptivums zu sterben, jedoch nur 1 : 23 000 (Heilmann 1985; Urquhardt u. Heilmann 1985).

Derartige Risikovergleiche werden gern als Beleg für das Prinzip der Unschädlichkeit aufgefaßt und zur ethischen Legitimation der Arzneimittelanwendung herangezogen. Dazu taugen sie jedoch allein nicht, und für das letztlich betroffene Individuum sind sie kein Trost. Zur Rechtfertigung des Einsatzes von Arzneimitteln in der therapeutischen Praxis sind die Prinzipien der Fürsorge (Nutzen), der Unschädlichkeit (Verträglichkeit und Sicherheit) sowie der Selbstbestimmung des Patienten (Einwilligung nach Aufklärung) gemeinsam zu berücksichtigen. Die deskriptive Bedeutung von Risikovergleichen zur Verdeutlichung der relativen Sicherheit von Arzneimitteln ist dagegen offensichtlich.

Bei seinem Bemühen um Arzneimittelsicherheit bedient sich der pharmazeutische Unternehmer anerkannter Methoden der Pharmakoepidemiologie. Im Vordergrund stehen die Sammlung und Bewertung unerwünschter Arzneimittelwirkungen, die beim therapeutischen Einsatz eines Arzneimittels, bei seinem bestimmungsgemäßen Gebrauch also, gemacht werden. Diese Spontanerfassung von unerwünschten Arzneimittelwirkungen fällt unter den Begriff „reaktive Arzneimittelsicherheit". In den Bereich „aktive Arzneimittelsicherheit" fallen spezielle Beobachtungsstudien mit großen Fallzahlen. Bei diesen auch als Marketing-Surveillance-Studien bezeichneten Untersuchungen werden unter Bedingungen der täglichen Verordnungs- und Behandlungspraxis Auftretenshäufigkeit, Schweregrad und möglicher Kausalzusammenhang von unerwünschten Arzneimittelwirkungen erfaßt und beurteilt.

Läßt sich die Häufigkeit von unerwünschten Arzneimittelwirkungen anhand mathematischer Modelle relativ einfach berechnen, unterliegt die Beurteilung des Schweregrades meist der zwar fachlich fundierten, aber dennoch subjektiven Einschätzung durch den Arzt. Um dennoch ein Mindestmaß an Eindeutigkeit zu erreichen, werden schwerwiegende von anderen unerwünschten Arzneimittelwirkungen unterschieden. Als schwerwiegend gelten Arzneimittelwirkungen, die zu bleibenden Schäden führen, lebensbedrohlich sind oder ihrer Art nach einer stationären Behandlung bedürfen oder bedurft hätten und die zum Tod, zu einer angeborenen Mißbildung oder zum Auftreten eines bösartigen Tumors geführt haben (Bundesgesundheitsamt 1991).

Die Food and Drug Administration der USA grenzt schwere („severe adverse events") von ernsten unerwünschten Ereignissen („serious adverse events") ab. Sie verwendet dazu eine am klinischen Ergebnis orientierte operationale Einteilung, die den Schweregrad nur indirekt berücksichtigt. Danach ist eine unerwünschte Arzneimittelwirkung als ernst zu bezeichnen, wenn sie zum Tode führt, lebensbedrohend ist, eine dauerhafte Behinderung mit sich bringt, einen Krankenhausaufenthalt erfordert oder eine Überdosierung, eine kongenitale Anomalie oder eine bösartige Erkrankung darstellt (Food and Drug Administration 1989a). Auch ein folgenschwerer Verkehrsunfall ist nach dieser Klassifikation als ernste unerwünschte Wirkung aufzufassen, solange nicht ausgeschlossen werden kann, daß er auf einer mentalen oder kognitiven Beeinträchtigung durch das Arzneimittel beruht, etwa in Form einer sedierenden Begleitkomponente.

Zur Bewertung der Kausalität einer unerwünschten Arzneimittelwirkung werden verschiedene Algorithmen benutzt. Der bekannteste ist die Klassifikation von Karch u. Lasagna (1975). Sie unterscheidet zwischen den Kategorien „highly probable", „probable", „possible", „remote", „unrelated" und „insufficient". Da bei unvollständigen Daten die Kausalität einer Nebenwirkung nicht abschätz-

bar ist, ist die vollständige Erfassung aller Begleitumstände einer unerwünschten Arzneimittelwirkung besonders wichtig. Das mag für
den berichtenden Arzt im Einzelfall mit zusätzlicher Arbeit verbunden sein, mit Blick auf die Arzneimittelsicherheit ist es jedoch unerläßlich, möglichst alle relevanten Daten zu einer unerwünschten
Arzneimittelwirkung zusammenzutragen.

Es gibt mehrere Faktoren, die das Arzneimittelrisiko beeinflussen.
Zunächst sind dies Nebenwirkungen (unerwünschte Arzneimittelwirkungen), die sich beim bestimmungsgemäßen Gebrauch eines
Arzneimittels einstellen können, dann Wechselwirkungen mit anderen Arznei- oder Nahrungsmitteln. Qualitätsmängel bei Herstellung
und Lagerung von Arzneimitteln erhöhen das Arzneimittelrisiko.
Und schließlich steigt das Risiko eines Arzneimittels, wenn es nicht
bestimmungsgemäß gebraucht wird (Fehlgebrauch). In der Diskussion um die Arzneimittelsicherheit dürften die Nebenwirkungen von
Arzneimitteln den größten Raum einnehmen. Diese Diskussion wird
inzwischen nicht nur in der Fachpresse geführt. Auch die „Laienpresse" hat sich dieses Themas angenommen (Stein 1987, 1988).

Um Arzt und Patienten die Abschätzung eines Arzneimittelrisikos aufgrund von Nebenwirkungen zu erleichtern, gibt es inzwischen Empfehlungen zur verbalen Umsetzung der nachgewiesenen
bzw. geschätzten Häufigkeit (Schnieders u. Mecklenburg 1987). Nebenwirkungen mit einer Häufigkeit von über 10% „können häufig
auftreten", mit ihnen „ist häufig zu rechnen", sie „sind häufig zu erwarten"; liegt eine Häufigkeit zwischen 1% und 10%, dann sind sie
„gelegentlich beobachtet worden"; zu Nebenwirkungen „kommt es
selten" bei einer Häufigkeit von unter 1%; und Einzelfälle können
auch als solche bezeichnet werden.

Will ein pharmazeutischer Unternehmer ein Arzneimittel durch
das Bundesgesundheitsamt zum Verkehr zulassen, so muß er Wirksamkeit und Unbedenklichkeit des Arzneimittels belegen. Das Bundesgesundheitsamt darf die Zulassung versagen, „wenn dem Arzneimittel die vom Antragssteller angegebene Wirksamkeit fehlt oder
diese ... unzureichend begründet ist" und/oder wenn „der begründete Verdacht besteht, daß es bei bestimmungsgemäßem Gebrauch"
des Arzneimittels zu schädlichen Wirkungen kommt, die medizinisch unvertretbar sind (§ 25 Abs. 2 Arzneimittelgesetz). Hier sind
die Wirksamkeit mit dem Nutzen, die schädlichen Wirkungen mit
dem Risiko gleichzusetzen, die vom Gebrauch des Arzneimittels
ausgehen.

Dem Antrag auf Zulassung eines Arzneimittels liegen i.allg. Anwendungserfahrungen an nur sehr kleinen Probanden- bzw. Patientengruppen vor. Diese Erfahrungen mögen zwar die Wirksamkeit unter den Bedingungen der klinischen Prüfung ausreichend belegen; sie reichen aber nicht aus, die Verträglichkeit des Arzneimittels unter den Bedingungen der täglichen Anwendungspraxis sicher zu bewerten. So muß ein Arzneimittel z.B. 3 000mal angewendet werden, damit mit einer Wahrscheinlichkeit von 95% nur einmal eine unerwünschte Wirkung beobachtet werden kann, die mit einer Häufigkeit von $1^o/oo$ auftritt. Ein weiteres Problem ist, daß unerwünschte Arzneimittelwirkungen auch nach einer sehr langen Latenzzeit auftreten können (Hasford 1986). Es wird daher immer wieder kritisiert, daß die Datenlage zum Zeitpunkt der Zulassung nicht ausreiche, zuverlässige Aussagen zur Arzneimittelsicherheit zu machen. Denn die eigentliche Bewährungsprobe eines Arzneimittels beginne erst nach seiner Zulassung.

Nebenwirkungserfassung macht Arzneimittel sicherer

Der Gesetzgeber hat diesem Sachverhalt dadurch Rechnung getragen, daß er Arzneimittel mit nicht allgemein bekannter Wirkung unter die automatische Verschreibungspflicht stellt. Zugleich verpflichtet er den pharmazeutischen Unternehmer, „nach Ablauf von zwei Jahren nach Zulassung des Arzneimittels ... einen Erfahrungsbericht vorzulegen". Der Erfahrungsbericht muß Angaben über die im Berichtszeitraum abgegebenen Arzneimittelmengen enthalten. „Ferner sind neue Erkenntnisse über Wirkungen, Art und Häufigkeit von Nebenwirkungen, Gegenanzeigen, Wechselwirkungen mit anderen Mitteln, eine Gewöhnung, eine Abhängigkeit oder einen nicht bestimmungsgemäßen Gebrauch mitzuteilen" (§ 49 Arzneimittelgesetz). Auf der Grundlage dieses Erfahrungsberichtes soll die Entscheidung über die Aufhebung, das Fortbestehen oder die erneute Anordnung der automatischen Verschreibungspflicht getroffen werden.

Gegen die pharmazeutische Industrie werden immer wieder Vorwürfe laut, sie verhalte sich, was die Risiken ihrer Arzneimittel betreffe, unethisch (Stephens 1985). So seien viele Arzneimittelhersteller so lange gefährliche und zweifelhafte Partner, wie sie eine Geschäftspolitik der Beschwichtigung gegenüber unerwünschten Arzneimittelwirkungen verfolgten.

Auf diese Vorwürfe hat der Bundesverband der Pharmazeutischen Industrie (BPI) mit dem „Kodex der Mitglieder des Bundesverbandes der Pharmazeutischen Industrie e.V." reagiert (BPI 1988). Der BPI-Kodex geht auf Richtlinien für die Arzneimittelwerbung zurück, die die im Bundesverband zusammengeschlossenen Unternehmen im Mai 1969 verabschiedeten. Diese Wettbewerbsregeln stützten sich im wesentlichen auf Vorschriften des Heilmittelwerbegesetzes, des Arzneimittelgesetzes, des Gesetzes gegen den unlauteren Wettbewerb sowie auf die einschlägige Rechtsprechung. Die pharmazeutischen Unternehmer erkannten damit an, daß die Herstellung und der Vertrieb von Arzneimitteln besondere Verpflichtungen mit sich bringen, die auch für das Verhalten im Wettbewerb von Bedeutung sind. Die Richtlinien wurden in den folgenden Jahren immer wieder ergänzt und überarbeitet. Sie gingen dann im November 1981 in den BPI-Kodex über, der seitdem in regelmäßigen Abständen überarbeitet und aktualisiert wurde.

Da Arzneimittel technisch hochentwickelte und komplexe Güter sind, müssen sie umfassend erklärt werden. Es gehört daher zu den unabdingbaren Aufgaben des pharmazeutischen Unternehmers, alle notwendigen und geeigneten Informationen über Bedeutung und Eigenschaften von Arzneimitteln an Ärzte und Apotheker und in angemessener Form auch an die Verbraucher zu vermitteln. Im Rahmen der Information von Ärzten und Apothekern nehmen das Sammeln und Auswerten von Erkenntnissen über Arzneimittelrisiken und ihre Bekanntmachung einen hohen Stellenwert ein. Aus diesem Grunde hat der Bundesverband in einem Maßnahmenplan vorgeschlagen, welche Vorsichtsmaßnahmen jeweils unter Berücksichtigung der Schwere des Verdachts und des Gewichts eines neu erkannten oder vermuteten Arzneimittelrisikos zu ergreifen seien.

Darüber hinaus verpflichtet der Bundesverband seine Mitglieder, bei Warnaussendungen an Fachkreise einen Briefumschlag mit einheitlicher äußerer Aufmachung zu verwenden. Dadurch solle gewährleistet werden, daß diese wichtigen Informationen vom Empfänger nicht übersehen werden. Als Erkennungszeichen tragen diese Briefumschläge eine „Rote Hand" (Abb. 1). Ein Mißbrauch des Symbols zu Werbezwecken ist verboten.

Abbildung 1. Die „Rote Hand" kennzeichnet Warnaussendungen an Fachkreise

Der Gesetzgeber schreibt dem pharmazeutischen Unternehmer in der zweiten Novelle des Arzneimittelgesetzes vor, dem Bundesgesundheitsamt als Zulassungsbehörde „unverzüglich jeden ihm bekanntgewordenen Verdachtsfall einer Nebenwirkung oder einer Wechselwirkung mit anderen Mitteln anzuzeigen, die die Gesundheit schädigen kann, sowie häufigen oder im Einzelfall in erheblichem Umfang beobachteten Mißbrauch ..." (§ 29 Abs. 1 Arzneimittelgesetz). Eine ähnliche Verpflichtung findet sich auch in der Betriebsverordnung für pharmazeutische Unternehmer (§ 14 PharmBetrV). Persönlich verantwortlich für die Erfüllung dieser Anzeigeverpflichtung ist der Stufenplanbeauftragte. Er ist vom pharmazeutischen Unternehmer zu beauftragen, „bekanntgewordene Meldungen über Arzneimittelrisiken zu sammeln, zu bewerten und die notwendigen Maßnahmen zu koordinieren" (§ 63a Abs. 1 Arzneimittelgesetz). Ein Verstoß gegen diese Vorschrift kann als Ordnungswidrigkeit mit einem Bußgeld bis zu 50 000 DM geahndet werden (§ 97 Abs. 1 und Abs. 24a Arzneimittelgesetz).

Das Stufenplanverfahren
als Maßnahme zur Risikobegrenzung

Mit dem auch für den deutschen Sprachraum recht ungewöhnlichen
Begriff des Stufenplans (§ 63 Arzneimittelgesetz), der als allgemeine
Verwaltungsvorschrift erlassen worden ist (Bundesminister für Jugend ... 1980), wird ein System bezeichnet, das alle Personen, Institutionen, Behörden und Unternehmen umfaßt, die am Arzneimittelverkehr direkt oder indirekt beteiligt sind. Sinn dieses Systems ist es,
zur Beobachtung, Sammlung, Auswertung und Kommunikation von
Arzneimittelrisiken einheitliche und verbindliche Richtlinien vorzu-
schreiben und im Falle eines bislang unbekannten Arzneimittelrisikos „abgestufte", dem Gebot der Verhältnismäßigkeit entsprechende
Maßnahmen zur Gefahrenabwehr zu veranlassen. Dabei obliegt die
Koordination der Maßnahmen dem Bundesgesundheitsamt.

Ergeben sich Verdachtsmomente, die auf ein Arzneimittelrisiko
hinweisen, soll sich zwischen den am Stufenplan Beteiligten ein Informationsaustausch und Dialog entwickeln, der über die Meldung
der Verdachtsmomente an das Bundesgesundheitsamt und das Ab-
warten behördlicher Auflagen hinausgeht. Vielmehr wird von den
Behörden, dem pharmazeutischen Unternehmer und anderen am
Einzelfall beteiligten Personen und Stellen erwartet, daß sie sich gegenseitig über ihre eigenen Feststellungen und Bewertungen unterrichten, auf Nachfragen Auskunft geben und sogar Akteneinsicht
gewähren.

Weisen Meldungen oder sonstige Informationen auf die Möglichkeit von Arzneimittelrisiken hin, tritt das Bundesgesundheitsamt zunächst mit dem pharmazeutischen Unternehmer und danach bei
Bedarf auch mit anderen an der Erfassung von Arzneimittelrisiken
beteiligten Behörden und Stellen, z.B. der Arzneimittelkommission
der deutschen Ärzteschaft, in einen Informationsaustausch; damit ist
die Gefahrenstufe I des Stufenplans erreicht. Gegenstand des Infor-
mationsaustausches sind im wesentlichen die Frequenz der vermuteten Arzneimittelrisiken, ihre möglichen Ursachen und der Grad
der Gefährdung für den Patienten. Dabei werden auch die Absatz-
menge des betroffenen Arzneimittels und sein Umsatzanteil im jeweiligen Marktsegment berücksichtigt. Das Verfahren kann abgeschlossen werden, wenn sich der Verdacht auf Arzneimittelrisiken
als unbegründet erweist oder wenn der pharmazeutische Unterneh-

mer bereits von sich aus angemessene Maßnahmen ergriffen hat (Thiele 1990).

Ergibt sich aus dem Informationsaustausch in der Gefahrenstufe I oder aus sonstigen Meldungen ein begründeter Verdacht auf ein Arzneimittelrisiko, eröffnet das Bundesgesundheitsamt ein Anhörungsverfahren, in dem die am Stufenplan Beteiligten schriftlich oder in einer Sondersitzung um Stellungnahme gebeten werden (Gefahrenstufe II). In diesem Fall sind Maßnahmen, die zur Rücknahme, zum Widerruf oder zum Ruhen der Zulassung des betroffenen Arzneimittels führen können, nicht ausgeschlossen (§ 30 Arzneimittelgesetz).

In der fachöffentlichen Sondersitzung des Bundesgesundheitsamtes, die gelegentlich auch als Anhörung bezeichnet wird, sollen die wissenschaftlichen Erkenntnisse zu Nutzen und Risiken des Arzneimittels von Fachleuten dargestellt, erörtert und bewertet werden. Ziel dieser offenen Informationspolitik des Bundesgesundheitsamtes ist es, durch fachöffentliche Behandlung der gesammelten Informationen neue Erkenntnisse zu schöpfen, Ärzten und anderen Fachleuten die verschiedenen aktuellen wissenschaftlichen Positionen über das jeweils betroffene Arzneimittel zu vermitteln sowie Akzeptanz und Glaubwürdigkeit der Entscheidungen zu gewährleisten (Sander 1991).

Am Ende des Stufenplans entscheidet das Bundesgesundheitsamt, welche Maßnahmen zur Risikoabwehr getroffen werden sollen. Die Verwaltungsvorschrift zählt vielfältige Maßnahmen mit recht unterschiedlichen Auswirkungen für das betroffene Arzneimittel auf. Zu diesen Maßnahmen können z.B. die Unterstellung des Arzneimittels unter die Verschreibungspflicht, die Aufnahme von Warnhinweisen in die Packungsbeilage oder die Anwendungseinschränkung gehören. Allerdings kann gelegentlich Arzneimittelrisiken nur dann wirksam begegnet werden, wenn die Zulassung des Arzneimittels widerrufen und das Arzneimittel vom Markt genommen wird.

Bei der Erfassung und Bewertung von unerwünschten Arzneimittelwirkungen ist der pharmazeutische Unternehmer auf die kooperative Unterstützung durch den Arzt angewiesen, der das Arzneimittel seinem Patienten verordnete. Der Arzt ist wiederum durch seine Berufsordnung (§ 24 Abs. 7) verpflichtet, unerwünschte Arzneimittelwirkungen der Arzneimittelkommission der deutschen Ärzteschaft mitzuteilen. Die Praxis zeigt allerdings, daß die Mehrheit der Mel-

dungen zunächst den pharmazeutischen Unternehmer erreicht. In
etwa 10% der Fälle informieren die niedergelassenen Ärzte das Bundesgesundheitsamt direkt (Bundesgesundheitsamt 1990). Da zwischen Bundesgesundheitsamt und Arzneimittelkommission eine
Übereinkunft zur gegenseitigen Information besteht, gelangen die
Meldungen entweder vom pharmazeutischen Unternehmer über das
Bundesgesundheitsamt oder direkt vom Bundesgesundheitsamt an
die Arzneimittelkommission.

Offene Kommunikation verbessert die Arzneimittelsicherheit

Daß die Mehrheit der Meldungen unerwünschter Arzneimittelwirkungen als erstes den pharmazeutischen Unternehmer erreicht,
spricht für das Vertrauen, das die berichtenden Ärzte in das jeweilige Unternehmen setzen. Es sollte daher oberstes Ziel des Unternehmens sein, beim Umgang mit Meldungen unerwünschter Arzneimittelwirkungen nach innen und außen ein offenes und vertrauensvol-
les Klima zu schaffen. Es ist kurzsichtig, wenn dem Marketing von
Arzneimitteln mehr Aufmerksamkeit geschenkt wird als dem Umgang mit Meldungen unerwünschter Arzneimittelwirkungen (van
der Velden 1991).

In den meisten pharmazeutischen Unternehmen existieren interne
Vorschriften, nach denen Nebenwirkungsmeldungen bearbeitet und
kommuniziert werden. Da der Gesetzgeber fordert, Meldungen über
unerwünschte Arzneimittelwirkungen unverzüglich an das Bundesgesundheitsamt weiterzuleiten (§ 29 Abs. 1 Arzneimittelgesetz) und
zu kommentieren, kommt der schnellen Erfassung und Bewertung
einer Meldung große Bedeutung zu. Die vom Gesetzgeber geforderte
Unverzüglichkeit der Meldung bedeutet nicht in jedem Fall, daß die
unerwünschte Arzneimittelwirkung sofort gemeldet werden muß.
Vielmehr wird dem Stufenplanbeauftragten eine Frist zur Überprüfung der Meldung, zur Nachfrage beim berichtenden Arzt und zur
Bewertung von Schweregrad und Kausalzusammenhang eingeräumt. Diese Frist ist um so kürzer, je schwerer sich die beobachtete
unerwünschte Arzneimittelwirkung darstellt. Die Forderung nach
Unverzüglichkeit ist dann erfüllt, wenn die Beobachtung unter Be-

rücksichtigung der Schwere ohne schuldhaftes Zögern weitergeleitet wird.

Erhebliche Verbesserung in der Erfassung unerwünschter Arzneimittelwirkungen und ihrer Begleitumstände hat der standardisierte Meldebogen gebracht, den das Bundesgesundheitsamt, die Arzneimittelkommission der deutschen Ärzteschaft und einige pharmazeutische Unternehmer benutzen (s. Abb. 1 im Beitrag Scheler). Der berichtende Arzt ist aufgefordert, seine Angaben auf diesem Bogen durch weitere Informationen wie z.B. Labor- und Röntgenbefunde zu ergänzen. Der Bogen bietet ebenfalls eine Möglichkeit, den Kausalzusammenhang mit den Kategorien „gesichert", „wahrscheinlich", „möglich", „unwahrscheinlich", „unbeurteilt" und „nicht zu beurteilen" zu bewerten. Allerdings fehlt ein Algorithmus zur Abschätzung des Kausalzusammenhanges, so daß es dem medizinischen Sachverstand des berichtenden Arztes überlassen bleibt, wie er den Kausalzusammenhang einschätzt.

Der angemessene Umgang mit Nebenwirkungsmeldungen durch das pharmazeutische Unternehmen kann auch dazu beitragen, das Problem des „underreporting" zu mildern. Erfreulicherweise steigt die Zahl der Meldungen in den meisten Ländern seit Jahren. Dabei läßt sich beobachten, daß die Zahl der Meldungen schwerer unerwünschter Arzneimittelwirkungen zurückgeht und die Zahl der Meldungen eher leichter unerwünschter Arzneimittelwirkungen zunimmt (Griffin 1987). Da der Nutzen einer Therapie stets gegen das gesamte Risiko abgewogen werden muß, dürfen in die Diskussion nicht nur die sehr wenigen spektakulären Fälle eingehen; andere weniger schwerwiegende, aber häufigere unerwünschte Arzneimittelwirkungen können das Nutzen-Risiko-Verhältnis möglicherweise wesentlich stärker beeinflussen (Victor 1990). Meldungen bekannter und harmloser unerwünschter Arzneimittelwirkungen sind daher ebenfalls willkommen.

Auf internationaler Ebene gibt es Bemühungen, die Terminologie, mit der unerwünschte Arzneimittelwirkungen und ihre Auswirkungen beschrieben werden, zu vereinheitlichen. Erst eine einheitliche Kodierung (Westland 1991) macht es möglich, große Mengen von Meldungen unerwünschter Arzneimittelwirkungen mit Hilfe der elektronischen Datenverarbeitung auch länderübergreifend systematisch zu analysieren und den Datenaustausch zwischen pharmazeutischen Unternehmen und Zulassungsbehörden zu verbessern. Eins der gebräuchlichsten Kodierungssysteme ist das COSTART-System (Codification of Standard Terminology for Adverse Reaction Terms) (Food and Drug Administration 1989b), um dessen Einführung und Kompatibilität mit anderen Systemen sich das Council for International Organizations of Medical Science (CIOMS) bemüht (CIOMS 1990). Den Vorteilen solcher Systeme steht jedoch der Nachteil gegenüber, daß sie definierte Sätze von Standardbegriffen zur Bezeichnung der unerwünschten Arzneimittelwirkungen voraussetzen. Die Kodierung ist damit unausweichlich mit terminologischem Reduktionismus verbunden. Um diesem Informationsverlust zu begegnen, sollten bei der Beschreibung von Sicherheitsprofilen die gemeldeten Symptome im Wortlaut des berichtenden Arztes mit berücksichtigt werden.

Arzneimittelsicherheit geht alle am Gesundheitswesen beteiligten Partner an. Ohne sichere Arzneimittel sind therapeutischer Fortschritt, Verbesserung der Lebensumstände und wirtschaftlicher Erfolg nicht denkbar. Deshalb gilt es, den Risiken eines Arzneimittels mit dem gleichen Einsatz nachzuforschen wie seinem Nutzen. Dabei ist die pharmazeutische Industrie besonders auf die Mithilfe derjenigen angewiesen, die ihre Arzneimittel einsetzen. Den Ärzten muß klar sein, daß ohne sichere Arzneimittel der Erfolg ihres ärztlichen Handelns gefährdet ist. Sichere Arzneimittel zu fordern schließt daher die Verpflichtung ein, die eigenen Erkenntnisse aus der Anwendung des Arzneimittels für die Nutzen-Risiko-Bewertung zur Verfügung zu stellen.

Es ist allen Beteiligten geholfen, wenn die Diskussion um Arzneimittelsicherheit möglichst frei von wirtschaftlichen Interessen offen und sachlich geführt wird. Dann erkennt auch der Patient, daß die Risiken, die von Arzneimitteln ausgehen können, i.allg. geringer sind als die Risiken des allgemeinen täglichen Lebens.

Einen wesentlichen Beitrag zur sachlichen und angemessenen Auseinandersetzung mit Risiken und Nutzen von Arzneimitteln leistet der pharmazeutische Unternehmer als Schaltstelle für das Risikomanagement, wenn zu seinen handlungsleitenden ethischen Prinzipien Offenheit, Unverzüglichkeit, vollständige gegenseitige Information und Zurückstellung wirtschaftlicher Interessen gehören.

Literatur

Adler S, Zbinden G (1988) National and international drug safety guidelines. MTC Verlag, Zollikon

Bertelsmann A (1990) Die Spontanerfassung als Instrument zur Überwachung von Arzneimitteln nach dem Inverkehrbringen. Bundesgesundhbl 7:302–307

Betriebsverordnung für pharmazeutische Unternehmer (PharmBetrV) vom 8. März 1985, BGBl I 546

Bundesärztekammer (1988) Berufsordnung für die deutschen Ärzte. Dtsch Ärztebl 85(50):C-2199–2202

Bundesgesundheitsamt (1990) Arzneimittel und Arzneimittelsicherheit. Berlin

Bundesgesundheitsamt (1991) Bekanntmachung über die Anzeige von Nebenwirkungen, Wechselwirkungen mit anderen Mitteln und Arzneimittelmißbrauch nach § 21 Abs. 1 Satz 2 bis 5 des Arzneimittelgesetzes. BAnz 13.8.1991 43(149):5389–5391

Bundesminister für Jugend, Familie und Gesundheit. Allgemeine Verwaltungsvorschrift zur Beobachtung, Sammlung und Auswertung von Arzneimittelrisiken (Stufenplan) nach § 63 des Arzneimittelgesetzes (AMG). BAnz 26.6.1980 32(114):13–14

Bundesverband der Pharmazeutischen Industrie e.V. (1988) Kodex der Mitglieder des Bundesverbandes der Pharmazeutischen Industrie e.V. Editio Cantor, Aulendorf

Burley DM (1987) Risks: in broad perspective. In: Mann RD (ed) Adverse drug reactions. Parthenon Publishing, Carnforth, pp 145–152

CIOMS (Council for International Organizations of Medical Sciences) (1990) International reporting of adverse drug reactions. CIOMS, Genf

Cromie BW, Slater M (1985) The pharmaceutical industry and the drug regulatory authorities. In: Inman WHW (ed) Monitoring for drug safety. MTP Press, Lancaster, pp 715–733

Food and Drug Administration, Department of Health and Human Services (ed) (1989a) Investigational new drug application safety reports. 21 Code of federal regulations, April 1, chapter I, part 312.32. Rockville

Food and Drug Administration, Department of Health and Human Services, Center for Drug Evaluation and Research, Office of Epidemiology and Biostatistics (ed) (1989b) „COSTART" Coding symbols for thesaurus of adverse reaction terms, 3rd ed. Rockville

Gesetz über den Verkehr mit Arzneimitteln (Arzneimittelgesetz) vom 24. August 1976, BGBl I 2445, 2448; geändert durch das Erste Gesetz zur Änderung des Arzneimittelgesetzes vom 24. Februar 1983, BGBl I 169; geändert durch das Zweite Gesetz zur Änderung des Arzneimittelgesetzes vom 16. August 1986, BGBl I 1296; geändert durch das Dritte Gesetz zur Änderung des Arzneimittelgesetzes vom 20. Juli 1988, BGBl I 1050; geändert durch das Vierte Gesetz zur Änderung des Arzneimittelgesetzes vom 11. April 1990, BGBl I 717

Griffin JP (1987) Adverse drug reaction monitoring in 16 countries and the contribution of the pharmaceutical industry to drug safety. In: Mann RD (ed) Adverse drug reactions. Parthenon Publishing, Carnforth, pp 75–100

Hasford J (1986) Methoden zur Erfassung unerwünschter Arzneimittelwirkungen. In: Dölle W, Müller-Oerlinghausen B, Schwabe U (Hrsg) Grundlagen der Arzneimitteltherapie. Bibliographisches Institut, Mannheim, S 281–300

Heilmann K (1985) Arzneimittel – Chancen, Risiken, Nutzen. edition agrippa, Köln

Karch FE, Lasagna L (1975) Adverse drug reactions. J Am Med Assoc 234:1236–1241

Langbein K, Martin HP, Weiss H, Roland W (1983) Gesunde Geschäfte – Die Praktiken der Pharma-Industrie, 2nd ed. Kiepenheuer & Witsch, Köln

Marks J (1985) The pharmaceutical medical director. In: Inman WHW (ed) Monitoring for drug safety. MTP Press, Lancaster, pp 735–744

Randow T von (1990) Falsch verstandene Risiken. Die Zeit 45(1):58

Sander A (1991) Arzneimittelrecht – Kommentar für die juristische und pharmazeutische Praxis zum neuen Gesetz über den Verkehr mit Arzneimitteln (Arzneimittelgesetz) sowie mit Betäubungsmitteln (BtMG). Kohlhammer, Köln, (Anhang I/63)

Schnieders B, Mecklenburg R (Hrsg) (1987) Zulassung und Nachzulassung von Arzneimitteln. Aesopus-Verlag, Basel, S 503

Stein R (1987) Medikamente oft wie Lebensmittel verbraucht. Frankfurter Allgemeine Zeitung 284:8

Stein R (1988) Schwierige Fahndung nach seltenen Arzneimittel-Schäden. Frankfurter Allgemeine Zeitung 46:32

Stephens MDB (1985) The detection of new adverse drug reactions. Macmillan, Hampshire

Thiele A (1990) Das Stufenplanverfahren. Bundesgesundhbl 33(7):308–310

Urquhardt J, Heilmann K (1985) Drugs – risk vs benefit. edition agrippa, Köln

van der Velden JW (1991) The role of the pharmaceutical industry. Post Marketing Surveillance 5(1):88–90

Victor N (1990) Nutzen-Risiko-Bewertung von Arzneimitteln. Dtsch Ärztebl 87(13):C-638–643

Westland MM (1991) Coding: the mortar in the bricks of data analysis. Drug Inform J 25:197–200

Arzneimittelforschung nach der Zulassung

Heinz Letzel

Standortbestimmung

Bis vor kurzem war methodisch anspruchsvolle Arzneimittelforschung eine Domäne der Entwicklung bis zur Zulassung, während ab diesem Zeitpunkt Fragen der Vermarktung häufig im Vordergrund standen und weitere Erforschung des Arzneimittels u.U. sogar behinderten. Angesichts der Tatsache, daß bis zur Zulassung einer neuen Substanz als Arzneimittel durchschnittlich nur ca. 2 000–3 000 Patienten weltweit im Rahmen der klinischen Prüfung behandelt werden, können zum Zeitpunkt der Markteinführung noch gar nicht alle für die Therapie relevanten Fragen beantwortet sein.

Dies gilt im besonderen für die immer nur vorläufig mögliche Abschätzung des mit der Behandlung verbundenen Risikos, welches erst nach umfangreichen Beobachtungen an sehr großen Stichprobenumfängen anfängt, auch im niedrigen Risikobereich kalkulierbar zu werden.

Neben der unvollständigen Risikoerfassung ist die Arzneimittelforschung bis zur Zulassung auch durch fehlende Repräsentativität bei der Patientenauswahl gekennzeichnet (z.B. hochselektierte Ärzte und Patienten, rigide Einschluß- und Ausschlußkriterien sowie Behandlungsschemata). Die spätere freie Verordnung erfolgt möglicherweise unter ganz anderen Bedingungen (z.B. Komedikation, Begleitdiagnosen, Dosierung, Behandlungsdauer).

Viele Behandlungsziele sind Langzeitziele und können im Rahmen der klinischen Prüfung vor der Zulassung gar nicht überprüft werden, z.B. die Verhinderung von Folgeerkrankungen bei arterieller Hypertonie. Als sog. „Surrogatkriterium" kann nur die blutdrucksenkende Wirkung als Hinweis auf therapeutische Wirksam-

keit nachgewiesen werden. Nach der Verfügbarkeit moderner Antihypertensiva ab den 60er Jahren sind viele Jahre vergangen, bis die
Einflüsse der konsequenten antihypertensiven Therapie auf Morbidität und Mortalität anfingen, abschätzbar zu werden.

Das neue Arzneimittel ist im Vergleich zu therapeutischen Alternativen noch nicht abschließend zu beurteilen, insbesondere wenn es
um den Vergleich mit nichtmedikamentösen Behandlungsalternati-
ven geht.

Diese Begrenzung des Kenntnisstands zum Zeitpunkt der Zulassung ist unausweichlich, wenn Zulassungsverfahren praktikabel und
Arzneimittelforschung bis zur Zulassung noch finanzierbar bleiben
sollen. Damit untrennbar verbunden ist aber die Forderung, die Erteilung der Zulassung nicht als eine Zäsur anzusehen, ab der kein
ernsthafter weiterer Forschungsbedarf mehr gegeben sei. Gerade bei
sehr erfolgreich eingeführten Produkten muß dringend darauf geachtet werden, daß der Umsatz dem Wissen über die Substanz nicht
davonläuft. Für den langfristigen Erfolg wird die aussagekräftige
wissenschaftliche Produktprofilierung der *„rapid market penetration"*
herkömmlicher Prägung den Rang ablaufen. *„Marketing by facts"*
wäre ein guter Terminus, um zu verdeutlichen, wie abhängig das
dem ärztlichen Ethos folgende Arzneimittelmarketing von einer wissenschaftlich fundierten Informationsbasis ist.

Begriff und rechtliche Grundlagen

Für Arzneimittelforschung nach der Zulassung wurde bisher überwiegend der Begriff „Phase-IV-Forschung" verwendet. Dieser Begriff war in der Vergangenheit nicht eindeutig definiert und wurde
sowohl als zeitlicher Abgrenzungsbegriff (Forschung mit zugelassenen Arzneimitteln) verwendet als auch zur Typisierung einer bestimmten Art von Studien: herstellerinitiiert mit großer Fallzahl, einfachen Prüfdesigns (meist ohne Kontrollgruppe) und minimalem
Dokumentationsumfang bei weitgehend fehlender Standardisierung
der Eingangsdiagnostik und Verlaufsbeurteilung. Diese Art von Studie gibt es seit der 4. AMG-Novelle, den „Grundsätzen für die ordnungsgemäße Durchführung der klinischen Prüfung von Arzneimitteln" (Bundesminister für Jugend, Familie, Frauen und Gesundheit

1987) und „Gute Klinische Praxis für die Prüfung von Arzneimitteln in der Europäischen Gemeinschaft" (CPMP Working Party on Efficacy of Medicinal Products 1991) nicht mehr. Mit Ausnahme der Verwendbarkeit des Warenzeichens existieren keine rechtlich oder methodisch relevanten Unterschiede zwischen den Phasen I bis III und IV. Forschungsstrategisch bestehen dagegen nach wie vor erhebliche Unterschiede. Insbesondere erschöpft sich das Methodenspektrum bei zugelassenen Arzneimitteln nicht in klinischen Prüfungen und Anwendungsbeobachtungen. Um dies auf eine klare terminologische Grundlage zu stellen, wird in diesem Beitrag überwiegend der Begriff „Arzneimittelforschung nach Zulassung" als Abgrenzungskriterium gegenüber den Studien der Phasen I bis III verwendet und nur gelegentlich synonym von „Phase IV" gesprochen. Damit wird terminologisch auch an ein Memorandum der Deutschen Gesellschaft für Medizinische Dokumentation, Informatik und Statistik e.V. (GMDS) (Victor et al. 1991) angeknüpft, in dem eine erste systematische Bestandsaufnahme mit Darstellung von Perspektiven für diesen Teil der Arzneimittelforschung vorgelegt wurde.

Confounding by the Indication

Unter diesem Begriff wird die Beeinflussung der Zielvariablen durch die zu behandelnde Indikation verstanden. Beispiel: Wenn bei Ulkuspatienten in einem Langzeitversuch die Kanzerogenese unter Behandlung mit einem H_2-Antagonisten untersucht werden soll und dazu eine große Kohorte ohne Kontrollkollektiv beobachtet wird, dann muß die Inzidenz gastrointestinaler Malignome in diesem Kollektiv höher sein als z.B. in der Normalbevölkerung, weil diese Population schon wegen der Grunderkrankung (also unabhängig von der in Frage stehenden Behandlung!) ein höheres Karzinomrisiko hat. Diese Tatsache kann bei unkritischer Interpretation von Studienergebnissen leicht zu Fehlschlüssen (das Arzneimittel habe kanzerogene Wirkungen) führen, die erfahrungsgemäß viel Staub aufwirbeln, aber nur schwer zu relativieren sind, weil eine Verdachtsaussage von ihrer wissenschaftstheoretischen Natur her (eine Existenzbehauptung) prinzipiell nicht empirisch falsifizierbar ist.

In diesem Beispiel wurde das „confounding by the indication" durch den Studienansatz induziert. Aber auch außerhalb von Studien kann ein Produkt auf diese Weise gefährdet werden. Auch hierzu ein Beispiel: Ein klassisches nichtsteroidales Antirheumatikum (NSAR) wird in einem sog. gastrointestinalen therapeutischen System („GITS") angeboten. Die Technologie des Systems hat den Vorteil einer besonders langsamen und gleichmäßigen Wirkstofffreisetzung, was in der Werbung als Garantie für eine besonders gute Magenverträglichkeit umgesetzt wird. Ist diese Werbung erfolgreich, dann werden als Konsequenz viele Patienten mit einer entsprechenden Anamnese (z.B. abgelaufene Ulkuskrankheit) behandelt. Als Folge können dann genau wie bei den bereits im Handel befindlichen NSAR-Zubereitungen Ulzera bis hin zu freien Perforationen auftreten. Aber unter dem GITS treten sie vielleicht häufiger auf, weil ja mehr Risikopatienten behandelt werden. Das Arzneimittel wird möglicherweise vom Markt genommen, selbst wenn es bei geeigneter Indikationsstellung sogar besser verträglich ist als bereits verfügbare Alternativen: *confounding by the indication.*

Aus diesen beiden Beispielen ergibt sich:

1) Ein zu rascher und großer Marketingerfolg kann ein tatsächlich innovatives Produkt gefährden, wenn der wissenschaftliche Informationsgewinn über die Art der Verwendung des Arzneimittels nicht mit den Verordnungen Schritt hält, oder anders ausgedrückt, wenn die Arzneimittelforschung nach der Zulassung dem Markterfolg hinterherhinkt oder überhaupt zu stark vernachlässigt wird. Aus den Ergebnissen der klinischen Prüfung bis zur Phase III können sich dann keine das Produkt entlastenden Informationen ergeben, weil die kumulative Fallzahl meist zu niedrig ist, um seltenere unerwünschte Arzneimittelwirkungen auszuschließen, und weil die Selektion durch entsprechende Ausschlußkriterien ja dazu geführt hat, daß Risikopatienten bis zur Zulassung gar nicht mit dem Arzneimittel behandelt wurden.

2) Bei unkontrollierten Kohortenstudien – v.a. wenn sie, was durchaus wünschenswert ist, mit einer hohen Fallzahl über eine längere Beobachtungsdauer durchgeführt werden – sind die Probleme der kausalen Interpretation der Ergebnisse so groß, daß man gerade auch für solche Studien eigentlich auf einem randomisierten Kontrollkollektiv bestehen muß.

Evolution in der Arzneimittelforschung

Die Arzneimittelwerbung ist vielfach unter Beschuß. Dabei läßt sie sich bei richtig verstandenem Ethos scheinbar überraschend sogar aus der Sicht des Verbrauchers begründen und als notwendig und wichtig rechtfertigen. Es kommt nur darauf an, wie man mit ihr umgeht. Beinhaltet der ärztliche Auftrag u.a. die Auswahl der bestmöglichen Therapie für den Patienten, dann folgt daraus in einer pluralistischen Gesellschaft mit weitgehend freiem Wirtschaftswettbewerb die Notwendigkeit, ein „gutes" Arzneimittel wirkungsvoll zu vermarkten, damit es sich gegenüber unterlegenen Alternativen auch durchsetzt – in Analogie zur Mutation und Selektion im klassischen Evolutionsprozeß. Dieses Postulat basiert freilich auf dem Nachweis der therapeutischen Überlegenheit, der sich in Teilbereichen mit breiter Verfügbarkeit von therapeutischen Alternativen oft gar nicht erbringen läßt. Welche A-priori-Wahrscheinlichkeit bietet ein weiterer β-Blocker, ACE-Hemmer oder Kalziumantagonist, besser zu sein, als die schon verfügbaren?

§ 40 Abs. 1 Nr. 1 AMG[1] könnte bei sehr restriktiver Auslegung die Entwicklung vieler Arzneimittel unmöglich machen. Beispiel: Ein weiterer Kalziumantagonist soll klinisch geprüft werden, aber es gibt bereits zahlreiche in die Therapie eingeführte und an großen Patientenzahlen gut dokumentierte Kalziumantagonisten. Über die neue Substanz ist dagegen am Menschen nur wenig bekannt. Wie groß ist voraussichtlich die Bedeutung des neuen Arzneimittels für die Heilkunde? Ist das mit der klinischen Prüfung verbundene Risiko nicht übergroß, gemessen an der aus Tierexperimenten begründeten Hypothese, daß der neue Kalziumantagonist voraussichtlich ebenfalls antihypertensiv wirksam sein werde – aufgrund seiner Zugehörigkeit zu einer bestimmten Substanzklasse? Aber wie verträglich ist er? Überwiegen nicht potentielle Behandlungsrisiken angesichts mangelnder Erfahrungen mit dieser speziellen Substanz?

Und doch darf Innovation nicht durch zu strenge Selektion unmöglich gemacht werden. Sogar aus unerwünschten Arzneimittelwirkungen können neue Indikationen und Arzneimittel entstehen.

---

[1] „Die klinische Prüfung eines Arzneimittels darf bei Menschen nur durchgeführt werden, wenn und solange die Risiken, die mit ihr für die Person verbunden sind, bei der sie durchgeführt werden soll, gemessen an der voraussichtlichen Bedeutung des Arzneimittels für die Heilkunde vertretbar sind."

So führten beispielsweise die sedierenden Nebenwirkungen von Antihistaminika durch Molekülveränderungen schließlich zum Diazepam. Die diuretischen Nebenwirkungen bestimmter Sulfonamide ergaben in der Weiterentwicklung das inzwischen klassische Diuretikum Hydrochlorothiazid. Und selbst bei Varianten von bereits etablierten Substanzklassen ergeben sich immer wieder Überraschungen. Sotalol war „nur" ein β-Blocker, bis man herausfand, daß diese Substanz darüber hinaus über Klasse III-antiarrhythmische Eigenschaften verfügt und wesentlich besser verträglich ist als das einzige andere Klasse-III-Antiarrhythmikum Amiodaron. Die tatsächliche Relevanz dieser über die β-blockierende Wirkung von Sotalol hinausreichende Eigenschaft muß völlig neu überdacht werden, seit die CAST-Studie die Therapie mit anderen Antiarrhythmika in ein sehr problematisches Licht getaucht hat (Echt et al. 1991). So zeigen manche Forschungsergebnisse *nach* der Zulassung, wie fortschrittshemmend eine Bedarfsprüfung vor der Zulassung neuer Substanzen bei bereits gegebenen therapeutischen Alternativen sein könnte. Daraus ergeben sich aber auch hohe Anforderungen an die Glaubwürdigkeit der Arzneimittelforschung *nach* der Zulassung. Sie gehört als unverzichtbarer Bestandteil zu einem Forschungskontinuum, das ein Arzneimittel in allen Phasen der Anwendung auch und gerade im Stadium der freien Vermarktung „lebenslang" begleiten muß.

Aus dem bisher Gesagten ergeben sich methodische Minimalbedingungen für die Arzneimittelforschung nach der Zulassung unter Berücksichtigung der Verantwortung des Herstellers für sein Produkt:

1) Die Reproduzierbarkeit der Ergebnisse der klinischen Prüfung der Phasen I–III muß unter „Alltagsbedingungen" überprüft werden.

2) Der zur Risikoabschätzung beobachtete Stichprobenumfang muß in einem angemessenen Verhältnis zum Verkaufserfolg ausgeweitet werden.

3) Der Erkenntnisfortschritt muß mit dem Markterfolg Schritt halten können.

4) Eine praktikable und valide Risiko-Nutzen-Beurteilung lebt vom Vergleich. Dieser erfordert Bedingungen, wie sie meist nur durch kontrollierte klinische Studien gewährleistet werden können.

Asymmetrie zwischen Arzneimittelforschung vor und nach der Zulassung

Man könnte auf den Gedanken kommen, daß zwischen der Arznei-mittelforschung vor und der nach der Zulassung biometrisch gar kein Unterschied besteht. Dies ist in dem Sinn richtig, daß bestimmte biometrische Grundregeln für alle Phasen der Arzneimittelforschung am Tier oder Menschen verbindlich sind. Doch bestehen i.allg. zwischen den jeweils auslösenden Motiven im Hintergrund, der konkreten Fragestellung bzw. Hypothese und den daraus resultierenden Studiendesigns deutliche Unterschiede. Von der wissenschaftlichen Fragestellung her liegt das Forschungsgewicht vor der Zulassung auf dem Wirksamkeitsnachweis, nach erfolgter Zulassung dagegen auf der weiteren Absicherung der Unbedenklichkeit. Auch die auslösenden Motive unterscheiden sich: Schaffung der Zulassungsvoraussetzungen bzw. Erschließung von Verschreiberpotential sind das jeweilige *primum movens.*

Aus dem angesichts der hohen Entwicklungskosten verständlichen Bestreben nach schnellem Markterfolg bei zeitlich begrenztem Patentschutz und in Deutschland inzwischen teilweise gesetzeswidrig langen Bearbeitungszeiten durch die Zulassungsbehörden resultiert die Gefahr, daß in der sog. Phase-IV-Studie Wunschdenken zum methodenüberformenden Faktor wird, woraus verschiedentlich ein gewisser Ideologieverdacht gegenüber herstellergetragener Arzneimittelforschung nach der Zulassung abgeleitet wurde, wenn das primäre Interesse weniger in der weiteren Erfassung der Realität, sondern mehr in der Bestätigung von Wunschdenken liegt. Von besonderem wissenschaftssoziologischem Interesse ist dabei das Rechtfertigungsdenken und -bestreben im Zusammenhang mit unerwünschten Arzneimittelwirkungen. Die Ideologie lautet extrem formuliert: Ein „anständiges" Arzneimittel macht keine unerwünschten Arzneimittelwirkungen!

Dem Wunsch nach wirtschaftlichem Erfolg für ein Arzneimittel haftet primär nichts Anrüchiges an, soweit eine rationale Trennung zwischen diesem Wunsch (dem „Sollen") und der empirischen Erforschung der Wirklichkeit (dem „Sein") beibehalten wird. In der sauberen Trennung dieser beiden Bereiche liegt das eigentliche Problem der Arzneimittelforschung nach der Zulassung. Gelingt diese

Trennung nicht, werden Phase-IV-Studien zur Pseudoforschung, die
zum Widerspruch reizt.

Biometrische Alternativen
der Arzneimittelforschung nach der Zulassung

Eine Bestandsaufnahme und perspektivische Bewertung bisher verwendeter Studientypen für die Arzneimittelforschung nach der Zulassung wurden kürzlich von biometrischer Seite publiziert (Victor
et al. 1991). Die Auswahl für ein konkretes Projekt muß sich an der
Fragestellung orientieren. Nur diese bestimmt direkt das Design,
wobei der Zeitpunkt, ob vor oder nach der Zulassung, ausschließlich
dadurch methodenbestimmend ist, daß bestimmte Untersuchungs-
ansätze, z.B. Anwendungsbeobachtungen oder das sog. *„prescription
event monitoring"* (PEM) (Inman 1981) nur mit zugelassenen Arzneimitteln möglich sind.

Erkenntnistheoretisch am besten fundiert ist hinsichtlich ihrer
konsensfähigen Aussagekraft eindeutig die randomisierte Doppelblindstudie, die nach den Vorgaben der „Grundsätze" (Bundesminister für Jugend, Familie, Frauen und Gesundheit 1987) und der „EG-
Empfehlungen" (CPMP Working Party on Efficacy of Medicinal
Products 1991) in der Mehrzahl der Fälle zum Wirksamkeitsnachweis einzusetzen ist. Für die vergleichende Untersuchung von Verträglichkeitsfragen sind diese Studien in den Phasen I bis III meistens
weniger geeignet, weil die Fallzahlschätzungen in diesen Phasen in
der Regel auf die Wirksamkeitshypothesen abgestimmt sind und zu
Stichprobenumfängen führen, die für einen Risikovergleich zu klein
sind. Ausnahmen sind bei häufigen unerwünschten Arzneimittelwirkungen (z.B. Nitratkopfschmerz, Hypotonie nach ACE-Hemmergabe
bei Herzinsuffizienz) dann gegeben, wenn gegen Placebo getestet
wird oder wenn die fragliche unerwünschte Arzneimittelwirkung
unter der Vergleichstherapie sehr viel seltener oder sehr viel häufiger auftritt. Ein überzeugendes Beispiel für eine randomisierte Phase-IV-Studie, die primär auf einen Verträglichkeitsvergleich abzielte,
findet sich bei Hasford et al. (1991).

Bis vor kurzem wurden in der Arzneimittelforschung nach der
Zulassung vielfach auch nichtrandomisierte klinische Studien an 4-

bis 5stelligen Stichprobenumfängen nach sehr einfachen Prüfplänen mit beschränktem Dokumentationsumfang und ohne ausreichendes Studienmonitoring durchgeführt. Mit dem Inkrafttreten der EG-Empfehlungen über „Gute Klinische Praxis für die klinische Prüfung von Arzneimitteln in der Europäischen Gemeinschaft" (CPMP Working Party on Efficacy of Medicinal Products 1991) dürfte dieser Studientyp weitgehend der Vergangenheit angehören.

Von diesen einarmigen intervenierenden Studien sind sog. Anwendungsbeobachtungen abzugrenzen, bei denen das diagnostische und therapeutische Verhalten des Arztes nicht durch einen Prüfplan fremdbestimmt oder überformt wird. In einer Anwendungsbeobachtung stehen das ausschließlich von der medizinischen Problematik des Einzelfalls ausgehende Verhalten des Arztes und die dabei erzielten Behandlungsergebnisse, die nach Anfall dokumentiert werden, im Brennpunkt des Forschungsinteresses. Mit Publikation der schon zitierten GMDS-Stellungnahme (Victor et al. 1991) liegen erstmals methodische Empfehlungen für die sachgerechte Durchführung von Anwendungsbeobachtungen vor. Mit einer weiteren Ausgestaltung dieser Überlegungen ist zu rechnen. Anwendungsbeobachtungen können bei ausreichender methodischer Qualität 2 wichtige Fragenkomplexe abdecken:

1) Inwieweit lassen sich die in der klinischen Prüfung bis zur Zulassung von selektierten Forschungszentren an ebenfalls selektierten Patienten nach in Prüfplänen festgeschriebenen einheitlichen Kriterien gewonnenen Ergebnisse unter den Alltagsbedingungen der ärztlichen Praxis reproduzieren (Wirksamkeit und Verträglichkeit)?
2) Inwieweit entspricht die tatsächliche Verwendung des Arzneimittels im Markt dem im Zulassungsbescheid vorläufig festgeschriebenen bestimmungsgemäßen Gebrauch, und welche Resultate ergeben sich hinsichtlich Wirksamkeit und Verträglichkeit bei Abweichungen davon?

Antworten auf diese Fragen ermöglichen eine differenziertere Bewertung von unerwünschten Ereignissen und ermöglichen dem Hersteller, wenn sie aus Fehlgebrauch resultieren, u.U. frühzeitige Interventionsmaßnahmen. Dies ist v.a. auch deshalb wichtig, weil von der Zulassungsbehörde Behandlungsrisiken bei zu erwartendem Fehlgebrauch genauso behandelt werden, wie wenn sie bei bestimmungsgemäßem Gebrauch entstanden wären. Ein besonders systematisches Modell einer Anwendungsbeobachtung liegt dem sogenannten *„prescription event monitoring"* (Inman 1981) zugrunde, bei dem über einen bestimmten Zeitraum herstellerübergreifend alle Arzneimittel einer bestimmten Substanzklasse (z.B. nichtsteroidale Antirheumatika) auf unerwünschte Ereignisse beobachtet werden. Direkte Substanzvergleiche sind jedoch nur unter Annahme ausreichender Beobachtungs- und Strukturgleichheit der Teilkollektive möglich. Differentialtherapeutische Gewohnheiten der Ärzte können jedoch über ein *„confounding by the indication"* (s. S. 311) zu Verzerrungen führen.

Weitere Studientypen umfassen Meldesysteme, z.B. Spontanmeldesysteme, die Pharmacovigilance (in Frankreich; Ferber et al. 1990) oder spezielle Krankheitsregister (z.B. Lyell-Syndrom; Schöpf 1987), die ebenfalls produkt- und herstellerübergreifend angelegt sind, aber auch Untersuchungen an Sekundärdaten und sog. Metaanalysen. Die damit verbundenen vielfältigen methodischen Aspekte würden den Rahmen dieser Kurzdarstellung sprengen. Festzuhalten bleibt jedoch, daß die Arzneimittelforschung nach der Zulassung keineswegs ausschließlich eine Aufgabe des Pharmaherstellers sein kann, sondern, wie diese Beispiele zeigen, vielfältige Interessengruppen tangiert – bis hin zu den Zulassungsbehörden. Damit die Ergebnisse auch im Spannungsfeld von Interessenkonflikten konsensfähig diskutiert werden können, ist die methodische Qualität gerade auch für die Arzneimittelforschung nach der Zulassung oberstes Gebot. Ihre Aufgaben sind zu vielfältig und zu wichtig, als daß sie als ein Asyl für methodisch anspruchslose Studien betrachtet werden dürfte.

Die Fallzahlschätzung bei Verträglichkeitsuntersuchungen[2]

Weiterführende Fragen nach der Verträglichkeit im Sinne einer kontinuierlichen Risiko-Nutzen-Abwägung werden typischerweise als eine Domäne der Arzneimittelforschung nach der Zulassung formuliert. Ein Standardargument für fallzahlmäßig groß angelegte

---

[2] Für eine ausführlichere Darstellung der Problematik wird auf Letzel (1989) verwiesen.

Phase-IV-Studien und Anwendungsbeobachtungen verspricht eine wesentliche Verbreiterung der Erkenntnisbasis zur Frage der Arzneimittelsicherheit.

Welche Risiken lassen sich mit solchen Untersuchungen tatsächlich abschätzen? Unerwünschte Arzneimittelwirkungen werden meistens als Ereignisse (nicht als Meßwerte!) definiert, auch wenn sie auf Meßwerten beruhen. Dementsprechend werden zwischen den Behandlungsgruppen Häufigkeitsunterschiede verglichen. Dies entspricht statistisch im einfachsten Fall (2 Behandlungen und eine dichotome Zielvariable) einem χ^2-Test für eine Vierfeldertafel. Das Testverfahren verbindet den Vorteil großer Robustheit (es müssen nur wenige statistische Voraussetzungen erfüllt sein) mit dem Nachteil erheblicher Stichprobenumfänge, die für den Vergleich seltener Ereignisse (typischer Fall bei der Untersuchung von unerwünschten Arzneimittelwirkungen) benötigt werden.

Die Verhältnisse seien an einem Beispiel illustriert, bei dem ein neues Arzneimittel eine bestimmte unerwünschte Arzneimittelwirkung mit einer angenommenen Inzidenz I_1 = 1% haben soll, während für die Vergleichstherapie eine Inzidenz I_2 = 2–5% angenommen wird. Bei diesem Szenario werden für die beiden Extremfälle (1% vs. 2% bzw. 1% vs. 5%) im ersten Fall mehr als 3 300 Patienten pro Gruppe (!) benötigt, im zweiten immerhin noch weit über 300, wenn die „Power" oder „Mächtigkeit" des Tests (definiert als die Wahrscheinlichkeit, den Unterschied, vorausgesetzt er existiert, anhand der Stichproben zu entdecken) mindestens 80% betragen soll. Für den Vergleich noch seltenerer Inzidenzen errechnen sich noch weit höhere Fallzahlen.

Weil methodisch gut ausdifferenzierte Studien zum Verträglichkeitsvergleich für den Prüfarzt zeitaufwendig und für den Sponsor teuer sind, außerdem immer das Risiko bergen, daß die Vergleichssubstanz besser abschneiden könnte, und weil das Verschreiberpotential über Anwendungsbeobachtungen als besser erschließbar gilt, werden fallzahlmäßig groß angelegte Doppelblindstudien in der Phase IV derzeit noch selten durchgeführt. Statt dessen wird auf einarmige, z.T. nicht einmal nach einem Prüfplan intervenierende Studien, sondern auf reine Beobachtungsstudien (Anwendungsbeobachtungen) ausgewichen. Dafür wird mit dem Erkenntnisgewinn zu Verträglichkeitsfragen unter Hinweis auf die großen, oft fünfstelligen Fallzahlen geworben. Unabhängig davon, daß ohne Kontrollkollektive das attributive Risiko für die in Frage stehende Substanz nicht angegeben werden kann und sich ein Kausalzusammenhang zwischen Medikament und unerwünschtem Ereignis kaum beurteilen läßt, haben solche Untersuchungen auch bei methodisch sachgerechter Durchführung geringere Chancen, seltene unerwünschte Ereignisse aufzudecken, als oft angenommen wird. Daß sie, wie oben ausgeführt, andere wichtige Fragen beantworten helfen, wird damit nicht eingeschränkt.

Die für einarmige Untersuchungen benötigte Mindestfallzahl richtet sich danach, mit welcher Wahrscheinlichkeit p (statistisch als „Power" oder „Mächtigkeit" bezeichnet) ein unerwünschtes Ereignis mit der Inzidenz I zu mindestens einem Beobachtungsfall führen würde. Bei einer angenommenen Inzidenz von I = 1 : 10 000 müssen unter Annahme einer Binomialverteilung 29 956 Patienten eingeschlossen werden, um mit einer Power von p = 0,95 mindestens ein Ereignis zu beobachten. Bei einer Inzidenz von I = 1 : 20 000 sind es ceteris paribus 59 914 Patienten und bei I = 1 : 100 000 299 572 Patienten. Dabei handelt es sich sogar noch um idealisierende Unterschätzungen, bei denen von 3 Annahmen ausgegangen wird, die in der Praxis kaum gegeben sind:

1) Alle Patienten haben das gleiche individuelle Risiko, die in Frage stehende unerwünschte Arzneimittelwirkung zu entwickeln.
2) Jedes Ereignis wird beobachtet, mit dem Arzneimittel korrekt in Beziehung gebracht und berichtet.
3) Die Behandlungsdauer hat keinen Einfluß auf die Inzidenz der unerwünschten Arzneimittelwirkungen.

Aus diesen Überlegungen zur Fallzahlschätzung wird deutlich, daß Risikovergleichen zwischen verschiedenen Arzneimitteln im Rahmen kontrollierter klinischer Prüfungen enge Grenzen gesetzt sind und daß für Anwendungsbeobachtungen übliche Stichprobenumfänge (maximal fünfstellig) ebenfalls nur eine geringe Chance beinhalten, sehr seltene, aber schwerwiegende unerwünschte Ereignisse mit ausreichender Wahrscheinlichkeit zu entdecken.

Dies ist sicherlich kein prinzipielles Argument gegen einen der beiden hinsichtlich der Fallzahlschätzung diskutierten Studientypen. Aber die vorgestellten Überlegungen zur Fallzahlschätzung unterstreichen die Notwendigkeit ergänzender und weiterentwicklungsbedürftiger Methoden für die Arzneimittelforschung nach der Zulassung, wie sie z.B. in Spontanmeldesystemen rudimentär vorliegen.

Die Qualität solcher Systeme lebt von der Beobachtungsgenauigkeit des Arztes. Diese wird durch die Teilnahme an methodisch ausgereiften klinischen Prüfungen und Anwendungsbeobachtungen geschult und geübt. Schon dieser Trainingseffekt, der durch geeignete Fortbildung weiter konsolidiert werden könnte, ist ein gutes Argument, nach der Zulassung systematische Untersuchungen im Rahmen von kontrollierten klinischen Studien und Anwendungsbeobachtungen mit großen Patienten- und Arztzahlen auch weiterhin durchzuführen. Auch ist die Entdeckung seltener unerwünschter Ereignisse ja keineswegs das alleinige Ziel solcher Studien. Aber das Verantwortungsprinzip und -postulat zwingt dazu, auch Erkenntnisgrenzen solcher Studien ideologiekritisch zu beleuchten.

Forschungs- und Bewertungsstrategien für die Einführung von Arzneimitteln

Die Einführung eines neuen Arzneimittels geschieht aus der Sicht des Herstellers mit einem legitimen wirtschaftlichen Interesse. War bis zur Zulassung beim Hersteller die Abteilung für klinische Forschung federführend, so wird die Verantwortung für das neue Produkt ab der Zulassung oft vom Marketing übernommen. Vielfach folgt daraus eine im Interesse des Produkts und seiner Anwendung ungünstige und unnötige Rivalität zwischen beiden Abteilungen; denn es geht nicht um „entweder – oder", sondern um „sowohl – als auch".

Im Vordergrund muß die *wissenschaftliche* Produktprofilierung stehen. Die Abhängkeit ethisch vertretbaren Marketings von wissenschaftlich fundierter Information (nur das bedeutet *„marketing by facts"!*) muß zur Leitlinie werden. Die wissenschaftliche Basis liefern zunächst die aus den Phasen I–III verfügbare Information und die durch den Zulassungsbescheid vorgegebenen Rahmenbedingungen. Bei erfolgreicher Einführung eines Arzneimittels in den Markt übersteigt die Zahl der behandelten Patienten die Zahl der bis zur Zulassung dokumentierten Patienten rasch um mehrere Zehnerpotenzen. Daraus ergibt sich als wichtigste Forderung, daß der Erkenntnisfortschritt mit dem Markterfolg Schritt halten muß. Auch muß die Reproduzierbarkeit der im Rahmen kontrollierter klinischer Prüfungen der Phasen I–III an hochselektierten Patienten ermittelten Ergebnisse auf breiter Basis unter Alltagsbedingungen überprüft werden.

Beide Anliegen lassen sich nur verwirklichen, wenn rechtzeitig übergeordnete Studienziele definiert und ein modulares Studienpaket in eine Gesamtstrategie integriert wird, für die eine abgesicherte Produktpolitik mit Blickpunkt in die Zukunft und unter Berücksichtigung überformender Prinzipien, z.B. des Verbraucherschutzes, formuliert werden muß. Hierzu empfehlen sich ein firmenunabhängiger, ggf. international zusammengesetzter wissenschaftlicher Beirat und ein systematischer Kontakt zu Meinungsbildnern auf nationaler und regionaler Ebene. Risiko und Nutzen müssen nach dem Prinzip der Angemessenheit fortlaufend im Hinblick auf Grunderkrankung, Indikationsansprüche, Verträglichkeit, Marktgröße und verfügbare therapeutische Alternativen interpretierbar sein. Dazu ist rechtzeitig Vorsorge für ein möglichst weltweites Pooling aller verfügbaren Ergebnisse zu treffen. Die Dialogfähigkeit ist herzustellen und darf sich nicht nur auf Zulassungsbehörden, wissenschaftliche Meinungsbildner und Verschreiber beschränken, sondern muß in der Öffentlichkeitsarbeit auch die Informationsbelange des Patienten als Endverbraucher und der Medien berücksichtigen.

Glaubwürdigkeit ist die oberste Anforderung an das Kommunikationskonzept und kann wesentlich zum Lebenszyklus eines Arzneimittels beitragen. Dies ist keineswegs einseitig als Wahrung von Umsatzzielen des Herstellers zu sehen, sondern betrifft gleichermaßen die Bedürfnisse des Patienten. Denn eine frühe Verbrauchseinschränkung aufgrund seltener, aber schwerwiegender Nebenwirkungen kann auch medizinisch unerwünschte Folgen haben. Chloramphenicol kam beispielsweise durch etwa im Verhältnis 1 : 50 000 auftretende Agranulozytosen in Verruf. Man kann darüber spekulieren, ob nicht durch die daraus resultierende Verbrauchseinschränkung zu einer Zeit, in der breitwirksame Antibiotika noch nicht in dem Umfang wie heute verfügbar waren, mehr Patienten irreversible Schädigungen dadurch erlitten, daß sie bei gegebener Indikation *nicht* mit Chloramphenicol behandelt wurden. Zur Wahrung aller Interessen in einem solchen Fall ist ein vorwärts gerichtetes Krisenkonzept auf der Basis breiter aktueller Information unerläßlich, um konsensfähig diskutieren zu können, welche Maßnahmen zur Wahrung der Verbraucherinteressen *tatsächlich* am geeignetsten sind. Stufenplanverfahren haben immer wieder gezeigt, daß eine solche Informationsbasis bisher allenfalls rudimentär besteht. Daraus resultiert die typische Reaktion der Zulassungsbehörden, in schwerwiegenden Verdachtsfällen unter Berufung auf Belange des Verbraucherschutzes die Zulassung zu widerrufen. Nicht genau bekannte Risiken werden von den Zulassungsbehörden wie von der Öffentlichkeit verständlicherweise als nicht akzeptable Risiken behandelt.

Also besteht eine Hauptanforderung an die Arzneimittelforschung nach der Zulassung darin, eine dialog- und konsensfähige Informationsbasis zu schaffen, auf deren Grundlage gerade im Krisenfall, wenn z.B. das Arzneimittel plötzlich für seltene, aber schwerwiegende unerwünschte Ereignisse angeschuldigt wird, eine rationale, d.h. wissenschaftlich ausreichend fundierte Diskussion zwischen den verschiedenen Interessengruppen möglich ist. In der derzeitigen öffentlichen Meinung wird das Problem oft zu einseitig zu Lasten des Pharmaunternehmens betrachtet. Tatsächlich ist die Fragestellung, wie das Beispiel mit Chloramphenicol zeigen sollte, durchaus zweiseitig in dem Sinn, daß bei einer nicht gerechtfertigten Vom-Markt-Nahme nicht nur der Hersteller, sondern auch der Verbraucher Nachteile erleiden kann. Doch liegt es v.a. am Hersteller, durch geeignete Arzneimittelforschung nach der Zulassung für eine jederzeit klare Beurteilbarkeit der Risiko-Nutzen-Relation zu sorgen. Dabei geht es keineswegs nur um die Präzisierung des mit der Behandlung verbundenen Risikos. Auch die Nutzenkomponente muß in der Regel weiter abgeklärt werden, und zwar um so differenzierter, je größer die Verträglichkeitsprobleme sind. Allgemeiner Konsens besteht hier z.B. bei Zytostatika. Diese Substanzen werden zwar in der Hoffnung auf therapeutische Fortschritte nicht zu Unrecht relativ früh zugelassen, aber die Onkologen haben schon vor längerer Zeit damit begonnen, sehr spezifische Wirksamkeitsvergleiche im Rahmen groß angelegter und teurer Studien der Phase IV – oft mit öffentlicher Unterstützung – durchzuführen. Ein weiteres Beispiel sind Studien zur Infarktverhütung und benachbarten Fragestellungen in der Kardiologie.

Für die Definition der Einzelstufen ist eine breite Palette ins Auge zu fassen. Kurzzeitstudien, darunter auch spezielle Studien mit kleinen Fallzahlen (z.B. bei Risikopatienten: hohes Alter, Multimorbidität, Begleittherapie), bis hin zu Kasuistiken können die Ergebnisse der Phasen I–III erweitern. Bei chronischen Erkrankungen müssen Langzeitstudien zur Frage der Beeinflußbarkeit der Morbidität und Mortalität hinzutreten. Über die bis zur Zulassung untersuchten

Rahmenbedingungen hinaus müssen zusätzliche Studien unter wechselnden Rahmenbedingungen folgen, z.B. über Wechselwirkungen zwischen Diät- und Arzneimitteltherapie bei Stoffwechselstörungen oder optimale Regime zur Kombinationstherapie mit mehreren Arzneimitteln. Speziell selektierte Zielgruppen (z.B. neuerkrankte vs. vorbehandelte Patienten) müssen systematisch untersucht werden. Wechselwirkungen zwischen der Therapie und prognostischen Faktoren haben das Forschungsinteresse auf sich gezogen. Über die Erfassung spezifischer medizinischer Parameter hinaus spielen heute Fragen der Lebensqualität des Patienten, aber auch Kosten-Nutzen-Aspekte eine zunehmende Rolle. Wirtschaftliche Interessen müßten den Pharmahersteller eigentlich dazu veranlassen, solche Projekte möglichst frühzeitig zu beginnen, weil die Ergebnisse wesentlich zum Produkterfolg im Sinne des *„marketing by facts"* beitragen könnten.

Nationale Unterschiede hinsichtlich Lebensgewohnheiten oder der Verbreitung der Risikofaktoren spielen ebenso wie die Berücksichtigung genetischer Unterschiede eine wichtige Rolle und können nur durch ein international zusammengesetztes Expertengremium ausreichend berücksichtigt werden.

Perspektiven für weitere Entwicklungen

Im Kontext von Strategien für die Arzneimittelforschung nach der Zulassung spielt eine große Rolle, was man unter Arzneimittelrisiko versteht. Zu weit verbreitet ist derzeit noch die Ansicht, die mit der Anwendung eines Arzneimittels verbundenen Risiken seien ausschließlich eine Funktion der Summe seiner pharmazeutischen und pharmakologischen Eigenschaften im Sinne eines intrinsischen Risikos. Zu oft wird die komplementäre extrinsische Risikodeterminante vernachlässigt, unter welchen Bedingungen das Arzneimittel von Ärzten und Patienten zur Anwendung kommt. Sogenannte Utilisationsstudien über die tatsächliche Verwendung eines Arzneimittels (eine für Anwendungsbeobachtungen hervorragend geeignete Fragestellung!) sind derzeit noch selten. Nutzen und Risiken von Arzneimitteln – beides im übrigen keine empirischen, sondern normative Begriffe, deren Bedeutung jedoch noch nicht ausreichend festgelegt ist – resultieren aber fast immer aus den Wechselwirkungen zwischen den in- und extrinsischen Komponenten. Die Einsicht in die Notwendigkeit, *beide* integrierend zu erfassen und zu bewerten, könnte der Arzneimittelforschung im therapeutischen Umfeld – und genau das ist Arzneimittelforschung nach der Zulassung im engeren Sinn – weiterführende Impulse geben.

Das Bewußtsein für diese Problematik ist in den letzten Jahren deutlich gewachsen. Dennoch ist erstaunlich, daß wir bis heute über keine wissenschaftlich fundierten und explizit formulierten Strategien zur Risiko-Nutzen-Beurteilung von Arzneimitteln verfügen. Hier besteht auch gerade für die Zulassungsbehörden ein erheblicher Nachholbedarf. Die Arzneimittelforschung nach der Zulassung betrifft alle am Verkehr mit Arzneimitteln Beteiligten:

– Der Hersteller ist aufgerufen, zwischen Marketing und Informationsgewinn klar zu unterscheiden, wobei man ihm neidlos zugestehen wird, daß eine methodisch wirklich gut angelegte Studie mit relevanter Fragestellung sekundär hervorragend werbewirksam für das Produkt und imagefördernd für den Hersteller ist. Für ihn sollten auch bisher nicht beschrittene Forschungsansätze der modernen Pharmakoepidemiologie kein Tabu sein, und bei Aufgaben, die den einzelnen Hersteller überfordern, gibt es rational keinen Grund, warum nicht auch herstellerübergreifend zusammengearbeitet werden könnte. Ein international viel beachtetes Konzept hierzu wurde vor einigen Jahren als *Risk Assessment of Drugs – Analysis and Response (RAD-AR)* formuliert (Horisberger u. Dinkel 1989). Ein für Deutschland noch nicht erprobter Neuansatz wäre die Übernahme des aus England stammenden *Prescription-Event-Monitoring (PEM)* (Inman 1981), das heute auf dem Verträglichkeitssektor zu den anerkanntesten Forschungsinstrumenten der Arzneimittelforschung nach der Zulassung gilt. Auch die in Frankreich erfolgreich gepflegte, wenn auch finanziell sehr aufwendige *Pharmacovigilance* (Ferber et al. 1990) führt zu Erkenntnisquellen, die in Deutschland noch nicht systematisch erschlossen wurden. Das letztgenannte System überfordert sicher die Pharmaindustrie als alleinigen Träger, aber wesentliche Impulse könnten dennoch von ihr kommen.

– Die Zulassungsbehörde ist aufgerufen, in Zusammenarbeit mit entsprechend ausgewiesenen Fachleuten und Institutionen eine interdisziplinär auszurichtende wissenschaftlich fundierte Strategie für die fortlaufende Risiko-Nutzen-Beurteilung zu entwickeln und praktikabel zu formulieren.

- Behandelnde Ärzte sollten sich auf der Basis eines gründlichen Verständnisses von „guter klinischer Praxis" nicht scheuen, sich an methodisch gut angelegten Studien der Phase IV und Anwendungsbeobachtungen zu beteiligen und gegenüber dem Patienten v.a. auch die Vorteile einer Studienteilnahme überzeugt zu vertreten. Ärzte mit Forschungserfahrung diagnostizieren und behandeln mit einem erweiterten Bewußtsein für ihre Handlungen, beobachten u.U. noch schärfer und leisten damit einen nicht zu unterschätzenden Beitrag zur Qualitätssicherung ärztlicher Leistungen; denn ein methodisch adäquater Prüfplan einer klinischen Prüfung verbindet die Berücksichtigung der individuellen Problematik des Einzelfalles mit einem standardisierten generellen Vorgehen bei der Diagnostik, Therapie, Verlaufsbewertung und Dokumentation, was eine Systematisierung ärztlichen Handelns fördert. Dieser über einzelne Studien weit hinausgehende Effekt wird bisher noch viel zu wenig berücksichtigt und hätte auch nicht zu unterschätzende Impulse für die Qualität von Spontanmeldesystemen.

- Der Patient sollte erkennen können (adäquate Aufklärung vorausgesetzt!), daß er als Teilnehmer einer klinischen Studie nicht zum „Versuchskaninchen" degradiert wird, sondern im individualethischen Sinn persönliche Vorteile aus einer besonders umfassenden Diagnostik und Verlaufskontrolle zieht, und im sozialethischen Sinn hilft, Ergebnisse zu erarbeiten, die auch anderen Patienten zugute kommen.

- Die Medien sollten bei aller Erhaltung ihrer kritischen Rolle zu einem entspannteren Verhältnis zu der Tatsache finden, daß Arzneimittelforschung am Patienten unverzichtbar ist, einen im Arzneimittelgesetz fixierten gesetzlichen Auftrag erfüllt, auch vom Pharmahersteller legitim initiiert sowie finanziert werden kann und speziell für den Patienten keine Sonderform von „russischem Roulette" darstellt.

- Der politischen Legislative schließlich muß man wünschen, daß sie die Erfüllung der Aufgaben der Arzneimittelforschung, die sie ja mit formuliert hat, nicht durch ein Übermaß an Regularien behindert.

Die Arzneimittelforschung nach der Zulassung vollzieht sich unausweichlich in dem Spannungsfeld zwischen Forschung und Produktprofilierung. Chronischer Mißbrauch des Methodenarsenals ließe Gegenregulationen des Gesetzgebers befürchten und die ganze Phase-IV-Forschung in ein negatives Licht tauchen, das ihr angesichts des de facto gegebenen Forschungsbedürfnisses eigentlich nicht zusteht. Ernstgenommen ist sie im Sinne des *salus aegroti* und *primum nil nocere* genauso wichtig wie die Arzneimittelforschung bis zur Zulassung.

Literatur

Bundesminister für Jugend, Familie, Frauen und Gesundheit (1987) Bekanntmachung von Grundsätzen für die ordnungsgemäße Durchführung der klinischen Prüfung von Arzneimitteln. Bundesanzeiger 243, 30. Dezember

CPMP Working Party on Efficacy of Medicinal Products (1991) EG-Note for guidance „good clinical practice for trials on medicinal products in the european community". The rules governing medicinal products in the european community, vol 111, 1989. Verabschiedet am 11. Juli 1990, Tag des Inkrafttretens 1. Juli 1991

Echt DS et al. (1991) Mortality and morbidity in patients receiving encainide, flecainide, or placebo – the cardiac arrhythmia suppression trial. N Engl J Med 324: 781–788

Ferber HP, Grosdanoff P, Kraupp O, Lehnert T, Schütz W (1990) Erfassung und Bewertung unerwünschter Wirkungen von Arzneimitteln. de Gruyter, Berlin New York

Hasford J, Bussmann W-D, Delius W, Koepcke W, Lehmann K, Weber E (1991) First dose hypotension with enalapril and prazosin in congestive heart failure. Int J Cardiol 31:287–294

Horisberger B, Dinkel R (1988) The perception and management of drug safety risks. Springer, Berlin Heidelberg New York Toyko

Inman WHW (1981) Post-marketing surveillance of adverse drug reactions in general practice. I: Search for new methods. Br Med J 282:1216–17. II: Prescription-event monitoring at the University of Southampton. Br Med J 282:1217–17

Letzel H (1989) Statistics in drug risk research. The background of pharmacoepidemiology. In: Horisberger B, Dinkel R (Hrsg) The perception and management of drug safety risks. Springer, Berlin Heidelberg New York Toyko

Schöpf E (1987) Skin reactions to co-trimoxazole. Infection 15 [Suppl. 5]:254–258

Victor N, Schäfer H, Nowak H, Bethge H, Ferber L von, Fimmers R, Fink H, Glaeske G, Hasford J, Kallischnigg G, Kimbel KH, Kretschmer F-J, Lasek R, Letzel H, Weber E (1991) Arzneimittelforschung nach der Zulassung. Springer, Berlin Heidelberg New York Tokyo

**Der vierte Baustein:
Vertriebsethik**

Arzneimittel in der sozialen Kommunikation: Moralität, Legalität und Humanität

Horst Baier

Ethik in der modernen Welt

Für eine Welt der Moderne ist eine Ethik ohne Metaphysik nötig – ohne göttliche Gebote, ohne absolute Wahrheiten, ohne geschichtliche Aufträge. Bedingung ist allein: die Normen der Ethik *binden* das Einzelwesen im einsichtigen Nachvollzug, ihre Sanktionen *ordnen* das Gemeinwesen mit Rücksicht auf Gesetze, ihre Forderungen *vervollkommnen* die menschliche Gemeinschaft in Voraussicht auf ihre Nachkommen.

Insofern das Einzelwesen als „Person" Bedingungen hat, gehen diese nur von ihm selbst und seiner Einsicht in den Schutz der Gesetze und in die Forderungen der Zukunft aus. Wir nennen diese Ethik: *Moralität* oder nach dem alten Sprachgebrauch *Sittlichkeit*. Insofern das Gemeinwesen als „Staat" Ordnungen erläßt – in Form von Gesetzen mit befördernder oder beschützender Wirkung –, werden diese nach vorab festgelegten Verfahren in seinen Versammlungen und Vertretungen öffentlich beschlossen. Wir finden eine solche *Legalität*, deutsch: *Gesetzlichkeit*, im Recht und in den Rechtsorganen des modernen Staates. Insofern die menschliche Gemeinschaft insgesamt Forderungen an die Einzelnen und ihre Gemeinwesen stellt, begrenzen sie den Willen der Personen und die Reichweite der Gesetze – vorausgesetzt, diese Forderungen sind einsichtsfähig und schutzwürdig. Für solche Forderungen zwecks Vervollkommnung der Menschheit haben sich in der europäischen Zivilisation die Begriffe *Humanität* oder neuerdings *Verantwortlichkeit* für die Zukunft durchgesetzt.

Sittlichkeit, Gesetzlichkeit und Verantwortlichkeit verlangen keine Pflichtenethik, keine Machtmetaphysik und keine Geschichtsphilosophie zu ihrer Begründung. Sie bedürfen allein des einsichtsfähigen, rücksichtsfähigen und voraussichtsfähigen Vollzugs von Normen – für den einzelnen, von Gesetzen – für das Gemeinwesen, von Forderungen – für die Nachkommen. Eine solche Ethik hat keine Gründe und keine Gesinnungen nötig, sondern ist mögliche Verantwortung für die Folgen – persönlich für die eigenen Entscheidungen und Handlungen, staatlich für die Reichweite und Wirkungen der Gesetze, gemeinschaftlich für die Forderungen der zukünftigen Menschheit. Ihr sittliches Gewissen, besser: Wissen, folgt aus der *Einsicht* in die Gegenwartsbedingungen des Einzellebens, ihr gesetzlicher Schutz aus der *Rücksicht* der Vergangenheitserfahrungen des Zusammenlebens, ihre verantwortliche Begrenzung aus der *Voraussicht* in die Entwicklungschancen des Über- und Weiterlebens.

Exkurs in die gelehrte Ethik

In ein solches Muster einer Individual-, Sozial- und Zukunftsethik fügt sich eine Fülle von vergangenen und gegenwärtigen Kulturen, soweit sie von der Bewußtseinsfähigkeit der Personen, der Herrschaftsfähigkeit des Staates und der Entwicklungsfähigkeit der Menschheit ausgehen. Der Prototyp einer solchen Moralität, Legalität und Humanität hat sich zweifellos in Europa und seinen Nachfolgekulturen ausgebildet.

Im gleichen Zuge haben die gelebte Moral und die gelehrte Ethik die Maßstäbe der Sittlichkeit, der Gesetzlichkeit und der Verantwortlichkeit gesetzt. Ich zitiere – nicht zur Begründung, sondern zur Erinnerung – drei, zumal für die Moderne maßgebliche Ethiker:

Für Immanuel Kant gilt: „Vernünftige Wesen stehen alle unter dem Gesetz, daß jedes derselben sich selbst und alle anderen *niemals* bloß als *Mittel*, sondern jederzeit *zugleich als Zweck an sich selbst* behandeln solle. Hierdurch aber entspringt eine systematische Verbindung vernünftiger Wesen durch gemeinschaftliche objektive Gesetze, d.i. ... ein Reich der Zwecke." Es ist „freilich nur ein Ideal", ein Kanon von moralischen Sätzen, dem ich als „vernünftiges Wesen" zu folgen verpflichtet bin und das ich mit meinen Handlungen Satz um Satz verwirkliche. „Moralität besteht also in der Beziehung aller Handlung auf die – gemeinschaftliche – Gesetzgebung, dadurch allein ein Reich der Zwecke möglich ist" (Kant 1957, S. 433/434; Zusatz „gemeinschaftlich" von mir).

Die „Autonomie des Willens als oberstes Prinzip der Sittlichkeit" verwirklicht sich also nicht nur in meiner persönlichen Freiheit, sondern im gleichen Zuge in der Freiheit der anderen. „Autonomie des Willens ist die Beschaffenheit des Willens, dadurch derselbe ihm selbst (unabhängig von aller Beschaffenheit der Gegenstände des Wollens) ein Gesetz ist. Das Prinzip der Autonomie ist also: nichts anders zu wählen als so, daß die Maximen seiner Wahl in demselben Wollen zugleich als allgemeines Gesetz mit begriffen seien," also die Autonomie aller Mitlebenden und Nachlebenden einschließen. „Einsicht als Setzung und Vollzug der Sittlichkeit steht unter dem kategorischen Imperativ meiner und aller Freiheit" (Kant 1957, S. 440).

Max Weber trennt des weiteren die Gesinnungsethik von der Verantwortungsethik. „Wir müssen uns klarmachen, daß alles ethisch orientierte Handeln unter *zwei* voneinander grundverschiedenen, unaustragbar gegensätzlichen Maximen stehen kann: es kann ‚gesinnungsethisch' oder ‚verantwortungsethisch' orientiert sein ... Es ist ein abgrundtiefer Gegensatz, ob man unter der gesinnungsethischen Maxime handelt – religiös geredet: ‚Der Christ tut recht und stellt den Erfolg Gott anheim', *oder* unter der verantwortungsethischen: daß man für die (vorhersehbaren) *Folgen* seines Handelns aufzukommen hat." Und weiter: „Wenn die Folgen einer aus reiner Gesinnung fließenden Handlung üble sind, so gilt nicht der Handelnde, sondern die Welt dafür verantwortlich, die Dummheit der anderen Menschen oder – der Wille des Gottes, der sie so schuf. Der Verantwortungsethiker dagegen rechnet mit eben jenen durchschnittlichen Defekten der Menschen; ... er fühlt sich nicht in der Lage, die Folgen seines Tuns, soweit er sie voraussehen konnte, auf andere abzuwälzen. Er wird sagen: diese Folgen werden meinem Tun zugerechnet." Nicht die Vorgeborenen überliefern Vorschriften, die meiner Gesinnung gebieten, sondern die Nachgeborenen fordern Voraussicht in die Folgen meiner Entscheidungen und Handlungen (Weber 1991, S. 217f.). Keinem „wertrationalen Glauben" an die „Geltung des als absolut Erschlossenen", keinem „Legalitätsglauben" mit Fügsamkeit gegenüber Satzungen und Sanktionen habe ich zu folgen, sondern einer zweckmittelrationalen Abwägung von Folgen und Nebenfolgen für mich und andere, für heute und morgen (Weber 1976, S. 19f. und 12f.).

Verantwortungsethik heißt Entscheidung für das Machbare und gegen das Vermeidbare; ihre Zweckmittelrationalität läßt handeln nicht aus den Voraussetzungen der Vernunft, aus einem absoluten Pflichtgebot Kants etwa, sondern angesichts der Folgen und des Maßes der Unvernunft – inmitten einer Welt von Leidenschaften und Gewalt. Der Verantwortungsethiker setzt sogar im Grenzfall Gewalt ein, um – durch den Zwang der Gesetze – Gewalt zu bändigen und das Gemeinwesen zu ordnen; er handelt – als Politiker mit „Verantwortungsgefühl" – aus „Leidenschaft im Sinn von *Sachlichkeit*", um die Leidenschaften der Gesinnungen zum Gehorsam der Loyalität zu bringen. „Ethik funktioniert", notiert Max Weber, „als Legitimierung" eines Sozialverhältnisses, sei es der Staat oder sei es eine mitmenschliche Zweierbeziehung (Weber 1991, S. 207–211).

Hans Jonas schließlich fordert die „Pflicht zum Dasein und Sosein einer Nachkommenschaft überhaupt". Die „Verantwortung für die künftige Menschheit" besagt in erster Linie, „daß wir eine Pflicht zum *Dasein* künftiger Menschheit haben – sogar unabhängig davon, ob sich Nachfahren gerade von uns darunter befinden – und in zweiter Linie dann auch eine Pflicht zu ihrem *Sosein*. Die erste Pflicht schließt die zur Fortpflanzung (wenn auch nicht notwendig die jedes Einzelnen) in sich." Für uns Heutige besteht „aus dem *Recht* des zwar noch nicht vorhandenen, aber zu antizipierenden Daseins Späterer eine antwortende *Pflicht* der Urheber, kraft deren wir ihnen mit solchen unserer Taten, die in die Dimensionen solcher Wirkungen hineinreichen, verantwortlich sind." Daraus erwächst die zweite Pflicht „gegen das Sosein der Nachkommen, die sich aus der Pflicht zu ihrem Dasein also erst ableitet, und unter ihr stehen dann auch die anderen Pflichten gegen sie, zum Beispiel gegen ihre Glücksmöglichkeiten" und, wie ich ergänze: Schadensverhinderungen und Leidensminderungen.

Die *erste Pflicht zum Dasein* künftiger Generationen gebietet uns ihre Zeugung und Erziehung; die *zweite Pflicht zum Sosein* unserer Nachkommen zumindest Mit- und Umwelt so vorzuhalten, wie wir sie genießen und erleiden, noch besser, sie so zu vervollkommnen, wie wir sie für uns wünschen. Die „Regel für das geforderte Sosein", für gedeihliche und leidenmindernde Lebenswelten unserer Nachkommen, „ist einzig und allein aus dem Imperativ des Daseins zu gewinnen." Und dieser erste, kategorische Imperativ heißt: „daß eine Menschheit sei". Es ist eine „ontologische Verantwortung für die Idee des Menschen"; für seine „Verkörperung in der Welt". Wir müssen unser Handeln so leiten, daß es sich nicht nur in der „Vorsorge für das Sosein" unserer Nachkommen erschöpft – wie bisher, sondern ihr künftiges Dasein als leibhaftige Menschheit sichert (Jonas 1984, S. 86–91).

Das „Prinzip Verantwortung" hat die Ethik herumgewendet von dem *Kantschen* Vernunftgebot, mit der eigenen Freiheit auch die Freiheit der anderen zu wollen, über die *Webersche* Maxime, von den Folgen der Handlungen ihre Mittel zu bedenken und auf ihre Zwecke zurückzuschließen, bis zur *Jonasschen* Pflicht, die Leistungen der Gegenwart unter die Forderungen, ja das Diktat der künftigen Menschheit zu stellen. Es ist der Weg der gelehrten Ethik von der Sittlichkeit aus Vernunfteinsicht über die Gesetzlichkeit aus Rationalitätsrücksicht zur Verantwortlichkeit aus Voraussicht für die Zukunft der Menschenwelt.

Folgerungen für eine Medizinethik

Es gibt keine besondere Wissenschaftsethik oder Medizinethik, keine spezielle Pharmaethik oder „Ethik des Arzneimittels". Es gibt allein *Folgerungen* für die Berufe und für die Betroffenen der Medizin sowie nur *Anwendungen* für den Bereich der Erforschung und Entwicklung, der Verteilung und des Verbrauchs von Arzneimitteln. Wir würden sonst die Voraussetzungen der ethischen Universalität, der republikanischen Legitimität, der zukunftsbesorgten Humanität verletzen. „Ethik ist immer Bürgerethik, sie läßt sich nicht gesellschaftlich teilen" (Mittelstraß 1984, S. 50).

Jedermann und jede Frau kann allerorten und allzeit die *Aufgabe* des Helfers und Heilers übernehmen – die berufliche Ausbildung und Ausübung als Arzt oder Apotheker ist nur eine kulturelle, ja sogar europäische Sonderform. Jeder kann – und das ist kulturell gleichfalls nicht selbstverständlich – in die *Rolle* des Kranken, des Behinderten, des Gebrechlichen geraten mit der Erwartung der Hilfe und Pflege, der Leidenslinderung, womöglich der Heilung. In der Tat führen spezielle Berufsethiken, z.B. Arzt- oder Pflegemoral geradezu zwangsläufig zu ständischer Abschließung mit Rechtsprivilegierung und Besitz- bzw. Anstaltspfründen (Freidson 1975, 1979). Aber auch spezielle Laienethiken, z.B. für Behinderte oder Alte, haben soziale Ausschließung mit zugemuteten Leidensbereitschaften und Lebenschancenminderungen zur Folge. Religionen mit Ungleichheiten im Gnadenbesitz, Vernunftaufklärungen mit ungleichen Bildungschancen, Geschichtsideologien mit Avantgarden und sonstigen Fortschrittskadern bieten ein Arsenal von Beispielen bis in den Bereich bevorrechteter Gesundheitsversorgung.

Bestimmt die Medizinethik das Verhältnis von Helfer und Hilfesuchenden – natürlich hat sie sehr viel mehr Kapitel (vgl. Wieland 1986), so folgt aus den gesagten Bedingungen der Individual-, Sozial- und Zukunftsethik dreierlei. Das Gebot der Sittlichkeit, das sich auf die Willensfreiheit der eigenen und der anderen Person stützt, verlangt *erstens* bei allen Beobachtungen und Behandlungen, bei allen Vorgriffen auf und Eingriffen in die Persönlichkeit des Patienten dessen Aufklärung, Verständigung und Einwilligung (Sass 1989).

Diese Patientenrechte als allgemeine Persönlichkeitsrechte stehen *zweitens* unter dem Schutz der Gesetze mitsamt ihrer privatrechtlichen, strafrechtlichen und sozialrechtlichen Sanktionen. Wohlgemerkt, die Absicht oder die Leistung zur Gesundung oder zur Vermeidung von Krankheiten dürfen gesetzlich oder gerichtlich oder gar polizeilich nicht erzwungen werden, und jeder hat das Recht, krank zu sein, gebrechlich zu werden, sogar sich selbst zu töten, solange er nicht Dritte, etwa durch Kosten, schädigt. Das Gesetz schützt den freien Willen allein gegen Eingriffe von Dritten, auch gegen den Arzt mit besserem Sachverstand oder gegen den Verwandten guten Glaubens (Sass u. Viefhues 1991).

Strittig sind allein die Fälle, in denen ein solcher freier Wille zur selbsteinsichtigen Entscheidung sich nicht eindeutig oder überhaupt nicht äußern kann – im Falle von Bewußtlosigkeit und verminderter oder fehlender Zurechnungsfähigkeit. Keine Frage ist für mich, daß solche Fälle nicht der Arzt oder die Pflegeperson oder der/die Verwandte auslegt, sondern günstigenfalls idealtypisch, strittigenfalls realtypisch der für solche Zurechnungsfälle eingeübte Experte, der *Jurist.* Wir können die Gesetzesnormen und die Gesetzesverfahren, also das Prinzip der Legalität nicht dort aussetzen lassen, wo es um den Kern des Rechtsstaates geht, um den Schutz der Persönlichkeit und ihrer Autonomie (Laufs 1982; Baier 1987a).

Einsicht in die Selbstgesetzgebung der Personen, in die Sachverständigkeit des Arztes und in die Selbstbestimmung des Patienten zum Beispiel, sowie Rücksicht auf die schützenden und strafenden Gesetze, für einen freien Beruf hier und einen freien Patientenwillen dort, schließen *drittens* die Voraussicht auf Glück und Leiden der Nachkommen noch *nicht* ein. So weit nötigt uns das Gewissen noch nicht und so weit reichen bisher nicht die Gesetze. Gut zeigt es der sog. „Schutz des ungeborenen Lebens". Geschützt wird die Schwangerschaft, der Fetus im oder außerhalb des Mutterleibes, ja sogar die vereinigten oder noch getrennten Ei- und Samenzellen, nicht jedoch die Fähigkeit zur Zeugung und Schwangerschaft, erst recht nicht die Voraussetzung zur Aufzucht und Erziehung, zur Gestaltung und Verbesserung der Lebenswelt. Hier endet die bisherige Individual- und Sozialethik (Laufs 1987; Selb 1987; Leist 1990).

Fraglich sind nicht die Forderungen einer hinzutretenden Zukunftsethik, sondern die Mittel ihrer Durchsetzung und Verwirklichung. Das ist aber *keine ethische*, sondern eine *empirische* Frage. Es ist die Frage nach der Zweckmitteladäquanz auf dem Wege einer Ressourcenanalyse hier und einer Zieloptimierung dort, die den Entscheidungen der Verantwortungsethik vorhergehen (Myrdal 1965). Zum anerzogenen Gewissen und zu den beschlossenen Gesetzen muß sich ein Medium der Verantwortlichkeit für unsere Nachkommen entfalten. Ansätze sind bereits beobachtbar in einer Weltöffentlichkeit, die mit den Mitteln der Billigung und Ächtung arbeitet, in einem weltweiten Verbund der medizinischen Berufsverbände, die freilich weniger die eigenen Berufsrechte als die Berufspflichten gegenüber den Betroffenen zu beachten hätten, schließlich in Weltorganisationen, für den Medizinbereich vorneweg die Weltgesundheitsorganisation, die nicht mehr mit staatlichen Gewaltmitteln, sondern mit internationaler Verteilung knapper Ressourcen tätig werden (Sass 1988).

Eine *Medizinethik*, die einen zusammenfassenden Kanon der Individual-, Sozial- und Zukunftsethik herausbildet, wird also das immer persönliche Arzt-Patient-Verhältnis durch das staatlich geschützte Rechtsverhältnis umgreifen und heute in ein Zukunftsverhältnis unserer Generation zu den nachgeborenen und nachzugebärenden, morgen natürlich auch zu den erziehenden und weltgestaltenden Generationen ausweiten. Es ist offensichtlich, daß eine solche umgreifende und ausgeweitete Medizinethik keine Sonderethik für Ärzte oder Patienten sein kann, sondern ein Kanon aus Folgerungen einer allgemeinen Ethik ist. Einsicht, Rücksicht, Voraussicht sind die geistigen Anstrengungen einer solchen Medizinethik inmitten der von Leidenschaften und Gewalt durchtobten Welt. Selbstbestimmte Lebensführung aus Mündigkeit, selbstauferlegte Grenzziehung

durch Gesetze, selbstverantwortete Fürsorge für die Nachkommen
sind ihre moralischen Forderungen – an den einzelnen, an den Staat,
an die menschliche Gemeinschaft.

Anwendung auf eine
„Ethik des Arzneimittels"

Der Ausdruck „Ethik des Arzneimittels" ist ungenau, sogar irreführend. Eine Ethik bezieht sich mit ihren *Zwecken* auf Personen, auf
Staaten, auf die Menschengemeinschaft überhaupt; sie entwirft, berechnet und beurteilt im zweiten Zug die *Mittel*, die zur Erreichung
der Zwecke mehr oder minder dienen. Die Zwecke der Medizinethik
zur Vorbeugung und Erkennung, zur Behandlung und Lebensführung betroffener Menschen schließen selbstredend auch Mittel ein,
die in stofflicher oder Verfahrensform – ich erweitere die Definition
des § 2 des Arzneimittelgesetzes von 1976 und 1986 – auf den menschlichen (oder tierischen) Körper meßbar einwirken und psychische
Reaktionen bewirken können. Zu solchen Mitteln sagen wir „Arzneimittel" oder „Medikamente" (Ridder 1990).

Als *Prophylacticum* beugt das Arzneimittel Gefährdungen des Organismus vor und beschützt seine Integrität; als *Therapeutikum* „bekämpft" es eindringende und ausbrechende Schädigungen von Körper und Seele; als *Diagnosticum* erkennt es und mißt Ereignisse und
Abläufe im somatischen, psychischen und auch sozialen Geschehen;
als *Methodicum* ersetzt, steuert und steigert es die leiblichen Leistungen (Baier et al. 1989). Diese 4 Funktionen erfüllt das Arzneimittel
nach Zustand und bei Bedarf des Betroffenen unter beanspruchter
Mithilfe von besonderen Berufen – unmittelbar seitens des Arztes
und des Apothekers, mittelbar seitens des Pharmaforschers oder des
Arzneimittelkritikers – immer unter der Schutzwirkung staatlicher
Gesetze und Behörden, die sich – z.B. im Wohlfahrtsstaat – bis in die
Verteiler- und Kosteneffekte des Arzneimittelmarkts erstrecken kann
(Baier 1989).

Keine Frage ist, daß Wissenschaft und Technik – ich denke an
Pharmakologie und Pharmazie – , daß Verwaltungs- und Marktratio-
nalität – im Bundesgesundheitsamt etwa oder in einem Unterneh-
mensmanagement – die Individual- und Sozialethik der Medizin, so-

weit sie *Arzneimittel* in jenem 4fachen funktionellen Sinn anwendet, maßgeblich bestimmen: zumeist sogar in einer komplexen empirisch-ethischen Gemengelage, die den Einsatz von Medikamenten eher zu einem Thema einer Wissenschafts- und Technikfolgenabschätzung macht als zu einem Thema der Medizinethik (Rössler 1986). Entscheidend ist, daß diese Medizinmaschinerie und dieses Sozialstaatsmanagement, rational instrumentiert und ethisch durchaus normiert, nur *einen* Auslöser hat: die kranke oder gebrechliche oder auch gesunde *Person*, die in der Betätigung ihres freien Willens und in der Einsicht ihres Verstandes nach Arzneimitteln verlangt, und zwar – zumeist noch in der Laien-, immer häufiger in der Fachsprache – nach einem bestimmten, ihr jeweils bekömmlichen und, von ihr vermutet, förderlichen Arzneimittel (Baier 1987b).

Nicht der *Arzt* bestimmt dieses Bedürfnis; er interpretiere es nur und ziehe seine fachlichen Schlüsse. Nicht der *Apotheker* lenkt den Kaufwunsch seines Kunden; er berate ihn sorgfältig und zeige ihm die Wahlbreite des Sortiments. Nicht der *Pharmaforscher* betreibt die Arzneimittelinnovationen und -entwicklungen als industrietechnischen Suchvorgang und als marktökonomische Verwertung; er achte vielmehr auf die Bedürfniswellen und Bedarfslagen der Arzneimittelkonsumenten, zumal ihm diese über die verschreibenden Ärzte und praxiserfahrenen Pharmaberater abgefiltert und umsatzhandlich in die Firma kommen (Wolff 1987). Erst recht haben die *Gesundheitsbeamten* in Ministerien und Ämtern, in Krankenkassen und Kassenärztlichen Vereinigungen nicht den Medikamentenverbrauch nach einer epidemiologisch zusammengerechneten und ideologisch abgeleiteten „Volksgesundheit" zu „steuern"; ihre Aufgabe wäre allein, die Patientenautonomie und die Therapiefreiheit zu schützen, die Forschungsfreiheit und den Marktwettbewerb zu sichern. Wir wissen, daß in den europäischen *Wohlfahrtsstaaten*, vorneweg in der Bundesrepublik Deutschland mit ihrem jüngsten Gesundheitsreformgesetz, gerade der umgekehrte, der verkehrte Weg beschritten worden ist (Baier 1988).

Schärfer noch tritt das Nachfragevorrecht des Verbrauchers und Verwenders von Arzneimitteln hervor, wenn wir in ihm nicht nur den Patienten und Klienten von heute, sondern zudem den nachwachsenden Nachfrager von morgen sehen. So sehr das Medikament zu einem *Personenverhältnis* von gegenwärtig tätigen Ärzten und akut leidenden Patienten gehört, eingebunden in ein *Sozialverhältnis*, das durch Arzneimittelrecht und Arzneimittelsicherheit bestimmt wird; so sehr ist es Element in einem *Zukunftsverhältnis*, zu dem sich schon die persönlichen Wünsche und Bedürfnisse der Verbraucher von morgen und übermorgen anmelden.

Erforschung und Entwicklung von Arzneimitteln können ja gar nichts anderes heißen als die Antizipation der Krankheitsvermeidungen, Gebrechenslinderungen und Gesundheitsvorstellungen nachwachsender Generationen – einschließlich der Voraussicht und, wenn möglich, der Vorausvermeidung der *Arzneimittelrisiken und -schäden*. Auch das Medikament, zumal im Massenverbrauch des Wohlfahrtsstaates, ist Teil des Daseins und Verhaltens, der Mitwelt und Umwelt unserer Nachfahren. Es ist Gegenstand der Verantwortlichkeit einer Medizinethik, insofern sie immer auch eine *Zukunftsethik* ist.

Gewiß ist heutzutage das Verhältnis zwischen verschreibendem Arzt und vertreibendem Apotheker hier und dem arzneimitteleinnehmenden Patienten und arzneimittelkaufenden Kunden dort viel empfindlicher geworden. Ausdruck hierfür ist, daß dieses Personenverhältnis neuerdings auch als ein moralisches Verhältnis begriffen wird. Auch besteht Übereinstimmung, daß das Arzneimittel Gegenstand staatlicher Gesetze und behördlicher Aufsicht ist; niemals hat früher der Rechts- und Verwaltungsstaat seine Legalitätsvorschriften so weit in Forschung und Produktion, in Verschreibung und Verkauf, ja bis zur Einnahme und Fügsamkeit des Verbrauchers vorangetrieben. Eigentümlich ist aber, daß es noch keinen öffentlichen Diskurs gibt über die *Zukunft des Arzneimittels* für eine Menschheit, die es wie eh und je als Schutz- und Heilmittel gegen Krankheit braucht, aber auch als diagnostisches und methodisches Mittel zur Lebensführung verlangen wird – eben als „Lebens-Mittel".

Vielleicht eröffnet eine Medizinethik, die das Arzneimittel nicht nur bewertet unter dem Gesichtspunkt der *Moralität*, vorneweg der Patientenautonomie, sowie der *Legalität*, vorrangig der Arzneimittelsicherheit, sondern auch der *Humanität*, der Hilfe und Heilung also für künftiges Leben, den Weg in die Zukunft der Medizin. Eine solche Medizinethik steht immer unter der ersten Forderung der persönlichen Freiheit für uns heute und die anderen, die morgen nachkommen werden.

Literatur

Baier H (1987a) Benötigen wir eine Ethik der Medizin? Der Freiraum des Arztes zwischen Markt, Politik und Recht. In: Bress L (Hrsg) Medizin und Gesellschaft. Springer, Berlin Heidelberg New York Tokyo, S 131–147

Baier H (1987b) Das Arzneimittel der Zukunft – oder die Entdeckung des Verbrauchers. Medizin Mensch Gesellschaft 12: 243–245

Baier H (1988) Ehrlichkeit im Sozialstaat. Gesundheit zwischen Medizin und Manipulation. Fromm, Osnabrück Zürich

Baier H (Hrsg) (1989) Arzneimittel im sozialen Wandel. Springer, Berlin Heidelberg New York Tokyo

Baier H, Gäfgen G, Nord D (Hrsg) (1989) Kosten und Nutzen medikamentöser Therapien und diagnostischer Verfahren. Akamed, Mannheim

Freidson E (1975) Dominanz der Experten. Zur sozialen Struktur medizinischer Versorgung. Urban & Schwarzenberg, München Berlin Wien

Freidson E (1979) Der Ärztestand. Berufs- und wissenschaftssoziologische Durchleuchtung einer Profession. Enke, Stuttgart

Jonas H (1984) Das Prinzip Verantwortung. Versuch einer Ethik für die technologische Zivilisation. Suhrkamp, Frankfurt am Main

Kant I (1957, ^{1}1786) Grundlegung zur Metaphysik der Sitten (hrsg. von K. Vorländer). Philosophische Bibliothek, Nr. 41, Meiner, Hamburg

Laufs A (1982) Berufsfreiheit und Persönlichkeitsschutz im Arztrecht. Sitzungsberichte der Heidelberger Akademie der Wissenschaften, philosophisch-historische Klasse, Jg. 1982, Bericht 5. Winter, Heidelberg

Laufs A (1987) Fortpflanzungsmedizin und Arztrecht. In: Günther H-L, Keller R (Hrsg) Fortpflanzungsmedizin und Humangenethik. Mohr (Paul Siebeck), Tübingen, S 89–108

Leist A (1990) Eine Frage des Lebens. Ethik der Abtreibung und künstliche Befruchtung. Campus, Frankfurt am Main New York

Mittelstraß J (1984) Fortschritt und Eliten. Analysen zur Rationalität der industriellen Gesellschaft. Konstanzer Universitätsreden Nr. 150. Universitätsverlag, Konstanz

Myrdal G (1965) Das Wertproblem in der Sozialwissenschaft. Verlag für Literatur und Zeitgeschehen, Hannover

Ridder P (1990) Im Spiegel der Arznei. Sozialgeschichte der Medizin. Hirzel, Stuttgart

Rössler D (1986) Ethische Aspekte der klinischen Arzneimittelprüfung. In: Dölle W, Müller-Oerlinghausen B, Schwabe V (Hrsg) Grundlagen der Arzneimitteltherapie. Bibliographisches Institut, Mannheim Wien Zürich, S 58–66

Sass H-M (Hrsg) (1988) Ethik und öffentliches Gesundheitswesen. Ordnungsethische und ordnungspolitische Einflußfaktoren im öffentlichen Gesundheitswesen. Springer, Berlin Heidelberg New York Tokyo

Sass H-M (Hrsg) (1989) Medizin und Ethik. Reclam, Stuttgart

Sass H-M, Viefhues H (Hrsg) (1991) Güterabwägung in der Medizin. Ethische und ärztliche Probleme. Springer, Berlin Heidelberg New York Tokyo

Selb W (1987) Rechtsordnung und künstliche Reproduktion des Menschen. Mohr (Paul Siebeck), Tübingen

Weber M (1976, ^{1}1921) Soziologische Grundbegriffe. In: Wirtschaft und Gesellschaft (hrsg. von J. Winckelmann). Mohr (Paul Siebeck), Tübingen

Weber M (1991, ^{1}1919) Politik als Beruf. In: Gesamtausgabe, Abt. I, Bd 17 (hrsg. von W.J. Mommsen und W. Schluchter). Mohr (Paul Siebeck), Tübingen

Wieland W (1986) Strukturwandel der Medizin und ärztliche Ethik. Abhandlungen der Heidelberger Akademie der Wissenschaften, Philosophisch-historische Klasse, Jg. 1985, 4. Abh. Winter, Heidelberg

Wolff M (1987) Pharma-Marketing und Umwelt. Mehrdeutige Information als Auslöser einer neuen Semantik des Arzneimittels. Dissertation in der Sozialwissenschaftlichen Fakultät der Univ. Konstanz. René F. Wilfert, Spardorf bei Erlangen

Information und Öffentlichkeit.
Über die Bedeutung
öffentlich angebotener Botschaften

Klaus Dallibor

Dem Herzog von Newcastle träumte einst, er spräche im Oberhaus. Als er erwachte, stellte er fest, daß er tatsächlich vor den Lords redete.

Diese Parabel von der Absurdität der Realitätserfahrung unserer säkularen Welt bezieht sich zunächst nur auf das Problem der menschlichen Identität, auf die Frage nach dem eigenen Ich. Was macht mein Selbst aus? Wann bin ich wach, wann Schlafender?

Tatsächlich aber betrifft das Gleichnis in ähnlicher Weise auch die Beziehungen zwischen den Individuen, und diese interpersonale Kommunikation ist von jeher eine Funktion der Information gewesen.

Für das Beispiel des Herzogs von Newcastle, welches das uralte Identitätsproblem auf die knappste Formel bringt, lassen sich 3 Fragenkomplexe festmachen:

1) Personalität kann nach Hume und Locke verstanden werden als Kontinuität geistiger Vorgänge. Für den Herzog selbst entstehen dabei keine Schwierigkeiten, denn nach dem Erwachen findet er sich als der wieder, der er als Schlafender war. Was aber geschähe, wenn die Rückerinnerung infolge einer Störung ausgeblieben wäre?

2) Ungeklärt ist auch die Frage, wodurch die einzelnen Phasen zwischen dem, was als wach bezeichnet wird, und dem sog. Schlafzustand wieder zur Einheit zusammengesetzt werden. Der gesamte neurophysiologische Prozeß und sein biologisches Substrat, also die Großhirnrinde und der Organismus, könnten dafür verantwortlich sein.

Aber ist es wirklich allein die Tätigkeit der Nervenzellen, die den Herzog erschrecken und aufwachen läßt? Wären tatsächlich nur die Neuronen ausschlaggebend, könnte füglich von einer Persönlichkeit im Sinne eines verantwortlichen Subjekts nicht die Rede sein. Der Herzog wäre nicht mehr als eine biologische Maschine.

3) Also muß etwas anderes angenommen werden, ein geistiges Prinzip, das durch Einheit des Selbstbewußtseins gekennzeichnet ist. Aber auch hier rennt man in Aporien, wenn man nach der Bedeutung dieses Prinzips etwa bei Schlafenden, Ungeborenen oder aber bei seelisch gestörten Menschen fragt.

Was wie metaphysisches Glasperlenspiel aussieht, hat fundamentale praktische Bedeutung. Wissen wir schon nicht, was Individualität, Ich, Selbstbewußtsein ausmachen, so sind in ähnlicher Weise häufig Charakter und fast gänzlich Wirkungsweisen von Information, der Transmittersubstanz der Persönlichkeitsentwicklung, verschlossen.

Vielleicht läßt es sich sogar als physiologischen Selbstschutz, als eine Art Sozialhygiene, begreifen, daß wir nicht genau wissen, wie Information wirkt – der Manipulation wären sonst Tür und Tor geöffnet.

So wie die zeitgenössischen Philosophen ausnahmslos darin übereinstimmen, daß es keine absoluten Werte mehr gibt, weil Gott schweigt, und Vernunftgründe allein für alle verbindlichen kanonischen Normen nicht mehr zulassen, sondern auf Konsens aller verbündeten Beteiligten beruhen, so sehr wird man anerkennen müssen, daß Objektivität, auch die Objektivität der Information, unter die Räder gekommen ist. Vermutlich hat sie dort aber schon immer gelegen.

Denn der Glaube an Objektivität ist wohl Aberglaube, und er grassiert noch immer, v.a. auch unter Medizinern. Man vergißt zu leicht, daß mit jeder Handlung, mit jeder Entscheidung zugleich eine Wertung verbunden ist. Im Normalfall bietet freilich niemand ein Königreich für ein Pferd, es sei denn – wie in Shakespeares Drama mit Richard III. –, es stünde das eigene Leben auf dem Spiel.

Fakten, Informationen, öffentlich angebotene Botschaften bedürfen der Deutung, der Einordnung in den Zusammenhang.

Ein Beispiel: Wahrscheinlich ist die „Pille" das Medikament, das in den Medien und in der Öffentlichkeit hinsichtlich Nutzen- und Risikoabwägung am häufigsten und durchaus auch kontrovers diskutiert worden ist. Folgt man Egon Diczfalusy aus Stockholm, dann besteht zwischen der Einnahmedauer eines bestimmten Kontrazeptivums und dem Mammakarzinomrisiko keinerlei Beziehung. Ja, es habe sich sogar in einer Studie mit mehr als 4 000 Frauen und einer ebenso großen Kontrollgruppe gezeigt, so sagt er, daß die Gefahr, an einem Karzinom der Ovarien oder des Endometriums zu erkranken, bei Anwendung der „Pille" nur halb so groß sei wie wenn dieses orale empfängnisverhütende Mittel nicht genommen werde.

Nutzen für Gesundheit und Familienplanung liegen also auf der Hand – wissenschaftlich und von einem Mann aus gesehen.

Wie aber, wenn eine Frau – etwa unter Berufung auf die zunehmende äußere Belastung unseres Lebens – nicht noch, wie sie meinen könnte, „weitere Chemie" schlucken will? Ist sie dann bloß ignorant oder muß sie nicht doch ernst genommen werden, und zwar auch, ohne daß sie zuvor die letzten Erkenntnisse des Frankfurter Kontrazeptivaforschers Herbert Kuhl über erhöhte Gestagenspiegel bei bestimmten Präparaten in „Contraception" gelesen hat?

Dem Beispiel liegt eine Binsenweisheit zugrunde, und sie lautet ganz einfach: Informationen, öffentlich angebotene Botschaften, werden fast nie in toto aufgenommen, sondern selektiv, und so werden sie auch verarbeitet.

Übrigens war dies Diczfalusy durchaus geläufig, denn bei der Vorstellung seiner Studie plädierte er zugleich dafür, die sozialen Belange, Verhaltensnormen und Beratungspraktiken zu erforschen. Denn – und hier liegt seine Wertung des Sachverhaltes – es gelte, Akzeptanz der antikonzeptiven Methoden zu erreichen, damit die Zukunft keinen gigantischen Schatten auf die Gegenwart werfe.

Diese Einlassung ist gewiß legitim, dennoch zumindest auch von Forschungsinteressen bestimmt und somit bei möglichem Konsens mit Gleichgesinnten im höchsten Maße zugleich subjektiv. Die Werteskala einer Frau mag ganz anders aussehen. Es ist unwahrscheinlich, daß auch der wohlmeinendste und bestinformierte Gynäkologe wirklich weiß, was er einer Frau zumutet, wenn er ihr etwa zu einer Hysterektomie rät.

Reduktionisten, denen es um die Sachlichkeit und vermeintlich um sie allein geht, werden geneigt sein, als Gegenargument hier stirnrunzelnd Gefühlschwärmerei ins Feld zu führen. Affekte hätten demnach keine Rolle zu spielen. Dies ist sicher eine grobe Fehleinschätzung. „Für mich ist Emotion ein naturwissenschaftliches Argument", bekennt der Göttinger Verhaltensforscher Antal Festetics, ein Schüler von Konrad Lorenz.

So weit braucht man indes gar nicht zu gehen. Es genügt die Erkenntnis der Neurochirurgie, daß Störungen des Hippokampus im limbischen System, also des Hirnareals, in dem unsere Emotionen beheimatet sind, mit der Beendigung weiterer Gedächtnisleistungen verbunden sind. Affekt und Gedächtnis hängen somit nicht nur psychologisch, sondern auch neurophysiologisch eng miteinander zusammen. Dem entspricht die uralte und jetzt also auch naturwissenschaftlich untermauerte Erkenntnis, daß man mit Emotionen und aus ihnen heraus am besten lernt.

Freilich hat man sich diese Einsicht – sieht man einmal von politischen Rattenfängern ab – in der Öffentlichkeit, jedenfalls in der wissenschaftlichen, bisher nicht zunutze gemacht. Verkürzt gesagt und positiv bewertet, heißt dies: Es genügt einfach nicht, die richtigen Informationen in die Welt zu setzen. Man muß vielmehr auch dafür sorgen, daß sie den Adressaten erreichen.

Natürlich ist dies ein Plädoyer für die Zusammenarbeit zwischen Medizin und Medizinjournalismus. Dennoch sollte man die Bedeutung des Wortes nicht überschätzen. Denn wenn es stimmt, daß Anstöße zum Lernen – also Verstehen können, Verhalten ändern, Neubeginnen – weitgehend eben nicht kognitiv bestimmt sind, sondern emotional, dann nützen Appelle an die Vernuft in der Tat nicht sehr viel.

Solchen Bemühungen haftet somit gelegentlich eine komische Absurdität an – ein Rockstar könnte mit einigen beiläufigen Bemerkungen mehr erreichen als die Bundeszentrale für gesundheitliche Aufklärung in vielen Jahren.

Solches zu wissen heißt allerdings nicht zu kapitulieren. Wir sind eben keine Mauersegler, die flügge geworden aus dem Turmnest fallen und spätestens in 2 s das Fliegen erlernen müssen. Die Evolution hat uns offenbar als Spätentwickler entlassen, dafür aber auch mit einem eng verschalteten und hochplastischen Neuronennetz.

Die traditionellen Modelle rationaler Informationsaufnahme gelten heute als überholt; sie lassen sich zumindest ergänzen durch komplexe Denkansätze, die auch Emotionen und die individuellen und sozialen Lernvorgänge berücksichtigen. In der Medizin geht die Complianceforschung diesen Weg, bei den Massenmedien die Wirkungsforschung, und in der Pädagogik versuchte man die Didaktik des „neuen Lernens".

Resignation braucht sich also nicht einzustellen, wohl aber Nüchternheit bei der Anwendung der Mittel. Die Philosophen des deutschen Idealismus haben die Grenzen unserer Vernunfterkenntnis deutlich markiert. Allein die Annahme eines erkennenden Ich, das sich dem ihm Entgegenstehenden – somit dem Gegenstand – gedanklich nähert, schränkt objektive Erkenntnis grundsätzlich ein.

Zudem verändern die Dichotomie der Subjekt-Objekt-Beziehung und auch die Beobachtung selbst bereits den Gegenstand.

Diese erkenntnistheoretische Problematik hat großartige Leistungen der Wissenschaft nicht verhindert. Wer aber wagte heute, den vorläufigen Charakter dieser Erkenntnisse in Zweifel zu ziehen – ganz abgesehen von der Frage nach einer Verbesserung des ethischen Standards der Menschheit?

Zudem ist Wissenschaft nicht frei von gewissen Hysterien, als die man die Schulen- und Dogmenkulte bezeichnen muß. Die Desoxyribonukleinsäure DNS hätte man technisch vermutlich bereits um die Jahrhundertwende in ihrer Struktur erkennen können, wäre nicht damals dogmatisch angenommen worden, sie bestehe aus Protein und nicht – wie man heute weiß – aus Nukleinsäuren.

Dieser potentiell subjektive Charakter jeglicher, auch der wissenschaftlichen Information gilt natürlich in gleicher Weise für die öffentlich angebotenen Botschaften in den Medien. Jede dieser Informationen ist notwendigerweise subjektiv ausgewählt, wird subjektiv verarbeitet und – wie gesagt – auch subjektiv wahrgenommen. Objektivität zu verlangen, ist schlichtweg unmenschlich. Was man aber in der Tat von einem Journalisten verlangen kann, sind exakte Recherche, faire Behandlung der Betroffenen, klare Darstellung des Sachverhaltes.

Medien spiegeln somit bei Lichte besehen insgesamt nicht immer die Wirklichkeit wider. Sie entwerfen vielmehr mit eigenen Zeichen und Symbolen auch ihre eigene, häufig genug ebenso eine durchaus künstliche und somit partiell verzerrte Welt. Diese Metarealität bedarf der Metakritik.

Kommunikationswissenschaftler haben nachweisen können, daß tatsächlich die in den Medien dargestellte Realität zumindest fallweise von der Wirklichkeit abweicht, die man aufgrund medienunabhängiger Daten rekonstruieren kann. Konstruktivistische Theoretiker vertreten sogar die Ansicht, die Medien repräsentierten eine Realität sui generis, die dem Empfänger dann häufig genug als einziger Bezugspunkt zur Verfügung stehe und damit einseitig seine Orientierung bestimme.

„Quod non est in actis, non est in mundo", heißt eine alte Bürokratenregel: Was nicht in den Akten steht, ist nicht in der Welt. Unter dem Gesichtspunkt einer selbstkritischen Medieneinschätzung ließe sich indes formulieren: Nicht alles, was in der Presse steht, ist auch tatsächlich in der Welt. Und nicht alles, was in der Welt ist, muß auch in den Medien vorkommen.

Das aber sind eher technische Vorbehalte. Der Vorwurf mangelnder Objektivität indes geht wohl grundsätzlich an der Sache vorbei. Allerdings wird Objektivität häufig mit Sachlichkeit verwechselt, etwa in ähnlicher Weise wie Wahrheit mit Wirklichkeit.

Immerhin lassen theoretische Ansätze hinsichtlich der Medienwirkung einige Schlüsse zu. Danach prägen die Medien durch Auswahl und redaktionelle Hervorhebung bestimmter Stoffe das Themenbewußtsein in der Öffentlichkeit. Man spricht von einer Methode des „agenda setting" – die bisher unbekannten oder unbehandelten Themen werden gewissermaßen auf die Tagesordnung, auf die Agenda der öffentlichen Diskussion gehoben.

Am schärfsten hat übrigens Karl Popper den Vorläufigkeitscharakter von Forschung betont. Nach Popper ist Erkenntnis Wahrheitssuche, Suche nach erklärenden Theorien, tastender Versuch, Fehlversuch, Widerlegung, Irrtumsbeseitigung. Erkenntnis ist niemals Gewißheit, denn alle menschliche Einsicht ist grundsätzlich fehlbar und damit unsicher. Der Wissenschaftler – wie jeder sich versuchsweise rational begreifende Mensch – müsse somit immer gegen Irrtümer anrennen, ohne zugleich ganz sicher zu sein, nicht doch gefehlt zu haben, meint Popper in seinem Buch „Auf der Suche nach einer besseren Welt".

Noch präziser heißt dies: Es geht um Versuch und Irrtumsbeseitigung. An die Stelle der Hoffnung auf sicheres Wissen im Sinne eines Offenbarungsmodells tritt der Versuch der Wahrheitsfindung durch Irrtumsausschluß. Es ist unmöglich, niemals Fehler zu machen.

Hier liegt möglicherweise auch ein grundsätzliches Mißverständnis vor zwischen den Bedürfnissen und Wünschen der Öffentlichkeit und den Zielsetzungen von Wissenschaft. Öffentlichkeit will Gewißheit von den sog. Experten, während Wissenschaft doch immer den Irrtum einkalkulieren muß.

Bei Popper heißt dies so: Wissenschaft ist Hypothese, Vermutungswissen. Und die Methode der wissenschaftlichen Erkenntnis ist die kritische Methode, der Weg der Fehlersuche und die Bemühung um Fehlerbeseitigung. Und dies zudem ohne Dogmatismus.

Dieses Poppersche Diktum allein schon könnte die Forderung nach intellektueller Bescheidenheit nähren.

Ein wesentlicher Gesichtspunkt, der der Wissenschaft meist den Zugang zur Öffentlichkeit erschwert, ist ihr deutlicher Mangel an

Sinnlichkeit. Dieses Anschaulichkeitsmanko läßt Informationsweitergabe und Aufklärung häufig zu einem Lotteriespiel werden. Nach Umfragen kennen etwa 90% der Öffentlichkeit die Gefahren des inhalierenden Zigarettenrauchens, und dennoch sind die Umsätze der Industrie nicht merklich gefallen. Wohl aber lassen sich Umschichtungen innerhalb der Zigarettenliebhaber erkennen: Männer rauchen deutlich weniger als früher, junge Frauen dagegen fangen eher damit an.

Das Beispiel verdeutlicht, was schon gesagt wurde: Soziales Lernen ist möglich, und es vollzieht sich nicht immer und meist nicht über die Vernunftschiene. Beispiele dafür sind Legion, auch im makropolitischen Bereich: So hat sich jeder Lernwillige über die kriminellen Umtriebe des sogenannten Dritten Reiches zur Genüge nach dem Krieg orientieren können. Aber erst ein mäßiger Hollywood-Film hat hierzulande Erschütterung ausgelöst.

Kein Zweifel, wir lernen am besten aus Betroffenheit.

Wissenschaftliche Erkenntnisse, so könnte man also folgern, wird dann von der Öffentlichkeit auch angenommen, wenn damit zugleich auch Gefühle geweckt und berücksichtigt werden. Der Elitecharakter der Wissenschaft müßte also sozial angepaßt und verträglich gestaltet werden. Hier hat die Medizin unvergleichliche Vorzüge vor anderen Wissenschaftsbereichen. Manchen geht die „Pille" nun einmal mehr ein als etwa Quarks und Quasare.

Zu Überheblichkeit aber besteht kein Anlaß. Der hypothetische Charakter auch medizinischer Erkenntnis läßt sich vielfach belegen, sogar an einem besonders schlimmen Exempel: Kurz nach der Entdeckung der Röntgenstrahlung entstand die Theorie, eine vergrößerte Thymusdrüse bei Säuglingen sei für die spätere Entwicklung des Kindes schädlich. Man brachte daher den Thymus mit hohen Dosen zum Schrumpfen. Hunderttausende Kinder sollen so behandelt worden sein. Sie starben dann meist im Alter von etwa 20 Jahren. Aus der Kenntnis der heutigen Immunologie muß dies wie eine Ausgeburt einer teuflischen Phantasie anmuten.

Manchmal, so scheint es zumindest, neigen v.a. Mediziner zur Übertreibung ihrer wohlgemeinten Fürsorgehaltung. So wird häufig nach Presseberichten – seien sie nun besonders kritisch oder sogar falsch – von „Verunsicherung" der Patienten gesprochen. Solche Kritik läßt sich i. allg. leicht als kaschierte Interessenpolitik entlarven. Sicher sollte die Information redlich, fair und sachlich aufbereitet sein, aber die Verführung der Öffentlichkeit ist meist weniger groß, als aus der Entrüstung medizinischer Amtsträger zu schließen wäre.

Zudem ist die aus Verunsicherung entstehende „kognitive Dissonanz" – richtig verstanden und bewertet als denkförderndes Verwundern – auch ein machtvolles Instrument zur Eigeninitiative und damit auch zur Überwindung der Expertenabhängigkeit. Die Entstehung der Patienten- und Selbsthilfegruppen ist teilweise eben aus dieser Betroffenheit und dem Ungenügen auch ärztlicher Information entstanden. Die Einsicht in dieses Manko fällt manchen Ärzten bis heute recht schwer.

Der Begriff der Information, von dem hier bisher die Rede war, stammt aus dem klassischen Latein und enthielt, ursprünglich der Töpferei entnommen, die Elemente Gestalten – „In-Form-Setzen", Formgeben –, später dann Darstellen und Unterrichten. Noch zu Beginn des 19. Jahrhunderts hieß der Hauslehrer „Informator". Und über die richtige Auslegung des Begriffs Form für die mittelalterliche Scholastik sind, wie man weiß, Scheiterhaufen errichtet worden.

Heute geht man wohl etwas ziviler miteinander um. Aber der Begriff selbst und v.a. die von den Informationsinhalten austrahlenden Wirkungen sind keineswegs genau bestimmbar. Diese Sprengkraft von Informationen, Worten, Nachrichten bewirken immer wieder Irritationen, nicht nur bei Despoten aller Schattierungen bis ins unsere jüngste Zeit.

Der Altvater der deutschen Zeitungswissenschaft Emil Dovifat definiert Nachricht unter Berufung auf das Grimmsche Wörterbuch als „Mitteilung zum Darnachrichten". Allein die Wortwurzel, so meint er, mache deutlich, daß die Nachricht für den Empfänger von Wert und Nutzen sein müsse. Das „Wesen der Nachricht" beschreibt er so: „Nachrichten sind Mitteilungen für neue, im Daseinskampf des Einzelnen und der Gesellschaft auftauchende Tatsachen." Dazu gehört nach Dovifat: Nachrichten müssen von Nutzen sein, neu und also sofort übermittelt und von Dritten mitgeteilt, also dessen subjektiver Beurteilung ausgesetzt sein.

Einen anderen Aspekt hebt dagegen der Biologe und Genetiker Klaus Haeffner hervor, der sich mit Information und Informationstechnologien befaßt hat. Seine Begriffsbestimmung lautet: „Information kann als eine Nachricht definiert werden, die für den Empfänger eine Bedeutung hat; durch ihre Aufnahme wird der Empfänger in aller Regel verändert."

Gemeinsam ist beiden der Hinweis auf die Nützlichkeit von Nachrichten. Während aber Dovifat den Vorbildcharakter betont, das „Darnachrichten", meint Haeffner, Informationen veränderten den Rezipienten – „in aller Regel", wie er ausdrücklich betont.

Und die Realität? Ein Blick in die aktuelle Zeitung wird jeden überzeugen, daß beide Annahmen schlicht naiv sind. Falsch ist gewiß die Annahme, daß Informationen den Leser, Hörer, Zuschauer „in aller Regel" verändern. Dem Aberglauben, man brauchte das Gute nur häufig und laut genug und dann notfalls auch mit Gewaltandrohung sagen, sind ja bona fide bereits die Aufklärer des 18. Jahrhunderts zum Opfer gefallen.

Information ist eben nicht eine quasiobjektive Ware, die man – um eine Wirkung zu erzielen – bloß auf den Markt werfen müßte. Auch die Manipulierbarkeit der Öffentlichkeit hat ihre Grenzen. Zum Glück sind die Mechanismen, die sich als Wirkung von Informationen vollziehen, bislang weitgehend unbekannt.

In der Wirkungs- und Rezeptionsforschung stehen sich vom methodischen Ansatz her 2 Richtungen gegenüber, die zugleich auch verschiedene Menschenbilder verkörpern:

Die Omnipotenzthese unterstellt der Presse umfassende Wirkungsbreite. Gern lassen die Vertreter dieses Ansatzes die Medien als „vierte Gewalt im Staat" erscheinen. Die optimistischen Erwartungen gründen sich dabei auf deren angeblicher Fähigkeit zur Überredung oder Überzeugung: Politiker und Werbewirtschaft setzen hier an. Pessimisten dieser Richtung wiederum beklagen den unruhigen, desillusionierenden, vielleicht sogar aufrührerischen Charakter der Medien.

Genau gesehen, steht hinter dieser kulturpessimistischen Erwartung ein negatives Menschenbild – das eines im Grunde manipulierbaren Menschen. Das eigene Unwohlsein darüber schlägt sich dann häufig in aggressiv-irrationalen Attacken auf die Presse nieder.

Demgegenüber sehen die Vertreter der These von der Nutzen-Risiko-Analyse von Informationen den Rezipienten nicht nur als passiven Empfänger öffentlich angebotener Botschaften. Vielmehr erscheint er als jemand, der eine Offerte annimmt, vielleicht sogar prüft, eine Auswahl trifft und möglicherweise für sich nutzbar macht.

Im Gegensatz zu der These von der Allmacht der Presse, die von der Manipulationsmacht der Medien und der Manipulierbarkeit des Menschen ein Kommunikationsmodell ableitet, rücken Vorstellungen, die den Empfänger als aktives Element begreifen, dessen schöpferische Kräfte in den Vordergrund. Information wirkt hier nicht mehr chaotisch-anarchisch, sondern potentiell aufklärend und schöpferisch.

Kumulation schafft Konsonanz: So ließe sich eine der wichtigsten Thesen der moderen Kommunikationswissenschaft zusammenfassen. Dahinter steckt die Vermutung, daß Wiederholung von Aussagen und Darstellungen deren Wirkung verstärke. Ist man optimistisch, so wird man hoffen, daß bei der Dynamik der Wechselbeziehungen zwischen Sender und Empfänger von Informationen immer ein drittes Element hinzukommen möge, nämlich Kompetenz. Nichts nämlich wirkt überzeugender und hemmungsloser als der Wahrheitsgehalt einer Aussage.

Der Herzog von Newcastle, sollte es ihn denn überhaupt gegeben haben, wird dem sicher haben zustimmen können. Denn wer könnte es sich schon leisten, vor dem Oberhaus ohne Kompetenz zu sprechen? Sei es nun träumend oder wach.

Literatur

DFG (Hrsg) (1986) Medienwirkungsforschung in der Bundesrepublik Deutschland, Enquete der Senatskommission für Medienwirkungsforschung der Deutschen Forschungsgemeinschaft (DFG). VCH Verlagsgesellschaft, Weinheim (Teil I: Berichte und Empfehlungen, Teil II: Dokumentation, Katalog der Studien)
Mahle WA (Hrsg) (1986) Langfristige Medienwirkungen. AKM-Studienreihe 27. Wissenschaftsverlag Volker Spiess, Berlin (Schriftenreihe der Arbeitsgruppe Kommunikationsforschung München, AKM)
Popper KR (1984) Auf der Suche nach einer besseren Welt. Vorträge und Aufsätze aus dreißig Jahren. Piper, München

Soziales Pharmamarketing: Paradigmawechsel – die Veränderung eines Überzeugungssystems im Vertrieb von Arzneimitteln

Michael Wolff

Eine Veränderung, ein Wandel, wirkt sich in Systemen immer an seinen Strukturen aus. Das Pharmamarketing ist ein Funktionssystem, dessen Aktionen von „konsensuell validierten" (Weick 1985) Überzeugungen derer, die Marketing machen, getragen und gesteuert werden. Diese Überzeugungen bilden die Struktur des Pharmamarketing. Bevor nun eine Veränderung beschrieben wird, sei es eine, die sich bereits andeutungsweise vollzieht, sei es eine, deren Notwendigkeit sich aufdrängt, oder sei es eine, die wünschenswert wäre, ist es sinnvoll, zunächst klar darzustellen, wie die gegenwärtige dominante Struktur des Überzeugungssystems im Pharmamarketing aussieht.

Die folgende Überlegung wird deshalb mit dieser Beschreibung beginnen, sie wird dann darstellen, welche Auswirkungen diese Struktur des Überzeugungssystems hat, und schließlich wird sie zeigen, daß eine Veränderung dieses Überzeugungssystems tatsächlich notwendig ist und in welche Richtung die Veränderung gehen muß.

Die Struktur des Überzeugungssystems im Pharmamarketing

Marketing als Funktionssystem stellt generell im Zielgefüge eines Unternehmens ein Teilziel dar, nämlich den Absatz von Produkten – andere Teilziele sind Forschungs- und Produktionsziele –, durch dessen Aktivitäten Beziehungen mit Gruppen außerhalb des Unternehmens aufgenommen werden. Marketing ist der Kanal, durch den ein Unternehmen einen sozialen Austausch mit anderen Systemen einleitet, aufrecht erhält und pflegt, also „die Beziehungen zur so-

zialen Umwelt des Systems" herstellt (Holscher u. Jetter 1980, S. 11).
Mit der Aufnahme von Außenbeziehungen allein ist es jedoch nicht
getan. Es gehört dazu, daß die Innenbeziehungen z.B. zwischen
Vertrieb und Forschung oder zwischen Innendienst und Außendienst, einbezogen werden. Zwischen Innen- und Außenbeziehungen besteht Interdependenz.

Marketing ist ein selbstreferentielles System, was bedeutet, daß es
in der Konstitution seiner elementaren Operationen auf sich selbst
Bezug nehmen kann (Luhmann 1984, S. 25). Damit ein System dies
leisten kann, muß es eine Beschreibung seines Selbst erzeugen und
benutzen. Dies geschieht mit Hilfe der „operationsleitenden Orientierung".

Eine operationsleitende Orientierung ist „ein generalistischer relativ situationsunabhängig verfügbarer Sinn" (Luhmann 1980, S. 19),
sie stellt eine Form von Semantik dar, die einem System die An-
schlußfähigkeit der Handlungs- und Verhaltensweisen garantiert.
Sie ist also eine Legitimationsbasis für das Pharmamarketing zu tun,
was es tut, nämlich Arzneimittel zu vermarkten.

Die zentrale operationsleitende Orientierung des Pharmamarketing ist das naturwissenschaftliche Paradigma, das die Medizin im
Zuge des Aufstiegs der Naturwissenschaften Chemie, Physik und
Physiologie Ende des letzten Jahrhunderts übernommen und entwickelt hat. Etwa zur selben Zeit liegt der Beginn der industriellen
Produktion von Arzneimitteln. Die Systeme „Medizin" und „Pharmazie" entwickeln sich in Koevolution, wobei die Pharmazie das
von der Medizin geprägte naturwissenschaftliche Paradigma übernimmt und zum naturwissenschaftlich-pharmakologischen Paradigma weiterentwickelt. Dieses bildet heute die Grundlage des Pharmamarketing.

Neben dieser zentralen operationsleitenden Orientierung lassen
sich 2 weitere Orientierungen identifizieren: die betriebswirtschaftliche Orientierung und die „Marketingidee".

Die betriebswirtschaftliche Orientierung umfaßt die Betrachtung
der ökonomischen Gesichtspunkte, die bei der Geschäftsführung zu
berücksichtigen sind; hierbei geht es v.a. um die „wirtschaftliche Rationalität".

Die Orientierung an einer „Marketingidee" beschreibt v.a. *wie*
etwas gemacht werden soll. Die Inhalte, die in einem Lehrbuch des
Marketing beschrieben werden, wie z.B. Fragen des Marketingmix,
die Beschreibung von Märkten, Strategien der Markterschließung

usw., haben nichts mit einer Marketingidee im hier gemeinten Sinne zu tun. Es geht vielmehr um eine bestimmte Grundeinstellung zu den absatzwirtschaftlichen Maßnahmen. In diesem Sinne ist die Marketingidee „eine Denkweise, die in der Erarbeitung und Verwirklichung einer ganz bestimmten, in sehr umfassender Weise fundierten absatzwirtschaftlichen Konzeption für Güter und Dienstleistungen ihren Ausdruck findet" (Nieschlag 1985, S. 17). Es geht darum, mit neuen schöpferischen Konzepten den Marktwiderstand zu überwinden, indem neue, bessere Angebote gemacht werden, die den Kundennutzen weiter optimieren.

Die Struktur des Überzeugungssystems des Pharmamarketing wird von 3 operationsleitenden Orientierungen gebildet:

- dem naturwissenschaftlich-pharmakologischen Paradigma,
- der betriebswirtschaftlichen Orientierung,
- der Marketingidee.

Wenn wir nun Einsichten davon gewinnen wollen, welche Auswirkungen diese Struktur des Überzeugungssystems hat, aber auch, welches Potential für Veränderungen in dieser Struktur vorhanden ist, müssen wir noch etwas genauer betrachten, was das Spezifische am Pharmamarketing ist.

Ebenso müssen wir überlegen, was die ökonomische Orientierung – obwohl nicht spezifisch für den Pharmavertrieb – bewirkt und schließlich, was es bedeuten kann, eine Marketingidee zu haben.

Pharmamarketing

Das Pharmamarketing kann eindeutig definiert werden durch die Begriffe „Marketing" und durch die Referenz auf die operationsleitende Orientierung „naturwissenschaftlich-pharmakologisches Paradigma". Indem also das Handeln deren, die Marketingmethoden erarbeiten und anwenden, auf der Basis eines naturwissenschaftlichen Verständnisses von Krankheit abläuft, betreiben sie Pharmamarketing.

Definition des Pharmamarketing

Marketing   +

Herstellung, Aufrechterhaltung und Ge-
staltung von Beziehungen zwischen den
Systemen „Unternehmen" und „Umwelt"
(Unternehmen – Kunde = Außenbeziehun-
gen) und Beziehungen zwischen Sub-
systemen des Unternehmens (Vertrieb-
Forschung = Innenbeziehungen) mit dem
Ziel, Produkte abzusetzen

Referenz auf das naturwissenschaftlich-pharmakologische Paradigma

Krankheit als Fehlsteuerung che-
misch-physikalischer Prozesse und
damit Möglichkeit der Therapie durch
Applikation chemischer Substanzen

Ursache und Folge

Aus dem Jahre 1842 stammt eine Notiz von du Bois-Reymond:
„Brücke und ich haben uns verschworen, die Wahrheit geltend zu
machen, daß im Organismus keine anderen Kräfte wirksam sind, als
die genauen physikalisch-chemischen" (Rotschuh 1976, S. 163).

Hensel sieht darin eine Verschwörung, „um das neue Paradigma
durchzusetzen" (Hensel 1978, S. 23).

Es handelt sich hier um das Credo des Physikalismus, der zu einem physikalisch-mechanischen Reduktionismus führt (von Ingersleben 1979, S. 7).

„Die moderne Medizin hat sich den Schildbürgerstreich geleistet,
innerhalb einer einzigen Generation – zwischen 1850 und 1880 – den
gesamten Schatz ihrer schriftlichen Überlieferung zum alten Eisen zu
werfen, um ‚Tabula rasa' zu machen und auf einseitige Methoden
jene Heiltechnik zu entwerfen, die wir heute als ‚Medizin der Schlag-
seite' empfinden" (Schipperges 1982, S. 58). Physikalismus, Reduktionismus, einseitige Methoden sind alles Ausdrücke auch dafür,
daß sich das Interesse „vom Kranken auf das Wesen der Krankheit"
richtet (Ongaro Basaglia 1985, S. 22). Hier wird eine Unterscheidung
von Erkenntnissubjekt und Erkenntnisobjekt eingeführt, die zu einer
Asymmetrierung des Verhältnisses von Arzt/Patient führt.

Systemtheoretisch wird die „Einheit der Differenz", aus dem das
soziale System Arzt/Patient besteht, aufgelöst. Damit wird eine Veränderung der Beziehung bewirkt, die zu Defiziten für den Patienten
führt. Der Arzt ist aktiv, der Patient passiv. Eine personale Dimension des Krankseins verschwindet aus dem Blickfeld der Profession,
die Sprache zwischen Arzt und Patient ist nicht mehr dieselbe, ihre

Kommunikation wird problematisch (Engelhardt u. Schipperges 1980, S. 94 f.).

In dieser Phase wird – so können wir vermuten – die Semantik des Arzneimittels konstruiert. Das Arzneimittel ist, analog zur „objektiven Medizin", das objektive Mittel zur Therapie: die chemische Substanz als Antwort auf fehlerhafte chemisch-physiologische Prozesse im Körper. Die Entwicklung der Medizin „schafft" die Pharmakologie. Indem nun das naturwissenschaftlich-pharmakologische Paradigma von beiden Systemen als die operationsleitende Orientierung betrachtet wird, wird eine Relationierung erleichtert, die „kommunikativen Codes" sind identisch. Damit sind die Grundlagen für die zukünftige Sichtweise des Pharmamarketing gelegt.

Die betriebswirtschaftliche Orientierung

Die operationsleitende Orientierung ist nicht – wie erwähnt – spezifisch für das Pharmamarketing. Alle wirtschaftenden Unternehmen folgen der betriebswirtschaftlichen Orientierung. Ihr liegt eine Optimierungsphilosophie zugrunde (Heidenberger 1990, S. 17), die sich mit der Frage optimaler Allokationsentscheidungen beschäftigt. Von zentraler Bedeutung ist der Begriff der *Effizienz* als ökonomisches Prinzip, „das verlangt, ein gegebenes Ziel mit dem geringstmöglichen Mitteleinsatz zu erreichen bzw. gegebene Mittel so einzusetzen, daß das angestrebte Ziel im größtmöglichen Umfang realisiert wird" (Weimann 1990, S. 16).

Bei dieser Sachlage dominiert das Problem optimaler Ressourcenallokation und eine starke finanzielle Orientierung (Heidenberger 1990, S. 18). Dies muß zwangsläufig dazu führen, daß die „interne Effizienz" im Vordergrund steht. Aus dieser Auffassung resultiert die Denkfigur des „Homo oeconomicus".

Die Folge der operationsleitenden Orientierungen des naturwissenschaftlich-pharmakologischen Paradigmas und der betriebswirtschaftlichen Orientierung

Für das Funktionssystem „Pharmamarketing" haben beide dieser operationsleitenden Orientierungen positive Folgen: sie tragen dazu bei, daß Aktionen erfolgreich sind.

Luhmann konstatiert den „durchschlagenden Erfolg" der Medizin durch die Anlehnung an die Wissenschaft (Luhmann 1983, S. 173), der andererseits dazu führt, daß die Vertreter des Paradigmas keinen Zweifel an seiner Richtigkeit haben. Auf der anderen Seite gilt dies auch für den (interessanterweise ebenfalls im 19. Jahrhundert aufgekommenen) „engineering approach to economics" (Schauenberg 1991, S. 4), der ebenfalls erfolgreich war.

Die operationsleitenden Orientierungen als situationsunabhängig verfügbarer Sinn bewirken, „daß die Zahl der wichtigen Handlungen, die wir ohne Nachdenken ausführen können, immer größer wird" (Whitehead, zit. bei Hayek 1976, S. 117), was als Fortschritt angesehen wird.

Dieser Fortschritt durch die „begriffliche und prämissenhafte Aufspaltung der Welt in partiale Konstruktionen" (Hartfiel 1968, S. 135), die sich dann sehr gut und effizient operationalisieren lassen, bewirkt jedoch im Falle des Pharmamarketing zugleich noch etwas: er führt zu einem Reflexionsdefizit der Medizin (Luhmann 1983, S. 173), sowie folgerichtig zu einem des Pharmamarketing.

Darüber hinaus legt er fest, mit welchen Systemen sich das Pharmamarketing relationiert und mit welchen nicht: das naturwissenschaftlich-pharmakologische Paradigma fixiert das Pharmamarketing am Experten, die betriebswirtschaftliche Orientierung fixiert das Pharmamarketing an der Wirtschaft, an Input-Output-Relationen sowie an der Konkurrenz.

Es fehlen also Beziehungen zum Betroffenen, dem Patienten einerseits sowie der Gesellschaft andererseits. Die Orientierungen bringen den Kontext, in dem das Pharmamarketing arbeitet, zum Verschwinden.

Die dritte operationsleitende Orientierung, die Marketingidee, vermittelt innerhalb des gewählten Bezugsrahmens, bleibt jedoch innerhalb der (selbst gesteckten) Begrenzung. Insgesamt besteht im

Pharmamarketing eine kognitive Orientierung, die als „Vorurteil zugunsten des Wirklichen" (Tichy 1987, S. 30) beschrieben werden kann. Es besteht jedoch eine Wirklichkeit, eine Umwelt, außerhalb des durch die operationsleitenden Orientierungen vorgegebenen Bezugsfeldes, das sich zudem in letzter Zeit weiter ausdifferenziert.

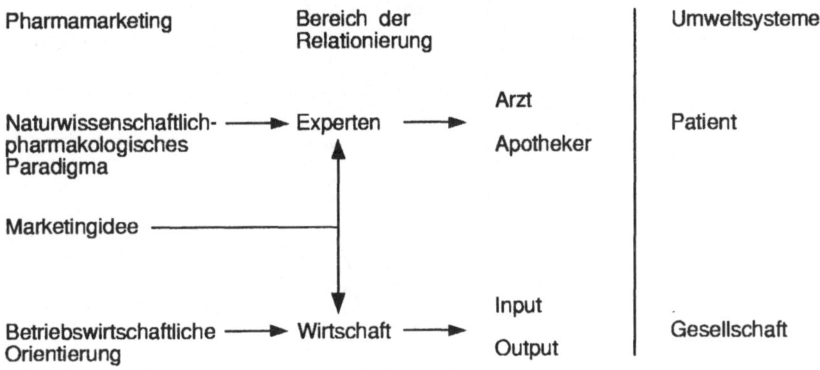

Die Umwelt des Systems und dessen Ausdifferenzierung

Da sich das Pharmamarketing in seiner Konstituierung eng an die *Medizin* angelehnt hat, sei sie zuerst erwähnt. Schipperges stellt fest, daß die Medizin endgültig ihre soziale Dimension entdeckt hat (Schipperges 1982, S. 64). Das bedeutet sehr konkret: Die Medizin hat begriffen, daß Krankheitsprävention als Verhältnisprävention – wie es auch die Krankenkassen anstreben – ohne die Mitwirkung der Bürger/Patienten überhaupt nicht auskommt (vgl. Baier 1988, S. 99).

Der *Patient* selbst reagiert mit einem veränderten Copingverhalten im Umgang mit der professionellen Medizin. Die Betroffenen relationieren sich nicht länger ausschließlich mit dem professionellen System, sondern auch mit anderen nichtprofessionellen Systemen der Krankheitsbewältigung, was ein Verlassen des professionellen Systems bedeuten kann. Die Entwicklungen der Selbsthilfebewegung, die gesundheitsbezogen orientiert sind, sind Ausdruck des neuen Copingverfahrens (Moeller 1978).

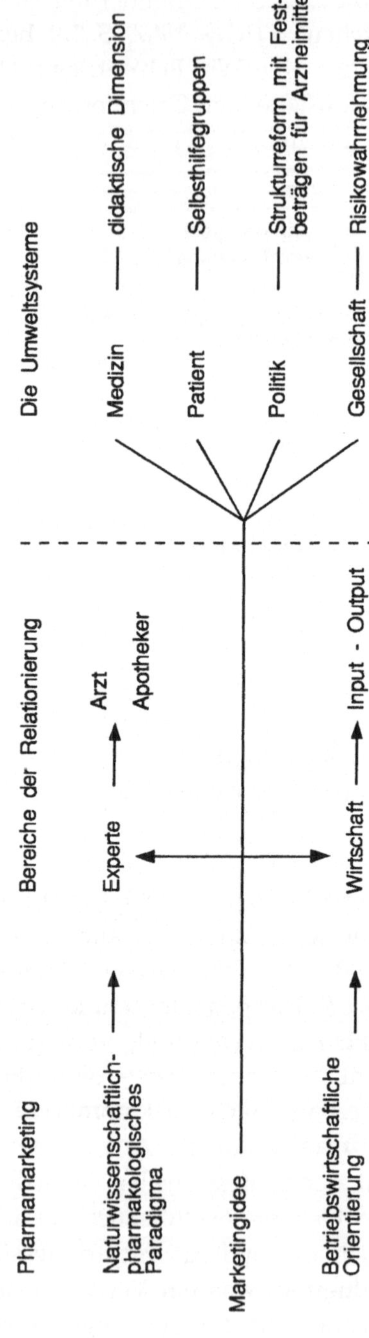
Die Umweltsysteme
Medizin — didaktische Dimension
Patient — Selbsthilfegruppen
Politik — Strukturreform mit Fest-beträgen für Arzneimittel
Gesellschaft — Risikowahrnehmung
Pharmamarketing
Bereiche der Relationierung
Experte
Arzt
Apotheker
Wirtschaft
Input - Output
Marketingidee
Naturwissenschaftlich-pharmakologisches Paradigma
Betriebswirtschaftliche Orientierung

Als ein einschneidendes Ereignis mit großer Signalwirkung für das Pharmamarketing ist die Strukturreform von 1987 bis 1989 in der Bundesrepublik Deutschland zu sehen. Hier interveniert die *Politik* zum ersten Mal mit „Gewalt" und führt die Festbeträge für Arzneimittel ein. Bis zu diesem Zeitpunkt basierten selbstbeschränkende Maßnahmen des Pharmamarketing auf Freiwilligkeit.

Schließlich reagiert die *Gesellschaft* mit verstärkter Risikowahrnehmung, nicht nur in bezug auf die Nebenwirkungen von Medikamenten, sondern auch v.a. auf die Nebenwirkungen bei der Erforschung und Produktion von Medikamenten. Der alte Grundsatz „wer heilt, hat recht" mag auf einer individuellen Ebene seine Berechtigung behalten, auf sozialer Ebene ist er brüchig geworden.

Das Funktionssystem „Pharmamarketing" wird die „splendid isolation" in den Expertenwelten von Medizin und Wirtschaft nicht länger aufrecht erhalten können, wenn es für sie ihre soziale Basis bewahren, Terrain zurückgewinnen und für die Zukunft sichern will. Das bedeutet, den Kontext wieder einzuführen mit Hilfe eines sozialen Pharmamarketing, also einer Anpassung des Überzeugungssystems des Vertriebs.

Soziales Pharmamarketing

Die geschilderte Situation macht deutlich, daß das Überzeugungssystem des Pharmamarketing revisionsbedürftig ist.

Die operationsleitenden Orientierungen des naturwissenschaftlich-pharmakologischen Paradigmas und der Betriebswirtschaft müssen erweitert werden, erst dann wird die dritte Komponente der Marketingidee für eine veränderte Wahrnehmung sensibilisiert und kann so die notwendige Komplexitätssteigerung leisten, die nötig ist, um adäquat auf die geschilderte Komplexitätssteigerung der Umwelt zu reagieren (Wolff 1987, S. 123 f.).

So ist die Referenz auf das naturwissenschaftlich-pharmakologische Paradigma zu ergänzen durch eine Referenz auf das „Sich-Befinden" des Patienten, indem Körperlichkeit, Personalität, Institutionalität und Sozialität (Baier 1985, S. 99) gewürdigt werden.

Die zweite Orientierung, die betriebswirtschaftliche Orientierung, ist ebenfalls zu ergänzen, indem nicht nur Input- und Outputbezie-

hungen betrachtet werden, sondern v.a. auch der *Outcome*. Nicht
allein die Frage „wieviel Umsatz generiert meine Werbemark" muß
gestellt werden, sondern die Frage „was bewirken meine Aktivitäten
in bezug auf das Gesundheitsergebnis, den Gesundheitserfolg beim
Patienten, welche Gesundheitsdifferenz haben meine Maßnahmen erzeugt" (Heidenberger 1990, S. 77), aber auch, welche Gesundheitsdifferenz auf der *Ebene einer Population* zu beobachten ist; mit anderen
Worten, es muß ein Bezug zum Gesundheitssystem insgesamt hergestellt werden.

Definition des sozialen Pharmamarketing

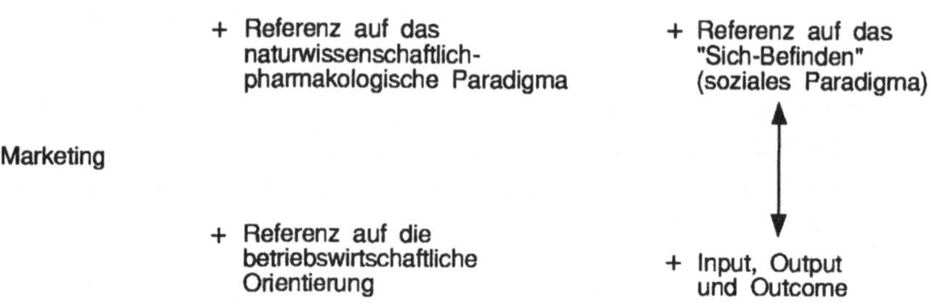

Die Verhaltensänderung des Pharmamarketing infolge des sozialen Paradigmas

Das soziale Pharmamarketing stellt eine Denkweise in den Vordergrund, die den Aspekt der Qualität hoch bewertet, einer Qualität,
die sich beim Endverbraucher des Arzneimittels, beim Patienten,
auffinden und nachweisen läßt, sei es auf individueller oder sei es
auf kollektiver Ebene. Soziales Pharmamarketing „erweist sich dann
als Marktethik, wenn es sich mit Absatz in qualitativer Sicht – mit
menschlichem Verhalten am Markt – befaßt" (Knapp 1991, S. 69).

Das soziale Pharmamarketing stellt also Kontextualität wieder
her, es sieht „die Erscheinungen in ihren gesamten Bezügen"
(Koslowski 1987, S. 5) und integriert sie in sein Wirtschaftshandeln.

Es wird für das Pharmamarketing darauf ankommen, als Antwort
auf die Steigerung der Umweltkomplexität neue Heuristiken zu finden (Dörner 1979, S. 371), da die Probleme – v.a. die vollständige

Relationierung des Pharmamarketing mit den Umweltsystemen – nicht mehr wie bisher durch „Abruf von Wissen" gelöst werden können (Dörner et al. 1983, S. 413). Zu derartigen neuen Heuristiken gehören z.B. die Entwicklung eines Sozialprofils eines Arzneimittels (Baier 1989, S. 20), das die Wirksamkeit und Verträglichkeit des Arzneimittels in bezug auf den Nutzen für den Patienten im Alltagsleben, für Beruf, Freizeit, Familie und Selbstbild (v. Engelhardt 1986, S. 11) beschreibt.

Auf Systemebene muß ein soziales Pharmamarketing ein öffentliches, ein politisches Marketing betreiben (Hampden-Turner 1970), welches das soziale Verhalten des Pharmamarketing darstellt, um Freiheitsgrade im Wirtschaftshandeln zu erhalten und wiederzugewinnen, indem ein *gesellschaftlicher Nutzen* für die und in der Öffentlichkeit dargestellt wird.

Literatur

Baier H (1985) Die „Idee des Menschen" in der Medizin. In: Gross R (Hrsg) Geistige Grundlagen der Medizin. Springer, Berlin Heidelberg New York Tokyo, S. 90–111

Baier H (1988) Das Arzneimittel in der sozialen Kommunikation zwischen Arzt, Apotheker und Verbraucher. In: Baier H (Hrsg) Arzneimittel im sozialen Wandel. Springer, Berlin Heidelberg New York, S. 63–75

Baier H (1988) Ehrlichkeit im Sozialstaat. Edition Interfrom, Zürich

Baier H (1989) Der Verbraucher als neuer Adressat – Arzneimittel und Diagnostica im sozialen Wandel. In: Kosten und Nutzen medikamentöser Therapien und diagnostischer Verfahren. S. 8–26

Dörner D (1979) Problemlösen als Informationsverarbeitung. Kohlhammer Stuttgart

Dörner D, Kreuz HW, Reither F, Stäudel M (Hrsg) Lohhausen, vom Umgang mit Unbestimmtheit und Komplexität. Huber Bern

Engelhardt D von (1986) Mit der Krankheit leben. Fischer, Heidelberg

Engelhardt D von, Schipperges H (1980) Die inneren Verbindungen zwischen Philosophie und Medizin im 20. Jahrhundert. Wissenschaftliche Buchgemeinschaft, Darmstadt

Hampden-Turner C (1970) A proposal for political marketing. Yale Review of Law and Social Action, pp 93–100

Hartfiel G (1968) Wirtschaftliche und soziale Rationalität. Enke, Stuttgart

Hayek FA (1976) Individualismus und wirtschaftliche Ordnung. Neugebauer, Salzburg

Heidenberger K (1990) Quantitative Modelle für das strategische Management. Springer, Berlin Heidelberg New York

Hensel H (1978) Was ist naturwissenschaftliche Medizin? In: Steinhausen M (Hrsg) Grenzen der Medizin. Hüthig, Heidelberg, S. 21–28

Holscher G, Jetter V (1980) Public affairs, PR fürs Gemeinwohl. Spiegel Verlagsreihe, Bd. 5. Spiegel-Verlag, Hamburg

Ingersleben S von (1979) Die praktische Bedeutung des Wissenschaftsverständnisses der Pharmakologie. Reimer, Berlin

Knapp HG (1991) Marketing: Sozialtechnik oder Marktethik? In: Schauenberg B (Hrsg) Wirtschaftsethik. Gabler, Wiesbaden, S. 69–82

Koslowski P (1987) Die Postmoderne Kultur. Beck'sche Verlagsbuchhandlung, München

Luhmann N (1980) Gesellschaftsstruktur und Semantik. Suhrkamp, Frankfurt am Main

Luhmann N (1983) Medizin und Gesellschaftstheorie. Medizin, Mensch, Gesellschaft, Bd. 8. Enke, Stuttgart, S. 168–175

Luhmann N (1984) Soziale Systeme. Suhrkamp, Frankfurt am Main

Luhmann N (1989) Die Wirtschaft der Gesellschaft. Suhrkamp, Frankfurt am Main

Moeller ML (1978) Selbsthilfegruppen. Rowohlt, Reinbeck

Nieschlag R (1985) Offenbar bestehen Unklarheiten über den Begriff des Marketing. Marketing Journal 1: 16–18

Ongaro Basaglia F (1985) Gesundheit, Krankheit. Das Elend der Medizin. Fischer, Frankfurt am Main

Rothschuh KE (1976) Die Bedeutung apparativer Hilfsmittel für die Entwicklung der biologischen Wissenschaften im 19. Jahrhundert. In: Treue W, Mauel H (Hrsg) Naturwissenschaft, Technik und Wirtschaft im 19. Jahrhundert. Vandenhoek und Ruprecht, Göttingen, S. 161–185

Schauenberg B (1991) Zur Notwendigkeit der Verbindung von Ethik und Betriebswirtschaftslehre. In: Wirtschaftsethik. Schauenberg B (Hrsg) Gabler, Wiesbaden, S. 1–12

Schipperges H (1982) Laienmedizin als Säkularisierung der professionellen Medizin. In: Herder-Dorneich P, Schuler M (Hrsg) Spontanität oder Ordnung. Kohlhammer, Stuttgart, S. 46–71

Tichy P (1987) Einzeldinge als Amtsinhaber. Semiotik 9 (1–2): 13–50

Weick KE (1985) Der Prozeß des Organisierens. Suhrkamp, Frankfurt am Main

Weimann J (1990) Umweltökonomik. Springer, Berlin Heidelberg New York

Wolff M (1987) Pharma-Marketing und Umwelt. René F. Wilfer, Spardorf

Arzneimittelhaftung

Erwin Deutsch

Grundsatz

Der Patient verbindet mit einem Arzneimittel die Erwartung, gesund
zu bleiben oder gesund zu werden. Diese Erwartung rechtfertigt den
zum Teil erheblichen Preis des Arzneimittels, der für große Gruppen
der Bevölkerung im System der Sozialversicherung auf die Gesamtheit der Versicherten umgelegt wird. Wird die Erwartung enttäuscht, wirkt also das Arzneimittel nicht, mag das der Verbraucher
noch hinnehmen. Kehrt sich jedoch die Erwartung in ihr Gegenteil,
fügt das Arzneimittel, anstatt zu heilen, eine weitere Verletzung zu,
stellt sich die Frage der Haftung. In diesem Jahrhundert hat sich zudem die Arzneimittelherstellung grundlegend verändert: Von der
Einzelzubereitung in der Apotheke ist der Weg zum Fertigarzneimittel, bezogen aus der Industrie, gegangen worden. Damit stellt
sich in diesem Bereich die Frage der Produzentenhaftung in akzen-
tuierter Form.

Bei der vertieften Debatte um die Generalklausel der Gefährdungshaftung[1] hat sich als Grund der Gefährdungshaftung die erhöhte Gefahr herausgestellt. Sie gibt Anlaß zur Gefährdungshaftung
immer dann, wenn die Gefahr unausweichlich, ungewöhnlich,
schwer beherrschbar oder sonst groß, oder der aus ihr zu erwartende
Schaden außergewöhnlich hoch oder häufig ist.[2] Allerdings muß
noch hinzukommen, daß deswegen die Gefahr im Verkehr nur bei
Schadloshaltung zulässig erscheint. Diese Entscheidung trifft regelmäßig der Gesetzgeber. Wie § 25 AMG zeigt, hängt die Zulassung
eines Arzneimittels von der Abwägung der erwarteten therapeuti-

---

[1] Kötz, Haftung für besondere Gefahren, AcP 170, 1; Will, Quellen erhöhter Gefahr
(1980).
[2] Deutsch, Haftungsrecht I (1976), 385.

schen Wirksamkeit gegen die möglichen schädlichen Wirkungen ab. Vorausgesetzt ist dabei, daß jedes Arzneimittel im Einzelfall eine schädliche Wirkung auslösen kann, etwa durch einen allergischen Schock. Es gibt also kein sicheres Arzneimittel.

In der internationalen Debatte steht das Stichwort von den *„unavoidably unsafe products"* im Vordergrund.[3] Aus dieser Eigenschaft hat man in der Literatur den Schluß gezogen, daß eine objektive Haftung nur möglich ist, wenn man den Produktfehler nicht so sehr betont.[4] Andernfalls gerät man wegen der Abwägungsnotwendigkeit in die Nähe der Verschuldenshaftung. Dem folgend spricht auch § 84 Ziff. 1 AMG nicht von einem Produktfehler.[5] Man mag mit Grund die Frage aufwerfen, ob für Arzneimittel überhaupt eine objektive oder Gefährdungshaftung möglich ist, setzt doch der Haftungsgrund eine probabilistische Abwägung von Nutzen und Risiken voraus. Dabei spielt die Erwartung des Eintritts einer schädlichen Folge die gleiche Rolle wie die Zulassung des Umgangs mit der Gefahr bei der erforderlichen Sorgfalt.[6] Die Natur der Sache der Arzneimittelhaftung erlaubt nur eine geringe Trennung von Verschuldenshaftung und Gefährdungshaftung. Sie liegt im Zeitpunkt der Abwägung: Wer auf die Abwägung ex ante abhebt, bleibt der Verschuldenshaftung verhaftet.[7] Alle anderen Standpunkte , sei es der der Verletzung, sei es der der letzten mündlichen Verhandlung, objektivieren die Haftung im Hinblick auf die Gefährdungshaftung hin.[8]

---

[3] Second restatement of the law of torts (1965): *„unavoidably unsafe products"*. „There are some products, which in the present state of human knowledge, are quite incapable of being made safe for the intended or ordinary use. These are especially common in the field of drugs. An outstanding example is the vaccine for the Pasteur Treatment of Rabies, which not uncommonly lead to very serious and damaging consequences when it is injected. Since the disease itself invariably leads to a dreadful death, both the marketing and the use of the vaccine are fully justified, notwithstanding the unavoidable high degree of risk which they involve. Such a product, properly prepared, and accompanied by proper directions and warning is not defective, nor it is unreasonably dangerous."

[4] So Newdieck: Strict liability for defective drugs in the pharmaceutical industry, The Law Quarterly Review 85, 405, 430. Vgl. auch Huet, Le paradoxe des médicaments et les risques de développement, Recueil Dalloz Sirey Chr. 87, 73, 76.

[5] v. Caemmerer, Karlsruher Forum 1978, 21, und Sander/Köbner, AMG 84 Anm. 14, halten es für selbstverständlich, daß nur für das Inverkehrbringen eines mangelhaften Arzneimittels gehaftet wird. Ohne den Begriff des Fehlers arbeiten Kullmann/Pfister, Produzentenhaftung 3800, S. 19ff.; Larenz, Schuldrecht II[12], § 77 VIII.

[6] Zur Theorie der Fahrlässigkeit Deutsch, Fahrlässigkeit und erforderliche Sorgfalt 1963, 120ff.

[7] So Weitnauer, PharmInd 79, 427; Sander/Köbner, AMG 84, Anm. 14.

[8] So Deutsch, VersR 79, 687; Kullmann, PharmaR 81, 115f.

Ein grundsätzliches Problem betrifft die Frage der Wirksamkeit. Manche Arzneimittel, insbesondere solche der Präventivmedizin, entfalten eine beschränkte Garantie. Impfstoffe und Desinfektionsmittel müssen wenigstens grundsätzlich ihren Zweck erfüllen. Tun sie dies generell nicht, besteht ein Haftungsgrund. Dieser liegt in der Erklärung des Herstellers, verbunden mit der Erwartung des Verkehrs.[9]

Gefährdungshaftung nach dem AMG

Die Geschichte der speziellen Arzneimittelhaftung ist interessant: § 74 des Referentenentwurfs zum AMG sah eine Gefährdungshaftung vor, während der Entwurf der Regierung einen Arzneimittelentschädigungsfonds eintreten lassen wollte, wenn durch ein Medikament bei bestimmungsgemäßem Gebrauch Schäden entstanden waren, § 78ff. RegierungsE. Nachdem man von der öffentlich-rechtlichen Trägerschaft der Arzneimittelentschädigung abgerückt war, wurde noch im Bundestag versucht, einen Arzneimittelentschädigungsverein als Versicherungsverein auf Gegenseitigkeit der Pharmaindustrie zum Passivlegitimierten zu machen.[10] Durchgesetzt hat sich dann jedoch das Konzept der Gefährdungshaftung des einzelnen Unternehmers mit vorgeschriebener Versicherungsdeckung.

§ 74 AMG statuiert eine Gefährdungshaftung für Arzneimittel.[11] Gefährdungshaftungen sind die typische Antwort des Gesetzgebers auf schwer kontrollierbare Risiken der modernen Industriegesellschaft. Vorausgesetzt ist ein Schutzgut, das von einer übermäßigen Gefahr bedroht wird, die Verwirklichung dieser Gefahr in der Verletzung des Schutzguts und ein daraus resultierender Schaden. Alle 4 Voraussetzungen sind in § 84 AMG genauer beschrieben.

---

[9] In BGHZ 51, 91 fehlte dem Impfstoff gegen Hühnerpest nicht nur die immunisierende Wirkung, sondern die Krankheitserreger waren aktiv geworden. Mangelnde Immunisierung und die Nebenwirkung fallen hier zusammen. Siehe dazu Kullmann/Pfister, Produzentenhaftung 1480, S. 4.

[10] BT-Drucksache 7/5133.

[11] Zum Begriff der Gefährdungshaftung Larenz, Schuldrecht II[12], § 77; Deutsch, Haftungrecht I, § 22.

Allgemeine Voraussetzungen der Gefährdungshaftung

Im Einleitungsabsatz des § 84 AMG wird die Grundlage der später zweifach aufgefächerten Haftung gelegt. Im Grundtatbestand werden die Schutzgüter, die geschützten Personen, der Kreis der haftbar machenden Arzneimittel sowie der Kausalzusammenhang und die Verwirklichung der Gefahr geregelt.

Gegenständlicher Schutzbereich

Schutzgüter sind Leben, Körper und Gesundheit des Menschen.[12] Unter Tötung ist die Verletzung des Lebens zu verstehen. Als Schutzgut ist auch der Fetus anzusehen, wenn er nur später lebend geboren wird.[13] Das ist für teratogene Schäden wichtig. Wie in § 823 Abs. 1 BGB werden als Verletzung des Körpers das Durchdringen der körperlichen Integrität angesehen, als Verletzung der Gesundheit das physiologische Zusammenspiel im Menschen. Die Wirkungen eines Medikaments werden i. allg. eher die Gesundheit als den Körper verletzen, obwohl eine virale Infektion durchaus als Körperverletzung angesehen werden kann, da das Virus seine Erbinformationen in die menschliche Zelle einbringt. Freiheit, Eigentum und sonstige Rechte werden, anders als in § 823 Abs. 1 BGB, nicht geschützt.[14] Daher sind auch Verletzungen an Tieren von der Gefährdungshaftung ausgenommen. § 84 AMG verlangt darüber hinaus, daß die Verletzung „nicht unerheblich" sei. Kullmann hat mit Grund hierin einen Anwendungsfall der Sozialadäquanz in Form des „minima non curat praetor" gesehen.[15] Die Erheblichkeit ist nicht nur quantitativ, sondern auch qualitativ zu bestimmen. Die Dauer des Leidens, das Maß der Behinderung und die Intensität der Schmerzen sind hier zu berücksichtigen. Leichtes Unwohlsein oder belanglose vorübergehende allergische Reaktionen sind z.B. unerheblich.[16]

---

[12] Kullmann, PharmaR 81, 112.
[13] Eher einschränkend Kullmann, a.a.O.
[14] Sander/Köbner, AMG, § 84 Anm. 10.
[15] Kullmann, a.a.O.
[16] Kloesel/Cyran, AMG, § 84 Anm. 11.

Persönlicher Schutzbereich

Als Norm des Verbraucherschutzes ist § 84 AMG nach der heutigen Meinung auf Patienten beschränkt, denen das Arzneimittel zugeführt wurde. Dazu zählt auch der Fetus, der unmittelbar der Arzneimittelwirkung ausgesetzt ist.[17] Das entspricht der Intention des Gesetzgebers, der ähnliche Schäden wie im Conterganfall in Zukunft ersetzt sehen wollte. Außerhalb des persönlichen Schutzbereichs liegen mittelbar Verletzte, die durch Ansteckung oder eine Übermaßreaktion des Patienten (Einschlafen am Steuer, Attacke eines Geisteskranken) verletzt worden sind.

Anwendung eines Arzneimittels

Es muß sich um ein zum Gebrauch beim Menschen bestimmtes Arzneimittel handeln, das im Geltungsbereich des Gesetzes an den Verbraucher abgegeben wurde und der Pflicht zur Zulassung unterliegt oder durch Rechtsverordnung von der Zulassung befreit worden ist. Der Hersteller der potenten chemisch-synthetischen Arzneimittel ist passiv legitimiert. Fertigarzneimittel, die mit der Zusatzbezeichnung „homöopathisches Arzneimittel" in den Verkehr gebracht worden sind, unterliegen nicht der Gefährdungshaftung, wohl aber der im deutschen Haftungsrecht sonst allgemein geltenden Haftung für Verschulden.[18] Schließlich muß das Medikament angewendet worden sein, d.h. es muß vom Patienten heruntergeschluckt, ihm injiziert oder auf seine Haut aufgetragen sein. Sonstige Verletzungen, etwa solche durch Berühren oder Herunterfallen des Arzneimittels, werden nicht ergriffen.

Kausalzusammenhang und Verwirklichung der Gefahr

Die Verletzung muß infolge der Anwendung des Arzneimittels geschehen sein. Damit ist zunächst der Ursachenzusammenhang angesprochen. Durch die Anwendung des Medikaments müssen Tötung, Körper- oder Gesundheitsverletzung und als ihre Folge der Schaden eingetreten sein. Damit ist nach naturwissenschaftlichen Regeln über

---

[17] Weitnauer, PharmInd 78, 425f.; Kullmann/Pfister, Produzentenhaftung 3800, S. 15f.
[18] Kloesel/Cyran, AMG, § 84 Anm. 5.

die Ursächlichkeit, d.h. Wiederholbarkeit unter identischen Umständen, zu prüfen, ob die Anwendung des Arzneimittels Bedingung des „Erfolgs" ist.[19] Nicht erforderlich hingegen ist die sog. adäquate Kausalität, also die allgemeine Vorhersehbarkeit des Erfolgs. Denn es handelt sich um eine Gefährdungshaftung, welche die Verwirklichung einer vorhersehbaren besonderen Gefahr, nämlich des Arzneimittelrisikos, verlangt.[20] Der oft nicht leicht zu führende Kausalitätsnachweis wird durch die Möglichkeit des Prima-facie-Beweises erleichtert. Danach genügt der Anschein der Ursächlichkeit aufgrund eines typischen Verlaufs als vorläufiger Beweis bis zur Erschütterung durch die nicht nur theoretische Möglichkeit eines untypischen Verlaufs. Bei Gesundheitsverletzungen ist der Kausalitätsnachweis besonders schwierig, da oft zwischen dem schicksalsmäßigen Verlauf einer Krankheit und der abändernden Beeinflussung durch ein Arzneimittel nicht leicht zu unterscheiden ist. So werden viele mögliche Ansprüche gegen Pharmahersteller auf der Kausalitätsebene scheitern. Das gilt jedenfalls für die Neben- und Wechselwirkungen, die im Entwicklungsbereich der Krankheit liegen.

Neben der Ursächlichkeit bedarf es der Verwirklichung der besonderen Arzneimittelgefahr. Sie wird in den beiden Ziffern des § 84 S. 2 AMG besonders beschrieben. Hier genügt es zu sagen, daß die Verletzung Folge eines typischen Arzneimittelrisikos sein muß. Andernfalls greift die Gefährdungshaftung nicht ein.

Bestimmungswidriger Gebrauch

Im Gegensatz zu § 74 Abs. 1 ReferentenE ist es nicht erforderlich, daß das Arzneimittel „bei bestimmungsgemäßem Gebrauch" genommen wurde.[21] Schon die allgemeine Produzentenhaftung kommt gelegentlich bei Fehlgebrauch des Produkts in Betracht. Um so mehr hat dies für die Gefährdungshaftung für Arzneimittel zu gelten, die von physisch oder psychisch Behinderten bisweilen überdosiert oder falsch genommen werden.[22]

---

[19] Sander/Köbner, AMG, § 84 Anm. 12; Kullmann, PharmaR 81, 112f.

[20] Kullmann, PharmaR 81, 112; Deutsch, VersR 79, 689. Vgl. auch BGHZ 79, 259 (zur Gefährdungshaftung allgemein).

[21] Anders Sander/Köbner, AMG, § 84 Anm. 13.

[22] Weitnauer, PharmInd 79, 426; Kullmann/Pfister, Produzentenhaftung 3800, S. 16. Auch BGHZ 106, 273 hält eine Gefährdungshaftung für möglich, obwohl das Arzneimittel 25fach überdosiert worden war.

Gefährdungshaftung wegen Arzneimittelherstellung, § 84 S. 2 Ziff. 1 AMG

Die Verwirklichung des Arzneimittelrisikos geschieht einmal, wenn das Arzneimittel bei bestimmungsgemäßem Gebrauch schädliche Wirkungen hat, die über ein nach den Erkenntnissen der medizinischen Wissenschaft vertretbares Maß hinausgehen und ihre Ursache im Bereich der Entwicklung oder Herstellung haben. In der allgemeinen Terminologie sind damit der Konstruktionsfehler und Fabrikationsfehler angesprochen. Zwei Merkmale schränken die Verwirklichung der Gefahr ein: Unvertretbarkeit bei bestimmungsgemäßem Gebrauch und Ursache in der Entwicklung bzw. Herstellung.

Bestimmungsgemäßer Gebrauch

Er ergibt sich aus den angegebenen Indikationen und wird verneint von den Kontraindikationen.[23] Die Bestimmung wird vom pharmazeutischen Unternehmer getroffen,[24] sei es in der Packungsbeilage an den Patienten, sei es in der Fachinformation an den Arzt, sei es auf andere Weise, etwa durch Angaben in der Werbung. Folgt der Arzt der Fachinformation in seiner Verordnung, die nicht im Beipackzettel erscheint, so ist dennoch ein bestimmungsgemäßer Gebrauch gegeben. Ebenso ist bestimmungsgemäß eine Verwendung, die auf anerkannten Therapiegewohnheiten beruht, aber vom Unternehmer untätig hingenommen wird. Da die Haftung nur Neben- und Wechselwirkungen betrifft, kann der Unternehmer, insbesondere durch reichlichen Gebrauch von Kontraindikationen, das Haftungsspektrum beschränken. Das ist durchaus legitim, soweit sich dahinter die echte Besorgnis um die Gesundheit des Patienten verbirgt. Anders steht es mit kautelarjuristisch inspirierten Übervorsichtigkeiten, also defensiven Angaben aller möglicher negativer Anwendungsbereiche, insbesondere der ersten Schwangerschaftsmonate. Ebensowenig ergibt sich die Bestimmungswidrigkeit aus einer Empfehlung oder

---

[23] Kullmann, PharmaR 81, 113f.; Kloesel/Cyran, AMG, § 84 Anm. 11; Sander/Köbner, AMG 84 Anm. 13.
[24] Papier, Der bestimmungsgemäße Gebrauch der Arzneimittel (1980), 12ff.

aus dem Gebrauch des Wortes, daß ein Arzneimittel nicht genommen werden „soll" oder „nur nach Weisung des Arztes" oder „nur mit Vorsicht". Zwar spricht das Gesetz von bestimmungsgemäßem Gebrauch; da aber die Wortwahl in der Hand des Unternehmers liegt, kann man von ihm erwarten, den bestimmungsgemäßen Gebrauch als solchen deutlich zu kennzeichnen und den bestimmungswidrigen Gebrauch ihm gegenüberzustellen.

Unvertretbarkeit

Die Voraussetzung, daß das Arzneimittel schädliche Wirkungen hat, die über ein nach den Erkenntnissen der medizinischen Wissenschaft vertretbares Maß hinausgehen, erscheint zum ersten Mal in § 5 AMG bei der Definition des bedenklichen Arzneimittels. Es ist verboten, solche bedenklichen Arzneimittel in den Verkehr zu bringen. Geschieht dies doch, ist die Gefährdungshaftung angebracht. Damit erweist sich die Ziffer 1 als Haftung für die gegenständliche Rechtswidrigkeit. Mit der medizinischen Vertretbarkeit[25] wird eine Abwägung verlangt, wonach die schädlichen Wirkungen den therapeutischen Wert des Arzneimittels nicht überwiegen.[26] Vorausgesetzt ist damit, daß schädliche Nebenwirkungen grundsätzlich in Kauf genommen werden können. Es hängt von der therapeutischen Erwartung ab, wie hoch die Neben- und Wechselwirkungen sein können, bis sie den therapeutischen Wert des Arzneimittels besiegen. Entscheidend dafür ist die Erkenntnis der medizinischen Wissenschaft. Wenn auch der medizinische Sachverständige die Vertretbarkeit beurteilen muß, so kommt es in diesem Rahmen auch auf die Akzeptanz durch den Patienten an.[27] Das sollte angesichts der vordringenden These, daß die „Lebensqualität des Patienten" bei der medizinischen Behandlung Berücksichtigung finden müsse, kein Problem sein. Entscheidend sind dabei Dauer, Schwere und Häufigkeit der schädlichen Wirkungen sowie alternative Behandlungsmethoden, die eine geringere Gefahr aufweisen. Es ist strittig, ob wirtschaftliche

---

[25] Zu dieser Problematik vgl. Sander/Köbner, AMG, § 84 Anm. 15; Kullmann/Pfister, Produzentenhaftung 3800, S. 19.

[26] Vgl. BT-Drucks. 7/3060, S. 45 (zu § 5 AMG).

[27] Kullmann/Pfister, Produzentenhaftung 3800, S. 22, will ausschließlich den medizinischen Sachverständigen entscheiden lassen.

Gesichtspunkte eine Rolle spielen.[28] In Wirklichkeit läßt sich diese Frage nicht allgemein beantworten. Soweit die alternative Behandlung „überobligationsmäßige" Aufwendungen erfordert, sollten auch diese berücksichtigt werden. Beispiele für die Vertretbarkeit schädlicher Wirkungen liegen auf der Hand: Die schweren Nebenwirkungen der Chemotherapie beim Karzinom werden ebenso für vertretbar angesehen wie der Eintritt eines anaphylaktischen Schocks bei einem Antibiotikum, wenn die Indikation erheblich ist. Nicht vertretbar sind etwa folgende Wirkungen: der Eintritt von Sehstörungen bei Kopfschmerzmitteln oder der Verlust der Hörfähigkeit nach Gabe eines Antibiotikums bei geringerer Indikation oder Gleichgewichtsstörungen nach einem Schlafmittel.

Sehr seltene Nebenwirkungen

Ein besonderes Problem der medizinischen Vertretbarkeit bilden seltene Nebenwirkungen. Nebenwirkungen treten i. allg. nicht häufig auf; seltene Nebenwirkungen sind daher regelmäßig in die Vertretbarkeitserwägungen mit einzubeziehen. Sehr seltene Nebenwirkungen, etwa ein anaphylaktischer Schock oder eine bisher noch nicht beobachtete allergische Reaktion, sollten die medizinische Vertretbarkeit nicht beeinflussen.

Zeitpunkt der Beurteilung

Wie schon gesagt, entscheidet der Zeitpunkt der Beurteilung darüber, ob es sich bei § 84 S. 2 Ziff. 1 AMG um eine Gefährdungshaftung oder eine Verschuldenshaftung handelt. In der Literatur werden 3 Ansichten vertreten. Zum einen wird auf den Stand der medizinischen Wissenschaft zum Zeitpunkt des Inverkehrbringens abgestellt,[29] zum andern wird der Zeitpunkt der letzten mündlichen Verhandlung in Erwägung gezogen.[30] Schließlich kann eine auch beide Zeitpunkte umfassende Betrachtung angebracht sein.[31] Zutreffend ist wohl die von Kullmann vorgeschlagene Retrospektive. Das spätere,

---

[28] Bejahend Weitnauer, PharmInd 79, 417, verneinend Kullmann/Pfister, a.a.O., S. 23.
[29] Weitnauer, PharmInd 79, 427; Sander/Köbner, AMG § 84 Anm. 14.
[30] Deutsch, VersR 79, 687.
[31] Kullmann/Pfister, a.a.O., S. 25.

im Zeitpunkt der letzten mündlichen Verhandlung vorhandene Wissen ist auf den Zeitpunkt des Inverkehrbringens zurückzuprojizieren. Die Frage ist, ob die schädlichen Wirkungen, wenn sie bekannt gewesen wären, bei dem damaligen Arzneimittelangebot hätten in Kauf genommen werden dürfen. Das ist die gleiche Frage, wie sie bei der Zulassung des Arzneimittels gestellt wird.[32] Diese nachträgliche Prognose kommt den Intentionen des Gesetzgebers am nächsten, der eine zukünftige Contergankatastrophe nach § 84 AMG behandelt wissen wollte.

Ursache in der Entwicklung

Ohne den „Fehler" zu erwähnen, schließt hier das Gesetz an den Konstruktionsfehler an. Ein Gefahrenzusammenhang hat zwischen der Entwicklung und der Verletzung zu bestehen. Es ist nicht einfach, diese Kausalbeziehung zu definieren, ohne den Fehler zu erwähnen. Ungenügende Pharmakologie oder Toxikologie, nicht ausreichende Prüfung, Übersehen von in der Literatur angegebenen Kontraindikationen gehören hierher. Man wird aber wohl nicht die Tatsache, daß das Arzneimittel überhaupt entwickelt wurde, hierher rechnen können, wenn seine Anwendung später zu unvertretbaren Folgen führt. Freilich spricht meist der Anschein solcher beim bestimmungsgemäßen Gebrauch auftretender Folgen dafür, daß die Prüfung nicht in Ordnung war.

Mitverursachung reicht aus

Selbst wenn das Arzneimittel die schädlichen Wirkungen nur in Zusammenhang mit der besonderen Konstitution des Patienten entfaltet, ist noch die Verbindung zur Herstellung gegeben. Man denke an einen Patienten, der nach einer Schutzimpfung infolge eines Immundefekts gerade wegen der Krankheit stirbt, die durch die Impfung verhindert werden sollte.[33]

---

[32] Kullmann, a.a.O.
[33] Kullmann, Produzentenhaftung 3800, S. 24.

Ursache in der Herstellung

Mit diesen Worten ist, wiederum ohne Erwähnung des Fehlers, auf den Fabrikationsfehler angespielt. Das ist gegeben, wenn die Herstellung nicht in Ordnung war, es etwa Ausreißer gegeben hat, oder die Menge, die Umhüllung oder die Immunisierung nicht den Vorstellungen entsprochen hat. Umstände, die nach Inverkehrbringen entstanden sind, etwa durch falsche Lagerung in der Apotheke oder beim Verbraucher oder durch einen Fehlgebrauch, gehören nicht hierher.[34]

Wirkungslosigkeit

§ 84 AMG läßt grundsätzlich nur für Schäden haften, nicht aber für Wirkungslosigkeit des Arzneimittels. Die hier angesprochene Gefährdung wird im Übermaß, Neben- und Wechselwirkung gesehen, nicht aber im Nichtaufhalten der Krankheit. Das erscheint für manche Typen von Arzneimitteln, etwa Impfstoffe und Sera, unberechtigt. Die Wirkungslosigkeit trotz Wirkungserwartung fällt aber bislang nur in den Bereich der Zusage (Garantiezusage) oder der Verschuldenshaftung. Die „Unterlassungswirkung" eines Medikaments ist also kein Gefährdungshaftungsgrund.[35]

OLG Celle VersR 83, 1143: Ein Kleinkind war mit dem Impfstoff eines Herstellers gegen Tuberkulose geimpft worden. Der Impfstoff bestand aus lebenden Keimen, deren Pathogenität abgeschwächt war. Die Folge war eine leichte, auf die Impfstelle begrenzte Infektion mit der weiteren Folge der Antikörperentwicklung. Nach der Impfung kam es zu einer Schwellung der Lymphknoten in der Leistenbeuge, die zu einem Abszeß und einer Operation führte. Ein Ersatzanspruch nach § 84 AMG wurde verneint. Es sei nicht nachgewiesen, daß dem Impfstoff ein Entwicklungs- oder Herstellungsfehler anhaftet, noch daß ein solcher Mangel für die Krankheit ursächlich geworden sei.

OLG Celle VersR 85, 148: Nach Einnahme eines Gichtmittels traten ein Exanthem und ein Ausfall aller Körperhaare ein. Die Klage, die auf Schmerzensgeld gerichtet war, wurde abgewiesen. Bislang seien lediglich 2 Fälle bekannt geworden, in denen nach der Behandlung Haarausfall aufgetreten sei. Das reiche weder zu einer Haftung wegen mangelnden Hinweises noch sonst für eine Produzentenhaftung aus. Es fehle auch an einem konkreten Anhaltspunkt für einen kausalen Zusammenhang zwischen der Einnahme des Medikaments und dem Haarausfall.

---

[34] Wohl weitergehend OLG Celle VersR 83, 1143.
[35] Ebenso Kullmann, Pharma 81, 116.

LG Hamburg VersR 87, 828: Ein Immunglobulin war durch Pyrogen verunreinigt. Es kam zu 2 Todesfällen von Patientinnen, die, durch eine Geburt geschwächt, an einem Schock starben. Der Angeklagte wurde verurteilt, da er die pyrogenhaltige Charge nicht vernichtet oder für Forschungszwecke verwendet hatte, sondern an Krankenhäuser auslieferte.

Wechselwirkungen

Zwar stehen die Nebenwirkungen bei der Haftung wegen Arzneimittelherstellung im Vordergrund. Jedoch gehören zu den schädlichen Wirkungen auch Wechselwirkungen mit anderen Medikamenten. Die Wechselwirkungen werden durch eine Interaktion zwischen 2 und mehreren Arzneimitteln gekennzeichnet, von denen keines an sich fehlerhaft zu sein braucht, aber fehlerhaft sein kann. Die schädliche Wirkung kann gerade durch das Zusammenwirken von 2 an sich nicht zu beanstandenden Medikamenten geschehen, etwa wenn ihre Wirkung potenziert wird, ihre Grundstoffe eine gefährliche Verbindung eingehen usw.[36] Wechselwirkungen zu ermitteln, ist Gegenstand der Arzneimittelprüfung, und sie haben im Zulassungsantrag, der Fachinformation und der Packungsbeilage angegeben zu werden. Sind sie nicht ermittelt worden, so fällt das in den negativen Bereich der Entwicklung des Arzneimittels.

HIV-Infektion durch Arzneimittel

Bevor noch das HIV-Virus voll erkannt war, ist ein erheblicher Teil der Hämophilen durch Bluthochkonzentrate, die als Arzneimittel zugelassen sind, mit HIV-Viren in Berührung gekommen und angesteckt worden. Jedoch ist zweifelhaft, ob die Herstellerhaftung eingreift. Man mag schon zweifeln, ob die durch spätere Kontaminierung des Grundstoffs Blut eingetretene schädliche Wirkung bei der Entwicklung oder Herstellung geschehen ist. Jedenfalls wird man aber auch bei einer nachträglichen Prognose sagen können, daß für die Fälle schwerer oder mittelschwerer Hämophilie die außerordentlich harten und unmittelbar einsetzenden Folgen der Blutereigenschaft (Gelenkblutungen, Immobilisierung, Halbierung der Lebens-

---

[36] Kullmann/Pfister, a.a.O., S. 24f.; a.A. Prütting, DAZ 78, 258.

erwartung) gegenüber der Infizierung mit einer latenten, wenn auch tödlichen Krankheit vertretbar erscheinen.[37]

Haftung wegen Arzneimittel-Information, § 84, S. 2 Ziff. 2 AMG

Die bei der Produzentenhaftung anerkannte Kategorie des Instruktionsfehlers erscheint auch im Arzneimittelrecht. Entscheidend ist, daß eine nicht den Erkenntnissen der medizinischen Wissenschaft entsprechende Kennzeichnung, Fachinformation oder Gebrauchsinformation vorgelegen hat und der Schaden darauf beruht.

Information

Die Information kann enthalten sein in der Kennzeichnung, der Fachinformation oder der Gebrauchsinformation. Damit nimmt die Haftungsbestimmung auf die § 10ff. AMG Bezug. Die Kennzeichnung umfaßt die Zulassungsnummer, die Chargenbezeichnung, die Darreichungsform, den Inhalt nach Art, Gewicht, Rauminhalt oder Stückzahl, die Art der Anwendung, die wirksamen Bestandteile nach Art und Menge sowie das Verfalldatum. In der Packungsbeilage und den Fachinformationen sind darüber hinaus die wirksamen Bestandteile, die Anwendungsgebiete, die Gegenanzeigen, die Nebenwirkungen, die Wechselwirkungen, die Dosierungsanleitung, die Dauer der Anwendung sowie Warnhinweise, wichtige Inkompatibilitäten, Notfallmaßnahmen, Symptome und Gegenmittel sowie die pharmakologischen und toxikologischen Eigenschaften, die Hinweise für die Anwendung bei bestimmten Personengruppen, Lager- und Aufbewahrungshinweise angegeben bzw. vorgesehen.

---

[37] Vgl. genauer Deutsch, Haftungsprobleme für HIV-Infektionen bei Bluttransfusionen, Blutzubereitungen und Impfversuchen, in: Medizin, Mensch u. Gesellschaft, Bd. 14 (1989), 13ff.; ebenso Reinelt, Zur Haftung des Arzneimittelherstellers für die Übertragung von Viren bei Blutprodukten, VersR 90, 565, 568f.

Gebrauchshinweise

Dem Patienten und seinem Arzt soll das Arzneimittel für eine bestimmte Verwendung im bestimmten Rahmen zur Verfügung gestellt werden. Dazu sind Instruktionen notwendig, um die Behandlung richtig einzusetzen und Überdosierungen zu vermeiden.[38]

Warnhinweise

Sie sind dazu da, den Patienten mit Hilfe seines Arztes erkennen zu lassen, daß die Einnahme des Arzneimittels kontraindiziert ist bzw. daß wegen der möglichen Wechselwirkung wenigstens ein anderes Arzneimittel abgesetzt werden muß. Die Warnung enthält also regelmäßig eine Unterlassensaufforderung. Allerdings sind Vorsichtsangaben als Warnungen kaum geeignet, etwa daß sich bislang in Tierversuchen oder durch Meldungen entsprechende Neben- oder Wechselwirkungen noch nicht gezeigt haben.

Übermaßwarnung

Als Erscheinung der defensiven Pharmakologie werden nicht selten wissenschaftlich nicht berechtigte Warnungen ausgesprochen, etwa gegen die Einnahme in der Schwangerschaft usw. Diese Information entspricht dann nicht den Erkenntnissen der medizinischen Wissenschaft. Wenn insofern ein Patient ein notwendiges Arzneimittel nicht erhält oder nicht nimmt, kommt zwar eine Gefährdungshaftung nach § 84 AMG nicht in Betracht, da es an der Anwendung des Arzneimittels fehlt. Eine Verschuldenshaftung nach § 823 Abs. 1 BGB ist aber nichtsdestoweniger gegeben.

Zeitpunkt der Erkenntnis der medizinischen Wissenschaft

Die Notwendigkeit der Information richtet sich nach dem letzten Stand der medizinischen Wissenschaft. Dabei kommt es nicht auf den Zeitpunkt des erstmaligen Inverkehrbringens, sondern auf den

---

[38] Vogeler, MedR 84, 58; Andreas, Arztrecht 82, 128.

Erkenntnisstand an, als das Arzneimittel selbst auf den Markt kam.[39] Entscheidend ist also nach allgemeiner Meinung der Zeitpunkt des Inverkehrbringens dieser Charge oder dieses Arzneimittels selbst.[40] Damit gerät die Informationshaftung in die Nähe des Verschuldens: Wer die Verkehrspflicht der von ihm auf den Markt zu bringenden Ware nicht nach dem gegenwärtigen Stand der medizinischen Wissenschaft kennzeichnet, handelt nicht mit der erforderlichen äußeren Sorgfalt, was auf die Verletzung der inneren Sorgfalt schließen läßt.[41]

Kausalität und Zurechnungszusammenhang

Der Schaden muß infolge der fehlerhaften Information eingetreten sein. Die hier angesprochene psychische Kausalität ist regelmäßig nicht sicher nachzuweisen; man begnügt sich deshalb mit Wahrscheinlichkeiten.[42] Jedenfalls kann die Tatsache, daß Fachinformationen vom Arzt nicht stets und Gebrauchsinformationen vom Patienten selten gelesen werden, nicht zur regelmäßigen Verneinung des Ursachenzusammenhangs führen.[43] Am besten ist es, zwischen Gebrauchs- und Warnhinweisen zu unterscheiden. Bei fehlerhafter Gebrauchsanleitung, die sich möglicherweise in dem Arzneimittelschaden niedergeschlagen hat, ist wegen der unmittelbaren Wichtigkeit dieser flankierenden Information eine Beweislastumkehr angebracht. Bei reinen Warnhinweisen hingegen wäre es Übermaß, dem Patienten oder dem Arzneimittelhersteller die volle Beweislast aufzuerlegen, daß die Warnung befolgt worden wäre oder nicht. Vielmehr empfiehlt es sich hier, die Rechtsprechung zum „echten Entscheidungskonflikt" von der ärztlichen Aufklärung zu übernehmen. Danach hat der Patient darzutun, daß er bei gehöriger Warnung sich in einem echten Entscheidungskonflikt befunden hätte, ob er dennoch das Medikament nehmen sollte oder nicht. Angesichts der unsicheren Beweislage ist es insoweit angebracht, hier auf der Mitte zwischen der Beweisbelastung der einen oder anderen Partei Halt zu machen. Mehr als einen Entscheidungskonflikt wird der Patient auch keinesfalls dartun können.

---

[39] OLG Stuttgart VersR 90, 631.

[40] Vgl. nur Kullmann/Pfister, Produzentenhaftung 3800, S. 30.

[41] Vogeler, MedR 84, 58.

[42] Kullmann, a.a.O., S. 38, spricht hier vom Anscheinsbeweis.

[43] So aber offenbar BGH VersR 90, 634: „der behandelnde Arzt eine etwaige Gebrauchsinformation nicht zur Kenntnis genommen hätte".

Besonders deutliche Hinweise

Da die Gebrauchsinformation oder die Packungsbeilage nicht selten
wie sonstiges Kleingedrucktes ungelesen bleiben, sind für ins Auge
springende Gefahren deutlichere Hinweise angebracht. Besteht die
Möglichkeit des Mißbrauchs in einer dramatischen Situation oder
hat sich eine gefährliche Möglichkeit schon öfter realisiert[44], dann ist
darauf an prominenter Stelle leicht leserlich, nach Möglichkeit schon
außen auf der Packung, ein Warnhinweis anzubringen.

BGHZ 106, 273: Während eines akuten Asthmaanfalls verwendet der Kranke Alupent-
dosieraerosol. Unter Dosierung war in der Gebrauchsinformation angegeben, daß bei
einem Anfall im Abstand von 5 min höchstens 3 Stöße erfolgen dürfen. Dann muß
eine Pause von 2 h eingehalten werden. Der Patient benutzte bei einem Anfall das
Mittel sehr häufig. Es können 50 oder mehr Stöße in Abständen von wenigen Sekun-
den gewesen sein. Es ist unklar, ob der Tod auf das Medikament zurückzuführen sei.
Der BGH hob das klageabweisende Urteil auf, da die Todesursache nicht zweifelsfrei
geklärt sei. Er hält dabei einen Anspruch für möglich. Zwar müsse grundsätzlich vor
den Gefahren eines exzessiven Gebrauchs nicht gewarnt werden. Sei das Medikament jedoch dazu bestimmt, in dramatischen Situationen, etwa bei Asthmaanfällen,
vom Patienten selbst angewendet zu werden, habe ein solcher Warnhinweis zu erfolgen.

OLG Stuttgart VersR 90, 631: Nach einer Verletzung an der Schulter, die er sich beim
Golfspielen zugezogen hatte, erhielt der Patient ein Lokalanästhetikum, das den Wirkstoff Procain enthält. Daraufhin kam es zum Atemstillstand und Herzstillstand, die
aber schließlich wieder behoben werden konnten. Die Klage gegen den Hersteller des
Arzneimittels war erfolglos. Die Gebrauchsmitteilung sei zwar fehlerhaft, da sie hinsichtlich der zu verwendenden Dosis und über Nebenwirkungen nur unvollständig
und verharmlosend unterrichte. Ebenso hätten weitere Nebenwirkungen angegeben
werden müssen, auch die hier vorliegende Unverträglichkeit blieb offen. Jedenfalls
wäre ein entsprechender Hinweis vom Arzt nicht zur Kenntnis genommen worden.

Ashman v. SK&F Lab Company 702 F.Supp. 1401 (1988): Der Patient behauptete, wegen der Wechselwirkung zwischen Tagamet und Halcion bewußtlos geworden zu
sein. Im Krankenhaus habe man eine Lumbalpunktion unternommen, um seinen Zustand zu diagnostizieren. Daraufhin erlitt er eine teilweise Paralysierung. Die Klage
wurde abgewiesen, da der Hersteller nicht verpflichtet war, vor einer nicht vorhersehbaren Wechselwirkung zu warnen. Eine solche Warnung hätte auch bestenfalls
gegenüber dem Arzt stattfinden können, der beide Medikamente verschrieben habe.

Franz. Kassationshof v. 8.4.86 J.C.P.1986 II 20721: Der Patient litt an Angina pectoris.
Nach chirurgischen Eingriffen wurde er mit Cordarone und Pexid behandelt. In der
Folge traten Geh- und Sprachstörungen auf. Nach Absetzen der Medikamente erholte
sich der Patient, jedoch kehrten die Angina-pectoris-Anfälle wieder. Die Störungen
hatte die Kombination beider Medikamente verursacht. Eine Haftung wegen Verlet-

---

[44] So im Falle des Kurznarkotikums Estil BGH NJW 72, 2217, und wohl auch im Falle
des Asthmamittels Alupent, vgl. Deutsch, JZ 89, 855, zu BGHZ 106, 273.

zung einer Hinweispflicht lehnte das Gericht ab, weil die Unverträglichkeit der Medikamente erst mit diesem Fall bekannt geworden sei.[45]

Rechtsfolgen der Haftung nach dem AMG

Der Umfang der Gefährdungshaftung bei Arzneimittelschäden ist der typischen Ersatzpflicht bei anderen Gefährdungshaftungen nachgebildet. Wesentliches Kennzeichen dafür ist die Beschränkung des Anspruchs der Höhe nach und die fehlende Erwähnung von Schmerzensgeld. Nach dem Wortlaut der §§ 86ff. AMG soll der Arzneimittelhersteller im Falle der Tötung oder Körperverletzung den Schaden der Angehörigen bzw. des körperlich Verletzten einschließlich seiner Vermögensnachteile tragen. Im Sozialstaat bedeutet das nicht viel, denn regelmäßig wird der Schaden zunächst von einer größeren Einheit, dem Arbeitgeber, der Sozialversicherung oder dem Dienstherrn, aufgefangen. Dieser nimmt dann am Arzneimittelhersteller Regreß. Angesicht dessen ist der verletzte Patient v.a. daran interessiert, Ersatz überschießender Beträge und Schmerzensgeld zu erlangen. Er wird deshalb regelmäßig auf die allgemeine Produzentenhaftung im Verschuldenssystem zurückgreifen müssen. Angesichts der die Person betreffenden Verletzungen des Körpers und der Gesundheit hätte der Gesetzgeber Schmerzensgeld in der Ausgleichsfunktion gewähren sollen. Die rechtspolitische Berechtigung von Schmerzensgeld in der Ausgleichsfunktion bei Gefährdungshaftung wird allgemein anerkannt.[46] Die Arzneimittelhaftung ist der Höhe nach beschränkt (auf 0,5 Mio. DM). Der Anspruch verjährt in 3 Jahren von dem Zeitpunkt an, in welchem der Ersatzberechtigte vom Schaden und dessen näheren Umständen Kenntnis erlangt, ohne Rücksicht auf diese Kenntnis in 30 Jahren, § 90 AMG. Der pharmazeutische Unternehmer hat Deckungsvorsorge durch eine Haftpflichtversicherung oder ein Kreditinstitut beizubringen, § 94 AMG. Hierfür ist von den Versicherern der sog. Pharmapool geschaffen worden, der über die normale Betriebshaftpflichtversiche-

---

[45] Vgl. dazu Hager, Schäden infolge Unvereinbarkeit mehrerer Medikamente, VersR 87, 1053.

[46] Stoll, DAR 68, 303 (304f.); Deutsch, Haftungsrecht I, 381f.; Staudinger/Schäfer[10/11], § 847, Rdnr. 15.

rung hinaus bis zu einer Summe in Höhe von 200 Mio. DM Versicherungsschutz gewährt.[47] Für die Bedeutung der Verjährung und der Deckungsvorsorge folgen 2 Beispiele:

KG VersR 75, 427: Bei einer Patientin mit Verdacht auf einen Schädeltumor war im Jahre 1943 eine Arteriographie mit Hilfe des Kontrastmittels Thorotrast vorgenommen worden. Im Jahre 1951 traten Beschwerden auf, als deren Ursache Ablagerungen von Thorotrast im inneren Gefäßsystem festgestellt wurden. Ende des Jahres 1973 beantragte die Patientin Armenrecht für eine im Entwurf vorgelegte Klage gegen den Arzneimittelhersteller. Es wurde ihr versagt. Selbst wenn ein Verschulden vorgelegen habe, sei die Klage aufgrund des § 852 BGB verjährt, da auch die 30jährige Verjährungsfrist mittlerweile abgelaufen sei. Die Verjährung habe spätestens mit dem Zeitpunkt zu laufen begonnen, zu dem der pharmazeutische Unternehmer das Mittel an die betreffende Klinik abgesandt habe. Das sei Mitte April 1943 geschehen. Die Einrede der Verjährung werde auch nicht von der Natur des Anspruchs ausgeschlossen.

BVerwG PharmaR 89, 155: Die Deckungsvorsorge ist auch für fiktiv zugelassene Arzneimittel zu erbringen. Das gilt schon für die Übergangszeit. Anders steht es nur, wenn der Unternehmer sich für die Registrierung entscheidet. Ebenso steht es mit der Gefährdungshaftung nach § 84 AMG.

Arzneimittelhaftung
nach allgemeinem Haftungsrecht

Die allgemeine Produzentenhaftung bleibt neben der des Arzneimittelgesetzes bestehen, § 91 AMG. Sie ist deswegen wichtig, weil sie die von § 84 AMG nicht gedeckten Haftungssituationen betrifft: Haftung für Naturheilmittel, Haftung gegenüber Dritten, Haftung für Nichtwirkung, Haftung bei nicht bestimmungsgemäßem Gebrauch usw. Außerdem ist die Verschuldenshaftung nach allgemeinem Haftungsrecht umfassend: Sie gewährt auch Schadenersatz jenseits der Höchstgrenzen der Gefährdungshaftung und ein Schmerzensgeld sowohl in der Ausgleichs-, als auch in der Genugtuungsfunktion. Insofern ist unser Arzneimittelhaftungssystem 2stufig: Aufgrund der objektiv eintretenden Gefährdungshaftung wird eine Basisversor-

---

[47] Janott, Aspekte zum Arzneimittelhaftpflichtrisiko ... und seine Rückversicherung, in: 25 Jahre Karlsruher Forum, 129ff.; Deutsch, Versicherungsvertragsrecht[2] (1988), Rdnr. 113.

gung gewährt, der überschießende Ersatz bleibt der Verschuldenshaftung vorbehalten.[48]

Die Produkthaftung kann aufgrund einer Vertragsverletzung oder einer unerlaubten Handlung eintreten. Allerdings besteht in der Regel ein Vertrag nur zwischen dem Hersteller und seinem Erstabnehmer, während der eigentliche „Verbraucher" des Medikaments daran unbeteiligt bleibt. Daß dieser Vertrag mit Schutzwirkung zugunsten Dritter abgeschlossen sei, so daß er als Haftungsgrundlage des Unternehmers gegenüber dem Arzneigeschädigten in Betracht kommt, wird im deutschen Recht selten angenommen.[49] Im Ausland, etwa in Österreich, ist das anders.[50] So kommt in Deutschland Ersatz wegen Vertragsverletzung in der Regel nur in Betracht, wenn ein Medikament vom Hersteller unmittelbar an den Verwender geliefert wird und es bei diesem etwa eine allergische Reaktion hervorruft. Dies betrifft z.B. Apotheken, die selbstgefertigte Arzneien vertreiben.

In erster Linie ist die Produkthaftung jedoch auf den Regeln der Ersatzpflicht aus unerlaubter Handlung gestützt, allerdings mit einer ausnahmsweisen Beweislastumkehr bezüglich der inneren Seite des Verschuldens. Die Verschuldensvermutung erleichtert die Position des Gläubigers erheblich: Wer ein fehlerhaftes Produkt in Verkehr bringt, haftet auf Schadensersatz, wenn er nicht nachweist, daß ihn kein Verschulden trifft. Dieser Grundsatz ist vom BGH sowohl auf eine Analogie zu § 836 BGB als auch auf die regelmäßige Verletzung eines Schutzgesetzes gemäß § 823 Abs. 2 BGB gestützt worden.[51] Als solche Schutzgesetze kommen auch die Vorschriften des AMG in Betracht. Dabei ist freilich darauf zu achten, ob es sich um eher formale Normen, etwa über Ausbildung oder Erfahrungszeit von leitenden Personen, handelt oder um sachliche Schutznormen.[52] Formalvorschriften sind als solche keine haftungsauslösenden Schutzgesetze.

BGHZ 51, 91: Hühner wurden durch einen Tierarzt gegen Hühnerpest geimpft. Der größte Teil der Hühner verendete nach der Impfung an dieser Tierkrankheit. Der Ersatzanspruch gegen die Herstellerin, die den Impfstoff in handelsübliche Gefäße abgefüllt und auf den Markt gebracht hatte, griff durch, denn die betreffende Charge des Serums war durch eine bakterielle Verunreinigung wieder aktiv geworden. Die Pro

---

[48] Vgl. generell v. Caemmerer, Reform der Gefährdungshaftung (1971).
[49] Siehe dazu BGHZ 51, 96; 64, 46.
[50] Österr. OGH JBl. 77, 146.
[51] Grundlegend BGHZ 51, 91. Zum Instruktionsfehler BGHZ 80, 186.
[52] Granitza, FS Weitnauer 320 FN 10.

duzentenhaftung wurde auf den Fabrikationsfehler gestützt; dabei legte das Gericht dem Herstellerwerk den Beweis auf, daß der Fehler ohne Verschulden eingetreten sei.

BGHZ 64, 46: Ein Friseur benutzte ein Haartonikum in seinem Betrieb. An seinen Händen traten Hautausschläge auf, die auf eine Überempfindlichkeit gegen das Tonikum zurückzuführen waren. Er konnte seinen Beruf nicht mehr ausüben. Der BGH gibt, anders als die unteren Instanzen, der Klage gegen den Hersteller statt. Aufgrund des Vertrags traf diesen die Pflicht, Friseure auf die nicht auszuschließnde Gefahr einer irreparablen polyvalenten Überempfindlichkeit hinzuweisen.

Im Rahmen der Produzentenhaftung werden heute 4 Typen unterschieden, von den folgende 3 hinsichtlich der inneren Sorgfalt eine erleichterte Verschuldenshaftung auslösen: Konstruktionsfehler, Fabrikationsfehler und Instruktionsfehler. Der 4. Typus hingegen, das Entwicklungsrisiko, ist der Verschuldenshaftung nicht zugängig, da *ex definitione* die Voraussehbarkeit fehlt. Hinzugekommen ist die Verpflichtung zur Produktbeobachtung, die im Arzneimittelwesen eine besondere Rolle spielt. Übertragen wir diese Begriffe in das Arzneimittelrecht, so gilt folgendes:

Fehler

Der Zentralbegriff der Produkthaftung bedarf der Präzisierung. Der Fehler stellt die Verwirklichung der dem Medikament inhärenten Gefahr dar. Das Arzneimittelrisiko realisiert sich durch Übermaß, Nebenwirkung, Wechselwirkung oder Wirkungslosigkeit. Während die 3 ersten Alternativen schon von der speziellen Haftung des § 84 AMG erfaßt werden, fällt der Nulleffekt eines Medikaments nicht unter diese Norm, so daß diesbezüglich die allgemeine Produkthaftung eingreift.[53] Die Wirkungslosigkeit eines Arzneimittels ist dann fehlerhaft, wenn die Wirkung zu erwarten war, etwa bei Sera und Impfstoffen, nicht aber stets bei Naturheilmitteln. Auch eine zu geringe Dosierung gehört hierher. Vorausgesetzt ist dabei, daß ein anderes Arzneimittel oder eine andere Behandlung unterlassen worden ist, welche die Krankheit beeinflußt hätte.

---

[53] Vgl. BGH LM BGB § 823 (Dc) Nr. 130 mit Anm. Weber.

Entwicklungsfehler

Wird bei der Entwicklung eines Arzneimittels nicht mit der im Verkehr erforderlichen Sorgfalt bezüglich Wirksamkeit, Neben- und Wechselwirkungen vorgegangen, so kommt es zu einer Haftung aus vermutetem Verschulden. Der Fehler kann in der mangelnden Prüfung des Arzneimittels oder in der Nichtberücksichtigung von Literatur liegen. Beispiele sind etwa Kontrastmittel, die schwere Spätfolgen hervorrufen, oder die Toxizität infolge einer Wechselwirkung eines Wirkstoffs mit seinem Lösungsvermittler.[54]

Herstellungsfehler

Der Fabrikationsprozeß eines Medikaments bedarf besonderer Sorgfalt. Hier sind eine Reihe von einzelnen Vorschriften und die allgemeine Sorgfaltsregel zu beachten. Sie beziehen sich etwa auf Reinheit, Zusammensetzung oder Gefahr der Kontaminierung. Es kommen etwa chemisch unreine Substanzen zur Verwendung, oder bei der Abfüllung eines Impfstoffs geschieht es, daß nicht alle Erreger abgetötet werden.[55]

Informationsfehler

Der Hersteller des Arzneimittels gibt dem Benutzer, sei es der Arzt oder der Patient, nicht die notwendigen oder richtigen Hinweise, um eine effiziente und möglichst gefahrlose Benutzung zu ermöglichen. So darf etwa ein Hersteller ein Kurznarkotikum, das ausschließlich intravenös zu injizieren ist, nur dann auf den Markt bringen, wenn er besonders deutlich darauf hinweist, daß nicht in eine Vene gespritzt werden darf, die in der Nähe einer Arterie verläuft.[56] Auf abstrakte Gefahren braucht der Hersteller nicht hinzuweisen. Nach dem BGH sind an diese Pflicht zur Aufklärung und Warnung beson-

---

[54] Unter der Voraussetzung von Verschulden sind als Beispiele etwa zu nennen Thorotrast (Sachverhalte der Entscheidungen in BGHZ 20, 61; BGI I VersR 61, 810; KG VersR 75, 427) oder die Mischung von Sulfanilamid mit Diäthylenglykol, die 1939 zu 105 Toten führte, vgl. Schwietzer, Arzneimittelsicherheit – wo Anfang, wo Ende?, MPS-Schriftenreihe Nr. 6, 3f.

[55] BGHZ 51, 91 – Hühnerpest.

[56] BGH NJW 72, 2217 – Estil.

ders strenge Anforderungen zu stellen, welche die Pflicht einschließen, vor einem naheliegenden Mißbrauch angemessen zu warnen.[57]

Verwirklichung des Entwicklungsrisikos

Die Gefährlichkeit eines Arzneimittels kann sich erst durch eine Veränderung, sei es des Organismus, in den es gelangt, sei es der Umwelt, realisieren. Mit anderen Worten, während zu Beginn der Vermarktung das Risiko des Arzneimittels entweder noch nicht bestand
oder doch nicht zu erkennen war, wird es jetzt Wirklichkeit. In diesen Fällen greift die Verschuldenshaftung mangels Vorhersehbarkeit
einer Verletzung nicht ein. Als Beispiel kann hier der Fall Benomyl
genannt werden. Dieses Mittel hatte sich gegen Apfelschorf bewährt
und war auch bei allen Laboratoriumsversuchen Mutationen gegenüber wirksam geblieben. Im Alten Land bei Hamburg trat dann eine
Mutation auf, der gegenüber Benomyl sich als unwirksam erwies.[58]

Beobachtung

Auch nach Zulassung und Inverkehrbringen des Arzneimittels trifft
den pharmazeutischen Unternehmer die Pflicht, sein Produkt zu beobachten und die Hinweise danach auszugestalten und evtl. das Produkt vom Markt zu nehmen. Diese Beobachtungspflicht ist eine Un-
terform der Verkehrspflicht und z.T. auch im AMG normiert. Sie hat
zum Inhalt, daß der Arzneimittelhersteller die Haupt-, Neben- und
Wechselwirkungen für die Kontraindikationen seines Produkts zu
beobachten hat.[59] Das heißt nicht, daß ohne besonderen Grund eine
Prüfung der Phase IV veranstaltet werden muß. Jedoch hat der pharmazeutische Unternehmer die Erfahrungen und die ihm aus der
Ärzteschaft zugehenden Mitteilungen zu sammeln, auszuwerten
und aus ihnen Folgerungen zu ziehen. Diese können u.U. weiterge-
hen, als sie § 63a AMG und entsprechende Auflagen des BGA verlangen. Werden mehr oder andere als die erwarteten Nebenwirkun-

---

[57] BGHZ 106, 283 – Alupent.
[58] BGHZ 80, 199 – Benomyl.
[59] BGHZ 80, 199 m.w.N. Vgl. auch Kullmann, PharmaR 82, 6ff., der darauf hinweist,
    daß die Produktbeobachtungspflicht und die sich aus ihr ergebenden Warnpflich-
    ten unter Umständen weitergehen, als es das AMG oder eine Auflage des BGA
    verlangt.

gen des Medikaments gemeldet, so ist darauf in der Information hinzuweisen bzw. das Arzneimittel vom Markt zu nehmen. Die Hinweispflicht gilt für neue Kontraindikationen und gefährliche Wechselwirkungen. Auch kann, wenn Gefahr besteht, daß das Arzneimittel heimlich verändert wird, die Pflicht entstehen, das Arzneimittel so zu verpacken, daß ein gefährlicher Umgang damit unmöglich ist oder jedenfalls erkennbar wird.[60]

OLG Frankfurt VersR 87, 1196: Trotz Einsatzes eines Pflanzenschutzmittels war auf einem Obsthof im Alten Land die Coxorangenernte durch den Apfelschorfpilz verdorben. Der Erreger war gegen das Pflanzenschutzmittel resistent geworden. Die Haftung wurde bejaht, da der Hersteller nicht auf die Gefahr einer Resistenzbildung nach mehrjähriger Verwendung des gleichen Mittels hingewiesen hat. Der Bauer war verpflichtet nachzuweisen, daß die Gefahr einer unmittelbar bevorstehenden Resistenzbildung gegeben war. Dies war ihm gelungen.

Ilsroth v. Johnson & Johnson 700 F.Supp. 151 (1989): Tylenol, ein viel genommenes ASS-Präparat in den USA, war von einem Unbekannten vergiftet worden. Die Klage des Nachlasses einer vergifteten Patienten gegen den vertreibenden Supermarkt und den Hersteller wurde abgewiesen. Der Supermarkt war nicht verpflichtet, auf mögliche Vergiftungen von Arzneimitteln zu achten. Der Hersteller hatte seine Pflicht zur ordentlichen Entwicklung und Herstellung nicht verletzt. Nach dem damaligen Stand der Erkenntnis war es nicht notwendig, das ASS so zu verpacken, daß kein Gift hinzugefügt werden konnte. Der Hersteller hatte die Voraussetzungen der FDA für sichere Verpackung eingehalten.

Die Beweislast für die Produkthaftung ist gespalten. Für den Haftungsgrund hat der Verletzte den Fehler oder die Notwendigkeit der Warnung bzw. des Gebrauchshinweises darzulegen. Erst dann setzt die Umkehr der Beweislast ein, denn der Produzent hat nun seine Schuldlosigkeit zu beweisen. Neuerdings ist für den Fehlerbereichsnachweis die Beweislast zugunsten des Verbrauchers umgekehrt, wenn der Hersteller schuldhaft eine Befundsicherung unterlassen hat.[61] Was die Rechtsfolgen der Haftung wegen Verschuldens angeht, so wird grundsätzlich auf vollen Schadensersatz und Schmerzensgeld gehaftet. Freilich muß der Schaden im sachlichen Schutzbereich der Norm liegen. Allein aus der Tatsache, daß sich eine Nebenwirkung ergibt, derentwegen das Arzneimittel nicht auf dem Markt sein sollte, etwa Polyneuritiden bei Contergan, ergibt sich noch kein Haftungsgrund wegen Verschuldens für andere, erst später bekannt gewordene Risiken, etwa für Entwicklungsschäden

---

[60] Über die ständige Überwachung des Arzneimittels Kleinsorge, Arzneimittelstudien beim niedergelassenen Arzt (1988), 48f.
[61] BGH NJW 88, 2611 – Limonadenflasche.

am Fetus. Übrigens trägt der Verletzte die Beweislast für die haftungsausfüllende Kausalität, d.h. er hat darzutun, daß der Fehler des Herstellers zu dem Schaden geführt hat. Auch hier kommt ihm der Anscheinsbeweis zugute; d.h. typische Verläufe werden als wirkliche unterstellt, solange nicht die ernsthafte Möglichkeit einer atypischen Verlaufsform aufgezeigt wird. Ebenso sollte ein schwerer Fehler bei der Entwicklung oder Herstellung oder Information zur Umkehr der Beweislast für die Schäden führen, die im Verhinderungsbereich der verletzten Sorgfalt liegen. Das könnte in Analogie zur Arzthaftung geschehen. Dann hat nicht der verletzte Patient die Kausalität des Fehlers für den Schaden, sondern der Hersteller die fehlende Ursächlichkeit seines Medikaments nachzuweisen.[62] Im Schutzbereich liegen auch die Schäden, die durch die amtliche Beschlagnahme des Arzneimittels entstehen.[63]

Mitverschulden

§ 85 AMG verweist auf die Regeln des Mitverschuldens des allgemeinen Zivilrechts. Danach trifft den Patienten eine Obliegenheit, den eigenen Schaden hintanzuhalten oder zu verringern, § 254 BGB. Als Einzelfälle des Mitverschuldens werden angegeben: körperliche Überbeanspruchung, Verschlimmerung der Schädigung durch Genußmittel, Nichtbefolgung von körperlichen Warnzeichen und die Nichtbeachtung von Hinweisen in den Informationen.[64] Zwei Besonderheiten zeichnen das Mitverschulden gegenüber der Arzneimittelhaftung aus Gefährdung und Verschulden aus. Einmal haftet der pharmazeutische Unternehmer auch grundsätzlich bei bestimmungswidrigem Gebrauch des Medikaments, sofern nur die sonstigen Voraussetzungen gegeben sind. Wenn jedoch in der Gebrauchsinformation deutlich der bestimmungsgemäße Gebrauch umschrieben oder gar vor dem bestimmungswidrigen Gebrauch gewarnt wird, verletzt der Patient eine Obliegenheit. Notwendig ist dann nur noch ein Verschulden gegen sich selbst. Die Bestimmungswidrigkeit

---

[62] Vgl. dazu genauer Deutsch, VersR 79, 689.
[63] Vgl. BGH VersR 89, 91 – Chloramphenicol (bezogen auf Fischfutter). Siehe im übrigen zum Schutzbereich der Produzentenhaftung Deutsch, JZ 89, 465.
[64] Kloesel/Cyran, AMG, § 85 Anm. 3.

der Benutzung führt also nicht zum Haftungsausschluß, sondern nur zur Anwendung der Mitverschuldensregeln, die grundsätzlich zu einer Abwägung nach Kausalanteilen und Verschuldensbeiträgen Anlaß gibt. Sodann ist auch das Mitverschulden durch Gesichtspunkte des Schutzbereichs der Norm beschränkt. Alle selbstschädigenden Aktivitäten aus früherer Zeit können dem Patienten nicht angelastet werden, wenn das Arzneimittel Nebenwirkungen hat. Die Obliegenheiten beziehen sich nur auf den Umgang mit dem Arzneimittel und ein sonstiges abträgliches Verhalten nach der Verordnung des Medikaments. Alles andere liegt außerhalb des Schutzbereichs.

Verhältnis zum Produkthaftungsgesetz und zum Gentechnikgesetz

Zwei weitere objektive Haftungen interferieren mit der Arzneimittelhaftung. Nach § 1 des PHG hat der Hersteller des Produkts für die Folgen eines Fehlers des Produkts objektiv einzustehen. Nach § 32 GenTG haftet der Betreiber, wenn infolge von Eigenschaften eines Organismus, die auf gentechnischen Arbeiten beruhen, jemand verletzt wird. Allerdings hat der Gesetzgeber die Kollision der 3 Normen miteinander geregelt. Nach § 15 PHG sind seine Vorschriften nicht anzuwenden, wenn die Verletzung infolge der Anwendung eines zum Gebrauch beim Menschen bestimmten Arzneimittels eintritt, das im Geltungsbereich des AMG an den Verbraucher abgegeben wurde und der Pflicht zur Zulassung unterliegt oder durch Rechtsverordnung von der Zulassung befreit worden ist. Damit ist der Wortlaut des § 84 AMG wiederholt worden, obwohl Art. 13 der EG-Richtlinie nur vorgesehen hatte, daß die Sonderregelung des AMG aufrechterhalten bleibt.[65] Ebensowenig ist die Gefährdungshaftung des GenTG für zulassungspflichtige Arzneimittel anwendbar, § 37 Abs. 1 GenTG. Aus diesen Bestimmungen ist zu folgern, daß § 84 AMG in seinem Geltungsbereich unter Verdrängung des PHG und GenTG gilt. Für homöopathische Arzneimittel sind hingegen die Bestimmungen des PHG und des GenTG weiterhin anwend-

---

[65] Buchner, DB 88, 32, 36, hält § 15 PHG daher für nicht konform mit der EG-Richtlinie, vor allen Dingen, weil die Obergrenze der Haftung des AMG nunmehr sich auch gegenüber dem PHG durchsetzt.

bar. Die Arzneimittelhaftung weist somit insgesamt eine verwirren-
de Vielfalt einander ausschließender und überschneidender Bestimmungen auf.

Haftung mehrerer Hersteller

Nach § 93 AMG haften mehrere ersatzpflichtige pharmazeutische
Produzenten als Gesamtschuldner. Das kann bei kumulativer oder
alternativer Kausalität in Betracht kommen. So können etwa 2 Arzneimittelhersteller wegen Wechselwirkungen ihrer Medikamente
haften, wenn für jedes Medikament ein Haftungsgrund nach § 84
AMG gegeben ist. Ebenso steht es, wenn sich nicht ermitteln läßt,
wer von mehreren Herstellern durch sein Arzneimittel die Verletzung verursacht hat, aber jeder Hersteller im Falle der Verletzung
haftpflichtig wäre, § 830 Abs. 1 S. 2 BGB.[66] Vorausgesetzt ist dabei,
daß jeder pharmazeutische Produzent haftbar und kausal wäre,
wenn nicht die mögliche Kausalität des anderen interferieren würde.
Hat der Patient Medikamente von 2 Herstellern bekommen, die den
gleichen die Gefährdungshaftung auslösenden Wirkstoff enthalten,
ist aber unklar, auf welche Arzneimittelvergabe der Schaden zurückzuführen ist, haften sie als Gesamtschuldner. Anders steht es
nur, wenn sicher ist, daß schon das 1. Arzneimittel die Verletzung
verursacht hat und das 2. nur das Krankheitsbild verschärft hat.
Dann ist die 2. Folge bereits im Schutzbereich der 1. Haftung enthalten. Nach heutiger Meinung besteht dann keine Beweisschwie-
rigkeit für den Patienten, so daß er vom 1. Hersteller vollen Ersatz
verlangen kann. § 830 Abs. 1 S. 2 BGB soll dann nicht Anwendung
finden.[67]

---

[66] Kloesel/Cyran, AMG; Anmerkung zu § 93.
[67] Vgl. zur Zweitverletzung als adäquate Folge der Erstverletzung BGH 67, 14; 72, 356;
    RGRK-Steffen[12], § 830, Rdnr. 22; Soergel/Zeuner[12], § 830, Rdnr. 20a; a.A. Fraenkel,
    NJW 79, 1202; Deutsch, NJW 81, 2731.

Unerkanntes Arzneimittel

Im Arzneimittelbereich treten Schäden nicht selten erst nach einer langen Inkubationszeit auf. Die Latenzperiode der Verletzung führt bisweilen dazu, daß später der Hersteller des gefährdenden Medikaments nicht mehr ermittelt werden kann. Ein Arzneimittelentschädigungsfonds würde eintreten; die individuelle Gefährdungshaftung des pharmazeutischen Produzenten verlangt aber, daß das von ihm in Verkehr gebrachte Arzneimittel die Verletzung verursacht hat. Nach deutschem Recht geht dann der Patient leer aus, wenn er nicht das Arzneimittel und seinen Hersteller identifizieren kann.

Anders steht es in den Vereinigten Staaten von Amerika. Hier wird entweder der Marktführer haftbar gemacht oder die Haftung tritt entsprechend dem Marktanteil prozentual ein.[68]

Hall v. E.I. Du Pont de Nemours & Co., Inc. (345 F. Supp. 353, 1972): Zwischen 1955 und 1959 wurden in einem Dutzend von Vorfällen in 10 Staaten 13 Kinder durch explodierende Streichholzköpfe verletzt. Beklagt waren 6 Hersteller, welche praktisch den diesbezüglichen Markt beherrschten. Da sie miteinander eng zusammenarbeiteten und gemeinsam das Risiko kontrollierten, stand fest, daß einer von ihnen die Streihholzköpfe fabriziert haben mußte. Daraufhin wurden alle verurteilt.

Sindell v. Abbott Laboratories (Supreme Court of California), PharmaR 81, 300: 200 Hersteller brachten das Arzneimittel DES auf den Markt, das im wesentlichen zur Verhinderung von Fehlgeburten gegeben wurde. Töchter von Patientinnen, die mit DES behandelt worden waren, trifft ein erhebliches Risiko, an einem Karzinom zu erkranken. Die Latenzperiode beträgt wenigstens 10–12 Jahre. Das Gericht erlaubt der Klägerin, die Marktführer beim Inverkehrbringen von DES gemeinschaftlich zu verklagen. So kann jeder Hersteller entsprechend seinem Marktanteil prozentual zum Schadensersatz herangezogen werden, sofern er nicht nachweist, daß sein Arzneimittel die Verletzung nicht herbeigeführt hat.[69]

---

[68] de Lousanoff, „Market Share" Liability, RIW 83, 145; Otto, Marktanteilshaftung (1990), passim.

[69] Nicht aber haftet der Apotheker, der DES vertrieben hat: Hofherr v. Dart Industries Inc. 853 F.2d 259; ebensowenig hat die Enkelin, deren Großmutter DES genommen hatte, einen Anspruch, obwohl sie deswegen bei einer Frühgeburt verletzt worden war: Enright v. Eli Lilly 553 N.Y.S.2d 224.

Arzneimittelhaftung gegenüber dem Arzt?

Nicht selten wird ein Arzt wegen Fehlbehandlung in Anspruch genommen, der sich auf ungenaue Fachinformationen des Arzneimittelherstellers verlassen hat. Wegen des beim Arzt eingetretenen Vermögensschadens hat dieser keinen Anspruch gegen den Arzneimittelhersteller. Der Arzt ist nicht in den persönlichen Schutzbereich des § 84 AMG aufgenommen. Einen Anspruch aus unerlaubter Handlung hat er regelmäßig auch nicht, da er einen reinen Vermögensschaden erlitten hat, der nicht von einem Deliktstatbestand erfaßt wird. Auch die Bestimmungen der § 10ff. AMG über die Kennzeichnung, die Packungsbeilage und die Fachinformation sind keine Schutzgesetze zugunsten des Arztes im Sinne des § 823 Abs. 2 BGB. Anders steht es im amerikanischen Recht, wie folgende Entscheidungen belegen.

Oksenbolt v. Lederle Lab. 656 P.2d 293 (Oregon 1982): Ein Arzt hatte Myambutol verschrieben, das zur Blindheit des Patienten führte. Der Hersteller des Arzneimittels hatte den Arzt nicht genügend vor dieser möglichen Nebenwirkung gewarnt. Sein Anspruch wurde bejaht, da er im Vertrauen auf eine ungenaue Information das Arzneimittel verschrieben hatte und dadurch sein Ansehen gelitten hatte.

Bytteast v. Myath Lab. Inc. 526 N.E.2d 428 (Illinois App. 1988): Der Hersteller eines Medikaments hatte Ärzte wissentlich nicht vor der Gefahr eines Medikaments gewarnt. Der geschädigte Patient erhielt 13 Mio. $ „punitive damages" zugesprochen.

Induzierter bestimmungswidriger Gebrauch

Bisweilen veranlaßt der Arzt oder eine Behörde einen Kranken, ein Medikament außerhalb der vom Hersteller angegebenen Indikation anzuwenden. So haben Heroinsüchtige Methadon auf Krankenschein erhalten, um durch Methadon ihre Heroinsucht zu kontrollieren.[70] Da der Hersteller von Levomethadon diese Indikation nicht angegeben hat, handelt es sich um einen bestimmungswidrigen Gebrauch. Treten Neben- oder Wechselwirkungen auf, ist der Hersteller nicht nach § 84 AMG haftbar, da es an der Bestimmungsmäßigkeit fehlt. Hat er jedoch diesen Gebrauch offensichtlich geduldet,

---

[70] Kritisch Kleinsorge, Methadonsubstitution, in: Klinikarzt 90, 64.

wäre es unzulässige Rechtsausübung, wenn er sich auf die von ihm getroffene Bestimmung in der Gebrauchs- und Fachinformation berufen würde. Im Normalfall haftet anstelle des pharmazeutischen Unternehmers der Arzt oder der sonst für den nicht bestimmungsgemäßen Gebrauch Verantwortliche für mögliche Verletzungen, sofern ihm Verschulden zur Last fällt. Die Methadonprogramme sind grundsätzlich unter dem Aspekt der Güterabwägung, also wegen Notstands gerechtfertigt. Auch eine solche Befugnis steht aber unter dem Vorbehalt der Haftung für Fahrlässigkeit. Ungeeignete Indikationen, überhöhte Dosierung, unpassende Auswahl der Patienten und andere Fehler gehen zu Lasten dessen, der Methadon auf diese Weise einsetzt.

Der fünfte Baustein:
Verteilungsethik

Was sind „gerechte" Verteilungskriterien?[*]

Bettina Schöne-Seifert

An der hierzulande geführten Diskussion über die finanzielle Zukunft unseres immer teurer werdenden Gesundheitssystems und über die Kostenverteilung der Medizin von morgen werden Philosophen eher selten beteiligt. Es ist vielen Menschen offenbar nicht unmittelbar einsichtig, wie grundlegend, wichtig und komplex die moralischen Probleme der Gesundheitsökonomie sind, und wie vielfältig ihre ethischen Lösungsversuche. Diese Einsicht wenigstens ansatzweise zu vermitteln, bemüht sich der folgende Aufsatz.

Ethik als Theorie der Moral

Der allgemeine Sprachgebrauch benutzt „Ethik" und „Moral" meist synonym. In der wissenschaftlichen Diskussion jedoch hat sich eine sinnvolle terminologische Festlegung weitgehend durchgesetzt, nach der „Moral" den Bereich der sittlichen Phänomene, „Ethik" hingegen die Therorie der Moral bezeichnet. Letztgenannte fällt in den fachlichen Zuständigkeitsbereich nicht nur der Philosophie, sondern auch der Theologie, die jedoch ihre Argumentation von Glaubensvoraussetzungen abhängig macht, die nicht als allgemeinverbindlich anzusehen sind. Wenn ich im folgenden von Ethik spreche, werde ich daher auf theologische Aspekte gar nicht eingehen, sondern immer säkulare moralphilosophische Überlegungen meinen, die mit rational überprüfbaren Argumenten auszukommen beanspruchen. Auch hat

---

[*] Gekürzte und veränderte Fassung eines in der Ev. Akademie Bad Boll 1991 gehaltenen Vortrags, die publiziert ist in dem Symposiumband: Mohr J, Schubert C (Hrsg) (1992) Ethik der Gesundheitsökonomie. Springer, Berlin Heidelberg New York Tokyo S. 34–44

die Moraltheologie wohl keine spezifische Gerechtigkeitstheorie zu
Fragen der Gesundheitsökonomie entwickelt, sondern läßt Konver-
genz mit verschiedenen nichttheologischen Theorien zu.

Es ist vernünftig und üblich, die Ethik als Theorie der Moral ein-
zuteilen in ein Geschäft auf 3 Ebenen: Zum einen gibt es die be-
schreibende – deskriptive – Ethik; dann gibt es die normative Ethik,
die vorschreibt und zu begründen versucht, wie man in moralisch
relevanter Hinsicht handeln sollte; und die dritte, nicht immer deutlich zu trennende Ebene ist die der Metaethik, die Letztbegründun-
gen, dem Sprachgebrauch, der Bedeutung moralischer Ausdrücke
usw. nachgeht. Die folgenden Ausführungen bewegen sich zumeist
auf der normativen Ebene, indem sie sich um die gesundheitsökonomische Frage nach dem, was wir als gerecht empfinden und verstehen (sollen), drehen. Aber immer geht es dabei natürlich auch um
die möglichen Gründe für mögliche Antworten.

Eine weitere wichtige begriffliche Trennung ist diejenige zwischen „Rationalisierung" und „Rationierung". Auch hier geht der
allgemeine Sprachgebrauch durcheinander, so daß ich den meinigen
erläutern muß: Mit Rationalisierung seien all jene Maßnahmen gemeint, die eine reine Effizienzsteigerung anpeilen, es also mit Hilfe
von Qualitätskontrollen und Wettbewerbssteigerungen, Abschaffung des Sachleistungsprinzips oder Abschaffung der Einzellei-
stungsvergütung (im Einzelfall ist man da völlig verschiedener Meinung) dazu bringen wollen, daß ein gegebenes Versorgungsniveau
mit geringerem finanziellen Aufwand als bisher ermöglicht werde.
Rationalisierung sei also verstanden als Einsparung, die Art und
Qualität des Versorgungsergebnisses unverändert läßt. Natürlich
wird schon in der Diskussion über solche Rationalisierungsmaßnah-
men immerzu eine moralische und ethische Terminologie benutzt.
Da ist etwa von einem moralischen Recht auf Niederlassung, von
einem moralischen Recht auf Therapiefreiheit, auf Fortbildungsfrei-
heit usw. die Rede. Diese Konflikte – etwa zwischen dem Interesse
der Gesellschaft an möglichst effizienter, also rationalisierter Gesundheitsversorgung und dem Recht von Ärzten auf unkontrollierte
Fortbildungsentscheidungen – sind jedoch ethisch nicht annähernd
so brisant, wie eine andere Gruppe von Problemen, um die es gleich
gehen wird. Denn daß Verschwendung fremder Gelder in einem Bereich, der für die Betroffenen einerseits so wichtig und andererseits
so wenig kontrollierbar ist wie ein Gesundheitssystem, äußerst un-
moralisch ist, läßt sich kaum bestreiten. Diese Sichtweise ist also

nicht ethisch problematisch, vielmehr wirft ihre praktische Umsetzung empirische, organisatorische und politische Schwierigkeiten auf.

Rationierung der vorhandenen Mittel

Gegenstand der folgenden Untersuchung wird daher die 2. Kategorie von Maßnahmen sein, die der „Rationierung". Damit meine ich all diejenigen Entscheidungen bzw. Unterlassungen, die auf das Vorenthalten eigentlich wirksamer, von den betroffenen Patienten erwünschter Maßnahmen hinauslaufen. Rationierungsentscheidungen können auf verschiedenen Ebenen, auf unterschiedlich transparente und gezielte Weise und mit verschiedenen Graden an Zustimmung durch die Betroffenen erfolgen. Die britische Alterslimitierung bei Dialysepatienten, die Entscheidung eines Krankenhauses für den stationären Einsatz eines nur zweitbesten Antibiotikums, weil das Budget für das beste nicht reicht, aber auch die demokratisch zustandegekommenen Entscheidungen einer Gesellschaft, allein aus Kostengründen bestimmte therapeutische Maßnahmen nicht anzubieten, sind Formen von Rationierung.

Das zu untersuchende ethische Grundproblem ist nun also die Frage nach den moralisch zulässigen oder besten Verfahren und Kriterien für Rationierung in der Medizin. Voraussetzung für eine solche Diskussion ist natürlich, daß man die Frage, ob Rationierung überhaupt notwendig sei, bejaht. Und darüber gibt es bei weitem keine Übereinstimmung. Das hängt im wesentlichen mit einem eklatanten Mangel an empirischen und prognostischen Daten zusammen, die man schon deswegen benötigt, um zwischen Rationierung und Rationalisierung überhaupt unterscheiden zu können. Denn sonst läßt sich eben gar nicht feststellen, ob das, was als Maßnahme zur reinen Effizienzsteigerung bezeichnet wird, nicht in Wirklichkeit doch bereits auch die Qualität der Versorgung einschränkt, also rationiert. Schon deswegen läßt sich also die optimistische Behauptung nicht mit harten Zahlen entkräften, daß wir der Rationierungnotwendigkeit durch bloßes Eindämmen der überall stattfindenden Verschwendung entgehen könnten. Dennoch können weder der gesunde Menschenverstand noch generelle ökonomische und ärztliche Erfahrungen einen solchen Optimismus rechtfertigen. Einerseits nämlich nimmt die Innovationsleistung der Medizin rasant zu, und wir haben immer neue diagnostische und therapeutische Möglichkeiten, von denen die meisten sog. „add-on-technologies" sind, also solche, die nicht etwa andere und vielleicht teurere diagnostische Maßnahmen ersetzen, sondern zusätzliche Kosten bedeuten. Und andererseits führt die höhere Lebenserwartung, an der die medizinische Versorgung nur zum Teil kausal beteiligt ist, zu einer zunehmenden Krankheitslast. Beides zusammen macht es äußerst wahrscheinlich, daß wir ein Medizinsystem mit dem Versorgungsniveau von heute, angenommen dies sei wünschenswert, nicht mehr werden bezahlen können. Es wird immer teurer und teurer werden, und wir können noch so sehr rationalisieren und damit das Rationieren glücklich für eine Weile aufschieben – irgendwann werden wir uns doch entscheiden müssen, wo wir Schnitte setzen, wo wir rationieren wollen. Es sei denn, ein Gesundheitssystem sei uns schlechthin mehr wert als alles andere, was sich stattdessen auf Erden erwerben und erarbeiten ließe. Und das wäre einfach absurd.

Rationierung: Für und wider

Zwei ebenfalls spekulative Argumente werden gelegentlich hiergegen vorgebracht: Wir müßten nur genügend medizinischen Fortschritt inszenieren, um dann irgendwann Behandlungsmaßnahmen und diagnostische Möglichkeiten zur Verfügung zu haben, die viel effizienter und kostengünstiger als die heutigen seien. Und zweitens wird von verschiedenen Autoren die Ansicht vertreten, die heutige Inanspruchnahme des Gesundheitssystems, die zur Extrapolationsgrundlage gemacht werde, entspräche ohnehin nicht den subjektiven Interessen der Patienten. Wenn wir sie nur fragten und ehrlich aufklärten, dann würden eben unzählige Menschen die ihnen jetzt quasi aufgezwungenen kostspieligen Maßnahmen gar nicht durchführen lassen, so daß man ohne Rationierung auskommen könnte. Es wäre zu schön, wenn diese Rechnung stimmte; sie scheint mir aber zweifelhaft, und in jedem Fall fehlt ihr bisher die empirische Grundlage, die wir allerdings unbedingt erarbeiten sollten.

Wenn nun im folgenden die Notwendigkeit zu rationieren vorausgesetzt wird, impliziert dies keineswegs, daß wir heute damit beginnen müßten, und daß unsere jetzigen Ausgaben für das Gesundheitssystem eine vernünftige Obergrenze seien. Es mag vielmehr gute Gründe dafür geben zu sagen, wir sollten 20% des Bruttosozialproduktes für die Medizin aufwenden oder auch nur 5%. Aber hierfür fehlen uns die Bewertungskriterien und Daten. Nehmen wir also für die folgenden Erörterungen vorwegnehmend an, wir müßten entscheiden, wo wir Schnitte setzen. Diese Diskussion wird bei uns noch kaum geführt. Diskutiert werden vielmehr Fragen der Gerechtigkeit in sog. „Triagefällen", in denen unglücklicherweise 2 Patienten um ein Intensivbett oder um eine Dialysemaschine konkurrieren und man die tragische Entscheidung treffen muß, welcher von beiden bevorzugt werden soll. Da kommt es natürlich auch zu einer Rationierungmaßnahme, da wird etwas vorenthalten; der Grund jedoch liegt in strukturellen, aber prinzipiell vermeidbaren Engpässen. Denn durch entsprechende Aufstockung der Dialyseplätze und der Intensivbetten könnte man theoretisch diese Triagefälle jedenfalls seltener machen, als sie heute auftreten. Erst an der Stelle, an der wir tatsächlich sagen, die medizinischen Ressourcen seien begrenzt und es bestehe ein höherer Bedarf (an Intensivbetten oder Dialysemaschinen oder anderem), als wir decken können – erst an dieser Stelle beginnt die eigentliche Diskussion um gerechte Verteilungskriterien.

Gerechtigkeit: Theorie und Kriterien

Wenden wir uns also einer kurzen Systematik der verschiedenen relevanten Theorien und Kriterien von Gerechtigkeit zu, wie sie vorwiegend im angloamerikanischen Sprachraum entwickelt wurden und werden. Das hängt sicher auch an der besonderen Struktur des amerikanischen Gesundheitssystems, in dem ein großer Teil der Bevölkerung noch immer nicht krankenversichert ist, so daß sich die Frage nach Verteilungsgerechtigkeit dort zunächst als die Frage nach einer angemessenen allgemeinen Mindestversorgung stellt. Aber wir nähern uns in unserem Land demselben Problem nur von einer anderen Richtung. Es mehren sich die Stimmen derer, die das Prinzip unserer Solidarversicherung, wo Gesunde für Kranke und Reiche für

Arme mitbezahlen, nicht ad ultimo mitmachen und etwa ein Selbst-
verschuldungsprinzip oder das Ausklammern marginal nützlicher
Leistungen eingeführt sehen möchten, als Materialisierung ihrer Ge-
rechtigkeitsvorstellungen.

Gerechtigkeitsfragen lassen sich sinnvoll in solche der distributi-
ven oder verteilenden und solche der retributiven oder wiedergut-
machenden Gerechtigkeit unterteilen. Hier wird es nur um das Problem der Verteilungsgerechtigkeit gehen, das danach fragt, wer welchen Anteil eines begrenzt großen Kuchens bekommen soll – obgleich auch Aspekte ausgleichender Gerechtigkeit in der Gesundheitsökonomie eine Rolle spielen können, wenn es etwas um die
Versorgung sozial oder politisch diskriminierter Gruppen geht.

Verteilungsgerechtigkeit wird überhaupt erst dann relevant,
wenn man es mit mehr als einer Person zu tun hat, und das nur unter der Bedingung von Ressourcenknappheit. Wenn ich frage, ob ich
einer Person, die allein auf der Welt lebt, eine Dialyse zukommen
lassen soll oder nicht, dann ist das eine Frage der Wohltätigkeit oder
des Respekts vor ihrer Selbstbestimmung, hat aber nichts mit Gerechtigkeit zu tun. Diese kommt erst bei Kompetition und Knappheit
ins Spiel. Im allgemeinen Sprachgebrauch wird häufig der Begriff
der Gerechtigkeit in einem weiteren als dem eben genannten Sinne
verstanden, indem nämlich alles „gerecht" ist, was in moralischer
Hinsicht richtig ist. In seinem engeren Sinne aber ist das Prinzip der
Gerechtigkeit unabhängig von dem der Wohltätigkeit oder des Respekts vor Autonomie. So verstanden wäre es nicht richtig, zu sagen,
daß ein Patient, der von seinem Arzt aus falsch verstandener Rück-
sichtnahme nicht aufgeklärt wurde, „ungerecht" behandelt worden
sei.

Verteilungsgerechtigkeit:
formale und materiale Kriterien

Bei der Betrachtung von Kriterien für Verteilungsgerechtigkeit bietet
sich deren Unterscheidung in formale und materiale an. Das formale
Gerechtigkeitskriterium, von dem häufig gemeint wird, es sei allein
bereits hinreichend, ist das traditionelle, schon von Aristoteles
formulierte Prinzip: Gleiche Fälle sollen gleich behandelt werden

und ungleiche Fälle nur insofern ungleich, als sie auch in moralisch relevanter Hinsicht ungleiche Eigenschaften haben. Nun stellt sich hier sofort die Frage: Was sind Gleichheit oder Ungleichheit in moralisch relevanter Hinsicht? Man braucht also zur Ergänzung dieses formalen Prinzips – damit es keine Leerformel bleibt – eben auch noch inhaltliche Festlegungen. Aber genau dort beginnen die allgemeinen Meinungsverschiedenheiten, aufgrund derer es nichtssagend und bedeutungslos ist, wenn in der öffentlichen Debatte um Gesundheitsreform deren „ethische Korrektheit" verlangt wird, ohne daß dies weiter ausgeführt wird. Man übersieht dann leicht, daß Ökonomie und Politik mit der Formulierung und Durchsetzung von Klugheitsregeln angesichts bestimmter Ziele zu tun haben, während die Ethik (nicht als gesonderte Fachdisziplin, sondern als gesonderte Überlegungen) nach eben diesen Zielen fragt.

Sehen wir uns die verschiedenen möglichen materialen Gerechtigkeitskriterien einmal der Reihe nach an. Eine mögliche Position erklärt für gerecht, daß man jedermann gleiche Anteile zukommen lasse. Das ist etwa dann einleuchtend, wenn man behaupten würde, daß alle Gäste einer Kindergeburtstagsfeier gleich oft topfschlagen sollten; wohl aber nicht, wo es sich um eine medizinische Ressourcenzuteilung handelt. Die meisten von uns würden es vehement ablehnen, daß bei einem Mensch, der schon als Neugeborener 200 000 DM auf der Intensivstation „gekostet" hat, eine Pankreatitis später nicht mehr so kostenintensiv behandelt werden dürfe wie bei jemandem, der noch nicht auf der Neugeborenenstation gelegen hat. Ein zweites Kriterium, jedem nach seinen Bedürfnissen, ist insofern eine unrealistische Idealvorstellung – schon gar für unseren Zusammenhang –, als ja gerade unsere Ausgangshypothese diejenige ist, daß wir rationieren müßten und also nicht jedem Patienten alles geben könnten, was ihm nützte.

Nach Mühe würden wir vielleicht verteilen lassen, wenn es sich um Turnnoten handelt, wo wir das arme Kerlchen, das auf den Stufenbarren nicht hinaufkommt, für seine Anstrengung mit einer akzeptablen Note belohnen wollen. Aber wir würden auf keinen Fall es richtig finden, daß jemand, der viele Jahre bei seinem Hausarzt morgens Brötchen vor die Tür gelegt und sich um seine eigene Gesundheitsvorsorge sehr bemüht hat, deswegen nun bevorzugt behandelt würde.

Nach Verdienst, retrospektiv oder prospektiv, wollen wir auch nicht verteilen; das ist eine der Grundprämissen unseres Versiche-

rungssystems, und nach Zahlungsfähigkeit soll es auch nicht gehen.
Ein Zufallsverfahren mutet als ungerecht an, weil es zur Behandlung
leichter auf Kosten schwerer Fälle führen würde. Mit anderen Worten, keines der genannten Kriterien entspricht allein auch nur annähernd unseren Intuitionen von Gerechtigkeit. Es läßt sich bereits vermuten, daß eine adäquate Gerechtigkeitstheorie mit einem Gemisch
von Kriterien operieren muß.

Zur Theorie des Liberalismus

Ich werde nun kurz ein paar Gerechtigkeitstheorien skizzieren, die
sich alle mit den speziellen Fragen der Gesundheitsökonomie be-
schäftigen. An dieser Stelle muß man sich klar machen, daß auch der
Zusammenhang zwischen Verteilungsgerechtigkeit in bezug auf das
Gut Krankenversorgung (das soll im weitesten Sinne verstanden
werden) und Verteilungsgerechtigkeit in bezug auf andere Güter,
wie Einkommen, Bildung, Berufschancen etc., auf sehr verschiedene
Weise bewertet und theoretisch begründet werden kann – was ich
allerdings hier jeweils nur am Rande erwähnen kann. Zu den relevanten Theorien gehört zunächst der Liberalismus. Seine Vertreter
behaupten, daß die Selbstbestimmung freier Menschen Vorrang vor
allen Gerechtigkeits- und Wohltätigkeitsüberlegungen habe, und sehen daher in den Mechanismen eines unbehinderten freien Marktes
das einzig gerechte Verfahren. Da, wo nicht Übervorteilung, Manipulation, Zwang oder anderes Unrecht zu bestimmten Verteilungsmustern geführt haben, seien diese gerecht, wie immer sie aussehen.
Solange erwachsene Menschen, ihr Recht auf Selbstbestimmung aus-
übend, sich krankenversicherten oder nicht krankenversicherten, Risiken eingingen oder nicht eingingen etc., könne das zwar zu unglücklichen, aber niemals zu ungerechten Unterversorgungen von
Patienten führen. Solchem Unglück dann jeweils abzuhelfen, habe
niemand eine moralische Verpflichtung, wenn die Abhilfe auch moralisch lobenswert wäre. Diese extreme Position, von der man vielleicht sagen wird, es sei kein Wunder, daß sie sich in Amerika besonders stark vertreten finde, ist schon für ihre eigenen Befürworter z.Z.
kein realisierbarer Wunsch, denn sie setzt eine liberalistische Verteilung aller Güter voraus, wie sie nirgends realisiert ist. Eine weitere

Begründung für eine Abschwächung des extremen Liberalismus hängt damit zusammen, daß gerade in der Versorgung minderbemittelter Kranker ein Element besonders erstrebenswerter Wohltätigkeit gesehen wird. Und da Eigen- und Privatinitiativen zur Etablierung eines entsprechenden Versorgungssystems nicht effektiv seien, müsse dieser gesellschaftlich wünschenswerten caritativen Möglichkeit mit einem sozusagen minimalen kollektiven Paket für die Krankenversorgung Minderbemittelter Rechnung getragen werden. Liberalisten können natürlich konsistenterweise sagen, in dem Moment, in dem sich alle Mitglieder einer Gesellschaft frei und selbstbestimmt auf die Einrichtung einer gesetzlichen Krankenversicherung einigten, wäre das dadurch erzielte Verteilungsmuster medizinischer Ressourcen gerecht. Aber sie haben keinen Grund, auf die Einführung eines solchen Systems zu drängen.

Zur Theorie des Egalitarismus

Die 2. Theorie ist die des Egalitarismus, der eine völlige Gleichverteilung aller materiellen Grundgüter mit entsprechenden Konsequenzen für die Krankenversorgung für gerecht hält. Eine spezifischere Theorie plädiert für eine gewisse Entkopplung von Gesundheitsversorgung und sonstigen Eigentumsverhältnissen mit dem Hinweis darauf, daß Gesundheit ein instrumentelles Gut von einzigartiger Wichtigkeit sei, insofern man nämlich ohne sie in der Erreichung aller anderen Lebensziele behindert werde. Das Gesundheitssystem also als eine egalitäre Insel innerhalb eines sonst nicht egalitären Systems: so etwas haben wir z.Z. noch mit unserem Krankenversicherungssystem. Wo das aber nicht mehr bezahlbar wird, müssen die Vertreter des strengen Egalitarismus all jene Leistungen, die nicht mehr allen angeboten werden können, dann auch allen vorenthalten. Das würde also etwa bedeuten, daß die Frage, ob wir Herztransplantationen anbieten wollen oder nicht, danach entschieden werden muß, ob wir sie allen in Frage Kommenden bereitstellen können: entweder für alle oder für keinen. Und der strenge Egalitarist muß ein „opting-out" – ein Sich-Vorteile-Verschaffen – Privilegierter für moralisch unzulässig halten. Von nahem besehen aber ergeben sich insofern keine eindeutigen Entscheidungen, als die Frage der relevanten Gleichheit ins Spiel kommen muß. Man könnte immer noch Egalitarist sein, aber nur noch sagen: Transplantation für Herzkranke unter 60 mit den und den medizinischen Charakteristika, und das für alle ohne Einschränkung. Insofern bedient sich der Egalitarismus zu seiner praktischen Umsetzung notwendigerweise weiterer Kriterien (s. unten), die allerdings aus Konsistenzgründen nicht das Ergebnis anderweitig inegalitärer Behandlungen sein dürfen. Und schließlich wird eine entsprechende Praxis schon deswegen moderat aussehen, weil sich in einer Gesellschaft mit nichtegalitärer Einkommensverteilung nur mit hohen sozialen Kosten verhindern läßt, daß Besserverdienende sich privat und vielleicht im Ausland Versorgungsvorteile verschaffen.

Zur Theorie des Utilitarismus

Der Utilitarismus als eine weitere eigenständige ethische Theorie hat keine direkte und eindeutige Theorie der Gerechtigkeit. Als eine Maximierungsethik, die das moralisch Richtige in der Maximierung menschlichen Wohlergehens oder Glücks sieht, benötigt er eine Interpretation dessen, was Glück bedeutet. Davon abhängig gibt es unterschiedliche Versionen, und die Frage ist eben hier, ob man Gesundheit als einen eigenständigen Glücksfaktor anerkennt oder nicht.

In jedem Fall müssen Utilitaristen nicht nur Gesundheit maximieren wollen, sondern auch soziale Stabilität sowie das Aufrechterhalten bestimmter glücksmaximierender gesellschaftlicher Werte, so daß die meisten Utilitaristen am Ende indirekt einen moderaten Egalitarismus vertreten, weil sie erstens vom abnehmenden Grenznutzen zunehmender Besserversorgung ausgehen, und zweitens die Nützlichkeitskurven der Menschen in Gesundheitsbelangen für einigermaßen ähnlich halten.

Zur Theorie des Kontraktualismus

Ein 4. Typ von Theorie schließlich ist der Kontraktualismus, der wie der Liberalismus nicht ein Verteilungsmuster, sondern ein Verteilungsverfahren zum Maßstab für Gerechtigkeit nimmt. Nach ihm beschränkt sich Gerechtigkeit auf Übereinstimmung mit einem von den Betroffenen diesbezüglich abgeschlossenen Vertrag.

Soweit aber solche Vertragstheorien hypothetisch idealisierend interpretiert werden – und das müssen sie, um praktische Relevanz zu erhalten –, machen sie zusätzliche inhaltliche Annahmen über das, was etwa vernünftige Menschen unter spezifizierten Bedingungen für gerecht halten müßten (siehe z.B. Rawls 1982). Soweit läßt sich festhalten, daß alle bisher genannten Theorien zusätzlicher inhaltlicher Kriterien bedürfen, um für die Gesundheitsökonomie Praktikabilität zu erlangen, und daß sie alle auf ein zweiklassiges Versorgungssystem hinauslaufen, sich aber hinsichtlich dessen Begründung unterscheiden sowie in der Frage nach dem Umfang der allgemein zugänglichen Versorgungsleistungen. Für den Liberalismus wird er möglichst klein sein; für den Egalitarismus möglichst groß; Vertragstheorien brauchen zusätzliche Annahmen über ihre hypothetischen Partner; der Utilitarismus bedarf empirischer Daten darüber, wieviel Inegalität glücksmaximierend sei.

Das Lebensalter als Kriterium

Auf der Suche nach den fehlenden inhaltlichen Kriterien sind nun auch ganz andere Strategien eingeschlagen worden, die zunächst unabhängig von diesen, zu ihnen quer verlaufend, zu sein scheinen. Zwar sind sie von den vorangegangenen Überlegungen nicht wirklich zu trennen, insofern als die genannte Umfangsbestimmung den Rationierungsdruck einerseits vorgibt, andererseits von ggf. unabhängigen Vernünftigkeitsüberlegungen darüber, wie wünschenswert medizinische Leistungen absolut und relativ zu anderen Gütern überhaupt sind, beeinflußt werden wird. Aber in jedem Fall haben sie eigenständige Argumentationskraft jenseits der oben genannten Theorien. Zwei Ansätze sind hier bisher eingeschlagen worden: der eine [in erster Linie von Callahan (1987), dem Direktor eines bekannten Instituts für medizinische Ethik, des „Hastings Centers", vertreten] argumentiert mittels eines normativen Bildes von menschlichem Leben, insbesondere von menschlichem Alter. Der Mensch solle sich darauf zurückbesinnen, daß die Vorgabe der Natur eine Lebensspanne von 75 oder 80 Jahren sei, und außerdem der eigentliche Sinn des Alters darin liegen, den Jüngeren Orientierung und Unterstützung zu bieten, von sich selbst und seiner eigenen Lebensverlängerung aber abzusehen. So plädiert er für eine drastische (aber selbstverfügte) Einschränkung geriatrischer Medizin, die auf Lebensverlängerung gänzlich verzichte und sich im wesentlichen auf Komfortabilisierung des verlöschenden Lebens beschränken solle. Quasi nebenbei würde eine solche Einstellung zum Altern auch das Rationierungsproblem lösen helfen. Das Problem für einen solchen naturphilosophischen Ansatz liegt zum einen in seiner mangelnden Konsensfähigkeit (warum soll man denn gerade im Alter von seinen Eigeninteressen absehen, denen man vielleicht ein ganzes aufopferndes Leben lang nicht hat nachgehen können?); zum anderen in der Inkonsistenz, mit der die „Natürlichkeit" von Krankheit und Gebrechen ein Leben lang kein Argument gegen den Einsatz modernster Medizin ist, dies aber dann am Lebensende plötzlich werden soll. Aber Callahans Thesen haben verdienstvoll eine heftige diesbezügliche Diskussion in Gang setzen helfen.

Begrenztes Gesundheitsbudget als Rationierungsprämisse

Der andere Ansatz [sein Hauptvertreter ist Daniels (1988)], geht von der Frage aus, wie hypothetische vernünftige Einzelpersonen ihr begrenztes Gesundheitsbudget (Rationierungsprämisse) zu Beginn ihres Lebens verplanen würden. Diese Antizipationsbedingung hat einerseits den praktischen Grund, daß man aufgrund von Klugheitsüberlegungen als Versicherungsnehmer oder auch nur als vorausplanender Selbstzahler tatsächlich im voraus festlegen muß, gegen welche Gesundheitsrisiken und für welche Krankheitsfälle man sich auf welche Weise schützen wolle. Andererseits realisiert diese Antizipationsbedingung auch schon eine ethische Vorgabe. So wie das

Rawls in seiner Gerechtigkeitstheorie entwickelt hat, sollen nämlich die Vorausplaner ihre Entscheidungen hinter einem „Schleier des Nichtwissens" treffen, der sie – in unserem Zusammenhang – im Unklaren darüber läßt, welche Krankheiten sie bekommen, welche diesbezüglichen Risiken und Dispositionen sie haben und welchen Wert sie diesen und jenen Gesundheitsmaßnahmen also jeweils beimessen werden. Sie sollen eigennützig ihre Chancen, glücklich zu leben, zu funktionieren, Lebenspläne auszuführen, über ihr ganzes Leben maximieren wollen. Wohl aber soll ihnen das verfügbare anthropologische, psychosoziale und medizinische Wissen ihrer künftigen Gesellschaft zur Verfügung stehen. Und dann müßten sie, so Daniels, zwingend dafür vorsorgen wollen, daß ihnen jeweils ein möglichst großes altersspezifisches Funktionsspektrum erhalten bleibt. Denn einerseits haben Menschen zu verschiedenen Lebensphasen ja ganz unterschiedliche Wertvorstellungen, andererseits ist die Bandbreite der Funktionen, an deren Erhalt jemand interessiert sein könnte, altersspezifisch (ein 95jähriger will nicht Fußball spielen können). Dieser angenommene selektive „Schleier des Nichtwissens" soll also Unparteilichkeit und Chancengleichheit realisieren, ohne die Praxisnähe aufzugeben. Und jeder hinter diesem Schleier stehende Mensch (wenn man ihn nur als vernünftig genug idealisiert, bräuchte man nicht einmal Rawls' oder Daniels' Kollektiv von Entscheidern) würde nach Daniels dazu kommen müssen, möglichst viele Ressourcen für evtl. am Anfang seines Lebens auftretende gefährliche Krankheiten bereitzustellen, ziemlich viel für die mittlere Lebensphase und eher wenig für das Lebensende, wo das Nutzenpotential der Medizin verhältnismäßig gering ist. Was am Anfang investiert werde, diene sozusagen dem ganzen Leben, am Ende dagegen brächten große Aufwendungen wenig Frucht. Dort würde der Kluge sich nur noch gegen grundlegende Altersprobleme wie Pflegebedürftigkeit, Schwerhörigkeit, Schmerzen oder Harninkontinenz versichern wollen, nicht aber gegen den Bedarf nach einer Herztransplantation.

Diese Argumentation spiegelt Überlegungen wider, nach denen es das Ziel der modernen Medizin ist, die Gesundheitskurve der Menschen über ihre Lebenszeit möglichst rechteckig zu machen, den Eintritt von Krankheit möglichst weit ins Alter hinauszuschieben, Kranksein zu komprimieren. Und was diese Kompressionsleistung an Ressourcen kostet, muß dann quasi am Ende wieder eingespart werden.

Kritische Anfragen

Den gängigen Vorwurf, damit einer Altersdiskriminierung das Wort zu reden, hat Daniels – wie ich meine – überzeugend mit dem Hinweis darauf entkräftet, daß eine allgemeine Entscheidung zugunsten reduzierter Altersmedizin ja nicht eine bestimmte Gruppe von Menschen benachteilige (wie das rassistische oder sexistische Handlungen täten) sondern uns alle – Eltern-, Kinder- wie Enkelgeneration – beträfe, die wir ja irgendwann einmal alt werden.

Aber einmal ganz abgesehen von der offenen empirischen Frage, wieviel sich durch eine (nicht zu einer Einschränkung des Wohlbefindens führende) Reduktion des medizinischen Aufwands am Lebensende wirklich einsparen ließe, wirft die Danielssche Argumentation bei aller Suggestivität zentrale Probleme auf, die ich hier nur anreißen kann. Entscheidendes von dem nämlich, was da hinter dem Schleier des Nichtwissens entschieden wird, folgt aus bestimmten normativen Vorgaben: Wenn etwa die Verschleierten keine epidemiologischen Kenntnisse hätten, nichts über Krankheitsinzidenzen, Verlaufswahrscheinlichkeiten etc. wüßten, würden sie anders entscheiden als mit solchen Kenntnissen. Im letzteren Fall würde ihr Risikoverhalten eine entscheidende Rolle spielen. Welche Vorgabe ist moralisch richtig: sollen die Opfer sehr seltener Krankheiten eben aufgrund dieser Seltenheit schlechter versorgt werden oder nicht?

Oder: wie sollen die Verschleierten ihre eigene Neigung zu gesundheitsschädigenden Verhaltensweisen prognostizieren? Soll in ihrem künftigen Versorgungssystem die Leistungspflicht gegenüber jemandem aufgekündigt werden können, der durch seinen Lebensstil Krankheitszustände verursacht oder riskiert? Auch hierauf scheint mir die hypothetische Entscheidungskonstruktion keine eindeutige Antwort zu geben. Aber dieser Punkt ist wichtig angesichts der zunehmenden Stimmen, die von Selbstverschuldung, Risikoprämien und Risikoübernahme reden; die das Drachenfliegen mit einer Versicherungsprämie belegen wollen, welche dann für die Unfallversorgung abgestürzter Flieger verwendet werden soll; die die Nikotin- und Alkoholsteuer direkt in Alkoholiker- und Raucherversorgung fließen lassen wollen etc. Und wir alle finden daran wohl einen verständlichen Kern, meinen wir doch, daß eine gewisse „Entmedikalisierung" unseres Lebens und ein höheres Maß an Eigenverantwortung auch zu einem höheren Maß an allgemeiner Gesundheit führen würden. Aber sind nicht die Argumente dagegen, daß man Raucher einfach nicht mehr behandelt oder jemanden am alkoholbedingten Leberversagen einfach sterben läßt, viel stärker? Erstens kann man bei der bekannten multifaktoriellen Genese von Krankheiten deren faktische Kausalfaktoren jeweils nicht eindeutig identifizieren. Zweitens haben wir schon in Alltagsdingen große Probleme damit, die Freiwilligkeit von Verhaltensweisen festzulegen; bei Drogenabhängigkeit usw. wird das noch schwieriger. Und schließlich wären die sozialen Kosten solcher Schuldzuweisung enorm hoch – man denke nur an all die konsekutive Verunsicherung und Verängstigung, Diskriminierung und Kontrolliertheit.

Zusammenfassung

Trotz allem scheinen mir Ansätze wie der von Daniels hoffnungsvoll und wichtig, erwecken sie doch die Hoffnung darauf, in einem – vielleicht mühsamen Einigungsprozeß – bestimmte medizinische Leistungen für relativ entbehrlich zu halten und demokratisch und antizipierend auf sie zu verzichten. Damit komme ich zu einem letzten mir wichtigen Punkt: Alles bisher Gesagte ging stillschweigend davon aus, daß Rationierung, wenn sie notwendig ist, anonym, unpersönlich, transparent und im voraus erfolgen muß. Das möchte ich hier noch einmal explizit betonen. Es ist für unsere Intuitionen über gerechte Verteilung ein entscheidender Unterschied, ob wir es mit konkreten, identifizierbaren Personen zu tun haben (denen wir als Arzt oder Angehörige zur Seite stehen, oder die wir gar selbst sind) oder mit statistischen Adressaten. Diesen Unterschied zu leugnen, mag er auch irrationale Wurzeln haben, wäre vermutlich mit hohen sozialen Kosten verbunden. So wäre es schon deswegen (von Intransparenz und Willkürlichkeit einmal abgesehen) keineswegs wünschenswert, daß Ärzte persönliche Allokationsentscheidungen gegenüber konkreten Patienten durchführen oder verantworten müssen. „Triagefälle" dürfen nicht absichtlich zur Regel gemacht werden, um so das Problem systematischer Rationierung zu umgehen, auch wenn das zu ihrer Entscheidung wohl meistens benutzte Kriterium der medizinischen Utilität (der Kränkere kriegt das Bett) zunächst plausibler zu sein scheinen mag als alle anderen Verteilungskriterien. Man täusche sich nämlich nicht über die kumulativen Effekte, die dadurch eintreten würden, daß man Fehlbetten, Fehloperationen, eben fehlende Ressourcen, zufällig als Engpässe über alle Patienten streute. Und schließlich gehen in die Feststellung der „medizinischen Nützlichkeit" leicht und vielleicht unkontrollierbar unabhängige nichtmedizinische Verteilungskriterien ein, über deren Relevanz unsere ganze Diskussion ja gerade erst geht.

Fazit: Gerechtigkeitsüberlegungen bezüglich unserer Gesundheitsheitsversorgung werden uns vermutlich dazu bringen, ein zweiklassiges System zu befürworten (das bei uns im Grunde schon existiert, wenngleich dessen nicht allgemein bezahlte „Luxusklasse" bisher nur einen kleinen Umfang hat). Solange wir uns auf eine weitergehende Realisierung solcher Zweiklassigkeit trotz Rationierungsdrucks nicht demokratisch einigen können, sollten wir – davon war bisher noch gar nicht die Rede – ein wirklich pluralistisches Krankenversicherungssystem in Erwägung ziehen, das dem einzelnen unterschiedliche Budgetierungs- (und Rationierungs)weisen anbietet.

Literatur

Callahan D (1987) Setting limits. Medical goals in an aging society. Simon & Schuster. New York London

Daniels N (1988) Am I my parents' keeper? An essay on justice between the young and the old. Oxford University Press, New York Oxford

Engelhardt T (1986) The foundations of bioethics, chap 9. Oxford University Press, New York Oxford

Rawls J (1982, [1]1976) Eine Theorie der Gerechtigkeit. Suhrkamp, Frankfurt am Main

Gesundheitsökonomie und Wirtschaftlichkeit von Arzneimitteln

Johann-Matthias Graf von der Schulenburg

Arzneimittel auf dem Prüfstand der Ökonomie

Wie überall im wirtschaftlichen Leben stehen auch im Gesundheitsbereich, anders als im Schlaraffenland, nur begrenzte Mittel zur Verfügung (Andersen u. Schulenburg 1987).

Es ergibt sich das Problem, daß mit diesen begrenzten Mitteln möglichst viel „Gesundheit" gekauft werden soll. Jede zusätzliche Mark, die für Gesundheitsleistungen ausgegeben wird, soll deshalb in dem Bereich verwendet werden, wo sie den größten Nutzen stiftet. Dieses Problem stellt sich sowohl gesamtwirtschaftlich – z.B. bei der Entscheidung zwischen einem neuen Krebsvorsorgeprogramm oder einem Ausbau des Unfallrettungssystems – als auch bei der Behandlung bestimmter Krankheiten. So muß z.B. auch über die medikamentösen Therapieformen entschieden werden, welche im Verhältnis zu ihren Kosten den größten Nutzen erbringen, oder aber es muß eine Beurteilung darüber abgegeben werden, ob die Behandlung einer Krankheit sich evtl. gar nicht lohnt, da die hierfür notwendigen Ressourcen an anderer Stelle im Gesundheitswesen einen größeren Nutzen stiften.

Diese Abwägung von Nutzen und Kosten verschiedener Gesundheitsversorgungsmaßnahmen muß auch der Gesetzgeber bei der Bestimmung des Leistungskatalogs der Gesetzlichen Krankenversicherung leisten. Beispielsweise sind die Leistungsbegrenzungen im neuen Gesundheitsreformgesetz Ausdruck einer Abwägung von gesellschaftlichen Nutzen und Kosten verschiedener Gesundheitsleistungen. Die These, daß im Krankheitsfall keine Diagnose, Therapie oder Behandlung zu teuer ist, gilt zwar vielleicht im konkreten Fall für den Arzt, wenn er einen kranken Patienten vor sich hat, nicht jedoch für die Bereitstellung von Ressourcen für die Gesundheitsvorsorge. Der Arzt wird sich im konkreten Fall bemühen, dem Kranken so gut wie möglich zu helfen. Hier sollten Kostenüberlegungen keine Rolle spielen. Geht es jedoch um die Bereitstellung von Gesundheitsleistungen – z.B. eines neuen Transplantationszentrums oder eines neuen Medikaments, das die Sterbewahrscheinlichkeit jedes Bürgers um Bruchteile eines Promilles senkt –, so ist abzuwägen, ob die hierfür beanspruchten Ressourcen nicht an anderer Stelle nutzbringender verwendet werden können.

Wirtschaftliche Überlegungen stehen deshalb auch nicht im Gegensatz zu medizinischen oder ethischen Überlegungen. Im Gegenteil: Gesundheitsökonomische Überlegungen basieren auf medizinischen Erkenntnissen und dem Expertenwissen von Medizinern, und wirtschaftliches Handeln ist ethisches Handeln, denn schließlich geht es bei der Verwendung der im Gesundheitswesen eingesetzten Mittel nicht um das Privatvermögen von Politikern, Gesundheitsbeamten oder Kassenfunktionären, sondern um Mittel, die von der Solidargemeinschaft der Krankenversicherten aufgebracht werden müssen.

Konnte das Gesundheitsbudget in den 60er Jahren entsprechend dem Wachstum des Bruttosozialprodukts stetig zunehmen und damit die Versorgung der Bevölkerung immer weiter verbessert werden, so ist dieser Anstieg des Budgets seit Mitte der 70er Jahre aufgrund des verlangsamten Wirtschaftswachstums problematisch (Drummond et al. 1989). Druck auf die ohnehin schon knappen Ressourcen übt weiterhin die Entwicklung der Bevölkerungsstruktur („Überalterung") und die Zunahme der Therapiemöglichkeiten („Hochleistungsmedizin") aus. Für Gesundheitsleistungen werden insgesamt etwa 10% des Bruttosozialprodukts aufgewendet, was in DM ausgedrückt dem Umsatz der 4 größten Industriekonzerne – Daimler Benz, VW, Siemens und BASF – in der Bundesrepublik Deutschland entspricht bzw. 3mal so hoch ist wie die Ausgaben für die Landesverteidigung.

Dabei wird der überwiegende Teil der Gesundheitsleistungen durch die Gesetzlichen Krankenkassen finanziert. Ihre Ausgaben betragen über 6% des Bruttosozialprodukts (Bundesminister für Wirtschaft 1988). Gerade die Höhe der Beiträge zur Gesetzlichen Krankenversicherung ist seit einigen Jahren Gegenstand öffentlicher Diskussionen, eine weitere Erhöhung erscheint also kaum durchsetzbar. Deshalb wurde die Regierung durch das 1989 in Kraft getretene Gesundheitsreformgesetz verpflichtet, für Beitragssatzstabilität zu sorgen. Dies macht deutlich, daß die Ausgaben für Gesundheitsleistungen nicht über alle Grenzen wachsen können, sondern ihrer Entwicklung durch die allgemeine Wirtschaftsentwicklung Grenzen gesetzt sind. Die Begrenztheit der zur Verfügung stehenden Ressourcen und die Notwendigkeit einer Abwägung, in welchem Bereich sie am besten verwendet werden, wird durch die Kostendämpfungspolitik deutlich. Aber selbst wenn die Ausgaben der Krankenkassen weiterhin rasant steigen könnten, müßte man sich dennoch um eine effiziente Mittelverwendung bemühen.

Die Arzneimittelindustrie steht nun aufgrund dieser Tatbestände vor der Aufgabe, die Wirtschaftlichkeit ihrer Produkte unter Beweis zu stellen. Dies kann aber nicht nur dadurch erfolgen, daß gute Ergebnisse bei der Behandlung einer Krankheit dokumentiert werden, sondern es muß auch der relative Nutzen der Medikamente im Vergleich zu alternativen Präparaten – oder aber auch alternativen nichtmedikamentösen Therapiemethoden – unter Beweis gestellt werden. Dieser relative Nutzen besteht, wenn entweder das neue Produkt bei gleichem Preis wie die Konkurrenzprodukte (Konkurrenzbehandlungsformen) bessere klinische Ergebnisse bringt oder die gleichen Ergebnisse zu einem geringeren Preis liefert.

Dabei verlangt das Denken in Opportunitätskosten – auch Alternativkosten genannt – die Bestimmung jenes Teils der Kosten, der durch alternative Therapiemaßnahmen eingespart werden kann (Pohl u. von der Schulenburg 1989). Das Konzept der Opportunitätskosten hat zentrale Bedeutung für alle Wirtschaftlichkeitsanalysen: Die Kosten einer Maßnahme sind der entgangene Nutzen einer alternativen Maßnahme, die nicht durchgeführt werden konnte. Eine Mark, die für eine Maßnahme verwendet wird, kann nicht für eine alternative Maßnahme verwendet werden. Die Abwägung von Alternativen und von Nutzen und Kosten nimmt jeder Konsument und jeder sonstige Nachfrager selbst vor, so daß es vielfach einer gesonderten expliziten Wirtschaftlichkeitsanalyse nicht bedarf, da der Markt dies regelt. Die Marktpreise spiegeln die Alternativkosten und den Nutzen der Güter wider, den die Nachfrager diesem zumessen. In Bereichen jedoch, in denen die Ressourcen durch eine öffentliche Institution zur Verfügung gestellt werden, kann die Konsumentenabwägung von Nutzen und Kosten unter Berücksichtigung gesellschaftlicher Ziele nur durch eine Wirtschaftlichkeitsanalyse ermittelt werden. Deshalb ist für alle größeren staatlichen Projekte – wie z.B. den Bau einer Autobahn oder einer U-Bahn – eine Nutzen-Kosten-

Analyse gesetzlich vorgeschrieben, da der Konsument nicht durch seine Zahlungsbereitschaft seine relative Wertschätzung für den Nutzenzuwachs angeben kann.

Methoden ökonomischer Bewertung

Im Gesundheitswesen werden deshalb auch verstärkt Wirtschaftlichkeitsanalysen eingesetzt, da es für den einzelnen Kassenarzt, den Kassenfunktionär, den Beamten im Bundesgesundheitsamt und den Gesetzgeber immer schwieriger wird, die gesellschaftlichen Alternativkosten und den Nutzen von diagnostischen und therapeutischen Gesundheitsmaßnahmen in einer Ad-hoc-Betrachtung zu ermitteln und unter Berücksichtigung gesundheitspolitischer Ziele abzuwägen. Da gerade bei Gesundheitsleistungen die Ermittlung der Nutzen und Alternativkosten recht schwierig sind, verzichtet man noch vielfach auf eine umfassende Nutzen-Kosten-Analyse und begnügt sich mit der Angabe von Mindestwirksamkeiten oder einer Budgetrestriktion. Vorzuziehen ist dann die Alternative, die die geringsten Kosten oberhalb der Mindestwirksamkeitsgrenze oder die höchste Wirksamkeit innerhalb der Budgetrestriktion aufweist.

Nur wenn der Arzneimittelhersteller dieses schlüssig belegt, kann er sicher sein, daß sein Medikament auch bei Entscheidungen über die Erstattungsfähigkeit im Rahmen des staatlichen Sozialsystems berücksichtigt wird, wie z.B. in Großbritannien, Österreich oder Frankreich durch sog. Positivlisten der Fall ist. Von den Arzneimittelherstellern wird also immer mehr ein Nachweis darüber erwartet, daß die Preise ihrer Produkte „gerechtfertigt" sind; hier kommt den Wirtschaftlichkeitsanalysen eine bedeutende Rolle zu. Bietet ein Arzneimittel einen wesentlich höheren Nutzen als bisher vorhandene vergleichbare Präparate oder alternative nichtmedikamentöse Therapiemethoden, so kann auch der Preis entsprechend höher sein. Bietet das neue Medikament aber andererseits nur geringe Vorteile gegenüber bereits eingeführten, so sollte der Preis mehr wettbewerblich orientiert sein.

Es sollen durch die Anwendung von Nutzen-Kosten-Untersuchungen keine politischen Entscheidungen vorweggenommen werden; sie können aber als Hilfe bei Allokationsentscheidungen und politischen Entscheidungen Verwendung finden (Henke 1986), indem der Kenntnisstand des Entscheidungsträgers verbessert wird und die Transparenz steigt (Biene et al. 1987).

Es wurden in der Vergangenheit verschiedene Methoden entwikkelt, mit denen die Wirtschaftlichkeit bestimmter Medikamente, Behandlungsformen oder Gesundheitsprogramme nachgewiesen werden kann (Drummond et al. 1989). Alle Methoden versuchen, die Nutzen bestimmter Gesundheitsmaßnahmen zu ermitteln und diese den (Alternativ)kosten gegenüberzustellen. Je größer der Informationsstand des Analytikers ist, um so ausgefeilter und umfassender kann eine Abwägung der Kosten und Nutzen vorgenommen werden. Häufig wird man die Kosten und Nutzen der zu untersuchenden Alternativen nur partiell ermitteln können, und man ist dann gezwungen, die Analyse auf diese bekannten Größen zu reduzieren.

Kostenanalyse

Diese Bewertungsmethode ist die einfachste von allen und umfaßt allein die Kosten. Man muß dabei zwischen den Kosten der Krankheit selbst und den Kosten der Behandlung dieser Krankheit differenzieren; bei beiden existieren sowohl direkte als auch indirekte Kosten.

Als direkte Kosten einer Krankheit wird i. allg. der empirisch meßbare Verbrauch von Ressourcen (z.B. Behandlung, Pflege, Rehabilitation) bezeichnet, zu den indirekten Kosten zählt der Verlust an Wertschöpfung aufgrund von Arbeitsunfähigkeit, Invalidität und vorzeitigem Tod (Henke 1988). Als Vergleichsmaßstab für den durch Mortalität und Morbidität entstehenden Verlust an Wertschöpfung werden die erzielbaren Einkommen Erwerbstätiger herangezogen (Cooper u. Rice 1978). Diese Kostenermittlung (sowohl direkte als auch indirekte Kosten) kann 2 Zielen dienen. Sie kann einerseits Politiker auf die gesamtwirtschaftlichen Folgen einer bestimmten Krankheit aufmerksam machen und damit die Notwendigkeit von gegensteuernden Programmen aufzeigen, andererseits bietet sie eine Grundlage für die Schätzung des wirtschaftlichen Erfolgs eines neuen Arzneimittels (Drummond et al. 1989).

Die direkten Kosten einer Behandlung liegen im Preis der Medikamente oder ähnlichem, die indirekten Kosten der Behandlung sind z.B. die Kosten für den Krankenhausaufenthalt während der Behandlung oder die Kosten für die Behandlung von Nebenwirkungen.

Diese Bewertungsmethode ist nur möglich beim Vergleich alternativer Behandlungsformen, die dasselbe, wohldefinierte Behandlungsergebnis liefern. Als Entscheidungskriterium für oder gegen eine Behandlungsform wird ausschließlich der Kostenvergleich durchgeführt.

Die Ergebnisse einer Kostenanalyse bleiben natürlich für eine Gesamtbewertung unbefriedigend, da wichtige Kosten- und Nutzengrößen – wie z.B. der Aspekt der Lebensqualität – unberücksichtigt bleiben.

Kosten-Nutzen-Analyse

Bei dieser Bewertungsform werden den Kosten der Behandlung der durch die Behandlung erreichte Nutzen gegenübergestellt. Beide Größen werden in Geldeinheiten gemessen. Der direkte Nutzen liegt in direkten Kosteneinsparungen (z.B. Wegfall bisheriger Behandlungskosten), der indirekte Nutzen wird durch die Verminderung von Produktionsausfällen (z.B. frühere Rückkehr an den Arbeitsplatz) bewirkt. Gewählt wird die Alternative mit der besten Kosten-Nutzen-Relation (Biene et al. 1987).

In der Praxis hat sich die Durchführung von Nutzen-Kosten-Analysen im Gesundheitswesen häufig als nur begrenzt aussagefähig herausgestellt, da wesentliche Nutzen- und Kostenkomponenten von Gesundheitsleistungen (noch) nicht in Geldeinheiten meßbar sind (Dinkel u. Schulze-Röbbecke 1982). So werden z.B. auf der Nutzenseite das gesteigerte Wohlbefinden und auf der Kostenseite die Belastungen, die der Patient durch die Behandlung auf sich nehmen muß, nicht berücksichtigt. Die Vernachlässigung dieser sog. „intangiblen" Effekte ist jedoch häufig für die endgültige Abschätzung der Kosten-Nutzen-Relation von Gesundheitsmaßnahmen entscheidend, aber die bisher hierfür entwickelten Methoden sind noch recht problematisch (Bundesminister für Arbeit und Sozialordnung 1984). Allerdings ist gerade in diesem Bereich eine erhebliche gesundheitsökonomische Forschungsaktivität und ein großer Methodenfortschritt in den letzten Jahren zu beobachten.

Kosten-Wirksamkeits-Analyse

Um einerseits den oben kurz skizzierten Schwachstellen der beschriebenen Methoden zu begegnen und andererseits auf die problematische Bewertung der intangiblen Kosten und des intangiblen Nutzens zu verzichten, wurde dieser Ansatz entwickelt. Der Nutzen wird hier anhand von naheliegenden natürlichen Einheiten (Gesundheitseffekten) bewertet, wie z.B. „erfolgreich behandelte Fälle" oder „Lebensverlängerung in Jahren". Alle monetär erfaßbaren Größen werden wie bei der Kosten-Nutzen-Analyse in Geldeinheiten angegeben (Bundesminister für Arbeit und Sozialordnung 1984). Die Gegenüberstellung der Kosten und Nutzen erfolgt dann durch den Quotienten aus dem Input (gemessen in Mark) und dem Output (gemessen in natürlichen Einheiten). Das Ergebnis der Analyse lautet dann etwa wie folgt: „Ein zusätzliches Lebensjahr kann unter den gemachten Annahmen und mit Hilfe der hier untersuchten Behandlungsmethode mit einem zusätzlichen Kostenaufwand von x Mark erreicht werden". Ein Vergleich der Input-Output-Relationen verschiedener Gesundheitsmaßnahmen ist dann möglich.

Nutzwertanalyse

War in der Vergangenheit das oberste Ziel jeglicher medizinischer Behandlung die bloße Verlängerung des Lebens des Patienten, so wird heute mehr und mehr die Verbesserung der Lebensqualität ins Auge gefaßt (Frage des Arztes: Wie geht es uns denn heute?). Die Lebensqualität spielt sowohl auf der Nutzen- als auch auf der Kostenseite eine wesentliche Rolle. Die durch die Behandlung gewonnenen Lebensjahre werden bei diesem Verfahren mit einer Reihe von Gewichtungsfaktoren, die die individuelle Wertschätzung alternativer Gesundheitszustände widerspiegeln, qualitätskorrigiert (Biene et al. 1987; Drummond et al. 1987). Dieses Verfahren wurde erst in den 80er Jahren entwickelt, und für die Meßmethode der Lebensqualität, die sehr komplex ist, hat sich noch kein einheitlicher Standard herausgebildet. Dennoch hat die gesundheitsökonomische Forschung Methoden zur Messung qualitätsbereinigter Lebensjahre entwickelt, die zu brauchbaren Aussagen über den Wert bestimmter Gesundheitsmaßnahmen führen. Auf diese Methoden gehen wir später noch ein.

Daß die Lebensqualität als Entscheidungskriterium relevant ist, kann an folgendem Beispiel verdeutlicht werden: Das Medikament Benoxaprofen wurde infolge seiner Risiken aus dem Markt genommen, obwohl die Mehrzahl der Patienten, wie eine spätere Untersuchung zeigte, durchaus das Risiko einer akuten Lebensgefahr gegen die durch den Wirkstoff erzielbare Schmerzfreiheit einzutauschen bereit war (Drummond et al. 1989). Da dieser Vorteil damals aber nicht quantifiziert werden konnte, wurde der Einsatz dieses Wirkstoffs verboten, da nur das Risiko als Entscheidungskriterium akzeptiert wurde.

Es gibt wohl kaum ein medizinisches Arzneimittel oder medizinische Leistungen mit nachweisbaren Hauptwirkungen, die nicht auch beobachtbare Nebenwirkungen und Behandlungsrisiken mit sich bringen. Es wird deshalb auch immer eine Abwägung der Nutzen (erwarteter Behandlungserfolg) und Kosten (erwartete Schädigungen) in medizinischem Sinne erforderlich sein, die durch die Ergebnisse einer ökonomischen Nutzwertanalyse erleichtert wird. Hier wird auch sichtbar, wie eng medizinische und ökonomische Ethik zusammenliegen. Der Arzt muß im Einzelfall abwägen, ob eine bestimmte Behandlung durchgeführt wird, da die erwarteten Nutzen größer sind als die erwarteten Belastungen für den Patienten. Manchmal muß er sogar bei temporär knappen medizinischen Einrichtungen entscheiden, bei welchem Patient diese den höchsten Nettonutzen bringen, da mehr Patienten, die dafür indiziert sind, als Behandlungsplätze vorhanden sind. Die ökonomische Ethik fordert, daß die im Gesundheitswesen insgesamt eingesetzten knappen Ressourcen so verwendet werden, daß sie den höchstmöglichen Nutzen für die Mitglieder der Gesellschaft bringen.

Noch schwieriger wird die Aufgabe, wenn der nachweisliche Nutzen einer neuen Therapieform nur in einem erhöhten Komfort für die Patienten liegt, eine lebensverlängernde Wirkung jedoch nicht nachweisbar oder wahrscheinlich ist. Der Autor bekam beispielsweise den Auftrag, den Lebensqualitätsgewinn von Erythropoietin im Rahmen einer Wirtschaftlichkeitsanalyse zu bewerten (von der Schulenburg et al. 1989). Erythropoietin wird bei anämischen Dialysepatienten verwendet, um die Produktion von roten Blutkörperchen anzuregen und sonst notwendig werdende Bluttransfusionen zu substituieren. Der einzige – aber aus gesundheitsökonomischer Sicht – entscheidende Effekt einer Erythropoietinbehandlung war eine spürbare Erhöhung der Lebensqualität bei den meisten Patienten. Denn Bluttransfusionen führen unter anderem zu einer sehr schwankenden Befindlichkeitslage der Patienten.

Um zu verdeutlichen, daß der Aspekt der Lebensqualität bei der modernen Medizin eine immer größere Rolle spielt, sei neben Benoxaprofen und Erythropoietin ein drittes Beispiel aus einem anderen Indikationsgebiet genannt. Arterielle Verschlußkrankheiten im Fontaine-Stadium III und IV führen in vielen Fällen zu der Notwendigkeit, Amputationen der unteren Gliedmaßen durchzuführen. Die Amputationsrate kann durch die intravenöse oder intraarterielle Applikation von Prostaglandin E_1 (PGE_1) signifikant gesenkt werden. Eine Behandlung mit PGE_1 ist jedoch recht kostspielig (500–2 000 DM pro Patient), so daß sich die Frage stellt, ob der Lebensqualitätsgewinn einer vermiedenen Amputation und geringeren Bewegungs- und Ruheschmerzen den Einsatz von PGE_1 aus ökonomischer Sicht rechtfertigt. Eine Nutzwertanalyse konnte hierauf Antwort geben (von der Schulenburg u. Schöffski 1990). Bei 127 Patienten, die mit PGE_1 an der MHH Hannover und der Universitätsklinik Ulm behandelt wurden, erfolgte die Messung der Lebensqualitätsveränderung aufgrund der Behandlung mit Hilfe des eindimensionalen Karnofsky-Indexes (s. Anhang 5.1.1) und der zweidimensionalen Methode von Kind und Rosser (s. Anhang 5.1.11). Die Nutzwertanalyse zeigt, daß sich die Lebensqualität der Patienten im Durchschnitt um 0,108–0,123 qualitätsbereinigte Lebensjahre (QALYs) verbessert. Eine Verbesserung um 0,1 QALYs bedeutet z.B., daß ein Patient mit schweren Schmerzen und starker Beeinträchtigung bei Arbeitsverrichtungen für ein Jahr nur noch milde Schmerzen hat und nur noch leicht beeinträchtigt ist (Verbesserung von IV D nach III B in der Kind-Rosser-Klassifikation).

Es sei jedoch auch erwähnt, daß ökonomische Studien dem Entscheidungsträger das Bewertungs- und Entscheidungsproblem nicht abnehmen können. Sie tragen nur dazu bei, Entscheidungen vorzubereiten und Bewertungen transparenter zu machen.

Voraussetzungen für Wirtschaftlichkeitsanalysen

Bei der Durchführung einer Wirtschaftlichkeitsanalyse müssen mehrere Punkte beachtet werden (vgl. Department of Clinical Epidemiology and Biostatistics 1984). So müssen – wie bei allen wissenschaftlichen Untersuchungen – die Zielsetzung und die Problemstellung eindeutig definiert sein, die Studie muß eine Erfassung und Beschreibung aller miteinander konkurrierenden Alternativen umfassen; es müssen alle relevanten Kosten- und Nutzenwirkungen beachtet werden; der unterschiedlichen Fälligkeitsstruktur der Kosten- und Nutzenelemente muß durch eine Diskontierung Rechnung getragen werden, was jedoch nur bei einer kardinalen Nutzenmessung möglich ist (Hanusch 1987). Außerdem ist eine Darstellung der Ergebnisse durch Grenzkosten und Grenznutzen nötig, da eine Beschränkung auf die Durchschnittskosten das Ergebnis verzerrt. Schließlich sollte das Ergebnis einer Sensitivitätsanalyse unterzogen werden, um den Einfluß der unterschiedlichen Parameter und Annahmen auf das Gesamtergebnis zu verdeutlichen (Bundesminister für Arbeit und Sozialordnung 1984). Die Eingangsdaten und die Annahmen sind abschließend nochmals auf ihre Plausibilität hin zu überprüfen.

Bislang umstritten und kontrovers diskutiert wird die Einbeziehung von höheren Ausgaben während der durch Behandlungsmaßnahmen gewonnenen Lebensjahre, die Einbeziehung indirekter Kosten verlängerten Lebens (z.B. Nutzung von Altersheimplätzen) und die mit einem verlängerten Leben verbundene zusätzliche Wertschöpfung, wenn der Patient in das Erwerbsleben zurückkehrt (Henke 1988). Da es für die Bewertung der indirekten Nutzen und Kosten verschiedene Methoden gibt und über deren Einbeziehung in die Wirtschaftlichkeitsanalyse unterschiedliche wissenschaftliche Meinungen bestehen, muß immer genau danach gefragt werden, wie ein bestimmtes Analyseergebnis zustande gekommen ist. Auf jeden Fall sollte bei jeder Nutzen-Kosten-Analyse der Rat eines Fachwissenschaftlers eingeholt werden, da viele Wirtschaftlichkeitsuntersuchungen in der letzten Zeit präsentiert wurden, die wissenschaftlichen und methodischen Kriterien nicht genügen.

Will man nun eine Wirtschaftlichkeitsanalyse für Medikamente durchführen, so sind 2 verschiedene Wege gangbar. Zum einen kann die ökonomische Analyse zusammen mit der klinischen Prüfung des

Medikaments vorgenommen werden, zum anderen kann sie nachträglich durchgeführt werden. Beide Verfahren haben ihre Vor- und Nachteile, die im folgenden kurz erläutert werden sollen (Drummond u. Stoddard 1984). Der Hauptnachteil einer begleitenden Analyse liegt darin, daß auch für Medikamente, die aufgrund der Prüfung für nicht wirksam oder nicht wirksamer als alte Präparate gehalten werden, eine aufwendige Wirtschaftlichkeitsanalyse betrieben wird. Dieses ist eine Verschwendung zeitlicher und finanzieller Ressourcen. Weitere Kritikpunkte sind, daß die Durchführung von klinischen Studien an sich schon eine sehr komplexe Angelegenheit ist, die nicht noch durch zusätzliche Untersuchungen kompliziert werden sollte, und daß die klinische Prüfung nicht so sehr auf die Durchführung unter Praxisbedingungen gerichtet ist und sich dementsprechend auch die Kosten und Ergebnisse von denen im Alltagsgebrauch unterscheiden.

Für eine gleichzeitige Erhebung der ökonomischen Daten spricht, daß die relevanten Informationen dann auch zum Zeitpunkt der Entscheidung über den Arzneimitteleinsatz vorliegen und daß diese Daten in der Regel zuverlässiger sind als nachträglich erhobene Daten.

Aus den genannten Vor- und Nachteilen ergibt sich folgende Forderung (Drummond u. Stoddard 1984):

Während der klinischen Studie sollen die Daten erfaßt werden, die von Patient zu Patient unterschiedlich sind, die sich im Nachhinein nur noch ungenau rekonstruieren lassen und deren nachträgliche Erfassung zu kostspielig wäre. Allerdings sollen diese Daten nur in physischen Einheiten erfaßt werden, die Bewertung in Geldeinheiten, d.h. die ökonomische Bewertung, soll später erfolgen. Durch dieses Verfahren werden die an der klinischen Studie beteiligten Fachmediziner kaum zusätzlich belastet. Sie werden daher, wie es auch Beobachtungen der Praxis zeigen, eher bereit sein, gemeinsam mit Ökonomen Forschungsarbeiten durchzuführen, da auch sie erkannt haben, daß die knappen finanziellen Mittel zu einem sachgerechten Arzneimitteleinsatz zwingen.

Können aber Wirtschaftswissenschaftler nicht auch schon in der Frühphase der Arzneimittelentwicklung einen nützlichen Beitrag leisten? Unter der Voraussetzung, daß sich das Arzneimittel als wirksam erweist, können Ökonomen die potentiellen wirtschaftlichen und sozialen Vorteile abschätzen (Drummond et al. 1989). Ihnen ist es häufig auch eher möglich, einer Vielzahl von Nutzen- und Kostengrößen Beachtung zu schenken, als den einzelnen Entscheidungsträgern im Gesundheitswesen, die nur auf die finanziellen Auswirkungen ihres Bereiches achten. So mag ein zusätzliches Medikament die Arzneimittelkosten erhöhen, aber zu einer Senkung der Krankenhausverweildauer und zu einer Senkung von Rehabilitationsmaßnahmen führen. Aufgabe des Gesundheitsökonomen ist es, diese verschiedenen Bereiche in eine Gesamtschau zu bringen.

Ökonomen können auch helfen zu ermitteln, welche Verabreichungsformen bei der späteren wirtschaftlichen Beurteilung des Medikaments am günstigsten abschneiden werden und damit die Forschungs- und Entwicklungsstrategie beeinflussen. Weiterhin können sie die möglichen Nebenwirkungen beurteilen und Anregungen geben, welche Anstrengungen unternommen werden sollen, um bestimmte Nebenwirkungen, die ökonomisch besonders bedeutsam sind, zu vermeiden, um somit die Wirtschaftlichkeit des Medikaments zu verbessern. Da allerdings auch diese ökonomische Analyse mit Kosten verbunden ist, entsteht ein Optimierungsproblem, bis zu welcher Grenze Ökonomen bei der Entwicklung von neuen Arzneimitteln einzusetzen sind.

Die Messung der Lebensqualität

Es stellt sich die Frage, wie man nun die Lebensqualität mißt. Den Maßstab hierfür bilden die Extreme „völlig gesund" (= 100% oder 1) und „tot" (= 0% oder 0). Je nach Fragestellung und Gewichtung einzelner Aspekte dessen, was die Qualität des Lebens ausmacht, haben sich verschiedene Methoden zur Messung und Bewertung der Lebensqualität herausgebildet, wobei hier die bekanntesten Methoden genannt seien:

- Visick-Scale (Visick 1948),
- Karnofsky-Index (Karnofsky u. Burchenal 1949),
- Activities of Daily-living-Index (Katz et al. 1963),
- Quality-of-life-Index (Spitzer et al. 1981),
- Nottingham-health-Profile (Hunt et al. 1986),
- Sickness-impact-Profile (Bergner et al. 1976),
- Health-status-Index (Fanshel u. Bush 1970),
- Index-of-well-being (Kaplan et al. 1976),
- Rosser-Matrix (Kind et al. 1982).

Da in der gesundheitsökonomischen Literatur diese Methoden breit dargestellt und diskutiert wurden (u.a. Schöffski 1990), können wir uns hier auf einige Punkte beschränken.

Die Lebensqualität kann im Rahmen von Wirtschaftlichkeitsanalysen durch 2 unterschiedliche Wege erfaßt werden. Die 1. Methode besteht in der Erstellung von bestimmten Profilen (Lebensqualitätsskalen), die aus einer bestimmten Anzahl von Merkmalen bestehen, die die Lebensqualität des Patienten beschreiben. Diese Profile werden in der Regel krankheitsspezifisch definiert, und die Aggregation zu einer einzigen Größe ist nicht vorgesehen, so daß sich die einzelnen Verfahren schlecht miteinander vergleichen lassen. Der Vorteil einer krankheitsspezifischen Skala liegt darin, daß sie sich auf die Merkmale konzentrieren kann, die von der betreffenden Krankheit am stärksten beeinflußt werden. Dadurch erhöht sich – allerdings auf Kosten der Allgemeingültigkeit – die Empfindlichkeit des Profils. Ein Beispiel für eine Lebensqualitätsskala mit nur einem Merkmal ist der Karnofsky-Index (Karnofsky u. Burchenal 1949), der sehr breit verwendet werden kann und daher auch recht bekannt ist. Er ist deshalb im Anhang 5.1.1 aufgeführt.

Die 2. Methode zur Bestimmung der Lebensqualität ist die Bestimmung des Nutzwertes. Diese Methode wird von Ökonomen bevorzugt, da sie breiter angelegt ist und somit Vergleiche der unterschiedlichsten Maßnahmen möglich werden. Hierbei erfolgt eine Verknüpfung der gesundheitsbezogenen Nutzwerte mit den Auswirkungen der Behandlung auf die Lebenserwartung. Als Ergebnis erhält man die qualitätskorrigierten Lebensjahre bzw. „quality-adjusted life years" (QALYs), denen man nun den Saldo aus Kosten der Behandlung (direkt/indirekt) und Nutzen der Behandlung (direkt/indirekt) gegenüberstellen kann. Die Analyse führt so zu den Kosten für ein qualitätskorrigiertes Lebensjahr (Kosten pro QALY), und man kann diesen Wert mit anderen Behandlungsmöglichkeiten vergleichen.

Graphisch läßt sich die Ermittlung der QALYs wie in Abb. 1 darstellen, wobei der auf den Berechnungszeitpunkt diskontierte Barwert der schraffierten Fläche den Lebensqualitätsgewinn – gemessen in QALYs – anzeigt.

In Großbritannien ist besonders der von Kind, Rosser und Williams entwickelte Index (Kind et al. 1982) verbreitet und auch von Planern des Nationalen Gesundheitsdienstes anerkannt. Durch die Kriterien „Schmerz" (4 Ausprägungen) und „Behinderung"

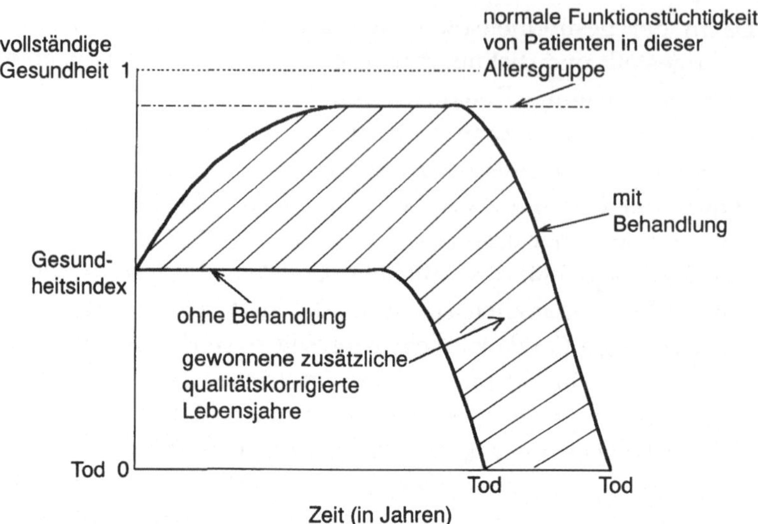

Abbildung 1. Ermittlung der qualitätsbereinigten Lebensjahre. (Nach Drummond et al. 1989)

(8 Ausprägungen) wird eine Matrix mit 32 Feldern gebildet (s. Anhang 5.1.11). Die einzelnen Ausprägungen dieser Kriterien sind im Anhang 5.1.10 übersichtlich dargestellt. Rosser hat nun durch Befragung von am medizinischen Prozeß beteiligten Personen (Ärzte, Pflegepersonal, Patienten, Angehörige) diesen 32 Feldern Werte für die Qualität des Lebens zugeordnet. Diese Werte wurden dann auf den Bereich zwischen 1 (= gesund, Feld I/A) und 0 (= Tod) normiert (s. Anhang 5.1.11). Einigen dieser Felder wurde kein Wert zugewiesen, da man von der Annahme ausging, daß z.B. Bewußtlose keinen Schmerz empfinden können. Bemerkenswert ist, daß in der Bewertungsmatrix auch Werte auftauchen, die kleiner als Null sind; es gibt also gemäß dieser Erhebung Zustände, die von den Befragten als schlimmer als der Tod bezeichnet werden.

Natürlich ist ein Konsens über die Bewertung von Lebensqualität nur sehr schwer zu erreichen, aber durch die Berücksichtigung der Bewertungen verschiedener beteiligter Personengruppen wird den unterschiedlichen Sichtweisen und den hieraus resultierenden Wertskalen Rechnung getragen.

In diese Matrix wird nun eine bestimmte Grundgesamtheit von Patienten angeordnet. Durch Multiplikation der Anzahl der Patienten mit dem zugehörigen Lebensqualitätsindex in jedem Feld und anschließende Addition ergibt sich ein Wert für die gesamte Grundgesamtheit. Wird dieser geteilt durch die Anzahl der Patienten, so ergibt sich die durchschnittliche Lebensqualität eines Patienten dieser Grundgesamtheit. Wird dieses Verfahren sowohl vor als auch nach einer bestimmten Behandlung durchgeführt bzw. nach der Behandlung und mit einer Kontrollgruppe, so erhält man durch einfaches Bilden der Differenz beider Werte den durchschnittlichen Zuwachs an Lebensqualität durch diese bestimmte Behandlung für eine repräsentative Person dieser Patientengruppe. Die ermittelten Werte für die Lebensqualität müssen nun noch mit der Lebenserwartung multipliziert werden. Man erhält dann schließlich die qualitätskorrigierten zusätzlichen Lebensjahre, die man durch die Behandlung gewinnt. Schließlich kann man die gewonnenen QALYs in Beziehung zu den Kosten für die Behandlung setzen.

Die Bedeutung von „league tables"

In der jüngsten Entwicklung werden die Ergebnisse der Lebensqualitätsuntersuchungen in sog. „Ranglisten" („league tables") zusammengefaßt, in denen alternative Gesundheitsprogramme miteinander verglichen werden (Tabelle 1).

Immer mehr Wissenschaftler gehen dazu über, ihre eigenen Ergebnisse aus Wirtschaftlichkeitsanalysen mit den Werten der „league tables" zu vergleichen, da diese implizieren, daß weiter oben angesiedelte Gesundheitsmaßnahmen weitaus bessere Investitionen darstellen als weiter unten angesiedelte. Dieses kann dann als Argument für den verstärkten Einsatz der beurteilten Behandlungsform herangezogen werden. Es gibt allerdings einige Kritikpunkte, die die Nutzung dieser Tabellen wieder einschränken.

Als *erster* Punkt wird in der Literatur angeführt, daß die Untersuchungen, auf denen diese „league tables" beruhen, auf ungenauem Datenmaterial beruhen (z.B. Mortalitäts- und Morbiditätsdaten). Weiter wird als *zweiter* Kritikpunkt angeführt, daß die unterschiedlichen Methoden zur Nutzwertberechnung zu unterschiedlichen Ergebnissen führen. *Drittens* wird eingewendet, daß die Berechnungen auf Durchschnittswerten, nicht aber auf Marginalwerten beruhen. So steht z.B. die Herzschrittmacherimplantation an der Spitze der „league table". Neue Herzschrittmacher sind aber kostspieliger (wegen

Tabelle 1. „League table" der Kosten eines zusätzlichen, qualitätskorrigierten Lebensjahres bei ausgewählten Maßnahmen im Gesundheitswesen (Preise von 1983/84). (Nach Drummond et al. 1989)

Maßnahme	Gegenwartswert der Kosten eines zusätzlichen QALYs (in Pfund)
Rat des Hausarztes, das Rauchen einzustellen	170
Schrittmacherimplantation wegen AV-Block	700
Hüftendoprothese	750
Koronare Bypassoperation wegen schwerer Angina pectoris mit Linksherzinsuffizienz	1 040
Kontrolle des Gesamtserumcholesterins durch den Hausarzt	1 700
Koronare Bypassoperation wegen schwerer Angina pectoris mit Zweigefäßleiden	2 280
Nierentransplantation (toter Spender)	3 000
Brustkrebsreihenuntersuchung	3 500
Herztransplantation	5 000
Koronare Bypassoperation wegen leichter Angina pectoris mit Zweigefäßleiden	12 600
Hämodialyse im Krankenhaus	14 000

der technischen Verbesserungen), und auch der Nutzen für die Patienten ist jetzt geringer, da nun auch weniger schwer erkrankte Personen mit Herzschrittmachern versorgt werden. Wie in anderen Wirtschaftsbereichen gilt auch in der Medizin das Gesetz der abnehmenden Ertragszuwächse und der steigenden Kosten.

Ein *vierter* Kritikpunkt gegen die Verwendung der „league table" besteht darin, daß sie dem Verwender die Illusion schneller und leichter Lösungen vorspiegeln, ohne daß dieser sich mit den Annahmen auseinandersetzt, auf denen dieses Verfahren beruht (z.B. Austauschbarkeit von Lebensdauer und Lebensqualität).

Fünftens wird kritisiert, daß Vergleiche über die verschiedensten Teilgebiete der Medizin unklug seien, und *sechstens*, daß bei strikter Anwendung der Tabellen manche gesellschaftliche Gruppen überhaupt keine medizinische Versorgung mehr erhielten, da es bei den „league tables" ausschließlich um die Maximierung der Gesundheit unter der Restriktion knapper finanzieller Mittel geht und nicht so sehr um Begriffe wie Gleichheit oder Gerechtigkeit.

Ein *weiterer Einwand* besteht darin, daß die „league tables" nur für einen bestimmten Stand der Technik gelten, daß es durch den technischen Fortschritt aber zu einer Veränderung in der Reihenfolge kommen kann. Wird anhand der Tabellen nun eine Entscheidung über die Forschungstätigkeit getroffen, wird dieser technische Fortschritt aber überhaupt nicht realisiert. Daher sollten die Kosten je QALY laufend aktualisiert werden, um dem technischen Fortschritt Rechnung zu tragen, und die Forschungsanstrengungen sollten generell auf allen Gebieten forciert werden, wobei es allerdings unklug wäre, besonders in den Gebieten Forschung zu betreiben, die seit geraumer Zeit schlechte Ergebnisse in den Tabellen aufweisen.

Alles in allem deutet die Kritik an den „league tables" darauf hin, daß ein derart schematisierter Vergleich der Ergebnisse von Nutzwertanalysen oder Kosten-Wirksamkeits-Analysen nicht sinnvoll ist.

Weitere Methoden zur Messung der Lebensqualität, die hauptsächlich in den USA Anwendung finden, sind die „Ratingskala" (Einordung verschiedener Gesundheitszustände auf einer Linie mit fest definierten Endpunkten, d.h. dem besten und schlechtesten Gesundheitszustand), der „time trade-off approach" (Befragte müssen angeben, gegen wieviel Jahre völlig gesunden Lebens sie eine lebenslängliche chronische Krankheit einzutauschen bereit wären) und das „standard-gamble-Verfahren" (Wahl des Befragten zwischen dem unsicheren Ergebnis der Behandlung, die in Heilung oder Tod bestehen kann, oder der lebenslänglichen chronischen Krankheit).

Die Entwicklung von Wirtschaftlichkeitsanalysen in der Zukunft wird darauf hinauslaufen, daß einzelne Arzneimittel nicht mehr pauschal beurteilt werden, sondern getrennt nach verschiedenen Krankheitsbildern, da sich hier unterschiedliche Risiko-Nutzen-Verhältnisse und damit unterschiedliche Bewertungen ergeben. Weiterhin wird auch die Berechnung der Angaben in den „league tables" noch verfeinert werden müssen, wie z.B. die Ermittlung der Kosten pro QALY in bezug auf eine bestimmte Patientengruppe (junge/alte Menschen), da z.Z. noch kontrovers diskutiert wird, ob z.B. ein Lebensjahr bei einem 10jährigen Kind höher oder niedriger zu bewerten ist als bei einem 70jährigen. Es ergeben sich hier sowohl ethische als auch ökonomische Probleme, die noch der interdisziplinären Diskussion bedürfen.

Fazit

Medizinische Ethik bedingt ökonomische Ethik, denn das Ziel muß sein, mit den begrenzten Mitteln dem Menschen im allgemeinen und dem Kranken im besonderen zu dienen. Die ökonomische Forschung hat deshalb in den letzten Jahren Methoden entwickelt, um die Kosten und Nutzen von Gesundheitseinrichtungen und Arzneimitteln zu erfassen und zu bewerten. Noch sind diese Methoden vielfach ungenügend und unausgegoren. Jedoch wird der Druck, Kosten im Gesundheitswesen zu sparen, einerseits und die Etablierung der Gesundheitsökonomie als disziplinäre Brücke zwischen Medizin und Wirtschaftswissenschaften andererseits dafür sorgen, daß gerade bei Wirtschaftlichkeitsuntersuchungen von Arzneimitteln erhebliche Fortschritte und Erkenntnisse in den nächsten Jahren zu erwarten sind.

Eine moderne Arzneimitteltherapie verlangt ihre Überprüfung durch Wirtschaftlichkeitsuntersuchungen. Auf diese Erkenntnis werden Krankenkassen, Ärzte, Krankenhausadministratoren, Gesundheitsbürokraten und Arzneimittelhersteller reagieren: Wie es schon bei jedem staatlichen Großprojekt gesetzlich vorgeschrieben ist, wird man auch Kosten-Nutzen-Analysen bei Arzneimitteln verlangen.

Literatur

Andersen HH, Schulenburg J-M Graf von der (1987) Kommentierte Bibliographie zur Gesundheitsökonomie. edition sigma, Bonn Berlin

Bergner M, Bobbitt RA, Pollard WE et al. (1976) The sickness impact profile: Validation of a health status measure. Med Care 14: 57–67

Biene P, Dennerlein R, Schneider M, Seeburger R (1987) Wohnortnahe Versorgung chronischer Polyarthritis, Konzeption der Kosten-Wirksamkeits-Analyse. BASYS GmbH, Augsburg

Bundesminister für Arbeit und Sozialordnung (Hrsg) (1984) Kostenwirksamkeitsanalysen im Gesundheitswesen. Forschungsbericht Nr. 98. Bonn

Bundesminister für Wirtschaft (Hrsg) (1988) Leistung in Zahlen '87, 37. Aufl. Bonn

Cooper B, Rice D (1978) Die volkswirtschaftlichen Kosten von Krankheiten. Ortskrankenkasse 23/24: 849–860

Department of Clinical Epidemiology and Biostatistics (1984) How to read clinical journals. VII: To unterstand an economic evaluation, part. B. Can Med Assoc J 180: 1542–1549

Dinkel R, Schulze-Röbbecke T (1982) Kosten-Effektivitäts-Analyse der Zytostatikatherapie von akuter Leukämie im Kindesalter. PROGNOS AG, Basel

Drummond MF, Stoddard GL (1984) Economic analysis and clinical trials. Controlled Clin Trials 5: 115–128

Drummond MF, Stoddard GL, Torrance GW (1987) Methods for the economic evaluation of health care programmes. Oxford University Press, Oxford

Drummond MF, Teeling Smith G, Wells N (1989) Wirtschaftlichkeitsanalyse bei der Entwicklung von Arzneimitteln. Veröffentlichung der Medizinisch-Pharmazeutischen Studiengesellschaft e.V. MPS, Bonn

Fanshel S, Bush JW (1970) A health-status index and its application to health-service outcomes. Operations Res 18: 1021–1066

Hanusch H (1987) Nutzen-Kosten-Analyse. Franz Vahlen, München

Henke K-D (1986) Die direkten und indirekten Kosten von Krankheiten in der Bundesrepublik Deutschland im Jahre 1980. In: Henke K-D, Metze I (Hrsg) Beiträge zur Gesundheitsökonomie. Finanzierung im Gesundheitswesen, Bd 10. Bleicher, Gerlingen, S 209–274

Henke K-D (1988) Direkte und indirekte Kosten zur Beurteilung von Arzneimitteltherapien. mimeo, Hannover, S 1–25

Hunt SM, McEwen J, McKenna S (1986) Measuring health status. Croom Helm, London

Karnofsky DA, Burchenal JH (1949) The clinical evaluation of chemotherapeutic agents in cancer. In: MacLeod CM (ed) Evaluation of chemotherapeutic agents. Columbia University Press, New York, pp 193–198

Kaplan RM, Bush JW, Berry CC (1976) Health status: types of validity and its index of well-being. Health Serv Res 11: 478–507

Katz S, Ford AB, Moskowitz RW et al. (1963) Studies of illness in the aged. The index of ADL: A standardized measure of biological and psychosocial function. J Am Med Assoc 185: 94–99

Kind P, Rosser R, Williams A (1982) Valuation of quality of life. Some psychometric evidence. In: Jones-Lee MW (Hrsg) The value of life and safety. North Holland, Amsterdam, pp 159–170

Kriedel T (1980) Wirtschaftlichkeitsuntersuchungen von Gesundheitsmaßnahmen: Ein Vorschlag zur Ertragsmessung mit Hilfe eines Gesundheitsstatus-Index. Jahrbuch für Sozialwissenschaften 31: 337–354

Pohl W, Schulenburg J-M Graf von der (1991) Health care and economic aspects of the quality of life of heart failure patients. In: Viefhues H, Schoene W, Rychlik R (eds) Chronic heart failure. Springer, Berlin Heidelberg New York Tokyo, pp 149–164

Schöffski O (1990) Wirtschaftlichkeitsuntersuchungen von Arzneimitteln. duphar med script 7. duphar pharma, Hannover

Schulenburg J-M Graf von der, Klein S, Piojda U, Schöffski O (1990) The costs and benefits of the use of erythropoietin in the treatment of anaemia arising from chronic renal failure: The german case study. In: Leese B, Hutton J, Maynard A (eds) The costs and benefits of the use of erythropoietin in der treatment of anaemia arising form chronic renal failure: A european study. University of York, York, pp 35–52

Schulenburg J-M Graf von der, Schöffski O (1990) Wirtschaftlichkeit eines Präparates zur Behandlung von arteriellen Verschlußkrankheiten. Eine Analyse der Nutzen und Kosten von Prostavasin. Institut für Versicherungsbetriebslehre der Universität Hannover. mimeo, Hannover

Spitzer WO, Dobson AJ, Hall J et al. (1981) Measuring the quality of life of cancer patients. A concise QL-Index for use by physicians. J Chron Dis 34: 585–597

Visick AH (1948) A study of failures after gastrectomy: Hunterian lecture. Ann R Coll Surg Engl 3: 27

Reflexion

Die Idee der Verantwortung:
Zur erstaunlichen Karriere
einer ethischen Kategorie

Kurt Bayertz

Vor dem Hintergrund der heutigen Allgegenwart des Verantwortungsbegriffs mag die Einsicht, daß die Ethik auch ohne diesen Begriff auskommen kann, Erstaunen hervorrufen. Diese Einsicht ist jedoch für jeden Leser der klassischen Werke der Moralphilosophie unvermeidlich. Weder bei Aristoteles noch bei Platon finden wir ein begriffliches Pendant zu „Verantwortung", und noch bei Kant stoßen wir bestenfalls auf eine – eher beiläufige – adjektivische Verwendung des Begriffs (1968a, S. 100). Erst in der zweiten Hälfte des 19. Jahrhunderts hält der Verantwortungsbegriff Einzug in die philosophische Debatte. So benutzt etwa John Stuart Mill in seinem 1859 erschienenen Essay *On Liberty* mehrfach die Begriffe „responsible", „responsibility" und sogar „moral responsibility" (1977, S. 225, 281). Die erste monographische Abhandlung legt Lucien Lévy-Bruhl im Jahre 1884 unter dem Titel *L'idée de responsabilité* vor. Drei Jahre später beschreibt Friedrich Nietzsche in der zweiten Abhandlung seiner *Genealogie der Moral* die Herausbildung von Zurechenbarkeit als die „lange Geschichte von der Herkunft der Verantwortlichkeit" (1980, S. 293, 292). Im Jahre 1917 benutzt Max Weber im Rahmen seiner Unterscheidung zwischen einer Gesinnungs- und einer Verantwortungsethik den Begriff, um eine Grundrichtung der Ethik zu charakterisieren (1958, S. 505). In seiner Dissertation aus dem Jahre 1933 legt Wilhelm Weischedel einen *Versuch über das Wesen der Verantwortung* vor, in der er die Zweistufung der Verantwortung als ihrem Wesen zugehörig zeigt. Eine weitere selbständige Studie veröffentlichte Roman Ingarden mit seinem Büchlein *Über die Verantwortung: ihre ontischen Fundamente.* In den 60er Jahren veröffentlicht Georg Picht mehrere einflußreiche Aufsätze, darunter „Der Begriff der Verantwortung". Und schließlich ist Hans Jonas' 1979 publizierte Abhandlung *Das Prinzip Verantwortung* zu nennen, die den entscheidenden Anstoß zu der aktuellen – ebenso intensiven wie kontrover-

sen – Verantwortungsdebatte gegeben hat. Schon diese wenigen Stationen dokumentieren eine bemerkenswerte Karriere: der Begriff der
Verantwortung ist innerhalb eines knappen Jahrhunderts zum Status
einer moralphilosophischen Grundkategorie aufgestiegen.

Imputation und Antizipation

Freilich erfolgte diese Karriere nicht ex nihilo. Das Fehlen eines Terminus besagt nichts über die Existenz der Sache, auf die er sich bezieht. Er besagt noch nicht einmal etwas über die Existenz eines
Bewußtseins von der Existenz der Sache. Die „Verantwortung"
macht keine Ausnahme. So erörtert Aristoteles im dritten Buch der
Nikomachischen Ethik eine Reihe von moralischen Problemen, die wir
heute unter den Verantwortungsbegriff subsumieren würden
(Aristoteles 1109b). Alle diese Probleme haben mit der Frage zu tun,
unter welchen Voraussetzungen einem Handelnden seine Handlungen *zugerechnet* werden können, wann er also für sein Handeln „verantwortlich" gemacht werden kann. Auch bei anderen Autoren werden wir fündig, sobald wir nicht mehr nach dem Terminus „Verantwortung", sondern nach „Zurechnung" suchen. So spricht Kant
in der Einleitung zur *Metaphysik der Sitten* im Zusammenhang mit
seiner Bestimmung des Menschen als „moralische Persönlichkeit"
von „Zurechnung", die er definiert als „das Urtheil, wodurch jemand als Urheber (causa libera) einer Handlung, die alsdann That
(factum) heißt und unter Gesetzen steht, angesehen wird" (1968b,
S. 223, 227). Bis zu Kant – und noch über ihn hinaus – scheint also
„Verantwortung" als Terminus technicus nicht zuletzt deshalb entbehrlich gewesen zu sein, weil im Begriff der Zurechnung (lat. imputatio; engl. imputation; franz. imputation) ein funktionales Äquivalent existierte. Für einen anderen Begriff bestand zunächst kein
Bedürfnis.

Die Einführung und rasche Durchsetzung des Verantwortungsbegriffs signalisiert eine semantische Verschiebung, die ihrerseits auf
einen tiefgreifenden Wandel des Problems verweist, auf den der Begriff sich bezieht. Auf den Kern dieser Bedeutungsverschiebung
deutet eine Umkehr der zeitlichen Richtung, in die der Begriff weist.
„Zurechnung" erfolgt immer ex post: eine Tat, die (oder deren Fol

gen) mir zugerechnet wird, muß immer schon erfolgt sein, damit sie zugerechnet werden kann; und insofern die Tat (oder deren Folgen) moralisch schlecht war, bin ich dann *schuldig*. Während der Begriff „Zurechnung" daher in die Vergangenheit weist, deutet der Verantwortungsbegriff eher in die Zukunft: „Verantwortlich" bin ich zwar für meine bereits abgeschlossenen Handlungen (und ihre Folgen), darüber hinaus aber auch für die künftigen Folgen meines jetzigen Handelns. In dieser Verlagerung des zeitlichen Akzents liegt die entscheidende Innovation, die mit der Karriere des Verantwortungsbegriffs verbunden ist. Die Umkehr der Zeitrichtung ist so grundlegend für den Verantwortungsbegriff, daß Bochenski behauptet hat, „daß sich die Verantwortung eigentlich nur auf zukünftige Zustände von Sachen beziehen kann" (Bochenski 1987, S. 143). Die Einführung und Durchsetzung des Verantwortungsbegriffs verallgemeinert und verstärkt somit die der Moral immanente *antizipative Dimension*.

Handlungsmacht und Handlungsfolgen

Der realgeschichtliche Hintergrund dieses Prozesses ist zunächst in den objektiven Veränderungen zu sehen, denen das menschliche Handeln durch den Übergang zur modernen Gesellschaft unterworfen war. Im Gefolge der industriellen Revolution nahm der Einsatz von Technik explosionsartig zu. Die Frage nach den Handlungsfolgen und die Notwendigkeit ihrer Antizipation bekam im 19. Jahrhundert eine neue Qualität. Im 20. Jahrhundert trat die Rolle der Wissenschaft als einer Quelle technologischer Innovation hinzu. Spätestens seit dem 2. Weltkrieg hat sich der Schwerpunkt der Verantwortungsproblematik daher in den Kontext von Wissenschaft und Technik verlagert: die Diskussionen der 50er und 60er Jahre über die Atombombe zeugen davon ebensosehr wie die seit den 70er Jahren geführte Debatte über die ökologische Krise. Es ist in beiden Fällen das Gewahrwerden gewachsener menschlicher Handlungsmacht und gesteigerter Handlungskonsequenzen, die den Ausgangspunkt für das Denken und Reden über Verantwortung bilden. So hatte bereits Karl Jaspers auf die neue Dimension der nuklearen Waffentechnik hingewiesen, die eine Vernichtung ganzer Völker und Regionen oder gar der irdischen Biosphäre insgesamt möglich

macht. „Die Atombombe ist heute für die Zukunft der Menschheit
drohender als alles sonst. Bisher gab es wohl irreale Vorstellungen
des Weltendes. Die Naherwartung dieses Endes noch für die damals
lebende Generation war der sittlich-religiös wirksame Irrtum Johan-
nes' des Täufers, Jesus' und der ersten Christen. Jetzt aber stehen wir
vor der realen Möglichkeit eines solchen Endes. Nicht mehr ein fikti-
ver Weltuntergang, überhaupt kein Untergang der Welt, sondern die
Tötung allen Lebens auf der gesamten Erdoberfläche ist die mögliche
Realität, mit der von nun an zu rechnen ist, und zwar – bei wachsendem Tempo aller Entwicklungen – schon in naher Zukunft"
(Jaspers 1958, S. 21f.).

Die Menschheit befindet sich damit in einer neuen Situation. Sie
hat sich mit der Möglichkeit der Selbstzerstörung eine vordem kaum
auch nur denkbare Verantwortung aufgeladen. Die möglich gewordene Selbstzerstörung markiert einen Fluchtpunkt menschlichen
Handelns, der den Denkraum früherer Jahrhunderte gesprengt hätte.
Die Sonderstellung des Menschen in der Natur, die vom Beginn der
Neuzeit an zur Rechtfertigung von Naturbeherrschung herangezogen wurde, stand unter einer (meist impliziten, weil für selbstverständlich gehaltenen) kosmologisch-theologischen Einschränkung.
Diese Sonderstellung schloß zwar ein, daß der Mensch die Natur
durch seine Tätigkeit weiterentwickeln und – sei es zum Besseren
oder zum Schlechteren – verändern konnte; sie schloß aber aus, daß
er sie *schaffen* oder *zerstören* kann. Die Möglichkeiten der Schöpfung
und der Zerstörung der Natur, so erklärte Buffon noch im 18. Jahrhundert, habe sich Gott selbst vorbehalten (Lepenies 1983, S. 273f.).
Eine solche Entlastung von möglichen Handlungsfolgen ist heute
nicht mehr möglich. Der in irdische Dimensionen gewachsenen Ver-
fügungsmacht des Menschen korrespondiert eine entsprechende
Verantwortung. Explizit hat Hans Jonas das von ihm postulierte
Prinzip Verantwortung auf diese neue Dimension menschlicher
Handlungsmacht zurückgeführt. Nach seiner Einschätzung (1979,
S. 26) hat die moderne Technik „Handlungen von so ungeheurer
Größenordnung, mit so neuartigen Objekten und so neuartigen Folgen eingeführt, daß der Rahmen früherer Ethik sie nicht mehr fassen
kann... Gewiß, die alten Vorschriften der ‚Nächsten'-Ethik – die Vorschriften der Gerechtigkeit, Barmherzigkeit, Ehrlichkeit, usw. – gelten immer noch, in ihrer intimen Unmittelbarkeit, für die nächste,
tägliche Sphäre menschlicher Wechselwirkungen. Aber diese Sphäre
ist überschattet von einem wachsenden Bereich kollektiven Tuns, in

dem Täter, Tat und Wirkung nicht mehr dieselben sind wie in der Nahsphäre, und der durch die Enormität seiner Kräfte der Ethik eine neue, nie zuvor erträumte Dimension der Verantwortung aufzwingt."

Machtzuwachs und Orientierungsschwund

Aber es ist nicht nur die gewachsene Handlungsmacht und die Unübersehbarkeit der Handlungsfolgen, die dem Begriff der Verantwortung zu seiner Karriere verholfen haben. Es kommt (zumindest) ein weiterer Faktor hinzu. Die pure Größe menschlicher Macht und die bloße Reichweite der Folgen konstituieren eo ipso noch kein moralisches Problem. Denken wir uns eine Zivilisation, die über ein ebenso großes Schöpfungs- und Zerstörungspotential verfügt wie die unsrige; und denken wir uns darüber hinaus, daß diese Zivilisation – im Unterschied zur unsrigen – zugleich Mechanismen institutionalisiert hat, die einen unerwünschten Gebrauch dieses Potentials wirksam ausschließen: so ist nicht zu sehen, daß in dieser Zivilisation ein Problem entstehen könnte, für das der Begriff der Verantwortung eine sinnvolle Lösung darzustellen vermöchte. Anders ausgedrückt: der Begriff der Verantwortung ist nicht eine Reaktion auf den ungeheuren Machtzuwachs *als solchen;* sondern auf diesen Machtzuwachs unter den Bedingungen einer Gesellschaft, die nicht mehr über einen festgefügten Kanon von Handlungsorientierung verfügt. Das Problem, das der Verantwortungsbegriff lösen soll, entsteht erst in einer Gesellschaft, deren Vorrat an normativer Verbindlichkeit im Schwinden begriffen ist und in der das individuelle Verhalten nicht mehr durch Vätersitte, Pflichtenkataloge oder soziale Kontrolle umfassend und durchgängig festgelegt ist.

Dieses Schwinden zeigt sich nicht erst im Hinblick auf die von Jaspers oder Jonas beschworenen dramatischen Möglichkeiten einer Zerstörung der Menschheit und der irdischen Biosphäre. Dieses Schwinden ist auch im Alltag unserer Zivilisation präsent, die weder strikte Rollenzuweisungen noch unerschütterliche Pflichtenkataloge mehr kennt und daher relevante Teile der Handlungsregulierung und -kontrolle in die „Verantwortung" des Individuums legen muß. Der Begriff der Verantwortung bekommt daher seine „spezifische

Qualität gegenüber älteren Begriffen wie Disziplin, Pflicht, Schuld oder Gewissenhaftigkeit vor dem Hintergrund des Phänomens einer gewachsenen Vielfalt der Rollenverantwortungen, als Konsequenz zunehmender Komplexität von Entscheidungs- und Handlungsfolgen. In modernen Gesellschaften bedarf es zunehmend einer Fähigkeit, konfligierende Erwartungen, Interessen, Normen und Werte im Rahmen von Entscheidungen und Handlungen, die Dritte betreffen, in angemessener Weise zu berücksichtigen. Für diese sozial notwendige Fähigkeit, welche insbesondere Inhaber von Führungspositionen, aber auch allgemeiner von ‚verantwortungsvollen' Berufen auszeichnen soll, wurde der Begriff der ‚Verantwortlichkeit' eingeführt... Mit anderen Worten ‚Verantwortlichkeit' ist dort gefragt, wo die herkömmlichen Mittel der Definition und Kontrolle von Pflichten versagen... Mit dem Ruf nach ‚Verantwortlichkeit' rekurrieren betroffene und unbetroffene Dritte auf den moralischen Bestand von Persönlichkeiten, weil sie auf andere Weise bestimmte Steuerungsprobleme sozialer Systeme nicht mehr glauben in den Griff bekommen zu können" (Kaufmann 1989, S. 218–220).

Glanz und Grenzen

Vor diesem Hintergrund heben sich Glanz und Grenze des Verantwortungsbegriffs deutlich ab. Für den *Glanz* gilt dies ohnehin: er speist sich nicht zuletzt aus der steilen Karriere, die der Begriff in der – in ethikgeschichtlichen Maßstäben gemessen – außerordentlich kurzen Zeit von einem Jahrhundert gemacht hat. Selbst die Vertreter einer kantianisch orientierten Ethik haben sich dem Sog dieser Karriere nicht entziehen können und ihren deontologischen Ansatz mit starken verantwortungsethischen Korsettstangen zu versteifen gesucht. So hat etwa Karl-Otto Apel – in der Überzeugung, daß in dem von Jonas „artikulierten Prinzip Verantwortung in der Tat eine neue Stufe des moralischen Bewußtseins sich ausspricht" (1988, S. 194) – dieses Prinzip in seine kantianisch orientierte Ethik einzubauen versucht. Wenn es darüber hinaus noch weiterer Indizien für den Erfolg des Verantwortungsbegriffs bedarf, so werden sie bis zum Überfluß durch die Tatsache geliefert, daß er längst über die Grenzen der akademischen Philosophie hinauswirkt und zum festen Bestandteil der

Sonntagsreden von Politikern und Wirtschaftskapitänen geworden ist. Der Glanz des Verantwortungsbegriffs ist daher nicht auf den philosophischen Diskurs beschränkt, sondern strahlt in den Medien und der Öffentlichkeit noch um einige Grade heller.

So begrüßenswert dieser Erfolg auch ist, so wenig darf übersehen werden, daß er mit „Kosten" verbunden ist. So wie auch andere Karrieren bisweilen mit einem Verlust an Charakter erkauft werden, so droht auch der Verantwortungsbegriff in dem Glanz, der ihn umgibt, seine Konturen – und damit seinen Biß – zu verlieren. Die These etwa, „daß jeder einzelne für die ganze Welt verantwortlich ist" (Weizenbaum 1978, S. 349), ist sicher gut gemeint, aber weder realisierbar noch ethisch zu rechtfertigen. Wenn die Rede von „Verantwortung" nicht in die Beliebigkeit führen soll, müssen daher auch die *Grenzen* des Begriffs bestimmt und die *Schwierigkeiten*, auf die seine Anwendung stößt, identifiziert werden. Die prinzipiellen Grenzen des Verantwortungsbegriffs ergeben sich aus der Vergewisserung seiner Bedeutung. „Verantwortung" bezieht sich auf die Folgen menschlichen Handelns, so weit wir diese Folgen kontrollieren können. Verantwortung setzt daher voraus, a) daß die Folgen antizipierbar sind, daß das Handlungssubjekt also über genug empirisches Wissen verfügt, um die (möglichen) Folgen seines Handelns voraussehen zu können; und b) daß diese Folgen vermeidbar sind, daß das Handlungssubjekt also auf die Handlung verzichten kann oder seine Handlungsweise so ändern kann, daß die unerwünschten Folgen nicht eintreten. Die erste Bedingung zeigt die kognitive, die zweite die praktische Grenze moralischer Verantwortung an.

An dieser Stelle vielleicht interessanter als die prinzipiellen Grenzen der Verantwortungsidee sind die Schwierigkeiten ihrer Anwendung. Auch diesen können wir uns am besten nähern, wenn wir uns an eine andere grundlegende Bedeutungskomponente erinnern. „Verantwortung" ist ein relationaler Begriff, der eine Beziehung zwischen (mindestens) 3 Elementen bezeichnet: zwischen einem Verantwortungs*subjekt*, einem Verantwortungs*objekt* und einer Verantwortungs*instanz*.

Verantwortungssubjekt ist – der allgemeinsten Bestimmung nach – der handelnde Mensch. In der philosophischen Tradition wurde dabei in erster Linie an handelnde Individuen gedacht. Eine der Schwierigkeiten, auf die der Verantwortungsbegriff heute stößt, ist das grundsätzliche Ungenügen eines solchen ethischen Individualismus. Das für hochentwickelte und differenzierte Gesellschaften typische Handlungssubjekt ist in vielen Bereichen nicht mehr das Individuum, sondern das Kollektiv. Alle „größeren" – d.h. öffentlichen, politischen, ökonomischen, wissenschaftlich-technischen etc. – Handlungen gehen heute auf arbeitsteiliges und institutionalisiertes Zusammenwirken vieler Individuen zurück. Die Planung, Entwicklung, Produktion und Verbreitung eines Medikaments kann als Paradigma eines solchen Zusammenwirkens gesehen werden. Es liegt auf der Hand, daß individuelle Zurechnung von Handlungsfolgen damit erschwert, wenn nicht unmöglich gemacht wird. Wer kann in einem solchen komplexen Geschehen noch als Subjekt der Verantwortung dingfest gemacht werden?

Kaum weniger groß sind die Schwierigkeiten, die sich im Hinblick auf das Objekt der Verantwortung auftun. Grundsätzlich sind die Folgen menschlicher Handlungen als Gegenstand moralischer Verantwortung anzusehen. Doch diese Bestimmung ist nicht ausreichend. Zu verantworten sind ja nicht Folgen-an-sich, d.h. objektive Tatbestände, sondern normativ bewertete Folgen. Es genügt nicht, die Handlungsfolgen einem Handlungssubjekt zurechnen zu können; sie müssen auch bewertet werden. Die Zuweisung von Verantwortung macht ja *moralisch* überhaupt erst Sinn, wenn die Handlungsfolgen den Handlungssubjekten nicht nur einfach zugerechnet, sondern mit dieser Zurechnung zugleich Wertungen transportiert werden können. Wie wir bereits gesehen haben, verfügt unsere Gesellschaft aber nicht über ein allgemein akzeptiertes Wertsystem, auf dessen Basis die Handlungsfolgen verbindlich evaluiert werden könnten. Im Rahmen des herrschenden „Polytheismus der Werte" kann ein und dieselbe Handlung dann ohne weiteres als zugleich „verantwortlich" und „unverantwortlich" gelten; als „verantwortlich" beispielsweise im Hinblick auf den Wert „Sicherung der Arbeitsplätze", als „unverantwortlich" im Hinblick auf den Wert „intakte Umwelt". Mit einem Wort: Verantwortung läßt sich ebenso leicht übernehmen wie Verantwortungslosigkeit vorwerfen, da der Verantwortungsbegriff als solcher moralisch *leer* ist.

Auf Schwierigkeiten stoßen wir schließlich auch, wenn es um die Verantwortungsinstanz geht. Schon etymologisch enthält „Verantwortung" ein dialogisches Element: seine Wurzeln liegen in dem lateinischen Wort „respondere" = „antworten", „sich stellen", „erwidern". Bezeichnenderweise verwendet noch Mill den Ausdruck „responsible" synonym mit „answerable" (1977, S. 225). Antwort geben aber muß man *jemandem*. Ver-antworten muß oder soll sich ein Sub-

jekt für die Folgen seiner Handlungen vor einer Instanz. Zu denken
wäre dabei an das Paradigma des Antwortgebens vor einem
(irdischen oder himmlischen) Richter. Soweit es um moralische Verantwortung geht, kann der irdische Richter nicht gemeint sein: moralische Verantwortung soll ja gerade dort übernommen werden, wo
Gesetze und Verordnungen keine eindeutigen Vorschriften liefern.
Aber auch auf das Jüngste Gericht wollen wir uns in einer säkulari-
sierten Gesellschaft nach Möglichkeit nicht verlassen. Was unter diesen Voraussetzungen bleibt, ist das Gewissen. „Die Instanz von Verantwortlichkeit und Verantwortung ist das Gewissen. Dort führt die
fremd- oder selbstzugewiesene Schuld zu *Schuldbewußtsein*, und dort
hinterläßt dieses als innere Sanktion auch seine moralischen Spuren,
etwa in Form von *Schuldgefühlen* oder *Reue*" (s. den ersten Beitrag
von W. Wagner in diesem Band, S. 3). Zu fragen ist aber, ob diese Instanz sich nicht notwendigerweise überall dort verflüchtigt, wo sich
im Zuge von Arbeitsteilung und Institutionalisierung auch das
Handlungssubjekt verflüchtigt. Hat man je davon gehört, daß eine
Institution oder Organisation Schuldgefühle gehabt oder Reue gezeigt hätte?

Moralreform und Metaverantwortung

Dies alles soll freilich nicht heißen, daß die Rede von Verantwortung
gegenstandslos geworden sei. Wohl aber: daß das inflationäre Gere-
de von Verantwortung zu einer Entlastungsstrategie zu werden
droht. Mit der Idee der Verantwortung ist kein moralisches Problem
gelöst, sondern ein ganzer Komplex moralischer Probleme geschaffen. Man kann die gegenwärtig unter dem Namen *angewandte Ethik*
laufenden theoretischen Anstrengungen (vgl. Bayertz 1991) als den
Versuch deuten, diesen Problemkomplex zu bewältigen. Die Probleme moderner Gesellschaften können weder durch einen technokrati-
schen Verzicht auf moralische Orientierungen bewältigt werden
noch durch den „fundamentalistischen" Rückzug auf einen (angeb-
lich) unhinterfragbaren Kanon von Normen und Werten. Eine solche
Bewältigung ist nur möglich, wenn es gelingt, auf der Basis rationaler Argumentation intersubjektiv nachvollziehbare und öffentlich
vertretbare Maßstäbe des Handelns zu formulieren. Es geht dabei si-

cher nicht um eine „neue" Moral, wie sie von besorgten Zeitgenossen gern gefordert wird, um der Probleme unserer wissenschaftlich-technischen Zivilisation Herr zu werden. Genausowenig hilfreich ist es, unspezifische moralische Postulate aufzustellen und Verantwortung schlechthin einzufordern. Anzustreben ist vielmehr eine Reform der Moral im Sinne ihrer Einrichtung auf die Herausforderungen, vor denen wir am Übergang zum Jahr 2000 stehen. Notwendig und gefragt ist dabei ein enger Problembezug. Nicht umsonst tritt uns angewandte Ethik in der Regel als eine Reihe von Bereichsethiken entgegen: als ökologische oder medizinische Ethik, als Wissenschafts- oder Wirtschaftsethik. Die Pharmaethik, wie sie in diesem Buch erstmals vorstellt wird, ist eine weitere Linie solcher Ausdifferenzierung des ethischen Diskurses. Ihr Ziel besteht darin, durch kritische Reflexion und Auseinandersetzung zu ermitteln, was „Verantwortung" im Rahmen des Arzneimittelwesens bedeutet.

Die Implikationen dieses Gedanken reichen weiter als es *prima vista* erscheinen mag. Wenn nämlich erst im und durch den ethischen Diskurs festgestellt werden kann, was das moralisch Richtige ist, dann sind wir die Schöpfer unserer Moral. Wenngleich angewandte Ethik kein Unternehmen zur freihändigen Konstruktion einer „neuen Moral" ist, sollte der ihr implizite „konstruktive" Zugang zum Phänomen der Moral nicht unterschätzt werden. Dieser konstruktive Zugang ist die Quelle von nachvollziehbaren Befürchtungen über die Integrität der so erzeugten normativen Orientierungen: Laufen wir mit der rationalen Reform der Moral nicht Gefahr, auf eine schiefe Bahn zu geraten, an deren Ende alles erlaubt sein wird? Eine alle Zweifel beseitigende Antwort auf diese Frage wird schwerlich gegeben werden können. Die Zeiten der moralischen Sicherheit sind vorbei. Wir verfügen nicht mehr über einen festgefügten Kanon moralischer Wahrheiten, an denen kein Zweifel möglich ist. Die Reflexivität moderner Gesellschaften macht grundsätzlich alles zum Gegenstand rationaler Analyse und kontroverser Diskussion – und die Moral ist davon nicht ausgenommen. Doch dieser Prozeß ist irreversibel; man kann ihn bedauern, aber nicht rückgängig machen. Vor allem aber sollten diejenigen, die an der Reform der Moral beteiligt sind, der Tatsache gewahr werden, daß sie sich mit diesem Geschäft zugleich einen besonderen Typus von Verantwortung auferlegen: eine Metaverantwortung (Bayertz 1987, S. 160–180). Wo zureichende moralische Orientierungen für die Beurteilung einer konkreten Handlung oder Handlungsoption nicht einfach als gegeben vorausgesetzt werden können; wo wir also vor der Frage stehen, welche moralischen Orientierungen wir erst zu formulieren und zu akzeptieren haben, übernehmen wir Verantwortung nicht mehr nur für die Folgen unseres Handelns, sondern für die Folgen unserer moralischen Reflexion. Um ihr gerecht zu werden, bedarf es – über die Technikfolgenabschätzung hinaus – auch einer *Ethikfolgenabschätzung*.

Literatur

Apel KO (1988) Diskurs und Verantwortung. Das Problem des Übergangs zur postkonventionellen Moral. Suhrkamp, Frankfurt am Main

Aristoteles: Nikomachische Ethik (Werke in dt. Übersetzung, Bd. 6, 9. Aufl. 1991. Akademie-Verlag, Berlin)

Bayertz K (1987) GenEthik. Probleme der Technisierung menschlicher Fortpflanzung. Rowohlt, Reinbek

Bayertz K (Hrsg) (1991) Praktische Philosophie. Grundorientierungen angewandter Ethik. Rowohlt, Reinbek

Bochenski JM (1987) „Über einige strukturelle Probleme der Verantwortung". In: Über den Sinn des Lebens und über die Philosophie. Herder, Freiburg i. Br., S. 143

Ingarden R (1970) Über die Verantwortung: Ihre ontischen Fundamente. Reclam, Stuttgart

Jaspers K (1958) Die Atombombe und die Zukunft des Menschen. Piper, München

Jonas H (1979) Das Prinzip Verantwortung. Versuch einer Ethik für die technologische Zivilisation. Insel, Frankfurt am Main

Kant I (Ausg 1968a) Kritik der praktischen Vernunft (Akademie Textausgabe Bd. V). De Gruyter, Berlin

Kant I (Ausg 1968b) Metaphysik der Sitten (Akademie Textausgabe Bd. VI). De Gruyter, Berlin

Kaufmann FX (1989) Über die soziale Funktion von Verantwortung und Verantwortlichkeit. In: Ernst-Joachim Lampe (Hrsg) Verantwortlichkeit und Recht. (Jahrbuch für Rechtssoziologie und Rechtstheorie Bd. 14). Westdeutscher Verlag, Opladen

Lepenies W (1983) Historisierung der Natur und Entmoralisierung der Wissenschaften seit dem achtzehnten Jahrhundert. In: Hubert Markl (Hrsg) Natur und Geschichte. Oldenbourg, München/Wien

Lévy-Bruhl L (1884) L'Idée de responsabilité. Paris

Mill JS (1977) On liberty (Collected Works of John Stuart Mill Vol. XVII, ed. by J.M. Robson). University of Toronto Press/Routledge & Kegan Paul, Toronto London

Nietzsche F (Ausg 1980) Genealogie der Moral (Sämtliche Werke. Kritische Studienausgabe. Hrsgg. von G. Colli und M. Montinari. Bd. 5). De Gruyter, Berlin/dtv, München

Picht G (1967) „Der Begriff der Verantwortung". In: Aland K, Schneemelcher W (Hrsg) Kirche und Staat. (Festschrift für Bischof D. Hermann Kunst DD), Berlin

Weber M (Ausg 1968) Der Sinn der „Wertfreiheit" der soziologischen und ökonomischen Wissenschaften. In: Gesammelte Aufsätze zur Wissenschaftslehre. 3. Aufl. Mohr, Tübingen

Weischedel W (1933) Versuch über das Wesen der Verantwortung. Philos. Dissertation, Universität Freiburg i.Br.

Weizenbaum J (1978) Die Macht der Computer und die Ohnmacht der Vernunft. Suhrkamp, Frankfurt am Main

Anhang

3 Good Clinical Practice (GCP) 548

4 Pharmakodex 637

5 Gesundheitsökonomie 655

6 Ethikinstitutionen 669

1 Rechtliche Grundlagen

1.1 a) Gesetz zur Neuordnung des Arzneimittelrechts (Auszug)
    b) Österreichisches Arzneimittelgesetz vom 2.3.1983 (Auszug)

1.2 Bekanntmachung von Grundsätzen für die ordnungsgemäße Durchführung der klinischen Prüfung von Arzneimitteln

1.3 Allgemeine Verwaltungsvorschrift zur Anwendung der Arzneimittelprüfrichtlinien (Auszug)

1.4 Beschluß zur Überwachung der klinischen Prüfung von Arzneimitteln des Ausschusses Arzneimittel-, Apotheken- und Giftwesen der AGLMB mit Anlage (Formblatt zur Anzeige einer klinischen Prüfung)

1.5 Allgemeine Versicherungsbedingungen für klinische Prüfungen von Arzneimitteln (Probandenversicherung)

1.6 Gesetz über die Werbung auf dem Gebiete des Heilwesens (Heilmittelwerbegesetz)

1.7 Neufassung des Tierschutzgesetzes (Auszug)

1.1a) Gesetz zur Neuordnung
des Arzneimittelrechts (Auszug)[*]

Siebenter Abschnitt:
Schutz des Menschen bei der klinischen Prüfung

§ 40
Allgemeine Voraussetzungen

(1) Die klinische Prüfung eines Arzneimittels darf bei Menschen nur durchgeführt werden, wenn und solange

1. die Risiken, die mit ihr für die Person verbunden sind, bei der sie durchgeführt werden soll, gemessen an der voraussichtlichen Bedeutung des Arzneimittels für die Heilkunde ärztlich vertretbar sind,
2. die Person, bei der sie durchgeführt werden soll, ihre Einwilligung hierzu erteilt hat, nachdem sie durch einen Arzt über Wesen, Bedeutung und Tragweite der klinischen Prüfung aufgeklärt worden ist,
3. die Person, bei der sie durchgeführt werden soll, nicht auf gerichtliche oder behördliche Anordnung in einer Anstalt verwahrt ist,
4. sie von einem Arzt geleitet wird, der mindestens eine zweijährige Erfahrung in der klinischen Prüfung von Arzneimitteln nachweisen kann,
5. eine dem jeweiligen Stand der wissenschaftlichen Erkenntnisse entsprechende pharmakologisch-toxikologische Prüfung durchgeführt worden ist,
6. die Unterlagen über die pharmakologisch-toxikologische Prüfung bei der zuständigen Bundesoberbehörde hinterlegt sind,
7. der Leiter der klinischen Prüfung durch einen für die pharmakologisch-toxikologische Prüfung verantwortlichen Wissenschaftler über die Ergebnisse der pharmakologisch-toxikologischen Prüfung und die voraussichtlich mit der klinischen Prüfung verbundenen Risiken informiert worden ist,
7a. ein dem jeweiligen Stand der wissenschaftlichen Erkenntnisse entsprechender Prüfplan vorhanden ist, und
8. für den Fall, daß bei der Durchführung der klinischen Prüfung ein Mensch getötet oder der Körper oder die Gesundheit eines Menschen verletzt wird, eine Versicherung nach Maßgabe des Absatzes 3 besteht, die auch Leistungen gewährt, wenn kein anderer für den Schaden haftet.

(2) Eine Einwilligung nach Absatz 1 Nr. 2 ist nur wirksam, wenn die Person, die sie abgibt,

1. geschäftsfähig und in der Lage ist, Wesen, Bedeutung und Tragweite der klinischen Prüfung einzusehen und ihren Willen hiernach zu bestimmen und
2. die Einwilligung selbst und schriftlich erteilt hat.

Eine Einwilligung kann jederzeit widerrufen werden.

---

[*] Aus: BGBl. 1976 I S. 2445, 2448 mit folgenden Änderungsgesetzen: BGBl. 1983 I S. 169; BGBl. 1986 I S. 1296; BGBl. 1988 I S. 1050; BGBl. 1989 I S. 2462; BGBl. 1990 I S. 717.

1.1a (3) Die Versicherung nach Absatz 1 Nr. 8 muß zugunsten der von der klinischen Prüfung betroffenen Person bei einem im Geltungsbereich dieses Gesetzes zum Geschäftsbetrieb zugelassenen Versicherer genommen werden. Ihr Umfang muß in einem angemessenen Verhältnis zu den mit der klinischen Prüfung verbundenen Risiken stehen und für den Fall des Todes oder der dauernden Erwerbsunfähigkeit mindestens fünfhunderttausend Deutsche Mark betragen. Soweit aus der Versicherung geleistet wird, erlischt ein Anspruch auf Schadensersatz.

(4) Auf eine klinische Prüfung bei Minderjährigen finden die Absätze 1 bis 3 mit folgender Maßgabe Anwendung:

1. Das Arzneimittel muß zum Erkennen oder zum Verhüten von Krankheiten bei Minderjährigen bestimmt sein.
2. Die Anwendung des Arzneimittels muß nach den Erkenntnissen der medizinischen Wissenschaft angezeigt sein, um bei dem Minderjährigen Krankheiten zu erkennen oder ihn vor Krankheiten zu schützen.
3. Die klinische Prüfung an Erwachsenen darf nach den Erkenntnissen der medizinischen Wissenschaft keine ausreichenden Prüfergebnisse erwarten lassen.
4. Die Einwilligung wird durch den gesetzlichen Vertreter oder Pfleger abgegeben. Sie ist nur wirksam, wenn dieser durch einen Arzt über Wesen, Bedeutung und Tragweite der klinischen Prüfung aufgeklärt worden ist. Ist der Minderjährige in der Lage, Wesen, Bedeutung und Tragweite der klinischen Prüfung einzusehen und seinen Willen hiernach zu bestimmen, so ist auch seine schriftliche Einwilligung erforderlich.

§ 41
Besondere Voraussetzungen

Auf eine klinische Prüfung bei einer Person, die an einer Krankheit leidet, zu deren Behebung das zu prüfende Arzneimittel angewendet werden soll, findet § 40 Abs. 1 bis 3 mit folgender Maßgabe Anwendung:

1. Die klinische Prüfung darf nur durchgeführt werden, wenn die Anwendung des zu prüfenden Arzneimittels nach den Erkenntnissen der medizinischen Wissenschaft angezeigt ist, um das Leben des Kranken zu retten, seine Gesundheit wiederherzustellen oder sein Leiden zu erleichtern.
2. Die klinische Prüfung darf auch bei einer Person, die geschäftsunfähig oder in der Geschäftsfähigkeit beschränkt ist, durchgeführt werden.
3. Ist eine geschäftsunfähige oder in der Geschäftsfähigkeit beschränkte Person in der Lage, Wesen, Bedeutung und Tragweite der klinischen Prüfung einzusehen und ihren Willen hiernach zu bestimmen, so bedarf die klinische Prüfung neben einer erforderlichen Einwilligung dieser Person der Einwilligung ihres gesetzlichen Vertreters oder Pflegers.
4. Ist der Kranke nicht fähig, Wesen, Bedeutung und Tragweite der klinischen Prüfung einzusehen und seinen Willen hiernach zu bestimmen, so genügt die Einwilligung seines gesetzlichen Vertreters oder Pflegers.
5. Die Einwilligung des gesetzlichen Vertreters oder Pflegers ist nur wirksam, wenn dieser durch einen Arzt über Wesen, Bedeutung und Tragweite der klinischen Prüfung aufgeklärt worden ist. Auf den Widerruf findet § 40 Abs. 2 Satz 2 Anwendung. Der Einwilligung des gesetzlichen Vertreters oder Pflegers bedarf es solange nicht, als eine Behandlung ohne Aufschub erforderlich ist, um das Leben des Kranken zu retten, seine Gesundheit wiederherzustellen oder sein Leiden zu er-

leichtern, und eine Erklärung über die Einwilligung nicht herbeigeführt werden **1.1a**
kann.

6. Die Einwilligung des Kranken, des gesetzlichen Vertreters oder Pflegers ist auch wirksam, wenn sie mündlich gegenüber dem behandelnden Arzt in Gegenwart eines Zeugen abgegeben wird.

7. Die Aufklärung und die Einwilligung des Kranken können in besonders schweren Fällen entfallen, wenn durch die Aufklärung der Behandlungserfolg nach der Nummer 1 gefährdet würde und ein entgegenstehender Wille des Kranken nicht erkennbar ist.

§ 42
Ausnahmen

Die §§ 40 und 41 finden keine Anwendung bei Arzneimitteln im Sinne des § 2 Abs. 2 Nr. 1a, 3 und 4. § 40 Abs. 1 Nr. 5 und 6 findet keine Anwendung auf klinische Prüfungen mit zugelassenen oder von der Zulassungspflicht freigestellten Arzneimitteln.

Elfter Abschnitt:
Beobachtung, Sammlung und Auswertung von Arzneimittelrisiken

§ 62
Organisation

Die zuständige Bundesoberbehörde hat zur Verhütung einer unmittelbaren oder mittelbaren Gefährdung der Gesundheit von Mensch oder Tier die bei der Anwendung von Arzneimitteln auftretenden Risiken, insbesondere Nebenwirkungen, Wechselwirkungen mit anderen Mitteln, Gegenanzeigen und Verfälschungen, zentral zu erfassen, auszuwerten und die nach diesem Gesetz zu ergreifenden Maßnahmen zu koordinieren. Sie wirkt dabei mit den Dienststellen der Weltgesundheitsorganisation, den Arzneimittelbehörden anderer Länder, den Gesundheits- und Veterinärbehörden der Bundesländer, den Arzneimittelkommissionen der Kammern der Heilberufe sowie mit anderen Stellen zusammen, die bei der Durchführung ihrer Aufgaben Arzneimittelrisiken erfassen.

§ 63
Stufenplan

Der Bundesminister erstellt durch allgemeine Verwaltungsvorschrift mit Zustimmung des Bundesrates zur Durchführung der Aufgaben nach § 62 einen Stufenplan. In diesem werden die Zusammenarbeit der beteiligten Behörden und Stellen auf den verschiedenen Gefahrenstufen sowie die Einschaltung der pharmazeutischen Unternehmer näher geregelt und die jeweils nach den Vorschriften dieses Gesetzes zu ergrei-

1.1a fenden Maßnahmen bestimmt. In dem Stufenplan können ferner Informationsmittel und -wege bestimmt werden.

§ 63a
Stufenplanbeauftragter

(1) Wer als pharmazeutischer Unternehmer Fertigarzneimittel, die Arzneimittel im Sinne des § 2 Abs. 1 oder Abs. 2 Nr. 1 sind, in den Verkehr bringt, hat eine Person mit der erforderlichen Sachkenntnis und der zur Ausübung ihrer Tätigkeit erforderlichen Zuverlässigkeit (Stufenplanbeauftragter) zu beauftragen, bekanntgewordene Meldungen über Arzneimittelrisiken zu sammeln, zu bewerten und die notwendigen Maßnahmen zu koordinieren. Satz 1 gilt nicht für Personen, soweit sie nach § 13 Abs. 2 Satz 1 Nr. 1, 2, 3 oder 5 keiner Herstellungserlaubnis bedürfen. Der Stufenplanbeauftragte ist für die Erfüllung von Anzeigepflichten verantwortlich, soweit sie Arzneimittelrisiken betreffen. Das Nähere regelt die Betriebsverordnung für pharmazeutische Unternehmer.

(2) Der Nachweis der erforderlichen Sachkenntnis als Stufenplanbeauftragter wird erbracht durch das Zeugnis über eine nach abgeschlossenem Hochschulstudium der Humanmedizin, der Veterinärmedizin oder der Pharmazie abgelegte Prüfung und eine mindestens zweijährige Berufserfahrung oder durch Nachweis nach § 15. Der Stufenplanbeauftragte kann gleichzeitig Herstellungs-, Kontroll- oder Vertriebsleiter sein.

(3) Der pharmazeutische Unternehmer hat der zuständigen Behörde den Stufenplanbeauftragten unter Vorlage der Nachweise über die Anforderungen nach Absatz 2 mitzuteilen und jeden Wechsel vorher anzuzeigen. Bei einem unvorhergesehenen Wechsel des Stufenplanbeauftragten hat die Anzeige unverzüglich zu erfolgen.

1.1b) Österreichisches Arzneimittelgesetz
vom 2.3.1983 (Auszug)*

III. Abschnitt:
Klinische Prüfung

Allgemeine Voraussetzungen

§ 28. Klinische Prüfungen von Arzneimitteln dürfen ausschließlich der Entwicklung neuer medizinischer Möglichkeiten, insbesondere von Therapie, Prophylaxe und Diagnostik, dienen und nur dann durchgeführt werden, wenn eine Verbesserung der bestehenden Möglichkeiten zu erwarten ist.

§ 29. (1) Bei der Planung, Anlage und Durchführung klinischer Prüfungen sind die gesundheitlichen Risiken und Belastungen für die Person, an der die klinische Prüfung durchgeführt wird, so gering wie möglich zu halten.

(2) Die klinische Prüfung von Arzneimitteln darf nur durchgeführt werden, wenn die Risiken, die mit ihr für jene Person verbunden sind, an der sie durchgeführt wird, gemessen an der erwarteten Bedeutung des Ergebnisses der Prüfung für die Medizin vertretbar sind und die nicht auszuschließende Gefahr einer Beeinträchtigung der Gesundheit dieser Person

1. nicht erheblich ist oder
2. überwogen wird von dem von der Anwendung des Arzneimittels anzunehmenden Vorteil für ihre Gesundheit.

(3) Die klinische Prüfung von Arzneimitteln darf, abgesehen von den Fällen des § 46, an Personen weiblichen Geschlechts nur durchgeführt oder fortgesetzt werden, wenn vor Beginn der klinischen Prüfung und in ausreichender Wiederholung während der klinischen Prüfung ein Arzt das Nichtvorliegen einer Schwangerschaft festgestellt hat.

§ 30. Die klinische Prüfung eines Arzneimittels darf nur durchgeführt werden, wenn

1. Angaben über relevante physikalische und chemische Daten oder biologische Eigenschaften sowie über die angewendete Arzneimitteltechnologie vorliegen und
2. aussagefähige Ergebnisse angemessener nichtklinischer Prüfungen vorliegen, die entsprechend dem jeweiligen Stand der Wissenschaften durchgeführt wurden.

§ 31. Für die Planung, Anlage, Durchführung und Auswertung klinischer Prüfungen sind wissenschaftlich fundierte Methoden und Einrichtungen zu wählen, die in bezug auf die Fragestellung relevante und aussagekräftige Ergebnisse erwarten lassen.

---

* Aus: Österreichisches Bundesgesetzblatt 1983, S. 185ff.

1.1b   *Prüfungsleiter, Qualifikation und Pflichten*

§ 32. (1) Klinische Prüfungen von Arzneimitteln dürfen nur unter der verantwortlichen Leitung eines Arztes (Prüfungsleiter) durchgeführt werden, der

1. zur selbständigen Ausübung des ärztlichen Berufes im Inland berechtigt ist,
2. über entsprechende Kenntnisse und Erfahrungen auf dem Gebiet der klinischen Prüfung von Arzneimitteln verfügt,
3. über entsprechende Kenntnisse und Erfahrungen auf dem vorgesehenen Indikationsgebiet verfügt und
4. über Kenntnisse auf den einschlägigen Gebieten der nichtklinischen Medizin, insbesondere auch über Planung, Durchführung und biostatistische Auswertung klinischer Prüfungen von Arzneimitteln, verfügt. Falls er auf einem dieser Teilgebiete nicht die entsprechenden Kenntnisse und Erfahrungen besitzt, sind von ihm einschlägige Fachkräfte mitverantwortlich beizuziehen.

(2) Der Prüfungsleiter hat dem ärztlichen Leiter der Krankenanstalt (§ 7 Abs. 1 des Krankenanstaltengesetzes, BGBl. Nr. 1/1957), an der die klinische Prüfung durchgeführt werden soll, seine Eignung im Sinne des Abs. 1 nachzuweisen.

§ 33. Der Prüfungsleiter hat in eigener Verantwortung zu entscheiden, ob die vorgesehene klinische Prüfung entsprechend diesem Bundesgesetz gerechtfertigt ist.

§ 34. Klinische Prüfungen von Arzneimitteln dürfen, sofern es sich um die Erstanwendung am Menschen im Geltungsbereich dieses Bundesgesetzes handelt, nur durchgeführt werden, wenn dem Prüfungsleiter und dem ärztlichen Leiter der Krankenanstalt, an der die klinische Prüfung durchgeführt werden soll, ein Gutachten des Arzneimittelbeirates (§ 49) darüber vorliegt, ob das zu prüfende Arzneimittel die Voraussetzungen für die Durchführung einer klinischen Prüfung gemäß diesem Bundesgesetz erfüllt. Als Erstanwendung gilt auch die erstmalige Anwendung eines Arzneimittels am Menschen in einer neuen Art der Anwendung.

§ 35. Der Arzneimittelbeirat hat seinem Gutachten gemäß § 34 zumindest die Unterlagen und Informationen im Sinne der §§ 30 und 36 Abs. 1 zugrunde zu legen.

§ 36. (1) Der Prüfungsleiter hat sich über die Unterlagen gemäß § 30 persönlich mit der gebührenden Sorgfalt zu informieren. Er hat sich insbesondere durch einen mit den nichtklinischen Prüfungen vertrauten Wissenschaftler über die Ergebnisse dieser Prüfungen und die voraussichtlich mit der klinischen Prüfung verbundenen Risiken informieren zu lassen.

(2) Die Informationspflicht gemäß Abs. 1 besteht für die gesamte Dauer der klinischen Prüfung für alle neuen Unterlagen und Ergebnisse im Sinne des § 30 sowie Erkenntnisse aus anderen klinischen Prüfungen.

§ 37. Der Prüfungsleiter hat der klinischen Prüfung einen Untersuchungsplan zugrunde zu legen, der Auswertbarkeit und Reproduzierbarkeit der Ergebnisse der klinischen Prüfung gewährleistet und alle für die Fragestellung relevanten Kriterien zu enthalten hat.

§ 38. Der Prüfungsleiter hat vorzusorgen, daß zugunsten der Person, an der eine   **1.1b**
klinische Prüfung durchgeführt werden soll, eine Versicherung abgeschlossen wird,
die alle Schäden abdeckt, die infolge der Durchführung einer klinischen Prüfung an
Leben oder Gesundheit entstehen können.

§ 39. Der Prüfungsleiter hat vorzusorgen, daß bei einem Zwischenfall unverzüglich entsprechende Gegenmaßnahmen eingeleitet werden können.

§ 40. Der ärztliche Leiter der Krankenanstalt, an der die klinische Prüfung
durchgeführt werden soll, hat vor deren Beginn

1. sich davon zu überzeugen, daß die klinische Prüfung den gesetzlichen Vorschriften entsprechend durchgeführt werden soll,
2. und dem Bundeskanzleramt unter Hinweis auf das ihm gemäß § 34 vorliegende
   Gutachten den voraussichtlichen Beginn der klinischen Prüfung mitzuteilen.

§ 41. Der Prüfungsleiter hat dem Bundeskanzleramt unverzüglich jeden Zwischenfall im Rahmen der klinischen Prüfung sowie die Beendigung der Anwendung
des Arzneimittels am Menschen im Rahmen der klinischen Prüfung zu melden. Bei
klinischen Prüfungen an Krankenanstalten besteht diese Meldepflicht auch gegenüber
dem ärztlichen Leiter der Krankenanstalt.

Klinische Prüfung außerhalb von Krankenanstalten

§ 42. (1) Die klinische Prüfung eines Arzneimittels darf ambulant oder außerhalb
einer Krankenanstalt an Personen, die an einer Krankheit leiden, nur durchgeführt
werden, wenn

1. die betreffende Krankheit nach dem Stand der medizinischen Wissenschaft nicht
   stationär behandelt wird oder
2. im Vergleich zur stationären Behandlung veränderte Therapieerfordernisse zu erwarten sind.

(2) Der Prüfungsleiter hat vor Beginn einer klinischen Prüfung außerhalb einer
Krankenanstalt dem Bundeskanzleramt

1. seine Eignung im Sinne des § 32 Abs. 1 nachzuweisen,
2. das ihm gemäß § 34 vorliegende Gutachten anzuführen,
3. den voraussichtlichen Beginn der klinischen Prüfung mitzuteilen und
4. alle an der klinischen Prüfung beteiligten Ärzte zu nennen.

Einwilligung

§ 43. Die klinische Prüfung eines Arzneimittels darf, sofern die §§ 44 und 45 nichts
anderes bestimmen, nur durchgeführt werden, wenn

1. die Person, an der sie durchgeführt werden soll, durch einen Arzt über Wesen, Bedeutung, Tragweite und Gefahren der klinischen Prüfung aufgeklärt worden ist,
2. die Person, an der sie durchgeführt werden soll, sofern sie weiblichen Geschlechts
   ist, durch einen Arzt darüber informiert wurde, daß während der klinischen Prüfung eine Schwangerschaft zu vermeiden ist und der vermutete Eintritt einer

1.1b   Schwangerschaft einem an der klinischen Prüfung beteiligten Arzt sofort zu melden ist, und

3. die Person, an der sie durchgeführt werden soll, nachweislich ihre Einwilligung hierzu erteilt und nicht widerrufen hat; diese Einwilligung ist nur wirksam, wenn die Person, die sie gibt,

    a) geschäftsfähig und in der Lage ist, Wesen, Bedeutung, Tragweite und Gefahren der klinischen Prüfung einzusehen und ihren Willen danach zu bestimmen und

    b) nicht auf gerichtliche oder behördliche Anordnung angehalten ist.

Schutz bestimmter Personengruppen

§ 44. Die klinische Prüfung eines Arzneimittels darf an Minderjährigen nur durchgeführt werden, wenn

1. das Arzneimittel, das geprüft wird, zum Erkennen, zur Heilung, Linderung oder Verhütung von Krankheiten bei Minderjährigen bestimmt ist,
2. die Anwendung des Arzneimittels nach den Erkenntnissen der medizinischen Wissenschaft angezeigt ist, um bei dem Minderjährigen, an dem die klinische Prüfung durchgeführt wird, Krankheiten oder deren Verlauf zu erkennen, zu heilen oder zu lindern oder ihn vor Krankheiten zu schützen,
3. die klinische Prüfung an Erwachsenen nach den Erkenntnissen der medizinischen Wissenschaft keine ausreichenden Prüfungsergebnisse erwarten läßt,
4. die Einwilligung hierzu durch den Erziehungsberechtigten, hat der Minderjährige mehrere Erziehungsberechtigte, durch einen von ihnen, nachweislich erteilt wurde und dieser durch einen Arzt über Wesen, Bedeutung, Tragweite und Gefahren der klinischen Prüfung aufgeklärt worden ist,
5. im Fall des § 29 Abs. 2 Z 2 zusätzlich die Einwilligung des Vormundschaftsgerichtes erteilt wurde und
6. die Einwilligung hierzu auch durch den Minderjährigen, an dem die klinische Prüfung durchgeführt werden soll, nachweislich erteilt wurde, sofern der Minderjährige in der Lage ist, Wesen, Bedeutung, Tragweite und Gefahren der klinischen Prüfung einzusehen und seinen Willen danach zu bestimmen.

§ 45. (1) Die klinische Prüfung eines Arzneimittels darf an einer Person, die an einer Krankheit leidet, nur durchgeführt werden, wenn

1. Ergebnisse von klinischen Prüfungen des Arzneimittels an Personen, die an keiner Krankheit leiden, vorliegen und
2. die Anwendung des Arzneimittels nach den Erkenntnissen der medizinischen Wissenschaft angezeigt ist, um bei der Person, an der die klinische Prüfung durchgeführt werden soll, die Krankheit oder deren Verlauf zu erkennen, zu heilen oder zu lindern oder sie vor weiteren Krankheiten zu schützen.

(2) Die klinische Prüfung darf an Personen, die an einer Krankheit leiden, auch ohne Vorliegen der Voraussetzungen gemäß Abs. 1 Z 1 durchgeführt werden, wenn die klinische Prüfung an Personen, die an keiner Krankheit leiden,

1. gemäß § 29 Abs. 2 nicht durchgeführt werden darf oder
2. kein aussagefähiges Ergebnis erwarten läßt.

(3) Ist eine Person infolge einer Krankheit voll oder beschränkt entmündigt oder infolge einer Krankheit auf gerichtliche oder behördliche Anordnung angehalten, darf an ihr eine klinische Prüfung gemäß Abs. 1 nur dann durchgeführt werden, wenn das zu prüfende Arzneimittel zur Anwendung bei dieser Krankheit vorgesehen ist.

1.1b

(4) Die klinische Prüfung an einer Person im Sinne des Abs. 3 darf nur durchgeführt werden, wenn die Einwilligung hierzu

1. durch den gesetzlichen Vertreter nachweislich erteilt wurde und dieser durch einen Arzt über Wesen, Bedeutung, Tragweite und Gefahren der klinischen Prüfung aufgeklärt worden ist,
2. im Fall des § 29 Abs. 2 Z 2 zusätzlich die Einwilligung des Pflegschaftsgerichtes erteilt wurde und
3. die Einwilligung hierzu auch durch die Person im Sinne des Abs. 3 nachweislich erteilt wurde, sofern sie in der Lage ist, Wesen, Bedeutung, Tragweite und Gefahren der klinischen Prüfung einzusehen und ihren Willen danach zu bestimmen.

§ 46. Die klinische Prüfung eines Arzneimittels darf an einer Schwangeren nur durchgeführt werden, wenn

1. das Arzneimittel, das geprüft wird, zum Erkennen, zur Heilung, Linderung oder Verhütung von Krankheiten bei Schwangeren oder ungeborenen Kindern bestimmt ist,
2. die Anwendung des Arzneimittels nach den Erkenntnissen der medizinischen Wissenschaft angezeigt ist, um bei der Schwangeren, an der die klinische Prüfung durchgeführt wird, oder bei ihrem ungeborenen Kind Krankheiten oder deren Verlauf zu erkennen, zu heilen oder zu lindern oder diese vor Krankheiten zu schützen,
3. nach den Erkenntnissen der medizinischen Wissenschaft die Durchführung der klinischen Prüfung voraussichtlich keine Risiken für das ungeborene Kind mit sich bringt und
4. die klinische Prüfung nach den Erkenntnissen der medizinischen Wissenschaft nur an Schwangeren ausreichende Prüfungsergebnisse erwarten läßt.

§ 46a. Die klinische Prüfung eines Arzneimittels darf an Wehrpflichtigen, die einen Präsenzdienst leisten, nicht durchgeführt werden.

Widerruf der Einwilligung

§ 47. Die Einwilligung zur Durchführung der klinischen Prüfung darf jederzeit widerrufen werden. Sind für die Durchführung der klinischen Prüfung an einer Person nach den vorstehenden Bestimmungen mehrere Einwilligungen erforderlich, so darf die klinische Prüfung an dieser Person nicht fortgesetzt werden, wenn auch nur eine dieser Einwilligungen widerrufen wird.

Verordnungsermächtigung

§ 48. Sofern dies im Hinblick auf die Arzneimittelsicherheit erforderlich ist, hat der Bundesminister für Gesundheit und Umweltschutz durch Verordnung nähere Bestimmungen über die Voraussetzungen und die Durchführung der klinischen Prüfung und der nichtklinischen Prüfung von Arzneimitteln zu erlassen.

1.2 Bekanntmachung von Grundsätzen für die ordnungsgemäße Durchführung der klinischen Prüfung von Arzneimitteln

Vom 9. Dezember 1987 (BAnz., S. 16617)

Nachstehend gebe ich die Grundsätze für die ordnungsgemäße Durchführung der klinischen Prüfung von Arzneimitteln bekannt. Sie enthalten eine Anleitung für die Planung und Durchführung von klinischen Prüfungen sowie für die Auswertung und Dokumentation ihrer Ergebnisse.

Mit der Bekanntmachung dieser Grundsätze wird das Ziel verfolgt,

- bereits vorhandene Empfehlungen von Verbänden über die ordnungsgemäße Durchführung der klinischen Prüfung von Arzneimitteln zu vereinheitlichen,
- den Schutz der Probanden und Patienten zu verbessern,
- die Qualität der Zulassungsunterlagen über die klinische Prüfung anzuheben,
- die gesetzliche Forderung nach einem dem Stand der wissenschaftlichen Erkenntnisse entsprechenden Prüfplan zu konkretisieren (§ 40 Abs. 1 Nr. 7a Arzneimittelgesetz),
- den an der Durchführung von klinischen Prüfungen Beteiligten wie auch den Überwachungsbehörden die Grundsätze als eine Richtschnur nach Art eines vorgefertigten Gutachtens für ihre Tätigkeit an die Hand zu geben.

Bonn, den 9. Dezember 1987
355-5148-10

Der Bundesminister
für Jugend, Familie, Frauen und Gesundheit
In Vertretung
Chory

Grundsätze für die ordnungsgemäße Durchführung der klinischen Prüfung von Arzneimitteln

1 Einleitung

1.1 Ziel dieser Grundsätze ist es, Regeln für die ordnungsgemäße Planung, Durchführung, Auswertung und Dokumentation klinischer Prüfungen von Arzneimitteln aufzustellen.

1.2 Klinische Prüfung im Sinne dieser Grundsätze ist die Anwendung eines Arzneimittels am Menschen zu dem Zweck, über den einzelnen Anwendungsfall hinaus Erkenntnisse über den therapeutischen oder diagnostischen Wert eines Arzneimittels, insbesondere über seine Wirksamkeit und Unbedenklichkeit, zu gewinnen; dies gilt unabhängig davon, ob die Prüfung in einer Klinik oder in der Praxis eines niedergelassenen Arztes durchgeführt wird.

1.3 Vor Aufnahme der klinischen Prüfung sind die ethischen und rechtlichen Vor- **1.2**
aussetzungen zu prüfen. Maßstab für die Beurteilung sind die Bestimmungen
über die klinische Prüfung nach §§ 40 und 41 des Arzneimittelgesetzes und die
revidierte Deklaration von Helsinki (BAnz. vom 13. Juni 1987 S. 7109). Eine unabhängige und sachkundige Ethik-Kommission soll gehört werden.[1]

1.4 Wer eine klinische Prüfung plant oder durchführt, muß sich bewußt sein, daß
es zwischen der Fürsorgepflicht gegenüber dem einzelnen Patienten beziehungsweise Probanden und dem allgemeinen Verlangen nach therapeutischem
Fortschritt abzuwägen gilt. Gemessen an der voraussichtlichen Bedeutung des
Arzneimittels für die Heilkunde müssen die Risiken für die teilnehmenden Personen ärztlich vertretbar sein.

1.5 Bei der Planung, Durchführung und Auswertung der Ergebnisse der klinischen
Prüfung von Arzneimitteln, die in der Zahnmedizin, in der Homöopathie, Phy-
totherapie und anthroposophischen Therapie eingesetzt werden sollen, sind
deren Besonderheiten zu berücksichtigen.

1.6 Abweichungen von diesen Grundsätzen sind zulässig, soweit sie auf Grund
spezieller medizinischer Fragestellungen notwendig sind; sie sind zu begründen.

1.7 Die Vorschriften des § 41 der Strahlenschutzverordnung vom 13. Oktober 1976
(BGBl. I S. 2905; 1977 S. 184, 269) in der geltenden Fassung sowie die Bekanntmachung des Bundesministers für Arbeit und Sozialordnung über klinische Erprobung medizinisch-technischer Geräte vom 10. November 1986 (Bundesar-
beitsblatt 12/1986 S. 113) bleiben unberührt.

2   *Planung der klinischen Prüfung*

2.1 Bei der Planung einer klinischen Prüfung müssen der Kenntnisstand über die
zu behandelnde Krankheit (Ätiologie, Pathogenese, Spontanverlauf, Prognose,
Therapiemöglichkeiten), die medizinische und biometrische Methodik usw. sowie die bisherigen Erkenntnisse aus der Entwicklung dieses Arzneimittels insbesondere der pharmakologisch-toxikologischen Prüfung berücksichtigt werden. Sämtliche verfügbaren Informationen (auch historisches und bibliographisches Material, ggf. auch aus dem Ausland) sollen dabei herangezogen werden.
Es ist sicherzustellen, daß eine dem Prüfziel entsprechende ärztliche Beurteilung und biometrische Auswertung der erhobenen Daten möglich sind.

2.2 Biometrische Überlegungen sind so früh wie möglich anzustellen. Grundsätzlich sollen klinische Prüfungen, wenn dies angemessen, d.h. dem therapeutischen Ziel nach sinnvoll und in der Durchführung auch möglich ist, kontrolliert durchgeführt werden. Dies schließt eine gleichzeitig beobachtete Kontrollgruppe und eine randomisierte Zuteilung der Patienten beziehungsweise Probanden zu den Behandlungsgruppen ein. Davon muß abgewichen werden,
wenn wissenschaftliche oder ethische Gründe dafür vorliegen. Es ist Vorsorge
zu treffen, daß die Ergebnisse durch subjektive Einflüsse und Fehleinschätzun-
gen nicht verfälscht werden.

2.3 Bei der Planung einer klinischen Prüfung ist zu berücksichtigen, ob diese in einer einzigen Prüfstelle oder multizentrisch durchgeführt werden soll.

---

[1] Die Verpflichtung richtet sich nach den Berufsordnungen für Ärzte.

1.2 2.4 Der Leiter der klinischen Prüfung, der verantwortliche Biometriker und die durchführenden Ärzte müssen für die Durchführung der klinischen Prüfung qualifiziert sein.

2.5 Vor Beginn der Prüfung ist ein Prüfplan aufzustellen. Er soll Angaben zu folgenden Punkten enthalten:

2.5.1 Zielsetzung und Begründung der Prüfung; Festlegung des Hauptzielkriteriums und Begründung seiner Eignung für die Erreichung des Prüfziels,

2.5.2 Charakterisierung des zu prüfenden Arzneimittels; die Zusammensetzung und die pharmazeutische Qualität müssen über eine eindeutige Identifizierung (Chargenbezeichnung) zurückverfolgt werden können,

2.5.3 Beschreibung des Prüfdesigns und gegebenenfalls Definition der Beobachtungseinheit,

2.5.4 Definition der Zielpopulation durch Ein- und Ausschlußkriterien,

2.5.5 Methodik der Personenauswahl,

2.5.6 Handhabung des Randomisierungsverfahrens und Beschreibung der Dekodierung bei Doppelblindstudien,

2.5.7 begründete Angaben über die Zahl der Patienten beziehungsweise Probanden unter Berücksichtigung der geschätzten Ausfallrate,

2.5.8 bei multizentrischen Prüfungen: Anzahl der Zentren und Anzahl der Personen pro Zentrum,

2.5.9 Behandlung (Art, Dosis, Dauer, Art der Anwendung des Arzneimittels, ambulante/stationäre Durchführung) in den einzelnen Gruppen,

2.5.10 zulässige und unzulässige Begleittherapien,

2.5.11 Auflistung aller Ziel- und Begleitvariablen,

2.5.12 die verwendeten Meßverfahren und deren Validierung. Bei multizentrischen Prüfungen müssen die entscheidenden Meßmethoden standardisiert sein.

2.5.13 Ermittlung, Bewertung und Dokumentation unerwünschter Begleiterscheinungen,

2.5.14 ausführliche Beschreibung des Prüfungsablaufs einschließlich des Zeitplans für die Untersuchungstermine,

2.5.15 Überprüfung der Compliance,

2.5.16 vorgesehene Gesamtdauer der Prüfung,

2.5.17 biometrische Auswertungsmethoden mit Festlegung der Arbeitshypothesen und der Irrtumswahrscheinlichkeiten sowie Zeitpunkte und Umfang vorgesehener Zwischenauswertungen,

2.5.18 eventuell notwendige Vorsichtsmaßnahmen einschließlich Handlungsanweisungen, wie etwa Veränderungen der Dosierungen,

2.5.19 Kriterien für den Abbruch der klinischen Prüfung sowohl im Einzelfall als auch für die gesamte Prüfung,

2.5.20 Verfahren zur Kontrolle der Einhaltung des Prüfplans,

2.5.21 Anleitung zur Dokumentation der Befunde,

2.5.22 Quellenangabe der verwendeten Informationen, insbesondere der benutzten oder zu benutzenden historischen und bibliographischen Daten,

2.5.23 der Ort (die Orte) der Prüfung sowie die Art der Einrichtung, wo die Prüfung **1.2**
        stattfindet,

2.5.24 Name, Qualifikation und Verantwortungsbereich des jeweiligen Arztes für die
        einzelnen Abschnitte der klinischen Prüfung.
        Der Prüfplan muß vom Leiter der klinischen Prüfung unterzeichnet werden.

2.6   Zur Erfassung und Dokumentation der Befunde bei den einzelnen Personen ist
        ein Prüfbogen zu verwenden, der alle Angaben enthalten muß, die zur fundier-
        ten Beantwortung der im Prüfplan formulierten Fragestellungen notwendig
        sind. Hierzu gehören mindestens Angaben

2.6.1   zur Identifizierung unter Berücksichtigung des Datenschutzrechtes,

2.6.2   Alter, Größe und Gewicht, Geschlecht, wichtige prognostische Faktoren (z.B.
        Raucher, Diät, bisherige Krankheitsdauer),

2.6.3   eine etwaige Schwangerschaft bei Frauen im gebärfähigen Alter,

2.6.4   Erfüllung der Einschlußkriterien und Nichtvorliegen von Ausschlußkriterien,

2.6.5   Diagnose und Begründung für die Anwendung des Arzneimittels, Zeitpunkt
        der Diagnosestellung, Kriterien für die Diagnosestellung, Begleitdiagnosen so-
        wie Zeitpunkt der Stellung der Begleitdiagnosen,

2.6.6   Einzeldosis, Tagesdosis, Dosierungsschema und Art der Anwendung des Arz-
        neimittels,

2.6.7   Beginn und Ende (Datumsangaben) der Behandlung und des Beobachtungs-
        zeitraums,

2.6.8   alle Begleittherapien und relevante Vortherapien,

2.6.9   Ergebnisse der Messung der Ziel- und Begleitvariablen mit Angabe der Meß-
        zeitpunkte,

2.6.10 unerwünschte Begleiterscheinungen (Art, Zeitpunkt des Auftretens, Dauer, In-
        tensität, Maßnahmen/Folgen, Zusammenhang),

2.6.11 zur Compliance,

2.6.12 Gründe für einen Therapieabbruch,

2.6.13 Gesamtbeurteilung (Wirksamkeit und Verträglichkeit),

2.6.14 Name und Adresse des prüfenden Arztes.
        Ein Muster des Prüfbogens ist Bestandteil des Prüfplans.

3   Durchführung der Prüfung

3.1   Die Auswahl der für die Prüfung in Betracht kommenden Personen muß sich
        an den Kriterien des Prüfplans ausrichten. Bei Prüfungen, die besondere Anfor-
        derungen an die Repräsentativität der Patientenauswahl stellen, sollen von al-
        len Personen, die den Ein- und Ausschlußkriterien des Prüfplans genügen, Ba-
        sisdaten erhoben werden.

3.2   Eine klinische Prüfung darf während einer Schwangeschaft oder während einer
        Stillzeit nur durchgeführt werden, wenn:

3.2.1   das Arzneimittel dazu bestimmt ist, bei schwangeren oder stillenden Frauen
        oder bei ungeborenen Kindern Krankheiten zu verhüten, zu erkennen, zu hei-
        len oder zu lindern,

1.2

3.2.2 die Anwendung des Arzneimittels nach den Erkenntnissen der medizinischen Wissenschaft angezeigt ist, um bei der schwangeren oder stillenden Frau oder bei einem ungeborenen Kind Krankheiten oder deren Verlauf zu erkennen, Krankheiten zu heilen oder zu lindern oder die schwangere oder stillende Frau oder das ungeborene Kind vor Krankheiten zu schützen,

3.2.3 nach den Erkenntnissen der medizinischen Wissenschaft die Durchführung der klinischen Prüfung für das ungeborene Kind keine unvertretbaren Risiken erwarten läßt und

3.2.4 die klinische Prüfung nach den Erkenntnissen der medizinischen Wissenschaft nur dann ausreichende Prüfergebnisse erwarten läßt, wenn sie an schwangeren oder stillenden Frauen durchgeführt wird.

3.3 Vor Aufnahme in die Prüfung müssen die Patienten beziehungsweise Probanden in die Teilnahme an der Prüfung eingewilligt haben, nachdem sie über deren Wesen, Bedeutung und Tragweite in verständlicher Form aufgeklärt worden sind. Die Aufklärung muß mindestens folgende Punkte betreffen:

3.3.1 Zielsetzung und Ablauf der Prüfung,

3.3.2 Art der Behandlung und der Zuordnung der Patienten zu den einzelnen Behandlungsgruppen (z.B. Randomisierung),

3.3.4 mögliche Belastung und Risiken bei einer Schwangerschaft auch für das ungeborene Kind,

3.3.5 zu erwartende Wirkungen,

3.3.6 andere therapeutische Möglichkeiten,

3.3.7 Angebot einer weitergehenden Unterrichtung,

3.3.8 Hinweis auf das Recht, die Einwilligung zur Teilnahme an der Prüfung jederzeit zurückziehen zu können.
Der Inhalt der Aufklärung ist dem Prüfplan beizufügen.

3.4 Der Prüfplan muß grundsätzlich eingehalten werden. Ergeben sich zwingende Gründe für eine Änderung des Prüfplans und ist der Abbruch der Prüfung deshalb nicht notwendig, so ist der Prüfplan unter Angabe der Gründe zu ergänzen. Jede Änderung des Prüfplans ist vom Leiter der klinischen Prüfung zu unterzeichnen.

3.5 Eine Verlaufskontrolle der klinischen Prüfung ist durch den Leiter der klinischen Prüfung sicherzustellen. Hierzu dienen Kontrollen der ordnungsgemäßen Durchführung der klinischen Prüfung von Arzneimitteln auf der Grundlage des Prüfplans sowie eine Überprüfung des ordnungsgemäßen kontinuierlichen Ausfüllens der Prüfbögen.

3.6 Der Leiter der klinischen Prüfung hat sich fortlaufend über das in der Prüfung befindliche Arzneimittel, insbesondere über auftretende Risiken, gegebenenfalls weltweit zu informieren, um fortlaufend die ärztliche Vertretbarkeit der klinischen Prüfung beurteilen zu können.

3.7 Dem Leiter der klinischen Prüfung sind unverzüglich alle Umstände mitzuteilen, die eine rasche Entscheidung über den Abbruch oder die Unterbrechung der klinischen Prüfung erforderlich machen könnten. Hierunter sind insbesondere alle schwerwiegenden Nebenwirkungen zu verstehen. Schwerwiegende Nebenwirkungen im Sinne des Satzes 2 sind solche Wirkungen, bei denen Gewißheit oder der begründete Verdacht besteht, daß durch sie das Leben bedroht oder die Gesundheit schwer oder dauernd geschädigt wird. Dies trifft

insbesondere für Nebenwirkungen zu, bei denen die Möglichkeit besteht, daß **1.2** sie den Tod zur Folge haben, lebensbedrohlich sind, eine maligne Erkrankung verursachen, angeborene Mißbildungen hervorrufen, bleibende Schäden verursachen oder einer ärztlichen Behandlung, vorwiegend stationärer Art, bedürfen.
Ferner ist das Auftreten unerwartet starker erwünschter Wirkung bei Gabe der in Prüfung befindlichen Dosis zu melden.

3.8 Nach Abschluß der Prüfung sind mit den Prüfungsunterlagen auch die nicht verbrauchten Prüfpräparate und gegebenenfalls die Dekodierungsumschläge an den Leiter der klinischen Prüfung zurückzugeben.

4 Auswertung und Darstellung der Ergebnisse

4.1 Nach Abschluß der Prüfung ist ein Bericht zu erstellen, der eine biometrische Auswertung und eine Bewertung der Ergebnisse aus medizinischer Sicht enthält. Dies gilt auch für eine Prüfung, die vorzeitig beendet wurde.

4.2 Die biometrische Stellungnahme muß mindestens beinhalten:

4.2.1 eine statistische Auswertung anhand der im Prüfplan festgelegten Zielvariablen,

4.2.2 eine Dokumentation und Bewertung der bei der Durchführung der Prüfung aufgetretenen Abweichungen vom Prüfplan; dabei ist jeder Ausschluß einer in die Prüfung aufgenommenen Person von der Auswertung zu begründen und kasuistisch zu beschreiben,

4.2.3 Angaben zu allen verwendeten statistischen Verfahren, so daß ihre Anwendung nachvollzogen werden kann,

4.2.4 eine adäquate Darstellung der Zentrumseinflüsse bei multizentrischen Prüfungen,

4.2.5 eine Beurteilung der Aussagefähigkeit der Prüfung aus biometrischer Sicht.

4.3 Die medizinische Stellungnahme muß – unter Berücksichtigung der biometrischen Aspekte – beinhalten:

4.3.1 eine kritische Bewertung, in welcher Weise und in welchem Ausmaß die Zielvariablen, die zum Beleg der Wirksamkeit geprüft wurden, mit dem zu behandelnden Zustand im Zusammenhang stehen,

4.3.2 eine Bewertung der aufgetretenen unerwünschten Begleiterscheinungen und eine Beurteilung ihres Zusammenhanges mit der Gabe des Arzneimittels,

4.3.3 eine Nutzen-Risiko-Abwägung der günstigen Wirkungen gegen die aufgetretenen unerwünschten Begleiterscheinungen,

4.3.4 einen Vergleich von Wirksamkeit und Verträglichkeit des angewandten Arzneimittels mit den untersuchten therapeutischen Alternativen.

5   Dokumentation

5.1   Alle bei der klinischen Prüfung anfallenden Unterlagen sind zu dokumentieren
und mindestens zehn Jahre nach Abschluß der Prüfung aufzubewahren.

5.2   Die Aufzeichnungen können auch als Wiedergabe auf einem Bildträger oder
auf anderen Datenträgern aufbewahrt werden. Bei der Aufbewahrung der
Aufzeichnungen auf Datenträgern muß insbesondere sichergestellt sein, daß
die Daten während der Dauer der Aufbewahrungsfrist verfügbar sind und innerhalb einer angemessenen Frist lesbar gemacht werden können.

1.3 Allgemeine Verwaltungsvorschrift zur Anwendung der Arzneimittelprüfrichtlinien (Auszug)*

Vom 14. Dezember 1989

Nach § 26 Abs. 1 des Arzneimittelgesetzes vom 24. August 1976 (BGBl. I S. 2445, 2448),
der zuletzt gemäß Artikel 1 der Dritten Zuständigkeitsanpassungs-Verordnung vom
26. November 1986 (BGBl. I S. 2089) geändert worden ist, wird nach Anhörung von
Sachverständigen im Einvernehmen mit dem Bundesminister für Umwelt, Natur-
schutz und Reaktorsicherheit folgende allgemeine Verwaltungsvorschrift erlassen:

§ 1

Das Bundesgesundheitsamt hat bei der Zulassung von Arzneimitteln an die analytischen, pharmakologisch-toxikologischen und klinischen Prüfungen Anforderungen
zu stellen, die in der Anlage zu dieser Verwaltungsvorschrift als Arzneimittelprüfrichtlinien geregelt sind.

§ 2

Die allgemeine Verwaltungsvorschrift tritt am 1. Januar 1990 in Kraft.

Der Bundesrat hat zugestimmt. Bonn, den 14. Dezember 1989

Der Bundesminister für Jugend, Familie, Frauen und Gesundheit

Ursula Lehr

---

*Quelle: Bundesanzeiger Nr. 234 a vom 14.12.1989.

Inhaltsübersicht **1.3**

1. Abschnitt:
Allgemeine Vorschriften

A. Zweck der allgemeinen Verwaltungsvorschrift
B. Anwendungsbereich
C. Allgemeine Anforderungen

2. Abschnitt:
Prüfung auf Qualität

A. Bezeichnung der Bestandteile des Arzneimittels nach Art und Menge
B. Angaben über die Herstellung des Arzneimittels und die Inprozeßkontrollen
C. Kontrolle der Ausgangsstoffe
    1. Ausgangsstoffe, die in Arzneibüchern aufgeführt sind
    2. Ausgangsstoffe, die nicht in einem Arzneibuch aufgeführt sind
    3. Ausgangsstoffe, die im Fertigarzneimittel nicht mehr enthalten sind
    4. Besondere Qualitätsmerkmale
    5. Ungewöhnliche Verunreinigungen
    6. Analysenzertifikate der Prüfung verschiedener Chargen
    7. Referenzsubstanzen
    8. Behältnisse und Behältnismaterial
D. Kontrollmethoden für die Halbfertigware
E. Kontrollmethoden für das Fertigprodukt
    1. Merkmale der verschiedenen Darreichungsformen
    2. Identitätsnachweis und Gehaltsbestimmung der wirksamen Bestandteile
    3. Prüfung auf sonstige Bestandteile
    4. Biologische Sicherheitsprüfung
    5. Analysenzertifikate der Prüfung verschiedener Chargen
F. Haltbarkeitsversuche
G. Andere Qualitätsunterlagen

3. Abschnitt:
Pharmakologisch-toxikologische Prüfung

A. Allgemeine Anforderungen an die Unterlagen
B. Toxikologische Unterlagen
    1. Toxizität bei einmaliger Verabreichung
       (akute Toxizität)
    2. Toxizität bei wiederholter Verabreichung
       (subchronische und chronische Toxizität)
    3. Embryonale/fötale Toxizität, Fertilität
       (Reproduktionstoxizität)
    4. Mutagenes Potential
    5. Tumorerzeugendes Potential
    6. Zusätzliche Unterlagen zur lokalen Verträglichkeit
    7. Biotechnologisch hergestellte Produkte
C. Pharmakodynamische und pharmakokinetische Unterlagen
    1. Pharmakodynamik
    2. Pharmakokinetik

1.3　**4. Abschnitt:**
Klinische Prüfung

A.　Allgemeine Anforderungen an die Unterlagen
B.　Spezielle Anforderungen an die Unterlagen
　　I.　Klinisch-pharmakologische Angaben
　　　　1.　Pharmakodynamik
　　　　2.　Pharmakokinetik und Bioverfügbarkeit
　　　　3.　Pharmakodynamik und Pharmakokinetik nach mehrfacher Gabe
　　　　4.　Wechselwirkungen
　　II.　Klinisch-therapeutische Angaben
　　　　1.　Angaben zu den einzelnen Studien
　　　　2.　Zusammenfassende Angaben

5. Abschnitt:
Abweichende Anforderungen an die Unterlagen

1.　Anforderungen an die Unterlagen für Arzneimittel mit bekanntem Wirkstoff
2.　Anforderungen an die Unterlagen für fixe Arzneimittelkombinationen
3.　Anforderungen an die Unterlagen für Arzneimittel der homöopathischen und anthroposophischen Therapierichtungen
4.　Anforderungen an die Unterlagen für traditionelle Vorbeugungsmittel
5.　Anforderungen an die Unterlagen für Dentalarzneimittel
6.　Anforderungen an die Unterlagen für sonstige Bestandteile

Erster Abschnitt:
Allgemeine Vorschriften

A. Zweck der allgemeinen Verwaltungsvorschrift

Die Arzneimittelprüfrichtlinien bilden die Maßstäbe, die an die nach dem Arzneimittelgesetz einzureichenden Unterlagen zur Beurteilung der Qualität, Wirksamkeit und Unbedenklichkeit anzulegen sind. Diese Arzneimittelprüfrichtlinien sind Entscheidungsgrundlage für die Zulassungsbehörde.

Die Arzneimittelprüfrichtlinien konkretisieren den jeweils gesicherten Stand der wissenschaftlichen Erkenntnisse innerhalb der jeweiligen Therapierichtungen. Der jeweils gesicherte Stand der wissenschaftlichen Erkenntnisse gibt die vorherrschende Auffassung der Experten der pharmazeutischen und medizinischen Wissenschaft und Praxis als Ausdruck der gegenwärtigen Sicht der Fachwelt wieder.

Soweit die Arzneimittelprüfrichtlinien die Durchführung von Tierversuchen vorsehen, sind diese genehmigungsfrei im Sinne des § 8 Abs. 7 Nr. 1 Buchst. b des Tierschutzgesetzes.

Die Arzneimittelprüfrichtlinien sind so gestaltet, daß die Besonderheiten der jeweiligen Arzneimittel angemessen berücksichtigt werden können.

B. *Anwendungsbereich*   **1.3**

Die Arzneimittelprüfrichtlinien finden Anwendung auf Arzneimittel, die zur Anwendung beim Menschen bestimmt sind. Davon ausgenommen sind Sera, Impfstoffe und Testallergene und radioaktive Stoffe mit einer physikalischen Halbwertszeit von weniger als zwei Stunden sowie homöopathische Arzneimittel, soweit sie nach § 38 des Arzneimittelgesetzes der Registrierungspflicht unterliegen. Die Vorschriften der §§ 41 und 42 der Strahlenschutzverordnung vom 13. Oktober 1976 in der Fassung der Bekanntmachung vom 30. Juni 1989 (BGBl. I S. 1321, 1926) bleiben unberührt.

Auf Gegenstände im Sinne des § 2 Abs. 2 Nr. 1 des Arzneimittelgesetzes finden die Bestimmungen dieser Richtlinien Anwendung, soweit diese Gegenstände der Zulassungspflicht unterliegen.

C. *Allgemeine Anforderungen*

Art und Umfang der Prüfungen, die als Voraussetzungen für die Zulassung von der Zulassungsbehörde verlangt werden, sind auf das unerläßliche Maß zu beschränken; dabei sind die Besonderheiten der jeweiligen Arzneimittel zu berücksichtigen. Pharmakologisch-toxikologische und klinische Prüfungen dürfen nur dann gefordert werden, wenn und soweit kein ausreichendes Erkenntnismaterial nach § 22 Abs. 3 des Arzneimittelgesetzes vorliegt.

Es dürfen keine Versuche gefordert werden, die gegen gesetzliche Vorschriften über die klinische Prüfung verstoßen würden. Ergänzend sind die in der revidierten Deklaration von Helsinki (BAnz. 1987 S. 7109) niedergelegten ethischen Grundsätze für die Durchführung von klinischen Prüfungen am Menschen zu berücksichtigen.

Tierversuche, die gegen Vorschriften des Tierschutzgesetzes verstoßen würden, dürfen nicht gefordert werden.

Prüfverfahren, die nach diesen Richtlinien gefordert und bei denen Versuchstiere eingesetzt werden, sind durch Verfahren zu ersetzen, die keinen, einen geringeren oder einen schonenderen Einsatz von Versuchstieren erfordern, soweit dies nach dem jeweils gesicherten Stand der wissenschaftlichen Erkenntnisse im Hinblick auf den Versuchszweck vertretbar und mit Rechtsakten von Organen der Europäischen Gemeinschaft vereinbar ist.

Soweit Zulassungsunterlagen nach § 22 Abs. 1 oder 2 des Arzneimittelgesetzes vorgelegt werden, muß eine Übersicht vorliegen, die alle bei der Entwicklung des Arzneimittels durchgeführten Untersuchungen und deren Ergebnisse enthält. Die für die Beurteilung des Arzneimittels relevanten Unterlagen einschließlich solcher, die erst während des Verfahrens fertiggestellt worden sind, sind beizufügen. Methodik und Bewertung der Untersuchungen und Verfahren müssen dem jeweils gesicherten Stand der wissenschaftlichen Erkenntnisse entsprechen. Die angewandten Methoden und Verfahren müssen grundsätzlich validiert sein; sofern sie nicht validiert sind, muß dies begründet sein. Anerkannte Richtlinien für die Durchführung der Versuche und Verfahren zum Nachweis der Qualität, Wirksamkeit und Unbedenklichkeit müssen berücksichtigt sein. Dies gilt auch für Empfehlungen des Rates der Europäischen Gemeinschaften, auf die nicht ausdrücklich Bezug genommen wird.

Es können zusätzliche Unterlagen über Untersuchungen gefordert werden, wenn die vorgelegten Unterlagen wegen der Besonderheiten des Arzneimittels für seine Beurteilung nicht ausreichen. Das Verlangen, zusätzliche Unterlagen vorzulegen, ist zu begründen.

1.3 Zweiter Abschnitt:
Prüfung auf Qualität

A. Bezeichnung der Bestandteile des Arzneimittels nach Art und Menge

An die Angaben, die gemäß § 22 Abs. 1 Nr. 3 des Arzneimittelgesetzes dem Antrag auf Zulassung beizufügen sind, sind folgende Anforderungen zu stellen:

1. Folgende Bestandteile sind anzugeben:

   a) die wirksamen Bestandteile;
   b) die sonstigen Bestandteile, die

      – bei der Herstellung hinzugefügt werden, einschließlich solcher mit färbenden, konservierenden, stabilisierenden, verdickenden, emulgierenden, das Zusammenkleben verhindernden, geschmacks- und geruchsverbessernden sowie strukturgebenden Eigenschaften;
      – die Darreichungsform des Arzneimittels bestimmen und mit eingenommen oder mit verabreicht werden, insbesondere solche in Trägern therapeutischer Systeme und Hüllen von Kapseln.

2. Zur Bezeichnung der Art der Bestandteile des Arzneimittels sind zu fordern:

   a) die in der Bezeichnungsverordnung vom 15. September 1980 (BGBl. I S. 1736) in der geltenden Fassung aufgeführten Bezeichnungen;
   b) soweit Bezeichnungen in der Bezeichnungsverordnung nicht enthalten sind, die gebräuchlichen Bezeichnungen der Stoffe, die in den betreffenden Monographien des Arzneibuches aufgeführt sind; sind solche nicht vorhanden, so sind die gebräuchlichen Bezeichnungen des Arzneimittelbuches eines Mitgliedstaates der Europäischen Gemeinschaften unter Bezugnahme auf das betreffende Arzneibuch anzugeben;
   c) in den übrigen Fällen ist die von der Weltgesundheitsorganisation empfohlene internationale Bezeichnung anzugeben, die durch eine weitere internationale Bezeichnung ergänzt werden kann, oder, falls eine solche nicht besteht, ist die genaue wissenschaftliche Bezeichnung (IUPAC, IUB) anzugeben; Bestandteile ohne internationale Bezeichnung oder ohne genaue wissenschaftliche Bezeichnung werden durch Angabe von Ursprung und Entstehungsart bezeichnet, wobei gegebenenfalls nähere zweckdienliche Angaben zu verlangen sind;
   d) bei Arzneimitteln, die radioaktive Stoffe enthalten oder die selbst radioaktive Arzneimittel im Sinne des § 7 des Arzneimittelgesetzes sind, sind die Bezeichnung des Radionuklids oder der Radionuklide mit Ordnungs- und Massenzahl anzugeben;
   e) bei Farbstoffen die Bezeichnung und die EWG-Nummer, die in der Arzneimittelfarbstoffverordnung (AMFarbV) vom 25. August 1982 (BGBl. I S. 1237) in der geltenden Fassung aufgeführt sind.

3. Die Menge und gegebenenfalls Mengenbereiche aller Bestandteile müssen je nach Darreichungsform in Masse- oder Volumeneinheiten angegeben sein, wobei die Bezeichnungen der Maßeinheit nach den Bestimmungen des Arzneibuches und im übrigen nach dem Gesetz über Einheiten im Meßwesen vom 21. Februar 1985 (BGBl. I S. 401) mit den dazugehörenden Ausführungsverordnungen in der geltenden Fassung zu fordern sind. Im übrigen ist die Angabe von Maßeinheiten mit ihrer internationalen Bezeichnung zu verlangen. Als Bezugsmenge muß bei einzeldosierten Darreichungsformen (Tabletten, Zäpfchen etc.) jeweils ein Stück, bei anderen Darreichungsformen jeweils die der Einzeldosis entsprechende oder an-

gemessene Menge oder Volumenmenge bzw. die Packungsgröße angegeben sein. **1.3**
Die Masse- bzw. Volumeneinheit der Einzeldosis muß mit der für die Inhaltsangabe der Packung gewählten Einheit übereinstimmen.

Bei homöopathischen Arzneimitteln, deren Bezeichnung mit der des wirksamen Bestandteils identisch ist, kann die Mengenangabe entfallen, wenn Art und Menge des Bestandteils durch das Homöopathische Arzneibuch bestimmbar sind.

Die Angaben müssen ergänzt sein bei

a) injizierbaren und infundierbaren Präparaten durch die Menge jedes im Behältnis enthaltenen wirksamen Bestandteils, und zwar gegebenenfalls unter Berücksichtigung des als Einzeldosis entnehmbaren Volumens, ansonsten bezogen auf 1 ml oder 1 l des Fertigarzneimittels;

b) Arzneimitteln, die in Tropfen verabreicht werden, zusätzlich durch die Menge der einzelnen wirksamen Bestandteile, die in der der empfohlenen Dosis entsprechenden Anzahl von Tropfen enthalten ist;

c) Sirupen, Emulsionen, Granulaten und anderen in bestimmten Einheiten zu verabreichenden Arzneimitteln zusätzlich durch die Menge jedes wirksamen Bestandteils je empfohlener Dosierungseinheit.

Für wirksame Bestandteile müssen deren Menge und – wenn dies erforderlich ist – die Menge des oder der wirksamen Anteile am Bestandteil angegeben sein, z.B. muß für Chloramphenicolpalmitat zusätzlich die entsprechende Menge des Chloramphenicols aufgeführt sein, obwohl hinsichtlich der Qualität Chloramphenicolpalmitat zu beurteilen ist.

Sind biologische Einheiten oder andere Angaben zur Wertigkeit wissenschaftlich gebräuchlich, so sind diese zu fordern. Soweit bei biologischen Einheiten keine gebräuchlichen Bezeichnungen verwendet werden können, müssen die Einheiten so angegeben sein, daß der Umfang der Wirkung des Stoffes klar ersichtlich wird, beispielsweise durch Hinweis auf den biologischen Effekt, auf dem die Dosierungsanleitung beruht.

Soweit bei Dentalpräparaten und bei zulassungspflichtigen Implantaten, insbesondere zum Ersatz von Körperteilen zum Erreichen gleichbleibender physikalischer und chemischer Eigenschaften, Mengenbereiche erforderlich sind, müssen diese angegeben und begründet sein.

Die chemische Zusammensetzung von Heilwässern muß in mg/kg bzw. mg/1000 ml Heilwasser angegeben sein, und zwar getrennt nach Kationen, Anionen, undissoziierten und gasförmigen Bestandteilen. Grundlage hierfür ist eine mit der Flaschenfüllung durchgeführte Heilwasseranalyse, die nicht älter als ein Jahr sein darf.

Für Radionuklide müssen chemische Verbindungen des Radionuklids sowie die Aktivität des Arzneimittels in Becquerel, die zu einem bestimmten Zeitpunkt vorhanden ist, angegeben sein. Treten als Zerfallsprodukte weitere Radionuklide auf, sind auch diese entsprechend ihrer Aktivität anzugeben.

4. Art und Menge von Bestandteilen mit geschmacks- und geruchsverbessernden Eigenschaften können auch wie folgt angegeben sein:

a) der Name und die Anschrift des Herstellers solcher Bestandteile,
b) die Bezeichnung eines solchen Bestandteils oder der Mischung,
c) die qualitative Zusammensetzung der Mischung und
d) die vom Hersteller festgelegte Code-Nummer.

1.3   Dies gilt jedoch nur, wenn der Hersteller solcher Bestandteile der zuständigen Bundesoberbehörde unter Bezug auf die Code-Nummer die quantitative Zusammensetzung des Bestandteils oder der Mischung mitgeteilt hat.

5. Folgende Angaben und Ergebnisse der pharmazeutischen Entwicklung sind zu fordern:

   a) Die Zusammensetzung der für die klinische Prüfung verwendeten Chargen ist anzugeben. Begründungen für die Gleichwertigkeit der in der klinischen Prüfung verwendeten Chargen mit der in der Zulassungsdokumentation angegebenen Formulierung und spezifizierten Qualität müssen vorgelegt werden.

   b) Bei bisher nicht bekannten Darreichungsformen oder Verwendung neuer sonstiger Bestandteile müssen Angaben über die Wahl der Zusammensetzung, der Bestandteile und der Behältnisse gemacht werden, die durch Ergebnisse aus der pharmazeutischen Entwicklung zu begründen sind.

   c) Bei Antioxidantien, Konservierungsmitteln und anderen Stabilisatoren ist die Notwendigkeit ihres Einsatzes zu begründen und ihre Wirksamkeit anhand von Untersuchungen zu belegen.

   d) Produktions- oder Stabilitätszuschläge sowie deren Berechtigung müssen dargelegt und begründet werden.

   e) Ergebnisse der in-vitro-Freigabe der wirksamen Bestandteile sind für jede oral anzuwendende einzeldosierte feste Darreichungsform und für nicht oral anzuwendende einzeldosierte Darreichungsformen mit verzögerter Freigabe der wirksamen Bestandteile zu fordern. Die Untersuchungsergebnisse mit den jeweiligen Vertrauensgrenzen ($\alpha = 0.05$) sind von mindestens zwei Chargen anzugeben und graphisch darzustellen. Die gewählte Bestimmungsmethode – vorrangig eine im Arzneibuch beschriebene – einschließlich des verwendeten Analysenverfahrens müssen angegeben werden.

B. Angaben über die Herstellung des Arzneimittels und die Inprozeßkontrollen

Es ist zu fordern, daß die Angaben über die Herstellung des Arzneimittels gemäß § 22 Abs. 1 Nr. 11 des Arzneimittelgesetzes einen ausreichenden Überblick über die Art der Herstellungsgänge geben. Zu diesem Zweck muß zumindest folgendes angegeben sein:

- die Herstellungsformel unter Angabe der Mengen und, sofern die Darreichungsform des Arzneimittels dies erforderlich macht, der Mengenbereiche der verwendeten Ausgangsstoffe;
- die Ausgangsstoffe, die in dem fertigen Arzneimittel nicht mehr enthalten sein sollen; sie müssen als solche gekennzeichnet sein;
- die einzelnen Herstellungsstufen, anhand derer beurteilt werden kann, ob die angewandten Herstellungsverfahren zu einer Qualitätsveränderung der Bestandteile, insbesondere der wirksamen, führen können, und daher entsprechende Inprozeßkontrollen zu fordern sind, sofern diese zur Sicherung der Qualität des Arzneimittels erforderlich sind. Bei homöopathischen Arzneimitteln kann die Nummer der im Homöopathischen Arzneibuch angegebenen Herstellungsvorschrift zitiert werden;
- die Herstellungsstufen, bei denen Proben entnommen und Inprozeßkontrollen durchgeführt werden;
- die Maßnahmen zur Sicherung der Homogenität bei kontinuierlicher Herstellung;

- experimentelle Untersuchungen zur Validierung des Herstellungsverfahrens, sofern kein Standardverfahren zur Herstellung verwendet wird oder das Herstellungsverfahren kritisch für das Produkt ist.
- Bei Heilwässern sind Unterlagen über die Gewinnung und die Behandlung einschließlich der Abfüllung zu fordern.

1.3

C. *Kontrolle der Ausgangsstoffe*

Ausgangsstoffe i.S. dieses Buchstabens sind alle zur Herstellung des Arzneimittels verwendeten Stoffe und das Behältnis.

Die Angaben und Unterlagen zur Qualität der Ausgangsstoffe müssen folgenden Vorschriften entsprechen:

1. Ausgangsstoffe, die in Arzneibüchern aufgeführt sind

   Die Monographien des Arzneibuches gelten für alle darin aufgeführten Stoffe, Zubereitungen und Gegenstände.

   § 22 Abs. 1 Nr. 15 des Arzneimittelgesetzes gilt für Ausgangsstoffe als erfüllt, wenn die Ausgangsstoffe den Vorschriften des Arzneibuches, und soweit darin nicht aufgeführt, denen des Arzneibuches eines der Mitgliedstaaten der Europäischen Gemeinschaften entsprechen. In diesem Fall kann Festlegung und Beschreibung der Prüfung der Qualität durch eine Bezugnahme auf das betreffende Arzneibuch ersetzt sein.

   Wenn jedoch ein im Arzneibuch oder im Arzneibuch eines der Mitgliedstaaten der Europäischen Gemeinschaften aufgeführter Ausgangsstoff nach einer Methode hergestellt wurde, bei der möglicherweise Verunreinigungen zurückbleiben, für die in der Monographie dieses Arzneibuches eine Prüfung nicht vorgesehen ist, so muß zusätzlich auf diese Verunreinigungen geprüft und die Angabe der zulässigen Obergrenze gefordert werden. Außerdem ist ein geeignetes und dem jeweiligen Stand der wissenschaftlichen Erkenntnisse entsprechendes Prüfverfahren unter Vorlage von Belegen über die Nachweisgrenze oder die Bestimmungsgrenze zu verlangen.

   Die Bezugnahme auf ein Arzneibuch dritter Länder ist nur zulässig, wenn der Ausgangsstoff weder im Arzneibuch noch im Arzneibuch eines Mitgliedstaates der Europäischen Gemeinschaften beschrieben ist. In diesem Fall ist die verwendete Monographie – gegebenenfalls zusammen mit einer unter der Verantwortung des Antragstellers hergestellten Übersetzung – anzufordern.

   In begründeten Fällen können vom Antragsteller zusätzliche Spezifikationen und Prüfverfahren mit Angaben zur Präzision und Richtigkeit gegebenenfalls mit Belegen zur Nachweisgrenze oder Bestimmungsgrenze verlangt werden, sofern die Anforderungen des Arzneibuches, die des Arzneibuches eines Mitgliedstaates der Europäischen Gemeinschaften oder die eines dritten Landes zur Gewährleistung der Qualität entsprechend dem Stand der wissenschaftlichen Erkenntnisse nicht ausreichen.

2. Ausgangsstoffe, die nicht in einem Arzneibuch aufgeführt sind

   Für die in keinem der oben angeführten Arzneibücher aufgeführten Ausgangsstoffe ist eine Monographie zu fordern. Sie soll entsprechend den Monographien des Deutschen Arzneibuches und bei homöopathischen Arzneimitteln des Homöopathischen Arzneibuches aufgebaut sein. Sind diese Ausgangsstoffe jedoch in einem allgemein zugänglichen Werk monographisch beschrieben, reicht ein Hinweis auf diese Monographie aus, wenn sie den folgenden Anforderungen genügt.

1.3 Die Monographie für Ausgangsstoffe hat sich auf folgende Punkte zu beziehen, wobei die Bestimmungen für Behältnisse entsprechend anzuwenden sind:

a) Bezeichnung

Sie muß den Forderungen nach Buchstabe A Nr. 2 des Zweiten Abschnittes dieser Arzneimittelprüfrichtlinien entsprechen.

b) Beschreibung

Alle notwendigen Qualitätsmerkmale sind mit entsprechenden Anforderungen als Gesamtspezifikation anzugeben. Die erforderlichen Prüfverfahren sowie deren Validierung sind zu beschreiben. Außerdem sind Angaben zum chemischen Ablauf der Synthese und eine Beschreibung des Syntheseweges erforderlich, aus denen mögliche Verunreinigungen erkennbar sind. Bei Ausgangsstoffen, die nur durch die Art ihrer Herstellung definiert werden können, muß dies so genau beschrieben sein, daß ein Ausgangsstoff mit gleichbleibender Qualität charakterisiert wird; bei Ausgangsstoffen für Arzneimittel, die den Bestimmungen des § 49 des Arzneimittelgesetzes unterliegen, sind auch Beweise hinsichtlich der Molekülstruktur erforderlich. Es müssen alle aus der Entwicklung des Ausgangsstoffes stammenden Daten zu seiner chemischen und physikalischen Charakterisierung angegeben sein.

Für Radionuklide, die in radioaktiven Arzneimitteln enthalten sind, ist die Art des Aktivierungsprozesses und die der chemischen Abtrennung zu nennen.

c) Methoden zum Nachweis der Identität

Sie können in die Prüfungen, wie sie anläßlich der Entwicklung des Ausgangsstoffes verwendet wurden, und in die routinemäßig durchgeführten Prüfungen aufgegliedert sein. Die entsprechenden Prüfverfahren müssen eine spezifische und richtige Identitätsbestimmung ermöglichen.

Für Radionuklide ist als Nachweis der Identität zusätzlich die Art und Energie der emittierten Strahlung, die Halbwertszeit oder beides zu fordern.

d) Reinheitsprüfungen

Zu den Reinheitsprüfungen gehören physikalische, chemische und biologische Prüfungen.

Die Reinheitsprüfungen müssen im Hinblick auf alle voraussichtlichen Verunreinigungen beschrieben sein. Es müssen Grenzwerte und das jeweilige Prüfverfahren mit Nachweisgrenze oder Bestimmungsgrenze angegeben und belegt werden. Falls zur Qualitätssicherung erforderlich, müssen weitere Qualitätsmerkmale bzw. Reinheitskriterien einschließlich der notwendigen Prüfverfahren angegeben werden.

Bei radioaktiven Stoffen oder Verbindungen müssen die spezifische Aktivität des arzneilich wirksamen Radionuklids in Becquerel je Gramm und Aktivitäten von Beimengungen anderer Radionuklide, die zu einem bestimmten Zeitpunkt vorhanden sind, sowie Ordnungs- und Massenzahl angegeben sein.

Farbstoffe, die in der geltenden Fassung der Arzneimittelfarbstoffverordnung (AMFarbV) vom 25. August 1982 (BGBl. I S. 1237) aufgeführt sind, müssen den Reinheitsanforderungen entsprechen.

e) Methoden zur Bestimmung des Gehalts

Sie müssen so beschrieben sein, daß die resultierenden Prüfverfahren bei den auf Veranlassung der zuständigen Behörden durchgeführten Kontrollen nachgearbeitet werden können. Werden besondere Materialien und Geräte verwendet, müssen sie – gegebenenfalls unter Beifügung einer Zeichnung – eingehend beschrieben sein. Der Zusammensetzung der verwendeten Reagenzien muß

erforderlichenfalls die Beschreibung der Art ihrer Herstellung beigefügt sein. **1.3**
Die Genauigkeit der Prüfverfahren muß durch Angaben zur Präzision und
Richtigkeit (Definition nach DIN 55 350 Teil 13) belegt sein. Die Eignung der
Prüfverfahren muß aus den Angaben zur Genauigkeit begründet sein. Wenn
Prüfverfahren aus einem Arzneibuch verwendet werden, reicht ein entspre-
chender Hinweis auf die Fundstelle aus; gegebenenfalls muß zusätzlich die
Eignung begründet sein.

Soweit ein komplex zusammengesetzter Ausgangsstoff natürlicher Herkunft
und dessen Zubereitung, die als Ganzes als wirksamer Bestandteil anzusehen
sind, mehrere wirkungsbestimmende Komponenten oder Gruppen von Komponenten mit vergleichbarer pharmakologischer Wirkung enthält, kann für
diese ein gemeinsames Verfahren zur Gehaltsbestimmung akzeptiert werden.
Wenn jedoch einzelne wirkungsbestimmende Komponenten oder Gruppen
von Komponenten eines komplex zusammengesetzten Ausgangsstoffes natürlicher Herkunft verschiedenartige therapierelevante pharmakologische Wirkungen aufweisen, ist für diese Komponenten oder Gruppe von Komponenten
getrennt ein Verfahren zur Gehaltsbestimmung zu fordern.

f) Angaben zu besonderen Vorsichtsmaßnahmen bei der Lagerung

Diese Angaben sowie – falls erforderlich – Angaben über die Fristen für die
Verwendbarkeit des Ausgangsstoffes sind zu fordern.

3. Ausgangsstoffe, die im Fertigarzneimittelbereich nicht mehr enthalten sind

Für diese Ausgangsstoffe müssen die Angaben und Unterlagen den vorstehenden
Forderungen entsprechen. Ausnahmen müssen begründet sein. Es muß sichergestellt sein, daß die Qualität des Fertigarzneimittels durch sie nicht beeinträchtigt
wird.

4. Besondere Qualitätsmerkmale

Für solche Qualitätsmerkmale wirksamer Bestandteile, die Einfluß auf die Bioverfügbarkeit haben können, sind Spezifikationen und Prüfverfahren zu fordern.

5. Ungewöhnliche Verunreinigungen

Der Antragsteller hat Angaben über mögliche ungewöhnliche Verunreinigungen
zu machen (z.B. Pflanzenbehandlungsmittel, Schadstoffe, Lösungsmittel, Aflato-
xine, Ethylenoxid, Schwermetalle) und gegebenenfalls dafür obere Grenzwerte zu
spezifizieren und Prüfverfahren mit Nachweisgrenze oder Bestimmungsgrenze
anzugeben und zu belegen.

6. Analysenzertifikate der Prüfung verschiedener Chargen

Analysenzertifikate für repräsentative Chargen und für solche, die für die pharmakologisch-toxikologische oder klinische Prüfung eingesetzt wurden, müssen
vorgelegt werden.

7. Referenzsubstanzen

Soweit Referenzsubstanzen zur Prüfung der Qualität eingesetzt werden, muß ihre
Eignung entsprechend der Untersuchung, für die sie eingesetzt werden, begründet
und ihre Qualität belegt werden. Die Prüfverfahren sind anzugeben.

8. Behältnisse und Behältnismaterial

a) Die Art des Behältnisses und des Behältnismaterials muß angegeben und seine
Eignung unter Berücksichtigung der Forderungen des Arzneibuches und der
Empfehlungen der Kunststoffkommission des Bundesgesundheitsamtes belegt
werden.

1.3   b) Ergebnisse von Untersuchungen zum Nachweis der Eignung des Behältnisses
                 bzw. des Behältnismaterials für das Arzneimittel müssen angegeben werden.

         c) Spezifikationen und Prüfverfahren für Routineuntersuchungen und Konstruk-
                 tionszeichnungen, insbesondere von Behältnissen für Aerosole, sind zu for-
                 dern.

D. Kontrollmethoden für die Halbfertigware

Die Angaben, die der Antrag auf Zulassung gemäß § 22 Abs. 1 Nr. 15 des Arzneimittelgesetzes enthalten muß, betreffen auch die Prüfungen, die an den Halbfertigwaren
durchgeführt werden müssen, um eine gleichbleibende Qualität und die ordnungsgemäße Herstellung zu gewährleisten.

Soweit in begründeten Fällen eine Prüfung der Zusammensetzung des Fertigproduktes nicht möglich ist, sind die Kontrolle der Halbfertigwaren und Angaben zur Validierung des Herstellungsverfahrens zu fordern.

E. Kontrollmethoden für das Fertigprodukt

Die Angaben, die der Antrag auf Zulassung gemäß § 22 Abs. 1 Nr. 15 und Abs. 2 Nr. 1
des Arzneimittelgesetzes enthalten muß, betreffen auch die Prüfungen an dem Fertigprodukt. Die Angaben müssen folgende Anforderungen erfüllen:

1. Merkmale der verschiedenen Darreichungsformen

    Für jede der nachfolgenden Qualitätsmerkmale sind vom Antragsteller Spezifika-
    tionen und Prüfverfahren zu fordern, soweit sie nicht im Arzneibuch oder dem
    Arzneibuch eines Mitgliedstaates der Europäischen Gemeinschaften beschrieben
    werden.

    a) Allgemeine Merkmale
        – Gleichförmigkeit der Masse einzeldosierter Arzneiformen,
        – gegebenenfalls die Gleichförmigkeit des Gehalts wirksamer Bestandteile in
          einzeldosierten Arzneiformen,
        – die mechanischen Eigenschaften,
        – die physikalischen Eigenschaften wie Dichte, pH-Wert, Brechungsindex,
        – der mikrobiologische Status,
        – die organoleptischen Eigenschaften wie Farbe, Geschmack, Geruch und
          Trübung.

        Darüber hinaus müssen bei oral anzuwendenden einzeldosierten festen Dar-
        reichungsformen mit wirksamen Bestandteilen, die hinsichtlich ihrer physika-
        lisch-chemischen Eigenschaften oder ihrer Bioverfügbarkeit problematisch
        sind, und bei nichtoral anzuwendenden einzeldosierten Darreichungsformen
        mit verzögerter Freisetzung der wirksamen Bestandteile in-vitro-Prüfungen
        auf Freigabe der wirksamen Bestandteile routinemäßig durchgeführt werden.
        Spezifikationen, die sich aus Ergebnissen der pharmazeutischen Entwicklung
        ableiten lassen, sind anzugeben. Die Bestimmungsmethode – vorrangig eine
        im Arzneibuch beschriebene – und das Analysenverfahren sind einzufordern.

        Soweit für Arzneimittel aus Blutbestandteilen keine Kontrollmethoden im Arz-
        neibuch oder in dem Arzneibuch eines der Mitgliedstaaten der Europäischen
        Gemeinschaften festgelegt sind, sind diese so zu fordern, wie sie im Gesetz
        zum Europäischen Übereinkommen vom 15. Dezember 1958 über den Aus-

tausch therapeutischer Substanzen menschlichen Ursprungs vom 3. Oktober **1.3**
1962 (BGBl. II S. 1442) aufgeführt sind. Im übrigen müssen die angegebenen
Kontrollmethoden bzw. die Prüfverfahren dem jeweils gesicherten Stand der
wissenschaftlichen Erkenntnisse entsprechen.

Wenn die physikalischen und chemischen Eigenschaften des weiterverarbeiteten Fertigprodukts bei Dentalpräparaten und zulassungspflichtigen Implantaten, insbesondere zum Ersatz von Körperteilen, die Wirkung bestimmen,
sind ergänzend zu qualitativen und quantitativen Untersuchungen am Fertigprodukt die Daten der physikalischen und chemischen Eigenschaften des unter genormten Bedingungen weiterverarbeiteten Fertigprodukts zu fordern.

Bei radioaktiven Arzneimitteln müssen zusätzliche Angaben zur radionu-
klearen und radiochemischen Reinheit vorliegen; bei Verdünnungen ist eine
Angabe der spezifischen Aktivität erforderlich.

b) Spezielle Merkmale

Tabletten
Zerfallszeit;

Überzogene Tabletten
Zerfallszeit; Gleichförmigkeit des Masse des Kernes;

Kapseln
Zerfallszeit;

Magensaftresistente Präparate (Tabletten, Kapseln, Granulate)
Neben den allgemeinen Merkmalen für jede Darreichungsform die Resistenz-
zeit in künstlichem Magensaft und die Zerfallszeit in künstlichem Darmsaft;

Präparate mit besonderem Schutzüberzug (Tabletten, Kapseln, Granulate)
Neben den allgemeinen Merkmalen für jede Darreichungsform die Prüfung
der Eignung des Überzugs;

Präparate zur Injektion und Infusion
Entnehmbares Volumen, Sollfüllvolumen und zulässige Abweichung; Prüfung
auf Schwebestoffe, Angaben zur Teilchengröße bei Suspensionen und Emulsionen; Sterilität; gegebenenfalls Pyrogenfreiheit; gegebenenfalls Osmolarität;

Pulver für Injektionszwecke
Sollfüllmasse und zulässige Abweichung; Sterilität;

Trinkampullen
Sollfüllvolumen und zulässige Abweichung;

Salben
Sollfüllmasse und zulässige Abweichung; gegebenenfalls Angaben zur Teilchengröße wirksamer Bestandteile;

Suspensionen
Resuspendierbarkeit; Sollfüllvolumen und zulässige Abweichung; Angaben
zur Teilchengröße wirksamer Bestandteile;

Emulsionen
Sollfüllvolumen und zulässige Abweichungen; Angaben zur Teilchengröße;

Zäpfchen, Globuli und Rektalkapseln
Angaben zur Teilchengröße suspendierter wirksamer Bestandteile; Schmelz-
temperatur oder Auflösungszeit der Darreichungsform;

1.3   Aerosole
Sollfüllvolumen oder -masse und zulässige Abweichungen; Beschreibung des Behältnisses; bei Dosieraerosolen Angaben zur Dosis pro Sprühstoß; Angaben zur Teilchengröße wirksamer Bestandteile, wenn das Arzneimittel zum Inhalieren bestimmt ist;

Augentropfen, Augensalbe und Augenbäder
Sollfüllvolumen oder -masse und zulässige Abweichungen; Sterilität; gegebenenfalls Prüfung auf Schwebestoffe; gegebenenfalls Osmolarität; bei Suspensionen Angaben zur Teilchengröße wirksamer Bestandteile;

Lösungen
Sollfüllvolumen und zulässige Abweichung.

2. Identitätsnachweis und Gehaltsbestimmung der wirksamen Bestandteile

a) Die Verfahren zur Prüfung des Fertigarzneimittels,

   – die für die Identitäts- und Gehaltsbestimmung der wirksamen Bestandteile bei einer repräsentativen Durchschnittsprobe oder
   – die bei einer bestimmten Anzahl gesondert betrachteter Gebrauchseinheiten angewandt worden sind,

   müssen so beschrieben sein, daß sie nachgearbeitet werden können.

   In allen Fällen müssen die Spezifikationen für die jeweiligen Qualitätsmerkmale die Herstellung eines Arzneimittels mit gleichbleibender und gesicherter Qualität gewährleisten. Die Prüfverfahren müssen zum Nachweis der Qualität geeignet sein und dem Stand der wissenschaftlichen Erkenntnisse entsprechen. Angaben zur Genauigkeit der Prüfverfahren sind zu fordern, und die Validierung der Prüfverfahren muß belegt sein. Ohne ausreichende Begründung dürfen die zulässigen Toleranzgrenzen der wirksamen Bestandteile im Fertigprodukt ± fünf Prozent bei der Endkontrolle nicht überschreiten.

b) Bei Mischungen, die komplex zusammengesetzte arzneiliche Bestandteile natürlicher Herkunft enthalten, sind folgende Vorgehensweisen zu akzeptieren:

   1. Ist in begründeten Ausnahmefällen ein qualitativer Nachweis jedes einzelnen wirksamen Bestandteiles nicht möglich, so kann der Nachweis für mehrere der wirksamen Bestandteile gemeinsam durchgeführt werden.
   2. Ist in begründeten Ausnahmefällen eine quantitative Bestimmung jedes einzelnen wirksamen Bestandteiles nicht möglich, so kann eine gemeinsame Bestimmung durchgeführt werden.
   3. Ist in begründeten Ausnahmefällen ein qualitativer Nachweis und eine quantitative Bestimmung der wirksamen Bestandteile nicht möglich, so ist die Qualität über das Herstellungsverfahren lückenlos zu belegen.

c) Die Bestimmung der therapierelevanten biologischen Aktivität ist zu fordern, sofern die physikalisch-chemischen Prüfverfahren nicht ausreichen, um Auskunft über die gleichbleibende Qualität zu gewährleisten.

d) Bei komplexgebundenen Radionukliden sind Untersuchungen über die Verteilung der Aktivität auf die verschiedenen Fraktionen zu fordern. Die Bestimmungen können mit Hilfe geeigneter biologischer oder chromatographischer Verfahren durchgeführt werden.

e) Zur Prüfung von Zubereitungen, die der komplexen Bindung von Radionukliden dienen (Kits), sind Angaben entsprechend ihrer jeweiligen Anwendungsform zu fordern. Darüber hinaus sind die für die Komplexbildung notwendigen Komponenten und in vielen Fällen die zugesetzten Reduktionsmittel als wirksame Bestandteile zu betrachten. Es sind auch Beweise für Komplexbildungsfähigkeit und Reduktionsvermögen in der Zubereitung erforderlich. Dafür sind praxisgerechte Untersuchungen der Verteilung in verschiedenen Fraktionen mit dem vorgesehenen Radionuklid oder Bioverteilungen der mit dem Radionuklid markierten Zubereitungen geeignet. **1.3**

f) Bei der Beurteilung der Reinheit von Heilwässern sind jeweils die niedrigsten Grenzwerte aus den Anlagen 1 und 5 der Mineral- und Tafelwasser-Verordnung vom 1. August 1984 (BGBl. I S. 1036) in ihrer geltenden Fassung zu berücksichtigen. Abweichungen hiervon müssen unter Hinweis auf die toxikologischen bzw. medizinischen Unterlagen begründet sein.

g) Bei Arzneimitteln, die nach einer homöopathischen Verfahrenstechnik hergestellt sind, sind die Prüfungen jedes wirksamen Bestandteiles an den hergestellten flüssigen oder festen Zubereitungen mit der höchstmöglichen Konzentration durchzuführen.

3. Prüfung auf sonstige Bestandteile

Soweit erforderlich, sind die sonstigen Bestandteile zu charakterisieren. Für Farbstoffe ist eine Prüfung auf Identität zu fordern.

Für Konservierungsmittel ist das Verfahren zur Prüfung der Identität und die Spezifizierung des oberen Grenzwertes mit Prüfverfahren und dem Beleg über die Nachweisgrenze oder Bestimmungsgrenze zu fordern. Das gleiche gilt für sonstige Bestandteile, soweit sie eine schädliche Wirkung haben können.

Ebenso ist das Verfahren zur Prüfung der Identität und die Spezifizierung des oberen und des unteren Grenzwertes mit Prüfverfahren und Angaben zur Genauigkeit für diejenigen Bestandteile zu verlangen, die Einfluß auf die Bioverfügbarkeit eines wirksamen Bestandteiles im Arzneimittel ausüben, es sei denn, daß die Bioverfügbarkeit durch andere geeignete Versuche nachgewiesen wird.

4. Biologische Sicherheitsprüfung

Sind biologische Sicherheitsprüfungen, insbesondere nach dem Arzneibuch, routinemäßig zur Prüfung der Qualität erforderlich, müssen entsprechende Unterlagen vorliegen.

5. Analysenzertifikate der Prüfung verschiedener Chargen

Analysenzertifikate repräsentativer Chargen und solcher, die für die pharmakologisch-toxikologische oder klinische Prüfung eingesetzt wurden, müssen vorgelegt werden.

F. *Haltbarkeitsversuche*

Dem Antrag auf Zulassung müssen gemäß § 22 Abs. 1 Nr. 14 des Arzneimittelgesetzes folgende Angaben beigefügt sein:

Für die Dauer der Haltbarkeit sind alle notwendigen Qualitätsmerkmale mit entsprechenden Anforderungen als Gesamtspezifikation anzugeben. Die erforderlichen Prüfverfahren sowie deren Validierung sind zu beschreiben.

Die Haltbarkeitsversuche müssen anhand von Untersuchungsergebnissen mindestens dreier Chargen bei neuen Stoffen nach § 49 des Arzneimittelgesetzes bzw. mindestens zweier Chargen bei bekannten Stoffen so beschrieben sein, daß die vom Antragsteller vorgesehene Haltbarkeitsdauer abgeleitet werden kann. Der Antragsteller muß die bis zum Ablauf der vorgeschlagenen Haltbarkeitsdauer geltenden zulässigen Toleranzbereiche der spezifizierten Qualitätsmerkmale im Endprodukt anhand von Haltbarkeitsuntersuchungen vorgeschlagen und begründet haben. Durch Untersuchungen

1.3   müssen die Aufbewahrungsfristen der rekonstituierten Darreichungsformen und – soweit erforderlich – des Arzneimittels nach Anbruch des Behältnisses belegt und begründet sein.

Ergebnisse der in-vitro-Freigabe der arzneilich wirksamen Bestandteile sind für mindestens zwei Chargen jeder oral anzuwendenden einzeldosierten festen Darreichungsform und für nicht oral anzuwendende einzeldosierte Darreichungsformen mit verzögerter Freigabe der arzneilich wirksamen Bestandteile im Rahmen der Haltbarkeitsversuche zu fordern.

Besteht die Möglichkeit, daß sich bei einem Fertigarzneimittel Abbauprodukte bilden, so müssen für die vorgesehene Haltbarkeitsdauer deren obere Grenzwerte und Prüfverfahren mit dem Beleg über die Nachweisgrenze oder Bestimmungsgrenze verlangt werden.

Kann eine qualitative und quantitative Qualitätskontrolle bei Fertigarzneimitteln nicht durchgeführt werden und soll deshalb die Qualität nur durch das Herstellungsverfahren gewährleistet werden, so sind solche Unterlagen zu fordern, die die Haltbarkeitsprüfungen auf physikalische und organoleptische Prüfungen beschränken, vorausgesetzt, die beanspruchte Dauer der Haltbarkeit beträgt weniger als ein Jahr.

Werden bei Fertigarzneimitteln, die komplex zusammengesetzte arzneilich wirksame Bestandteile natürlicher Herkunft enthalten, vom Antragsteller als Stabilitätsnachweis für das Endprodukt lediglich die Haltbarkeitsdaten von Versuchen, bei denen die wirksamen Bestandteile einzeln in der jeweiligen Matrix geprüft werden, vorgelegt, so ist eine Begründung dafür zu fordern, weshalb eine Stabilitätsprüfung des Endprodukts nicht möglich erscheint. Zusätzlich ist der organoleptische Nachweis dafür zu verlangen, daß Interaktionen nicht zu erwarten sind.

Eine Beschreibung der gegenseitigen Beeinflussung von Arzneimittel und Behältnis einschließlich Verschlußmaterial ist in allen Fällen zu fordern, in denen ein solches Risiko anzunehmen ist, insbesondere wenn es sich um Parenteralia oder Aerosole zur Inhalation handelt.

Ergebnisse der Prüfung auf Haltbarkeit eines wirksamen Bestandteils als solchem sind bei allen neuen Stoffen entsprechend § 49 des Arzneimittelgesetzes zu fordern.

Es muß gefordert werden, daß aus den Analysenergebnissen eine Schlußfolgerung über Haltbarkeit des Fertigproduktes abgeleitet werden kann und belegt ist. Die Notwendigkeit für Schutzmaßnahmen bei Lagerung und Aufbewahrung muß daraus begründbar sein.

Wirksame Bestandteile homöopathischer Arzneimittel, die als Urtinkturen, Lösungen oder als Verreibungen des tiefst herstellbaren Verdünnungsgrades eingesetzt werden, sind solange haltbar, wie die Anforderungen der jeweiligen Monographie erfüllt sind. Für alle höheren Verdünnungsgrade gilt eine Haltbarkeit von fünf Jahren. Dies gilt nicht, wenn in Einzelfällen aus Gründen der Arzneimittelsicherheit ein anderes Vorgehen erforderlich ist.

Prüfungen auf die haltbarkeitsrelevanten allgemeinen und speziellen Merkmale der Darreichungsformen sind zu fordern.

G. Andere Qualitätsunterlagen

Alle Untersuchungen, die für die Sicherung der Qualität eines Arzneimittels notwendig sind, die aber bisher nicht aufgeführt wurden, sind an dieser Stelle zu fordern; insbesondere

– Angaben und Untersuchungen zur Bioverfügbarkeit wie   **1.3**

   a) Zusammensetzung der geprüften Formulierung und Angabe des Referenzarzneimittels, bzw. die Zusammensetzung der als Referenz benutzten Formulierung,

   b) die verwendeten Prüfverfahren und deren Genauigkeit,

   c) Ergebnisse der in-vitro-Freigabe der wirksamen Bestandteile des Referenzarzneimittels,

– Angaben und Untersuchungen zur Kompatibilität, wenn der Antragsteller die Mischung seines Arzneimittels mit anderen Arzneimitteln empfiehlt.

Dritter Abschnitt:
Pharmakologisch-toxikologische Prüfung

An die Angaben und Unterlagen, die gemäß § 22 Abs. 2 Satz 1 Nr. 2 des Arzneimittelgesetzes dem Antrag auf Zulassung beizufügen sind, sind folgende Anforderungen zu stellen:

A. Allgemeine Anforderungen an die Unterlagen

Aus den Ergebnissen der toxikologischen und pharmakologischen Untersuchungen muß folgendes hervorgehen:

1. die Toxizität des Arzneimittels, insbesondere seiner unerwünschten Wirkungen unter den für ihre Anwendung am Menschen vorgesehenen Bedingungen. Diese Wirkungen müssen im Verhältnis zum Therapieziel bewertet sein.
2. Die pharmakologischen Eigenschaften. Diese müssen in qualitativer und quantitativer Hinsicht im Verhältnis zur vorgesehenen Anwendung am Menschen bewertet sein.
3. Zielsetzung, Planung, Methodik und Durchführung der Untersuchungen müssen aus den Unterlagen ersichtlich sein. Die Aussagefähigkeit der Versuche ist in bezug sowohl auf das Untersuchungsziel als auch auf das Therapieziel zu bewerten. Soweit angemessen, müssen sowohl bei der Planung als auch bei der Auswertung geeignete biometrische Verfahren angewandt sein.

Die Ergebnisse der einzelnen Untersuchungen müssen in Form von Berichten über die Prüfungen vorliegen. Sie müssen biometrisch ausgewertet und bewertet sein, soweit möglich und sinnvoll. Bei der Durchführung der Untersuchungen aufgetretene Abweichungen vom Prüfplan müssen dokumentiert und bewertet sein.

Die abschließende Gesamtbeurteilung soll die Schlußfolgerungen, die aus den Ergebnissen der Untersuchungen gezogen werden können, darlegen und begründen. Die pharmakologisch-toxikologischen Befunde sollen unter Berücksichtigung der einschlägigen Literatur diskutiert sein, insbesondere soll ein Vergleich mit ähnlichen bereits bekannten Stoffen erfolgt sein.

Auf wesentliche Probleme, die durch vorliegende Untersuchungsbefunde aus der pharmakologisch-toxikologischen Prüfung experimentell nicht geklärt werden konnten oder sich aus klinischen Beobachtungen ergeben haben, soll eingegangen sein. Bei ungeklärten Problemen muß dargelegt sein, welchen Stellenwert diese für die Gesamtbeurteilung besitzen und wie sie gegebenenfalls gelöst werden können.

1.3 B. Toxikologische Unterlagen

Den Angaben und Unterlagen sind beizufügen:

1. Toxizität bei einmaliger Verabreichung
   (akute Toxizität)

   Die Prüfungen der akuten Toxizität haben die qualitative und quantitative Prüfung eines oder mehrerer Stoffe auf schädliche Wirkungen nach einmaliger Gabe zum Ziel, um Hinweise auf verträgliche Dosierungen für den Menschen zu erhalten.

   Art und Umfang der Prüfungen sollen eine Voraussage über mögliche schädliche Wirkungen bei der Anwendung des Arzneimittels beim Menschen erlauben. Dabei sollen die Erkenntnisse insbesondere eine Bewertung zulassen über die funktionellen und morphologischen Schädigungen am Gesamtorganismus, an den Organsystemen, an den Organen und am Applikationsort unter Berücksichtigung des zeitlichen Verlaufs der Schädigungen, ggf. ihrer Reversibilität und Irreversibilität.

   Aus den Angaben und Unterlagen muß hervorgehen, daß die Untersuchungen einschließlich der Tierversuche nach der Empfehlung 87/176/EWG Anhang I (ABl. EG Nr. L 73 vom 16. März 1987 S. 1) durchgeführt worden sind.

2. Toxizität bei wiederholter Verabreichung
   (subchronische und chronische Toxizität)

   Die Prüfungen der Toxizität nach wiederholter Verabreichung haben zum Ziel, funktionelle und/oder anatomisch-pathologische Veränderungen als Folge der wiederholten Verabreichung eines wirksamen Bestandteils bzw. einer Zusammensetzung aus mehreren wirksamen Bestandteilen festzustellen und die Dosierungen zu ermitteln, die für das Auftreten dieser Veränderungen verantwortlich sind.

   Die wiederholte Verabreichung kann sich unter Berücksichtigung der für den Menschen vorgesehenen Behandlungsdauer über mehrere Tage bis zu sechs Monaten, in besonders begründeten Fällen auch länger, erstreckt haben.

   Aus den Angaben und Unterlagen muß hervorgehen, daß die Untersuchungen einschließlich der Tierversuche nach der Empfehlung 83/571/EWG Anhang I (ABl. EG Nr. L 332 vom 28. November 1983 S. 11) durchgeführt worden sind.

3. Embryonale/fötale Toxizität, Fertilität
   (Reproduktionstoxizität)

   Die Prüfungen haben zum Ziel, die Auswirkungen eines oder mehrerer wirksamer Bestandteile auf die Reproduktion zu erfassen. Die Untersuchungen und ihre Ergebnisse sollen hinsichtlich ihrer Relevanz für den Menschen ausgewertet und bewertet werden.

   Art und Umfang der Untersuchungen sollen Wirkungen erfassen auf:
   - die Entwicklung und Reifung der Gameten,
   - das Paarungsverhalten,
   - die Befruchtung,
   - die Embryonalentwicklung,
   - die Fötalentwicklung,
   - die Geburt,
   - die Postnatalentwicklung.

   Aus den Angaben und Unterlagen muß hervorgehen, daß die Untersuchungen einschließlich der Tierversuche nach der Empfehlung 83/571/EWG Anhang II (ABl. EG Nr. L 332 vom 28. November 1983 S. 11) durchgeführt worden sind.

4. Mutagenes Potential   **1.3**

Ziel der Mutagenitätsprüfung ist es, Informationen darüber zu erhalten, ob von dem Arzneimittel vererbbare Veränderungen im genetischen Material menschlicher Keimzellen und Somazellen hervorgerufen werden können. Art und Umfang von Mutagenitätsprüfungen sollen Gen- und Chromosomenmutationen erfassen.

Es steht eine Vielzahl von Prüfmethoden zur Verfügung, die genetische Effekte an pro- und eukaryoten Zellkulturen und Säugetieren nachweisen können.

Aus den Angaben und Unterlagen muß hervorgehen, daß die Untersuchungen einschließlich der Tierversuche nach der Empfehlung 87/176/EWG Anhang II (ABl. EG Nr. L 73 vom 16. März 1987 S. 1) durchgeführt worden sind.

5. Tumorerzeugendes Potential

Die Prüfungen haben zum Ziel, das turmorerzeugende Potential eines oder mehrerer wirksamer Bestandteile unter Berücksichtigung von biologischen Abbauprodukten, Zersetzungsprodukten oder anderen Verunreinigungen zu erfassen. Die Untersuchungen sollen eine Einschätzung der tumorerzeugenden Wirkung auf den Menschen ermöglichen.

Bei hinreichender wissenschaftlicher Begründung kann die Prüfung auf tumorerzeugendes Potential auf eine Säugetierspezies beschränkt werden.

Aus den Angaben und Unterlagen muß hervorgehen, daß die Untersuchungen einschließlich der Tierversuche nach der Empfehlung 83/571/EWG Anhang III (ABl. EG Nr. L 332 vom 18. November 1983 S. 11) durchgeführt worden sind.

6. Zusätzliche Unterlagen zur lokalen Verträglichkeit

Die lokale Verträglichkeit eines Arzneimittels muß für alle Orte der vorgesehenen Anwendung oder naheliegenden Fehlanwendung untersucht sein.

Verträglichkeitsuntersuchungen sollen mit der für die Anwendung am Menschen vorgesehenen Darreichungsform, in der angemeldeten Zusammensetzung und unter den vorgesehenen Anwendungsbedingungen geprüft sein. Bei allen lokalen Verträglichkeitsprüfungen soll als Kontrolle die wirkstofffreie Formulierung dienen.

Bei Stoffen, die beim Menschen zur lokalen Anwendung auf Haut oder Schleimhaut vorgesehen sind, müssen Ergebnisse von Untersuchungen zur Penetration und Permeation und der sich daraus ergebenden systemischen Verfügbarkeit vorliegen. Diese müssen durch möglichst großflächige Anwendung auf intakter und auf geschädigter Haut sowie auf Schleimhaut ermittelt sein.

Die lokalen Wirkungen auf der Haut oder Schleimhaut bei wiederholter Anwendung des Arzneimittels müssen untersucht sein. Wenn es erforderlich erscheint, sollen Untersuchungen zur Photosensibilisierung und Phototoxizität durchgeführt sein.

Untersuchungen auf sensibilisierende Eigenschaften des Arzneimittels beziehungsweise seiner Bestandteile müssen durchgeführt sein.

7. Biotechnologisch hergestellte Produkte

Auch bei biotechnologisch hergestellten Produkten ist das Ziel der vorklinischen Prüfung, das Potential unerwünschter Wirkungen aufzudecken. Dabei soll begründet sein, inwieweit Besonderheiten zu Abweichungen in den Nummern 1 bis 6 beschriebenen Prüfungen zu anderen Prüfschemata oder Prüfumfängen führen. Dabei soll berücksichtigt sein, welche erwünschten oder unerwünschten Reaktionen in bestimmten Spezies hervorgerufen werden können und mit welcher Immuntoleranz in bestimmten Spezies zu rechnen ist.

1.3　　*C. Pharmakodynamische und pharmakokinetische Unterlagen*

1. Pharmakodynamik

   Untersuchungen zur Pharmakodynamik haben zum Ziel, das Wirkungsspektrum eines Stoffes im Hinblick auf Änderungen von Körper- und Organfunktionen sowie Änderungen des Verhaltens zu ermitteln. Dies schließt Untersuchungen am Tier ein.

   Die Wahl der Modelle muß begründet sein. Eignung und Aussagefähigkeit dieser Modelle sollen mit geeigneten Maßnahmen, erforderlichenfalls durch Parallelversuche mit bekannten Wirkstoffen, kontrolliert werden.

   Die Untersuchungen dürfen sich nicht nur auf die prospektiv erwünschten Wirkungen beziehen; auch Wirkungen auf vitale Funktionen (allgemeine Pharmakodynamik) müssen erfaßt sein. Art, Ausmaß und Dosis- bzw. Konzentrationsabhängigkeit und zeitlicher Verlauf der mit dem zu prüfenden Stoff und der Vergleichssubstanz erzielten Wirkungen müssen beschrieben sein.

   Die ermittelten Wirkungen müssen im Hinblick auf die beabsichtigte Verwendung des Arzneimittels auf Untersuchungen, die eine Hypothesenbildung über den therapeutischen Wirkungsmechanismus erlauben und auf die zu erwartenden Nebenwirkungen (unerwünschte Wirkungen) bewertet sein. Die Dosis-Wirkungs-Beziehung für die erwünschten und unerwünschten Wirkungen soll ins Verhältnis gesetzt und bewertet sein mit dem Ziel, Hinweise auf verträgliche Dosierungen beim Menschen zu erhalten.

   Wurden Modelle verwendet, in denen der Wirkstoff verändert (metabolisiert) sein kann, so soll untersucht sein, ob die beobachteten Wirkungen auf den Wirkstoff oder seine Metabolite zurückzuführen sind. Bei der Bewertung solcher Untersuchungen sollen die Ergebnisse pharmakokinetischer Versuche berücksichtigt sein.

   Ist eine wiederholte Anwendung des Arzneimittels vorgesehen, so ist die Prüfung der Wirkungen bei wiederholter Anwendung zu fordern. Die Prüfung muß qualitative und quantitative Veränderungen der Wirkungen berücksichtigen. Bei der Bewertung solcher Veränderungen müssen die Ergebnisse pharmakokinetischer Versuche einbezogen sein. Die Bedingungen, unter denen nach wiederholter Anwendung Änderungen von Wirkungen beobachtet wurden, müssen beschrieben und im Hinblick auf die vorgesehene Art und Dauer der Anwendung des Arzneimittels bewertet sein.

2. Pharmakokinetik

   Untersuchungen zur Pharmakokinetik am Tier nach einmaliger und wiederholter Gabe haben zum Ziel, das Verhalten eines Stoffes im Organismus zu bestimmen: Resorption, Verteilung, Umwandlung (Metabolismus) und Ausscheidung des unveränderten Stoffes sowie gegebenenfalls seine Umwandlungsprodukte. Die Untersuchungen können mit Hilfe physikalischer, chemischer oder biologischer Methoden sowie durch Beobachtung der pharmakodynamischen Eigenschaften des Stoffes durchgeführt sein.

   Es müssen Daten vorliegen, die die zeitabhängige Verteilung in den wichtigsten Organen, Geweben und Körperflüssigkeiten im Hinblick auf die vorgesehene Anwendung am Menschen belegen.

   Aus den Angaben und Unterlagen muß hervorgehen, daß die Untersuchungen nach der Empfehlung 83/571/EWG Anhang IV (ABl. EG Nr. L 332 vom 28. November 1983 S. 11) durchgeführt worden sind.

Vierter Abschnitt: 1.3
Klinische Prüfung

An die Angaben und Unterlagen über die Ergebnisse der klinischen Prüfung, die gemäß § 22 Abs. 2 Satz 1 Nr. 3 des Arzneimittelgesetzes dem Antrag auf Zulassung beizufügen sind, sind folgende Anforderungen zu stellen:

A. Allgemeine Anforderungen an die Unterlagen

Aus den Angaben und Unterlagen muß hervorgehen, inwieweit die Planung, Methodik, Durchführung, Auswertung und Dokumentation der Untersuchungen nach den Grundsätzen für die ordnungsgemäße Durchführung der klinischen Prüfung von Arzneimitteln vom 9. Dezember 1987 (BAnz. S. 16 617) durchgeführt worden sind. Falls von diesen Grundsätzen abgewichen wurde, so ist dies zu begründen.

Aus den Ergebnissen der klinischen Prüfung muß folgendes hervorgehen:

1. Die erwünschten Wirkungen und die therapeutische Wirksamkeit des Arzneimittels in qualitativer und quantitativer Hinsicht in Behandlung, Vorbeugung oder Diagnostik.
2. Die Risiken einschließlich Nebenwirkungen, gegebenenfalls nach Art, Schwere, Reversibilität und Häufigkeit.

Die Ergebnisse der klinischen Prüfung müssen hinsichtlich des Verhältnisses von erwünschten zu unerwünschten Wirkungen bewertet sein. Die Bewertung muß erkennen lassen, daß die Risiken im Hinblick auf den zu erwartenden Nutzen für den zukünftigen Patienten vertretbar erscheinen.

B. Spezielle Anforderungen an die Unterlagen

I. Klinisch-pharmakologische Angaben

Die vorgelegten Unterlagen sollen eine Beurteilung der Verträglichkeit des Arzneimittels am Menschen ermöglichen, pharmakologische Wirkungen im Hinblick auf das Anwendungsgebiet aufzeigen sowie das Verhalten eines Stoffes im Organismus beschreiben.

Es sollen die Ergebnisse von Untersuchungen zu folgenden Punkten vorliegen:

1. Pharmakodynamik

   Darstellung aller beobachteten Wirkungen nach Art und Ausprägungsgrad

   a) Dosis-Wirkungs-Beziehungen
   (Beziehungen zwischen Dosen, Stoffkonzentrationen – gegebenenfalls auch von aktiven Metaboliten – und Wirkungen; Ermittlung des voraussichtlich für die therapeutische Anwendung geeigneten Dosisbereiches)

   b) Zeit-Wirkungs-Beziehungen
   (Auftreten, maximale Ausprägung sowie Abklingen der beobachteten Wirkungen in zeitlicher Abhängigkeit von der Gabe; Einfluß der Behandlungsdauer auf Art und Ausmaß von Wirkungen (z.B. Toleranz, Abhängigkeit)

   c) Organwirkungen
   (Beeinflussung der bei therapeutischer Anwendung wesentlichen beziehungsweise der vital bedeutsamen Organe und Organsysteme)

   Überlegungen zum Wirkungsmechanismus sind darzulegen.

1.3   2. Pharmakokinetik und Bioverfügbarkeit

Untersuchungen zur Pharmakokinetik am Menschen haben das Ziel, das Verhalten eines Stoffes im Organismus zu bestimmen: Resorption, Verteilung, Umwandlung (Metabolismus) und Ausscheidung des unveränderten Stoffes sowie gegebenenfalls seiner Umwandlungsprodukte.

Aus Untersuchungen zur Bioverfügbarkeit soll sich ergeben, mit welcher Geschwindigkeit und in welcher Menge ein wirksames Agens die systemische Zirkulation oder den Wirkort erreicht, nachdem das Arzneimittel in der endgültigen, in Verkehr zu bringenden galenischen Form angewendet wurde.

Aus den Angaben und Unterlagen muß hervorgehen, daß die Untersuchungen nach der Empfehlung 87/176/EWG Anhang XII (Pharmakokinetische Untersuchungen beim Menschen) und Anhang X (Untersuchungen über die Bioverfügbarkeit) (ABl. EG Nr. L 73 vom 16. März 1987) durchgeführt worden sind.

3. Pharmakodynamik und Pharmakokinetik nach mehrfacher Gabe

Ist das Arzneimittel zur wiederholten Anwendung bestimmt, so müssen Untersuchungen wie unter Nummer 1 (Pharmakodynamik) und Nummer 2 (Pharmakokinetik und gegebenenfalls Bioverfügbarkeit) unter wiederholter Anwendung vorliegen. Diese müssen erkennen lassen, ob Art und Ausmaß der Wirkung oder die Werte der pharmakokinetischen Zielgrößen sich unter wiederholter Anwendung verändern.

4. Wechselwirkungen

Ist zu erwarten, daß pharmakodynamische oder pharmakokinetische Wechselwirkungen auftreten, wenn das Arzneimittel in Verbindung mit anderen Mitteln angewendet wird, so sind die Ergebnisse entsprechender Untersuchungen vorzulegen.

Sofern diese Unterlagen ganz oder teilweise fehlen, muß dies begründet sein.

II. Klinisch-therapeutische Angaben

Die vorgelegten Unterlagen sollen eine Beurteilung der therapeutischen Wirksamkeit und der Verträglichkeit in dem vorgesehenen Dosisbereich ermöglichen.

Der Nachweis der pharmakodynamischen Wirkung am Menschen reicht allein nicht aus, um daraus auf eine therapeutische Wirksamkeit zu schließen.

In besonderen Fällen kann es ausreichen, wenn für die Beurteilung plausible klinische Modelle herangezogen und Prüfungsergebnisse im Hinblick auf klinische Indikatoren vorgelegt werden, die das Erreichen des Therapiezieles wahrscheinlich machen.

Die Prüfungsdauer sollte der Krankheit und dem Indikationsanspruch angepaßt werden.

1. Angaben zu den einzelnen Studien

Für jede klinisch-therapeutische Studie ist ein Prüfplan nach Nummer 2.5 einschließlich des Prüfbogens und ein Bericht nach Nummer 4.1 der Grundsätze für die ordnungsgemäße Durchführung der klinischen Prüfung von Arzneimitteln vom 9. Dezember 1987 (BAnz. S. 16 617) vorzulegen.

2. Zusammenfassende Angaben

In einer Übersicht über die klinisch-therapeutische Erprobung müssen die Ergebnisse aller Studien – gegliedert nach Indikationen – zusammengestellt und bewertet sein.

Die Zusammenstellung soll in tabellarischer Form die wichtigsten Informatio- **1.3**
nen (Prüfziel, Prüfmethodik, Medikation, Prüfdauer, Anzahl der Patienten, Er-
folgskriterium und Ergebnisse) zu den einzelnen Studien und zusätzlich sinnvolle studienübergreifende summarische Angaben enthalten, insbesondere:

- Anzahl der Prüfer, aufgeteilt nach Prüfländern,
- Charakterisierung der Patienten nach Gruppenmerkmalen (Anzahl, ethni-
  sche Zugehörigkeit, Alter und Geschlecht, Art, Schwere beziehungsweise
  Stadium der behandelten Krankheit, Art und Ergebnisse etwaiger Vorbehandlung, Begleitkrankheiten und vorbestehende Organschäden),
- Prüfmethodik (Versuchsanlage, Prüfziele, Erfolgskriterien, Meß- und Beob-
  achtungsverfahren),
- Angaben zum Prüfpräparat und den Vergleichsmaßnahmen (Darreichungsform, Applikationsweise),
- Dauer der Prüfung,
- Dosierungsschema für Prüfpräparate und Vergleichsmaßnahmen (Einzel-
  und Tagesdosen, Dosierungsrhythmus),
- begleitende medikamentöse und nichtmedikamentöse Therapie,
- erwünschte Wirkungen (Art und Ausmaß),
- unerwünschte Wirkungen (Art, Häufigkeit, Reversibilität und Schwere),
- Wechselwirkungen mit anderen Mitteln,
- Prüfungsabbrüche (Anzahl der Patienten, Begründung).

Die Bewertung soll unter Berücksichtigung biometrischer Aspekte auf der
Grundlage der Einzelberichte und aller vorher geschilderter Daten den voraussichtlichen therapeutischen Wert des Präparates bei den beanspruchten Indikationen und die mit seiner Anwendung verbundenen Risiken erörtern.

Falls das Arzneimittel gegen Vergleichsmaßnahmen (Vergleichspräparate) geprüft wurde, sollen deren Wirksamkeit und Unbedenklichkeit vergleichend in
die Bewertung einbezogen werden. Sind in einzelnen Prüfungen oder an einzelnen Prüfstellen klinisch relevante Abweichungen von den durchschnittlichen Ergebnissen aufgetreten, so müssen die mutmaßlichen Gründe diskutiert
werden.

Anhand der vergleichenden Daten soll auch dargelegt sein, wie sich das ge-
prüfte Arzneimittel in das bisher verfügbare Therapiespektrum einfügt. In die
Bewertung sind Erkenntnisse aus Ländern, in denen sich das Arzneimittel bereits im Verkehr befindet, insbesondere Erkenntnisse über Risiken einschließlich möglicher Abhängigkeitsentwicklung im Verhältnis zu verbrauchten Tagesdosen, einzubeziehen.

Fünfter Abschnitt:
Abweichende Anforderungen an die Unterlagen

Abweichend von den Anforderungen des Dritten und Vierten Abschnitts gilt folgendes:

1. Anforderungen an die Unterlagen für Arzneimittel mit bekanntem Wirkstoff

   Bei Arzneimitteln, die einen bekannten Wirkstoff enthalten, soll das Erkenntnismaterial, das nach § 22 Abs. 3 des Arzneimittelgesetzes eingereicht wurde, eine
   Beurteilung der therapeutischen Wirksamkeit und Unbedenklichkeit eines Arzneimittels der angegebenen Dosierung unter Berücksichtigung der vorgesehenen Anwendungsbedingungen ermöglichen. Für neue Arzneimittel mit bekannten Stoffen

1.3 müssen Bioverfügbarkeitsuntersuchungen gefordert werden, soweit sie in der Liste des Bundesgesundheitsamtes nach § 26 Abs. 3 des Arzneimittelgesetzes bekanntgemacht sind.

Als wissenschaftliches Erkenntnismaterial sind toxikologische, pharmakologische und klinische Unterlagen anzusehen in Form von

- kontrollierten Studien,
- nicht kontrollierten Studien,
- Anwendungsbeobachtungen (vgl. § 67 Abs. 6 des Arzneimittelgesetzes),
- Sammlungen von Einzelfallberichten, die eine wissenschaftliche Auswertung ermöglichen.

Als wissenschaftliches Erkenntnismaterial gilt auch das nach wissenschaftlichen Methoden aufbereitete medizinische Erfahrungsmaterial, z.B. in Form von wissenschaftlicher Fachliteratur und von Gutachten von Fachgesellschaften.

Soweit die erwünschten und unerwünschten Wirkungen des Arzneimittels für den Menschen sich in hinreichendem Maße aus dem Erkenntnismaterial ergeben, können keine neuen Untersuchungen gefordert werden; insbesondere ist dann die Vorlage von Unterlagen über pharmakologisch-toxikologische Versuche nicht erforderlich. Vorhandene Untersuchungsergebnisse sind jedoch vorzulegen.

Wurden Verfahren und Methodik seit Durchführung der Untersuchungen fortentwickelt, muß dies bei der Bewertung der Ergebnisse entsprechend berücksichtigt werden.

Die allgemeinen Anforderungen an die Angaben zu jeder Studie, wie sie im Dritten und Vierten Abschnitt, Teil A, dieser Richtlinien beschrieben sind, gelten entsprechend.

2. Anforderungen an die Unterlagen für fixe Arzneimittelkombinationen

Der Antragsteller hat nach § 22 Abs. 3a des Arzneimittelgesetzes bei Kombinationspräparaten für jedes Anwendungsgebiet zu begründen, daß jeder arzneilich wirksame Bestandteil einen Beitrag zur positiven Beurteilung des Arzneimittels leistet. Die Empfehlung des Rates der Europäischen Gemeinschaften (83/571/EWG) zu den Versuchen mit Arzneispezialitäten im Hinblick auf deren Inverkehrbringen, Anhang V (ABl. EG Nr. L 332 vom 28. November 1983 S. 11), ist bei der Bewertung zu berücksichtigen.

Aus den Angaben und Unterlagen muß hervorgehen, daß die Untersuchungen einschließlich der Tierversuche nach der Empfehlung 83/571/EWG Anhang IV (ABl. EG Nr. L 332 vom 28. November 1983 S. 11) durchgeführt worden sind.

Unbeschadet der für die Einzelstoffe jeweils vorzulegenden Unterlagen sind für Stoffkombinationen Unterlagen entsprechend den nachfolgenden Bestimmungen zu fordern.

a) Für eine Kombination von neuen Stoffen sind Unterlagen nach § 22 Abs. 2 des Arzneimittelgesetzes nach den vorstehenden Bestimmungen dieser Richtlinien zu fordern. Das gleiche gilt für Kombinationen von neuen mit bekannten Stoffen.

b) Bei einer neuen Kombination aus bekannten Stoffen sind gemäß den vorstehenden Bestimmungen erstellte Unterlagen nach § 22 Abs. 2 des Arzneimittelgesetzes grundsätzlich zu fordern, es sei denn, daß Wirksamkeit und Unbedenklichkeit aus dem zur Verfügung gestellten Erkenntnismaterial bestimmt werden können.

c) Bei bekannten Kombinationen bekannter Stoffe gelten die Regelungen über **1.3**
   „Anforderungen an die Unterlagen für Arzneimittel mit bekanntem Wirkstoff"
   des 1. Unterabschnitts entsprechend.

3. Anforderungen an die Unterlagen für Arzneimittel der homöopathischen und anthroposophischen Therapierichtungen

   Bei Arzneimitteln der homöopathischen und anthroposophischen Therapierichtungen ist das wissenschaftliche Erkenntnismaterial entsprechend dem Selbstverständnis und der Eigenerfahrung der jeweiligen Therapierichtung zu bewerten.
   Dies ist in der Formulierung der Anwendungsgebiete erkennbar zu machen.

4. Anforderungen an die Unterlagen für traditionelle Vorbeugungsmittel

   Bei Arzneimitteln im Sinne des § 44 Abs. 1 des Arzneimittelgesetzes, die allgemein
   bekannt sind und nicht der Verschreibungspflicht unterliegen, sind die Anforderungen dieser Richtlinien entsprechend dem Indikationsanspruch anzuwenden
   mit der Folge, daß bei Arzneimitteln zur Stärkung oder Kräftigung, zur Besserung
   des Wohlbefindens, zur Unterstützung der Organfunktionen oder zur Vorbeugung auch tradierte und dokumentierte Erfahrung als Erkenntnismaterial verwertet werden kann. Dies ist in der Formulierung der Anwendungsgebiete erkennbar
   zu machen.

5. Anforderungen an die Unterlagen für Dentalarzneimittel

   Auf Dentalarzneimittel finden die Bestimmungen des Dritten und Vierten Abschnittes unter Berücksichtigung deren Eigenheiten entsprechende Anwendung.
   Für die Prüfung der Eignung sollen für die physikalischen und chemischen Eigenschaften die entsprechenden DIN-Normen, CEN-Normen oder ISO-Standards
   verwendet werden.

6. Anforderungen an die Unterlagen für Hilfsstoffe

   Für einen Hilfsstoff, der zum ersten Mal auf pharmazeutischem Gebiet angewendet wird, finden die Vorschriften dieser Richtlinie entsprechende Anwendung.

1.4 Beschluß zur Überwachung der klinischen Prüfung von Arzneimitteln des Ausschusses Arzneimittel-, Apotheken- und Giftwesen der AGLMB mit Anlage (Formblatt zur Anzeige einer klinischen Prüfung)*

1. Die Klinische Prüfung im Sinne des Arzneimittelgesetzes ist die Anwendung eines Arzneimittels zu dem Zweck, über den einzelnen Anwendungsfall hinaus Erkenntnisse über den therapeutischen Wert dieses Arzneimittels, insbesondere hinsichtlich der Wirksamkeit und Unbedenklichkeit, zu gewinnen. Dies gilt unabhängig davon, ob die Prüfung z.B. stationär oder in der Praxis eines niedergelassenen Arztes durchgeführt wird.

Die klinische Prüfung von Arzneimitteln umfaßt vier Phasen:

I. Phase: Verträglichkeitsprüfung und Wirksamkeitsprüfung bei gesunden Probanden,

II. Phase: Wirksamkeitsprüfung und Verträglichkeitsprüfung bei einer kleineren Patientenzahl in der Klinik,

III. Phase: Verträglichkeitsprüfung und Wirksamkeitsprüfung bei einer größeren Patientenzahl in der Klinik und beim niedergelassenen Arzt,

IV. Phase: Prüfung eines zugelassenen Arzneimittels im Rahmen der erteilten Zulassung (Zusammensetzung nach wirksamen Bestandteilen, Darreichungsform, Anwendungsgebieten; Herstellungsverfahren bei Sera, Impfstoffen und Testallergenen).

2. Gesundheitspolitisch haben Bundesrat und Bundestag das Ziel verfolgt, im Interesse eines verbesserten Patientenschutzes die Phase IV der klinischen Prüfung von Arzneimitteln den Bestimmungen der §§ 40/41 Arzneimittelgesetz zu unterstellen.
Darüber hinaus soll die Zweckentfremdung von Phase-IV-Prüfungen zu „Marketing-Studien" unterbunden werden.

Diese Ziele sollen durch § 10 Abs. 10 Satz 3 Arzneimittelgesetz erreicht werden.

3. Die Überwachung einer klinischen Prüfung von Arzneimitteln durch die zuständigen Behörden soll nach einheitlichen Grundsätzen (Verwaltungsvorschriften der Bundesländer) erfolgen. Die ordnungsgemäße Durchführung der klinischen Prüfung von Arzneimitteln setzt insbesondere die Einhaltung der Richtlinien des Bundesministers für Jugend, Familie, Frauen und Gesundheit (Entwurf – Stand 14. 11. 1986) voraus.

4. Kennzeichnung, Packungsbeilage, Informationen

4.1 § 10 Abs. 10 Arzneimittelgesetz

„Für Arzneimittel, die zur klinischen Prüfung ... bestimmt sind, finden Abs. 1

Nr. 1 (der Name oder die Firma und die Anschrift des pharmazeutischen Unternehmers,
Nr. 2 (die Bezeichnung des Arzneimittels),

---

* Aus: Pharm. Ind. 50, Nr. 11 (1988) Klinische Arzneimittelprüfungen, S. 1228–1231.

Nr. 4 (die Chargenbezeichnung/das Herstellungsdatum),   **1.4**
Nr. 5 (die Darreichungsform),
Nr. 6 (der Inhalt nach Gewicht, Rauminhalt oder Stückzahl),
Nr. 7 (die Art der Anwendung),
sowie die Absätze 8 (Sondervorschriften für kleine Behältnisse) und 9 (übliche Abkürzungen) ...

Anwendung.

Arzneimittel, die zur klinischen Prüfung bestimmt sind, sind mit dem Hinweis ‚Zur klinischen Prüfung bestimmt' ... zu versehen (§ 10 Abs. 10 Satz 2 AMG). Ein zugelassenes Arzneimittel darf mit dem Hinweis ‚Zur klinischen Prüfung bestimmt' nur versehen werden, wenn auf die Angabe der Bezeichnung, unter der das Arzneimittel zugelassen ist, verzichtet wird (§ 10 Abs. 10 Satz 3)."

Es ist besonders hervorzuheben, daß Fertigarzneimittel, die zu klinischen Prüfungen bestimmt sind, nur in den Verkehr gebracht werden dürfen, wenn sie auf den Behältnissen und – soweit verwendet – auf den äußeren Umhüllungen den Hinweis „Zur klinischen Prüfung bestimmt" tragen.

Klinische Prüfungen der Phase I–III

– Die Kennzeichnung erfolgt gemäß § 10 Abs. 10 Satz 1 und Satz 2.

Klinische Prüfung der Phase IV

– Es handelt sich um die klinische Prüfung eines zugelassenen Arzneimittels im Rahmen der erteilten Zulassung.

Gemäß § 10 Abs. 10 Satz 3 Arzneimittelgesetz muß in diesen Fällen auf die Angabe der Bezeichnung, unter der das Arzneimittel zugelassen ist, verzichtet werden.

Gemäß § 10 Abs. 10 Satz 1 Arzneimittelgesetz muß jedoch eine – andere – Bezeichnung – als die unter der das Arzneimittel zugelassen ist – angegeben werden. Mit dieser – anderen – Bezeichnung darf kein Marketing-Effekt verbunden sein. Andernfalls würde Sinn und Zweck der Bestimmung des § 10 Abs. 10 Satz 3 Arzneimittelgesetz nicht erfüllt. Als – andere – Bezeichnung sind z.B. eine Code-Nummer oder generische Bezeichnung geeignet.

Die Zulassungsnummer ist nicht anzugeben, weil das Arzneimittel unter dieser Bezeichnung nicht zugelassen ist.

Ein Prüfpräparat ist kein unverkäufliches Muster. Daher darf es auch nicht den Hinweis „unverkäufliches Muster" tragen.

Die sonstigen Angaben nach § 10 Abs. 1 Arzneimittelgesetz sind zulässig.

4.2 Sofern das Bundesgesundheitsamt die Zulassung eines Arzneimittels gemäß § 28 Abs. 3 Arzneimittelgesetz mit der Auflage weiterer klinischer Prüfungen versieht, gilt für die Teilmenge, die als zur klinischen Prüfung bestimmt in den Verkehr gebracht wird, § 10 Abs. 10 Satz 3 Arzneimittelgesetz. Das Arzneimittel darf demnach nicht mit der Bezeichnung, unter der es zugelassen ist, in den Verkehr gebracht werden. Die vorstehenden Aussagen zur Kennzeichnung (4.1) gelten.

4.3 (nicht besetzt)

4.4 *Packungsbeilage*

§ 11 Abs. 1 Arzneimittelgesetz sieht für Arzneimittel, die zur klinischen Prüfung bestimmt sind, keine Gebrauchsinformationen vor. Dies gilt auch für die Phase IV einer klinischen Prüfung. Die erforderlichen Informationen für die Durchführung der klinischen Prüfung ergeben sich in allen Phasen aus dem Prüfplan.

1.4   *4.5* Informationen, wie z.B. Warnhinweise, Anwendungsgebiete, Gegenanzeigen, Nebenwirkungen und Wechselwirkungen mit anderen Mitteln, sollten aus Gründen der zivilen und strafrechtlichen Verantwortlichkeit vom pharmazeutischen Unternehmer vermittelt werden. Dies gilt insbesondere für die Phase IV der klinischen Prüfung. Soweit die klinische Prüfung nicht von einem pharmazeutischen Unternehmer veranlaßt wurde, ist die Verantwortung des Leiters der klinischen Prüfung gegeben.

4.6 In der IV. Phase der klinischen Prüfung dürfen gemäß § 10 Abs. 10 Arzneimittelgesetz zugelassene Arzneimittel mit dem Hinweis „Zur klinischen Prüfung bestimmt" nur versehen werden, wenn auf die Angabe der Bezeichnung, unter der das Arzneimittel zugelassen ist, verzichtet wird. Diese Bestimmung gilt für das Behältnis und die äußere Umhüllung.

Sinn und Zweck dieser Vorschrift ist die Verhinderung eines Mißbrauchs der IV. Phase der klinischen Prüfung zu Marketingzwecken. Vom Sinn und Zweck der Bestimmung her soll auch – zumindest soweit verwendet – in der Gebrauchsinformation und auf Blistern die Angabe der Bezeichnung, unter der das Arzneimittel zugelassen ist, entfallen.

Eine Kennzeichnung oder Markierung der Tabletten, Dragées, Kapseln usw., die eine Identifizierung ermöglichen, können unberücksichtigt bleiben.

5. Anwendung der Bestimmungen zum Schutz des Menschen bei der klinischen Prüfung von Arzneimitteln (§§ 40/41 AMG)

Die §§ 40/41 Arzneimittelgesetz finden auch Anwendung auf

– die Phase IV der klinischen Prüfung von Arzneimitteln,
– klinische Prüfungen, die gemäß § 28 Abs. 3 Arzneimittelgesetz durchgeführt werden (§ 42 AMG),
– klinische Prüfungen, die während des Ruhens der Zulassung durchgeführt werden (§ 42 AMG).

Die Anwendung der §§ 40/41 Arzneimittelgesetz auf die Phase IV einer klinischen Prüfung bedeutet insbesondere, daß

– der Patient über Wesen, Bedeutung und Tragweite der klinischen Prüfung aufgeklärt sein muß,
– der Patient schriftlich oder in Anwesenheit eines Zeugen eingewilligt haben muß,
– der Patient seine Einwilligung jederzeit widerrufen kann,
– ein Prüfplan sowie
– die Probandenversicherung vorhanden sind.

Im Hinblick auf § 40 Abs. 1

Nr. 5 (es muß eine dem jeweiligen Stand der wissenschaftlichen Erkenntnisse entsprechende pharmakologisch-toxikologische Prüfung durchgeführt worden sein)

Nr. 6 (die Unterlagen über die pharmakologisch-toxikologische Prüfung müssen bei der zuständigen Bundesoberbehörde hinterlegt sein)

werden im Zusammenhang mit der Phase IV einer klinischen Prüfung Unterlagen gemäß § 22 Abs. 2 Nr. 2 Arzneimittelgesetz oder entsprechendes Erkenntnismaterial anerkannt.

Hierunter könnten auch Erkenntnisse aus der Anwendung beim Menschen subsummiert werden. Das Erkenntnismaterial muß dem jeweiligen Stand der medizinischen Wissenschaft entsprechen. Soweit beim Bundesgesundheitsamt bereits Unterlagen gemäß § 22 Abs. 2 Nr. 2 und 3 Arzneimittelgesetz oder entsprechendes Erkenntnismaterial vorliegen, genügt ein schriftlicher Hinweis an das Bundesgesundheitsamt mit einer datenmäßigen Aufstellung dieser Unterlagen. Die Unterlagen und das Erkenntnismaterial müssen dem jeweiligen Stand der medizinischen Wissenschaft entsprechen.

1.4

Im Hinblick auf § 40 Abs. 1 Nr. 7a (Prüfplan) wird auf die Grundsätze des Bundesministers für Jugend, Familie, Frauen und Gesundheit für die ordnungsgemäße Durchführung der klinischen Prüfung von Arzneimitteln verwiesen.

Der Begriff „Prüfplan" sollte nur im Zusammenhang mit der klinischen Prüfung von Arzneimitteln verwendet werden.

Soweit Einrichtungen oder Ärzte in der niedergelassenen Praxis oder im Krankenhaus eigene, nicht vom pharmazeutischen Unternehmer veranlaßte klinische Prüfungen der Phase IV durchführen, obliegen diesen die Verpflichtungen der §§ 40/41 Arzneimittelgesetz, insbesondere die nach § 40 Abs. 1 Nr. 5, 6 und 8.

6. Vertriebsweg

Gemäß § 47 Abs. 1 Nr. 2 f Arzneimittelgesetz können Arzneimittel, die zur klinischen Prüfung bestimmt sind, vom pharmazeutischen Unternehmen direkt an Krankenhäuser und (Krankenhaus-)Ärzte geliefert werden. Die Arzneimittel müssen mit dem Hinweis „Zur klinischen Prüfung bestimmt" gekennzeichnet sein. Dies gilt für die Phasen I–IV der klinischen Prüfung. Eine Direktbelieferung von Krankenhäusern (Verwaltung) ist aus fachlicher Sicht nicht mit den Sicherheitserfordernissen für eine klinische Prüfung vereinbar. In diesen Fällen soll eine Lieferung über die (Krankenhaus/Versorgungs-)Apotheke erfolgen (s. auch BT-Drucksache 10/5732, S. 33, zu Nr. 25).

7. Anzeigepflichten

7.1 Gemäß § 67 Abs. 1 Satz 1 und 4 Arzneimittelgesetz in Verbindung mit dem Bericht des federführenden Ausschusses für Jugend, Familie und Gesundheit des Bundestages ist jede klinische Prüfung unter Benennung des Leiters der Prüfung anzuzeigen.

Verpflichtet sind zur Anzeige vor Beginn der Prüfung:

- der pharmazeutische Unternehmer, soweit er selbst klinische Prüfungen durchführt (z.B. Phase I),
- Prüfeinrichtungen,
- die Ärzte, die selbständig im Krankenhaus oder in der ärztlichen Praxis klinische Prüfungen durchführen.

Der die klinische Prüfung veranlassende pharmazeutische Unternehmer kann im Auftrag der beteiligten Prüfärzte anzeigen. Er setzt seine Aufsichtsbehörde (z.B. Regierungspräsidium, Bezirksregierung) in doppelter Ausfertigung mit der Anzeige über die klinische Prüfung auch von den Namen und Anschriften der Prüfärzte (Praxis/ Krankenhaus), nach Bundesländern und den jeweiligen Regierungsbezirken zur direkten Weiterleitung geordnet, in Kenntnis. Der Vollzug der Anzeige ist vom pharmazeutischen Unternehmer in den dem Prüfarzt übersandten Prüfungsunterlagen zu vermerken.

Die für den Sitz des pharmazeutischen Unternehmers zuständige Aufsichtsbehörde unterrichtet unverzüglich die für den Prüfarzt (Praxis/Krankenhaus) zuständige Behörde.

In der Anzeige an die zuständige Behörde müssen angegeben werden:

- Name und Anschrift des zur Anzeige Verpflichteten (z.B. Prüfarzt),
- Bezeichnung des Prüfpräparates,
- Name, Fachrichtung und Anschrift des Leiters der klinischen Prüfung,

1.4   – Name, Art und Anschrift der Prüfeinrichtung,
           – Name und Anschrift des pharmazeutischen Unternehmers, der die klinische Prüfung durchführen läßt.

Zusätzliche Angaben sind in den Abschnitten II bis IV der Anlage aufgeführt. Diese Angaben dienen dazu, den Überwachungsbehörden die erforderlichen Informationen im Vollzug des § 64 AMG zu geben. Auf die Duldungs- und Mitwirkungspflicht ist ggf. hinzuweisen (§ 66 AMG).

7.2 Die gemäß § 67 Abs. 6 Arzneimittelgesetz zu erstattende Anzeige betrifft nicht die klinische Prüfung von Arzneimitteln. Es handelt sich vielmehr um die Sammlung von Erfahrungen, die ein Arzt bei der Anwendung eines zugelassenen Arzneimittels im Rahmen der Therapie macht.

Bei einer Anwendungsbeobachtung im Sinne des § 67 Abs. 6 Arzneimittelgesetz orientiert sich der Arzt an den Notwendigkeiten der patientengerechten Therapie, ohne zusätzliche Behandlungsvorgaben durch den pharmazeutischen Unternehmer.

Der pharmazeutische Unternehmer kann einen Beobachtungsplan vorgeben. Die Anwendungsbeobachtung kann sich auch auf bestimmte Patientengruppen oder Beobachtungen beschränken.

Die Anwendungsbeobachtung unterliegt, im Gegensatz zur klinischen Prüfung von Arzneimitteln, nicht der Überwachung durch die zuständige Aufsichtsbehörde.

Die Anzeige ist bei der Kassenärztlichen Bundesvereinigung und der zuständigen Bundesbehörde zu erstatten. Festgestellte Ordnungswidrigkeiten (s. § 97 Abs. 2 Nr. 7 AMG) werden von der zuständigen Aufsichtsbehörde (Landesbehörde) geahndet.

Die Ausnahme des § 47 Abs. 1 Nr. 2 f Arzneimittelgesetz findet keine Anwendung. Für apothekenpflichtige Arzneimittel ist der Vertriebsweg über die Apotheke einzuhalten.

7.3 In der Onkologie werden häufig für entsprechende Anwendungsgebiete zugelassene Arzneimittel in unterschiedlichen Kombinationen, auch mit Beziehungen und ggf. operativen Eingriffen, eingesetzt, um neue Therapiekonzepte zu erarbeiten. Es handelt sich insoweit um Therapieversuche.

Anlage zum AGLMB – Beschluß vom 3. 11. 1987

Anschrift der Behörde

Betr.: Anzeige einer klinischen Prüfung

I. Anzeige gemäß § 67 Abs. 1 AMG

Hiermit zeige(n) wir/ich an, daß die nachfolgend näher beschriebene klinische Prüfung durchgeführt werden soll:

1. Name und Anschrift des zur Anzeige Verpflichteten (z.B. Prüfarzt):

    ....

2. Bezeichnung des Prüfpräparates:

    ....

3. Name, Fachrichtung und Anschrift des Leiters der klinischen Prüfung:

    ....

4. Name, Art und Anschrift der Prüfeinrichtung: **1.4**

....

5. Name und Anschrift des pharmazeutischen Unternehmers, der die klinische Prüfung durchführen läßt:

....

II. Zusätzlich mache(n) ich/wir folgende Angaben:

1. Wirkstoff(e) des Prüfpräparates:

....

2. Darreichungsform:

....

3. Anwendungsgebiet(e)/Zielsetzung:

....

4. BGA/PEI-Hinterlegungsnummer:

....

5. Geplanter Prüfungsbeginn und voraussichtliche Dauer:

....

6. Phase(n) der klinischen Prüfung:

....

6.1 bei Phase 4 Handelsbezeichnung:

....

III. Folgende Unterlagen liegen vor:

1. Prüfplan (einschließlich Hinweise zum Inhalt der Aufklärung)
2. Votum einer Ethikkommission
3. Nachweis der 2jährigen Erfahrung des Leiters der klinischen Prüfung (Wissenschaftliche Curricula)
4. Erklärung des Leiters der klinischen Prüfung/der Prüfärzte, daß bei Einwilligung
   und Aufklärung gemäß AMG verfahren wird
5. Probandenversicherungspolice

IV. Dem Leiter der klinischen Prüfung wurden überreicht:

1. Ein Merkblatt zur klinischen Prüfung
2. Formblätter zur Einverständniserklärung der Probanden/Patienten

...., den ....

....
(Name, ggf. Firma) und Anschrift des Anzeigenden

Anmerkung: nicht Zutreffendes bitte streichen

1.5 Allgemeine Versicherungsbedingungen für klinische Prüfungen von Arzneimitteln (Probandenversicherung)*

A) Versicherte Gefahr

§ 1 Gegenstand der Versicherung, Versicherungsfall

Der Versicherer gewährt Versicherungsschutz für den Fall, daß bei einer vom Versicherungsnehmer durchgeführten oder veranlaßten klinischen Prüfung eines Arzneimittels eine von der Prüfung betroffene Person (Versicherter) getötet oder ihr Körper oder ihre Gesundheit verletzt wird (Gesundheitsschädigung).

§ 2 Versicherungsumfang

(1) Versicherungsschutz besteht für Gesundheitsschädigungen, die Folge von den bei der klinischen Prüfung angewandten Arzneimitteln und/oder Stoffen sind.

(2) Unter den Versicherungsschutz fallen auch Gesundheitsschädigungen durch Maßnahmen, die an dem Körper des Versicherten im Zusammenhang mit der klinischen Prüfung des Arzneimittels durchgeführt werden.

§ 3 Ausschlüsse

Ausgeschlossen von der Versicherung sind:

(1) Gesundheitsschädigungen und Verschlimmerungen bereits bestehender Gesundheitsschädigungen, die auch dann eingetreten wären oder fortbestünden, wenn der Versicherte nicht an der klinischen Prüfung teilgenommen hätte;

(2) genetische Schädigungen;

(3) Gesundheitsschädigungen, soweit sie eingetreten sind, weil der Versicherte vorsätzlich den ausdrücklichen klinischen Anweisungen der Personen, die mit der Durchführung der klinischen Prüfung beauftragt sind, zuwidergehandelt hat.

§ 4 Örtliche und zeitliche Geltung

(1) Die Versicherung umfaßt klinische Prüfungen, die innerhalb der Bundesrepublik Deutschland, einschließlich des Landes Berlin, durchgeführt werden.

(2) Vom Versicherungsschutz sind Gesundheitsschädigungen aus solchen klinischen Prüfungen erfaßt, die während der Wirksamkeit des Vertrages begonnen wurden, unabhängig davon, ob der Vertrag vor Eintritt des Versicherungsfalles beendet wird.

---

* Mitgeteilt von RA Dr. A. Sander und Frau G. Bergmann, Bundesverband der Pharmazeutischen Industrie e.V., Karlstr. 21, 6000 Frankfurt am Main 1. Aus: Pharm. Ind. Nr. 11 (1988) Klinische Arzneimittelprüfungen, S. 1239–1240.

(3) Versicherungsschutz besteht für Gesundheitsschädigungen, die spätestens drei **1.5**
Jahre nach Abschluß der beim Versicherten durchgeführten klinischen Prüfung eingetreten sind.

Die Gesundheitsschädigung gilt als in dem Zeitpunkt eingetreten, in dem der Geschädigte erstmals einen Arzt wegen Symptomen konsultiert hat, die sich bei diesem Anlaß oder später als Symptome der betreffenden Gesundheitsschädigung erweisen.

§ 5 Beginn der Leistungspflicht, Vertragsdauer

(1) Die Leistungspflicht des Versicherers beginnt, wenn nicht ein späterer Zeitpunkt
im Versicherungsschein selbst bestimmt oder ein früherer Zeitpunkt von dem Versicherer schriftlich zugesagt ist, mit der Einlösung des Versicherungsscheines. Wird der
erste Beitrag erst nach dem als Beginn der Versicherung festgesetzten Zeitpunkt auf
Anforderung ohne Verzug gezahlt, so beginnt der Versicherungsschutz mit dem vereinbarten Zeitpunkt.

(2) Der Vertrag ist zunächst für die in dem Versicherungsschein festgesetzte Zeit abgeschlossen. Beträgt die Dauer des Vertrages mindestens ein Jahr, so kann er schriftlich gekündigt werden. Die Kündigung muß spätestens drei Monate vor dem jeweiligen Ablauf des Vertrages der anderen Partei zugegangen sein. Sie soll durch einge-
schriebenen Brief erfolgen. Wird die rechtzeitige Kündigung unterlassen, so verlängert sich der Vertrag jeweils um ein Jahr.

B) Leistungen des Versicherers

§ 6 Versicherungsleistung, Höchstleistung

I. (1) Der Versicherer leistet den Geldbetrag, der zum Ausgleich des durch die Gesundheitsschädigung eingetretenen Schadens des Versicherten erforderlich ist.

(2) Schaden ist der Unterschiedsbetrag zwischen der tatsächlichen Vermögenslage
des Versicherten und der Vermögenslage, die bestehen würde, wenn die Gesundheitsschädigung nicht eingetreten wäre.

(3) Im Falle des Todes des Versicherten erbringt der Versicherer die Leistungen,
zu denen ein Ersatzpflichtiger gemäß § 844 BGB verpflichtet ist (siehe jedoch
Ziff. V).

II. Die Höchstleistung beträgt für alle Versicherungsfälle aus der klinischen Prüfung
eines Arzneimittels

10 Mill. DM, wenn bis zu 1000 Personen,
20 Mill. DM, wenn mehr als 1000 bis zu 3000 Personen,
30 Mill. DM, wenn mehr als 3000 Personen

an der klinischen Prüfung teilnehmen. Die Versicherungsleistungen für die einzelnen versicherten Personen ermäßigen sich im entscheidenden Verhältnis, wenn
die Summe der einzelnen Versicherungsleistungen diesen Höchstbetrag überschreiten würde.

III. Je versicherte Person bilden 500 000 DM die Höchstgrenze für die Leistungen des
Versicherers.
IV. Die Höchstleistung für alle Versicherungsfälle aus den im Versicherungsjahr be-
gonnenen klinischen Prüfungen von Arzneimitteln beträgt 50 Mill. DM.

1.5   V. Im Einvernehmen von Versicherer und Versicherten kann anstelle einer Rentenleistung eine Kapitalabfindung gewährt werden.

§ 7 Nebenleistungen

Der Versicherer übernimmt auch die auf seine Anweisung oder mit seinem Einverständnis erwachsenen notwendigen Kosten einer medizinischen Begutachtung.

§ 8 Erklärung über die Leistungspflicht

Der Versicherer ist verpflichtet, sich innerhalb von zwei Monaten darüber zu erklären, ob und inwieweit eine Entschädigungspflicht anerkannt wird. Die Frist beginnt mit dem Eingang der Unterlagen, die zur Feststellung des Schadens dem Grunde und der Höhe nach beizubringen sind.

§ 9 Verfahren bei Meinungsverschiedenheiten

I. (1) Im Falle von Meinungsverschiedenheiten über Art und Umfang der Gesundheitsschädigung oder darüber, ob und in welchem Umfang die Gesundheitsschädigung auf die klinischen Prüfungen im Sinne des § 2 zurückzuführen ist, entscheidet ein Ärzteausschuß; für alle sonstigen Streitpunkte sind die ordentlichen Gerichte zuständig.

(2) Die Entscheidung des Ärzteausschusses ist von dem Versicherten bis zum Ablauf von 6 Monaten, nachdem ihm die Erklärung des Versicherers nach § 9 zugegangen ist, zu beantragen. Versicherer und Versicherter können jedoch bis zum Ablauf dieser Frist verlangen, daß anstelle des Ärzteausschusses die ordentlichen Gerichte entscheiden. Wird dieses Verlangen gestellt, so kann der Versicherte nur Klage erheben.

(3) Läßt der Ansprucherhebende die unter (2) genannte Frist verstreichen, ohne daß er entweder die Entscheidung des Ärzteausschusses verlangt oder Klage erhebt, so sind weitergehende Ansprüche, als sie vom Versicherer anerkannt sind, ausgeschlossen. Auf diese Rechtsfolge hat der Versicherer in seiner Erklärung hinzuweisen.

II. Für den Ärzteausschuß gelten folgende Bestimmungen:

(1) Zusammensetzung:

a) Der Ärzteausschuß setzt sich zusammen aus zwei Ärzten, von denen jede Partei einen benennt, und einem Obmann. Dieser wird von den beiden von den Parteien benannten Ärzten gewählt und muß ein auf dem medizinischen Fachgebiet, in das die klinische Prüfung fällt, erfahrener Arzt sein, der nicht in einem Abhängigkeitsverhältnis zu einer der Parteien steht. Einigen sich die von den Parteien gewählten Ärzte nicht binnen eines Monats über den Obmann, so wird dieser auf Antrag einer Partei von dem Vorsitzenden der für den letzten inländischen Wohnsitz des Versicherten zuständigen Ärztekammer benannt. Hat der Versicherte keinen inländischen Wohnsitz, so ist die für den Sitz des Versicherers zuständige Ärztekammer maßgebend. Der Obmann kann einen auf dem betroffenen Fachgebiet besonders erfahrenen medizinischen oder pharmakologischen Sachverständigen als Gutachter zuziehen.

b) Benennt eine Partei ihr Ausschußmitglied nicht binnen eines Monats, nach- **1.5**
dem sie von der anderen Partei hierzu aufgefordert ist, so wird dieses Ausschußmitglied gleichfalls durch den Vorsitzenden der Ärztekammer ernannt.

(2) Verfahren:

a) Sobald der Ausschuß zusammengesetzt ist, hat der Versicherer unter Ein-
sendung der erforderlichen Unterlagen den Obmann um die Durchführung
des Verfahrens zu ersuchen.
b) Der Obmann bestimmt im Benehmen mit den beiden Ausschußmitgliedern
Ort und Zeit des Zusammentritts und gibt hiervon den Parteien mindestens
eine Woche vor dem Termin Nachricht. Es bleibt ihm unbenommen, sich wegen weiterer Aufklärung des Sachverhalts an die Parteien zu wenden.
Im Rahmen der Sitzung ist der Versicherte, soweit möglich, zu hören und erforderlichenfalls zu untersuchen. Erscheint der Versicherte unentschuldigt
nicht, so kann der Ausschuß auf Grund der Unterlagen entscheiden.
c) Die Entscheidung ist schriftlich zu begründen und vom Obmann zu unterzeichnen.

(3) Kosten:

Ist die Entscheidung des Ärzteausschusses für den Versicherten günstiger als
es dem vor seinem Zusammentritt abgegebenen Angebot des Versicherers entspricht, so sind die Kosten voll von diesem zu tragen. Andernfalls werden sie
bis zu 10% der geforderten Entschädigung, höchstens bis zu 10 000,– DM, dem
Versicherten auferlegt.

C) Pflichten des Versicherungsnehmers

§ 10 Beitragszahlung

(1) Der Versicherungsnehmer hat den ersten Beitrag bei Vorlegung des Versicherungsscheines, Folgebeiträge am jeweiligen Fälligkeitstag zu bezahlen. Mit dem Beitrag sind die aus dem Versicherungsschein oder den Beitragsrechnungen ersichtlichen
Kosten (öffentliche Abgaben, Ausfertigungs- und Hebegebühren) zu entrichten.

(2) Bei nicht rechtzeitiger Zahlung des Beitrages treten die gesetzlichen Folgen der
§§ 38 und 39 des Gesetzes über den Versicherungsvertrag (VVG) ein. Rückständige
Folgebeiträge nebst Kosten können nur innerhalb eines Jahres seit Ablauf der nach
§ 39 Abs. 1 VVG gesetzten Zahlungsfrist gerichtlich geltend gemacht werden. Bei Teil-
zahlung des Jahresbeitrages werden die noch ausstehenden Raten des Jahresbeitrages
sofort fällig, wenn der Versicherungsnehmer mit der Zahlung einer Rate in Verzug
gerät.

§ 11 Obliegenheiten

I. des Versicherungsnehmers
(1) Soweit der Versicherungsnehmer die klinische Prüfung selbst durchführt, ist
er verpflichtet,

a) die Vorschriften der §§ 40 und 41 des Arzneimittelgesetzes (AMG) einzuhalten und die Arzneimittelprüfrichtlinien (§ 26 AMG) in ihrer jeweils gültigen
Fassung zu beachten;

1.5

b) die Versicherten über das Bestehen des Vertrages und die Obliegenheiten gemäß Abs. II (1) und (2) zu unterrichten, soweit nicht § 41 Ziff. 7 AMG eingreift.

(2) Soweit der Versicherungsnehmer die klinische Prüfung durch von ihm beauftragte Dritte durchführen läßt, hat er diese zur Wahrung der Pflichten gemäß Ziff. (1) anzuhalten.

(3) Im Schadenfall ist der Versicherungsnehmer im Rahmen seiner Möglichkeiten verpflichtet, den Versicherer bei der Aufklärung des Sachverhaltes und der Minderung des Schadens zu unterstützen.

II. des Versicherten

(1) Während der Dauer der klinischen Prüfung darf sich die versicherte Person einer anderen medizinischen Behandlung nur im Einvernehmen mit dem klinischen Prüfer unterziehen.

(2) Eine Gesundheitsschädigung, die als Folge der klinischen Prüfung eingetreten sein könnte, ist dem Versicherer unverzüglich anzuzeigen.

(3) Der Versicherte hat alle zweckmäßigen Maßnahmen zu treffen, die der Aufklärung der Ursache und des Umfangs des eingetretenen Schadens und der Minderung dieses Schadens dienen.

(4) Aur Verlangen des Versicherers ist der behandelnde Arzt – als solcher gilt auch ein Konsiliararzt oder ein gutachterlich tätiger Arzt – zu veranlassen, einen Bericht über die Gesundheitsschädigung und, nach Abschluß der ärztlichen Behandlung, einen Schlußbericht zu erstatten; außerdem ist dafür Sorge zu tragen, daß alle etwa weiter noch von dem Versicherten geforderten Berichte des behandelnden Arztes geliefert werden.

(5) Die behandelnden Ärzte, auch diejenigen, von denen der Versicherte aus anderen Anlässen behandelt oder untersucht worden ist, und die Sozialversicherungsträger sowie andere Versicherer, wenn dort die Gesundheitsschädigung gemeldet ist, sind zu ermächtigen, dem Versicherer auf Verlangen Auskunft zu erteilen.

(6) Hat der Versicherungsfall den Tod zur Folge, so ist dies spätestens innerhalb von 48 Stunden telegrafisch anzuzeigen (§ 15), und zwar auch dann, wenn eine Meldung nach Ziff. (2) bereits erfolgt ist. Der Versicherer hat das Recht, durch einen von ihm beauftragten Arzt die Leiche besichtigen und öffnen zu lassen.

§ 12 Rechtsverhältnis Dritter

(1) Die Ausübung der Rechte aus dem Versicherungsfall steht dem Versicherungsnehmer zu. Den Anspruch auf die Versicherungsleistung kann auch der Versicherte unmittelbar geltend machen.

(2) Alle für den Versicherungsnehmer bzw. Versicherten geltenden Vorschriften finden auf dessen Rechtsnachfolger Anwendung.

(3) Die Versicherungsansprüche können vor ihrer endgültigen Feststellung ohne ausdrückliche Zustimmung des Versicherers weder übertragen noch verpfändet werden.

§ 13 Folgen von Obliegenheitsverletzungen   **1.5**

I. des Versicherungsnehmers

(1) Verletzen der Versicherungsnehmer oder dessen mit der Leitung der klinischen Prüfung verantwortlich Beauftragte (soweit sie betriebsangehörig sind) vorsätzlich eine Obliegenheit, die nach dem Eintritt des Versicherungsfalles zu erfüllen ist, so kann der Versicherer beim Versicherungsnehmer Rückgriff nehmen. Das Recht zum Rückgriff besteht nicht, wenn die Verletzung weder Einfluß auf den Eintritt oder die Feststellung des Versicherungsfalles noch auf die Feststellung oder den Umfang der dem Versicherer obliegenden Leistung gehabt hat. Unter denselben Voraussetzungen besteht ein Recht zum Rückgriff, wenn eine Obliegenheit verletzt ist, die vor dem Eintritt des Versicherungsfalles zu erfüllen war, und der Vertrag nach Absatz (2) gekündigt wurde.

(2) Verletzen der Versicherungsnehmer oder dessen mit der Leitung der klinischen Prüfung verantwortlich Beauftragte (soweit sie betriebsangehörig sind) eine Obliegenheit, die vor dem Eintritt des Versicherungsfalles dem Versicherer gegenüber zu erfüllen ist, so kann der Versicherer innerhalb eines Monats, nachdem er von der Verletzung Kenntnis erlangt hat, ohne Einhaltung einer Kündigungsfrist kündigen, es sei denn, daß die Verletzung als eine unverschuldete anzusehen ist.

II. des Versicherten

Verletzt der Versicherte vorsätzlich oder grobfahrlässig eine Obliegenheit, die nach dem Eintritt des Versicherungsfalles zu erfüllen ist, so ist der Versicherer von der Verpflichtung zur Leistung frei. Bei grobfahrlässiger Verletzung bleibt der Versicherer zur Leistung insoweit verpflichtet, als die Verletzung Einfluß weder auf die Feststellung des Versicherungsfalles noch auf die Feststellung oder den Umfang der dem Versicherer obliegenden Leistung gehabt hat.

§ 14 Anzeigen und Willenserklärungen

Alle für den Versicherer bestimmten Anzeigen und Erklärungen sind schriftlich an den Vorstand des Versicherers oder an die im Versicherungsschein oder dessen Nachträgen als zuständig bezeichnete Geschäftsstelle zu richten. Die Vertreter sind zu deren Entgegennahme nicht bevollmächtigt.

§ 15 Ergänzende Bestimmungen

(1) Der Versicherungsnehmer ist verpflichtet, die jeweiligen klinischen Prüfungen rechtzeitig vor Beginn der klinischen Prüfung anzumelden. Dabei ist die voraussichtliche Zahl der in der jeweiligen klinischen Prüfung zu versichernden Personen anzugeben.

(2) Nach Abschluß der klinischen Prüfungen ist die Zahl der Personen mitzuteilen, die tatsächlich an den klinischen Prüfungen teilgenommen haben. Nach dieser Zahl richtet sich die Höchstleistung gemäß § 6 II. Der Versicherer nimmt auf der Grundlage dieser Zahl die endgültige Prämienberechnung vor.

(3) Der Versicherungsnehmer ist verpflichtet, dafür zu sorgen, daß geordnete Aufzeichnungen über die Probanden geführt werden.

Die Aufzeichnungen müssen insbesondere so geführt werden, daß bei Eintritt einer versicherten Gesundheitsschädigung ein Zweifel über die Zugehörigkeit einzelner Personen zum versicherten Personenkreis nicht entstehen kann und daß der Ablauf und die Ergebnisse der klinischen Prüfung im Einzelfall rekonstruierbar sind.

1.6 Gesetz über die Werbung auf dem Gebiete des Heilwesens (Heilmittelwerbegesetz)*

Vom 11. Juli 1985, in der Fassung der Bekanntmachung vom 18. Oktober 1978 (BGBl. I S. 1677), zuletzt geändert durch Art. 5 des Vierten Gesetzes zur Änderung des Arzneimittelgesetzes vom 11. 4. 1990 (BGBl. I S. 717).

Artikel 1

§ 1

(1) Dieses Gesetz findet Anwendung auf die Werbung für

1. Arzneimittel im Sinne des § 2 des Arzneimittelgesetzes,
2. andere Mittel, Verfahren, Behandlungen und Gegenstände, soweit sich die Werbeaussage auf die Erkennung, Beseitigung oder Linderung von Krankheiten, Leiden, Körperschäden oder krankhaften Beschwerden bei Mensch oder Tier bezieht.

(2) Andere Mittel im Sinne des Absatzes 1 Nr. 2 sind kosmetische Mittel im Sinne des § 4 des Lebensmittel- und Bedarfsgegenständegesetzes. Gegenstände im Sinne des Absatzes 1 Nr. 2 sind auch Gegenstände zur Körperpflege im Sinne des § 5 Abs. 1 Nr. 4 des Lebensmittel- und Bedarfsgegenständegesetzes.

(3) Eine Werbung im Sinne dieses Gesetzes ist auch das Ankündigen oder Anbieten von Werbeaussagen, auf die dieses Gesetz Anwendung findet.

(4) Dieses Gesetz findet keine Anwendung auf die Werbung für Gegenstände zur Verhütung von Unfallschäden.

§ 2

Fachkreise im Sinne dieses Gesetzes sind Angehörige der Heilberufe oder des Heilgewerbes, Einrichtungen, die der Gesundheit von Mensch und Tier dienen, oder sonstige Personen, soweit sie mit Arzneimitteln, Verfahren, Behandlungen, Gegenständen oder anderen Mitteln erlaubterweise Handel treiben oder in Ausübung ihres Berufes anwenden.

---

*Quelle: Bundesgesetzblatt I, S. 604ff., 2. Ergänzungslieferung, Mai 1990.

§ 3   **1.6**

Unzulässig ist eine irreführende Werbung. Eine Irreführung liegt insbesondere dann vor,

1. wenn Arzneimitteln, Verfahren, Behandlungen, Gegenständen oder anderen Mitteln eine therapeutische Wirksamkeit oder Wirkungen beigelegt werden, die sie nicht haben,
2. wenn fälschlich der Eindruck erweckt wird, daß

    a) ein Erfolg mit Sicherheit erwartet werden kann,
    b) bei bestimmungsgemäßem oder längerem Gebrauch keine schädlichen Wirkungen eintreten,
    c) die Werbung nicht zu Zwecken des Wettbewerbs veranstaltet wird,
3. wenn unwahre oder zur Täuschung geeignete Angaben

    a) über die Zusammensetzung oder Beschaffenheit von Arzneimitteln, Gegenständen oder anderen Mitteln oder über die Art und Weise der Verfahren oder Behandlungen oder
    b) über die Person, Vorbildung, Befähigung oder Erfolge des Herstellers, Erfinders oder der für sie tätigen oder tätig gewesenen Personen gemacht werden.

§ 4 (alt)

(1) Jede Werbung für Arzneimittel im Sinne des § 2 Abs. 1 oder Abs. 2 Nr. 1 des Arzneimittelgesetzes muß folgende Angaben enthalten:

1. den Namen oder die Firma und den Sitz des pharmazeutischen Unternehmers,
2. die Bezeichnung des Arzneimittels,
3. die Zusammensetzung des Arzneimittels nach Art und Menge der wirksamen Bestandteile,
4. die Anwendungsgebiete,
5. die Gegenanzeigen,
6. die Nebenwirkungen,
7. Warnhinweise, soweit sie für die Kennzeichnung der Behältnisse und äußeren Umhüllungen vorgeschrieben sind,
8. die Wartezeit bei Arzneimitteln, die zur Anwendung bei Tieren bestimmt sind, die der Gewinnung von Lebensmitteln dienen.

(2) Die Angaben nach Absatz 1 müssen mit denjenigen übereinstimmen, die nach § 11 oder § 12 des Arzneimittelgesetzes für die Packungsbeilage vorgeschrieben sind.

(3) Bei einer Werbung außerhalb der Fachkreise können die Angaben nach Absatz 1 Nr. 3 entfallen. Können die nach Absatz 1 Nr. 5, 6 und 8 vorgeschriebenen Angaben nicht gemacht werden, so können sie entfallen.

(4) Die nach Absatz 1 vorgeschriebenen Angaben müssen von den übrigen Werbeaussagen deutlich abgesetzt, abgegrenzt und gut lesbar sein. Bei Werbeaussagen in audiovisuellen Medien findet Satz 1 entsprechende Anwendung.

(5) Absatz 1 gilt nicht nur für eine Erinnerungswerbung. Eine Erinnerungswerbung liegt vor, wenn ausschließlich mit der Bezeichnung eines Arzneimittels oder zusätzlich mit dem Namen, der Firma oder dem Warenzeichen des pharmazeutischen Unternehmens geworben wird.

1.6

> Übergangsregelung
>
> Werbematerial, das den Vorschriften des § 4 des Gesetzes über die Werbung auf dem Gebiet des Heilwesens nicht entspricht, jedoch den Vorschriften des Gesetzes über die Werbung auf dem Gebiete des Heilwesens in der bis zu dem Inkrafttreten dieses Gesetzes geltenden Fassung, darf noch bis zum 31. Dezember 1990 verwendet werden.

§ 4 (neu)

(1) Jede Werbung für Arzneimittel im Sinne des § 2 Abs. 1 oder Abs. 2 Nr. 1 des Arzneimittelgesetzes muß folgende Angaben enthalten:

1. den Namen oder die Firma und den Sitz des pharmazeutischen Unternehmens,
2. die Bezeichnung des Arzneimittels,
3. die Zusammensetzung des Arzneimittels nach Art und Menge der wirksamen Bestandteile,
4. die Anwendungsgebiete,
5. die Gegenanzeigen,
6. die Nebenwirkungen,
7. Warnhinweise, soweit sie für die Kennzeichnung der Behältnisse und äußeren Umhüllungen vorgeschrieben sind,
8. die Wartezeit bei Arzneimitteln, die zur Anwendung bei Tieren bestimmt sind, die der Gewinnung von Lebensmitteln dienen.

(2) Die Angaben nach Absatz 1 müssen mit denjenigen übereinstimmen, die nach § 11 oder § 12 des Arzneimittelgesetzes für die Packungsbeilage vorgeschrieben sind.

(3) Bei einer Werbung außerhalb der Fachkreise können die Angaben nach Absatz 1 Nr. 3 entfallen. Können die nach Absatz 1 Nr. 5, 6 und 8 vorgeschriebenen Angaben nicht gemacht werden, so können sie entfallen.

(4) Die nach Absatz 1 vorgeschriebenen Angaben müssen von den übrigen Werbeaussagen deutlich abgesetzt, abgegrenzt und gut lesbar sein.

(5) Nach einer Werbung in audiovisuellen Medien ist folgender Titel einzublenden, der im Fernsehen vor neutralem Hintergrund gut lesbar wiederzugeben und gleichzeitig zu sprechen ist: „Zu Risiken und Nebenwirkungen lesen Sie die Packungsbeilage und fragen Sie ihren Arzt oder Apotheker." Die Angaben nach Absatz 1 können entfallen.

(6) Absatz 1 gilt nicht für eine Erinnerungswerbung. Eine Erinnerungswerbung liegt vor, wenn ausschließlich mit der Bezeichnung eines Arzneimittels oder zusätzlich mit dem Namen, der Firma oder dem Warenzeichen des pharmazeutischen Unternehmens geworben wird.

§ 5

Für homöopathische Arzneimittel, die nach dem Arzneimittelgesetz registriert oder von der Registrierung freigestellt sind, darf mit der Angabe von Anwendungsgebieten nicht geworben werden.

§ 6   **1.6**

Unzulässig ist eine Werbung, wenn

1. Gutachten oder Zeugnisse veröffentlicht oder erwähnt werden, die nicht von wissenschaftlich oder fachlich hierzu berufenen Personen erstattet worden sind und nicht die Angabe des Namens, Berufes und Wohnortes des Gutachters oder Ausstellers des Zeugnisses sowie den Zeitpunkt der Ausstellung des Gutachtens oder Zeugnisses enthalten,
2. auf wissenschaftliche, fachliche oder sonstige Veröffentlichungen Bezug genommen wird, ohne daß aus der Werbung hervorgeht, ob die Veröffentlichung das Arzneimittel, das Verfahren, die Behandlung, den Gegenstand oder ein anderes Mittel selbst betrifft, für die geworben wird, ohne daß der Name des Verfassers, der Zeitpunkt der Veröffentlichung und die Fundstelle genannt werden.

§ 7

Es ist unzulässig, Werbegaben (Waren oder Leistungen) anzubieten, anzukündigen oder zu gewähren, es sei denn, daß es sich um Gegenstände von geringem Wert, die durch eine dauerhafte oder deutlich sichtbare Bezeichnung des Werbenden oder des Arzneimittels oder beider gekennzeichnet sind, um geringwertige Kleinigkeiten oder um Werbegaben handelt, die als Zugaben zulässig waren. § 47 Abs. 3 des Arzneimittelgesetzes bleibt unberührt.

§ 8

(1) Unzulässig ist eine Werbung, die darauf hinwirkt, Arzneimittel, deren Abgabe den Apotheken vorbehalten ist, im Wege des Versandes zu beziehen. Dieses Verbot gilt nicht für eine Werbung, die sich auf die Abgabe von Arzneimitteln in den Fällen des § 47 des Arzneimittelgesetzes bezieht.

(2) Unzulässig ist ferner die Werbung, bestimmte Arzneimittel im Wege der Einzeleinfuhr nach § 73 Abs. 2 Nr. 6a oder § 73 Abs. 3 des Arzneimittelgesetzes zu beziehen.

§ 9

Unzulässig ist eine Werbung für die Erkennung oder Behandlung von Krankheiten, Leiden, Körperschäden oder krankhaften Beschwerden, die nicht auf eigener Wahrnehmung an dem zu behandelnden Menschen oder Tier beruht (Fernbehandlung).

§ 10

(1) Für verschreibungspflichtige Arzneimittel darf nur bei Ärzten, Zahnärzten, Tierärzten, Apothekern und Personen, die mit diesen Arzneimitteln erlaubterweise Handel treiben, geworben werden.

(2) Für Arzneimittel, die dazu bestimmt sind, bei Menschen die Schlaflosigkeit oder psychische Störungen zu beseitigen oder die Stimmungslage zu beeinflussen, darf außerhalb der Fachkreise nicht geworben werden.

1.6   *§ 11*

Außerhalb der Fachkreise darf für Arzneimittel, Verfahren, Behandlungen, Gegenstände oder andere Mittel nicht geworben werden

1. mit Gutachten, Zeugnissen, wissenschaftlichen oder fachlichen Veröffentlichungen sowie mit Hinweisen darauf,
2. mit Angaben, daß das Arzneimittel, das Verfahren, die Behandlung, der Gegenstand oder das andere Mittel ärztlich, zahnärztlich oder anderweitig fachlich empfohlen oder geprüft ist oder anderweitig angewendet wird,
3. mit der Wiedergabe von Krankengeschichten sowie mit Hinweisen darauf,
4. mit der bildlichen Darstellung von Personen in der Berufskleidung oder bei der Ausübung der Tätigkeit von Angehörigen der Heilberufe, des Heilgewerbes oder des Arzneimittelhandels,
5. mit der bildlichen Darstellung

    a) von Veränderungen des menschlichen Körpers oder seiner Teile durch Krankheiten, Leiden oder Körperschäden,
    b) der Wirkung eines Arzneimittels, eines Verfahrens, einer Behandlung, eines Gegenstandes oder eines anderen Mittels durch vergleichende Darstellung des Körperzustandes oder des Aussehens vor und nach der Anwendung,
    c) des Wirkungsvorgangs eines Arzneimittels, eines Verfahrens, einer Behandlung, eines Gegenstandes oder eines anderen Mittels am menschlichen Körper oder an seinen Teilen,

6. mit fremd- oder fachsprachlichen Bezeichnungen, soweit sie nicht in den allgemeinen deutschen Sprachgebrauch eingegangen sind,
7. mit einer Werbeaussage, die geeignet ist, Angstgefühle hervorzurufen oder auszunutzen,
8. durch Werbevorträge, in denen ein Feilbieten oder eine Entgegennahme von Anschriften verbunden ist,
9. mit Veröffentlichungen, deren Werbezweck mißverständlich oder nicht deutlich erkennbar ist,
10. mit Veröffentlichungen, die dazu anleiten, bestimmte Krankheiten, Leiden, Körperschäden oder krankhafte Beschwerden beim Menschen selbst zu erkennen und mit den in der Werbung bezeichneten Arzneimitteln, Gegenständen, Verfahren, Behandlungen oder anderen Mitteln zu behandeln, sowie mit entsprechenden Anleitungen in audiovisuellen Medien,
11. mit Äußerungen Dritter, insbesondere mit Dank-, Anerkennungs- oder Empfehlungsschreiben, oder mit Hinweisen auf solche Äußerungen,
12. mit Werbemaßnahmen, die sich ausschließlich oder überwiegend an Kinder oder an Jugendliche unter 18 Jahren richten,
13. mit Preisausschreiben, Verlosungen oder anderen Verfahren, deren Ergebnis vom Zufall abhängig ist,
14. durch die nicht verlangte Abgabe von Mustern oder Proben oder durch Gutscheine dafür.

§ 12

(1) Die Werbung für Arzneimittel außerhalb der Fachkreise darf sich nicht auf die Erkennung, Verhütung, Beseitigung oder Linderung der in der Anlage zu diesem Gesetz aufgeführten Krankheiten oder Leiden beim Menschen oder Tier beziehen.

(2) Die Werbung für andere Mittel, Verfahren, Behandlungen oder Gegenstände außerhalb der Fachkreise darf sich nicht auf die Erkennung, Beseitigung oder Linderung dieser Krankheiten oder Leiden beziehen. Dies gilt nicht für die Werbung für Verfahren oder Behandlungen in Heilbädern, Kurorten und Kuranstalten.

1.6

§ 13

Die Werbung eines Unternehmens mit Sitz außerhalb des Geltungsbereichs dieses Gesetzes ist unzulässig, wenn nicht ein Unternehmen mit Sitz oder eine natürliche Person mit gewöhnlichem Aufenthalt im Geltungsbereich dieses Gesetzes, die nach diesem Gesetz unbeschränkt strafrechtlich verfolgt werden kann, ausdrücklich damit betreut ist, die sich aus diesem Gesetz ergebenden Pflichten zu übernehmen.

§ 14

Wer dem Verbot der irreführenden Werbung (§ 3) zuwiderhandelt, wird mit Freiheitsstrafe bis zu einem Jahr oder Geldstrafe bestraft.

§ 15

(1) Ordnungswidrig handelt, wer vorsätzlich oder fahrlässig

1. eine Werbung betreibt, die die nach § 4 vorgeschriebenen Angaben nicht enthält oder entgegen § 5 mit der Angabe von Anwendungsgebieten wirbt,
2. in einer nach § 6 unzulässigen Weise mit Gutachten, Zeugnissen oder Bezugnahmen auf Veröffentlichungen wirbt,
3. entgegen § 7 eine mit Werbegaben verbundene Werbung betreibt,
4. entgegen § 8 eine Werbung betreibt, die auf einen Bezug von Arzneimitteln im Wege des Versandes oder im Wege der Einzeleinfuhr hinwirkt,
5. entgegen § 9 für eine Fernbehandlung wirbt,
6. entgegen § 10 für die dort bezeichneten Arzneimittel wirbt,
7. auf eine durch § 11 verbotene Weise außerhalb der Fachkreise wirbt,
8. entgegen § 12 eine Werbung betreibt, die sich auf die in der Anlage zu § 12 aufgeführten Krankheiten oder Leiden bezieht,
9. eine nach § 12 unzulässige Werbung betreibt.

(2) Ordnungswidrig handelt ferner, wer fahrlässig dem Verbot der irreführenden Werbung (§ 3) zuwiderhandelt.

(3) Die Ordnungswidrigkeit nach Absatz 1 kann mit einer Geldbuße bis zu fünfzigtausend Deutsche Mark, die Ordnungswidrigkeit nach Absatz 2 mit einer Geldbuße bis zu fünfundzwanzigtausend Deutsche Mark geahndet werden.

§ 16

Werbematerial, auf das sich eine Straftat nach § 14 oder eine Ordnungswidrigkeit nach § 15 bezieht, kann eingezogen werden.

1.6   *§ 17*

Unberührt bleiben:

1. das Gesetz gegen den unlauteren Wettbewerb in der im Bundesgesetzblatt Teil III, Gliederungsnummer 43-1, veröffentlichten bereinigten Fassung, zuletzt geändert durch Artikel 14 des Gesetzes vom 10. März 1975 (BGBl. I S. 685),
2. § 21 des Gesetzes zur Bekämpfung der Geschlechtskrankheiten in der im Bundesgesetzblatt Teil III, Gliederungsnummer 2126-4, veröffentlichten bereinigten Fassung, zuletzt geändert durch Artikel 66 des Gesetzes vom 2. März 1974 (BGBl. I S. 469),
3. die Zugabeverordnung in der im Bundesgesetzblatt Teil III, Gliederungsnummer 43-4-1, veröffentlichten bereinigten Fassung, zuletzt geändert durch Artikel 141 des Gesetzes vom 2. März 1974 (BGBl. I S. 469).

Artikel 2
(weggefallen)

Artikel 3
(weggefallen)

Artikel 4

Dieses Gesetz gilt nach Maßgabe des § 13 Abs. 1 des Dritten Überleitungsgesetzes auch im Land Berlin.

Artikel 5

Absatz 1 (Inkrafttreten)

Absatz 2 (weggefallen)

Anlage
(zu § 12)

Krankheiten und Leiden, auf die sich die Werbung gemäß § 12 nicht beziehen darf

A. Krankheiten und Leiden beim Menschen

1. Nach dem Bundes-Seuchengesetz in der im Bundesgesetzblatt Teil III, Gliederungsnummer 2126-1, veröffentlichten bereinigten Fassung, zuletzt geändert durch Artikel 4 des Gesetzes vom 10. August 1978 (BGBl. I S. 1217), meldepflichtige Krankheiten,
2. Geschwulstkrankheiten,

3. Krankheiten des Stoffwechsels und der inneren Sekretion, ausgenommen Vitamin- und Mineralstoffmangel und alimentäre Fettsucht,   **1.6**

4. Krankheiten des Blutes und der blutbildenden Organe, ausgenommen Eisenmangelanämie,

5. organische Krankheiten

   a) des Nervensystems,

   b) der Augen und Ohren,

   c) des Herzens und der Gefäße, ausgenommen allgemeine Arteriosklerose, Varikose und Frostbeulen,

   d) der Leber und des Pankreas,

   e) der Harn- und Geschlechtsorgane,

6. Geschwüre des Magens und des Darms,

7. Epilepsie,

8. Geisteskrankheiten,

9. Trunksucht,

10. krankhafte Komplikationen der Schwangerschaft, der Entbindung und des Wochenbetts.

B. Krankheiten und Leiden beim Tier

1. Nach dem Viehseuchengesetz in der Fassung der Bekanntmachung vom 23. Februar 1977 (BGBl. I S. 313, 437) meldepflichtige Krankheiten,

2. ansteckender Scheidenkatarrh der Rinder,

3. Fruchtbarkeitsstörungen der Pferde und Rinder,

4. infektiöse Aufzuchtkrankheiten der Tiere,

5. bakterielle Eutererkrankungen bei Kühen, Ziegen und Schafen,

6. Kolik bei Pferden und Rindern.

1.7 Neufassung des Tierschutzgesetzes (Auszug)*

Erster Abschnitt:
Grundsatz

§ 1

Zweck dieses Gesetzes ist es, aus der Verantwortung des Menschen für das Tier als
Mitgeschöpf dessen Leib und Wohlbefinden zu schützen. Niemand darf einem Tier
ohne vernünftigen Grund Schmerzen, Leiden oder Schäden zufügen.

Zweiter Abschnitt:
Tierhaltung

§ 2

Wer ein Tier hält, betreut oder zu betreuen hat,

1. muß das Tier seiner Art und seinen Bedürfnissen entsprechend angemessen er-
    nähren, pflegen und verhaltensgerecht unterbringen,
2. darf die Möglichkeit des Tieres zu artgemäßer Bewegung nicht so einschränken,
    daß ihm Schmerzen oder vermeidbare Leiden oder Schäden zugefügt werden.

. . .

§ 3

Es ist verboten,

1. einem Tier außer in Notfällen Leistungen abzuverlangen, denen es wegen seines
    Zustandes offensichtlich nicht gewachsen ist oder die offensichtlich seine Kräfte
    übersteigen,
2. ein gebrechliches, krankes, abgetriebenes oder altes, im Haus, Betrieb oder sonst in
    Obhut des Menschen gehaltenes Tier, für das ein Weiterleben mit nicht be-
    hebbaren Schmerzen oder Leiden verbunden ist, zu einem anderen Zweck als zur
    unverzüglichen schmerzlosen Tötung zu veräußern oder zu erwerben; dies gilt
    nicht für die unmittelbare Abgabe eines kranken Tieres an eine Person oder Ein-

---

*Die Bekanntmachung der Neufassung wird mit folgenden Bemerkungen des Bun-
desministers für Ernährung, Landwirtschaft und Forsten eingeleitet: „Auf Grund
des Artikels 3 des Ersten Gesetzes zur Änderung des Tierschutzgesetzes vom
12. August 1986 (BGBl. I S. 1309) wird nachstehend der Wortlaut des Tierschutzgesetzes in der ab 1. Januar 1987 geltenden Fassung bekanntgemacht. Die Neufassung
berücksichtigt: 1. das am 1. Oktober 1972 in Kraft getretene Gesetz vom 24. Juli 1972
(BGBl. I S. 1277), 2. den am 21. März 1975 in Kraft getretenen Artikel 37 des Gesetzes
vom 18. März 1975 (BGBl. I S. 705), 3. den nach seinem Artikel 5 in Kraft tretenden
Artikel 1 des eingangs genannten Gesetzes.
Bonn, den 18. August 1986."

richtung, der eine Genehmigung nach § 8 und, wenn es sich um ein Wirbeltier   **1.7**
handelt, eine Ausnahmegenehmigung nach § 9 Abs. 2 Nr. 7 Satz 2 für Versuche an
solchen Tieren erteilt worden ist.

. . .

Dritter Abschnitt:
Töten von Tieren

§ 4

(1) Ein Wirbeltier darf nur unter Betäubung oder sonst, soweit nach den gegebenen
Umständen zumutbar, nur unter Vermeidung von Schmerzen getötet werden. Ist die
Tötung eines Wirbeltieres ohne Betäubung im Rahmen weidgerechter Ausübung der
Jagd oder auf Grund anderer Rechtsvorschriften zulässig oder erfolgt sie im Rahmen
zulässiger Schädlingsbekämpfungsmaßnahmen, so darf die Tötung nur vorgenom-
men werden, wenn hierbei nicht mehr als unvermeidbare Schmerzen entstehen. Ein
Wirbeltier töten darf nur, wer die dazu notwendigen Kenntnisse und Fähigkeiten hat.

. . .

Vierter Abschnitt:
Eingriffe an Tieren

§ 5

(1) An einem Wirbeltier darf ohne Betäubung ein mit Schmerzen verbundener Eingriff nicht vorgenommen werden. Die Betäubung eines warmblütigen Wirbeltieres ist
von einem Tierarzt vorzunehmen. Für die Betäubung mit Betäubungspatronen kann
die zuständige Behörde Ausnahmen von Satz 2 zulassen, sofern ein berechtigter
Grund nachgewiesen wird.

(2) Eine Betäubung ist nicht erforderlich,

1. wenn bei vergleichbaren Eingriffen am Menschen eine Betäubung in der Regel un-
   terbleibt,
2. wenn die Betäubung im Einzelfall nach tierärztlichem Urteil nicht durchführbar
   erscheint.

(3) Eine Betäubung ist ferner nicht erforderlich

1. für das Kastrieren von unter zwei Monate alten männlichen Rindern, Schweinen,
   Ziegen, Schafen und Kaninchen, sofern kein von der normalen anatomischen Beschaffenheit abweichender Befund vorliegt,
2. für das Enthornen oder das Verhindern des Hornwachstums bei unter sechs Wochen alten Rindern,
3. für das Kürzen des Schwanzes von unter vier Tage alten Ferkeln sowie von unter
   acht Tage alten Lämmern,
4. für das Kürzen des Schwanzes von unter acht Tage alten Lämmern mittels elasti-
   scher Ringe,
5. für das Kürzen der Rute von unter acht Tage alten Welpen,
6. für das Kürzen von Hornteilen des Schnabels bei Geflügel,

1.7   7. für das Absetzen des krallentragenden letzten Zehengliedes bei Masthahnenküken, die als Zuchthähne Verwendung finden sollen, während des ersten Lebenstages.

. . .

§ 6

(1) Verboten ist das vollständige oder teilweise Amputieren von Körperteilen oder das vollständige oder teilweise Entnehmen oder Zerstören von Organen oder Geweben eines Wirbeltieres. Das Verbot gilt nicht, wenn

1. der Eingriff im Einzelfall nach tierärztlicher Indikation geboten ist,
2. der Eingriff im Einzelfall für die vorgesehene Nutzung des Tieres, ausgenommen eine Nutzung für Tierversuche, unerläßlich ist und tierärztliche Bedenken nicht entgegenstehen,
3. ein Fall des § 5 Abs. 3 vorliegt,
4. das vollständige oder teilweise Entnehmen von Organen oder Geweben zum Zwecke der Transplantation oder des Anlegens von Kulturen oder der Untersuchung isolierter Organe, Gewebe oder Zellen erforderlich ist.

Eingriffe nach Satz 2 Nr. 1 und 2 sind durch einen Tierarzt vorzunehmen; Eingriffe nach Satz 2 Nr. 3 können auch durch eine andere Person vorgenommen werden, die die dazu notwendigen Kenntnisse und Fähigkeiten hat. Für Eingriffe nach Satz 2 Nr. 4 gelten § 8a Abs. 1 und § 9 Abs. 1 Satz 1, 3 und 4, Abs. 2 Nr. 4 und 8 und Abs. 3 Satz 1 entsprechend.
(2) Verboten ist, beim Amputieren oder Kastrieren elastische Ringe zu verwenden; dies gilt nicht im Falle des § 5 Abs. 3 Nr. 4.

§ 6a

Die Vorschriften dieses Abschnitts gelten nicht für Tierversuche und für Eingriffe zur Aus-, Fort- oder Weiterbildung.

Fünfter Abschnitt:
Tierversuche

§ 7

(1) Tierversuche im Sinne dieses Gesetzes sind Eingriffe oder Behandlungen an Tieren zu Versuchszwecken, die mit Schmerzen, Leiden oder Schäden für die Tiere verbunden sein können.

(2) Tierversuche dürfen nur durchgeführt werden, soweit sie zu einem der folgenden Zwecke unerläßlich sind:

1. Vorbeugen, Erkennen oder Behandeln von Krankheiten, Leiden, Körperschäden oder körperlichen Beschwerden oder Erkennen oder Beeinflussung physiologischer Zustände oder Funktionen bei Mensch oder Tier,
2. Erkennen von Umweltgefährdungen,
3. Prüfungen von Stoffen oder Produkten auf ihre Unbedenklichkeit für die Gesundheit von Mensch oder Tier oder auf ihre Wirksamkeit gegen tierische Schädlinge,
4. Grundlagenforschung.

Bei der Entscheidung, ob Tierversuche unerläßlich sind, ist insbesondere der jeweilige Stand der wissenschaftlichen Erkenntnisse zugrunde zu legen und zu prüfen, ob der verfolgte Zweck nicht durch andere Methoden oder Verfahren erreicht werden kann.

1.7

(3) Versuche an Wirbeltieren dürfen nur durchgeführt werden, wenn die zu erwartenden Schmerzen, Leiden oder Schäden der Versuchstiere im Hinblick auf den Versuchszweck ethisch vertretbar sind. Versuche an Wirbeltieren, die zu länger anhaltenden oder sich wiederholenden erheblichen Schmerzen oder Leiden führen, dürfen nur durchgeführt werden, wenn die angestrebten Ergebnisse vermuten lassen, daß sie für wesentliche Bedürfnisse von Mensch oder Tier einschließlich der Lösung wissenschaftlicher Probleme von hervorragender Bedeutung sein werden.

(4) Tierversuche zur Entwicklung oder Erprobung von Waffen, Munition und dazugehörigem Gerät sind verboten.

(5) Tierversuche zur Entwicklung von Tabakerzeugnissen, Waschmitteln und dekorativen Kosmetika sind grundsätzlich verboten. Der Bundesminister wird ermächtigt, durch Rechtsverordnung mit Zustimmung des Bundesrates Ausnahmen zu bestimmen, soweit es erforderlich ist, um konkrete Gesundheitsgefährdungen abzuwehren, und soweit die notwendigen neuen Erkenntnisse nicht auf andere Weise erlangt werden können.

§ 8

(1) Wer Versuche an Wirbeltieren durchführen will, bedarf der Genehmigung des Versuchsvorhabens durch die zuständige Behörde.

(2) Der Antrag auf Genehmigung eines Versuchsvorhabens ist schriftlich bei der zuständigen Behörde einzureichen. In dem Antrag ist

1. wissenschaftlich begründet darzulegen, daß die Voraussetzungen des Absatzes 3 Nr. 1 vorliegen,
2. nachzuweisen, daß die Voraussetzungen des Absatzes 3 Nr. 2 bis 4 vorliegen,
3. darzulegen, daß die Voraussetzungen des Absatzes 3 Nr. 5 vorliegen.

Der Antrag muß ferner die Angaben nach § 8a Abs. 2 Nr. 1 bis 5 enthalten.

(3) Die Genehmigung darf nur erteilt werden, wenn

1. wissenschaftlich begründet dargelegt ist, daß
   a) die Voraussetzungen des § 7 Abs. 2 und 3 vorliegen,
   b) das angestrebte Versuchsergebnis trotz Ausschöpfung der zugänglichen Informationsmöglichkeiten nicht hinreichend bekannt ist oder die Überprüfung eines hinreichend bekannten Ergebnisses durch einen Doppel- oder Wiederholungsversuch unerläßlich ist;

2. der verantwortliche Leiter des Versuchsvorhabens und sein Stellvertreter die erforderliche fachliche Eignung insbesondere hinsichtlich der Überwachung der Tierversuche haben und keine Tatsachen vorliegen, aus denen sich Bedenken gegen ihre Zuverlässigkeit ergeben;

3. die erforderlichen Anlagen, Geräte und anderen sachlichen Mittel vorhanden sowie die personellen und organisatorischen Voraussetzungen für die Durchführung der Tierversuche einschließlich der Tätigkeit des Tierschutzbeauftragten gegeben sind;

4. eine den Anforderungen des § 2 entsprechende Unterbringung und Pflege einschließlich der Betreuung der Tiere sowie ihre medizinische Versorgung sichergestellt ist und

1.7 5. die Einhaltung der Vorschriften des § 9 Abs. 1 und 2 und des § 9a Abs. 1 erwartet werden kann.

(4) In dem Genehmigungsbescheid sind der Leiter des Versuchsvorhabens und sein Stellvertreter anzugeben. Wechselt der Leiter eines Versuchsvorhabens oder sein Stellvertreter, so hat der Genehmigungsinhaber diese Änderung der zuständigen Behörde unverzüglich anzuzeigen; die Genehmigung gilt weiter, wenn sie nicht innerhalb eines Monats widerrufen wird.

(5) Die Genehmigung ist zu befristen.

(6) Wird die Genehmigung in einer Hochschule oder anderen Einrichtung erteilt, so müssen die Personen, welche die Tierversuche durchführen, bei der Einrichtung beschäftigt oder mit Zustimmung des verantwortlichen Leiters zur Benutzung der Einrichtung befugt sein.

(7) Der Genehmigung bedürfen nicht Versuchsvorhaben,

1. deren Durchführung ausdrücklich

   a) durch Gesetz oder Rechtsverordnung oder durch unmittelbar anwendbaren Rechtsakt eines Organs der Europäischen Gemeinschaften vorgeschrieben,
   b) in einer von der Bundesregierung oder einem Bundesminister mit Zustimmung des Bundesrates im Einklang mit § 7 Abs. 2 und 3 erlassenen allgemeinen Verwaltungsvorschrift vorgesehen oder
   c) auf Grund eines Gesetzes oder einer Rechtsverordnung oder eines unmittelbar anwendbaren Rechtsaktes eines Organs der Europäischen Gemeinschaften von einem Richter oder einer Behörde angeordnet oder im Einzelfall als Voraussetzung für den Erlaß eines Verwaltungsaktes gefordert ist;

2. die als Impfungen, Blutentnahmen oder sonstige Maßnahmen diagnostischer Art nach bereits erprobten Verfahren vorgenommen werden und der Erkennung insbesondere von Krankheiten, Leiden, Körperschäden oder körperlichen Beschwerden bei Mensch oder Tier oder der Prüfung von Seren oder Impfstoffen dienen.

§ 8a

(1) Wer Tierversuche durchführen will, die nicht der Genehmigung bedürfen,[1] hat das Versuchsvorhaben spätestens zwei Wochen vor Beginn der zuständigen Behörde anzuzeigen. Die Frist braucht nicht eingehalten zu werden, wenn in Notfällen eine sofortige Durchführung der Tierversuche erforderlich ist; die Anzeige ist unverzüglich nachzuholen.

(2) In der Anzeige sind anzugeben:

1. der Zweck des Versuchsvorhabens,
2. die Art und bei Wirbeltieren die Zahl der für das Versuchsvorhaben vorgesehenen Tiere,
3. die Art und Durchführung der beabsichtigten Tierversuche einschließlich der Betäubung,
4. Ort, Beginn und voraussichtliche Dauer des Versuchsvorhabens,

---

[1] Tierversuche, die im Rahmen der Zulassung von Arzneimitteln durch die Arzneimittelprüfrichtlinien gefordert werden, unterliegen der Anzeige – nicht aber der Genehmigungspflicht (Anmerkung des Herausgebers).

5. Name und Anschrift des verantwortlichen Leiters des Versuchsvorhabens und   **1.7**
   seines Stellvertreters,
6. bei Versuchsvorhaben nach § 8 Abs. 7 Nr. 1 der Rechtsgrund der Genehmigungs-
   freiheit.

(3) Ist die Durchführung mehrerer gleichartiger Versuchsvorhaben beabsichtigt, so
genügt die Anzeige des ersten Versuchsvorhabens, wenn in der Anzeige zusätzlich
die voraussichtliche Zahl der Versuchsvorhaben angegeben wird. Am Ende eines jeden Jahres ist der zuständigen Behörde die Zahl der durchgeführten Versuchsvorhaben sowie bei Wirbeltieren Art und Zahl der insgesamt verwendeten Tiere anzugeben.

(4) Ändern sich nach Absatz 2 angegebene Sachverhalte während des Versuchsvorhabens, so sind diese Änderungen unverzüglich der zuständigen Behörde anzuzeigen, es sei denn, daß die Änderung für die Überwachung des Versuchsvorhabens
ohne Bedeutung ist.

(5) Die zuständige Behörde hat Tierversuche zu untersagen, wenn Tatsachen die Annahme rechtfertigen, daß die Einhaltung der Vorschriften des § 7 Abs. 2 oder 3, des
§ 8b Abs. 1, 2, 4, 5 oder 6 oder des § 9 Abs. 1 oder 2 nicht sichergestellt ist, und diesem
Mangel nicht innerhalb einer von der zuständigen Behörde gesetzten Frist abgeholfen
worden ist.

§ 8b

(1) Träger von Einrichtungen, in denen Tierversuche an Wirbeltieren durchgeführt
werden, haben einen oder mehrere Tierschutzbeauftragte zu bestellen und die Be-
stellung der zuständigen Behörde anzuzeigen. In der Anzeige sind auch die Stellung
und die Befugnisse des Tierschutzbeauftragten nach Absatz 6 Satz 3 anzugeben.

(2) Zum Tierschutzbeauftragten können nur Personen mit abgeschlossenem Hochschulstudium der Veterinärmedizin, Medizin oder Biologie – Fachrichtung Zoologie –
bestellt werden. Sie müssen die für die Durchführung ihrer Aufgaben erforderlichen
Fachkenntnisse und die hierfür erforderliche Zuverlässigkeit haben. Die zuständige
Behörde kann im Einzelfall Ausnahmen von Satz 1 zulassen.

(3) Der Tierschutzbeauftragte ist verpflichtet,

1. auf die Einhaltung von Vorschriften, Bedingungen und Auflagen im Interesse des
   Tierschutzes zu achten,
2. die Einrichtung und die mit den Tierversuchen und mit der Haltung der Versuchstiere befaßten Personen zu beraten,
3. zu jedem Antrag auf Genehmigung eines Tierversuchs Stellung zu nehmen,
4. innerbetrieblich auf die Entwicklung und Einführung von Verfahren und Mitteln
   zur Vermeidung oder Beschränkung von Tierversuchen hinzuwirken.

(4) Führt der Tierschutzbeauftragte selbst ein Versuchsvorhaben durch, so muß für
dieses Versuchsvorhaben ein anderer Tierschutzbeauftragter tätig sein.

(5) Die Einrichtung hat den Tierschutzbeauftragten bei der Erfüllung seiner Aufgaben
so zu unterstützen und von allen Versuchsvorhaben zu unterrichten, daß er seine
Aufgaben uneingeschränkt wahrnehmen kann.

(6) Der Tierschutzbeauftragte ist bei der Erfüllung seiner Aufgaben weisungsfrei. Er
darf wegen der Erfüllung seiner Aufgaben nicht benachteiligt werden. Seine Stellung
und seine Befugnisse sind durch Satzung, innerbetriebliche Anweisung oder in ähnlicher Form zu regeln. Dabei ist sicherzustellen, daß der Tierschutzbeauftragte seine
Vorschläge oder Bedenken unmittelbar der in der Einrichtung entscheidenden Stelle

1.7 vortragen kann. Werden mehrere Tierschutzbeauftragte bestellt, so sind ihre Aufgabenbereiche festzulegen.

§ 9

(1) Tierversuche dürfen nur von Personen durchgeführt werden, die die dafür erforderlichen Fachkenntnisse haben. Tierversuche an Wirbeltieren, ausgenommen Versuche nach § 8 Abs. 7 Nr. 2, dürfen darüber hinaus nur von Personen mit abgeschlossenem Hochschulstudium der Veterinärmedizin oder der Medizin oder von Personen mit abgeschlossenem naturwissenschaftlichen Hochschulstudium durchgeführt werden. Tierversuche mit operativen Eingriffen an Wirbeltieren dürfen nur von Personen mit abgeschlossenem Hochschulstudium

1. der Veterinärmedizin oder Medizin oder
2. der Biologie – Fachrichtung Zoologie –, wenn diese Personen an Hochschulen oder anderen wissenschaftlichen Einrichtungen tätig sind,

durchgeführt werden. Die zuständige Behörde kann im Einzelfall Ausnahmen von den Sätzen 2 und 3 zulassen, soweit dies mit dem Schutz der Versuchstiere vereinbar ist.

(2) Tierversuche sind auf das unerläßliche Maß zu beschränken. Bei der Durchführung ist der Stand der wissenschaftlichen Erkenntnisse zu berücksichtigen. Im einzelnen gilt für die Durchführung folgendes:

1. Versuche an sinnesphysiologisch höher entwickelten Tieren, insbesondere warmblütigen Tieren, dürfen nur durchgeführt werden, soweit Versuche an sinnesphysiologisch niedriger entwickelten Tieren für den verfolgten Zweck nicht ausreichen. Versuche an Tieren, die aus der Natur entnommen worden sind, dürfen nur durchgeführt werden, soweit Versuche an anderen Tieren für den verfolgten Zweck nicht ausreichen.
2. Für den Tierversuch dürfen nicht mehr Tiere verwendet werden, als für den verfolgten Zweck erforderlich ist.
3. Schmerzen, Leiden oder Schäden dürfen den Tieren nur in dem Maße zugefügt werden, als es für den verfolgten Zweck unerläßlich ist; insbesondere dürfen sie nicht aus Gründen der Arbeits-, Zeit- oder Kostenersparnis zugefügt werden.
4. Versuche an Wirbeltieren dürfen vorbehaltlich des Satzes 4 nur unter Betäubung vorgenommen werden. Die Betäubung darf nur von einer Person, die die Voraussetzungen des Absatzes 1 Satz 1 und 2 erfüllt, oder unter ihrer Aufsicht vorgenommen werden. Ist bei einem betäubten Wirbeltier damit zu rechnen, daß mit Abklingen der Betäubung erhebliche Schmerzen auftreten, so muß das Tier rechtzeitig mit schmerzlindernden Mitteln behandelt werden, es sei denn, daß dies mit dem Zweck des Tierversuchs nicht vereinbar ist. An einem nicht betäubten Wirbeltier darf

    a) kein Eingriff vorgenommen werden, der zu schweren Verletzungen führt,
    b) ein Eingriff nur vorgenommen werden, wenn der mit dem Eingriff verbundene Schmerz geringfügiger ist als die mit einer Betäubung verbundene Beeinträchtigung des Befindens des Versuchstieres oder der Zweck des Tierversuchs eine Betäubung ausschließt.

An einem nicht betäubten Wirbeltier darf nur einmal ein erheblich schmerzhafter Eingriff oder eine erheblich schmerzhafte Behandlung durchgeführt werden, es sei denn, daß der Zweck des Tierversuchs anders nicht erreicht werden kann. Bei einem nicht betäubten Wirbeltier dürfen keine Mittel angewandt werden, durch die die Äußerung von Schmerzen verhindert oder eingeschränkt wird.

5. Wird bei einem Wirbeltier ein schwerer operativer Eingriff vorgenommen oder ist 　**1.7** das Tier in einem mit erheblichen oder länger anhaltenden Schmerzen oder Leiden oder mit erheblichen Schäden verbundenen Tierversuch verwendet worden, so darf es nicht für ein weiteres Versuchsvorhaben verwendet werden, es sei denn, sein allgemeiner Gesundheitszustand und sein Wohlbefinden sind vollständig wiederhergestellt und der weitere Versuch ist nicht mit Leiden oder Schäden und mit nur unerheblichen Schmerzen verbunden.

6. Bei Tierversuchen zur Ermittlung der tödlichen Dosis oder tödlichen Konzentration eines Stoffes ist das Tier schmerzlos zu töten, sobald erkennbar ist, daß es infolge der Wirkung stirbt.

7. Wirbeltiere dürfen für Tierversuche nur verwendet werden, wenn sie für diesen Zweck gezüchtet worden sind. Die zuständige Behörde kann, soweit es mit dem Schutz der Tiere vereinbar ist, Ausnahmen hiervon zulassen, wenn für Versuchszwecke gezüchtete Tiere der betreffenden Art nicht zur Verfügung stehen oder der Zweck des Tierversuchs die Verwendung von Tieren anderer Herkunft erforderlich macht.

8. Nach Abschluß eines Tierversuchs ist jeder verwendete und überlebende Affe, Halbaffe, Einhufer, Paarhufer, Hund, Hamster sowie jede verwendete und überlebende Katze und jedes verwendete und überlebende Kaninchen und Meerschweinchen unverzüglich einem Tierarzt zur Untersuchung vorzustellen. Kann das Tier nach dem Urteil des Tierarztes nur unter Schmerzen oder Leiden weiterleben, so muß es unverzüglich schmerzlos getötet werden. Andere als in Satz 1 bezeichnete Tiere sind gleichfalls unverzüglich schmerzlos zu töten, wenn dies nach dem Urteil der Person, die den Tierversuch durchgeführt hat, erforderlich ist. Soll ein Tier am Ende eines Tierversuchs am Leben erhalten werden, so muß es seinem Gesundheitszustand entsprechend gepflegt und dabei von einem Tierarzt oder einer anderen befähigten Person beobachtet und erforderlichenfalls medizinisch versorgt werden.

(3) Für die Einhaltung der Vorschriften der Absätze 1 und 2 ist der Leiter des Versuchsvorhabens oder sein Stellvertreter verantwortlich. Das gleiche gilt für die Erfüllung von Auflagen, die mit einer Genehmigung nach § 8 verbunden sind.

§ 9a

(1) Über die Tierversuche sind Aufzeichnungen zu machen. Die Aufzeichnungen müssen für jedes Versuchsvorhaben den mit ihm verfolgten Zweck, insbesondere die Gründe für nach § 9 Abs. 2 Nr. 1 erlaubte Versuche an sinnesphysiologisch höher entwickelten Tieren, sowie die Zahl und Bezeichnung der verwendeten Tiere und die Art und Ausführung der Versuche angeben. Werden Wirbeltiere verwendet, so ist auch ihre Herkunft einschließlich des Namens und der Anschrift des Vorbesitzers anzugeben; bei Hunden und Katzen sind zusätzlich Geschlecht und Rasse sowie Art und Zeichnung des Fells und eine an dem Tier vorgenommene Kennzeichnung anzugeben. Die Aufzeichnungen sind von den Personen, die die Versuche durchgeführt haben, und von dem Leiter des Versuchsvorhabens zu unterzeichnen; der Unterschrift bedarf es nicht, wenn die Aufzeichnungen mit Hilfe automatischer Einrichtungen erstellt werden. Die Aufzeichnungen sind drei Jahre lang nach Abschluß des Versuchsvorhabens aufzubewahren und der zuständigen Behörde auf Verlangen zur Einsichtnahme vorzulegen.

(2) Der Bundesminister wird ermächtigt, durch Rechtsverordnung mit Zustimmung des Bundesrates Personen und Einrichtungen, die Tierversuche an Wirbeltieren durchführen, zu verpflichten, in bestimmten, regelmäßigen Zeitabständen der zustän-

1.7 digen Behörde Angaben über Art und Zahl der für die Versuche verwendeten Tiere und über die Art der Versuche zu melden, und das Melde- und Übermittlungsverfahren zu regeln.

Sechster Abschnitt:
Eingriffe und Behandlung zur Aus-, Fort- und Weiterbildung

§ 10

(1) Zur Aus-, Fort- oder Weiterbildung dürfen Eingriffe oder Behandlungen an Tieren, die mit Schmerzen, Leiden oder Schäden verbunden sind, nur durchgeführt werden,

1. an einer Hochschule, einer anderen wissenschaftlichen Einrichtung oder einem Krankenhaus oder
2. im Rahmen einer Aus-, Fort- oder Weiterbildung für Heilberufe oder naturwissenschaftliche Hilfsberufe.

Sie dürfen nur vorgenommen werden, soweit ihr Zweck nicht auf andere Weise, insbesondere durch filmische Darstellungen, erreicht werden kann.

(2) Auf Eingriffe oder Behandlungen zur Aus-, Fort- oder Weiterbildung sind die §§ 8a, 9 Abs. 1 und 2 und § 9a Abs. 1 entsprechend anzuwenden. § 8a Abs. 1 Satz 1 ist mit der Maßgabe entsprechend anzuwenden, daß die Eingriffe oder Behandlungen vor Aufnahme in das Lehrprogramm oder vor Änderung des Lehrprogramms anzuzeigen sind, § 9 Abs. 1 mit der Maßgabe, daß die Eingriffe und Behandlungen nur durch die dort genannten Personen oder unter deren Aufsicht durchgeführt werden dürfen.

(3) Für die Einhaltung der Vorschriften der Absätze 1 und 2 ist der Leiter der Aus-, Fort- oder Weiterbildung oder sein Stellvertreter verantwortlich.

Siebenter Abschnitt:
Zucht von Tieren, Handel mit Tieren

§ 11

(1) Wer

1. Wirbeltiere zu Versuchszwecken züchten oder halten,
2. Tiere für andere in einem Tierheim oder in einer ähnlichen Einrichtung halten oder
3. gewerbsmäßig

    a) Hunde, Katzen oder sonstige Heimtiere züchten oder halten,
    b) mit Wirbeltieren außer landwirtschaftlichen Nutztieren handeln,
    c) einen Reit- oder Fahrbetrieb unterhalten oder
    d) Tiere zur Schau stellen

will, bedarf der Erlaubnis der zuständigen Behörde. In dem Antrag auf Erteilung der Erlaubnis sind anzugeben:

1. die Arten der Tiere, mit denen die Tätigkeit ausgeübt werden soll,   **1.7**
2. die für die Tätigkeit verantwortliche Person,
3. die Räume und Einrichtungen, die der Tätigkeit dienen.

Dem Antrag sind Nachweise über die Sachkunde im Sinne des Absatzes 2 Nr. 1 beizufügen.

(2) Die Erlaubnis darf nur erteilt werden, wenn

1. die für die Tätigkeit verantwortliche Person auf Grund ihrer Ausbildung oder ihres bisherigen beruflichen Umgangs mit Tieren die für diese Tätigkeit erforderlichen fachlichen Kenntnisse und Fähigkeiten hat,
2. die für die Tätigkeit verantwortliche Person die erforderliche Zuverlässigkeit hat und
3. die der Tätigkeit dienenden Räume und Einrichtungen eine den Anforderungen des § 2 entsprechende Ernährung, Pflege und Unterbringung der Tiere ermöglichen.

(3) Mit der Ausübung der Tätigkeit nach Absatz 1 Satz 1 darf erst nach Erteilung der Erlaubnis begonnen werden. Die zuständige Behörde kann demjenigen die Ausübung der Tätigkeit untersagen, der die Erlaubnis nicht hat.

(4) Die Ausübung der nach Absatz 3 Satz 2 untersagten Tätigkeit kann von der zuständigen Behörde auch durch Schließung der Betriebs- oder Geschäftsräume verhindert werden.

§ 11a

(1) Wer Wirbeltiere zur Verwendung als Versuchstiere züchtet oder hält oder mit solchen Wirbeltieren handelt, hat über die Herkunft und den Verbleib der Tiere Aufzeichnungen zu machen und die Aufzeichnungen drei Jahre lang aufzubewahren. Dies gilt nicht, soweit für Wirbeltiere wildlebender Arten eine entsprechende Aufzeichnungspflicht auf Grund jagdrechtlicher oder naturschutzrechtlicher Vorschriften besteht.

(2) Wer Hunde oder Katzen zur Abgabe oder Verwendung als Versuchstiere züchtet, hat sie, bevor sie vom Muttertier abgesetzt werden, dauerhaft so zu kennzeichnen, daß ihre Identität festgestellt werden kann. Wer nicht gekennzeichnete Hunde oder Katzen zur Abgabe oder Verwendung als Versuchstiere erwirbt, hat sie unverzüglich nach Satz 1 zu kennzeichnen.

(3) Der Bundesminister wird ermächtigt, durch Rechtsverordnung mit Zustimmung des Bundesrates Vorschriften über Art und Umfang der Aufzeichnungen und der Kennzeichnung zu erlassen. Er kann dabei vorsehen, daß Aufzeichnungen auf Grund anderer Rechtsvorschriften als Aufzeichnungen nach Satz 1 gelten.

§ 11b

Es ist verboten, Wirbeltiere zu züchten, wenn der Züchter damit rechnen muß, daß bei der Nachzucht auf Grund vererbter Merkmale Körperteile oder Organe für den artgemäßen Gebrauch fehlen oder untauglich oder umgestaltet sind und hierdurch Schmerzen, Leiden oder Schäden auftreten. Das Verbot gilt nicht für die Zucht von Versuchstiermutanten, die für die Durchführung bestimmter Tierversuche notwendig sind.

...

1.7   Achter Abschnitt:
Verbringungs-, Verkehrs- und Haltungsverbot

§ 12

Wirbeltiere, an denen Schäden feststellbar sind, von denen anzunehmen ist, daß sie
den Tieren durch tierschutzwidrige Handlungen zugefügt worden sind, dürfen nicht
in den Geltungsbereich dieses Gesetzes verbracht oder im Geltungsbereich dieses Gesetzes gewerbsmäßig in den Verkehr gebracht oder gewerbsmäßig gehalten werden,
wenn das Weiterleben der Tiere infolge der Schäden nur unter Leiden möglich ist.
Dieses Verbot steht der zollamtlichen Abfertigung nicht entgegen.

. . .

Zehnter Abschnitt:
Durchführung des Gesetzes

. . .

§ 15

(1) Die Durchführung dieses Gesetzes und der auf Grund dieses Gesetzes erlassenen
Rechtsverordnungen obliegt den nach Landesrecht zuständigen Behörden. Die nach
Landesrecht zuständigen Behörden berufen jeweils eine oder mehrere Kommissionen
zur Unterstützung der zuständigen Behörden bei der Entscheidung über die Genehmigung von Tierversuchen. Die Mehrheit der Kommissionsmitglieder muß die für die
Beurteilung von Tierversuchen erforderlichen Fachkenntnisse der Veterinärmedizin,
der Medizin oder einer naturwissenschaftlichen Fachrichtung haben. In die Kommissionen sind auch Mitglieder zu berufen, die aus Vorschlagslisten der Tierschutzorganisationen ausgewählt worden sind und auf Grund ihrer Erfahrungen zur Beurteilung
von Tierschutzfragen geeignet sind; die Zahl dieser Mitglieder muß ein Drittel der
Kommissionsmitglieder betragen. Die zuständige Behörde unterrichtet unverzüglich
die Kommission über Anträge auf Genehmigung von Versuchsvorhaben und gibt ihr
Gelegenheit, in angemessener Frist Stellung zu nehmen.

(2) Die zuständigen Behörden sollen im Rahmen der Durchführung dieses Gesetzes
oder der auf Grund dieses Gesetzes erlassenen Rechtsverordnungen den beamteten
Tierarzt als Sachverständigen beteiligen.

(3) Die Durchführung dieses Gesetzes obliegt für Tiere, die sich im Besitz der Bundeswehr befinden, den zuständigen Dienststellen der Bundeswehr. Der Bundesminister der Verteidigung beruft eine Kommission zur Unterstützung der zuständigen
Dienststellen bei der Entscheidung über die Genehmigung von Versuchsvorhaben.
Die Mehrheit der Kommissionsmitglieder muß die für die Beurteilung von Tierversuchen erforderlichen Fachkenntnisse der Veterinärmedizin, der Medizin oder einer
naturwissenschaftlichen Fachrichtung haben. In die Kommission sollen auch Mitglieder berufen werden, die aus Vorschlagslisten der Tierschutzorganisationen ausgewählt worden sind und auf Grund ihrer Erfahrungen zur Beurteilung von Tierschutzfragen geeignet sind. Die zuständige Dienststelle unterrichtet unverzüglich die Kom-

mission über Anträge auf Genehmigung von Versuchsvorhaben und gibt ihr Gelegenheit, in angemessener Frist Stellung zu nehmen. Die Sicherheitsbelange der Bundeswehr sind zu berücksichtigen.

1.7

§ 15a

Die nach Landesrecht zuständigen Behörden unterrichten den Bundesminister über Fälle grundsätzlicher Bedeutung bei der Genehmigung von Versuchsvorhaben, insbesondere über die Fälle, in denen die Genehmigung von Versuchsvorhaben mit der Begründung versagt worden ist, daß die Voraussetzungen des § 7 Abs. 3 nicht erfüllt waren, oder in denen die Kommission nach § 15 Abs. 1 oder der Tierschutzbeauftragte Bedenken hinsichtlich des Vorliegens dieser Voraussetzungen erhoben hat.

§ 16

(1) Der Aufsicht durch die zuständige Behörde unterliegen

1. Nutztierhaltungen,
2. Einrichtungen, in denen Tiere geschlachtet werden,
3. Einrichtungen, die Tierversuche oder Eingriffe oder Behandlungen zur Aus-, Fortoder Weiterbildung durchführen,
4. Betriebe nach § 11 Abs. 1 Satz 1,
5. Einrichtungen oder Betriebe, die mit landwirtschaftlichen Nutztieren handeln,
6. Zoo- und Zirkusbetriebe, die nicht gewerbsmäßig betrieben werden.

(2) Natürliche und juristische Personen und nicht rechtsfähige Personenvereinigungen haben der zuständigen Behörde auf Verlangen die Auskünfte zu erteilen, die zur Durchführung der der Behörde durch dieses Gesetz übertragenen Aufgaben erforderlich sind.

(3) Personen, die von der zuständigen Behörde beauftragt sind, dürfen im Rahmen des Absatzes 2

1. Grundstücke, Geschäftsräume, Wirtschaftsgebäude und Transportmittel des Auskunftspflichtigen während der Geschäfts- oder Betriebszeit betreten,
2. zur Verhütung dringender Gefahren für die öffentliche Sicherheit und Ordnung

   a) die in Nr. 1 bezeichneten Grundstücke, Räume, Gebäude und Transportmittel außerhalb der dort genannten Zeiten,

   b) Wohnräume des Auskunftspflichtigen betreten; das Grundrecht der Unverletzlichkeit der Wohnung (Artikel 13 des Grundgesetzes) wird insoweit eingeschränkt,

3. geschäftliche Unterlagen einsehen.

Der Auskunftspflichtige hat die Maßnahmen zu dulden, die mit der Überwachung beauftragten Personen zu unterstützen und die geschäftlichen Unterlagen vorzulegen.

(4) Der zur Auskunft Verpflichtete kann die Auskunft auf solche Fragen verweigern, deren Beantwortung ihn selbst oder einen der in § 383 Abs. 1 Nr. 1 bis 3 der Zivilprozeßordnung bezeichneten Angehörigen der Gefahr strafgerichtlicher Verfolgung oder eines Verfahrens nach dem Gesetz über Ordnungswidrigkeiten aussetzen würde.

1.7 *§ 16a*

Die zuständige Behörde trifft die zur Beseitigung festgestellter Verstöße und die zur
Verhütung künftiger Verstöße notwendigen Anordnungen. Sie kann insbesondere

1. im Einzelfall die zur Erfüllung der Anforderungen des § 2 erforderlichen Maßnahmen anordnen,
2. ein Tier, das nach dem Gutachten des beamteten Tierarztes mangels Erfüllung der
   Anforderungen des § 2 erheblich vernachlässigt ist, dem Halter fortnehmen und so
   lange auf dessen Kosten anderweitig pflegerisch unterbringen lassen, bis eine den
   Anforderungen des § 2 entsprechende Haltung des Tieres durch den Halter sichergestellt ist. Kann das Tier nach dem Urteil des beamteten Tierarztes nur unter
   nicht behebbaren erheblichen Schmerzen, Leiden oder Schäden weiterleben, so
   kann die Behörde es auf Kosten des Halters schmerzlos töten lassen,
3. demjenigen, der den Vorschriften des § 2, einer Anordnung nach Nr. 2 oder einer
   Rechtsverordnung nach § 2a wiederholt oder grob zuwidergehandelt hat und dadurch den von ihm gehaltenen Tieren erhebliche Schmerzen, Leiden oder Schäden
   zugefügt hat, das Halten von Tieren einer bestimmten oder jeder Art untersagen,
   wenn Tatsachen die Annahme rechtfertigen, daß er weiterhin derartige Zuwiderhandlungen begehen wird. Auf Antrag ist ihm das Halten von Tieren wieder zu
   gestatten, wenn der Grund für die Annahme weiterer Zuwiderhandlungen entfallen ist,
4. die Einstellung von Tierversuchen anordnen, die ohne die erforderliche Genehmigung oder entgegen einem tierschutzrechtlichen Verbot durchgeführt werden.

§ 16b

(1) Der Bundesminister beruft eine Tierschutzkommission zu seiner Unterstützung in
Fragen des Tierschutzes. Vor dem Erlaß von Rechtsverordnungen und allgemeinen
Verwaltungsvorschriften nach diesem Gesetz hat der Bundesminister die Tierschutz-
kommission anzuhören.

(2) Der Bundesminister wird ermächtigt, durch Rechtsverordnung ohne Zustimmung
des Bundesrates das Nähere über Zusammensetzung, Berufung der Mitglieder, Aufgaben und Geschäftsführung der Tierschutzkommission zu regeln.

§ 16c

Der Bundesminister erläßt mit Zustimmung des Bundesrates die allgemeinen Verwaltungsvorschriften, die zur Durchführung dieses Gesetzes und der auf Grund dieses Gesetzes erlassenen Rechtsverordnungen erforderlich sind.

§ 16d

Die Bundesregierung erstattet dem Deutschen Bundestag alle zwei Jahre einen Bericht
über den Stand der Entwicklung des Tierschutzes.

Elfter Abschnitt: 1.7
Straf- und Bußgeldvorschriften

§ 17

Mit Freiheitsstrafe bis zu zwei Jahren oder mit Geldstrafe wird bestraft, wer

1. ein Wirbeltier ohne vernünftigen Grund tötet oder
2. einem Wirbeltier

    a) aus Rohheit erhebliche Schmerzen oder Leiden oder
    b) länger anhaltende oder sich wiederholende erhebliche Schmerzen oder Leiden

zufügt.

§ 18

(1) Ordnungswidrig handelt, wer vorsätzlich oder fahrlässig

1. einem Wirbeltier, das er hält, betreut oder zu betreuen hat, ohne vernünftigen
   Grund erhebliche Schmerzen, Leiden oder Schäden zufügt,
2. einer vollziehbaren Anordnung nach § 8a Abs. 5, § 11 Abs. 3 Satz 2 oder § 16a
   Satz 2 Nr. 1, 3 oder 4 zuwiderhandelt,
3. einer

    a) nach § 2a oder
    b) nach den §§ 4b, 5 Abs. 4, § 9a Abs. 2, § 11a Abs. 3 Satz 1, § 13 Abs. 2 oder 3 oder
       § 14 Abs. 2

    erlassenen Rechtsverordnung zuwiderhandelt, soweit sie für einen bestimmten
    Tatbestand auf diese Bußgeldvorschrift verweist,
4. einem Verbot nach § 3 zuwiderhandelt,
5. entgegen § 4 Abs. 1 ein Wirbeltier tötet,
6. entgegen § 4a Abs. 1 ein warmblütiges Tier schlachtet,
7. entgegen § 5 Abs. 1 Satz 1 einen Eingriff ohne Betäubung vornimmt oder, ohne
   Tierarzt zu sein, entgegen § 5 Abs. 1 Satz 2 eine Betäubung vornimmt,
8. einem Verbot nach § 6 Abs. 1 Satz 1 zuwiderhandelt oder entgegen § 6 Abs. 1
   Satz 3 einen Eingriff vornimmt,
9. entgegen § 6 Abs. 1 Satz 4 in Verbindung mit § 9 Abs. 3 Satz 1 nicht für die Einhaltung der Vorschriften des § 9 Abs. 1 Satz 1 oder 3 oder Abs. 2 Nr. 4 oder 8 sorgt,
10. entgegen § 6 Abs. 2 elastische Ringe verwendet,
11. entgegen § 7 Abs. 4 oder 5 Satz 1 Tierversuche durchführt,
12. Versuche an Wirbeltieren ohne die nach § 8 Abs. 1 erforderliche Genehmigung
    durchführt,
13. entgegen § 8 Abs. 4 Satz 2 eine Änderung nicht oder nicht rechtzeitig anzeigt,
14. entgegen § 8a Abs. 1, 2 oder 4 ein Vorhaben oder eine Änderung nicht, nicht rich-
    tig, nicht vollständig oder nicht rechtzeitig anzeigt,
15. entgegen § 8a Abs. 3 Satz 2 die Zahl der Versuchsvorhaben oder die Art oder die
    Zahl der verwendeten Tiere nicht, nicht richtig oder nicht rechtzeitig angibt,
16. entgegen § 8b Abs. 1 Satz 1 keinen Tierschutzbeauftragten bestellt,
17. entgegen § 9 Abs. 3 Satz 1 nicht für die Einhaltung der Vorschriften des § 9 Abs. 1
    oder 2 oder entgegen § 9 Abs. 3 Satz 2 nicht für die Erfüllung einer vollziehbaren
    Auflage sorgt,
18. entgegen § 9a Abs. 1 Aufzeichnungen nicht, nicht richtig oder nicht vollständig
    macht, nicht unterzeichnet, nicht aufbewahrt oder nicht vorlegt,

1.7 19. entgegen § 10 Abs. 3 nicht für die Einhaltung der Vorschriften des § 10 Abs. 1 oder 2 sorgt,

20. eine Tätigkeit ohne die nach § 11 Abs. 1 Satz 1 erforderliche Erlaubnis ausübt oder einer mit einer solchen Erlaubnis verbundenen vollziehbaren Auflage zuwiderhandelt,

21. entgegen § 11a Abs. 1 Satz 1 Aufzeichnungen nicht, nicht richtig oder nicht vollständig macht oder nicht aufbewahrt oder entgegen § 11a Abs. 2 Tiere nicht, nicht in der vorgeschriebenen Weise oder nicht rechtzeitig kennzeichnet,

22. Wirbeltiere entgegen § 11b Satz 1 züchtet,

23. entgegen § 11c ein warmblütiges Tier an ein Kind oder einen Jugendlichen bis zum vollendeten 16. Lebensjahr oder ein anderes Wirbeltier an ein Kind bis zum vollendeten 14. Lebensjahr abgibt,

24. entgegen § 12 Satz 1 ein Wirbeltier in den Geltungsbereich dieses Gesetzes verbringt oder dort gewerbsmäßig in den Verkehr bringt oder gewerbsmäßig hält,

25. entgegen § 13 Abs. 1 Satz 1 eine Vorrichtung oder einen Stoff anwendet,

26. entgegen § 16 Abs. 2 eine Auskunft nicht, nicht richtig oder nicht vollständig erteilt oder einer Duldungs- oder Mitwirkungspflicht nach § 16 Abs. 3 Satz 2 zuwiderhandelt oder

27. einer Vorschrift der §§ 1 bis 5 der Verordnung über das Schlachten und Aufbewahren von lebenden Fischen und anderen kaltblütigen Tieren in der im Bundesgesetzblatt Teil III, Gliederungsnummer 7833-1-3, veröffentlichten bereinigten Fassung zuwiderhandelt.

(2) Ordnungswidrig handelt auch, wer, abgesehen von den Fällen des Absatzes 1 Nr. 1, einem Tier ohne vernünftigen Grund erhebliche Schmerzen, Leiden oder Schäden zufügt.

(3) Die Ordnungswidrigkeit kann in den Fällen des Absatzes 1 Nr. 1, 2, 3 Buchstabe a, Nr. 4 bis 9, 11, 12, 17, 20, 22, 25 und 27 und des Absatzes 2 mit einer Geldbuße bis zu fünfzigtausend Deutsche Mark, in den übrigen Fällen des Absatzes 1 mit einer Geldbuße bis zu zehntausend Deutsche Mark geahndet werden.

§ 19

Tiere, auf die sich eine Straftat nach § 17 oder eine Ordnungswidrigkeit nach § 18 Abs. 1, Nr. 1, 2, Nr. 3, soweit die Ordnungswidrigkeit eine Rechtsverordnung nach § 2a oder § 5 Abs. 4 betrifft, Nr. 4, 8, 9, 12, 17, 19, 22, 23, 24 oder 27 bezieht, können eingezogen werden.

§ 20

(1) Wird jemand wegen einer nach § 17 rechtswidrigen Tat verurteilt oder nur deshalb nicht verurteilt, weil seine Schuldunfähigkeit erwiesen oder nicht auszuschließen ist, so kann ihm das Gericht das Halten von sowie den Handel oder den sonstigen berufsmäßigen Umgang mit Tieren jeder oder einer bestimmten Art für die Dauer von einem Jahr bis zu fünf Jahren oder für immer verbieten, wenn die Gefahr besteht, daß er weiterhin eine nach § 17 rechtswidrige Tat begehen wird.

(2) Das Verbot wird mit Rechtskraft des Urteils wirksam. In die Verbotsfrist wird die Zeit, in welcher der Täter in einer Anstalt verwahrt wird, nicht eingerechnet. Ergibt sich nach der Anordnung des Verbots Grund zu der Annahme, daß die Gefahr, der

Täter werde nach § 17 rechtswidrige Taten begehen, nicht mehr besteht, so kann das **1.7**
Gericht das Verbot aufheben, wenn es mindestens sechs Monate gedauert hat.

(3) Wer einem Verbot nach Absatz 1 zuwiderhandelt, wird mit Freiheitsstrafe bis zu
einem Jahr oder mit Geldstrafe bestraft.

Zwölfter Abschnitt:
Übergangs- und Schlußvorschriften

§ 21

(1) Genehmigungen zur Durchführung von Tierversuchen, die vor dem 1. Januar
1987 erteilt worden sind, erlöschen spätestens am 31. Dezember 1987. Vor dem
1. Januar 1987 begonnene Tierversuche, die nach dem bis dahin geltenden Recht nur
anzeigepflichtig waren, jedoch nunmehr einer Genehmigung bedürfen, dürfen bis zur
Entscheidung über einen Genehmigungsantrag ohne Genehmigung fortgeführt werden, sofern der Genehmigungsantrag bis zum 31. März 1987 gestellt wird. Vor dem
1. Januar 1987 begonnene Tierversuche, die weiterhin nur anzeigepflichtig sind, sind
der zuständigen Behörde bis zum 31. März 1987 nach Maßgabe des § 8a erneut anzuzeigen; dies gilt für anzeigepflichtige Eingriffe oder Behandlungen zur Aus-, Fort-
oder Weiterbildung entsprechend.

(2) Die Erlaubnis nach § 11 gilt demjenigen, der am 1. Januar 1987 eine nach § 11
Abs. 1 Satz 1 erlaubnispflichtige Tätigkeit ausübt, für diese Tätigkeit vorläufig als erteilt. Die vorläufige Erlaubnis erlischt,

1. wenn nicht bis zum 30. Juni 1987 die Erteilung einer endgültigen Erlaubnis bean-
   tragt wird,
2. im Falle rechtzeitiger Antragstellung mit Eintritt der Unanfechtbarkeit der Entscheidung über den Antrag.

§ 21a

Rechtsverordnungen nach diesem Gesetz können auch zur Durchführung von Verordnungen, Richtlinien und Entscheidungen des Rates oder der Kommission der Europäischen Gemeinschaften auf dem Gebiet des Tierschutzes erlassen werden.

2 Ethikkommissionen

2.1 Statut des Arbeitskreises medizinischer Ethikkommissionen in der Bundesrepublik Deutschland

2.2 Verfahrensgrundsätze des Arbeitskreises medizinischer Ethikkommissionen in der Bundesrepublik Deutschland

2.3 Checkliste zur Überprüfung der Vollständigkeit von Anträgen an die Ethikkommission vor der Durchführung klinischer Versuche oder epidemiologischer Forschung am Menschen

2.4 Richtlinien für die Organisation und Tätigkeit medizinisch-ethischer Kommissionen zur Beurteilung von Forschungsuntersuchungen am Menschen der Schweizerischen Akademie der Medizinischen Wissenschaften

2.5 Entschließung des Europäischen Parlaments zu einer einheitlichen Behandlung medizinisch-ethischer Fragen auf europäischer Ebene

2.6 Deklaration von Helsinki des Weltärztebundes. Empfehlung für Ärzte, die in der biomedizinischen Forschung am Menschen tätig sind

2.7 Anschriften der Ethikkommissionen bei den deutschen Landesärztekammern

2.1 Statut des Arbeitskreises medizinischer Ethikkommissionen in der Bundesrepublik Deutschland[*]

Fassung beschlossen von der 4. Jahresversammlung am 19. November 1986.

§ 1

Der Arbeitskreis ist ein freiwilliger Zusammenschluß von Ethikkommissionen der Ärztekammern, Medizinischen Fakultäten, Hochschulen und sonstiger öffentlicher Einrichtungen, die ihre Tätigkeit im Sinne der Deklaration von Helsinki/Tokio in der Bundesrepublik Deutschland ausüben.

Er führt den Namen „Arbeitskreis medizinischer Ethikkommissionen".

Der Arbeitskreis übt seine Tätigkeit frei und unabhängig aus.

§ 2

Der Arbeitskreis dient dem ständigen Meinungs- und Erfahrungsaustausch unter den Mitgliedern.

§ 3

Der Arbeitskreis führt Sitzungen durch, auf denen alle die Tätigkeit der Ethikkommissionen betreffenden Fragen erörtert werden.

§ 4

Jede einzelne Kommission bestimmt aus ihrer Mitte ein Mitglied, das die einzelne Kommission in den Sitzungen mit Stimmrecht vertritt.

§ 5

Der Arbeitskreis bildet einen Vorstand von drei Mitgliedern.

Der Vorstand führt die laufenden Geschäfte, sorgt für die Information der Kommissionen und koordiniert die Kommunikation unter den Kommissionen.

Er bereitet die Sitzungen des Arbeitskreises vor, lädt dazu ein und leitet sie.

Die Amtszeit beträgt drei Jahre.

---

[*] Diese Materialien wurden von Heinz Losse zur Verfügung gestellt.

2.2 Verfahrensgrundsätze des Arbeitskreises medizinischer Ethikkommissionen in der Bundesrepublik Deutschland[*]

Beschlossen vom

Arbeitskreis medizinischer Ethikkommissionen in der Bundesrepublik Deutschland

am 19.11.1986 in Düsseldorf,

- geändert am 18.11.1987 und am 16.11.1988 in Köln,
- mit der am 21.11.1990 in Köln verabschiedeten vorläufigen Ergänzung zu § 3, Abs. 3.

§ 1

Die Ethikkommission arbeitet auf der Grundlage der revidierten Deklaration von Helsinki des Weltärztebundes. Sie ist Bestandteil dieser Grundsätze.

Die Kommission gewährt dem Arzt Hilfe durch Beratung und Beurteilung ethischer und ggf. rechtlicher Aspekte medizinischer Forschung am Menschen, unbeschadet der Verantwortung des Arztes für das Forschungsvorhaben und seine Durchführung. Dabei werden auch die Bestimmungen der §§ 40 bis 42 Arzneimittelgesetz und §§ 41 bis 43 Strahlenschutzverordnung sowie die „Grundsätze für die ordnungsgemäße Durchführung der klinischen Prüfung von Arzneimitteln" des Bundesministers für Jugend, Familie, Frauen und Gesundheit[1] zugrunde gelegt.

Die Kommission und ihre Mitglieder sind bei der Wahrnehmung ihrer Aufgaben unabhängig und an Weisungen nicht gebunden.

§ 2

Die Ethikkommission besteht aus mindestens fünf Mitgliedern, davon mindestens vier Ärzten und einem Juristen. Zwei Ärzte sollen erfahrene Kliniker, ein Arzt sollte auf dem Gebiet der theoretischen Medizin besonders erfahren sein, möglichst soll auch ein Rechtsmediziner mitwirken. Die Kommision kann, soweit erforderlich, Sachverständige beratend hinzuziehen.

Die Berufung von Stellvertretern für die Dauer der Amtsperiode der Ethikkommission ist zulässig.

Die Mitglieder der Kommission bei der Ärztekammer werden vom Vorstand der Ärztekammer für die Dauer von mindestens 4 Jahren berufen. Die Berufung der Mit-

---

[*] Diese Materialien wurden von Heinz Losse zur Verfügung gestellt.
[1] Bekanntmachung von Grundsätzen für die ordnungsgemäße Durchführung der klinischen Prüfung von Arzneimitteln vom 9. Dezember 1987 (BAnz. Nr. 243 vom 30. Dezember 1987).

glieder der Kommission der medizinischen Fakultät richtet sich nach den örtlichen   **2.2**
Gegebenheiten.

Falls der Vorsitzende nicht von der Körperschaft selbst bestimmt wird, so führt den Vorsitz in der Kommission ein Arzt, auf den sich die Kommission mit Stimmenmehrheit einigt.

§ 3

Die Kommission wird auf Antrag tätig. Der Antrag kann geändert oder zurückgenommen werden.

Antragsberechtigt ist der Arzt als Projektleiter des medizinischen Forschungsvorhabens am Menschen. Der Antrag soll, wenn das Projekt dem institutionären Bereich der Universität zugehört, der Ethikkommission bei der jeweiligen medizinischen Fakultät, im übrigen der Ethikkommission der jeweiligen Ärztekammer, der der Projektleiter als Kammerangehöriger angehört, vorgelegt werden.

Dem Antrag ist eine Erklärung darüber beizufügen, ob und ggf. wo bereits vorher, oder bei multizentrischen Studien gleichzeitig, Anträge gleichen Inhalts gestellt worden sind. Bei multizentrischen Studien soll diejenige Ethikkommission in Anspruch genommen werden, welche für den für das Bundesgebiet verantwortlichen ärztlichen Projektleiter zuständig ist.

Vorläufige Ergänzung

Das Votum dieser Ethikkommission wird grundsätzlich von allen öffentlich-rechtlichen Ethikkommissionen anerkannt. Der Antragsteller hat das Votum mit dem Prüfplan der Ethikkommission vorzulegen, in deren Zuständigkeitsbereich die Studie stattfindet. Damit ist die berufsrechtliche Pflicht zur Anrufung von Ethikkommissionen erfüllt.

§ 4

Sitzungen der Ethikkommission sind nicht öffentlich. Die Mitglieder der Kommission sind zur Vertraulichkeit und Verschwiegenheit verpflichtet. Dasselbe gilt für beratend hinzugezogene Sachverständige.

Die Kommission beschließt im mündlichen oder schriftlichen Verfahren. In der Regel ist das Verfahren mündlich; das ist stets der Fall, wenn ein Mitglied der Kommission es verlangt.

Mitglieder der Kommission, die an dem Forschungsvorhaben mitwirken, sind von der Beschlußfassung ausgeschlossen.

Die Kommission kann vom Antragsteller ergänzende Unterlagen, Angaben oder Begründungen verlangen. Bedenken sind dem Antragsteller mitzuteilen. Er erhält Gelegenheit zur Stellungnahme.

Die Kommission kann im Benehmen mit dem Antragsteller Fachgutachten einholen. Gutachter, die beratend hinzugezogen werden, sind wie Kommissionsmitglieder zur Vertraulichkeit und Verschwiegenheit verpflichtet.

Über jede Sitzung ist eine Niederschrift mit dem wesentlichen Ergebnis der Verhandlungen anzufertigen.

Änderungen des Forschungsvorhabens vor oder während der Durchführung sind der Kommission bekanntzugeben.

§ 5

Die Kommission soll über den zu treffenden Beschluß einen Konsens anstreben. Wird ein solcher nicht erreicht, beschließt die Kommission mit der Mehrheit der Mitglieder. Stimmenthaltung gilt als Ablehnung.

Der Beschluß ist dem Antragsteller schriftlich bekanntzugeben. Der Beschluß kann mit Auflagen versehen werden. Ablehnende Beschlüsse, Auflagen und Empfehlungen zur Modifikation sind schriftlich zu begründen.

Ein Mitglied der Kommission kann seine abweichende Meinung in einem Sondervotum niederlegen, das dem Beschluß anzufügen ist.

§ 6

Ergänzend gilt das Verwaltungsverfahrensgesetz. Die Kommission kann sich eine Geschäftsordnung zur Regelung weiterer Einzelheiten geben.

2.3 Checkliste zur Überprüfung der Vollständigkeit von Anträgen an die Ethikkommission vor der Durchführung klinischer Versuche oder epidemiologischer Forschung am Menschen[*]

Gebilligt von der 7. Jahresversammlung am 22. November 1989 in Köln.

A. Formales

1. Bezeichnung des Vorhabens
2. Verantwortlicher Leiter und betreuende Ärzte
3. Art und Zahl der Prüfstellen bzw. beteiligten Ärzte
4. Kostenträger
5. Wurde schon ein Antrag gleichen Inhalts bei einer anderen Ethikkommission gestellt?

---

[*] Diese Materialien wurden von Heinz Losse zur Verfügung gestellt.
Forschung am Menschen ist jede die somatische oder psychische Integrität des Menschen berührende Maßnahme mit dem Ziel, über den Einzelfall hinaus präventive, diagnostische, therapeutische oder pathophysiologische Erkenntnisse zu gewinnen.

B. Untersuchungsbeschreibung   2.3

1. Wissenschaftliche Beschreibung des Vorhabens
2. Vorlage des Prüfplans
3. Vorgesehene Gesamtdauer
4. Probandenauswahl (z.B. Ein- und Ausschlußkriterien)
5. Art der Prüfung (bei Arzneimitteln: Phase)

   a) Diagnostische Prüfung?
   b) Therapeutische Prüfung?
   c) Verträglichkeitsprüfung?
   d) Epidemiologische Prüfung?
   e) Sonstige Prüfung?

6. Finden folgende Bestimmungen Anwendung:

   a) Arzneimittelgesetz?
   b) Strahlenschutzverordnung?
   c) Röntgenverordnung?
   d) Medizingeräteverordnung?
   e) Sonstige (z.B. Grundsätze für die ordnungsgemäße Durchführung der Prüfung
       von Arzneimitteln)?

7. Welche Vorprüfungen sind durchgeführt worden?
8. Pharmakologisch-toxikologische Prüfung

   a) durchgeführt?
   b) Ergebnisse hinterlegt bei zuständiger Bundesbehörde?
   c) Zusammenfassung der für die Durchführung der klinischen Überprüfung we-
       sentlichen Ergebnisse

9. Mögliche Komplikationen und/oder Risiken
10. Risiko-Nutzen-Abwägung
11. Kriterien für den Abbruch der Studie und evtl. Zwischenauswertung
12. Form und Inhalt der Probandeninformation
13. Versicherungsschutz?

(Keine Bedenken bestehen gegen folgenden Hinweis: Alle Unterlagen sind in deut-
scher Sprache vorzulegen.)

2.4 Richtlinien für die Organisation und Tätigkeit medizinisch-ethischer Kommissionen zur Beurteilung von Forschungsuntersuchungen am Menschen der Schweizerischen Akademie der Medizinischen Wissenschaften*

1 Einleitung

Diese Richtlinien sind Ergänzungen und Ausführungsbestimmungen zu den von der Schweizerischen Akademie der Medizinischen Wissenschaften am 1. Dezember 1970 und 17. November 1981 erlassenen Richtlinien für Forschungsuntersuchungen am Menschen. Sie gelten für alle Untersuchungen, die mit direktem oder schriftlichem Kontakt mit Probanden verbunden sind.

Jedes Projekt für medizinische Forschung am Menschen muß vor der Durchführung von einer medizinisch-ethischen Kommission beurteilt und genehmigt werden. Diese Forderung richtet sich an alle Forscher in Spitälern und Instituten sowie außerhalb dieser Institutionen an alle Ärzte im Angestelltenverhältnis und in privater Praxis. Wenn keine lokale medizinisch-ethische Kommission vorhanden ist, muß das Projekt einer auswärtigen Kommission vorgelegt werden. Das Generalsekretariat der Schweizerischen Akademie der Medizinischen Wissenschaften führt ein Verzeichnis der bestehenden Kommissionen.

2 Grundlagen

Entscheidungsgrundlagen für eine medizinisch-ethische Kommission (im folgenden Kommission genannt) sind vor allem:

- Deklaration von Helsinki 1964 mit den Revisionen in Tokio 1975 und Venedig 1983,
- Directives internationales proposées pour la recherche biomédicale impliquant des sujets humains. Organisation Mondiale de la Santé, Genève 1982,
- Richtlinien der Schweizerischen Akademie der Medizinischen Wissenschaften für Forschungsuntersuchungen am Menschen 1970 und 1981,
- Richtlinien der Schweizerischen Akademie der Medizinischen Wissenschaften für spezielle Forschungsbereiche,
- Weisungen der ärztlichen Standesorganisationen.

3 Zusammensetzung der Kommission

Der Kommission sollen mindestens 5 Personen angehören; beide Geschlechter müssen vertreten sein. Die Kommission darf nicht nur aus Ärzten bestehen. In Spitälern und Instituten muß mindestens ein Mitglied ein externer, nicht an Forschung beteiligter

---

* Diese Richtlinien wurden vom Senat der Schweizerischen Akademie der Medizinischen Wissenschaften am 11. Mai 1989 erlassen.
Sie können bezogen werden beim Sekretariat der Schweizerischen Akademie der Medizinischen Wissenschaften, Petersplatz 13, CH-4051 Basel.

Arzt sein. Kommissionsmitglieder haben bei der Möglichkeit von Interessenkonflikten **2.4**
in den Ausstand zu treten.

4 Wahl der Mitglieder

Die Mitglieder und ihre Stellvertreter können je nach den örtlichen Gegebenheiten
durch Klinik- oder Institutsleiter, Departementskonferenz, ärztliche Spitalleitung, Fakultät oder durch eine andere Instanz ernannt werden.

Die Dauer des persönlichen Mandats der Mitglieder und die Möglichkeit seiner
Erneuerung sind zu regeln. Permanente Kommissionen sind ad hoc-Gremien vorzuziehen. Die Kommissionen sollen dem Generalsekretariat der Schweizerischen Akademie der Medizinischen Wissenschaften gemeldet werden.

5 Zuständigkeitsbereich

In Universitätsspitälern kann jedes Departement, jede Klinik, Poliklinik oder jedes Institut eine eigene Kommission bestellen. In den übrigen Spitälern soll in der Regel
eine einzige Kommission für das ganze Spital zuständig sein. Mehrere Departement,
Kliniken, Polikliniken, Institute oder mehrere Spitäler können sich auf eine gemeinsame Kommission einigen.

6 Arbeitsweise

Forschungsprojekte sollen der Kommission mit einer Dokumentation, welche eine
Urteilsbildung ermöglicht, schriftlich unterbreitet werden. Die Kommission muß über
Ziel einer Studie, Methoden, mögliche Beeinträchtigung des Wohlbefindens und andere Risiken für die Versuchsperson klar und verständlich informiert sein. Vorgelegte
Projekte sollen von der Kommission in der Regel in Sitzungen behandelt werden. Entscheidungen erfolgen mit absolutem Mehr aller Mitglieder. Sie sind in einem Protokoll festzuhalten und sollen den Antragstellern schriftlich eröffnet werden. In Ausnahmefällen kann ein Gesuch auf dem Korrespondenzweg behandelt werden. In solchen Fällen ist eine Entscheidung nur bei Einstimmigkeit möglich.

7 Allgemeine Aufgaben

Der Kommission obliegt innerhalb ihres Zuständigkeitsbereichs die ethische Beurteilung aller Forschungsprojekte an Menschen. Diese Beurteilung hat aufgrund der eigenen Prüfung der Kommission zu erfolgen, wobei insbesondere die nachfolgend
genannten Belange maßgebend sind.

7.1 Forschungsziel

Es muß eine genügende Wahrscheinlichkeit bestehen, daß das Projekt zu relevanten
neuen Erkenntnissen für das gesundheitliche Wohl des Menschen führt oder vorhandene Kenntnisse wertvoll ergänzt. Das Ziel darf nicht mit anderen Möglichkeiten als
Untersuchungen an Menschen erreichbar sein.

2.4 *7.2 Forschungsmethoden*

Für jedes Forschungsprojekt muß ein kompetenter Leiter und – falls dieser nicht ein Arzt ist – zusätzlich ein verantwortlicher Arzt bezeichnet sein. Das Forschungsprotokoll ist zu beurteilen, und voraussehbare Risiken für die Versuchspersonen sind zu berücksichtigen. Es ist zu prüfen, ob das Forschungsziel nicht auch mit einer geringeren als der vorgesehenen Beanspruchung von Versuchspersonen zu erreichen wäre.

7.3 Auswahl der Versuchspersonen

Für gesunde und kranke Versuchspersonen gelten die gleichen Kriterien. Es sind nach Möglichkeit urteils- und handlungsfähige erwachsene Versuchspersonen auszuwählen.

Wissenschaftliche Untersuchungen bei Kindern sollen besonders sorgfältig geplant werden. Es kommen dafür nur Studien in Frage, die nicht ebensogut an Erwachsenen vorgenommen werden können. Es dürfen dem Kind keine wesentlichen bzw. keine zusätzlichen Schmerzen zugefügt werden. Besondere Anstrengungen sollen unternommen werden, um das Kind und die Eltern während der ganzen Dauer der wissenschaftlichen Untersuchung zu begleiten und über deren Stand zu informieren.

Frauen dürfen während der Schwangerschaft und Stillzeit nur in solche Studien aufgenommen werden, die für das Kind risikoarm sind und deren Ergebnisse voraussichtlich einen Nutzen für andere Frauen und Kinder in diesem Lebensabschnitt bringen.

Volljährige Personen, welche hinsichtlich der Zustimmung zu ihrer Teilnahme nicht urteils- und handlungsfähig sind, kommen als Versuchspersonen nur in Betracht, wenn das Forschungsziel speziell auf ihre Bedürfnisse ausgerichtet ist.

Bei Menschen in Strafverfahren und Strafvollzug sollen grundsätzlich keine Forschungsuntersuchungen vorgenommen werden, die auch an Versuchspersonen in Freiheit möglich sind. Für die Beurteilung von Studien, die spezielle Pathologie, Epidemiologie oder andere besondere Umstände der Gefangenschaft betreffen, soll die Kommission bei Bedarf Fachleute des Strafvollzugs beiziehen.

7.4 Orientierung der Versuchspersonen

Jede Versuchsperson muß in einer für sie verständlichen Form über Ziel und Methode einer Studie informiert werden. Alle Einzelheiten, welche die Versuchspersonen direkt betreffen, sind sorgfältig mündlich zu erläutern.

Den Probanden sollen in der Regel zusätzliche schriftliche Unterlagen abgegeben werden. Der Projektleiter teilt der Kommission mit, welche Informationen die Probanden erhalten. Die Kommission entscheidet, ob die Orientierung der Versuchspersonen ausnahmsweise nur mündlich erfolgen kann. Jede Versuchsperson soll zu ihrer Entscheidung über die Teilnahme eine angemessene Bedenkfrist erhalten. Sie soll die Möglichkeit haben, den Rat eines Angehörigen, eines an der Forschung nicht beteiligten Arztes oder einer anderen, frei gewählten Vertrauensperson einzuholen.

Bei Versuchspersonen, die wegen ihres Alters oder ihres Gesundheitszustandes hinsichtlich der Zustimmung zu ihrer Teilnahme nicht urteils- und handlungsfähig sind, erstreckt sich die Orientierung in gleicher Weise auf die Drittpersonen, bei denen die Zustimmung zur Teilnahme eingeholt wird.

Ausnahmen in bezug auf die Informationspflicht können in wohlbegründeten Fällen zugestanden werden, z.B. bei epidemiologischen Studien oder für dringende Maßnahmen in der Intensivmedizin. Die Information soll dann nach Möglichkeit nachträglich erfolgen.

2.4

7.5 Einverständnis der Versuchsperson

Das Einverständnis ist in der Regel schriftlich einzuholen. Die Kommission entscheidet, ob es bei gewissen Studien nur mündlich erfolgen kann. Der Forscher muß darauf bedacht sein, daß das Einverständnis gültig und ohne äußeren Druck gegeben wird und dem verständigen Willen der Versuchsperson entspricht.

Die Verweigerung der Teilnahme darf für eine vorgesehene Versuchsperson keine nachteiligen Folgen haben. Für alle Versuchspersonen muß gewährleistet sein, daß sie ihr Einverständnis in jeder Phase der Studie widerrufen können. Zusätzlich zum Einverständnis der Versuchsperson ist bei Kindern dasjenige der Inhaber der elterlichen Gewalt erforderlich. Bei volljährigen Personen, welche hinsichtlich der Zustimmung zu ihrer Teilnahme am in Frage stehenden Forschungsprojekt nicht urteils- und handlungsfähig sind, ist das Einverständnis zusätzlich einzuholen

- beim Vormund oder Beistand;
- für Personen, die weder Vormund noch Beistand haben, bei den nächsten Angehörigen, sofern anzunehmen ist, daß die vorgesehene Versuchsperson mit einer solchen Anfrage einverstanden ist.

Personen unter behördlich verfügten Freiheitsbeschränkungen sollen die Möglichkeit erhalten, einen Rechtsvertreter zu konsultieren. Ihr Einverständnis ist immer schriftlich beizubringen. Es darf nicht mit irgendwelchen Vergünstigungen verbunden werden.

7.6 Datenschutz für Versuchspersonen

Der Projektleiter muß dartun, daß der Datenschutz vor, während und nach Abschluß der Studie gewährleistet ist und daß eidgenössische und kantonale Gesetze und Verordnungen eingehalten werden.

7.7 Versicherungsschutz für Versuchspersonen

Der Projektleiter muß dartun, daß die Versuchspersonen einen angemessenen Versicherungsschutz haben für gesundheitliche Schäden, die in Verbindung mit der Studie auftreten können. Dieser darf sich nicht auf Schäden beschränken, für die eine Haftpflicht besteht, sondern muß ebenfalls solche einschließen, die ohne Verschulden eingetreten sind.

7.8 Durchführung genehmigter Projekte

Werden in einer im Gang befindlichen Studie Änderungen des Forschungsprotokolls vorgenommen, ist die Kommission darüber zu unterrichten. Treten unerwartete, für Versuchspersonen relevant nachteilige Folgen auf, muß das Projekt unterbrochen werden, und die Kommission hat erneut dazu Stellung zu nehmen. Die Kommission

2.4   kann den endgültigen Abbruch einer Studie verlangen, wenn wichtige ethische Gründe dafür vorhanden sind. Der verantwortliche Projektleiter soll im übrigen stets die Kompetenz haben, eine Studie vorzeitig abzubrechen.

Die Publikationsfreiheit der Forscher muß gewährleistet sein.

8 Forschungsuntersuchungen von Ärzten außerhalb der Spitäler

Jedes Projekt einer solchen Studie muß der medizinisch-ethischen Kommission eines öffentlichen Spitals oder derjenigen einer anerkannten Ärzteorganisation vorgelegt werden. Auch Projekte für Felduntersuchungen bei Ärzten in der Praxis müssen einer Kommission unterbreitet werden.

9 Aufsichtsinstanz

Aufsichtsinstanz für die Kommission ist in Universitätsspitälern der Departements-, Klinik-, Poliklinik- oder Institutsdirektor, in den übrigen Spitälern die ärztliche Spitalleitung. Mitglieder der Kommission können nicht gleichzeitig der Aufsichtsinstanz angehören.

10 Beschwerdeinstanz

Für die Behandlung von Beschwerden wegen Verfahrensmängeln ist die Aufsichtsinstanz zuständig.

2.5 Entschließung des Europäischen Parlaments zu einer einheitlichen Behandlung medizinisch-ethischer Fragen auf europäischer Ebene[*]

Beschlossen am 12.9.1988.

Das Europäische Parlament,

- in Kenntnis des Entschließungsantrags der Herren Vandemeulebroucke und Kuijpers zur Problematik der Ärztekammern (Dok. B2-117/85),
- in Kenntnis des Entschließungsantrags von Herrn Parodi zur Harmonisierung der Tätigkeit der Ärztekammern (Dok. B2-916/85),
- in Kenntnis des Berichts des Ausschusses für Recht und Bürgerrechte (Dok. A2-78/88),

A. unter Hinweis darauf, daß mit der Vollendung des Binnenmarktes die Freizügigkeit der Ärzte in der Gemeinschaft verwirklicht wird und daß die europäische Harmonisierung medizinisch-ethischer Fragen dadurch immer dringlicher wird,

B. unter Hinweis auf die sehr unterschiedlichen Befugnisse der Disziplinarkollegien der Ärztekammern oder ihnen gleichgestellter Verbände in den EG-Mitgliedstaaten, die teils eine Verwarnung, teils eine Suspension aussprechen können,

C. in Kenntnis des Urteils des Europäischen Gerichtshofs für Menschenrechte vom 27. Mai 1981 in der Rechtssache Le Compte, Van Leuven und De Meyere, das betont, daß das Verfahren der Suspension einer Kammer die in Artikel 6 Absatz 1 der Europäischen Menschenrechtskonvention vorgesehenen Erfordernisse berücksichtigen muß,

D. unter Hinweis auf seine Entschließung vom 19.1.1984 zu einer Europäischen Charta für die Rechte des Kranken[1], worin u.a. ein Beschwerderecht auf der Grundlage des Kriteriums „Beeinträchtigung der Interessen des Patienten" und das Recht auf ein gerichtliches Berufungsverfahren gefordert wurden,

E. unter Hinweis auf die Überalterung der Bevölkerung,

F. in Anbetracht der Tatsache, daß die Hälfte der Bevölkerung Frauen sind, die eigene medizinisch-ethische Probleme haben,

G. in der Erwägung, daß eine gesunde Lebensweise, insbesondere in den Bereichen Ernährung, Umwelt, Sport, Arbeit und Wohnung wichtig ist und daß die Bedeutung sozialer und psychologischer Faktoren nicht unterschätzt werden darf,

H. unter Hinweis auf den zunehmenden Arzneimittelkonsum,

I. unter Hinweis auf die Expansion der technischen Gesundheitsfürsorge, die dem Patienten neue Möglichkeiten eröffnet, aber auch zu einem erheblichen Kostenanstieg geführt hat,

J. unter Hinweis auf den zunehmend gesellschaftlichen Charakter eines breiten Spektrums medizinisch-ethischer Fragen, die sich aus der raschen Entwicklung der medizinischen Wissenschaft ergeben,

K. unter Hinweis auf den Ausbau der ersten Ebene der Gesundheitsfürsorge, wobei der selbstgewählte Arzt des Vertrauens im Mittelpunkt steht, der im Gesundheits-

---

[*] Aus: Amtsblatt der Europäischen Gemeinschaften Nr. C 262/20 vom 10.10.1988.
[1] Amtsblatt Nr. C 46 vom 20.02.1984, S. 4.

2.5 wesen mit Zahnärzten, Psychiatern, Psychologen, Apothekern, Pflegern, Paramedizinern und Sozialarbeitern interdisziplinär zusammenarbeitet,

1. ist der Ansicht, daß der „Europäische Leitfaden für medizinische Ethik" ein wichtiges Instrument sein kann und daß die von den Ärztekammern in den Mitgliedstaaten verwendeten einzelstaatlichen Deontologie-Kodizes an diesen europäischen Leitfaden angepaßt werden müssen;

2. ist der Ansicht, daß die verschiedenen gesellschaftlichen Gruppen bei der Festlegung der ärztlichen Verhaltenskodizes, der ethischen Grundsätze und der deontologischen Normen mitwirken müssen;

3. ist ferner der Auffassung, daß bei der Festlegung dieser ärztlichen Verhaltenskodizes, ethischen Grundsätze und deontologischen Normen Aspekte wie die soziale Regulierungsfunktion der Medizin, die besondere Situation, die durch die Unterordnung der Medizin unter ihr fremde Faktoren entsteht (Militär, Strafanstalten usw.) oder die institutionelle Organisation der Medizin in Teams berücksichtigt werden müssen, die in dem „Europäischen Leitfaden für medizinische Ethik" nicht behandelt werden;

4. ist daher der Auffassung, daß es nicht angeht, den obengenannten Leitfaden als alleinigen Ausdruck des medizinisch-ethischen Empfindens des gesamten Gesundheitssektors und sämtlicher gesellschaftlicher Gruppen zu betrachten;

5. wünscht, daß die Ärztekammern, die ein spezifisches medizinisches Disziplinarrecht aufbauen, Verweise und Verwarnungen aussprechen können und daß schwerere Sanktionen wie vorübergehende Suspensionen nur von ordentlichen Gerichten verhängt werden dürfen;

6. fordert, daß die gleichzeitige Ausübung einer leitenden Funktion in einer Ärztekammer und in einem Ärzteverband verboten wird;

7. wünscht, daß Patienten auf Wunsch stärker an Disziplinarverfahren beteiligt werden;

8. hält es für selbstverständlich, daß Disziplinarverfahren öffentlich stattfinden, wenn die beklagte Partei darum ersucht;

9. fordert eine strikte Trennung zwischen den Instanzen der Disziplinarkollegien, die die Untersuchung leiten, die Anklage erheben und die das Urteil fällen;

10. wünscht, daß an den Disziplinarkollegien der Ärztekammern und insbesondere an den Berufungsinstanzen mehr Richter(innen) beteiligt werden;

11. wünscht, daß in jedem Mitgliedstaat auf verschiedenen (nationalen und lokalen) Ebenen aus Männern und Frauen paritätisch zusammengestellte Ethikkommissionen gegründet werden, sie sich mit den biomedizinischen Problemen auseinandersetzen und

   a) Dokumente über die Rechte von Patienten ausarbeiten, einschließlich der Rechte bestimmter Gruppen von Patienten (z.B. Krankenhauspatienten, Kinder usw.),

   b) für Regierungsstellen oder parlamentarische Einrichtungen allgemeine Stellungnahmen zu den ethischen und juristischen Problemen abgeben, die sich aus dem raschen Fortschritt der Medizin, der Entwicklung der Sozialversicherungssysteme, dem gesellschaftlichen Wandel und der immer größer werdenden Sensibilität und Mündigkeit des einzelnen Bürgers ergeben,

   c) für Gesundheitseinrichtungen und einzelne Ärzte Stellungnahmen in solchen Fällen abgeben, in denen bisher noch keine juristischen oder standesrechtlichen Vorschriften existieren;

12. wünscht, daß eine europäische Ethikkommission gegründet wird, die mit der Koordinierung der Tätigkeiten der nationalen Ethikkommissionen betraut wird und

diesen alle Informationen vermittelt, die sie bei der Ausführung ihrer Aufgaben brauchen;

13. wünscht, daß diesen Ethikkommissionen eine allgemeine Autorität zuerkannt wird und sie zu diesem Zweck so zusammengesetzt werden, daß alle betroffenen Parteien des Gesundheitswesens einschließlich der Patienten ausreichend vertreten sind, ohne daß eine dieser Gruppen dominiert;

14. spricht sich für Gruppen- und Teamarbeit im Gesundheitswesen aus, wobei der Arzt im Mittelpunkt stehen sollte;

15. beauftragt seinen Präsidenten, diese Entschließung dem Rat, der Kommission und den Regierungen der Mitgliedstaaten zu übermitteln.

2.6 Deklaration von Helsinki des Weltärztebundes. Empfehlung für Ärzte, die in der biomedizinischen Forschung am Menschen tätig sind[*]

Angenommen durch die 18. Generalversammlung in Helsinki, Finnland, im Juni 1964

und ergänzt durch die

29. Generalversammlung in Tokio, Japan,
im Oktober 1975,

35. Generalversammlung in Venedig, Italien,
im Oktober 1983

und die

41. Generalversammlung in Hongkong
im September 1989.

Vorwort

Aufgabe des Arztes ist die Erhaltung der Gesundheit des Menschen. Der Erfüllung dieser Aufgabe dient er mit seinem Wissen und Gewissen.

Die Genfer Deklaration des Weltärztebundes verpflichtet den Arzt mit den Worten: „Die Gesundheit meines Patienten soll mein vornehmstes Anliegen sein" und der internationale Codex für ärztliche Ethik legt fest: „Jegliche Handlung oder Beratung, die geeignet erscheinen, die physische und psychische Widerstandskraft eines Menschen zu schwächen, dürfen nur in seinem Interesse zur Anwendung gelangen".

---

[*] Entnommen aus: Pharm. Ind. Nr. 12 (1990), Good Clinical Practice, S. 1497-1498, sowie BAnz Nr. 243a vom 29.12.1989 und BPI-Übersetzung des geänderten 2. Absatzes von Kap. I „Allgemeine Grundsätze".

2.6   Ziel der biomedizinischen Forschung am Menschen muß es sein, diagnostische, therapeutische und prophylaktische Verfahren sowie das Verständnis für die Aetiologie und Pathogenese der Krankheit zu verbessern.

In der medizinischen Praxis sind diagnostische, therapeutische oder prophylaktische Verfahren mit Risiken verbunden; dies gilt um so mehr für die biomedizinische Forschung am Menschen. Medizinischer Fortschritt beruht auf Forschung, die sich letztlich auch auf Versuche am Menschen stützen muß.

Bei der biomedizinischen Forschung am Menschen muß grundsätzlich unterschieden werden zwischen Versuchen, die im wesentlichen im Interesse des Patienten liegen, und solchen, die mit rein wissenschaftlichem Ziel ohne unmittelbaren diagnostischen oder therapeutischen Wert für die Versuchsperson sind.

Besondere Vorsicht muß bei der Durchführung von Versuchen walten, die die Umwelt in Mitleidenschaft ziehen könnten. Auf das Wohl der Versuchstiere muß Rücksicht genommen werden.

Da es notwendig ist, die Ergebnisse von Laborversuchen auch auf den Menschen anzuwenden, um die wissenschaftliche Kenntnis zu fördern und der leidenden Menschheit zu helfen, hat der Weltärztebund die folgende Empfehlung als eine Leitlinie für jeden Arzt erarbeitet, der in der biomedizinischen Forschung am Menschen tätig ist. Sie sollte in der Zukunft überprüft werden.

Es muß betont werden, daß diese Empfehlung nur als Leitlinie für die Ärzte auf der ganzen Welt gedacht ist; kein Arzt ist von der straf-, zivil- und berufsrechtlichen Verantwortlichkeit nach den Gesetzen seines Landes befreit.

I. Allgemeine Grundsätze

1. Biomedizinische Forschung am Menschen muß den allgemein anerkannten wissenschaftlichen Grundsätzen entsprechen; sie sollte auf ausreichenden Laboratoriums- und Tierversuchen sowie einer umfassenden Kenntnis der wissenschaftlichen Literatur aufbauen.
2. Die Planung und Durchführung eines jeden Versuches am Menschen sollte eindeutig in einem Versuchsprotokoll niedergelegt werden; dieses sollte einem besonders berufenen, von Prüfer und Auftraggeber unabhängigen Ausschuß zur Beratung, Stellungnahme und Orientierung zugeleitet werden. Voraussetzung ist, daß dieser unabhängige Ausschuß im Einklang mit den Gesetzen und Bestimmungen des Landes steht, in dem der Forschungsversuch durchgeführt wird.
3. Biomedizinische Forschung am Menschen sollte nur von wissenschaftlich qualifizierten Personen und unter Aufsicht eines klinisch erfahrenen Arztes durchgeführt werden. Die Verantwortung für die Versuchsperson trägt stets ein Arzt und nie die Versuchsperson selbst, auch dann nicht, wenn sie ihr Einverständnis gegeben hat.
4. Biomedizinische Forschung am Menschen ist nur zulässig, wenn die Bedeutung des Versuchsziels in einem angemessenen Verhältnis zum Risiko für die Versuchsperson steht.
5. Jedem biomedizinischen Forschungsvorhaben am Menschen sollte eine sorgfältige Abschätzung der voraussehbaren Risiken im Vergleich zu dem voraussichtlichen Nutzen für die Versuchsperson oder andere vorausgehen. Die Sorge um die Belange der Versuchsperson muß stets ausschlaggebend sein im Vergleich zu den Interessen der Wissenschaft und der Gesellschaft.
6. Das Recht der Versuchsperson auf Wahrung ihrer Unversehrtheit muß stets geachtet werden. Es sollte alles getan werden, um die Privatsphäre der Versuchsperson

zu wahren; die Wirkung auf die körperliche und geistige Unversehrtheit sowie die   **2.6**
Persönlichkeit der Versuchsperson sollte so gering wie möglich gehalten werden.

7. Der Arzt sollte es unterlassen, bei Versuchen am Menschen tätig zu werden, wenn
   er nicht überzeugt ist, daß das mit dem Versuch verbundene Wagnis für vorhersagbar gehalten wird. Der Arzt sollte jeden Versuch abbrechen, sobald sich her-
   ausstellt, daß das Wagnis den möglichen Nutzen übersteigt.

8. Der Arzt ist bei der Veröffentlichung der Versuchsergebnisse verpflichtet, die Befunde genau wiederzugeben. Berichte über Versuche, die nicht in Übereinstimmung mit den in dieser Deklaration niedergelegten Grundsätzen durchgeführt
   werden, sollten nicht zur Veröffentlichung angenommen werden.

9. Bei jedem Versuch am Menschen muß jede Versuchsperson ausreichend über Absicht, Durchführung, erwarteten Nutzen und Risiken des Versuches sowie über
   möglicherweise damit verbundene Störungen des Wohlbefindens unterrichtet
   werden. Die Versuchsperson sollte darauf hingewiesen werden, daß es ihr frei-
   steht, die Teilnahme am Versuch zu verweigern und daß sie jederzeit eine einmal
   gegebene Zustimmung widerrufen kann. Nach dieser Aufklärung sollte der Arzt
   die freiwillige Zustimmung der Versuchsperson einholen; die Erklärung sollte
   vorzugsweise schriftlich abgegeben werden.

10. Ist die Versuchsperson vom Arzt abhängig oder erfolgte die Zustimmung zu
    einem Versuch möglicherweise unter Druck, so soll der Arzt beim Einholen der
    Einwilligung nach Aufklärung besondere Vorsicht walten lassen. In einem solchen
    Fall sollte die Einwilligung durch einen Arzt eingeholt werden, der mit dem Ver-
    such nicht befaßt ist und der außerhalb eines etwaigen Abhängigkeitsverhältnisses
    steht.

11. Ist die Versuchsperson nicht voll geschäftsfähig, sollte die Einwilligung nach Auf-
    klärung vom gesetzlichen Vertreter entsprechend nationalem Recht eingeholt wer-
    den. Die Einwilligung des mit der Verantwortung betrauten Verwandten[1] ersetzt
    die der Versuchsperson, wenn diese infolge körperlicher oder geistiger Behinde-
    rung nicht wirksam zustimmen kann oder minderjährig ist.
    Wenn das minderjährige Kind fähig ist, seine Zustimmung zu erteilen, so muß ne-
    ben der Zustimmung des Personensorgeberechtigten auch die Zustimmung des
    Minderjährigen eingeholt werden.

12. Das Versuchsprotokoll sollte stets die ethischen Überlegungen im Zusammenhang
    mit der Durchführung des Versuchs darlegen und aufzeigen, daß die Grundsätze
    dieser Deklaration eingehalten sind.

II. Medizinische Forschung in Verbindung
mit ärztlicher Versorgung (Klinische Versuche)

1. Bei der Behandlung eines Kranken muß der Arzt die Freiheit haben, neue diagnostische und therapeutische Maßnahmen anzuwenden, wenn sie nach seinem Urteil
   die Hoffnung bieten, das Leben des Patienten zu retten, seine Gesundheit wiederherzustellen oder seine Leiden zu lindern.

2. Die mit der Anwendung eines neuen Verfahrens verbundenen möglichen Vorteile,
   Risiken und Störungen des Befindens sollten gegen die Vorzüge der bisher bestehenden diagnostischen und therapeutischen Methoden abgewogen werden.

3. Bei jedem medizinischen Versuch sollten alle Patienten – einschließlich derer einer
   eventuell vorhandenen Kontrollgruppe – die beste erprobte diagnostische und therapeutische Behandlung erhalten.

---

[1] Darunter ist nach deutschem Recht der „Personensorgeberechtigte" zu verstehen.

2.6 4. Die Weigerung eines Patienten, an einem Versuch teilzunehmen, darf niemals die Beziehung zwischen Arzt und Patient beeinträchtigen.

5. Wenn der Arzt es für unentbehrlich hält, auf die Einwilligung nach Aufklärung zu verzichten, sollten die besonderen Gründe für dieses Vorgehen in dem für den unabhängigen Ausschuß bestimmten Versuchsprotokoll niedergelegt werden.

6. Der Arzt kann medizinische Forschung mit dem Ziel der Gewinnung neuer wissenschaftlicher Erkenntnisse mit der ärztlichen Betreuung nur soweit verbinden, als diese medizinische Forschung durch ihren möglichen diagnostischen oder therapeutischen Wert für den Patienten gerechtfertigt ist.

III. Nichttherapeutische biomedizinische Forschung am Menschen

1. In der rein wissenschaftlichen Anwendung der medizinischen Forschung am Menschen ist es die Pflicht des Arztes, das Leben und die Gesundheit der Person zu schützen, an welcher biomedizinische Forschung durchgeführt wird.

2. Die Versuchspersonen sollten Freiwillige sein, entweder gesunde Personen oder Patienten, für die die Versuchsabsicht nicht mit ihrer Krankheit in Zusammenhang steht.

3. Der ärztliche Forscher oder das Forschungsteam sollten den Versuch abbrechen, wenn dies nach seinem oder ihrem Urteil im Falle der Fortführung dem Menschen schaden könnte.

4. Bei Versuchen am Menschen sollte das Interesse der Wissenschaft und der Gesellschaft niemals Vorrang vor den Erwägungen haben, die das Wohlbefinden der Versuchsperson betreffen.

2.7 Anschriften der Ethikkommissionen bei den deutschen Landesärztekammern

Landesärztekammer *Baden-Württemberg*
Jahnstraße 38A

7000 Stuttgart 70

Bayerische Landesärztekammer
Mühlbaurstraße 16

8000 München 80

Ärztekammer *Berlin*
Klaus-Groth-Straße 3

1000 Berlin 19

Ärztekammer Land *Brandenburg*
Thiemstraße 41

O-7500 Cottbus

Ärztekammer *Bremen*
Schwachhauser Heerstraße 24

2800 Bremen 1

Ärztekammer *Hamburg*
Humboldtstraße 56

2000 Hamburg 76

Landesärztekammer *Hessen*
Broßstraße 6

6000 Frankfurt 90

Ärztekammer *Mecklenburg/Vorpommern*
Humboldtstraße 6

O-2500 Rostock

Ärztekammer *Niedersachsen*
Berliner Allee 20

3000 Hannover 1

Ärztekammer *Nordrhein*
Tersteegenstraße 31

4000 Düsseldorf 30

Landesärztekammer *Rheinland-Pfalz*
Deutschhausplatz 3

6500 Mainz 1

Ärztekammer des *Saarlandes*
Faktoreistraße 4

6600 Saarbrücken

Sächsische Landesärztekammer
Kaitzer Str. 2

O-8010 Dresden

Ärztekammer *Sachsen-Anhalt*
Erlenweg 1

O-3090 Magdeburg

Ärztekammer *Schleswig-Holstein*
Bismarckallee 8-12

2360 Bad Segeberg

Landesärztekammer *Thüringen*
Stoystraße 2

O-6900 Jena

Ärztekammer *Westfalen-Lippe*
Kaiser-Wilhelm-Ring 4-6

4400 Münster

3 Good Clinical Practice (GCP)

3.1 Gute Klinische Praxis für die klinische Prüfung von Arzneimitteln in der Europäischen Gemeinschaft[*]

Vorwort

Dieses Dokument soll gelesen und interpretiert werden unter Berücksichtigung der Ausführungen der Richtlinien 65/65/EWG und 75/318/EWG.

Das Ziel dieser Empfehlung ist es, die Grundsätze für Standards der Guten Klinischen Praxis bei der Durchführung von Studien mit Arzneimitteln beim Menschen in der EWG aufzustellen. An erster Stelle ist diese Empfehlung an die pharmazeutische Industrie gerichtet, aber auch an alle Personen, die an der Erstellung klinischer Daten beteiligt sind, die für die Einreichung eines Antrags auf Zulassung eines Arzneimittels verwendet werden. Die dargelegten Prinzipien beziehen sich auf alle 4 Phasen der klinischen Prüfung von Arzneimitteln einschließlich Bioverfügbarkeits- und Bioäquivalenzstudien und können auch von denjenigen angewandt werden, die experimentelle Studien beim Menschen durchführen.

Alle, die bei der Erprobung von Arzneimitteln beteiligt sind, tragen gemeinsame Verantwortung in gegenseitigem Vertrauen, indem sie diese Standards akzeptieren und ihre Arbeiten nach ihnen ausrichten. Im voraus erstellte systematische schriftlich niedergelegte Anweisungen für die Organisation, Durchführung, Sammlung, Dokumentation und Überprüfung der Daten aus klinischen Prüfungen sind notwendig, um sicherzustellen, daß die Rechte und die Integrität der in die Studie einbezogenen Personen geschützt werden, um die Glaubwürdigkeit der Daten zu etablieren und um die ethische, wissenschaftliche und technische Qualität der Studien zu verbessern. Diese Anweisungen beinhalten auch ein gut geplantes biometrisches Design als eine essentielle Voraussetzung für die Glaubwürdigkeit der Daten. Darüber hinaus wird es als unethisch angesehen, die Mitarbeit von Personen in klinischen Studien zu erbitten, welche nicht adäquat geplant sind.

Bei Einhaltung der Bedingungen der Guten Klinischen Praxis kann bestätigt werden, daß alle Daten, Informationen und Dokumente korrekt erstellt, festgehalten und berichtet wurden.

---

[*] Entnommen aus: Pharm. Ind. 52, Nr. 12 (1990), Good Clinical Practice (GCP), S. 1485–1495.

3.1   Inhaltsverzeichnis

Vorwort

Glossar

Glossar

Erläuterung der Begriffe, die in diesem Dokument verwendet werden

Unerwünschtes Ereignis (UE, englische Abkürzung AE): jedes unerwünschte Ereignis,
das einer in eine klinische Prüfung einbezogenen Person widerfährt, ohne Beurteilung
des Zusammenhanges mit dem Prüfpräparat/den Prüfpräparaten. Schwerwiegende
UE sind solche, die tödlich oder lebensbedrohlich sind, zu bleibenden Schäden führen
oder eine stationäre Behandlung oder Verlängerung des stationären Aufenthaltes erforderlich machen. Angeborene Mißbildungen oder Auftreten eines bösartigen Tumors werden in jedem Falle als schwerwiegende UE angesehen. Ein unerwartetes UE
ist ein Ereignis, über das bislang nicht berichtet wurde (von der Art, dem Schweregrad oder der Häufigkeit des Auftretens her) weder in der aktuellen Fassung der Information für Prüfer noch im Prüfplan noch an anderer Stelle. Wenn ein UE bewertet
wurde und der begründete Verdacht besteht, daß es mit dem/den Prüfpräparat/en
zusammenhängt, muß es als Nebenwirkung angesehen werden (siehe unten).

Nebenwirkung (englische Abkürzung ADR): eine Reaktion, die schädlich und unbeabsichtigt ist und welche bei Dosen auftritt, die üblicherweise beim Menschen für die
Prophylaxe, Diagnose oder Therapie von Krankheiten oder die Veränderung physiologischer Funktionen angewendet werden. Im Rahmen klinischer Prüfungen gehören
hierzu auch Schäden durch Überdosierung, Mißbrauch/Abhängigkeit und Wechselwirkungen mit anderen Arzneimitteln.

Audit: Vergleich der Rohdaten und hierzu gehörender Niederschriften mit dem Zwischenbericht oder dem Abschlußbericht, um festzustellen, ob die Rohdaten korrekt berichtet wurden, ob die Durchführung in Übereinstimmung mit dem Prüfplan und den Standard Operating Procedures (SOP) vorgenommen wurde, um zusätzliche Information, die nicht im Abschlußbericht enthalten ist, zu erhalten, und um zu erkunden, ob bei der Erstellung der Daten Praktiken angewendet wurden, die deren Validität beeinträchtigen könnten.

3.1

Ein Audit muß entweder von einer internen Einheit des Sponsors, die jedoch unabhängig von der Einheit tätig wird, welche verantwortlich für die klinische Forschung ist, oder durch ein externes Auftragsunternehmen durchgeführt werden.

Ein Audit-Zertifikat bestätigt, daß ein angemessenes Audit stattgefunden hat.

Prüfbogen (englische Abkürzung CRF): Niederlegung von Daten und anderen Informationen jeder einzelnen in die Studie einbezogenen Person, entsprechend dem Prüfplan. Die Daten können auf beliebige Art, einschließlich magnetischem oder optischem Datenträger, festgehalten werden, vorausgesetzt, daß eine korrekte Eingabe und Wiedergabe sichergestellt ist und eine Nachprüfung erlaubt.

Klinische Studie: systematische Studie mit einem Arzneimittel beim Menschen, sei es bei Patienten oder bei gesunden Probanden, durchgeführt in der Absicht, Effekte zu entdecken oder zu verifizieren, und/oder Nebenwirkungen zu identifizieren und/ oder Absorption, Verteilung, Metabolismus und Ausscheidung des Arzneimittels zu studieren, mit dem Ziel, die Wirksamkeit und Unbedenklichkeit des Arzneimittels sicherzustellen.

Vertraulichkeit (mit Bezug auf die in die Studie einbezogenen Personen): Schutz der persönlichen Sphäre, einschließlich der persönlichen Identität der an der Studie teilnehmenden Personen und ihrer persönlichen medizinischen Daten. Wenn eine Maßnahme zur Datenübertragung die Inspektion solcher Angaben erforderlich macht, kann dies ausschließlich durch entsprechend autorisierte Personen durchgeführt werden. Personenbezogene Daten sind immer vertraulich zu behandeln. Vor Studienbeginn soll das Einverständnis der an der Studie teilnehmenden Personen eingeholt werden, daß die Krankendaten zur Überprüfung der Studiendaten herangezogen werden können, und es soll den Personen eine Versicherung darüber abgegeben werden, daß die Vertraulichkeit immer gewahrt bleiben wird.

Wenn UE an den Sponsor und/oder an die zuständige Behörde gemeldet werden, muß der Prüfer sicherstellen, daß die Identität des Betroffenen nicht aufgedeckt wird. Der Name des meldenden Prüfers soll angegeben werden.

Vertraulichkeit (betreffend Unterlagen des Sponsors): Schutz der vertraulichen Information vom Sponsor, welche im Zusammenhang mit der Planung, Ausführung, Beurteilung, Auditing oder Auswertung einer klinischen Studie verfügbar wird.

Auftragsforschungsinstitut (englische Abkürzung CRO): eine wissenschaftliche Einrichtung (Auftragsforschungsinstitut, Hochschulinstitut oder andere), an die der Sponsor einige seiner Aufgaben und Verpflichtungen delegieren kann; deren Umfang und Art sollen schriftlich festgelegt werden.

Dokumentation: alle Aufzeichnungen in jeder Form (einschließlich Dokumente, magnetischer und optischer Aufzeichnungen), die die Methoden und die Durchführung der Studie beschreiben, äußere Umstände, die die Studie beeinflussen, und die Maß-

3.1   nahmen, die getroffen wurden. Die Dokumentation schließt ein: Prüfplan, Kopien der Einreichung und Genehmigung/Ergebnis der Begutachtung der Behörden und der Ethikkommission, Lebenslauf des Prüfers, Einwilligungserklärungen, Berichte der Monitoren, Zertifikate über Audits, wichtige Briefe, Normbereiche, Rohdaten, ausgefüllte Prüfbogen und Abschlußbericht.

Ethikkommission: unabhängiges Gremium, zusammengesetzt aus medizinischen Experten und nichtmedizinischen Mitgliedern, in dessen Verantwortung es liegt, zu bestätigen, daß die Rechte und Integrität der an einer bestimmten Studie teilnehmenden Person geschützt werden, und das auf diese Weise eine Art öffentliches Sicherheitskorrektiv darstellt. Ethikkommissionen sollten so zusammengesetzt sein und arbeiten, daß die Eignung der Prüfer, Prüfstellen, Prüfpläne und die Auswahl der Gruppen der in die Prüfung einzubeziehenden Personengruppen sowie die Angemessenheit der Maßnahmen zum Schutz der Vertraulichkeit objektiv und unparteilich überprüft werden können, unabhängig von Prüfer, Sponsor und zuständigen Behörden.

Der rechtliche Status, die Zusammensetzung und die gesetzlichen Anforderungen an Ethikkommissionen, Review Boards oder ähnliche Einrichtungen können sich von Land zu Land unterscheiden.

Eine Aufstellung der Mitglieder der Ethikkommission, sowie ihrer beruflichen Stellung, und eine Darstellung ihrer Arbeitsgrundsätze, einschließlich des zeitlichen Verfahrensablaufs, sollte öffentlich verfügbar sein.

Abschlußbericht: eine vollständige und eingehende Darstellung der Studie nach Beendigung, die die Darstellung der biometrischen Planung, der Methoden und des Materials, eine Wiedergabe und Bewertung der Ergebnisse, statistische Analysen und eine kritische sowohl biometrische wie klinische Würdigung der Ergebnisse einschließt.

Gute Klinische Praxis: Standard, nach welchem klinische Prüfungen geplant, durchgeführt und berichtet werden, so daß sichergestellt ist, daß die Daten glaubwürdig sind und daß die Rechte und Unversehrtheit der Personen sowie die Vertraulichkeit von Daten geschützt sind.

Gute Herstellungspraxis: der Teil der Qualitätssicherung für Produkte, der sicherstellt, daß die Herstellung von Produkten konsistent ist und entsprechend dem Qualitätsstandard ihres beabsichtigten Gebrauchs und entsprechend der Produktspezifikation kontrolliert wird.

Jeder Verweis auf GMP sollte als Verweis auf die gültige EG-GMP verstanden werden (cf. Band IV der Regelung der Arzneimittel in der Europäischen Gemeinschaft).

Einwilligung und Aufklärung: die freiwillig abgegebene Versicherung des Willens einer Person, an einer bestimmten Studie teilzunehmen, und die Dokumentation dieser Versicherung. Die Einwilligung soll erst eingeholt werden nach Aufklärung über die Studie, ihre Ziele, den voraussichtlichen Nutzen, die voraussichtlichen Risiken und Unannehmlichkeiten sowie über die Rechte und Verantwortlichkeit der Person, die an der Studie teilnimmt, in Übereinstimmung mit der jeweils geltenden Fassung der Deklaration von Helsinki.

Inspektion: Offiziell durch die zuständige Behörde ausgeführter Audit, welcher an der Prüfstelle und/oder beim Sponsor durchgeführt werden kann und die Einhaltung der Guten Klinischen Praxis, wie sie in diesem Dokument erklärt wird, überprüft.

Information der Prüfer: eine Zusammenstellung von Daten, die die vor Beginn der kli-   **3.1**
nischen Studie verfügbare für den Prüfer relevante Information enthält, eingeschlossen chemische und pharmazeutische Daten, toxikologische, pharmakokinetische und
pharmakodynamische Daten vom Tier und die Ergebnisse vorangegangener klinischer Studien. Die vorhandenen Daten sollen ausreichend sein, um die Art, Umfang
und Dauer der geplanten Studie zu rechtfertigen. Die Information muß während des
Verlaufs der Studie ergänzt werden, sobald neue Daten vorhanden sind.

Prüfpräparat: eine pharmazeutische Formulierung eines wirksamen Bestandteils oder
Placebo, die geprüft oder als Referenzsubstanz in einer klinischen Prüfung benutzt
wird.

Prüfer: die Person(en), die für die praktische Durchführung einer Studie sowie für die
Integrität und das Wohlbefinden der in die Studie einbezogenen Personen während
der Studie verantwortlich ist (sind).

Der Prüfer ist:

- eine angemessen qualifizierte Person mit ärztlicher Approbation,
- trainiert und erfahren in der Forschung, speziell in dem klinischen Bereich der geplanten Studie,
- vertraut mit dem Hintergrund und den Erfordernissen der Studie,
- bekannt für hohe ethische Standards und berufliche Integrität.

Der rechtliche Status von Personen, die autorisiert sind, als Prüfer tätig zu werden,
kann in den Mitgliedstaaten unterschiedlich sein. Im Rahmen von Multicenterstudien
kann ein koordinierender Prüfer, der für die Koordination der Prüfer in den verschiedenen Centren zuständig ist, bestimmt werden.

Monitor: eine Person, die vom Sponsor oder einem Auftragsforschungsinstitut ange-
stellt ist; der Monitor ist gegenüber dem Sponsor oder dem Auftragsforschungsinstitut für das Monitoring und den Bericht über den Fortgang der Studie und für die
Überprüfung der Daten verantwortlich. Der Monitor muß Qualifikationen und Erfahrungen aufweisen, die ihm/ihr eine fachkundige Überwachung der jeweiligen Studie
ermöglichen.

Eingearbeitete technische Hilfskräfte können den Monitor bei der Sammlung der Dokumentation und der weiteren Verarbeitung unterstützen.

Multicenterstudie: klinische Studie, die entsprechend einem einzigen Prüfplan durchgeführt wird, in welchem die Studie als an verschiedenen Prüforten stattfindend beschrieben ist, daher durch mehr als einen Prüfer durchgeführt wird, aber den gleichen
praktischen Details folgt (s. Prüfer).

Krankenblatt: eine Dokumentation, die die demographische und medizinische Information über einen Patienten oder einen Probanden enthält (z.B. Krankenblatt, Kurve,
Praxisaufzeichnungen, spezielle Probandenakte). Eine solche Dokumentation ist notwendig, um eine Datenüberprüfung im Hinblick auf die Authentizität der Information im Prüfbogen (CRF) vornehmen zu können und, wenn notwendig, die Möglichkeit zu bieten, diese zu ergänzen oder zu korrigieren, vorausgesetzt, daß die Bedingungen, die den Gebrauch und die Heranziehung eines solchen Dokuments regeln,
beachtet werden (s. Vertraulichkeit).

3.1 *Prüfplan:* Dokument, das die wissenschaftliche Begründung, die Ziele und die biometrische Planung der Studie darlegt unter Angabe der Bedingungen, unter denen die Studie durchgeführt und überwacht wird. Eine Liste von Punkten, die im Prüfplan enthalten sein müssen, ist im Anhang aufgeführt.

Qualitätssicherung: Systeme und Vorgehensvorschriften, aufgestellt, um sicherzustellen, daß die Studie und die Erhebung der Daten in Übereinstimmung mit der Guten Klinischen Praxis einschließlich der Vorgehensweisen für die ethische Durchführung, SOP's, Bericht, persönliche Qualifikation etc. durchgeführt werden. Dies wird bestätigt durch In-Prozeß-Qualitätskontrolle und In- sowie Post-Prozeß-Auditing, beides angewendet auf die Durchführung der klinischen Prüfung wie auch die Daten.

Personal, das mit dem Auditing zur Qualitätssicherung beauftragt ist, muß unabhängig sein von dem Personal, das in den Aktivitäten für eine bestimmte klinische Prüfung involviert ist.

Qualitätskontrolle: Arbeitstechniken und Aktivitäten, die innerhalb des Systems der Qualitätssicherung unternommen werden, um zu bestätigen, daß die Anforderungen an die Qualität der Studie erfüllt worden sind.

Qualitätskontrolle betrifft alle Stellen, die in Planung, Durchführung, Monitoring, Bewerten und Berichten einer Studie involviert sind, auch die Mitarbeiter des Sponsors oder des Auftragsforschungsinstitutes, eingeschlossen die Verarbeitung der Daten, mit dem Ziel zu vermeiden, daß Personen, die in die Studie einbezogen sind, unnötigen Risiken ausgesetzt sind, oder daß falsche Schlußfolgerungen aus unkorrekten Daten gezogen werden.

Rohdaten: Niederschriften oder beglaubigte Kopien der Originalbefunde (klinisch und Labor) aus einer Studie.

Schwerwiegende UE: s. unerwünschtes Ereignis.

Originaldaten: Krankenblätter, Originalaufzeichnungen von automatisierten Geräten, EKG, EEG, Röntgenbilder, Laboraufzeichnungen etc.

Sponsor: Person oder Organisation, die die Verantwortung für Beginn, Management und/oder Finanzierung einer klinischen Studie übernimmt. Wenn ein Prüfer unabhängig eine Studie beginnt, welche später Teil eines Antrages auf Zulassung wird, und die volle Verantwortlichkeit für diese übernimmt, übernimmt er zusätzlich die Rolle des Sponsors.

Standard Operating Procedures (SOP): standardisierte, eingehende schriftliche Anweisungen des Sponsors für die Aktivitäten, die im Zusammenhang mit klinischen Prüfungen notwendig sind. Diese stellen eine Arbeitsgrundlage für die Funktionen und Aktivitäten einer bestimmten Studie dar, wie sie in dem vorliegenden Dokument beschrieben sind.

Örtlicher Studienkoordinator: Person mit entsprechender Erfahrung auf diesem Gebiet, die durch den Prüfer benannt wird, um die Studie am Studienort zu betreuen.

Person: Patient oder gesunder Freiwilliger (bzw. Patient ohne die Erkrankung, für die das Arzneimittel angezeigt sein kann), der/die an einer Studie teilnimmt.

Audit einer Studie: s. Audit.

Trial Master File: Papierausdruck („hard copy") aller Dokumente, die im Verlauf einer   **3.1**
klinischen Studie erstellt wurden (s. Dokumentation).

Unerwartetes unerwünschtes Ereignis: s. unerwünschtes Ereignis.

Überprüfung/Validierung der Daten: Vorgehen, das durchgeführt wird, um sicherzustellen, daß die Daten, die im Abschlußbericht erhalten sind, mit den Originalbeobach-
tungen übereinstimmen. Dieses Vorgehen kann sich beziehen auf die Rohdaten, Ausdrucke oder magnetische Prüfbögen, Computer-Ausdrucke, statistische Analysen und
Tabellen (s. Audit, Inspektion, Qualitätskontrolle).

Kapitel 1:
Schutz der an der Prüfung teilnehmenden Personen
und Beratung durch Ethikkommissionen

Schutz der an der Prüfung teilnehmenden Personen

1.1   Die jeweils geltende Fassung der Erklärung von Helsinki ist die anerkannte ethische Basis für klinische Studien; sie muß allen, die an der Forschung am Menschen beteiligt sind, im einzelnen bekannt sein und von ihnen befolgt werden.

1.2   Im Zusammenhang mit der Teilnahme an der klinischen Prüfung ist es die wichtigste Verantwortung des Prüfers, die persönliche Integrität und das Wohlergehen der in die Studie einbezogenen Personen zu garantieren; zusätzlich soll eine
unabhängige Bürgschaft dafür, daß die Patienten/Probanden geschützt sind,
durch die Einbeziehung einer Ethikkommission und die Einholung der Einwilligung nach Aufklärung gegeben sein.

Ethikkommissionen

1.3   Der Sponsor und/oder der Prüfer soll die Meinung der zuständigen Ethikkom-
mission(en) zu der Geeignetheit des Prüfplanes (einschließlich Anhänge) sowie
zu der Art und den Unterlagen, die benutzt werden sollen, um die Einwilligung
nach Aufklärung der Patienten/Probanden zu erhalten und zu dokumentieren,
einholen.

1.4   Die Ethikkommission muß über alle folgenden Änderungen des Prüfplanes und
über alle schwerwiegenden oder unerwarteten unerwünschten Ereignisse, die
während der Studie auftreten und die die Sicherheit der Studienteilnehmer oder
die Durchführung der Studie beeinträchtigen könnten, informiert werden, und
ihre Meinung soll eingeholt werden darüber, ob eine erneute Prüfung der ethischen Aspekte notwendig erscheint.

1.5   Personen sollen nicht in die Studie aufgenommen werden, bevor nicht die
zuständige(n) Ethikkommission(en) ihre positive Einschätzung der Abläufe und
der Dokumentation dargestellt hat (haben). Der Sponsor/Prüfer soll die Empfehlungen, die die Ethikkommission abgibt, berücksichtigen.

3.1   1.6 Bei der Einreichung der Unterlagen zu der geplanten klinischen Studie sollte die Ethikkommission gebeten werden, folgende Punkte zu begutachten:

a. Die Eignung des Prüfers für die geplante Studie im Hinblick auf seine/ihre fachliche Qualifikation, Erfahrung, Personal und vorhandene Einrichtungen und Möglichkeiten auf der Basis der der Kommission verfügbaren Information.

b. Die Geeignetheit des Prüfplanes im Hinblick auf die Ziele der Studie, die wissenschaftliche Effektivität des Prüfplanes, d.h. die Möglichkeit, mit der geringstmöglichen Zahl in die Studie einbezogener Personen fundierte Schlußfolgerungen ziehen zu können, und die Rechtfertigung der vorhersehbaren Risiken und Unannehmlichkeiten gegenüber dem angenommenen Nutzen für die Person, die an der Studie teilnimmt, und/oder für andere.

c. Die Angemessenheit und Vollständigkeit der schriftlichen Information, die den an der Prüfung teilnehmenden Personen, ihren Angehörigen, Pflegern und, wenn notwendig, den gesetzlichen Vertretern gegeben wird.

d. Die Art und Weise, in der die Rekrutierung der Patienten/Probanden durchgeführt, in welcher vollständige Informationen gegeben und in welcher die Zustimmung eingeholt werden soll. Jede schriftliche Information, die den Patienten/Probanden und/oder gesetzlichen Vertretern gegeben wird, muß in der letztgültigen Fassung vorgelegt werden.

e. Vorkehrungen für eine Kompensation (Schadensausgleich)/Behandlung für den Fall von Schädigungen oder Tod eines Patienten/Probanden, wenn auf die klinische Prüfung zurückführbar, und eine Versicherung oder eine Rechtsschutzversicherung, um die Haftung des Sponsors und des Prüfers abzudecken.

f. Das Ausmaß, in welchem die Teilnahme von Prüfer und Patienten/Probanden entgolten wird.

1.7 Die Ethikkommission soll ihre Meinung und ihren Rat in schriftlicher Form innerhalb einer angemessenen Zeit geben; die Studie, die bei der Beurteilung vorliegenden Unterlagen und das Datum der Beurteilung sollen eindeutig angegeben sein.

Einwilligung und Aufklärung

1.8 Die Grundsätze der Einwilligung nach Aufklärung der jeweils geltenden Fassung der Deklaration von Helsinki sollen in jeder Studie Beachtung finden.

1.9 Die Information soll sowohl mündlich wie schriftlich gegeben werden, soweit und wo immer möglich. Kein Patient/Proband darf verpflichtet werden, an der Studie teilzunehmen. Den Patienten/Probanden, ihren Angehörigen, Pflegern oder, wenn notwendig, gesetzlichen Vertretern muß ausreichend Gelegenheit gegeben werden, Einzelheiten der Studie zu erfragen. Die Information muß klar machen, daß eine Weigerung, an der Studie teilzunehmen, oder der Austritt aus der Studie zu einem beliebigen Zeitpunkt ohne nachteilige Folgen für die weitere medizinisch/ärztliche Versorgung des Patienten/Probanden bleibt. Den Patienten/Probanden muß ausreichend Zeit eingeräumt werden, um sich für oder gegen die Teilnahme an der Studie entscheiden zu können.

1.10 Die Patienten/Probanden sollen darüber informiert werden und dem zustim-   **3.1**
     men, daß Daten während eines Audit durch die zuständige Behörde und ord-
     nungsgemäß autorisierte Personen geprüft werden können, daß aber personen-
     bezogene Informationen absolut vertraulich behandelt und nicht in die Öffent-
     lichkeit gelangen werden.

1.11 Die Patienten/Probanden müssen Zugang haben zu der Information über den
     vorgesehenen Schadensausgleich und die vorgesehene Behandlung, die für den
     Fall einer Schädigung/eines bleibenden Schadens durch die Teilnahme an der
     Studie eintreten.

1.12 Wenn ein Patient/Proband in die Teilnahme einwilligt nach ausführlicher Er-
     klärung der Studie (einschließlich Ziel, erwartetem Nutzen für sich selbst und/
     oder für andere, Vergleichsbehandlung/Placebo, Risiken und Unannehmlichkei-
     ten – z.B. invasive Eingriffe – und, wenn zutreffend, Erläuterung alternativer an-
     erkannter medizinischer Standardtherapien), soll seine Einwilligung in angemes-
     sener Form festgehalten werden. Die Einwilligung muß mit Datum dokumentiert
     werden entweder mit der persönlichen Unterschrift, oder als vor einem Zeugen
     abgegeben, welcher festhält, daß der Patient zugestimmt hat. In jedem Falle be-
     stätigt die Unterschrift, daß die Einwilligung auf einer Unterrichtung basiert, die
     verstanden wurde, und daß der Patient sich freiwillig entschlossen hat, an der
     Studie teilzunehmen, ohne Berührung von legalen und ethischen Rechten, und
     unter Einräumung der Möglichkeit, jederzeit aus der Studie auszutreten ohne
     Angabe der Gründe, es sei denn, UE seien aufgetreten.

1.13 Wenn ein Patient nicht in der Lage ist, persönlich seine Einwilligung zu geben
     (z.B. Bewußtlosigkeit oder schwere geistige Erkrankung oder Behinderung), kann
     der Einschluß solcher Patienten in eine Studie akzeptabel sein, wenn die Ethik-
     kommission im Grundsatz einverstanden ist und wenn der Prüfer der Meinung
     ist, daß die Teilnahme dem Wohlergehen und Interesse des Teilnehmers dienlich
     ist. Zusätzlich soll die Zustimmung des gesetzlichen Vertreters, daß die Teilnah-
     me dem Wohlergehen und Interesse des Teilnehmers dienlich ist, durch seine
     Unterschrift mit Datum festgehalten werden.

     Wenn weder eine Einwilligung mit Unterschrift noch eine durch Unterschrift be-
     zeugte mündliche Einwilligung möglich ist, muß diese Tatsache durch den Prü-
     fer mit Begründung schriftlich festgehalten werden.

1.14 Die Einwilligung muß in jedem Falle mit eigenhändiger Unterschrift gegeben
     werden, wenn es sich um eine nichttherapeutische Studie handelt, d.h. um eine
     Studie, aus der dem Patienten/Probanden kein unmittelbarer therapeutischer
     Nutzen zuteil wird.

1.15 Jede Information, die während des Verlaufs der Studie verfügbar wird, und für
     die an der Studie Teilnehmenden relevant sein kann, muß ihnen durch den Prü-
     fer bekannt gemacht werden.

3.1 Kapitel 2:
Verantwortlichkeit

Anmerkung: Die Verantwortlichkeit mit Bezug auf Datenumgang, Datenaufbewahrung, biometrische Planung und Auswertung sowie Qualitätssicherung werden in den darauffolgenden Kapiteln abgehandelt.

Sponsor

2.1 Der Sponsor muß detaillierte Standard Operating Procedures (SOP) erarbeiten, um sich mit der Guten Klinischen Praxis in Übereinstimmung zu befinden, und ist verantwortlich für die Durchführung eines internen Audits der Studie. Der Sponsor muß mit dem Prüfer über die Aufteilung der Verantwortlichkeit Übereinstimmung erzielen (s. 2.3 k).

2.2 Sponsor und Prüfer müssen dem Prüfplan zustimmen und ihn unterzeichnen als Vereinbarung über die Einzelheiten der klinischen Studie und die Art und Weise der Datenaufzeichnung (z.B. Prüfbogen). Alle Änderungen des Prüfplans und Hinzufügungen müssen die Zustimmung von Sponsor und Prüfer besitzen, bevor sie in den Prüfplan aufgenommen werden; jede Vereinbarung muß dokumentiert sein.

2.3 Spezielle Verantwortlichkeiten des Sponsors:

Der Sponsor hat:

a. den Prüfer unter Berücksichtigung der Eignung und Verfügbarkeit der örtlichen Gegebenheiten und Möglichkeiten auszuwählen sowie seine Qualifikation und Verfügbarkeit für den gesamten Zeitraum der Studie zu prüfen; er hat sich der Zustimmung des Prüfers zu versichern, die Studie gemäß dem Prüfplan, entsprechend diesen Empfehlungen der GCP durchzuführen und Datenüberprüfung, Audit sowie Inspektion zu akzeptieren.

b. den Prüfer über die chemisch/pharmazeutischen, toxikologischen, pharmakologischen und klinischen Daten und Ergebnisse (eingeschlossen frühere und noch laufende Studien), die angemessen sein sollen, um Art, Umfang und Dauer der geplanten Studie zu rechtfertigen, als eine Voraussetzung für die Planung der Studie zu informieren; den Prüfer über jede relevante neue Information, die während des Verlaufes der Studie verfügbar wird, zu informieren. Jede relevante Information muß in der Investigator's Brochure (Information für den Prüfer) enthalten sein; diese muß vom Sponsor auf den aktuellen Stand gebracht werden, sobald neue Information vorhanden ist.

c. die Anmeldung/den Antrag auf Durchführung einer Studie den zuständigen Behörden einzureichen (wenn zutreffend), die Einreichung jedes notwendigen Dokuments bei der Ethikkommission sicherzustellen und sicherzustellen, daß jede Änderung, Ergänzung oder Verletzung des Prüfplanes mitgeteilt wird, wenn die Änderung die Sicherheit der Patienten/Probanden beeinträchtigen könnte, und den Prüfer und die zuständige Behörde über den Abbruch der Studie und die Gründe zu informieren.

d. das/die vollständig charakterisierte(n) Prüfpräparat(e) zur Verfügung zu stellen. Diese müssen entsprechend GMP hergestellt und in Behältnisse so abgepackt sein, daß die Blindanordnung nicht aufgehoben wird. Eine ausreichende Anzahl von Mustern jeder Charge und eine Beschreibung ihrer Analytik und

Charakteristik muß als Referenz aufbewahrt werden, so daß die Möglichkeit **3.1** besteht, daß ein unabhängiges Labor das Prüfarzneimittel (z.B. eingesetzt in Bioäquivalenzstudien) reanalysieren kann.

Aufzeichnungen über die Menge an Arzneimitteln, die ausgehändigt wurden, müssen mit Angabe der Chargen (Seriennummer) aufbewahrt werden. Der Sponsor muß sicherstellen, daß der Prüfer innerhalb seiner Institution ein System für die sichere Handhabung, Aufbewahrung und den Gebrauch des ausgehändigten Prüfpräparates etabliert (s. 2.5 j).

e. angemessen ausgebildete Monitore und entsprechend unterstützendes Forschungspersonal einzustellen und die ständige Weiterbildung der betreffenden Personen sicherzustellen.

f. Personen oder Kommittees (Steering Committee) anzustellen, die in angemessener Weise beratend tätig sind, die Studie überwachen, Datenübertragung tätigen, die biometrische Auswertung übernehmen und den Studienbericht schreiben.

g. alle schwerwiegenden unerwünschten Erscheinungen (zusammen mit dem Prüfer) unverzüglich zu bewerten und die jeweils angemessenen Maßnahmen zu treffen, um die in die Prüfung einbezogenen Personen zu schützen, und entsprechend den Anforderungen den zuständigen Behörden zu melden.

h. den Prüfer über jegliche Erkenntnisse von unmittelbarer Bedeutung, die während der laufenden Studie verfügbar werden, unverzüglich zu unterrichten und sicherzustellen, daß die Ethikkommission, wenn erforderlich, durch den Prüfer benachrichtigt wird.

i. die Fertigstellung eines zusammenfassenden Abschlußberichtes der Studie sicherzustellen, die regulatorischen Ansprüchen genügt, auch wenn die Studie nicht abgeschlossen wurde. Aktualisierungen im Hinblick auf Sicherheitsdaten können notwendig sein. Bei Durchführung von Langzeitstudien kann ein jährlicher Bericht durch die Behörden angefordert werden.

j. eine angemessene Kompensation/Behandlung sicherzustellen für den Fall, daß in die Studie einbezogene Personen Schäden davontragen, oder für den Todesfall. Eine Versicherung für den Prüfer (im Sinne eines Rechtshilfeschutzes und finanzieller Deckung) ist ebenfalls vorzunehmen, außer für Forderungen, die aus Kunstfehler und/oder Fahrlässigkeit resultieren.

k. sich mit dem/den Prüfer/n über die Verteilung der Verantwortlichkeiten für die Datenübermittlung, biometrische Auswertung, Bericht über die Studienergebnisse und das Vorgehen im Hinblick auf eine Veröffentlichung in Übereinstimmung zu setzen.

Monitor

2.4 Der Monitor stellt die Kommunikation zwischen Sponsor und klinischem Prüfer her.

Die Verantwortlichkeiten des Monitors sind im folgenden dargestellt. Der Monitor hat:

a. entsprechend einer vorher festgelegten SOP zu arbeiten, den Prüfer vor, während und nach Abschluß der Studie zu besuchen, um die Einhaltung des Prüfplans zu kontrollieren und sicherzustellen, daß alle Daten korrekt und vollständig erfaßt und festgehalten werden und daß die Einwilligung nach Aufklärung von allen an der Prüfung Teilnehmenden vor ihrer Teilnahme an der Prüfung eingeholt und dies schriftlich festgehalten wurde.

3.1   b. sich zu versichern, daß der Ort der Studie ausreichend Platz, Einrichtungen (einschließlich Labor), Ausrüstung und Personal besitzt, und daß eine ausreichende Zahl von Patienten/Probanden voraussichtlich für die Dauer der Studie zur Verfügung steht.

c. sicherzustellen, daß Personal, das den Prüfer bei der Studie unterstützt, ausreichend über die Einzelheiten der Durchführung der Studie informiert wurde und sich daran hält.

d. sicherzustellen, daß eine Kommunikation zwischen Prüfer und Sponsor sofort und zu jeder Zeit möglich ist.

e. die Eintragungen in den Prüfbögen mit den Originalbefunden zu vergleichen und den Prüfer über Fehler und Auslassungen zu informieren.

f. zu überprüfen, daß die Aufbewahrung, die Aus- und Rückgabe sowie die Dokumentation über die Versorgung mit dem (den) Prüfpräparat(en) sicher und angemessen ist und in Übereinstimmung mit jeweils geltenden Regeln erfolgt (s. 2.5 j).

g. den Prüfer bei jedem notwendigen Verfahren der Anmeldung/Antragstellung zu unterstützen.

h. den Prüfer bei der Übermittlung der Studiendaten und Ergebnisse an den Sponsor zu unterstützen.

i. einen schriftlichen Bericht an den Sponsor und das Steering Committee (falls vorhanden) nach jedem Besuch an der Prüfstelle zu übersenden (Monitor Report) und ferner nach jedem wesentlichen Telefonkontakt, brieflichem oder anderem Kontakt mit dem Prüfer (Audit Paper Trail Concept).

Prüfer

2.5 Die Verantwortlichkeiten des Prüfers sind im folgenden dargestellt. Der Prüfer hat:

a. sich mit den Eigenschaften des/der Prüfarzneimittel, wie sie in der Information für den Prüfer beschrieben sind, gründlich vertraut zu machen.

b. sicherzustellen, daß er/sie ausreichend Zeit aufwenden kann, um die Studie durchzuführen und zu beenden, daß er/sie ausreichend Personal und angemessene Einrichtungen (einschließlich Labors), die für die gesamte Dauer der Studie verfügbar sind, zur Verfügung stellen kann, sowie sicherzustellen, daß die notwendigen Patienten/Probanden oder Einrichtungen nicht durch andere Studien in Anspruch genommen werden und so der vorliegenden Studie nicht zur Verfügung stehen.

c. retrospektive Daten zur Verfügung zu stellen, die die Anzahl der Patienten in einer vergangenen Zeitspanne ausweisen, die den Einschlußkriterien der vorliegenden Studie entsprochen hätten, um eine adäquate Rekrutierungsquote für die geplante Studie sicherzustellen.

d. einen aktualisierten Lebenslauf und andere Nachweise der Sachkunde dem Sponsor und – wenn erforderlich – den zuständigen Behörden zur Verfügung zu stellen.

e. dem Prüfplan zuzustimmen und ihn zusammen mit dem Sponsor zu unterzeichnen und in schriftlicher Form zu bestätigen, daß er/sie den Prüfplan gelesen und verstanden hat und gemäß dem Prüfplan und der Good Clinical Practice arbeiten sowie die Aufsicht des Monitors und die Kontrollmechanismen akzeptieren und sich mit dem Sponsor über die Entscheidung zur Veröffentlichung abstimmen wird.

f. einen örtlichen Studienkoordinator zu benennen (wenn notwendig), der die **3.1**
verwaltungstechnische Abwicklung der Studie unterstützt.

g. die Anmeldung/Beantragung der Studie bei den zuständigen Gremien einschließlich der örtlichen Krankenhausverwaltung und bei der Ethikkommission zu tätigen (wenn angemessen, zusammen mit dem Sponsor).

h. allen Mitarbeitern, die in die Durchführung der Studie oder in die Betreuung
der Patienten eingebunden sind, die Informationen zur Verfügung zu stellen.

i. die Einwilligung nach Aufklärung vor Einschluß in die Studie in Übereinstimmung mit den Prinzipien, die in den Sektionen 1.8 bis 1.15 beschrieben sind,
zu erwirken.

j. ein System für die in Prüfung befindlichen Arzneimittel zu etablieren, um sicherzustellen, daß die Lieferungen des Sponsors durch eine verantwortliche
Person (z.B. einen Apotheker) korrekt in Empfang genommen werden; daß
solche Lieferungen registriert werden; daß die in Prüfung befindlichen Arzneimittel sicher und korrekt gehandhabt und aufbewahrt werden; daß die in der
Prüfung befindlichen Arzneimittel ausschließlich an die in die Prüfung einbezogenen Personen, in Übereinstimmung mit dem Prüfplan, ausgegeben werden; daß nicht benutzte Arzneimittel an den Sponsor zurückgegeben werden.
Am Ende der Studie muß es auf Basis der schriftlichen Dokumentation möglich sein, eine Übereinstimmung zwischen den vom Sponsor ausgegebenen
mit den benutzten und den zurückgegebenen Arzneimitteln herzustellen.
Über jegliche Diskrepanz muß Rechenschaft abgelegt werden. Liefer- und
Rückgabescheine sind zu unterzeichnen.

k. den Umgang mit dem Code und die Dokumentation mit peinlicher Sorgfalt zu
handhaben und sicherzustellen, daß der Behandlungscode ausschließlich unter den im Prüfplan angegebenen Umständen gebrochen wird und daß der
Monitor konsultiert/informiert wird, wenn dieser Fall eintritt.

l. die Daten korrekt zu sammeln, aufzuschreiben und zu berichten.

m. den Sponsor – und gegebenenfalls die Ethikkommission sowie erforderlichenfalls die zuständigen Behörden – im Falle schwerwiegender unerwünschter
Ereignisse (unter Beifügung der Dokumentation) unmittelbar zu unterrichten
und die notwendigen Maßnahmen zu treffen, um die Patienten/Probanden zu
schützen.

n. alle Daten für den Sponsor/Monitor und/oder, wenn erforderlich, für die zuständigen Behörden zum Zwecke der Überprüfung/Audit/Inspektion zugänglich zu machen.

o. die Daten (Prüfbögen), Ergebnisse und Interpretationen (Analysen und Berichte) aus der Studie, die aus ihrem/seinem Zentrum stammen, dem Sponsor
(und, wenn erforderlich, den zuständigen Behörden) in unterzeichneter Form
zu übersenden. Mitarbeitende Kollegen und solche, die für die Analysen (einschließlich der biometrischen Analyse) und die Interpretation der Ergebnisse
verantwortlich sind, sollen ebenfalls ihre Unterschrift geben.

p. dem Schlußbericht der Studie zuzustimmen und ihn zu unterzeichnen. Im Falle von Multicenterstudien kann die Unterschrift des koordinierenden Prüfers
ausreichend sein, wenn dies im Prüfplan festgelegt und dem zugestimmt wurde.

q. sicherzustellen, daß die Vertraulichkeit der Information über die an der Studie
teilnehmenden Personen sowie der vom Sponsor gelieferten Information von
allen Beteiligten respektiert wird.

r. folgende Punkte, die für die Betreuung der Patienten wichtig sind, zu beachten:

3.1

- eine vollständig funktionierende Wiederbelebungsausrüstung muß für den Notfall unmittelbar zur Verfügung stehen, wenn dies notwendig werden kann,
- der Prüfer ist für die Dauer der Prüfung ärztlich für die Personen, die für die Durchführung der Studie unter ihrer/seiner Obhut stehen, verantwortlich und muß die ärztliche Versorgung nach Beendigung der Studie sicherstellen.
- klinisch relevante außerhalb des Normbereichs liegende Laborwerte oder klinische Befunde müssen im Interesse des an der Prüfung teilnehmenden Patienten/Probanden nach Beendigung der Studie verfolgt werden.
- Personen, die in eine Studie einbezogen wurden, sollen, wenn angemessen, eine Karte erhalten, die die Information enthält, daß sie/er in einer Studie teilnimmt. Kontaktadressen/Telefonnummern sollen mitgeteilt werden für den Fall, daß andernorts eine Maßnahme notwendig wird.
- Im Krankenblatt soll deutlich vermerkt werden, daß die Person an einer klinischen Prüfung teilnimmt.
- Der Hausarzt sollte üblicherweise, mit Einwilligung des an der Prüfung Teilnehmenden, informiert werden.

Kapitel 3:
Umgang mit den Daten

Prüfer

3.1 Der Prüfer verpflichtet sich, sicherzustellen, daß die Beobachtungen und Befunde korrekt und vollständig im Prüfbogen festgehalten werden und dieser unterzeichnet wird.

3.2 Die Dateneingabe in ein Computersystem ist akzeptabel, wenn sie, wie in dem EG-Hinweis zur GMP empfohlen wird, ausgeführt wird.

3.3 Wenn Studiendaten direkt in einen Computer eingegeben werden, müssen in jedem Fall ausreichende Vorkehrungen getroffen sein, um eine Dateüberprüfung möglich zu machen, einschließlich eines unterschriebenen und datierten Ausdrucks und eines Patientenbogens (back-up record). Computersysteme müssen validiert, und eine eingehende Beschreibung für ihren Gebrauch muß vorhanden und aktualisiert sein.

3.4 Jede Korrektur in einem Prüfbogen und andernorts in einem Originalbericht (hard copy raw data) muß in der Weise ausgeführt werden, daß die erste Eintragung nicht unleserlich wird. Die korrigierten Werte sind mit Angabe des Grundes für die Korrektur einzusetzen, unter Hinzufügung des Datums und der Initialen des Prüfers. Im Falle der elektronischen Datenverarbeitung sollen nur autorisierte Personen Zugang haben oder die Daten verändern können, und Änderungen und Löschungen müssen vermerkt werden.

3.5 Wenn Daten während der Verarbeitung transformiert werden, muß die Transformation dokumentiert und das System validiert werden.

3.6 Laborwerte mit Angabe des Normalbereiches müssen immer auf dem Prüfbogen   **3.1**
     festgehalten oder ihm beigefügt werden. Werte außerhalb des klinisch akzep-
     tierten Normbereiches oder Werte, die deutlich von vorherigen Werten abwei-
     chen, müssen vom Prüfer bewertet und kommentiert werden.

3.7 Andere Daten, als im Prüfplan für erforderlich gehalten, können auf dem Prüfbo-
     gen verzeichnet werden, jedoch klar ausgewiesen als zusätzliche Befunde, und
     ihre Bedeutung soll durch den Prüfer beschrieben werden.

3.8 Die Maßeinheiten müssen in jedem Falle angegeben werden, und Transformatio-
     nen von Maßeinheiten müssen in jedem Falle angegeben und dokumentiert wer-
     den.

3.9 Der Prüfer hat in jedem Fall ein vertrauliches Krankenblatt zu führen, um die ein-
     deutige Identifikation jedes einzelnen Patienten zu ermöglichen.

Sponsor/Monitor

3.10 Der Sponsor muß ein validiertes, fehlerfreies Datenverarbeitungssystem mit ei-
     ner angemessenen Benutzeranleitung benutzen.

3.11 Der Monitor muß angemessene Vorkehrungen treffen, um das Übersehen von
     fehlenden Daten (missing data) oder logischer Inkonsistenzen zu vermeiden.
     Wenn ein Programm zur Auffindung von fehlenden Daten benutzt wird, sollte
     dies klargestellt werden.

3.12 Wenn elektronische Datenübertragung und periphere elektronische Datenein-
     gabe verwendet werden, müssen SOP's für solche Systeme vorhanden sein. Sol-
     che Systeme sollen so ausgerüstet sein, daß sie Korrekturmöglichkeiten vorsehen,
     und die Korrektur muß in einem gesonderten Auditfile erscheinen (s. 3.4 und
     3.16).

3.13 Der Sponsor muß die höchstmögliche Korrektheit sicherstellen, wenn Daten
     transformiert werden. Es muß in jedem Falle möglich sein, den Datenausdruck
     mit den Originalbeobachtungen und -befunden zu vergleichen.

3.14 Der Sponsor muß in der Lage sein, alle eingegebenen Daten, die zu einem Prü-
     fungsteilnehmer gehören, durch einen eindeutigen Code zu identifizieren (s. 3.9).

3.15 Wenn Daten während der Datenverarbeitung transformiert werden, muß die
     Transformation dokumentiert und die Methode validiert sein.

3.16 Der Sponsor muß eine Liste der Personen vorhalten, die autorisiert sind, Kor-
     rekturen durchzuführen, und er muß den Zugang zu den Daten durch ein
     angemessenes Sicherheitssystem schützen.

3.1   *Aufbewahrung der Daten*

3.17 Der Prüfer muß dafür Sorge tragen, daß die Identifizierungscodes für mindestens 15 Jahre nach Abschluß oder Abbruch der Studie aufbewahrt werden. Die Krankenblätter und andere Originaldaten müssen für die längstmögliche Zeit, die durch das Krankenhaus, die Institution oder private Praxis erlaubt ist, aber nicht weniger als 15 Jahre, aufbewahrt werden. Der Sponsor, oder späterer Zulassungsinhaber muß (müssen) alles andere Material, das zur Studie gehört, so lange sich das Arzneimittel auf dem Markt befindet, aufbewahren. Archivierte Daten können auf Mikrofiche oder als Computerdatei aufbewahrt werden, vorausgesetzt, es gibt eine Datensicherung und die Möglichkeit, Papierausdrucke (hard copies) zu erstellen, wenn erforderlich.

3.18 Der Prüfplan, die Dokumentation, die Zustimmungen und alle anderen Dokumente, die im Zusammenhang mit der Studie erstellt wurden, eingeschlossen Zertifikate, die ausweisen, daß ausreichende Audit- und Inspektionsverfahren ausgeführt wurden, müssen durch den Sponsor im Trial Master File aufbewahrt werden.

3.19 Daten zu unerwünschten Ereignissen sind in jedem Falle in den Trial Master File aufzunehmen.

3.20 Der Schlußbericht muß durch den Sponsor oder späteren Zulassungsinhaber 5 Jahre länger aufbewahrt werden, als sich das Arzneimittel auf dem Markt befindet. Jede Änderung in dem Besitzstand der Daten muß dokumentiert werden.

3.21 Alle Daten und Dokumente müssen auf Anforderung der zuständigen Behörde verfügbar gemacht werden.

Sprache

3.22 Alle geschriebenen Informationen und anderes Material, das Patienten und klinischem Hilfspersonal zur Verfügung gestellt und von ihnen benutzt wird, muß in einer Sprache abgefaßt sein, die klar verständlich ist.

3.23 Die zuständigen Behörden haben vereinbart, Prüfbögen, die in englischer Sprache ausgefüllt sind, zu akzeptieren.

Kapitel 4:
Biometrie

4.1 Zugang zu biometrischer Expertise ist vor Beginn und während des gesamten Studienablaufs notwendig, beginnend mit dem Entwurf eines Studienplanes und endend mit der Fertigstellung des Abschlußberichtes.

4.2 An welchem Ort und durch wen die Biometrie ausgeführt werden wird, soll in Übereinstimmung zwischen Sponsor und Prüfer festgelegt werden.

Biometrische Planung   **3.1**

4.3 Die wissenschaftliche Integrität einer klinischen Studie und die Glaubwürdigkeit der hervorgebrachten Daten ist in erster Linie von der Planung der Studie abhängig. Im Falle vergleichender Studien sollte daher der Prüfplan folgende Aspekte einschließen und beschreiben:

  a. eine auf bereits verfügbaren Daten fußende Begründung für den Unterschied der Zielgröße zwischen den Behandlungen, der laut Prüfplan entdeckt werden soll, und die Power, mit der dieser Unterschied entdeckt werden kann, unter Berücksichtigung der klinischen und wissenschaftlichen Information und eines fachlichen Urteils über die klinische Relevanz der statistischen Unterschiede.

  b. Maßnahmen, um Verzerrungen (Bias) zu vermeiden, insbesondere Methoden der Randomisierung, wenn von Bedeutung.

Randomisierung und Verblindung

4.4 Wenn eine Randomisierung vorgenommen wird, muß der Randomisierungsprozeß dokumentiert werden. Wenn ein verschlossener Code für jede individuelle Behandlung in einer blinden, randomisierten Studie geliefert worden ist, muß dieser an der Prüfstelle und beim Sponsor aufbewahrt werden.

4.5 Im Falle einer Blindstudie muß der Prüfplan festhalten, unter welchen Umständen der Code gebrochen werden kann oder muß. Ein System ist notwendig, welches im Notfall die Möglichkeit gibt, die Behandlung des einzelnen Patienten einzusehen. Das System darf zu einem gegebenen Zeitpunkt lediglich die Möglichkeit vorsehen, den Behandlungsschlüssel für einen einzigen Patienten/Probanden offenzulegen. Wenn der Code gebrochen worden ist, muß dies im Prüfbogen gerechtfertigt werden.

Statistische Analyse

4.6 Die Art/Arten der statistischen Analyse, die angewendet werden sollen, müssen im Prüfplan ausgeführt sein, und jegliche späteren Abweichungen von dieser Planung müssen beschrieben und im Endbericht gerechtfertigt werden. Die Planung der statistischen Analyse und ihre Ausführung muß durch einen namentlich benannten, entsprechend qualifizierten und erfahrenen Biometriker/Statistiker durchgeführt oder bestätigt werden. Die Möglichkeit und die Umstände einer Zwischenauswertung müssen ebenfalls im Prüfplan ausgeführt sein.

4.7 Der Prüfer und der Monitor müssen sicherstellen, daß die Daten von hoher Qualität sind, was die Datensammlung betrifft, und der Biometriker/Statistiker muß die Integrität der Daten während der Datenauswertung sicherstellen.

4.8 Die Ergebnisse der Analysen sollen in einer Art präsentiert werden, die die Interpretation ihrer klinischen Bedeutung erleichtert, z.B. eher durch Angabe von Schätzwerten des Ausmaßes des Effektes der Behandlung/des Ausmaßes der Differenzen und von Konfidenzintervallen als durch alleinige Angabe der Ergebnisse von Signifikanztestungen.

3.1 4.9 Die statistische Analyse muß Rechenschaft ablegen über fehlende, nicht verwertete oder fehlerhafte Daten. Alle Auslassungen dieser Art müssen dokumentiert werden, um eine Reanalyse zu ermöglichen.

Kapitel 5:
Qualitätssicherung

5.1 Ein System der Qualitätssicherung, eingeschlossen alle Elemente, die in diesem Kapitel und dem Glossar beschrieben werden, muß vom Sponsor angewendet und in Wirkung gesetzt werden.

5.2 Alle Beobachtungen und Befunde müssen korrekt nachvollziehbar sein. Dies ist von besonderer Wichtigkeit für die Glaubwürdigkeit der Daten und um sicherzustellen, daß die dargestellten Schlußfolgerungen sich korrekt aus den Rohdaten ableiten lassen. Die Überprüfungsprozeduren müssen daher im einzelnen dargestellt und begründet sein. Ein auf statistischer Auswahl beruhendes Vorgehen kann eine akzeptable Methode der Datenüberprüfung in jeder Studie sein.

5.3 Eine Qualitätskontrolle soll für jeden Schritt des Umgangs mit den Daten vorgesehen werden, um sicherzustellen, daß die Daten verläßlich sind und daß sie korrekt verarbeitet wurden.

5.4 Ein Audit durch den Sponsor muß durch Personen/Einrichtungen durchgeführt werden, die unabhängig sind von denen, die für die Studie verantwortlich sind.

5.5 Alle Empfehlungen, Anforderungen oder Dokumente, die in dieser Guideline angesprochen wurden, können einem Audit durch den Sponsor oder eine benannte, unabhängige Organisation und/oder die zuständigen Behörden (Inspektion) unterworfen werden und müssen hierfür zugänglich sein.

5.6 Prüfstellen, Einrichtungen einschließlich Labors und jede Art von Daten (einschließlich Originaldaten) und Dokumentation müssen für die Inspektion durch die zuständige Behörde zugänglich sein.

Anhang

1 Einleitung

Dieser Anhang soll Empfehlungen zu einigen praktischen Aspekten klinischer Studien geben. Er enthält einen Großteil der Empfehlungen, die in den „Empfehlungen und Grundsätzen für die Durchführung klinischer Prüfungen von Arzneimitteln in der Europäischen Gemeinschaft" enthalten sind (Die Regelung der Arzneimittel in der Europäischen Gemeinschaft, Band III, 1989, S. 115–132, Katalog-Nr. CB-55-89-843-EN-C, ISBN 92-825-9612-2). Da Teile der „Empfehlungen und Grundsätze für die Durchführung klinischer Prüfungen" nun in diesem Anhang enthalten sind, wird die Empfehlung entsprechend geändert werden.

2 Hintergrund   **3.1**

Jeder, der eine Prüfung eines Arzneimittels beim Menschen vorbereitet, muß sich darum bemühen, die speziellen Probleme dieser klinischen Prüfung vollständig in Betracht zu ziehen. Die Wahl der Lösung von Problemen muß wissenschaftlich korrekt und ethisch gerechtfertigt sein. Es muß betont werden, daß die Verantwortlichkeit sowohl beim Auftraggeber als auch bei denjenigen liegt, die die Prüfungen tatsächlich durchführen. Hinsichtlich der Strategie der klinischen Bewertung eines neuen wirksamen Bestandteils ist es sehr ratsam, die einzelne Prüfung als Teil einer logisch aufgebauten Kette von Untersuchungen zu planen.

3 Definition klinischer Prüfungen

Im Kontext dieser Hinweise sind klinische Arzneimittelprüfungen systematische Untersuchungen am Menschen, sowohl bei Patienten wie auch bei Freiwilligen, die nicht an der Erkrankung leiden, für die das Arzneimittel bestimmt ist, um Pharmakodynamik, therapeutische Wirkungen und/oder unerwünschte Wirkungen eines Prüfpräparates zu entdecken oder zu bestätigen, sowie Untersuchungen von Absorption, Verteilung, Metabolismus und Ausscheidung eines wirksamen Stoffes, um die Wirkung und Unbedenklichkeit der Präparate zu sichern.

Klinische Studien werden im allgemeinen als Studien der Phasen I bis IV charakterisiert. Es ist allerdings nicht möglich, klare Abgrenzungen zwischen den Phasen vorzunehmen, unterschiedliche Auffassungen werden im Hinblick auf Methodologie und Details vertreten. Definitionen der einzelnen Phasen, ausgehend von ihren Zielen im Rahmen der klinischen Entwicklung eines Arzneimittels, werden kurzgefaßt gegeben:

a) Phase I

Erste Studien einer neuen aktiven Substanz beim Menschen, oftmals bei gesunden Probanden. Das Ziel ist, eine vorläufige Bewertung der Unbedenklichkeit der Anwendung und eine erstmalige Beschreibung des pharmakokinetischen/pharmakodynamischen Profils der aktiven Substanz beim Menschen zu erhalten.

b) Phase II

Therapeutische Pilotuntersuchungen. Das Ziel ist, eine Aktivität nachzuweisen und eine Bewertung der Unbedenklichkeit der aktiven Substanz nach Kurzzeitanwendung bei Patienten vornehmen zu können, die an der Erkrankung oder den Symptomen leiden, für deren Behandlung das Arzneimittel vorgesehen ist. Die Studien werden bei einer begrenzten Anzahl von Patienten und oft, in einem späteren Entwicklungsstadium, als vergleichende Studien (z.B. Placebo-kontrolliert) durchgeführt. In dieser Entwicklungsphase werden Dosis/Dosierungsfindungsstudien durchzuführen sein und (wenn möglich) eine Abklärung der Beziehung zwischen Dosis und Wirksamkeit, um eine optimale Ausgangssituation für die Planung größerer therapeutischer Studien zu erhalten.

c) Phase III

Studien an größeren (und möglicherweise unterschiedlichen) Patientengruppen mit dem Ziel, die Risiko/Nutzenabwägung nach kurzzeitiger und längerfristiger Gabe der galenischen Formulierungen des Wirkstoffes zu ermöglichen und den therapeutischen Wert im Vergleich zu therapeutischen Alternativen zu bestimmen. Das qualitative und quantitative Muster für das Auftreten häufiger unerwünschter Wirkungen muß abgeklärt werden, und Besonderheiten des Arzneimittels müssen aufgefunden werden (z.B. klinisch relevante Arzneimittelinteraktionen, Faktoren, die zu Unter-

3.1   schieden führen wie Alter usw.). Die Studienanordnung soll vorzugsweise ein doppelblindes, randomisiertes Design aufweisen, aber andere Studienanordnungen können akzeptiert werden, z.B. für Untersuchungen der Unbedenklichkeit bei Langzeitanwendungen. Generell gilt, daß die Prüfungsbedingungen den normalen Anwendungsbedingungen so nahe wie möglich kommen sollten.

d) Phase IV

Untersuchungen nach dem Inverkehrbringen der oder des wirksamen Bestandteil enthaltenden Fertigarzneimittel(s); allerdings besteht über die Definition dieser Phase keine vollständige Einigung. Prüfungen in Phase IV werden durchgeführt auf der Grundlage der im Zulassungsbescheid festgelegten Bedingungen, z.B. Überwachung nach dem Inverkehrbringen, Bewertung des therapeutischen Werts oder von Strategien. Entsprechend den Umständen machen Phase-IV-Studien Studienbedingungen (einschließlich eines Prüfplanes) erforderlich, wie sie für Studien vor Einführung auf dem Markt beschrieben sind.

Klinische Studien, in denen z.B. neue Indikationen, neue Darreichungswege oder neue Kombinationen geprüft werden, werden wie Studien für neue Arzneimittel angesehen.

4   Maßnahmen zur Gewährleistung der besten Prüfbedingungen

Ein Prüfungsprotokoll (s. Punkt 6) muß ausgearbeitet und es muß danach vorgegangen werden. Alle Beteiligten müssen geeignete Instruktionen erhalten.

Die äußeren Bedingungen, unter denen die Prüfung durchgeführt wird, müssen im Hinblick auf Ausstattung und Vorbereitung sorgfältig ausgewählt werden. Sie müssen z.B. für die Überwachung von Patienten/gesunden Probanden, hinsichtlich personeller und labortechnischer Möglichkeiten, Notfalltraining usw. von ausreichender Qualität sein.

Schließlich muß vor Beginn der klinischen Prüfung der Verantwortlichkeitsbereich des Auftraggebers, des Leiters der klinischen Prüfung und aller Mitarbeiter klar definiert werden.

5   Erforderliche Daten vor Beginn der Studie

Chemische, pharmazeutische, am Tier gewonnene pharmakologische und toxikologische Daten über die Substanz und/oder die zu untersuchende pharmazeutische Form müssen zur Verfügung stehen und fachmännisch ausgewertet werden, ehe ein neues Produkt klinisch geprüft wird. Dabei ist der Auftraggeber dafür verantwortlich, daß erschöpfendes, vollständiges und sachdienliches Datenmaterial geliefert wird, z.B. in Form der Information für den Prüfer.

Wenn ein wirksamer Bestandteil in den Phasen II, III und IV untersucht werden soll, müssen alle vorhandenen, beim Menschen gefundenen Daten in die Planung einbezogen werden. Bevor mit Untersuchungen der Phase II begonnen wird, sind Ergebnisse aus vorhergehenden Untersuchungen der Humanpharmakologie obligatorisch. Neben Wirkungen auf Zielparameter müssen mögliche Effekte auf andere wichtige Organsysteme bei den vorgesehenen Dosierungen untersucht worden sein, obgleich dies u.U. nicht in allen Studien möglich ist. In Betracht gezogen werden Ergebnisse aus Untersuchungen zur Kinetik des wirksamen Bestandteils, seiner Verteilung und/oder Ausscheidung, evtl. nach Verabreichung über verschiedene Wege, sowie Ergebnisse aus

anderen Untersuchungen, auf denen die Wahl der Dosierung beruht, z.B. Untersu-   **3.1**
chungen der Dosis/Wirkungs- und/oder Konzentration/Wirkungsbeziehungen, sowie Studien zur Unbedenklichkeit der Anwendung. Bevor mit Untersuchungen der
Phase III begonnen wird, müssen Ergebnisse aus früheren klinischen Prüfungen
durchgesehen und verwertet werden. Die Möglichkeit von Wechselwirkungen mit
Arzneimitteln, die andere wirksame Bestandteile enthalten, muß beachtet werden.

6 Prüfplan

Eine gut geplante klinische Prüfung beruht in erster Linie auf einem gründlich durch-
dachten, gut aufgebauten und vollständigen Prüfplan.

Der Prüfplan muß, sofern zutreffend, die in den folgenden Einzelpunkten angegebenen Informationen enthalten. Zumindest muß diese Liste von Einzelpunkten durch-
geprüft werden, wenn der Prüfplan für eine klinische Prüfung erstellt wird.

6.1 Allgemeine Angaben

a) Titel des Projekts;
b) Name des für die Prüfung verantwortlichen Klinikers (Leiter der klinischen Prüfung) und Namen anderer möglicher Teilnehmer sowie Angaben zu ihrem Beruf
   (z.B. Arzt, Biochemiker, Krankenschwester, Statistiker usw.);
c) gegebenenfalls Name des Auftraggebers;
d) Klinik/Abteilung/Ärztegruppe, der Ort der Prüfung (Adresse).

6.2 Begründung und Ziele

a) Ziel der klinischen Prüfung;
b) Grund für die Durchführung;
c) wesentliche Aspekte des Problems und Hintergrundinformationen, unter Berücksichtigung der relevanten Publikationen.

6.3 Ethische Aspekte

a) Allgemeine ethische Überlegungen zu der Studie;
b) Darstellung der Vorgehensweise, wie die Patienten/gesunden Probanden informiert werden und wie die Einverständniserklärung eingeholt wird;
c) mögliche Gründe dafür, im vorliegenden Falle von der Aufklärung und dem Einholen des Einverständnisses abzusehen.

6.4 Allgemeiner Zeitplan

a) Beschreibung des geplanten Zeitablaufes der Prüfung (mit Datumsangabe), d.h.
   Beginn, Untersuchungszeitraum, Ende der Prüfung;
b) Begründung der Zeitplanung, z.B. im Hinblick darauf, inwieweit Befunde für die
   Unbedenklichkeit der wirksamen Bestandteile/Arzneimittel vorliegen, im Hinblick auf den zeitlichen Verlauf der betreffenden Krankheit und im Hinblick auf
   die erwartete Behandlungsdauer.

6.5 Allgemeine Planung

a) Darstellung des Prüfungstyps, z.B. kontrollierte Untersuchung, Pilotuntersu-
   chung, sowie möglichst die Phase, in die die vorliegende Prüfung einzuordnen ist;
b) Beschreibung der Randomisierungsmethode, einschließlich Verfahren und praktischer Durchführung;

3.1   c) Beschreibung des Prüfplans (z.B. parallele Gruppen, Überkreuzplanung), sowie die gewählte Blind-Technik (z.B. Doppelblindstudie, Einfachblindstudie);

d) Darstellung anderer Faktoren, die den Versuchsbias reduzieren und in die Studienplanung einbezogen werden.

6.6 Auswahl der Versuchspersonen

a) Darstellung der Untersuchungspopulation (Patienten/gesunde Probanden), einschließlich Alter, Geschlecht, ethnischer Gruppen, prognostischer Faktoren usw.;

b) klare Darstellung der diagnostischen Einschlußkriterien;

c) ausführliche Angaben der Kriterien für die Aufnahme in die Prüfgruppe, für den Ausschluß vor der Aufnahme und den Ausschluß von Patienten aus der Prüfung nach Aufnahme in die Prüfung.

6.7 Behandlung

a) Klare Beschreibung des zu prüfenden Produkts oder der Produkte (in den Verkehr zu bringende Arzneimittel, keine „Laborformulierungen") sowie Begründung der zu prüfenden Dosierungen;

b) Beschreibung der Behandlung der Kontrollgruppe(n) oder im Kontrollzeitraum (Placebo, andere Arzneimittel usw.);

c) Verabreichungsweg, Einzeldosis, Dosierung, Behandlungszeitraum für das den wirksamen Bestandteil enthaltende zu prüfende Erzeugnis und das (die) Referenzarzneimittel;

d) Regeln für den Einsatz einer gleichzeitigen Behandlung;

e) Vorschriften, um die unbedenkliche Handhabung der Arzneimittel zu gewährleisten;

f) Maßnahmen, um die strikte Befolgung der Vorschriften zu fördern und zu kontrollieren (Überwachung der Einhaltung).

6.8 Feststellung der Wirksamkeit

a) Beschreibung verwendeter Zielgrößen;

b) Darstellung der Vorgehensweise für die Messung und Aufzeichnung von Effekten der Zielgrößen;

c) Meßzeitprodukte und Meßzeiträume;

d) Beschreibung durchzuführender spezieller Analysen und/oder Tests (pharmakokinetische, klinische, labortechnische, radiologische Tests usw.).

6.9 Unerwünschte Arzneimittelwirkungen

a) Methode zur Feststellung unerwünschter Arzneimittelwirkungen;

b) Handlungsanweisung bei Komplikationen;

c) Information darüber, wo der Code aufbewahrt wird und wie er im Notfall gebrochen werden kann;

d) Einzelheiten über die Meldung unerwünschter Wirkungen und Angabe, an wen diese weitergegeben werden, und wie rasch die Meldungen erfolgen müssen.

6.10 Praktische Hinweise

a) Ein detaillierter und ausführlicher Plan für die einzelnen Schritte und Vorgehensweisen, um die klinische Studie effektiv leiten und überwachen zu können;

b) Vorschriften und Anweisungen über das Vorgehen bei voraussehbaren Abweichungen vom Prüfplan;

c) Zuweisung von Pflichten und Verantwortlichkeiten innerhalb der Forschungsgruppe und koordinierende Aufgaben;

d) Anweisung an die Mitarbeiter, einschließlich einer Beschreibung der Studie; **3.1**
e) Adressen, Telefonnummern usw. die es jedem Mitarbeiter ermöglichen, die Arbeitsgruppe jederzeit zu erreichen;
f) Ausführungen zu Fragen der Vertraulichkeit der Daten, soweit erforderlich.

6.11 Umgang mit den Aufzeichnungen

a) Anweisungen für die Handhabung und Verarbeitung von Aufzeichnungen über Wirkungen und Nebenwirkungen des geprüften Arzneimittels;
b) Anweisungen für die Führung und Aufbewahrung von speziellen Patientenlisten und der Prüfbögen für jeden Patienten/Probanden, der an der Studie teilnimmt. Der Prüfbogen sollte eine rasche Identifikation des einzelnen Patienten/Probanden ermöglichen. Eine Kopie des Prüfbogens muß beigefügt sein.

6.12 Auswertung

a) Eine ins einzelne gehende Beschreibung, wie die gemessene Prüfgröße ausgewertet wird;
b) Methoden der Berechnung des Effekts;
c) eine Beschreibung, wie mit Patienten/Probanden, die aus der Studie herausgenommen wurden/aus der Studie ausscheiden, zu verfahren ist und wie über diese Fälle berichtet wird;
d) Qualitätskontrolle des Vorgehens bei der Auswertung.

6.13 Statistik

a) Eine ausführliche Beschreibung der anzuwendenden statistischen Methoden;
b) geplante Anzahl der Patienten, die einbezogen werden soll. Grund für die geplante Größe der Versuchsgruppen mit Überlegungen zur Aussagekraft der klinischen Prüfung incl. Powerberechnungen sowie klinische Begründung;
c) Beschreibung der statistischen Einheit;
d) das Signifikanzniveau;
e) Regeln zur Beendigung der klinischen Prüfung (Abbruchregeln).

6.14 Finanzierung, Berichterstattung, Genehmigungen, Versicherung usw.

Es ist oft ratsam, die Einstellung zu einer ganzen Reihe von Problemen, die die Durchführung und die Ergebnisse einer klinischen Prüfung direkt oder indirekt beeinflussen können, im Zusammenhang mit dem Prüfplan festzulegen.

Die wesentlichen Punkte werden weiter unten (Punkt 8–10) dargestellt. Dazu gehören die Finanzierung der klinischen Studie, Versicherungs- und Haftpflichtprobleme sowie Kennzeichnung.

6.15 Zusammenfassung, Ergänzungen

Der Prüfplan muß eine verständliche Zusammenfassung und notwendige Anhänge (z.B. Informationen für die Patienten, Anweisungen an die Mitarbeiter, Beschreibung spezieller Verfahren) enthalten.

6.16 Literaturverzeichnis

Ein Verzeichnis der Literatur, auf die im Prüfplan verwiesen wird, muß beigefügt sein.

3.1   *7 Prüfbogen*

Um die Ergebnisse einer klinischen Studie angemessen darstellen zu können, ist es wichtig, daß eine vollständige Zusammenfassung der Information über die an der Studie teilnehmende Person, die Gabe/Einnahme des Prüfpräparates und die Befunde der im Prüfplan festgelegten Untersuchungen verfügbar ist. Dies wird erreicht durch die Verwendung eines Prüfbogens (engl. Case Report Form, CRF), der erstellt werden muß, um die Beobachtung der an der Studie teilnehmenden Person zu erleichtern und der den Prüfplan berücksichtigt. Wenn ein Prüfbogen erstellt wird, sollen die folgenden Punkte berücksichtigt werden. Die Auflistung ist nicht vollständig, und der Prüfbogen muß unter Berücksichtigung der Eigenschaften des jeweiligen Prüfpräparates erstellt werden. Wenn eine oder mehrere der Punkte nicht berücksichtigt wurden, ist dies zu erklären.

a) Datum, Ort und Identifikation der Studie,

b) Identifikation der in die Studie einbezogenen Person,

c) Alter, Geschlecht, Körpergröße und -gewicht sowie ethnische Zugehörigkeit,

d) Besonderheiten der Person (z.B. Raucher, spezielle Diäten, Schwangerschaft, frühere Behandlungen),

e) Diagnose; Indikation für die Gabe/Einnahme des Prüfpräparates in Übereinstimmung mit dem Prüfplan,

f) Übereinstimmung mit den Einschluß-/Ausschlußkriterien,

g) Dauer der Krankheit; Zeitpunkt des letzten Krankheitsausbruchs (wenn zutreffend),

h) Einzeldosis, Tagesdosierung und tatsächliche Gabe/Einnahme des Prüfpräparates; Angaben zur Compliance,

i) Dauer der Behandlung,

j) Dauer der Beobachtungsperiode,

k) Begleittherapie(n) sowohl medikamentös wie nichtmedikamentös,

l) Ernährung,

m) Registrierung der Effektgrößen (einschließlich Datum, Tageszeit, Unterschrift des Untersuchers),

n) Registrierung von unerwünschten Ereignissen. Art, Dauer, Intensität etc. Konsequenzen und Maßnahmen,

o) Gründe für einen Abbruch (wenn zutreffend).

8 Finanzierung der Studie

Alle bei der Versuchsdurchführung und -berichterstattung anfallenden finanziellen Probleme müssen eindeutig geregelt sein, und ein Budget muß aufgestellt werden. Es müssen Informationen über die Herkunft wirtschaftlicher Unterstützung (z.B. Stiftungen, private oder öffentliche Gelder, Auftraggeber/Hersteller) verfügbar sein. Desgleichen muß auch eindeutig klar sein, wie die Ausgaben verteilt werden, z.B. Erstattung von Auslagen der Patienten, Bezahlung von Spezialtests, technische Assistenz, Erwerb von Geräten, mögliche Honorare oder Vergütungen für die Mitglieder des Forschungsteams, Bezahlung der Universität/Klinik usw.

In Fällen, in denen solche Information nicht offensichtlich ist, können die zuständigen Behörden genaue Kenntnis der Verbindung (wirtschaftliche usw.) zwischen dem einzelnen Forscher und dem Hersteller des Produkts oder der Produkte fordern.

9 Versicherung und Haftpflicht **3.1**

Patienten/gesunde Probanden, die an einer klinischen Prüfung teilnehmen, müssen ausreichend gegen jeden durch die Prüfung verursachten Schaden versichert werden. Die Haftung der beteiligten Parteien (Ärzte, Auftraggeber/Hersteller, Krankenhäuser, Kliniken usw.) muß vor Beginn einer klinischen Prüfung eines einen wirksamen Bestandteil enthaltenden Arzneimittels klar sein.

10 Kennzeichnung

Die Vorschriften der Richtlinie des Rates 65/65/EWG zur Kennzeichnung müssen analog zur Kennzeichnung der in klinischen Prüfungen verwendeten Arzneimittel und Placebos angewandt werden. Darüber hinaus muß die Kennzeichnung den Ausdruck „Für die klinische Prüfung" und den Namen des für die Prüfung verantwortlichen Arztes enthalten.

11.Verfahren der Mitteilung/Genehmigung klinischer Prüfungen

In Mitgliedstaaten, in denen das Arzneimittelgesetz eine Mitteilung oder einen Genehmigungsantrag vor Beginn einer Prüfung vorsieht, muß die nationale Regelung beachtet und befolgt werden. In einigen Ländern muß ein spezielles Formular verwendet werden. Die Mitteilung/der Antrag muß von dem mit der Prüfung beauftragten Arzt, dem Auftraggeber und dem Leiter des Instituts oder der Abteilung, in der die Prüfung stattfinden soll, unterzeichnet werden. Die unterzeichnete(n) Person(en) ist/sind für die Durchführung der Prüfung, einschließlich aller Abweichungen vom Prüfprotokoll, in Übereinstimmung mit den nationalen Regelungen, verantwortlich. Die Mitteilung/der Antrag umfaßt gewöhnlich die in dem Formblatt spezifizierte Information, ein Prüfprotokoll mit einer kurzen Zusammenfassung sowie die in den vorliegenden Hinweisen genannte Information und Dokumentation. Allerdings können die Bestimmungen in den Mitgliedstaaten variieren. Für ein bereits als Arzneimittel zugelassenes Produkt genügt gewöhnlich ein Hinweis auf die vorher eingereichte Information.

Im allgemeinen müssen Mitteilungen/Anträge bei folgender Sachlage bei der zuständigen Behörde eingereicht werden:

a) Nicht zugelassene Produkte: alle klinischen Prüfungen.

b) Zugelassene Arzneimittel, wenn die Prüfung

- geplant ist, um neue Indikationen zu untersuchen,
- mit Patientengruppen durchgeführt wird, die vorher nicht hinreichend untersucht worden sind,
- wenn Dosierungen gegeben werden, die beträchtlich über den vorher genehmigten liegen.

Eine Multicenter-Studie, die auf ein Land beschränkt ist, wird im allgemeinen als eine klinische Prüfung betrachtet werden, für die eine vollständige Mitteilung/Antrag mit einem Prüfplan und einer Dokumentation eingereicht werden muß. Zusätzlich muß jedes Zentrum ein Formular einreichen, mit dem es seine Beteiligung an der klinischen Prüfung bestätigt.

3.2 Richtlinie der Kommission der Europäischen Gemeinschaften (Auszug)

Vom 19. Juli 1991: zur Änderung des Anhangs der Richtlinie des Rates 75/318/EWG zur Angleichung der Rechts- und Verwaltungsvorschriften der Mitgliedstaaten über die analytischen, toxikologisch-pharmakologischen und ärztlichen oder klinischen Vorschriften und Nachweise über Versuche mit Arzneimitteln

(91/507/EWG)

Die Kommission der Europäischen Gemeinschaften –

gestützt auf den Vertrag zur Gründung der Europäischen Wirtschaftsgemeinschaft,

gestützt auf die Richtlinie 75/318/EWG des Rates vom 20. Mai 1975 zur Angleichung der Rechts- und Verwaltungsvorschriften der Mitgliedstaaten über die analytischen, toxikologisch-pharmakologischen und ärztlichen oder klinischen Vorschriften und Nachweise über Versuche mit Arzneimitteln[1], zuletzt geändert durch die Richtlinie 89/341/EWG[2],

gestützt auf die Richtlinie 89/342/EWG des Rates vom 3. Mai 1989 zur Erweiterung des Anwendungsbereichs der Richtlinien 65/65/EWG und 75/319/EWG und zur Festlegung zusätzlicher Vorschriften für aus Impfstoffen, Toxinen oder Seren und Allergenen bestehende immunologische Arzneimittel[3], insbesondere Artikel 5,

gestützt auf die Richtlinie 89/343/EWG des Rates vom 3. Mai 1989 zur Erweiterung des Anwendungsbereichs der Richtlinien 65/65/EWG und 75/319/EWG zur Festlegung zusätzlicher Vorschriften für radioaktive Arzneimittel[4], insbesondere Artikel 7,

gestützt auf die Richtlinie 89/381/EWG des Rates vom 14. Juni 1989 zur Erweiterung des Anwendungsbereichs der Richtlinien 65/65/EWG und 75/319/EWG zur Angleichung der Rechts- und Verwaltungsvorschriften über Arzneispezialitäten und zur Festlegung besonderer Vorschriften für Arzneispezialitäten aus menschlichem Blut oder Blutplasma[5], insbesondere Artikel 6,

in Erwägung nachstehender Gründe:

Im Anschluß an den Erlaß der Richtlinien 89/342/EWG, 89/343/EWG und 89/381/EWG stellt sich die Notwendigkeit einer Änderung des Anhangs der Richtlinie 75/318/EWG, um spezielle Anforderungen an Versuche mit immunologischen Arzneimitteln, radioaktiven Arzneimitteln und aus menschlichem Blut oder Blutplasma hergestellten Arzneimitteln festzulegen.

Außerdem ist eine Anpassung der gemäß mit dem Anhang der Richtlinie 75/318/EWG festgelegten geltenden Anforderungen an den technischen Fortschritt, insbesondere im Hinblick auf die besondere Art der Arzneimittel, erforderlich, die nach den in der Liste A und im ersten Gedankenstrich der Liste B des Anhangs der Richtlinie 87/22/EWG des Rates[6] aufgeführten Verfahren hergestellt werden.

---

[1] ABl. Nr. L 147 vom 9. 6. 1975, S. 1.
[2] ABl. Nr. L 142 vom 25. 5. 1989, S. 11.
[3] ABl. Nr. L 142 vom 25. 5. 1989, S. 14.
[4] ABl. Nr. L 142 vom 25. 5. 1989, S. 16.
[5] ABl. Nr. L 181 vom 28. 6. 1989, S. 44.
[6] ABl. Nr. L 15 vom 17. 1. 1987, S. 38.

Die Bestimmungen dieser Richtlinie sind im Einklang mit der Stellungnahme des ge-   **3.2**
mäß Artikel 2b der Richtlinie 75/318/EWG eingesetzten Ausschusses für die Anpassung der Richtlinien zur Beseitigung der technischen Handelshemmnisse auf dem
Gebiet der Arzneimittel –

hat folgende Richtlinie erlassen:

Artikel 1

Der Wortlaut des Anhangs der Richtlinie 75/318/EWG wird hiermit durch den
Wortlaut des Anhangs dieser Richtlinie ersetzt.

Artikel 2

(1) Die Mitgliedstaaten setzen die erforderlichen Rechts- und Verwaltungsvorschriften in Kraft, um dieser Richtlinie mit Ausnahme von Teil 2 Abschnitt A.3.3 des Anhangs spätestens bis zum 1. Januar 1992 nachzukommen; sie setzen die erforderlichen
Vorschriften in Kraft, um Teil 2 Abschnitt A.3.3 des Anhangs bis spätestens 1. Januar
1995 nachzukommen. Sie unterrichten die Kommission unverzüglich davon.

(2) Wenn die Mitgliedstaaten die Vorschriften nach Absatz 1 erlassen, nehmen sie in
diesen selbst oder durch einen Hinweis bei der amtlichen Veröffentlichung auf diese
Richtlinie Bezug. Sie regeln die Einzelheiten dieser Bezugnahme.

Artikel 3

Diese Richtlinie ist an alle Mitgliedstaaten gerichtet.

Brüssel, den 19. Juli 1991   *Für die Kommission*

                                                           Martin Bangemann
                                                           Vizepräsident

Einleitung

Die Angaben und Unterlagen, die dem Antrag auf Genehmigung für das Inverkehrbringen gemäß Artikel 4 der Richtlinie 65/65/EWG des Rates[7] beizufügen sind, sollen
entsprechend den in diesem Anhang aufgeführten Anforderungen in vier Teilen vorgelegt werden; dabei sind die von der Kommission in der Regelung der Arzneimittel
in der Europäischen Gemeinschaft, Band II veröffentlichten Hinweise „Mitteilung an
die Antragsteller betreffend die Genehmigung für das Inverkehrbringen der für den
Menschen bestimmten Arzneimittel in den Mitgliedstaaten der Europäischen Gemeinschaft" zu berücksichtigen.

Bei der Zusammenstellung der Unterlagen für einen Antrag auf Genehmigung für das
Inverkehrbringen müssen die Antragsteller die Hinweise zur Qualität, Unbedenklichkeit und Wirksamkeit von Arzneimitteln berücksichtigen, die von der Kommission in
der Regelung der Arzneimittel in der Europäischen Gemeinschaft, Band III und dem
Ergänzungsband „Hinweise zur Qualität, Unbedenklichkeit und Wirksamkeit der für
den Menschen bestimmten Arzneimittel" veröffentlicht worden sind.

Alle für die Bewertung des betreffenden Arzneimittels zweckdienlichen Angaben, ob
günstig oder ungünstig für das Erzeugnis, sind dem Antrag beizufügen. Insbesondere

---

[7] ABl. Nr. 22 vom 9. 2. 1965, S. 369/65.

3.2 sind alle zweckdienlichen Einzelheiten über jegliche unvollständige oder abgebrochene toxikologische und pharmakologische Versuche bzw. klinische Prüfungen zu dem Arzneimittel vorzulegen. Ferner sind den zuständigen Behörden zwecks Kontrolle der Nutzen-/Risiko-Bewertung nach Erteilung der Genehmigung für das Inverkehrbringen alle Änderungen zu den Angaben der Unterlagen, alle nicht in dem eigentlichen Antrag enthaltenen neuen Auskünfte sowie alle Berichte zur Überwachung der Arzneimittelsicherheit vorzulegen.

Die allgemeinen Abschnitte dieses Anhangs enthalten die für alle Gruppen von Arzneimitteln geltenden Anforderungen; sie werden durch Abschnitte ergänzt, die zusätzliche besondere für radioaktive Arzneimittel und biologische Arzneimittel, wie Impfstoffe, Seren, Toxine, Allergene sowie aus menschlichem Blut oder Blutplasma hergestellte Arzneimittel, geltende Anforderungen enthalten. Die zusätzlichen besonderen Anforderungen an biologische Arzneimittel gelten ebenfalls für Arzneimittel, die nach den in der Liste A und im ersten Gedankenstrich der Liste B des Anhangs der Richtlinie 87/22/EWG aufgeführten Verfahren hergestellt werden.

Die Mitgliedstaaten müssen sicherstellen, daß alle Tierversuche im Einklang mit der Richtlinie 86/609/EWG des Rates[8] durchgeführt werden.

Teil 1:
Zusammenfassung der Unterlagen

A. Administrative Daten

Für das Arzneimittel, für das der Antrag gestellt wird, sind der Name, der Name des bzw. der Wirkstoffe sowie die pharmazeutische Form, die Art der Anwendung, die Stärke und die endgültige Aufmachung, einschließlich der Verpackung, anzugeben.

Name und Anschrift des Antragstellers sind anzugeben sowie Name und Anschrift der Hersteller und die Orte der verschiedenen Herstellungsstufen (einschließlich des Herstellers des Fertigerzeugnisses und des bzw. der Hersteller des oder der wirksamen Bestandteile) und sofern zweckdienlich der Name und die Anschrift des Importeurs.

Der Antragsteller muß die Anzahl der mit dem Antrag eingereichten Unterlagen sowie die gegebenenfalls vorgelegten Muster angeben.

Den administrativen Daten beizufügen sind Kopien der Herstellungserlaubnis gemäß Artikel 16 der Richtlinie 75/319/EWG des Rates[9] und ein Verzeichnis der Länder, in denen eine Genehmigung gewährt wurde, sowie Kopien aller von den Mitgliedstaaten gebilligten Zusammenfassungen von Erzeugnismerkmalen gemäß Artikel 4a der Richtlinie 65/65/EWG und ein Verzeichnis der Länder, in denen ein Antrag eingereicht wurde.

B. Zusammenfassung der Erzeugnismerkmale

Der Antragsteller muß eine Zusammenfassung der Erzeugnismerkmale gemäß Artikel 4a der Richtlinie 65/65/EWG vorschlagen.

---

[8] ABl. Nr. L 358 vom 18. 12. 1986, S. 1.
[9] ABl. Nr. L 147 vom 9. 6. 1975, S. 13.

Zusätzlich muß der Antragsteller Muster oder Modelle der Verpackung, Etiketten **3.2**
und Packungsbeilagen des betreffenden Arzneimittels vorlegen.

C. Sachverständigenberichte

Gemäß Artikel 2 der Richtlinie 75/319/EWG müssen Sachverständigenberichte über
die chemischen, pharmazeutischen und biologischen Unterlagen, die toxikologisch-
pharmakologischen Unterlagen sowie die klinischen Unterlagen vorgelegt werden.

Der Sachverständigenbericht muß eine kritische Bewertung der Erzeugnisqualität und
der am Tier und am Menschen durchgeführten Untersuchungen sowie alle für eine
Bewertung zweckdienlichen Angaben enthalten. Er ist so abzufassen, daß sich der Leser ein klares Bild von den Eigenschaften, der Qualität, den vorgeschlagenen Spezifikationen und Kontrollverfahren, der Unbedenklichkeit, der Wirksamkeit sowie den
Vorzügen und Nachteilen des Erzeugnisses machen kann.

Alle wichtigen Daten sind in einem Anhang zum Sachverständigenbericht zusam-
menzufügen, und zwar wenn möglich mit Tabellen oder Graphiken. Der Sachverständigenbericht und die Zusammenfassungen müssen genaue Querverweisungen zu
den in den Hauptunterlagen enthaltenen Angaben aufweisen.

Jeder Sachverständigenbericht ist von einer qualifizierten und erfahrenen Person zu
erstellen. Er ist vom Sachverständigen zu unterzeichnen und zu datieren. Dem Bericht
sind knappe Angaben über die Ausbildung sowie berufliche Erfahrung des Sachverständigen beizufügen. Die beruflichen Beziehungen des Sachverständigen zum Antragsteller sind anzugeben.

Teil 2:
Chemische, pharmazeutische und biologische Versuche
mit Arzneimitteln

Siehe Amtsblatt der Europäischen Gemeinschaften vom 26. 9. 1991, Nr. L 270/36–43
(Abdruck in Pharm. Ind.).

Teil 3:
Versuche toxikologischer und pharmakologischer Art

Siehe Amtsblatt der Europäischen Gemeinschaften vom 26. 9. 1991, Nr. L 270/44–47
(Abdruck in Pharm. Ind.).

Teil 4:
Klinische Unterlagen

Die Angaben und Unterlagen, die gemäß Artikel 4 Absatz 2 Nummer 8 der Richtlinie
65/65/EWG dem Antrag auf Genehmigung beizufügen sind, müssen im Einklang mit
den folgenden Bestimmungen sein.

3.2 Eine klinische Prüfung ist eine systematische Untersuchung von Arzneimitteln am Menschen, sowohl bei Patienten als auch bei gesunden Probanden, um die Wirkungen und/oder unerwünschten Reaktionen eines Prüfpräparates festzustellen oder zu bestätigen sowie Resorption, Verteilung, Stoffwechsel und Exkretion eines Wirkstoffs zu untersuchen und die Wirksamkeit und Unbedenklichkeit des Arzneimittels zu sichern.

Die Beurteilung der Anträge auf Genehmigung für das Inverkehrbringen stützt sich auf die ärztlichen bzw. klinischen Prüfungen, einschließlich klinischer pharmakologischer Prüfungen, zur Feststellung der Wirksamkeit und Unbedenklichkeit des Erzeugnisses bei bestimmungsgemäßer Anwendung, wobei seine therapeutischen Indikationen für den Menschen berücksichtigt werden. Die therapeutischen Vorteile müssen die potentiellen Risiken überwiegen.

A. Allgemeine Anforderungen

Die gemäß Artikel 4 Absatz 2 Nummer 8 der Richtlinie 65/65/EWG vorzulegenden ärztlichen oder klinischen Angaben müssen es ermöglichen, sich ein wissenschaftlich ausreichend fundiertes Urteil darüber zu bilden, ob das Arzneimittel den Kriterien für die Erteilung der Genehmigung für das Inverkehrbringen genügt. Aus diesem Grunde müssen die Ergebnisse aller ärztlichen und klinischen Prüfungen, und zwar sowohl die günstigen als auch die ungünstigen Ergebnisse, vorgelegt werden.

Den klinischen Prüfungen müssen immer angemessene pharmakologische und toxikologische Versuche am Tier vorangehen, die entsprechend den Anforderungen von Teil 3 dieses Anhangs durchgeführt worden sind. Der Prüfer muß sich über das Ergebnis der toxikologischen und pharmakologischen Versuche unterrichten, und der Antragsteller muß dem Prüfer wenigstens die Information für Prüfer zur Verfügung stellen, die alle einschlägigen Daten enthält, die vor Beginn der klinischen Prüfung, einschließlich chemischer, pharmakologischer und biologischer Daten, toxikologischer, pharmakokinetischer und pharmakodynamischer Daten vom Tier bekannt sind und die Ergebnisse vorangegangener klinischer Prüfungen enthalten. Die Daten sollten ausreichend sein, um Art, Umfang und Dauer der vorgeschlagenen Prüfung zu rechtfertigen; die vollständigen pharmakologischen und toxikologischen Berichte sind auf Anfrage vorzulegen. Bei Verwendung von Material menschlichen oder tierischen Ursprungs sind vor Versuchsbeginn alle erforderlichen Maßnahmen zu treffen, um sicherzustellen, daß keine Krankheitserreger übertragen werden.

B. Durchführung der Prüfungen

1. Gute Klinische Praxis

1.1 Planung, Durchführung und Berichterstattung sämtlicher Phasen der Prüfung, einschließlich Bioverfügbarkeits- und Bioäquivalenzstudien, müssen im Einklang mit der Guten Klinischen Praxis erfolgen.

1.2 Alle klinischen Studien sind im Einklang mit den in der geltenden revidierten Fassung der Erklärung von Helsinki niedergelegten ethischen Grundsätzen durchzuführen. Prinzipiell ist von jeder Versuchsperson die freiwillige Einwilligung nach Aufklärung einzuholen und zu belegen.

Der Prüfplan, die Beschreibung des Ablaufs der Prüfung (einschließlich der biometrischen Planung) und die entsprechende Dokumentation sind vom Sponsor und/oder Prüfer der zuständigen Ethikkommission zur Stellungnahme vorzule-

gen. Mit den Studien kann erst begonnen werden, wenn die Stellungnahme dieser   **3.2**
Kommission schriftlich vorliegt.

1.3 Im voraus erstellte systematische schriftlich niedergelegte Anweisungen für die
Organisation, Durchführung, Sammlung, Dokumentation und Überprüfung der
Daten aus klinischen Prüfungen sind erforderlich.

1.4 Bei radioaktiven Arzneimitteln sind die klinischen Prüfungen unter der Leitung
eines Arztes durchzuführen, der befugt ist, Radionuklide zu medizinischen Zwek-
ken einzusetzen.

2. *Aufbewahrung der Daten*

Die für das Inverkehrbringen des Arzneimittels verantwortliche Person sorgt für die
Aufbewahrung der Unterlagen.

a) Der Prüfer muß dafür Sorge tragen, daß die Identifizierungscodes für mindestens
15 Jahre nach Abschluß oder Abbrechen der Prüfung aufbewahrt werden;
b) die Krankenblätter und andere Originaldaten müssen über den längstmöglichen
Zeitraum, den das Krankenhaus, die Institution oder die private Praxis gestattet,
aufbewahrt werden;
c) der Sponsor oder spätere Genehmigungsinhaber muß alle Versuchsunterlagen so
lange aufbewahren, wie das Arzneimittel zugelassen ist. Diese umfassen

   – den Prüfplan mit der Begründung, den Zielen der biometrischen Planung und
   der Methodik der Prüfung unter Angabe der Bedingungen, unter denen die
   Prüfung durchgeführt und überwacht wird, sowie Einzelheiten über das ver-
   wendete Prüfpräparat, die Referenzsubstanz und/oder das Placebo;
   – Standard operating procedures (SOP);
   – alle schriftlichen Stellungnahmen zum Prüfplan und zu den Verfahren;
   – Information für Prüfer;
   – Prüfbogen für jede Versuchsperson;
   – Abschlußbericht;
   – gegebenenfalls Audit-Zertifikat(e).

d) Der Abschlußbericht wird vom Sponsor oder dem künftigen Genehmigungsinhaber weitere fünf Jahre aufbewahrt, nachdem das Arzneimittel nicht mehr zugelassen ist.

Gehen die Daten in andere Hände über, so ist dies zu dokumentieren.

Alle Angaben und Unterlagen sind den zuständigen Behörden auf Anfrage zur Verfügung zu stellen.

C. *Vorlage der Ergebnisse*

1. Die Angaben über ärztliche oder klinische Versuche müssen so ausführlich sein,
daß sie eine objektive Beurteilung gestatten:

– Protokoll, einschließlich Begründung, Zielen und biometrischer Planung sowie
Methodik der Prüfung, zusammen mit den Bedingungen, unter denen sie durchgeführt und überwacht wird, sowie Einzelheiten über das verwendete Prüfpräparat;
– gegebenenfalls Audit-Zertifikat(e);
– die Liste des bzw. der Prüfer; jeder Prüfer muß seinen Namen, seine Anschrift, seine Qualifikationen und die Krankenhausstellung sowie den Ort der Prüfung ange-

3.2   ben und die Angaben für jeden einzelnen Patienten vorlegen, einschließlich der Prüfbögen jeder Versuchsperson;

– vom Prüfer unterzeichneter Abschlußbericht. Für Multicenterstudien unterzeichnen alle Prüfer oder der koordinierende Prüfer.

2. Die oben genannten Angaben zu den klinischen Prüfungen sind den zuständigen Behörden vorzulegen. Allerdings kann der Antragsteller in Abstimmung mit den zuständigen Behörden Teile dieser Angaben fortlassen. Vollständige Unterlagen sind auf Anfrage unverzüglich vorzulegen.

3. Die klinischen Beobachtungen sind für jeden Versuch zusammenzufassen; dabei ist anzugeben:

a) Zahl der behandelten Patienten unter Angabe des Geschlechts;

b) Auswahl der Zusammensetzung der Untersuchungs- und Vergleichsgruppen nach Alter;

c) Zahl der Patienten, bei denen die Versuche vor ihrer Beendigung unterbrochen wurden, sowie Gründe hierfür;

d) bei kontrollierten Versuchen, die unter vorstehenden Bedingungen durchgeführt wurden, Angaben darüber, ob die kontrollierte Versuchsgruppe

– keiner Therapie unterworfen wurde;
– ein Placebo erhalten hat;
– ein anderes Arzneimittel mit bekannter Wirkung erhalten hat;
– eine andere Behandlung als medikamentöse Therapie erhalten hat;

e) Häufigkeit der festgestellten Nebenwirkungen;

f) nähere Angaben darüber, ob sich in der Gruppe Risikopatienten befinden (alte Leute, Kinder, schwangere und menstruierende Frauen), oder Patienten, deren physiologischer oder pathologischer Zustand besonders zu berücksichtigen ist;

g) Parameter oder Bewertungskriterien bezüglich der Wirksamkeit und die entsprechenden Ergebnisse;

h) statistische Beurteilung der Ergebnisse, wenn diese in der Planung der Versuche mit einbegriffen ist, sowie der Variabilität.

4. Ferner obliegt es dem Versuchsleiter, seine Schlußfolgerungen zu ziehen und sich im Rahmen des Versuchs über folgendes zu äußern; die Unbedenklichkeit bei bestimmungsgemäßem Gebrauch, die Verträglichkeit sowie die Wirksamkeit unter Angabe aller zweckdienlichen Einzelheiten über Heilanzeigen und Gegenanzeigen, Dosierung und durchschnittliche Dauer der Behandlung sowie gegebenenfalls über besondere Vorsichtsmaßnahmen bei der Behandlung und über die klinischen Symptome bei Überdosierung. Bei einem Ringversuch muß der Versuchsleiter in seinen Schlußfolgerungen im Namen aller beteiligten Laboratorien zu der Unbedenklichkeit und Wirksamkeit des Prüfpräparates Stellung nehmen.

5. Darüber hinaus muß der Versuchsleiter in jedem Fall seine Beobachtungen zu folgenden Punkten ermitteln:

a) etwaige Zeichen einer Gewöhnung, Toxikomanie und Entwöhnung;

b) festgestellte Wechselwirkungen mit gleichzeitig verabreichten anderen Arzneimitteln;

c) Kriterien, anhand deren bestimmte Patienten von den Versuchen ausgeschlossen wurden;

d) alle Todesfälle, die während des Versuchs oder in der Folgezeit auftraten.

6. Angaben über neue Stoffkombinationen müssen den für ein neues Arzneimittel **3.2** geforderten Angaben entsprechen, wobei die Stoffkombinationen in bezug auf Wirksamkeit und Unbedenklichkeit zu rechtfertigen sind.

7. Sofern Auskünfte ganz oder teilweise fehlen, muß eine Begründung gegeben werden. Treten während der Versuche unvorhergesehene Wirkungen auf, so müssen weitere vorklinische toxikologische und pharmakologische Versuche durchgeführt und überprüft werden.

Ist das Arzneimittel für eine langfristige Anwendung bestimmt, so müssen Angaben über etwaige Veränderungen der pharmakologischen Wirkung bei wiederholter Verabreichung gemacht und die Dosierung über einen längeren Zeitraum festgelegt werden.

D. Klinische Pharmakologie

1 Pharmakodynamik

Die pharmakodynamische Wirkung, die einen Rückschluß auf die Wirksamkeit erlaubt, ist darzulegen, einschließlich

- der Dosis/Wirkungsrelation und ihr zeitlicher Verlauf;
- Begründung der Dosierung und Verabreichungsbedingungen;
- Wirkungsweise, sofern möglich.

Die nicht mit der Wirksamkeit in Korrelation stehende pharmakodynamische Wirkung ist zu beschreiben.

Der Nachweis einer pharmakodynamischen Wirkung an Menschen reicht allein nicht aus, um Schlußfolgerungen bezüglich einer etwaigen therapeutischen Wirkung zu ziehen.

2 Pharmakokinetik

Folgende pharmakokinetischen Merkmale sind zu beschreiben:

- Resorption (Geschwindigkeit und Ausmaß);
- Verteilung;
- Stoffwechsel;
- Exkretion.

Klinisch bedeutsame Faktoren, einschließlich der Bedeutung der kinetischen Daten für das Dosierungsschema, insbesondere bei Risikopatienten, sowie die Unterschiede zwischen den Menschen und den bei den vorklinischen Untersuchungen eingesetzten Tierarten sind zu beschreiben.

3 Wechselwirkungen

Soll das Arzneimittel gewöhnlich in Verbindung mit anderen Arzneimitteln angewendet werden, so sind Angaben bezüglich der Versuche über die gleichzeitige Verabreichung zu machen, die zum Nachweis einer möglichen Änderung der pharmakologischen Wirkung durchgeführt werden.

Wenn eine pharmakodynamische und/oder pharmakokinetische Wechselwirkung zwischen der Substanz und häufig gleichzeitig genommenen anderen Arzneimitteln oder Substanzen wie Alkohol, Koffein, Tabak oder Nikotin besteht oder wahrscheinlich ist, ist diese zu beschreiben und/oder zu diskutieren im Hinblick auf ihre klinische Relevanz und in bezug auf die Angaben zu medizinischen Wechselwirkungen in

3.2 der Zusammenfassung der Erzeugnismerkmale gemäß Artikel 4a Nummer 5.6 der Richtlinie 65/65/EWG.

E. Bioverfügbarkeit/Bioäquivalenz

Die Feststellung der Bioverfügbarkeit ist in allen Fällen durchzuführen, in denen sie erforderlich ist, d.h. wenn z.B. eine geringe therapeutische Breite besteht und wenn die vorangegangenen Tests Anomalien aufgezeigt haben, die zu den pharmakokinetischen Eigenschaften, wie variable Resorption, in Beziehung gesetzt werden können.

Ferner ist die Bioverfügbarkeit festzustellen, wenn es erforderlich ist, die Bioäquivalenz für das Arzneimittel gemäß Artikel 4 Absatz 2 Nummer 8 i), ii) und iii) der Richtlinie 65/65/EWG nachzuweisen.

F. Klinische Wirksamkeit und Unbedenklichkeit

1. Generell müssen die klinischen Prüfungen als kontrollierte Versuche und möglichst randomisiert durchgeführt werden; jede andere Anordnung ist zu rechtfertigen. Die Kontrollbehandlung bei den Prüfungen wird von Fall zu Fall verschieden sein und durch ethische Erwägungen mitbestimmt werden; so kann der Wirksamkeitsvergleich zwischen einem neuen Arzneimittel und einem bereits bekannten bisweilen einem Wirkungsvergleich mit einem Placebo vorzuziehen sein.
    Soweit möglich, müssen vor allem bei Prüfungen, bei denen die Wirkung des Arzneimittels nicht objektiv meßbar ist, Maßnahmen, einschließlich Randomisierung und Verblindung, getroffen werden, um Verzerrungen zu vermeiden.

2. Der Prüfplan muß eine ausführliche Beschreibung der anzuwendenden statistischen Methoden, die Anzahl und Gründe für die Einbeziehung von Patienten (einschließlich Berechnungen der Stärke der Prüfung), die anzuwendende Signifikanz und eine Beschreibung der statistischen Einheit enthalten. Die zur Vermeidung von Verzerrungen, insbesondere Randomisierungsmethoden, angewandten Maßnahmen sind zu dokumentieren. Eine ordnungsgemäß durchgeführte Untersuchung darf nicht durch einen Versuch mit einer großen Patientenzahl ersetzt werden.

3. Erklärungen von Klinikern über die Wirksamkeit und die Unbedenklichkeit eines Arzneimittels bei bestimmungsgemäßem Gebrauch, die nicht ausreichend wissenschaftlich untermauert sind, können nicht als stichhaltige Beweise angesehen werden.

4. Der Wert der Angaben über die Wirksamkeit und die Unbedenklichkeit eines Arzneimittels bei bestimmungsgemäßem Gebrauch wird stark erhöht, wenn die Angaben von verschiedenen qualifizierten und unabhängigen Wissenschaftlern stammen.

5. Für Impfstoffe und Seren sind der immunologische Status sowie das Alter der Versuchspopulation und die lokale Epidemiologie von entscheidender Bedeutung und müssen während der Prüfung überwacht und vollständig beschrieben werden.
    Für lebende, abgeschwächte Impfstoffe sind die klinischen Prüfungen so anzulegen, daß eine potentielle Übertragung der immunisierenden Substanz von geimpften auf nichtgeimpfte Personen aufgezeigt wird. Sofern eine Übertragung möglich ist, sind die genotypische und phenotypische Stabilität der immunisierenden Substanz zu untersuchen.

Für Impfstoffe und Allergene schließen die Folgeuntersuchungen geeignete immu- **3.2**
nologische Untersuchungen ein, gegebenenfalls Bestimmung der Antikörper.

6. Die Angemessenheit der verschiedenen Prüfungen zur Beurteilung der Unbedenklichkeit und die Validierung der Bewertungsmethoden sind in dem Sachverständigengutachten zu erörtern.

7. Alle unerwünschten Ereignisse, einschließlich abnormer Laborwerte, sind einzeln
   darzulegen und zu erörtern, insbesondere:

   – als Übersicht über alle unerwünschten Ereignisse;
   – als geordnet nach der Art, Schwere und Kausalität.

8. Eine kritische Beurteilung der Unbedenklichkeit unter Berücksichtigung nachteili-
   ger Reaktionen muß erfolgen in bezug auf:

   – die zu behandelnde Krankheit;
   – andere therapeutische Ansätze;
   – besondere Merkmale in Subgruppen von Patienten;
   – vorklinische Daten zur Toxikologie und Pharmakologie.

9. Für die Anwendungsbedingungen sind Empfehlungen im Hinblick auf eine Verminderung des Auftretens von Nebenwirkungen vorzulegen.

G. Dokumentation für Anträge in außergewöhnlichen Umständen

Sofern ein Antragsteller nachweisen kann, daß er aus folgenden Gründen in bezug auf
bestimmte Heilanzeigen keine vollständigen Auskünfte über die Qualität, Wirksamkeit bzw. Unbedenklichkeit bei bestimmungsgemäßem Gebrauch erteilen kann, weil

– die Indikation, für die das Arzneimittel bestimmt ist, so selten vorkommt, daß
  dem Antragsteller billigerweise nicht zugemutet werden kann, die vollständigen
  Angaben vorzulegen,
– beim jeweiligen Stand der Wissenschaft es nicht möglich ist, vollständige Auskünfte zu erteilen, oder
– die allgemein anerkannten Grundsätze des ärztlichen Berufsethos es nicht gestatten, diese Angaben zu beschaffen,

kann die Genehmigung für das Inverkehrbringen mit folgenden Auflagen erteilt werden:

a) Der Antragsteller führt innerhalb eines von der zuständigen Behörde festgelegten
   Zeitraums ein bestimmtes Versuchsprogramm durch, dessen Ergebnisse die
   Grundlage einer Neubeurteilung des Nutzen/Risikoprofils bilden;
b) das Arzneimittel darf nur auf ärztliche Verschreibung abgegeben werden; gegebenenfalls darf es nur unter strenger ärztlicher Kontrolle, möglicherweise in Krankenhäusern, verabreicht werden; radioaktive Arzneimittel werden nur von dazu
   befugten Personen verabreicht;
c) in der Packungsbeilage und in der für Ärzte bestimmten Information müssen diese darauf aufmerksam gemacht werden, daß für bestimmte namentlich bezeichnete Gebiete noch keine ausreichenden Angaben über das betreffende Arzneimittel
   vorliegen.

3.2 *H. Erkenntnisse nach dem Inverkehrbringen*

1. Ist das Arzneimittel bereits in anderen Ländern in den Verkehr gebracht worden,
    so sind die mitgeteilten Nebenwirkungen des betreffenden Arzneimittels und der
    denselben oder dieselben Wirkstoffe enthaltenden Arzneimittel zur Anwendungs-
    rate in Relation zu setzen. Informationen zu Untersuchungen über die Unbedenk-
    lichkeit des Arzneimittels, die auf internationaler Ebene durchgeführt wurden,
    sind einzubeziehen.

    In diesem Sinne ist eine Nebenwirkung eine schädliche und unbeabsichtigte Wir-
    kung, die bei Dosierungen auftritt, die normalerweise beim Menschen prophylak-
    tisch, zu Diagnosezwecken oder zur Behandlung von Krankheiten bzw. zur Ände-
    rung einer physiologischen Funktion angewandt werden.

2. Bei in anderen Ländern bereits in Verkehr gebrachten Impfstoffen sind, sofern ver-
    fügbar, Angaben über die Kontrolle geimpfter Personen im Vergleich zu nichtge-
    impften Personen vorzulegen, um die Verbreitung der Krankheit zu bewerten.

3. Für Allergene ist die Reaktion erhöhter Antigenbelastung festzustellen.

3.3 Vorschlag für einen Standardprüfplan zur klinischen Prüfung eines Arzneimittels nach den Grundsätzen der „Guten Klinischen Praxis" (GCP)[*]

Status: endgültiger Prüfplan vom << Datum >>

Prüfplan

Titel: Der Titel muß eine Kurzbeschreibung der Prüfung, den Namen der Studienmedikation inklusive der Codenummer, die Darreichungsform (Tbl., i.v.) und die Patientenklassifikation (Indikation, ambulant, stationär) enthalten. Bei Prüfungen für die FDA ist die IND-Nummer anzugeben.

Studiennummer: << #### >>

Projektleitung: << Name >>

Prüfleitung gemäß § 40 AMG: << Name >>

Studienmonitoring: << Name >>

Wissenschaftliche Koordination: << Name/Institut >>

Die vertraulichen Informationen des vorliegenden Prüfplans sind gesetzlich geschützt und werden Ihnen in Ihrer Eigenschaft als (möglichem) Prüfer, Gutachter oder Berater zur Verfügung gestellt. Mit der Annahme des Dokuments verpflichten Sie sich, die darin enthaltenen Informationen nicht ohne ausdrückliche schriftliche Genehmigung der *Projektleitung* an Dritte weiterzugeben.

Prüfzentrum: << Anschrift >>

---

[*] Abdruck mit freundlicher Genehmigung des Instituts für klinische Forschung und medizinische Konzeption Dr. Wiedey, Konstanz.

3.3   Studiennummer
                                                        << .... >>

Inhaltsverzeichnis

<< Vorschlag Standardprüfplan / Entwurfsstadien / endgültig >>

1 Ziel der Prüfung

1.1 Zusammenfassung

Knappe und präzise Zusammenstellung des Prüfungsablaufs, in der folgende Angaben enthalten sein sollten:

- Definition der Patienten und der Prüfindikation,
- Behandlungsziel der Studie,
- Kurzcharakteristik der Studienmedikation,
- Zielvariable zur Wirksamkeitsbeurteilung,
- Methodendarstellung zum Prüfablauf (Prüfdesign) und zur Erfassung der Zielvariablen.

1.2 Einführung und medizinische Prüfhypothesen

Darstellung der theoretischen und klinischen Hintergründe der Studie mit Erläuterung der Fragestellung und des Grundes für die Durchführung. Bezugnahme auf die relevante Literatur (therapeutischer Effekt, Verträglichkeit, Sicherheit usw.). Zusammenfassende Darstellung des Inhalts der Prüfarztinformation (Investigators Drug Brochure) mit besonderer Berücksichtigung bisher durchgeführter Studien beim Menschen. Präzise Hinweise auf Nebenwirkungshäufigkeiten und Arten der Nebenwirkung.

Der erwartete therapeutische Effekt auf die Zielvariable soll präzisiert werden.

Ethische Überlegungen zu der Studie (Nutzen-Risiko-Abwägung).

2 Beschreibung des Studienpräparates

Charakterisierung des zu prüfenden Arzneimittels:

Kurzer Abriß über die chemischen und pharmakologischen sowie pharmakokinetischen Eigenschaften der Studienmedikation und des Vergleichstherapeutikums.

Angaben zur Zusammensetzung:

Substanzmenge pro Darreichungseinheit, qualitative Angaben zur Zusammensetzung der Tabletten-/Drageegrundsubstanz, der Salben-/Creme-/Gelgrundlage etc., Chargennummer.

Pharmazeutische Qualität:

Detaillierte Angaben über die pharmazeutische Qualität (z.B. Haltbarkeitsdatum) der Studienmedikation (auch der Vergleichstherapie) erlauben, die Ergebnisse der Studie in Korrelation zum (späteren) Vertriebspräparat zu setzen. Die Angabe der Chargenbezeichnung ermöglicht die Zuordnung chargenspezifischer (Neben)wirkungen.

<< Vorschlag Standardprüfplan / Entwurfsstadien / endgültig >>

Studiennummer

<< .... >>

3.3

Risiken der Studienmedikation:

Für die Studienmedikation und für die Vergleichssubstanz sind die bekannten unerwünschten Arzneimittelwirkungen aufzuzählen und auf mögliche unerwünschte Wirkungen hinzuweisen, die sich aufgrund der präklinischen Prüfungen zumindest theoretisch erwarten lassen. Bei Vergleichsuntersuchungen muß das Risiko der Verumdarreichungsformen vergleichbar sein. Das Risiko der Studienmedikationen muß in Korrelation zum möglichen Therapieerfolg als vertretbar angesehen werden können (positives Nutzen-Risiko-Verhältnis).

3 Methodik der Prüfung

3.1 Prüfdesign

Angabe zur Phase, in die die klinische Prüfung einzuordnen ist.

Grundsätzlich sind klinische Prüfungen kontrolliert durchzuführen. Die Kontrollgruppe muß gleichzeitig beobachtet werden, die Zuteilung zu den Gruppen hat zufällig (randomisiert) zu erfolgen. Abweichungen von diesen Vorgaben müssen wissenschaftlich und/oder ethisch begründet werden. Durch das Prüfdesign und die Vorgabe des Prüfablaufs soll erreicht werden, daß die Ergebnisse durch subjektive Einflüsse nicht verfälscht werden können. Daher detaillierte Angaben zum Design (Parallelgruppenvergleich, Überkreuzplanung, einfachblind, doppelblind).

3.2 Patienten

Die zu untersuchende Zielpopulation ist durch präzise Ein- und Ausschlußkriterien zu definieren. Dabei ist nicht nur die genaue Beschreibung der zu überprüfenden Indikation essentiell, sondern auch Begleitcharakteristika wie z.B.: ambulant oder stationär, mono- oder multizentrisch, Definition der ethnischen Zugehörigkeit, Begründung einer Prüfung an Schwangeren oder Stillenden bzw. Kindern, Alter, Geschlecht, prognostische Faktoren.

Der Prüfplan legt die Methodik der Personenauswahl fest, um subjektive Einflüsse durch den Prüfarzt zu minimieren. Bei Prüfungen, die nach FDA-Standard durchgeführt werden, ist es zwingend, bei Prüfungen gemäß EG-Richtlinien ist es lediglich optional vorgeschrieben, die Basisdaten von allen Personen zu erheben, die den Ein- und Ausschlußkriterien genügen (Enrollment Flow Chart). Damit kann die Repräsentativität der ausgewählten Patienten für die zu untersuchende Indikation beurteilt werden.

Bei multizentrischen Prüfungen ist die Zahl der Zentren und Anzahl der Personen pro Zentrum festzulegen.

3.3 Einschlußkriterien

Die Einschlußkriterien zur Definition der Patientenpopulation müssen mindestens umfassen: diagnostische Kriterien, Schweregrad und Dauer der Erkrankung, erfolg-

<< Vorschlag Standardprüfplan / Entwurfsstadien / endgültig >>

Studiennummer **3.3**

<< .... >>

reiche oder ineffektive Vorbehandlung, Begleiterkrankungen und deren derzeitige Therapie, Definition des Krankheitsbildes mit präzisen Angaben der zu verwendenden Untersuchungsmethodik. Für eine Prüfung bei Patienten mit Angina pectoris kann die Formulierung beispielsweise so aussehen:

Seitens der koronaren Herzkrankheit sind folgende Einschlußkriterien zu erfüllen:

- stabile (belastungsabhängige) Angina pectoris gemäß folgender Definition:
- retro- und/oder parasternale Schmerzen, die belastungsabhängig auftreten und höchstens 30 min anhalten;
- die Beschwerden müssen seit mindestens 2 Monaten bekannt sein;
- das Ausmaß der Beschwerden darf sich innerhalb des letzten Monats vor Studienbeginn nicht wesentlich verändert haben;
- die Beschwerden müssen auf die Gabe von sofort wirksamen Nitraten ansprechen;
- unter Ergometerbelastung reproduzierbare, descendierende oder horizontale ST-Streckensenkung um mindestens 0,1 mV in mindestens einer der Extremitätenableitungen und/oder um mindestens 0,2 mV in mindestens einer der Brustwandableitungen;
- Auftreten der pektanginösen Beschwerden während der ergometrischen Untersuchung frühestens bei der Belastungsstufe mit 50 W und spätestens bei der Belastungsstufe mit 100 W. Mit dieser Definition wird eine Patientengruppe mit Angina pectoris selektioniert, deren Beschwerdebild nach einem Vorschlag der New York Heart Association der Gruppe III (Auftreten der Beschwerden bereits bei leichter körperlicher Belastung) zuzuordnen ist.

Für den Einschluß eines Patienten in die klinische Studie ist es unabdingbar, daß nach ärztlicher Entscheidung die Erkrankung des Patienten die Teilnahme an der Studie erlaubt. Ergänzend dazu müssen grundsätzlich alle Patienten ihre freiwillige Teilnahme an der Studie erklären. Selbstverständlich ist darauf zu achten, daß zeitlich vor Beginn der Studie und vor Erteilung der Einverständniserklärung der Patient umfassend aufgeklärt wurde.

Die Aufklärung der Patienten/gesunden Probanden (nach §§ 40, 41 AMG) muß individuell und verständlich erfolgt sein. Die Information soll sowohl mündlich wie schriftlich gegeben werden. Zusammen mit dem Prüfplan ist ein Patientenmerkblatt zu entwerfen, das dem Prüfarzt als Formulierungshilfe dient und dem Patienten zur Verfügung gestellt wird. Die mündliche Einwilligung der Patienten (Bestätigung durch Zeugen) muß dokumentiert werden. Wahlweise kann der Prüfarzt den Patienten bitten, die Einverständniserklärung schriftlich abzugeben.

Gründe dafür, bei der geplanten Studie möglicherweise von der Aufklärung und dem Einholen des Einverständnisses abzusehen, sind aufzuführen („therapeutisches Privileg"). Dies dürfte jedoch wenigen Einzelfällen vorbehalten bleiben.

3.4 Ausschlußkriterien und Kontraindikationen

Hier erfolgt eine Unterscheidung in studienspezifische Ausschlußkriterien (z.B. falls als Zielkriterium die Belastbarkeit im Rahmen einer Ergometeruntersuchung festgelegt wurde, sind diejenigen Patienten auszuschließen, bei denen eine Ergometerbela

<< Vorschlag Standardprüfplan / Entwurfsstadien / endgültig >>

stung ein zu hohes Risiko darstellen würde) oder Kontraindikationen, bedingt durch die Studienmedikation (wie Überempfindlichkeiten gegen Inhaltsstoffe u.a.) und allgemeine Ausschlußkriterien (gleichzeitige Teilnahme an anderen Prüfungen, drogenabhängige und geschäftsunfähige Patienten, Insassen von Anstalten, soweit sie auf gerichtliche oder behördliche Anordnung dort verwahrt sind).

3.5 Durchführung der Prüfung

Prüfmedikation

Detaillierte Beschreibung der Behandlung (für die Studienmedikation und die Vergleichsbehandlung): Art, Dauer, Dosis und Begründung für die Dosierung(en), Art der Anwendung. Beschreibung der Behältnisse für die Prüfmedikation und wann diese an den Patienten ausgegeben wird.

Bei kontrollierten Studien wird die Handhabung des Randomisierungsverfahrens und, soweit die Studie doppelblind durchgeführt wird, die Beschreibung der Dekodierung gegeben. Die Beschreibung beinhaltet eine Angabe, wie und wo der Randomisierungscode verwahrt wird, unter welchen Umständen der Code für den einzelnen Patienten gebrochen werden darf und wer über diesen Vorgang zu informieren ist.

Bei Multicenterstudien ist das System der Nummernvergabe für die Studienmedikation anzugeben.

Prüfablauf

Der Prüfablauf, einschließlich des Zeitplans für die Untersuchungstermine, ist ausführlich zu beschreiben. In diesem Abschnitt sollte eine Anleitung zur Dokumentation der Befunde gegeben werden. Sämtliche Methoden zur Befunderhebung sind detailliert zu beschreiben, soweit sie nicht, wie z.B. beim Routinelabor, als allgemein bekannt vorausgesetzt werden können. Bei der Angabe von Methoden ist nicht nur die Art der Durchführung zu beschreiben, sondern es sind auch Hinweise über die Fehlerabweichung bei Doppeluntersuchungen und die Reproduzierbarkeit bei Untersuchungen nach längeren Zeitintervallen zu geben. Bei multizentrischen Prüfungen müssen die entscheidenden Meßmethoden standardisiert sein.

Compliancekontrolle (Einnahmezuverlässigkeit)

Angaben, wie die Kontrolle über die Einnahme der Studienmedikation erfolgen soll (Untersuchungen von Plasmaspiegeln, Tablettenzählen, computergestützte Speicherung der Öffnungszeiten des Medikationsbehältnisses).

3.6 Bewertungskriterien

Auflistung der Ziel- und aller Begleitvariablen mit Angaben der Erfolgskriterien. Die Zielvariable ist exakt zu definieren, und ihre Eignung für die Erreichung des Prüfziels ist zu begründen.

<< Vorschlag Standardprüfplan / Entwurfsstadien / endgültig >>

Studiennummer   **3.3**
<< .... >>

Erfassung unerwünschter Ereignisse: Hier folgt eine Anweisung zur Ermittlung, Bewertung und Dokumentation unerwünschter Begleiterscheinungen.

Unerwünschte Ereignisse werden ausführlich dokumentiert. Der Zusammenhang mit der Prüfmedikation wird sofort durch den Prüfarzt beurteilt, und evtl. getroffene Maßnahmen werden aufgeführt.

Um eine einheitliche Dokumentation etwaiger unerwünschter Erscheinungen zu erreichen, wird für die diesbezügliche Befragung des Patienten folgende Formulierung vorgeschlagen:

„Hat sich in Ihrem Befinden seit Beginn der Prüfung irgend etwas geändert?"

3.7 Zulassung gleichlaufender Behandlungen

Hier ist die zulässige und unzulässige Begleitmedikation aufzulisten. Die Auflistung kann auch Gruppen pharmakologisch ähnlich wirksamer Substanzen enthalten.

Vorschriften, um die unbedenkliche Handhabung der Arzneimittel zu gewährleisten.

3.8 Prüfungszeitraum

Angaben zur vorgesehenen Gesamtdauer der Prüfung mit Datumangabe für den geplanten Beginn.

Begründung der Zeitplanung, z.B. im Hinblick darauf, inwieweit Befunde für die Unbedenklichkeit der wirksamen Bestandteile/Arzneimittel vorliegen, im Hinblick auf den zeitlichen Verlauf der betreffenden Krankheit und im Hinblick auf die erwartete Behandlungsdauer.

4   Statistische Methoden

Die biometrischen Auswertungsmethoden mit Festlegung der Arbeitshypothesen und der Irrtumswahrscheinlichkeiten (α) müssen ausführlich genannt und beschrieben werden. Gleichzeitig sind Zeitpunkt und Umfang vorgesehener Zwischenauswertungen festzulegen.

4.1 Konfirmatorische statistische Analyse

Für die Zielvariable ist die statistische Hypothese aufzustellen. Das zu verwendende Verfahren und die Voraussetzungen für das Verfahren sind anzugeben. Gleichzeitig können Alternativverfahren vorgeschlagen werden, falls die Voraussetzungen des Datenmaterials (z.B. Normalverteilung für parametrische Testverfahren) nicht vorliegen.

<< Vorschlag Standardprüfplan / Entwurfsstadien / endgültig >>

3.3   Studiennummer
                                    << .... >>

4.2 Fallzahlabschätzung

Für die Studie ist die geplante Anzahl der Patienten/gesunden Probanden zu begründen. Dabei ist eine Ausfallrate (entsprechend von Erfahrungen bzw. Schätzungen) zu berücksichtigen. Überlegungen zur Aussagekraft der klinischen Prüfung inklusive Powerberechnung sowie klinische Begründung.

4.3 Explorative statistische Analyse

Alle erhobenen Parameter werden einer deskriptiven Analyse unterzogen, damit zu einem späteren Zeitpunkt Anhaltspunkte über Verteilung und Extremwerte vorliegen. In einer explorativen statistischen Analyse wird auf Unterschiede zwischen den Behandlungsgruppen getestet. Die Ergebnisse können die Aussage zur Zielvariablen unterstützen oder aber auch diese in Zweifel ziehen.

Für alle Parameter wird die Auswertung pro Zentrum und (so weit zulässig) für alle Zentren gemeinsam durchgeführt. Medizinisch relevante Unterschiede müssen unabhängig von ihrer statistischen Signifikanz interpretativ dargestellt werden.

4.4 Vorzeitiges Ausscheiden (Drop out)

Abhängig von der Art der geplanten Auswertung (z.B. Intent to Treat-Analyse) wird definiert, welche Patienten z.B. als Drop out zu werten sind, ob sie ersetzt werden und wie ihre Bewertung in der Wirksamkeits- und Verträglichkeitsanalyse erfolgt.

4.5 Qualitätskontrolle

Beschreibung des Vorgehens der Qualitätskontrolle bei der Auswertung.

5   Maßnahmen bei Intoxikationen und nicht erwarteten unerwünschten Ereignissen

Alle schwerwiegenden, alarmierenden Reaktionen, einschließlich Todesfälle, gleich welcher Ursache, die während der Dauer einer Studie auftreten, müssen unabhängig davon, ob ein Zusammenhang mit der Prüfmedikation besteht, unverzüglich an den Leiter der Studie oder an die Projektleitung gemeldet werden. Dies gilt auch, falls eine unerwartet starke erwünschte Wirkung der Studienmedikation beobachtet wird.

Die relevanten Ansprechpartner (Projektleitung und Leiter der klinischen Prüfung) stellen eine 24stündige Erreichbarkeit sicher.

Soweit möglich, sind aus den tierexperimentellen Daten sowie, soweit vorliegend, aus den humanpharmakologischen Untersuchungen Empfehlungen für Maßnahmen bei möglichen Intoxikationen (z.B. in suizidaler Absicht) zu geben, und es ist auf das Auftreten möglicher, bisher noch nicht beobachteter Nebenwirkungen hinzuweisen.

<< Vorschlag Standardprüfplan / Entwurfsstadien / endgültig >>

Studiennummer **3.3**
<< .... >>

6 Rechtliche Belange

6.1 Leitung der Prüfung

Der Leiter der Prüfung, die durchführenden Ärzte und die mitarbeitenden Biometriker müssen hinreichend qualifiziert sein. Der Leiter hat sich fortlaufend über das Arzneimittel zu informieren und dabei die Risiken (gegebenenfalls weltweit) in Relation zu dem Nutzen der geplanten klinischen Prüfung (selbstverständlich auch während deren Durchführung) zu setzen.

6.2 Hinterlegung

Gemäß den jeweils geltenden gesetzlichen Bestimmungen ist die Hinterlegung der präklinischen Prüfungsergebnisse bei der zuständigen Bundesoberbehörde vorzunehmen und die Hinterlegungsnummer im Prüfplan festzuhalten.

6.3 Versicherungsrechtliche Bestimmungen

Die Patienten sind gemäß § 40 (1) und (3) im Rahmen der gesetzlichen Probandenversicherung gegen Schäden aus der Anwendung der Prüfmedikation zu versichern. Die Versicherungssumme muß im Einzelfall mindestens DM 500 000,00 betragen.

6.4 Dokumentation

Mit diesem Absatz wird der Prüfarzt verpflichtet, eine ordnungsgemäße Prüfdokumentation auf einem zur Verfügung gestellten Prüfbogen durchzuführen. Gleichzeitig wird der Prüfarzt darauf hingewiesen, daß eine zeitnahe Dokumentation erfolgen muß, um ein kontinuierliches Monitoring zu gewährleisten. Seitens des Prüfarztes ist eine Patientenliste zu führen und nach Beendigung der Studie 15 Jahre aufzubewahren. Die Kopie des Prüfbogens gilt als Bestandteil des Prüfplans.

6.5 Identifikation

Der Prüfarzt wird darauf verpflichtet, daß jeder Patient noch 15 Jahre nach Abschluß der Studie anhand der Initialen und Kenndaten aus den Krankenakten identifiziert werden kann.

6.6 Kontrolle zur Einhaltung des Prüfplans

Der Prüfarzt wird dazu verpflichtet, die für die Studie geltenden Gesetze und Richtlinien (z.B. AMG, Richtlinien des BGA zur ordnungsgemäßen Durchführung klinischer Prüfungen, EG-Richtlinien und gegebenenfalls FDA-Guidelines) zu beachten.

<< Vorschlag Standardprüfplan / Entwurfsstadien / endgültig >>

3.3

In diesem Absatz sollte weiterhin auf die EG-Richtlinien zur ordnungsgemäßen Dokumentation (Eintragungen nur durch Berechtigte, Änderungen leserlich vornehmen etc.) hingewiesen werden und die vorgeschriebene Rohdatenkontrolle vereinbart werden. Soweit bei der Rohdatenkontrolle der Monitor Einsicht in voll identifizierbare Daten nehmen kann, muß dazu die schriftliche Einwilligung des Patienten eingeholt werden (Bundesdatenschutzgesetz und gängige Rechtsprechung des BVG).

6.7 Überwachung der Prüfmedikation

Der gesamte Weg der Prüfmedikation vom Hersteller über – gegebenenfalls – ein Forschungsauftragsinstitut zum Prüfarzt und dann zum Patienten, der Verbrauch von Studienmedikation durch den Patienten, die Rückgabe an den Prüfarzt und letztendlich wieder an den Hersteller ist durch schriftliche Dokumentation lückenlos festzuhalten. Es erweist sich als sinnvoll, einen wesentlichen Teil dieses Ablaufs (im Innenverhältnis von Patient und Prüfarzt) im Prüfbogen (s. dort) zu dokumentieren.

6.8 Meldung der Prüfung

Die Prüfung ist vor Beginn gemäß § 67 AMG an die Landesüberwachungsbehörden und gegebenenfalls auch an die Kassenärztliche Bundesvereinigung zu melden.

6.9 Publikationshinweis

Unter Beachtung der Freiheit wissenschaftlicher Meinungsäußerungen ist es empfehlenswert, zwischen den beteiligten Prüfärzten und den beteiligten Wissenschaftlern des Herstellers (evtl. auch des Auftragsforschungsinstituts) eine Vereinbarung abzuschließen, die das Prozedere bei Publikationen der Ergebnisse regelt.

7 Ethische Belange

Unter Berücksichtigung aller aufgeführten Betrachtungen muß das mögliche Risiko der geplanten Studie im Verhältnis zu dem zu erwartenden Nutzen sowohl für die teilnehmenden Patienten als auch für die Heilkunde als vertretbar anzusehen sein.

7.1 Beendigung der Studie

Hier erfolgt eine Auflistung der Gründe zur Studienbeendigung für jeden Patienten und für die gesamte Studie.

Es ist gesondert darauf hinzuweisen, daß der Patient jederzeit ohne Angabe von Gründen die Studie abbrechen kann, ohne daß ihm daraus irgendwelche Nachteile erwachsen.

<< Vorschlag Standardprüfplan / Entwurfsstadien / endgültig >>

Studiennummer   **3.3**
<< .... >>

Es ist (beispielsweise) empfehlenswert (im Sinne einer Mindestangabe), die Abbruchgründe für den einzelnen Patienten aufzulisten:

– Während der Studie treten Ausschlußkriterien auf.
– Während der Studie treten schwere unerwünschte Erscheinungen auf, die entweder unerwartet und/oder lebensbedrohlich sind.
– Der Prüfplan kann wegen mangelnder Compliance oder aus organisatorischen Gründen nicht eingehalten werden.
– Es tritt eine Gesundheitsverschlechterung des Patienten auf (ein akuter, therapiepflichtiger Schub der Grunderkrankung wird als Gesundheitsverschlechterung nur dann gewertet, wenn der Prüfarzt sich entscheidet, die Studienmedikation abzusetzen, um andere für die Grunderkrankung therapeutisch effektive Substanzen zu verwenden).
– Der Patient nimmt Drogen oder Medikamente ein, die nicht erlaubt sind.
– Es treten neue Erkrankungen auf, die die Wirksamkeit der Studienmedikation beeinflussen können.
– Es tritt eine Schwangerschaft auf.

Es ist allerdings darauf zu achten, daß gravierende pathologische Befunde bis zur Normalisierung bzw. endgültigen Klärung weiterverfolgt werden müssen.

7.2 Deklaration von Helsinki

Jede Prüfung ist im Einklang mit den Richtlinien der Deklaration von Helsinki, revidierte Fassung von Tokyo (Oktober 1975), Venedig (Oktober 1983) und Hongkong (September 1989) durchzuführen.

7.3 Ethikkommission

Gemäß der Durchführungsverordnung des Bundesgesundheitsamtes für ordnungsgemäße klinische Prüfungen und der Deklaration von Helsinki ist vor Beginn jeder klinischen Prüfung das Votum einer Ethikkommission einzuholen. Gemäß EG-Richtlinien muß vor Einschluß des ersten Patienten das positive Votum einer Ethikkommission vorliegen. Jeder Prüfarzt entscheidet entsprechend seinen Gegebenheiten (z.B. Angehöriger einer Universitätsklinik) darüber, welche Ethikkommission nach den jeweils für ihn geltenden Rechtsnormen anzurufen ist.

8   Genehmigung des Prüfplans

Der Prüfplan ist durch den Leiter der klinischen Studie, den verantwortlichen Biometriker, jeden beteiligten Prüfarzt und durch den Auftraggeber zu unterschreiben. Mit der Unterschrift wird bestätigt, daß alle Einzelheiten des Prüfplans einvernehmlich vereinbart wurden und demgemäß während der Durchführung der Prüfung eingehalten werden. Die Namen sowie Angaben zum Beruf anderer möglicher Teilnehmer sind aufzuführen.

<< Vorschlag Standardprüfplan / Entwurfsstadien / endgültig >>

3.3   Studiennummer
                                                                          << .... >>

Leitung der Prüfung gemäß AMG:
<< Name >>   << Datum >>   << Unterschrift >>
Arzt für klinische Pharmakologie

Prüfarzt:
<< Name >>   << Datum >>   << Unterschrift >>
Arzt für << Gebietsbezeichnung >>

Der Auftraggeber informiert den Leiter der klinischen Prüfung fortlaufend über das in
der Prüfung befindliche Arzneimittel, insbesondere über auftretende Risiken (auch
weltweit). Damit kann der Leiter der klinischen Prüfung kontinuierlich die ärztliche
Vertretbarkeit der klinischen Prüfung beurteilen.

Projektleitung:
<< Name >>   << Datum >>   << Unterschrift >>

Biometrie:
<< Name >>   << Datum >>   << Unterschrift >>
Diplommathematiker

9   Quellenangaben

<< Vorschlag Standardprüfplan / Entwurfsstadien / endgültig >>

3.4 Muster der Probandeninformation in einer klinischen Prüfung der Phase I*

Probandeninformation zur Studie Nr. << Prüfplan-Nr. >>

Untersuchung über die zentralnervöse Wirkung von oral verabreichtem << Prüfarzneimittel >> bei gesunden jungen Männern

Eine Pharmako-EEG-, Psychometrie- und Verträglichkeitsstudie

Vorwort zur Probandeninformation

Bitte lesen Sie die beiliegende Information *sorgfältig*. Für weitere Fragen stehen wir Ihnen selbstverständlich zur Verfügung.

Sie wollen an einer Arzneimittelprüfung teilnehmen. Sie nehmen unter Umständen Unannehmlichkeiten und Risiken auf sich. Für die Teilnahme erhalten Sie eine Aufwandsentschädigung, die nach Ihrem Zeitaufwand berechnet ist und auch Ihr erforderliches Engagement speziell für diese Studie berücksichtigt.

Diese Arzneimittelprüfung ist nur dann sinnvoll und ethisch vertretbar, wenn sie zu verwertbaren Ergebnissen führt.

Bitte bedenken Sie, daß eine Arzneimittelprüfung auch dem Probanden eine besondere Verantwortung auferlegt. Bitte arbeiten Sie an dieser Prüfung aktiv mit und halten Sie die in dieser Information geforderten Verhaltensweisen ein. Eine Verletzung der Regeln kann Ihre Gesundheit gefährden und zu falschen Ergebnissen über das Arzneimittel führen.

Wir sind sehr bemüht, *alles* für Ihre Sicherheit zu tun. Bitte zeigen auch Sie ein verantwortliches Verhalten.

1. Einleitung und Nutzen der Substanz

<< Prüfarzneimittel >> ist eine neue Substanz, die sich noch nicht im Handel befindet und bisher erst an wenigen Menschen erprobt worden ist. Aufgrund von Tierversuchen besteht die Erwartung, daß << Prüfarzneimittel >> bei psychiatrischen Erkrankungen wirksam ist, ohne die Nebenwirkungen zu entfalten, die bei Medikamenten dieser Art häufig zu beobachten sind, wie z.B. Bewegungsstörungen.

Das Ziel dieser Untersuchungen ist, mit Hilfe des Elektroenzephalogramms einen objektiven Nachweis für die zentralnervöse Wirkung des Medikaments zu führen. Durch die psychologischen Untersuchungen soll überprüft werden, inwieweit die

---

* Abdruck mit freundlicher Genehmigung der AFB-Arzneimittelforschung Berlin.

3.4   Leistungsfunktionen (Aufmerksamkeit, Motorik, Denken) durch das Medikament beeinflußt werden. Außerdem sollen mögliche Nebenwirkungen überprüft werden.

2. Nutzen der Prüfung

Bisher verfügbare Medikamente, die zur Klasse der Neuroleptika gehören und zur Behandlung psychiatrischer Krankheiten eingesetzt werden, entfalten häufig schwerwiegende Nebenwirkungen, vor allem im psychomotorischen Bereich. << Prüfarzneimittel >> ist das Produkt einer systematischen Entwicklungsforschung mit dem Ziel, ein bei der Behandlung von psychiatrischen (psychotischen) Erkrankungen besser wirksames Medikament zu entwickeln, das sicherer und verträglicher ist als bisher verfügbare Medikamente. Mit Hilfe des Pharmako-EEG soll der Nachweis einer zentralnervösen Wirkung geführt werden. Außerdem soll der Einfluß der pharmakologischen Substanz auf Leistungsfunktionen und Aufmerksamkeitsprozesse untersucht werden. Die Verträglichkeit der Substanz soll in einer weiteren, bisher am Menschen noch nicht angewendeten Dosierung von 75 mg überprüft werden. Die Ergebnisse dieser Studie sollen als Grundlage zur weiteren Überprüfung von << Prüfarzneimittel >> in zukünftigen Untersuchungen dienen.

3. Risiken der Prüfsubstanzen

Bisher wurde << Prüfarzneimittel >> an 34 gesunden männlichen Freiwilligen untersucht. Diese erhielten die Substanz in einer Dosierung zwischen 1 bis 60 mg. An Nebenwirkungen waren zu beobachten: Kopfschmerzen bei 2 Personen unter 1 mg und 2 Personen unter 60 mg << Prüfarzneimittel >>. Bei einem Probanden trat mäßige Schläfrigkeit unter der Dosierung von 60 mg auf. Bei einem Probanden trat unter 30 mg << Prüfarzneimittel >> Durchfall auf.

Aufgrund dieser Untersuchungsergebnisse kann auch in der geplanten Untersuchung nicht ausgeschlossen werden, daß es zum Auftreten von Kopfschmerzen, Müdigkeit oder Durchfall kommt. *Es muß generell darauf hingewiesen werden, daß es bei einem Arzneimittel in dieser frühen Phase der Entwicklung zu noch nicht bekannten Nebenwirkungen kommen kann.*

Zu Vergleichszwecken wird << Standardarzneimittel >> verabreicht. << Standardarzneimittel >> wird hier in geringerer Dosierung als bei therapeutischer Anwendung und als Einzeldosis verabreicht, so daß die Wahrscheinlichkeit eines Auftretens ernsthafter Nebenwirkungen gering ist. << Standardarzneimittel >> ist seit langem im Handel. In der „Roten Liste" werden folgende mögliche Nebenwirkungen aufgeführt:

a) motorische Fehlfunktionen (z.B. Schiefhals, Kieferklemme),

b) Maskengesicht, Muskelsteife, Zittern,

c) unruhiges Sitzen, unruhiges Umherlaufen,

d) Auslösung von Krampfanfällen,

e) schweres neuroleptisches Syndrom (Fieber, Muskelsteife, Bewegungsarmut, vegetative Entgleisung, Bewußtseinstrübung bis zum Koma),

f) anticholinerge Wirkungen [z.B. Störungen des Wasserlassens, Verstopfung, Sehstörungen (Akkommodationsstörungen)], Störungen der Speichel- und

Schweißdrüsentätigkeit, Herzrasen, Auslösung eines grünen Stars (Engwinkel-   **3.4**
glaukom),

g) Kreislaufstörungen,
h) Störungen des Magen-Darm-Trakts,
i) Störungen der Blutbildung (z.B. Agranulozytose),
k) Hautreaktionen,
l) Überempfindlichkeit gegen Licht (Photosensibilisierung),
m) Gallensekretstau,
n) Erregungsleitungsstörungen im Herzen,
o) Hormonstörungen (z.B. Regelanomalien, sexuelle Störungen).

4. Risiken der Prüfung

Im Verlauf dieser Prüfung wird Ihnen mehrfach Blut abgenommen. Die Blutentnahmen erfolgen entweder mit einer Einmalkanüle oder mittels einer Venenverweilkanüle, damit möglichst wiederholte Stiche vermieden werden können. Die
Venenverweilkanüle wird von einem erfahrenen Arzt gelegt. Durch das Liegenlas-
sen der Kanüle entsteht für Sie im allgemeinen keine Gefahr, denn diese Vorrichtung ist gerade zu diesem Zweck entwickelt worden. Allerdings können selten
auftretende Komplikationen wie Blutungen in das umliegende Gewebe, Venenent-
zündungen oder Venenverlegungen nicht sicher ausgeschlossen werden. Gleiches
gilt prinzipiell auch für die Blutentnahmen mittels einer Einmalkanüle.

Weitere Risiken durch Untersuchungen während dieser Prüfung sind nicht zu erwarten.

5. Teilnahmebedingungen

Um an dieser Studie teilnehmen zu können, müssen Sie bestimmte Voraussetzungen erfüllen:

- Ihr Alter soll zwischen 18 und 40 Jahren liegen.
- Sie müssen männlichen Geschlechts sein.
- Sie müssen ein Ihrem Körperbau entsprechendes Sollgewicht aufweisen, wie
  es in den Tabellen der Metropolitan Life Insurance Company festgelegt ist.
- Sie müssen körperlich gesund sein und normale Laborbefunde haben.
- Sie dürfen bisher keine neurologischen oder psychiatrischen Erkrankungen ge-
  habt haben.
- Ihr Blutdruck darf systolisch bei wiederholten Messungen nicht über
  150 mm Hg und nicht unter 110 mm Hg liegen, diastolisch nicht über
  100 mm Hg.
- Sie dürfen keine Allergien gegenüber Arzneimitteln haben.
- Ihr Elektroenzephalogramm (EEG) darf keine klinischen Auffälligkeiten zei-
  gen.
- Bei einem Bluttest auf HIV-Infektion („Aids-Test") und Leberentzündung (He-
  patitis B) dürfen sich keine Hinweise auf eine Infektion ergeben.
- Sie dürfen nicht mehr als 10 Zigaretten täglich rauchen.
- Sie dürfen während der letzten 3 Monate an keiner anderen klinischen Prüfung
  teilgenommen haben.
- Eine Begleitmedikation ist nur nach Absprache mit dem Prüfarzt erlaubt.
- Sie dürfen keinerlei Drogen einnehmen.

3.4   – Vor Beginn der Studie müssen Sie eine schriftliche Einverständniserklärung abgeben.

Die Erfüllung dieser Voraussetzungen wird im Rahmen einer ärztlichen Voruntersuchung festgestellt, wobei ausführliche Laboruntersuchungen, speziell auch Drogenanalysen, vorgenommen werden. Außerdem wird bei der Voruntersuchung ein klinisches EEG abgeleitet. In diesem EEG dürfen Sie keine klinisch auffälligen Befunde haben. An der Studie können nur solche Probanden teilnehmen, die einen ausgeprägten α-Rhythmus von 9 bis 12,5 Hz aufweisen.

6. Ablauf der Prüfung

Die Prüfung umfaßt ohne Vor- und Nachuntersuchungen einen Zeitraum von 4 Wochen, in dem Sie wöchentlich jeweils 36 Stunden in unserem Institut verbringen müssen. Sie erscheinen jeweils am Vorabend eines Prüftages abends um 20.00 Uhr im Institut und übernachten hier. Am nächsten Morgen beginnen die Untersuchungen nach der Morgentoilette und einem standardisierten Frühstück etwa um 7.30 Uhr. Es werden eine Urindrogenkontrolle und ein Alkoholatemtest durchgeführt. Auf Ihrem Kopf werden EEG-Elektroden festgeklebt, die Sie während der gesamten Dauer des Untersuchungstages tragen werden. In eine Armvene wird Ihnen eine Venenverweilkanüle gelegt, aus der an jedem Untersuchungstag bis zu maximal 5 Blutproben entnommen werden. Es wird eine EEG-Ableitung durchgeführt, Blutdruck und Puls werden gemessen, Sie werden nach Nebenwirkungen gefragt. Anschließend wird eine psychologische Testuntersuchung durchgeführt werden. Diese Untersuchungen wiederholen sich 1,5, 3, 4,5 und 6 Stunden nach Medikamenteneinnahme. 2,5 Stunden nach Medikamenteneinnahme wird ein EKG abgeleitet. Nach Beendigung dieser Untersuchungen wird eine medizinische Tagesabschlußuntersuchung durchgeführt. Sie verbleiben zur weiteren Beobachtung bis zum nächsten Morgen im Institut und werden zwischen 8.00 und 10.00 Uhr nach einer weiteren medizinischen Untersuchung und einer Blutentnahme entlassen.

An den einzelnen Untersuchungstagen erhalten Sie entweder 30 mg << Prüfarzneimittel >>, 75 mg << Prüfarzneimittel >>, 3 mg << Standardarzneimittel >> oder aber ein Scheinpräparat (Placebo). Die Reihenfolge ist zufällig. Weder Sie noch der Sie betreuende Arzt sind über den Wirkstoff der verabreichten Kapsel informiert. Falls erforderlich, kann jedoch anhand Ihrer Kennnummer jederzeit festgestellt werden, welches Medikament Sie bekommen haben. Während der gesamten Prüfung werden Sie ärztlich überwacht.

Während der 36 Stunden Ihres Institutsaufenthaltes dürfen Sie das Institut nicht verlassen. Zwischen den einzelnen Messungen bis zur Tagesabschlußuntersuchung müssen Sie sich in dem dafür vorgesehenen Aufenthaltsraum der EEG-Abteilung aufhalten.

Vor dem ersten Prüftag müssen Sie zu einem vereinbarten Termin im Prüfinstitut erscheinen, um sich mit den psychologischen Tests vertraut zu machen. Der zeitliche Aufwand hierfür beträgt etwa 1 Stunde.

7. Verhalten der Probanden während der Prüfung   3.4

Der Teilnehmer an der Studie hat folgendes zu beachten:

1) Jeglicher Medikamentengebrauch ist für die Dauer der Studie nur in Absprache mit dem Prüfarzt gestattet. Ebenso dürfen Sie sich einer anderen medizinischen Behandlung nur in Absprache mit dem Prüfarzt unterziehen, ausgenommen in Notfällen.

2) Im Falle eines Rücktritts oder unerwarteter Ereignisse, wie z.B. Krankheit oder Gesundheitsschädigung, ist dies dem ärztlichen Prüfungsleiter, Herrn Prof. Dr. med. << Name >>, oder dem zuständigen Prüfarzt unverzüglich mitzuteilen.

3) Sie werden ausdrücklich darauf hingewiesen, daß ein Verlassen des Instituts an den Prüftagen nicht gestattet ist.
Der Empfang von Besuch während Ihres Aufenthaltes im Institut ist nur nach Genehmigung des ärztlichen Prüfungsleiters gestattet und ist im voraus anzumelden.

4) 24 Stunden vor jedem Prüftag ist der Konsum von Alkohol untersagt. An jedem Prüftag wird vor der Untersuchung ein Alkoholatemtest durchgeführt.
Weiterhin wird an jedem Prüftag eine Urinuntersuchung auf Drogenkonsum durchgeführt. Während der gesamten Untersuchungsdauer ist der Genuß von Mohnkuchen untersagt, da dadurch das Untersuchungsergebnis verfälscht werden kann.
Am Untersuchungstag selbst ist der Konsum von koffeinhaltigen Getränken (Kaffee, schwarzer Tee, Coca Cola) und Rauchen nicht erlaubt.
Bei Verstößen gegen diese Auflagen wird der Proband aus der Studie herausgenommen. Der Anspruch einer Aufwandsentschädigung wird dadurch verwirkt.

5) Benutzen Sie bitte für die Fahrt von und zu unserem Institut kein Fahrzeug (auch kein Fahrrad), sondern nur öffentliche Verkehrsmittel. Wir müssen Sie darauf hinweisen, daß bei einem eventuellen Unfall, der auf nicht erlaubtes Führen eines Kraftfahrzeuges, aber auch auf nicht erlaubtes Bedienen von Maschinen zurückzuführen ist, der Proband selbst haftet. Wir weisen Sie ferner darauf hin, daß eine Beeinträchtigung des Reaktionsvermögens nach Abschluß der Prüfung (24 Stunden nach Entlassung) zwar nicht zu erwarten, aber möglich ist und die Einschränkung, kein eigenes Fahrzeug zu benutzen, deshalb zu Ihrer eigenen Sicherheit ausgesprochen wird.

6) Die Probanden werden gebeten, zu jedem Untersuchungstag mit gewaschenen Haaren zu kommen.

7) An die Anweisungen der Prüfärzte bzw. deren Assistenten müssen Sie sich unbedingt halten.

8. Ärztliche Rufbereitschaft

Für die gesamte Dauer der Prüfung wird eine ärztliche Rufbereitschaft eingerichtet. Sie können sich telefonisch an einen unserer Ärzte wenden, wenn irgendwelche Nebenwirkungen auftreten oder Sie es aus sonstigen Gründen für erforderlich halten sollten.

Sie erreichen unsere Ärzte unter den folgenden Rufnummern:

<< Telefonnummer >>   (werktags von 8.00–16.00 Uhr),
<< Telefonnummer >>   (ab 16.00 Uhr sowie an Sonn- und Feiertagen).

3.4   9. Schutz personenbezogener Daten

Die Gesetze und Richtlinien des Datenschutzes werden für alle personenbezogenen Daten beachtet. Insbesondere ist durch zusätzliche Maßnahmen die Anonymität beim HIV-Test („Aids-Test") auch innerhalb unseres Instituts gewährleistet
(s. auch gesonderte Einverständniserklärung zum HIV-Test).

Auf den Formularen zur Dokumentation klinischer Befunde wird der Proband
zum Schutz seiner personenbezogenen Daten nur mit einer Nummer und seinen
Initialen bezeichnet. Die unterschriebene Einverständniserklärung verbleibt im
Prüfinstitut und steht dort für behördliche Kontrollen nach AMG (Arzneimittelgesetz) zur Verfügung. Der Auftraggeber erhält mit den Rohdaten eine Kopie mit
unkenntlich gemachter Unterschrift.

Im übrigen gilt mit der Einverständniserklärung des Probanden auch die Erlaubnis zur Weitergabe und elektronischen Speicherung anonymisierter Befunde und
Daten zu wissenschaftlichen Zwecken als erteilt.

10. Versicherungen

Diese Studie stellt eine klinische Prüfung nach § 40 des Arzneimittelgesetzes dar.
Die Bestimmungen dieses Gesetzes werden beachtet. Für jeden Probanden ist eine
Haftpflichtversicherung in Höhe von DM 500 000,– abgeschlossen, die auch dann
eintritt, wenn kein anderer haftet.

Die Richtlinien des Weltärztebundes zur biomedizinischen Forschung am Menschen in der revidierten Fassung (Hongkong 1989) werden eingehalten. Der Prüfplan wird einem unabhängigen Ethikkomitee zur Genehmigung vorgelegt.

Diese Information ist Bestandteil der Einverständniserklärung für die Teilnahme
an der Studie mit dem Prüfpräparat << Prüfarzneimittel >>. Sollten Sie noch offene Fragen haben, möchten wir Sie bitten, diese mit unseren Prüfärzten oder dem
ärztlichen Leiter der klinischen Prüfung, Herrn Prof. Dr. med. << Name >>, zu besprechen.

11. Aufwandsentschädigung

Für die Teilnahme an dieser Studie erhält jeder Proband eine Aufwandsentschädigung lt. beiliegender Aufstellung. Ein Anspruch auf die *gesamte* Entschädigung besteht nur dann, wenn Sie an allen vorgesehenen Untersuchungen einschließlich
der Nachuntersuchung teilgenommen und die Teilnahmebedingungen auch während der Studie erfüllt haben. Der Scheck für die Aufwandsentschädigung wird
am Tag der Nachuntersuchung ausgestellt. Zwischenzahlungen werden nicht vorgenommen.

Bei Verletzungen der Bestimmungen dieser Probandeninformation und der Ihnen
auferlegten Verhaltensmaßregeln (insbesondere bezüglich der Einnahme von
Drogen oder anderen Medikamenten) erlischt jeglicher Anspruch auf eine
Aufwandsentschädigung.

Wir weisen der guten Ordnung halber darauf hin, daß wir keine Lohnsteuer- und
Sozialabgabenabzüge vornehmen, weil hier kein Dienstverhältnis vorliegt. Die
Auszahlung erfolgt also brutto = netto.

Die Aufwandsentschädigungen sind grundsätzlich im Rahmen der persönlichen Einkommensbesteuerung zu berücksichtigen. Eine Steuerbelastung entsteht nicht, solange das Gesamtjahreseinkommen (einschließlich der Entschädigung) die im Steuertarif vorgesehenen Grundfreibeträge nicht überschreitet.

<< Ort >>, den << Datum >>

<< Unterschrift des Leiters der klinischen Prüfung >>

Anlagen: – Einverständniserklärung zum HIV-Test;
          – Aufstellung der Aufwandsentschädigung;
          – Einwilligungserklärung (Formblatt)
            (mit Hinweis auf die jederzeitige Widerrufbarkeit).

3.5 Guidelines for the Monitoring of Clinical Investigations (FDA)*

Purpose

The purpose of this guideline is to present acceptable approaches to monitoring clinical investigations. Existing requirements for sponsors of clinical investigations involving new drugs for human and animal use (including biological products for human use) and medical devices under 21 CFR Parts 312 and 511, and 812 and 813, respectively, require that a sponsor monitor the progress of a clinical investigation. The monitoring functions may be performed by the sponsor or its own employees or may be delegated to a contract research organization as defined under 21 CFR 312.3. Proper monitoring is necessary to assure adequate protection of the rights of human subjects and the safety of all subjects involved in clinical investigations and the quality and integrity of the resulting data submitted to the Food and Drug Administration (FDA).

---

* Comments on the contents of this guideline are invited and should be addressed to the following office and identified with the docket number:
  Dockets Management Branch (HFA-305)
  Docket Number-82 D-0322
  Rm. 4–62
  5600 Fishers Lane
  Rockville/MD 20857, USA
For copies of, or further information regarding, the guideline please contact:
  Bioresearch Program Coordinator (HFC-230)
  Food and Drug Administration
  5600 Fishers Lane
  Rockville/MD 20857, USA

3.5   Introduction

This guideline, issued under 21 CFR 10.90, reflects principles recognized by the scientific community as desirable approaches to monitoring clinical research involving human and animal subjects. These principles are not legal requirements but represent a standard of practice that is acceptable to FDA. A sponsor may rely upon this guideline or may develop different procedures. A sponsor who selects different procedures for monitoring a clinical investigation may, but is not required to, submit those procedures to FDA for review and comment to avoid the possibility of employing monitoring procedures that FDA might later determine to be inadequate. Sponsors wishing to obtain such a review should contact FDA's Bioresearch Program Coordinator (HFC-230), Food and Drug Administration, 5600 Fishers Lane, Rockville, MD 20857.

FDA may amend this guideline from time to time on the basis of comments submitted by interested persons or information obtained from agency inspections of sponsors, monitors, and investigators.

A. Selection of a Monitor

A sponsor may designate one or more appropriately trained and qualified individuals to monitor the progress of a clinical investigation. Physicians, veterinarians, clinical research associates, paramedical personnel, nurses, and engineers may be acceptable monitors depending on the type of product involved in the study. A monitor need not be a person qualified to diagnose and treat the disease or other condition for which the test article is under investigation, but somewhere in the direct line of review of the study data there should be a person so qualified.

For any given study, the factors that should be considered in determining the number of monitors and the education, training, or expertise necessary should include:

- The number of investigators conducting the study.
- The number and location of the facilities in which the study is being conducted.
- The type of product involved in the study (i.e., drug for human use, drug for animal use, medical device).
- The complexity of the study.
- The nature of the disease or other condition under study.

B. Written Monitoring Procedures

A sponsor should establish written procedures for monitoring clinical investigations to assure the quality of the study and to assure that each person involved in the monitoring process carries out his or her duties. A single written monitoring procedure need not be developed for each clinical investigation. Rather, a standardized, written procedure, sufficiently detailed to cover the general aspects of clinical investigations, may be used as a basic monitoring plan and supplemented by more specific or additional monitoring procedures tailored to the individual clinical investigation.

C. Preinvestigation Visits   **3.5**

A sponsor is responsible for assuring, through personal contact between the monitor and each investigator, that the investigator clearly understands and accepts the obligations incurred in undertaking a clinical investigation.

Prior to the initiation of a clinical investigation, the monitor should visit the site of the clinical investigation to assure that the investigator:

- Understands the investigational status of the test article and the requirements for its accountability.
- Understands the nature of the protocol or investigational plan.
- Understands the requirements for an adequate and well-controlled study.
- Understands and accepts his or her obligations to conduct the clinical investigation in accordance with 21 CFR Parts 312, 511, 812, 814, or any other applicable regulations.
- Understands and accepts his or her obligations to obtain informed consent in accordance with 21 CFR Part 50. The monitor should review a specimen of each consent document to be used by the investigator to assure that reasonably foreseeable risks are adequately explained.
- Understands and accepts his or her obligation to obtain IRB review and approval of a clinical investigation before the investigation may be initiated and to ensure continuing review of the study by the IRB in accordance with 21 CFR Part 56, and to keep the sponsor informed of such IRB approval and subsequent IRB actions concerning the study.
- Has access to an adequate number of suitable subjects to conduct the investigation.
- Has adquate facilities for conducting the clinical investigation.
- Has sufficient time from other obligations to carry out the responsibilities to which the investigator is committed by applicable regulations.

D. Periodic Visits

A sponsor is responsible for assuring throughout the clinical investigation that the investigator's obligations, as set forth in applicable regulations, are being fulfilled and that the facilities used in the clinical investigation continue to be acceptable. The most effective way to achieve this assurance is to maintain personal contact between the monitor and the investigator throughout the clinical investigation. The monitor should visit the investigator at the site of the investigation frequently enough to assure that:

- The facilities used by the investigator continue to be acceptable for purposes of the study.
- The study protocol or investigational plan is being followed.
- Changes to the protocol have been approved by the IRB and/or reported to the sponsor and the IRB.
- Accurate, complete, and current records are being maintained.
- Accurate, complete, and timely reports are being made to the sponsor and IRB.
- The investigator is carrying out the agreed-upon activities and has not delegated them to other previously unspecified staff.

3.5   *E. Review of Subject Records*

A sponsor is responsible for assuring that the data submitted to FDA in support of the safety and effectiveness of a test article are accurate and complete. The most effective way to assure the accuracy of the data submitted to FDA is to review individual subject records and other supporting documents and compare those records with the reports prepared by the investigator for submission to the sponsor. Therefore, during a periodic visit, the monitor should compare a representative number of subject records and other supporting documents with the investigator's reports to determine that:

- The information recorded in the investigator's reports is complete, accurate, and legible.
- There are no omissions in the reports of specific data elements such as the administration to any subject of concomitant test articles or the development of an intercurrent illness.
- Missing visits or examinations are noted in the reports.
- Subjects failing to complete the study and the reason for each failure are noted in the reports.
- Informed consent has been documented in accordance with 21 CFR Parts 50 and 56.

F. Record of On-Site Visits

The monitor or the sponsor should maintain a record of the findings, conclusions, and action taken to correct deficiencies for each on-site visit to an investigator. Such a record may enable FDA to determine that a sponsor's obligations in monitoring the progress of a clinical investigation are being fulfilled. The record may include such elements as:

- The date of the visit.
- The name of the individual who conducted the visit.
- The name and address of the investigator visited.
- A statement of the findings, conclusions and any actions taken to correct any deficiencies noted during the visit.

3.6a Mustermodule für Prüfbogen

Präparat   Studiennummer   U 1

Datum   Tag   Monat   Jahr   Patienten-Initialen   Vorn.   Nachn.   Patienten-Nummer

Patientendaten

Gewicht (kg)

Geschlecht: 1 = männl.   2 = weibl.

Größe (cm)

Ist die Patientin gebärfähig?   0 = nein   1 = ja

Alter (Jahre)   (18 - 75)

Wird eine effektive Kontrazeption durchgeführt?   0 = nein • Prüfausschluß   1 = ja

Ethnische Zugehörigkeit:

1 = Weiße(r)
2 = Negroide(r)
3 = Asiatin/e
4 = Sonstige ________

Wurde eine Schwangerschaftsuntersuchung durchgeführt?   0 = nein   1 = ja

Ergebnis: 0 = neg.   1 = pos. • Prüfausschluß

Diagnose

Diagnose: 1 = Morbus Crohn des Dickdarms   2 = Colitis ulcerosa

Differenzierung der Erkrankung: ________________________

____

____

Wann wurde diese Diagnose erstmals gestellt?   Datum   Tag   Monat   Jahr   (> 6 Monate)

Wie wurde die Diagnose gestellt? ________________________

____

____

3.6a　　**Präparat**　　　　　　　　Studiennummer　　　　　　　　　　　0 1

Tag　Monat　Jahr

Datum ⌊_⌊_⌊_⌊_⌊_⌋

Patienten-Initialen　Vorn. ⌊_⌋　Nachn. ⌊_⌋

Patienten-Nummer: ⌊_⌊_⌋

Ausschlußkriterien

(allgemein für klinische Prüfungen)

Patienten nicht einschließen

	ja	nein

1. Nimmt der/die Patient/in gleichzeitig an einer weiteren klinischen Studie teil, oder hat er/sie innerhalb der letzten 90 Tage an einer Studie teilgenommen? ○ ○

2. Befindet sich der/die Patient/in in einem schlechten Allgemeinzustand? ○ ○

3. Ist der/die Patient/in alkohol- und/oder drogenabhängig? ○ ○

4. Ist der/die Patient/in psychisch krank, geschäftsunfähig oder in der Geschäftsfähigkeit beschränkt? ○ ○

5. Ist der/die Patient/in auf gerichtliche oder behördliche Anordnung in einer Anstalt verwahrt? ○ ○

6. Ist der/die Patient/in der deutschen Sprache und Schrift nicht oder nur unzureichend mächtig? ○ ○

7. Bei weiblichen Patienten: Ist die Patientin schwanger oder stillt sie? ○ ○

Patientenaufklärung

Tag　Monat　Jahr

Der/die Patient/in wurde von mir am ⌊_⌊_⌊_⌊_⌊_⌋

über Wesen, Bedeutung und Tragweite der bei ihm/ihr vorgesehenen klinischen Prüfung gemäß Kapitel 3.3 des Prüfplans aufgeklärt. Aufklärung und Einverständnis des/der Patienten/in wurden in den Unterlagen der Studienteilnehmer dokumentiert und können auf Verlangen vorgelegt werden.

Er/sie hat die Teilnahme freiwillig erklärt.

Die Einverständniserklärung erfolgte

1 = schriftlich
2 = mündlich in Gegenwart eines Zeugen

☞ Bitte lassen Sie den Zeugen unterschreiben!

____
Unterschrift des Zeugen

Anschrift des Zeugen in Blockschrift:

Name: _______________________

Straße: _______________________

____
Unterschrift und Stempel des behandelnden Arztes

Dieser Prüfbogen besteht aus ## Seiten.

Wohnort: _______________________

3.6a

Terminkontrolle

Aufnahmeuntersuchung

U 1

                                                              Tag Monat Jahr
Aktuelles Datum |__|__|__|__|__|

Untersuchung 2

U 2

Nächste Untersuchung   Tag Monat Jahr   Tag Monat Jahr
(Datum U 1 + 1 Woche ± 3 Tage) |__|__|__|__|__| Aktuelles Datum |__|__|__|__|__|

Untersuchung 3

U 3

Nächste Untersuchung   Tag Monat Jahr   Tag Monat Jahr
(Datum U 2 + 1 Woche ± 3 Tage) |__|__|__|__|__| Aktuelles Datum |__|__|__|__|__|

Untersuchung 4

U 4

Nächste Untersuchung   Tag Monat Jahr   Tag Monat Jahr
(Datum U 3 + 1 Woche ± 3 Tage) |__|__|__|__|__| Aktuelles Datum |__|__|__|__|__|

Untersuchung 5

U 5

Nächste Untersuchung   Tag Monat Jahr   Tag Monat Jahr
(Datum U 4 + 1 Woche ± 3 Tage) |__|__|__|__|__| Aktuelles Datum |__|__|__|__|__|

☞ **Die Gesamtdauer der Therapiephase für jeden Patienten sollte insgesamt nicht mehr als 3 Tage von der geplanten Dauer von 4 Wochen abweichen!**

Diese Seite als Schreibschutz unter den grünen Durchschlag einklappen!!!

3.6b Checklisten für das Studienmonitoring

- Initial Contact Form
- Study Initiation Report Form
- Monitoring Visit Report
- Telephone Report Form
- Study Termination Form

3.6b

Studiennr.: ___________________   Präparat: ___________________________

Initial Contact Form

Investigator contacted:

    Name: ____

    Address: ____

           ____

           ____

    Phone: ___________________

Source of contact: ____

                                        Day   Month   Year

Date contacted:

Summary of discussion: ____

                                   ____

Suggested follow-up: ____

Type Name: ___________________________________

Day   Month   Year

Date: |_|_|_|_|_| Signature: _______________________________

3.6b

Studiennr.: ___________________   Präparat: ___________________________

Study Initiation Report Form

Date of visit: Day Month Year   Center:

Investigator: ___________________________________

Address: ___________________________________

____

____

Staff members, titles: ___________________________________

____

Pre Study Visit

Has the Pre Study Visit taken place?   0 = no   1 = yes

✍ If yes, please fill in the date of the Pre Study Visit: Day Month Year

✍ If no, please hand out to the investigator the company brochure, discuss the following points and fill in the results:

Investigator's responsibilities: ___________________________________

Adequacy of trial center: ___________________________________

Activities of Dr. Wiedey GmbH: ___________________________________

Trial Progress

Reference compounds: ______________   Planned no. of patients:

Daily dosage: ______________   Treatment period (weeks):

Estimated start date   Day Month Year   No. volumes per CRF:

Estimated end date   Day Month Year

Studiennr.: _________________   Präparat: _____________________

Date of visit: Day   Month   Year   Center:

Investigator: ____

Checklist

Check whether the following activities have been achieved. Give further details on the next page, if necessary.

1. Protocol review (revisions needed)?
   ☞ **Please collect all drafts of trial protocol!**

2. Case Report Form review (revisions needed)?

3. Patient Information/Consent review?

4. Adverse experience reporting and follow-up discussed?

5. Follow-up abnormal lab. results discussed?

6. Procedures dicussed in case of emergency unblinding?

7. Dispensing instructions reviewed?

8. Study medication demonstrated?

9. Facilities for storage of trial medication checked?

10. Drug accountability and disposition discussed?

11. Biological samples: handling/storage/dispatch discussed?

12. Investigator's file presented/discussed?   **Score:**

13. Monitoring procedures and contact frequency discussed?   0 = no
         1 = yes

14. Access to source documents discussed?   2 = n. a.

15. Possible audit agreed by Investigator?

16. Copies of CV's obtained (incl. co-investigators)?

17. Ethics Committee approval letter obtained/handed to investigator?

18. IRB member's list?

19. Normal laboratory reference values handed over?

20. Laboratory licence?

21. Facilities adequate (lab/clinical)?

22. Indemnity letter required?

3.6b

Studiennr.: ______________________   Präparat: ______________________

Date of visit: Day Month Year   Center:

Investigator: ____

23. Copy of insurance policy handed over?   0 = no
                                                  1 = yes
24. Investigator on social security handling informed?   2 = n. a.

25. Red labels/address labels/patient identification labels handed over?

The following documents must be signed by the investigator:

26. Protocol

27. Investigator's Undertaking

28. Financial Agreement   0 = no
                                1 = yes
29. FDA 1572 form   2 = n. a.

30. Proof of receipt of drugs

31. Others

Comments: ____

____

Computer Information

On-site data entry?

Training and instruction given?   0 = no
                                       1 = yes
Computer installed?   2 = n. a.

Drug Accountability

Where is the drug to be stored? ______________________

Are space and temperature adequate?   0 = no
                                        1 = yes
                                        2 = n. a.

Who will dispense the drug? ______________________

Who will administer the drug? ______________________

Who will maintain drug accountability? ______________________

Comments: ____

____

3.6b

Studiennr.: ________________   Präparat: ____________________

Day Month Year

Date of visit: |_|_|_|_|_|_| Center: |_|_|

Investigator: ____

Clinical Supplies

Supplies received?   0 = no |_|
Storage adequate?   1 = yes |_|
                           2 = n. a.

List supplies received: _______________________________________

____

Specimen Samples

List samples being collected: _________________________________

____

Containers and labels supplied?   0 = no |_|
                                         1 = yes
                                         2 = n. a.

Where will specimens be stored? ________________________________

Temperature check on freezer?   °C storage |_|_|_|

Arragement for specimen delivery: ______________________________

Type Name: _________________________________

Day Month Year

Date: |_|_|_|_|_|_| Signature: _______________________________

3.6b

Studiennr.: _________________   Präparat: _____________________

Monitoring Visit Report

Trialist

Date of visit: Day   Month   Year   Center:

Investigator: ____

Address: ____

____

Personnel contacted: ____

Trial Progress

First patient enrolled: Day   Month   Year   Estimated enddate: Day   Month   Year

No. of patients screened: Patient no's: _____________________

____

No. of pat. on trial medication: Patient no's: _____________________

____

No. of pat. completed therapy: Patient no's: _____________________

____

Total enrolled: No. projected:

No. enrolled since last visit: Progress (recruitment per month):

Drop-Outs

Drop-outs since last visit?   0 = no   1 = yes   No. of Drop-Outs:

Patient No.	Patient Initials First Last	On active therapy 0 = no ; 1 = yes	Reason for Drop-out 1 = Inefficacy ; 2 = Intolerance ; 3 = Intercurrent illness ; 4 = Administrative ; 5 = Other (please specify)
			_____________________
			_____________________
			_____________________
			_____________________
			_____________________

3.6b

Studiennr.: ________________   Präparat: ____________________

Date of visit: Day Month Year   Center:

Investigator: ______________________________________

Progress of Study

How was the progress of the study?   1 = on schedule
                                            2 = delayed

✍ If delayed, please specify: ______________________________________

____

Source Documentation

✍ Please fill in the percentage of source documentation.

Patient number and patient initials
(Pat.-No's: ____________________):   (100)

Documentation of other ob-
served variables:

Patient consent (Pat.-No's: ________):   (100)

Adverse Event: (100)

Inclusion and exclusion criteria
(Pat.-No's: ____________________):   (100)

Laboratory findings:

Medical history (Pat.-No's: ________):

Other values of tolerance
and efficacy:

Documentation of target variables: (100)

☞ Drug accountability refer to page 4.

Case Report Forms

Are CRF's being completed on time?   0 = no
                                            1 = yes
Are white and/or other copies collected according to the specific requirements of the trial?

Completed CRF's obtained this visit (Patient No's): ______________________________________

____

____

Protocol deviations this visit: ______________________________________

____

____

3.6b

Studiennr.: _________________   Präparat: _________________

Date of visit: Day   Month   Year   Center:

Investigator: _______________________________________

Adverse Events

Have all adverse events been reported?   0 = no   1 = yes   2 = n.a.

✍ If no, please comment: ___________________________

Have all Immediately Reportable Adverse Events been reported according to procedure?   0 = no   1 = yes   2 = n.a.

✍ If no, please comment: ___________________________

Withdrawal due to adverse drug reaction?   0 = no   1 = yes   2 = n.a.

Patient No.	Patient Initials First Last	Comments

Remarkable Findings in Laboratory Data

Are remarkable findings in laboratory data?   0 = no   1 = yes

Patient Initials First Last	Parameter	Normal Range	Screening	Visit	Visit	Visit

Remarkable Findings in Safety/Tolerance

Are remarkable findings in safety/tolerance?   0 = no   1 = yes

Patient Initials First Last	Sign/Symptom	Startdate Day Month Year	Duration Days	Severity	Startdate Treatment Day Month Year

3.6b

Studiennr.: _________________   Präparat: _____________________

Date of visit: Day Month Year   [| | | | |]   Center: [|]

Investigator: ____

Drug Accountability

Have medication packs been collected?   0 = no   [ ]
                                               1 = yes

✍ If yes, please note the patient no's: _______________________________

____

Patient no's taken out of order?   [ ]   Score: Are forms being completed?   [ ]
                                            0 = no
Is drug supply adequate?   [ ]   1 = yes   Is drug being stored properly?   [ ]

✍ If no, please comment: _______________________________________

Biologic Materials

Have biologic materials been transported?   0 = no   [ ]
                                                   1 = yes

✍ If yes, please note the patient no's: _______________________________

____

Have biologic materials been transported in deep freezers?   0 = no   [ ]
                                                             1 = yes

Is biologic material supply adequate?   0 = no   [ ]
                                               1 = yes

✍ If no, please comment: _______________________________________

Have there been any changes to the staff/facilities?   0 = no   [ ]
                                                              1 = yes

☞ If yes, please complete the Authorized Signature Form!

Other comments: ____

____

____

                        Print Name: _____________________________

Date: Day Month Year   [| | | | |]   Signature: _________________________

3.6b

Studiennr.: ___________________   Präparat: ___________________

Telephone Report Form

Investigator contacted:

     Name: ___________________________________

     Address: ___________________________________

             ____

             ____

     Phone: ___________________

Date and Time contacted: Hour   Minutes   Day   Month   Year

Summary of conversation: ___________________________________

____

____

____

____

____

Action taken: ___________________________________

____

____

____

____

____

Type Name: ___________________________________

Day   Month   Year

Date: ___________   Signature: ___________________________________

3.6b

Studiennr.: _______________________   Präparat: _______________________

Study Termination Form

Investigator contacted:

Name: ____

Address: ____

____

____

Phone: _______________________

Date contacted: Day | Month | Year

Discussion of data entry errors:

____

____

____

Materials given back: Decoding letters unused (Pat-No: _________)   ☐

Decoding letters opened (Pat-No: _________)   ☐

Study medication (Pat-No: _________________)   0 = no   ☐

CRF´s unused (No: _________________)   1 = yes   ☐

White copies for sponsor (Pat-No: _________)   2 = n. a.   ☐

____

____

Investigators opinion on the study:

(e. g.: criticism, general comments, suggestions to improve conduct etc., possible therapeutic efficacy of trial medication, any other pertinent information)

____

____

____

____

Type Name: _______________________________

Day | Month | Year

Date: _______________   Signature: _______________________________

3.7 Erfassung und Bewertung unerwünschter Arzneimittelwirkungen in der klinischen Prüfung

Klinische Prüfungen sind von der Auswahl der Zielgrößen her vorrangig geplant, um Belege für die therapeutische Wirksamkeit neuer Substanzen zu erbringen. Demgegenüber tritt bei der Planung der Aspekt unerwünschter Ereignisse und deren Ermittlung, Dokumentation, Erfassung und Bewertung zurück.

Die Sektion Klinische Pharmakologie der deutschen Gesellschaft für Pharmakologie und Toxikologie hat deshalb eine Arbeitsgruppe beauftragt, Empfehlungen zu erarbeiten, die den wissenschaftlichen Stand der Ermittlung, Dokumentation, Erfassung und Bewertung unerwünschter Ereignisse beschreiben. Ziel der Empfehlungen ist es, diesem Aspekt der klinischen Prüfung neuer Substanzen zu der ihr zukommenden Bedeutung zu verhelfen.

Der Text ist als Ergänzung zu den „Grundsätzen für die ordnungsgemäße Durchführung der klinischen Prüfung von Arzneimitteln" zu verstehen. Soweit er vom Inhalt her die „Grundsätze......" und das Arzneimittelgesetz (AMG) berührt, wurde auf eine Abstimmung geachtet.

An der Erarbeitung der Empfehlungen haben Kliniker, klinische Pharmakologen und Biometriker aus der Bundesoberbehörde, den Universitäten, der pharmazeutischen Industrie und anderen kommerziellen Institutionen mitgewirkt.
Die Empfehlungen wurden als Entwurf in Arzneim.-Forsch./Drug Res. **38 (II)**, Nr. 11, S. 1650–1656 (1988) publiziert und damit der wissenschaftlichen Öffentlichkeit zur Diskussion vorgelegt. Nach Beratung und teilweiser Berücksichtigung von Kommentaren liegen die Empfehlungen nach abschließender Verabschiedung durch die Sektion Klinische Pharmakologie nun in endgültiger Fassung vor.
Teilnehmer der Arbeitsgruppe waren: H. Bethge, Darmstadt (federführend); B. Czechanowski, Heidelberg; U. Gundert-Remy, Berlin; J. Hasford, München; H. Kleinsorge, Frankfurt/Main; G. Kreutz, Berlin; H. Letzel, München; A. A. Müller, Frankfurt/Main; H. K. Selbmann, Tübingen; E. Weber, Heidelberg.

Empfehlungen zur Ermittlung, Dokumentation, Erfassung und Bewertung unerwünschter Ereignisse im Rahmen der klinischen Prüfung von Arzneimitteln

H. Bethge, B. Czechanowski, U. Gundert-Remy, J. Hasford, H. Kleinsorge, G. Kreutz, H. Letzel, A. A. Müller, H. K. Selbmann und E. Weber †

im Auftrag der Sektion Klinische Pharmakologie der Deutschen Gesellschaft für Pharmakologie und Toxikologie

Inhalt   3.7

3.7 1 Einleitung

Klinische Prüfungen dienen dem Ziel, Nutzen und Risiko (Schaden) von Arzneimitteln (Prüfsubstanzen) zu erkennen und beurteilen zu können.

Mit der umfassenden Ermittlung und Analyse der Verträglichkeit und des Risikos einer Prüfsubstanz ist schon in der ersten Phase der klinischen Prüfung zu beginnen. Bei der Stellung des Zulassungsantrags muß es möglich sein, basierend auf den durchgeführten klinischen Prüfungen und unter Berücksichtigung des Spontanverlaufs der als Indikation für die Prüfsubstanz vorgesehenen Krankheit, eine Nutzen-Risiko-Abwägung vorzunehmen.

Die vorliegenden Empfehlungen sollen die „Grundsätze für die ordnungsgemäße Durchführung der klinischen Prüfung von Arzneimitteln" (im folgenden „Grundsätze" genannt) vom 9. Dezember 1987, veröffentlicht im Bundesanzeiger Nr. 243 vom 30. Dezember 1987, ergänzen.

Die Empfehlungen betreffen zunächst die Phasen I-III der klinischen Prüfung; sie sind jedoch grundsätzlich auch für Phase-IV-Prüfungen gültig. Bei Phase-IV-Prüfungen, also nach der Zulassung des Arzneimittels durch das Bundesgesundheitsamt (BGA), sind zusätzlich die einschlägigen Bestimmungen des Arzneimittelgesetzes (AMG) zu beachten, insbesondere § 29 Abs. 1 Satz 2 bis 5, 4. AMG-Novelle mit den zugehörigen amtlichen Erläuterungen: Bekanntmachung über die Anzeige von Nebenwirkungen, Wechselwirkungen mit anderen Mitteln und Arzneimittelmißbrauch nach § 29 Abs. 1 Satz 2 AMG vom 28. Oktober 1987; Bundesanzeiger Nr. 208 vom 5. November 1987 (u.a. Meldung von Verdachtsfällen schwerwiegender und/oder unbekannter Nebenwirkungen in der Regel mit dem Berichtsbogen BGA 643: „Bericht über unerwünschte Arzneimittelwirkungen (auch Verdachtsfälle)").

Abweichend von den „Grundsätzen" und dem AMG wird in den vorliegenden Empfehlungen durchgehend der Begriff „unerwünschtes Ereignis" anstelle von „unerwünschte Begleiterscheinung" verwendet. Der weitgehend neutrale Begriff „unerwünschtes Ereignis" erscheint im Stadium der Beobachtung und Untersuchung von Patienten während einer klinischen Prüfung angemessener und entspricht dem weitgehend akzeptierten englischen Begriff „adverse event".

Die Empfehlungen beziehen sich auf das sich „in der Prüfung befindliche Arzneimittel" (vgl. „Grundsätze") in der jeweiligen galenischen Form: Im folgenden wird dafür der Begriff „Prüfsubstanz" verwendet.

Für die klinische Prüfung von Biomaterialien und anderen Medikalprodukten sind die Empfehlungen, soweit zutreffend, sinngemäß anzuwenden.

Die Empfehlungen beziehen sich auf alle Vorgänge, die mit der Ermittlung, Dokumentation, Erfassung und Bewertung von unerwünschten Ereignissen im Rahmen klinischer Prüfungen in Zusammenhang stehen. Die Empfehlungen wenden sich dementsprechend an alle mit der Planung, Durchführung, Auswertung und Berichterstattung von klinischen Prüfungen beschäftigten Personen.

1.1 Begriffsbestimmungen

1.1.1 Unerwünschte Ereignisse (UE). Unerwünschte Ereignisse (UE; englisch: adverse events) sind alle im Rahmen einer klinischen Prüfung beobachteten Befindlichkeitsstörungen, subjektiven und objektiven Krankheitssymptome (einschließlich Laborwertveränderungen), interkurrente Krankheiten und Unfälle, und zwar unabhängig von einem möglichen ursächlichen Zusammenhang mit der Gabe der Prüfsubstanz.

Als UE sind auch solche Ereignisse zu bezeichnen, die im Rahmen der klinischen Prü- **3.7**
fung in medikationsfreien Vor- und Nachperioden, unter Placebo oder bei einer Ver-
gleichsgruppe unter medikamentöser oder nichtmedikamentöser Therapie auftreten.

1.1.2 Unerwünschte Arzneimittelwirkungen (UAW). Unerwünschte Arzneimittelwirkungen (UAW) sind unerwünschte Ereignisse, die durch Arzneimittel verursacht oder
mitverursacht wurden. Zwischen einem beobachteten unerwünschten Ereignis und
der Gabe der Prüfsubstanz kann aufgrund einer statistischen Wahrscheinlichkeit
und/oder unter Berücksichtigung von medizinisch-plausiblen Vorinformationen und
Überlegungen ein ursächlicher Zusammenhang mit unterschiedlichem Grad der
Wahrscheinlichkeit bestehen. Ohne Feststellung eines solchen Zusammenhangs sollten die im Rahmen einer klinischen Prüfung beobachteten UE nicht als unerwünschte
Arzneimittelwirkungen oder als Nebenwirkungen bezeichnet werden.

1.1.3 Nebenwirkungen gemäß Arzneimittelgesetz (NW). Erst nach der Zulassung ist der
bestimmungsgemäße Gebrauch des Arzneimittels bekannt. Ab diesem Zeitpunkt
kann anstelle des Begriffs „unerwünschte Arzneimittelwirkung" der Nebenwirkungs-
begriff gemäß § 4, Satz 13 AMG: „Nebenwirkungen sind die beim bestimmungsgemäßen Gebrauch eines Arzneimittels auftretenden unerwünschten Begleiterscheinungen" Anwendung finden.

1.2 Abgrenzung erwünschter von unerwünschten Arzneimittelwirkungen

In den frühen Phasen der klinischen Prüfung einer neuen Prüfsubstanz (Phase I und
II) richtet sich die Beurteilung von Wirkungen der Substanz als erwünscht oder unerwünscht nach der vorgesehenen Indikation (bestimmte Wirkungen werden als Prä-
diktoren für die angestrebte therapeutische Wirksamkeit ausgewählt). Eine bei einer
bestimmten Indikation unerwünschte Wirkung kann bei einer anderen Indikation erwünscht sein. Dies schließt nicht aus, daß bestimmte Wirkungen (z.B. Kopfschmerzen,
Verschlechterung der Nierenfunktion) immer als unerwünscht auszuweisen sind.

Ab Phase II und III der klinischen Prüfung können alle solchen Wirkungen als unerwünscht eingestuft werden, die nicht dazu geeignet sind, das zu behandelnde Krankheitsbild günstig zu beeinflussen.

1.3 Biometrische Aspekte

Die Zahl und Variabilität der zur Vefügung stehenden Versuchsdesigns ist so vielfältig und abhängig von der Problematik der einzelnen klinischen Prüfung, daß konkrete
und für jeden Einzelfall anwendbare Richtlinien zur statistischen Planung und Auswertung nicht gegeben werden können.

Es ist daher zur Verbesserung der Aussagefähigkeit – auch bereits der klinischen Prüfungen der Phase I – ein qualifizierter Biometriker in die Versuchsplanung mit einzubeziehen.

Die meisten klinischen Prüfungen sind von der primären Fragestellung her auf Wirk-
samkeitsnachweise oder Wirksamkeitsvergleiche angelegt. Da die Fallzahlschätzung
dementsprechend nur im Hinblick auf hinreichende Trennschärfe für therapeutisch
erwünschte Wirkungen erfolgt, reicht die Macht der statistischen Tests wegen der im
Regelfall bestehenden Asymmetrie zwischen erwünschten und unerwünschten Wirkungen (erstere häufig, letztere selten) meist nicht aus, um Unterschiede zwischen

3.7 den UE-Häufigkeiten zu erkennen. Stellen UAW die Hauptkriterien für den Therapievergleich dar, so sind Fallzahlschätzungen in Analogie zu den therapeutischen Wirksamkeitskriterien durchzuführen. Es ist zu beachten, daß Aussagen zu unerwünschten Arzneimittelwirkungen – sofern sie nicht sehr selten und/oder mit langer Latenzzeit auftreten – am besten über randomisierte, doppelblinde klinische Prüfungen mit geeignet großen Fallzahlen konsensfähig ermittelt werden können.

2 Planung der klinischen Prüfung

2.1 Prüfplan und Prüfbogen

Vor Beginn jeder klinischen Prüfung ist ein Prüfplan aufzustellen. Dieser muß u.a. (vergl. „Grundsätze") Angaben zu folgenden Punkten enthalten:

- Ermittlung, Dokumentation und Bewertung unerwünschter Ereignisse;
- eventuell notwendige Vorsichtsmaßnahmen einschließlich Handlungsanweisungen, wie etwa Veränderungen der Dosierungen;
- Kriterien für den Abbruch der klinischen Prüfung sowohl im Einzelfall als auch für die gesamte Prüfung.

Der zum Prüfplan gehörige Prüfbogen muß bei der Dokumentation unerwünschter Ereignisse mindestens folgende Angaben ermöglichen:

- Unerwünschte Ereignisse: Art, Zeitpunkt des Auftretens, Dauer, Intensität. Maßnahmen/Folgen, Zusammenhang;
- Gründe für einen Therapieabbruch.

Die Angaben müssen eine Beurteilung des Schweregrades des UE ermöglichen (vgl. 3.2.6).

Die Prüfbogen sind so anzulegen, daß sowohl die aufgrund von Vorinformationen erwarteten als auch unerwartete UE dokumentiert werden können.

2.2 Auswahl der Verfahren und Umfang deren Ermittlung

Die Art der zur Ermittlung, Dokumentation, Erfassung und Bewertung von UE auszuwählenden Verfahren ist für jede konkrete klinische Prüfung gesondert festzulegen. Sie hängt u.a. ab von

- Analogieschlüssen aufgrund von Kenntnissen über die Substanzklasse, der die Prüfsubstanz angehört,
- den Erkenntnissen aus vorklinischen Untersuchungen,
- theoretischen Schlüssen aufgrund pharmakodynamischer oder -kinetischer Eigenschaften der Prüfsubstanz,
- den potentiellen Indikationsgebieten,
- der Phase der klinischen Erprobung,
- der speziellen Zielsetzung der jeweiligen klinischen Prüfung,
- der Applikationsart der Prüfsubstanz,
- der Zahl und der Art der zu untersuchenden Patienten,
- der Art und Ausstattung des Untersuchungszentrums.

Das heißt: Nicht in jeder einzelnen klinischen Prüfung können und müssen alle im folgenden aufgeführten Verfahren zur Anwendung kommen und jeweils alle Variablen ermittelt werden. Am Ende der klinischen Erprobung einer Prüfsubstanz müs-

sen jedoch vor Antragstellung auf Zulassung als neues Arzneimittel jeweils genügend   **3.7**
Informationen zu den einzelnen Verfahren und Variablen von einer ausreichend
großen Patientenzahl vorliegen.

2.3 Zielsetzung der Planung

Die im Prüfplan und Prüfbogen beschriebenen Verfahren haben das Ziel, zunächst
ganz allgemein Beobachtungs- und Dokumentationsgleichheit für alle Teilnehmer an
der klinischen Prüfung zu gewährleisten und dann speziell

– mögliche, erwartete UE zu übermitteln,
– nicht erwartete UE nicht zu übersehen,
– alle UE in geeigneter Weise zu dokumentieren,
– alle UE einer Erfassung und Bewertung (individuell und statistisch) zugänglich zu
  machen mit der Frage, ob ein Zusammenhang zwischen UE und der Gabe der
  Prüfsubstanz besteht oder nicht.

2.4 Zu ermittelnde Variablen

2.4.1 Allgemeine Variablen. Zu den Standarduntersuchungen im Rahmen klinischer
Prüfungen gehören eine eingehende Anamnese sowie eine sorgfältige ärztliche Untersuchung der Probanden/Patienten. Außerdem sollten in der Regel vitale Funktionen
wie Blutdruck, Puls, Temperatur und Atmung gemessen bzw. beurteilt werden.

2.4.2 Klinisch-chemische Variablen. In den „Empfehlungen der Deutschen Gesellschaft
für Klinische Chemie zur Durchführung klinisch-chemischer Untersuchungen bei der
Prüfung von Arzneimitteln" (J. Clin. Chem. Clin. Biochem. **22**, 811-815, 1984) wird
empfohlen, im Rahmen von Arzneimittelprüfungen ein Standardprogramm klinisch-
chemischer Untersuchungen durchzuführen. Ergänzend wird festgestellt: „Für die
Prüfung vieler Arzneimittel wird es erforderlich sein, zusätzliche Untersuchungen
vorzunehmen. Einschränkungen können je nach Prüfphase und in Einzelfällen sinnvoll sein."

Aus dem Standardprogramm werden gemäß den Vorschlägen der Sektion Klinische
Pharmakologie der Deutschen Gesellschaft für Pharmakologie und Toxikologie
(Pharm. Ind. **41**, 903, 1979) folgende Untersuchungen für besonders wichtig gehalten;
Abweichungen davon sollten begründet werden:

– Hämatologische Untersuchungen: Leukozytenzahl, Differentialblutbild mit der
  ausdrücklichen Prüfung auf pathologische Formen, Erythrozytensenkungsge-
  schwindigkeit, Erythrozytenzahl, Thrombozytenzahl, Hämoglobin, Thrombopla-
  stin-Zeit;
– Serumuntersuchungen: Alanin-Aminotransferase, alkalische Phosphatase, Aspar-
  tat-Aminotransferase. Bilirubin (gesamt), Eiweiß (gesamt), Glukose, Gamma-Glut-
  amyltransferase, Harnsäure, Kalium, Kreatinin, Natrium;
– Harnuntersuchungen (qualitativ): Blut, Eiweiß, Glukose, (wenn bei der Untersuchung auf Eiweiß und/oder Glukose pathologische Werte erhalten werden, müssen beide Bestandteile quantitativ bestimmt werden), Ketonkörper, Leukozyten,
  ph-Wert, Sediment-Untersuchungen (nur notwendig, wenn bei der Untersuchung
  auf Blut, Eiweiß und/oder Leukozyten pathologische Befunde erhalten werden).

3.7 Im Rahmen einer konkreten klinischen Prüfung obliegt es der Verantwortlichkeit des Leiters der klinischen Prüfung, zusätzliche Untersuchungen durchzuführen. Diese werden in jedem Falle dann als notwendig erachtet, wenn sich während der klinischen Prüfung einer der aufgezählten Standardparameter pathologisch verändert.

2.4.3 Konzentrationsbestimmungen der Prüfsubstanz in Körperflüssigkeiten. Besondere Bedeutung, nicht nur für die Festlegung des therapeutischen Dosisbereichs einer Prüfsubstanz, sondern auch für die Beurteilung unerwünschter Wirkungen wie z.B. übersteigerter pharmakodynamischer Wirkungen oder Wechselwirkungen, haben Konzentrationsbestimmungen der Prüfsubstanz im Plasma und anderen Körperflüssigkeiten. Entsprechende Untersuchungen sind, soweit möglich, durchzuführen.

2.4.4 Befindlichkeit. In der Regel ist auch die Befindlichkeit der Probanden/Patienten zu ermitteln. Möglich sind eine Fremdbeurteilung durch den Arzt oder eine Selbstbeurteilung durch den Probanden/Patienten wie z.B. durch spontane Äußerungen, Beantwortung von strukturierten Fragen, Ausfüllen von Fragebogen, Benutzung von Skalen oder das Anbieten von Möglichkeiten zur frei formulierten schriftlichen Äußerung.

2.5 Häufigkeit der Ermittlung der Variablen

Die Häufigkeit der Ermittlung der Variablen während einer konkreten klinischen Prüfung ergibt sich aus dem jeweiligen Erkenntnisstand und der Fragestellung der klinischen Prüfung. Die Zeitintervalle zwischen den Messungen werden in den frühen Phasen der klinischen Erprobung kürzer, in den späteren in der Regel länger sein können.

3 Ermittlung und Dokumentation von unerwünschten Ereignissen an der Prüfstelle

3.1 Allgemeine Voraussetzungen

Grundsätzlich müssen die Daten unter Berücksichtigung der biometrischen Prinzipien von Beobachtungs- und Dokumentationsgleichheit gesammelt werden. Diese Forderung bezieht sich auf alle Probanden/Patienten, die im Rahmen einer klinischen Prüfung mindestens einmal mit der Prüfsubstanz und/oder der Vergleichssubstanz behandelt wurden oder eine andere Vergleichstherapie erhielten.

Bei randomisierten klinischen Prüfungen sollten die entsprechenden Daten auch von solchen Patienten in geeigneter Weise dokumentiert werden, die nach erfolgter Randomisierung die Prüfsubstanz/Vergleichssubstanz aus unterschiedlichen Gründen nicht erhielten.

Darüber hinaus sollten alle Informationen dokumentiert werden, die aus der zu der klinischen Prüfung gehörenden, u.U. medikationsfreien Vor- und Nachperioden stammen. Das Fehlen relevanter Daten ist zu begründen.
Alle Fakten und Befunde müssen in der Weise dokumentiert werden, daß eine genaue zeitliche Zuordnung und damit eine Beurteilung des zeitlichen Zusammenhangs möglich ist.

Bei erwarteten UE kann die Vorgabe von Begriffen in den Prüfbogen zweckmäßig   **3.7**
sein. Anzustreben ist gleiches Vorgehen bei verschiedenen klinischen Prüfungen und
verschiedenen Phasen der Erprobung einer bestimmten Prüfsubstanz.

Nach Möglichkeit ist der Prüfbogen so anzulegen, daß er zugleich Erfassungsbeleg ist.
Die Erfüllung der Voraussetzungen läßt sich am ehesten durch den Einsatz speziell in
der Dokumentation geschulter Kräfte verwirklichen.

Die Dokumentation von unerwünschten Ereignissen sollte prüfplankonform und
kontinuierlich erfolgen. In jedem Fall muß die Dokumentation zu unerwünschten Ereignissen folgende Verpflichtungen des Leiters der klinischen Prüfung und des Prüfarztes ermöglichen (vgl. „Grundsätze"):

– Der Leiter der klinischen Prüfung hat sich fortlaufend über die Prüfsubstanz, insbesondere über auftretende Risiken, ggf. weltweit zu informieren, um fortlaufend
  die ärztliche Vertretbarkeit der klinischen Prüfung beurteilen zu können.
– Dem Leiter der klinischen Prüfung sind unverzüglich alle Umstände mitzuteilen,
  die eine rasche Entscheidung über den Abbruch oder die Unterbrechung der klinischen Prüfung erforderlich machen könnten. Hierunter sind insbesondere alle
  schwerwiegenden unerwünschten Ereignisse zu verstehen (vgl. 3.2.6). Ferner ist
  das Auftreten unerwartet starker erwünschter Wirkungen nach Gabe der in Prüfung befindlichen Dosis zu melden.

3.2 Umfang und Inhalt der Dokumentation von UE

Die Dokumentation eines UE erfolgt mit dem Ziel, den Informationsverlust zwischen
Beobachtung und Erfassung so gering wie möglich zu halten und für den Einzelfall
nachvollziehbar zu machen.

Die Dokumentation jedes einzelnen unerwünschten Ereignisses muß, u.a. auch gemäß
den „Grundsätzen", folgenden Anforderungen gerecht werden:

– genaue Patientendaten,
– exakte Beschreibung des Ereignisses,
– genaue zeitliche Einordnung in den Therapieverlauf,
– Dokumentation der Intensität,
– Dokumentation der Ergebnisse diagnostischer und therapeutischer Maßnahmen,
– ggf. Ergebnisse einer Reexposition bzw. Befunde nach Absetzen der Prüfsubstanz,
– Angaben zu Verlauf und Ausgang,
– Dokumentation des Schweregrades einschließlich medizinischer Bewertung,
– alle weiteren für die Beurteilung eines möglichen Zusammenhangs des UE mit der
  Gabe der Prüfsubstanz u.U. wichtigen Daten.

*3.2.1 Exakte Beschreibung des unerwünschten Ereignisses einschließlich der festgestellten In-
tensität.* Das gemessene (z.B. Laborwertveränderungen, Blutdruckanstieg), das beobachtete (z.B. Exanthem, Haarausfall) oder das vom Patienten oder Probanden subjektiv empfundene und berichtete unerwünschte Ereignis (z.B. Kopfschmerzen, Übelkeit)
sollte möglichst genau einschließlich der Intensität/Ausprägung beschrieben werden.
Wenn, bei erwarteten unerwünschten Ereignissen, eine Klassifizierung der Intensität
der UE vorgesehen ist, sind Kriterien für die Klassifizierung im Prüfplan und auch im
Prüfbogen zu definieren, um eine möglichst einheitliche Einteilung der UE in die einzelnen Klassen durch verschiedene klinische Prüfer zu gewährleisten.

3.7   *3.2.2 Zeitliche Einordnung in den Therapieverlauf.* Um den zeitlichen Zusammenhang zwischen der Therapie und dem unerwünschten Ereignis beurteilen zu können, muß der Zeitpunkt dokumentiert werden, an dem das unerwünschte Ereignis zum ersten Mal – vom Probanden/Patienten oder Arzt – beobachtet wurde (Datum der ersten Beobachtung und ggf. auch die Uhrzeit sowie der zeitliche Abstand zur vorausgegangenen Applikation der Prüfsubstanz). Um die Dauer des Bestehens des UE beurteilen zu können, sind die zugehörigen weiteren Zeitangaben anzugeben. Alle diese Zeitangaben sind von dem Datum unbedingt zu unterscheiden, an welchem das Ereignis dokumentiert wurde.

Zur Einordnung in den Therapieverlauf muß die gesamte medikamentöse und nicht-medikamentöse Therapie – sowohl die Prüf- als auch die Begleitmedikation – exakt erfaßt und dokumentiert werden. Erforderlich ist die Dokumentation der Bezeichnung der Fertigarzneimittel, der Wirkstoffe, der Darreichungsformen, der Art der Anwendung der Arzneimittel, der Einzeldosen (in Gewichtseinheiten, bzw. IE), der Tagesdosen und der Dosierungsintervalle. Entsprechend den „Grundsätzen" sind auch die Begleitdiagnosen (mit Zeitpunkt der Diagnosestellung), ggf. mit relevanten Vorhertherapien zu dokumentieren.

3.2.3 Dokumentation der Ergebnisse durchgeführter diagnostischer und therapeutischer Maßnahmen. Zur näheren Abklärung eines unerwünschten Ereignisses sind oftmals weitere diagnostische Maßnahmen erforderlich, z.B. nicht im Prüfplan vorgesehene Laborkontrollen, EKG, Röntgen, Gastroskopie usw.

Die Ergebnisse dieser Maßnahmen müssen in jedem Fall dokumentiert werden. Die Angabe des Datums, an dem die Untersuchung durchgeführt wurde, ist erforderlich. Um die Bedeutung und den Schweregrad eines unerwünschten Ereignisses bewerten zu können, sollten auch alle eingesetzten therapeutischen Maßnahmen erfaßt und dokumentiert werden. Solche Maßnahmen sind beispielsweise:

– verstärkte Beobachtung des Probanden/Patienten, z.B. häufigere Konsultationen oder Hinweise für den Probanden/Patienten, wie er sich im Fall einer Verschlechterung zu verhalten hat,
– Änderung der Begleitmedikation (Dosisänderung oder Absetzen),
– zusätzliche medikamentöse oder nichtmedikamentöse Therapie,
– Dosisänderung der Prüfsubstanz,
– vorübergehendes Absetzen der Prüfsubstanz,
– endgültiges Absetzen der Prüfsubstanz.

Bei jeder zusätzlichen medikamentösen Therapie oder einer Veränderung der Prüfmedikation müssen Art, Anwendungszeitraum und Dosierung der Therapie dokumentiert werden.

Soweit die Notwendigkeit therapeutischer Maßnahmen vorhersehbar ist, sollten diese im Prüfplan festgelegt werden.

3.2.4 Ergebnis einer eventuellen Reexposition. Grundsätzlich ist abzuwägen, ob eine Reexposition mit der gleichen oder einer niedrigeren Dosis ärztlich vertretbar ist. Wird eine Reexposition durchgeführt, müssen die Ergebnisse in jedem Fall erfaßt und dokumentiert werden. Anhand der Dokumentation muß eine Beurteilung des zeitlichen Zusammenhangs zwischen Reexposition und dem möglicherweise erneut aufgetretenen Ereignis möglich sein.

3.2.5 Angaben zum Verlauf und Ausgang. Angaben zum Verlauf und Ausgang eines unerwünschten Ereignisses sind unerläßlich, um die Bedeutung und den Schweregrad bewerten zu können. Nur mit Hilfe einer exakten zeitlichen Dokumentation des Verlaufs ist es möglich, die Dauer eines unerwünschten Ereignisses sowie die Erfolge **3.7** eventueller therapeutischer Maßnahmen beurteilen zu können. Die Dokumentation hat den Zeitraum zu erfassen, innerhalb dessen sich die Symptomatik entweder vollständig zurückgebildet hat oder aber das Ausmaß der Folgeschäden beurteilt werden kann.

3.2.6 Dokumentation des Schweregrades des unerwünschten Ereignisses einschließlich medizinischer Bewertung. Für die Beurteilung des Schweregrades eines unerwünschten Ereignisses ist eine medizinische Beurteilung erforderlich, die neben der Art des UE auch dessen Intensität, Dauer und Folgen sowie die eingeleiteten ärztlichen Maßnahmen mitberücksichtigt. Auch die individuelle Belastung des Probanden/Patienten kann Bedeutung haben und sollte dann mit dokumentiert werden.

Wenn vorgesehen ist, eine Klassifizierung des Schweregrades der UE vorzunehmen, sollten, ebenso wie für die Intensität/Ausprägung (vgl. 3.2.1), die Kriterien für die Klassifizierung vorab festgelegt werden.

Eine abschließende Beurteilung und medizinische Bewertung in Form einer Epikrise ist bei schwerwiegenden unerwünschten Ereignissen und Therapieabbrüchen obligatorisch. Art und Ausmaß der Folgeschäden müssen exakt dokumentiert werden. Schwerwiegende unerwünschte Ereignisse sind solche Ereignisse, bei denen Gewißheit oder der begründete Verdacht besteht, daß durch sie das Leben bedroht oder die Gesundheit schwer oder dauernd geschädigt wird. Dies trifft insbesondere für UE zu, bei denen die Möglichkeit besteht, daß sie

– den Tod zur Folge haben,
– lebensbedrohlich sind,
– eine maligne Erkrankung verursachen,
– angeborene Mißbildungen hervorrufen,
– bleibende Schäden verursachen oder
– einer ärztlichen Behandlung vorwiegend stationärer Art bedürfen.

4 Erfassung und Aufbewahrung von Daten über unerwünschte Ereignisse

4.1 Begriffsbestimmung

Die Erfassung von Daten aus klinischen Prüfungen beinhaltet deren Weiterverarbeitung mit dem Ziel der Auswertung.

4.2 Erfassungsverfahren

Zur Erfassung gehören:

– Überprüfung der Daten auf formale und logische Fehler sowie auf Vollständigkeit: Die formale und logische Prüfung erfolgt anhand der Prüfbogen, ggf. beim Kodieren und ist nach Möglichkeit nach der Datenerfassung um rechnergestützte Plausibilitätsprüfungen zu ergänzen.
Die sich aus den Überprüfungen ergebenden Änderungen bzw. Ergänzungen der Daten sind vom Prüfarzt im Prüfbogen mit Angabe des Datums zu vermerken und abzuzeichnen. Die ursprünglichen Eintragungen sollen lesbar bleiben.

3.7
- Kodieren der Daten: Um eine einheitliche Darstellung und statistische Auswertung zu ermöglichen, müssen viele Daten vor der Übertragung auf Datenträger bzw. vor der Eingabe in Datenverarbeitungssysteme kodiert werden. Für bestimmte Daten, z.B. Diagnosen, Medikamente, unerwünschte Ereignisse können die dafür entwickelten und allgemein zugänglichen Schlüsselsysteme verwendet werden. Ein Rückgriff auf den Originaltext muß jedoch jederzeit möglich bleiben. Die Qualität der Kodierung ist mit geeigneten Verfahren zu prüfen.
- Dateneingabe in Datenverarbeitungssysteme (EDV): Die doppelte Eingabe aller Daten und deren Abgleich ist ein geeignetes Mittel zur Verbesserung der Datenqualität. Dies gilt insbesondere für kodierte unerwünschte Ereignisse und für klinisch-chemische Laborwerte. Auch der Vergleich des Rechnerausdrucks mit dem Prüfbogenoriginal, eventuell auf Stichprobenbasis, trägt zur Sicherung der Datenqualität bei.

4.3 Datensicherung

Die Wahrscheinlichkeit eines Verlustes von Daten ist durch doppelte Datenhaltung zu verringern.

Die Manipulation einzelner Datensätze oder des gesamten Datenbestandes muß durch geeignete Zugangskontrollen verhindert werden.

4.4 Datenaufbewahrung (vgl. „Grundsätze")

- Alle bei der klinischen Prüfung anfallenden Unterlagen sind zu dokumentieren und mindestens 10 Jahre nach Abschluß der Prüfung aufzubewahren.
- Die Aufzeichnungen können auch auf einem Bildträger oder anderen Datenträgern aufbewahrt werden. Dabei muß insbesondere sichergestellt sein, daß die Daten während der Dauer der Aufbewahrungszeit verfügbar sind und innerhalb einer angemessenen Frist lesbar gemacht werden können.

5 Auswertung und Bewertung von unerwünschten Ereignissen

5.1 Vorbemerkungen

Gemäß den „Grundsätzen" sollen unerwünschte Ereignisse, die während der klinischen Prüfung einer neuen Prüfsubstanz beobachtet werden, von den Prüfärzten ermittelt und auf Prüfbogen dokumentiert werden. Die „Grundsätze" verlangen für jedes einzelne unerwünschte Ereignis die Dokumentation zahlreicher Informationen (vgl. 3.2).

Unerwünschte Ereignisse können ohne diese Zusatzinformationen weder statistisch noch medizinisch valide ausgewertet bzw. bewertet werden. Ziel der Auswertung und Bewertung von unerwünschten Ereignissen ist die Beantwortung folgender Fragen:

- Besteht zwischen dem beim einzelnen Patienten beobachteten unerwünschten Ereignis und der Gabe der Prüfsubstanz ein ursächlicher Zusammenhang, d.h. handelt es sich um eine unerwünschte Arzneimittelwirkung oder nicht?
  Zur Klärung dieser Frage ist eine Einzelfallbewertung unter Berücksichtigung vieler Zusatzinformationen erforderlich (vgl. 5.2).

- Lassen sich Unterschiede z.B. bezüglich der Häufigkeit, Dauer, Intensität oder des **3.7**
Schweregrads von unerwünschten Ereignissen zwischen unterschiedlich behandelten Kollektiven erkennen?
Zur Klärung dieser Frage muß analysiert werden, ob sich diese Unterschiede auf die unterschiedliche Behandlung zurückführen lassen. Hierzu sind adäquate statistische Verfahren einzusetzen.
- Welches Profil unerwünschter Arzneimittelwirkungen hat die Prüfsubstanz?
Zur Klärung dieser Frage ist eine statistische Auswertung sämtlicher UE-Informationen aus den einzelnen, und schließlich zusammengefaßt, aus allen klinischen Prüfungen mit der Prüfsubstanz erforderlich.
Erst nach Vorliegen der statistischen Auswertung kann mit befriedigender Zuverlässigkeit dazu Stellung genommen werden, ob bestimmte UE mit der Gabe der Prüfsubstanz in ursächlichem Zusammenhang stehen und somit als unerwünschte Arzneimittelwirkungen einzuordnen sind oder nicht.
- Welches Nutzen-Risiko-Verhältnis hat das neue Arzneimittel?
Hierzu ist es erforderlich, die therapeutisch erwünschten Wirkungen der Prüfsubstanz den beobachteten, aber auch zusätzlich den potentiellen unerwünschten Arzneimittelwirkungen gegenüberzustellen. Potentielle unerwünschte Arzneimittelwirkungen sind solche, die sich aus Erkenntnissen toxikologischer oder sicherheitspharmakologischer Untersuchungen ergeben und/oder die möglicherweise wegen zu geringer Patientenzahl in den durchgeführten klinischen Prüfungen (noch) nicht beobachtet wurden.
Risiken einer Arzneimitteltherapie – unerwünschte Wirkungen in relativ großer Häufigkeit oder schwerwiegender Art – können nur dann akzeptiert werden, wenn es sich bei der vorgesehenen Indikation um eine schwere Krankheit (z.B. Karzinome, Hämoblastosen, AIDS) handelt, die Anwendung des Arzneimittels eine hohe Erfolgsrate erwarten läßt und wenn und solange therapeutische Alternativen mit günstigerem Nutzen-Risiko-Verhältnis nicht zur Verfügung stehen.

5.2 Einzelfallbewertung

Eine Einzelfallbewertung mit dem Ziel, eine Klärung des Zusammenhangs eines unerwünschten Ereignisses mit der Gabe der Prüfsubstanz zu versuchen, ist mindestens bei allen denjenigen UE erforderlich, die als schwerwiegend eingestuft werden (vgl. 3.2.6).

Die Dokumentation der für die Beurteilung erforderlichen Daten (vgl. 3.2) sollte auf standardisierten Prüfbogen für schwerwiegende unerwünschte Ereignisse erfolgen.

Es gibt kein allgemein anerkanntes und praktiziertes algorithmisches Verfahren, das mit genügender Zuverlässigkeit die Frage nach dem Zusammenhang zwischen einem UE und der Gabe der Prüfsubstanz im Einzelfall beantworten kann.

Folgende Kriterien sind in die Bewertung einzubeziehen:

Compliance
Hat der Patient die zur Diskussion stehende Prüfsubstanz auch sicher vor Beginn des unerwünschten Ereignisses angewendet?

Intervall
Läßt sich das zeitliche Intervall zwischen der Anwendung der Prüfsubstanz und dem Auftreten des UE mit der Annahme einer UAW vereinbaren?

3.7 *Stand des Wissens*

- Ist das unerwünschte Ereignis bereits als UAW bekannt, z.B. aus der Literatur oder von anderen Patienten, die ebenfalls die Prüfsubstanz erhielten?
- Ist das unerwünschte Ereignis bekannt als UAW anderer Arzneimittel der gleichen oder ähnlichen Substanzklasse?
- Ist das unerwünschte Ereignis mit der pharmakologischen Wirkung erklärbar?
- Ist das unerwünschte Ereignis erklärbar in Beziehung zu den Ergebnissen toxikologischer oder sicherheitspharmakologischer Untersuchungen?
- Ist das unerwünschte Ereignis biologisch/biochemisch in Beziehung zum nachgewiesenen oder vermuteten Wirkungsmechanismus der Prüfsubstanz plausibel erklärbar?

Differentialdiagnose

- Läßt sich das unerwünschte Ereignis auch als Symptom der Grunderkrankung, einer Begleit- oder neu aufgetretenen Erkrankung anderer Ätiologie oder als Reaktion auf eine andere therapeutische oder diagnostische Maßnahme interpretieren?
- Weist der Patient eine spezifische Disposition für das Auftreten einer UAW auf, z.B. G6PD-Mangel, Langsam-Acetylierer?

Verhalten des unerwünschten Ereignisses bei Absetzen oder Reduktion der Dosis der Prüfsubstanz
Normalisierte oder schwächte sich das unerwünschte Ereignis nach Absetzen oder Reduktion der Dosis der Prüfsubstanz ab? Bei der Gewichtung der Antwort muß geprüft werden, ob ein Toleranzphänomen vorliegen kann, ob das UE reversibel ist oder ob es therapiert wurde (z.B. Antidot).

Verhalten des unerwünschten Ereignisses bei erneuter Verordnung (Reexposition) der Prüfsubstanz

- Trat das unerwünschte Ereignis bei Reexposition erneut auf – bzw. wurde es wieder stärker?
- Zeigte der Patient eine ähnliche Reaktion bereits bei einer früheren Exposition mit dem gleichen oder einem sehr ähnlichen Arzneimittel?

Konzentration der Prüfsubstanz in Plasma/Geweben
Sind Konzentrationen der Prüfsubstanz im Plasma oder in Geweben gemessen worden und lassen sich die Ergebnisse mit der Interpretation des unerwünschten Ereignisses als UAW vereinbaren? (**Cave:** allergische und idiosynkratische Reaktionen!).

Placebo
Trat das unerwünschte Ereignis auch nach der – blinden – Anwendung von Placebo auf?

Anmerkung:
Für die Bewertung „keine UAW" ergeben sich lediglich folgende Gründe:

a) Es besteht kein zeitlicher Zusammenhang; ein fehlender zeitlicher Zusammenhang kann angenommen werden, wenn die Prüfsubstanz nicht angewendet wurde, wenn das UE bereits vor Anwendung bestand und nach der Anwendung nicht verstärkt wurde.

b) Die Prüfsubstanz wurde nicht abgesetzt, die Intensität des UE nahm dennoch   **3.7**
   nicht zu oder verringerte sich sogar, eine Toleranzentwicklung ist nicht anzunehmen und es gibt zusätzlich genügend medizinisch plausible Gründe, die das
   Auftreten des UE erklären.
c) Die Prüfsubstanz wurde abgesetzt, aber das grundsätzlich reversible UE ver-
   schwand nicht oder verringerte sich nicht in seiner Intensität; weiterhin lassen sich
   genügend zusätzliche klinische Gründe ausführen, die das Auftreten des UE erklären.
d) Nach Reexposition des Patienten – der sich in einem zur Erstexposition vergleichbaren Zustand befand – trat das UE nicht erneut auf, das nach der vorhergehenden Exposition aufgetreten war (Wechselwirkungen: Krankheit/Arzneimittelwir-
   kung!) und zusätzlich lassen sich genügend Gründe aufführen, die das Auftreten
   des Symptoms erklären.

Die Begründungen zu a) bis d) sind so zu dokumentieren, daß sie für einen Zweitbe-
urteiler nachvollziehbar sind.

5.3 Statistische Auswertung

Voraussetzung für eine statistische Auswertung von UE-Informationen ist die vollständige Ermittlung, Dokumentation und Erfassung aller UE zusammen mit den für
die Bewertung notwendigen Zusatzinformationen. Das Datenmaterial ist mindestens
mit folgenden Zielsetzungen aufzuarbeiten und entsprechend darzustellen:

– Art des unerwünschten Ereignisses,
– Intensität/Ausprägung der einzelnen unerwünschten Ereignisse,
– Häufigkeit des Vorkommens der einzelnen UE und ihrer Intensitäten, ggf. bei ver-
  schiedenen Patientenpopulationen und unter verschiedenen Bedingungen (z.B.
  Arzneimittelreaktionen),
– zeitliches Auftreten der einzelnen UE in Beziehung zum Beginn der Behandlung
  und/oder zum Tageszeitpunkt der Gabe der Prüfsubstanz,
– Dauer, Verlauf, Folgen und Schweregrad der einzelnen UE.

Bei der Analyse nominal- oder ordinalskalierter Daten (z.B. Exanthem JA/NEIN, bzw.
Schweregrade einer Krankheit) sind die Verfahren der deskriptiven und analytischen
Statistik anzuwenden. Zu diesen gehören insbesondere: Tabellen mit absoluten und
relativen Häufigkeiten, Histogramme, relatives Risiko, statistische Tests und entsprechende Konfidenzintervalle.

Bei der Analyse stetiger Daten, wie z.B. bei Laborwerten sollten ebenfalls die entsprechenden Verfahren der deskriptiven und analytischen Statistik angwendet werden,
wobei auf den Verteilungstyp der Daten geachtet werden muß. Hierzu gehören: Mit-
telwertsverläufe (einschließlich SD bzw. Quartile) mit den entsprechenden statistischen Tests und Konfidenzintervallen. Die Analyse von stetigen Daten darf sich allerdings nicht auf Mittel- oder Medianwertanalysen beschränken, sondern muß auch
Einzelwerte und Verläufe beim einzelnen Patienten beachten. Hierzu zählen insbesondere: Meßwerte der Variablen innerhalb/außerhalb des Norm- bzw. Referenzbe-
reichs, stetige Veränderungen innerhalb des Normbereichs, Analyse klinisch relevanter Veränderungen. Durch geeignete Grenzsetzungen und Plausibilitätskontrollen ist
sicherzustellen, daß auffällige Verläufe frühzeitig erkannt werden.

Bei der Interpretation von Laborwertveränderungen sind stets die für bestimmte Or-
gankrankheiten charakteristischen Abweichungen und ggf. klinische Symptome mit-
zubeachten und gemeinsam zu bewerten.

3.7　Nützlich können auch Auflistungen und Beschreibungen spezifischer Reaktionen, zusammengefaßt nach Organsystemen oder Oberbegriffen sein (z.B. nach der WHO-Adverse Reaction Terminology; Version 1.0 des BGA oder nach COSTART).

Unabhängig vom Datentyp sollten nicht nur Unterschieds- sondern auch Zusammenhangshypothesen bezüglich möglicher Determinanten für das Auftreten von UAW (z.B. Dosis in mg/kg, Dauer der Behandlung, Alter, Geschlecht, Krankheitsstadium) untersucht werden.

Bei Beachtung der notwendigen statistischen Voraussetzungen kann eine Metaanalyse, insbesondere bei unerwünschten Ereignissen, zusätzlich wichtige Informationen liefern. Ein Pooling von Daten über mehrere klinische Prüfungen hinweg ist grundsätzlich nur bei einheitlicher Ermittlung zulässig. In diesem Fall können die gepoolten Daten zur Feststellung genauerer Angaben zur relativen Häufigkeit verwendet werden.

5.4 Medizinische Bewertung

Gemäß den „Grundsätzen" muß die medizinische Stellungnahme zu jeder einzelnen klinischen Prüfung beinhalten:

- eine Bewertung der aufgetretenen unerwünschten Ereignisse und eine Beurteilung ihres Zusammenhangs mit der Gabe der Prüfsubstanz,
- eine Nutzen-Risiko-Abwägung der günstigen gegen die aufgetretenen unerwünschten Wirkungen der Prüfsubstanz,
- einen Vergleich von Wirksamkeit und Verträglichkeit der Prüfsubstanz mit den verfügbaren therapeutischen Alternativen.

Für die medizinische Stellungnahme sind sowohl die Einzelfallbewertung als auch die statistische Auswertung heranzuziehen.

Entsprechend soll im klinischen Sachverständigengutachten, also bei der zusammenfassenden medizinischen Bewertung aller mit einer Prüfsubstanz durchgeführten klinischen Prüfungen, vorgegangen werden.

4 Pharmakodex

4.1 Kodex der Mitglieder des Bundesverbandes der Pharmazeutischen Industrie e.V. (Auszug)

4.1 Kodex der Mitglieder des Bundesverbandes der Pharmazeutischen Industrie e.V. (Auszug)*

Erster Abschnitt:
Allgemeine Regeln

§ 1 Verkehrsfähigkeit

Eine wissenschaftliche Information und Werbung ist nur für Arzneimittel zulässig, die nach den geltenden gesetzlichen Bestimmungen in den Handel gebracht werden dürfen. Dies gilt nicht für die wissenschaftliche Information, soweit sie für Arzneimittel im Rahmen der klinischen Prüfung an die damit beauftragten Ärzte erfolgt.

§ 2 Irreführende Werbung

Unzulässig ist jede irreführende Werbung. Eine Irreführung liegt insbesondere dann vor,

1. wenn Arzneimitteln eine therapeutische Wirksamkeit oder Wirkungen beigelegt werden, die sie nicht haben,
2. wenn fälschlich der Eindruck erweckt wird,

    a) daß ein Erfolg mit Sicherheit erwartet werden kann,
    b) daß bei bestimmungsgemäßem oder längerem Gebrauch keine schädlichen Wirkungen eintreten,
    c) daß die Werbung nicht zu Zwecken des Wettbewerbs veranstaltet wird.

3. wenn unwahre oder zur Täuschung geeignete Angaben

    a) über die Zusammensetzung oder die sonstigen Eigenschaften von Arzneimitteln oder
    b) über die Person, Vorbildung, Befähigung oder Erfolge des Herstellers oder der für ihn tätigen oder tätig gewesenen Personen

    gemacht werden.

---

* Fassung vom 30. 5. 1990; Abdruck mit freundlicher Genehmigung des Bundesverbandes der Pharmazeutischen Industrie, Frankfurt am Main.

Anmerkung:
Auf der Hauptversammlung 1992 des Bundesverbandes der Pharmazeutischen Industrie wurden zwei Passagen des Pharmakodex einstimmig entschärft: Die Pflichtangaben bei der „Erinnerungswerbung" für Arzneimittel (§ 3) entfallen, und die Nebenwirkungsmeldungen (§ 9) müssen nur noch an das Bundesgesundheitsamt erfolgen und nicht mehr zusätzlich an die Arzneimittelkommission der Deutschen Ärzteschaft.

4.1 *§ 3 Basisinformationen*

(1) Jede Werbung für Arzneimittel im Sinne des § 2 Abs. 1 oder Abs. 2 Nr. 1 des Arzneimittelgesetzes muß folgende Angaben enthalten:

1. den Namen oder die Firma und den Sitz des pharmazeutischen Unternehmens,
2. die Bezeichnung des Arzneimittels,
3. die Zusammensetzung des Arzneimittels nach Art und Menge der wirksamen Bestandteile,
4. die Anwendungsgebiete,
5. die Gegenanzeigen,
6. die Nebenwirkungen,
7. Warnhinweise, soweit sie für die Kennzeichnung der Behältnisse und äußeren Umhüllungen vorgeschrieben sind,
8. die Wartezeit bei Arzneimitteln, die zur Anwendung bei Tieren bestimmt sind, die der Gewinnung von Lebensmitteln dienen,
9. bei apothekenpflichtigen Präparaten, die für den einzelnen Patienten in Betracht kommenden Packungen (einschließlich der zur Dauermedikation geeigneten Packungen) und deren Apothekenverkaufspreise einschließlich Umsatzsteuer.

(2) Die Angaben nach Absatz 1 müssen mit denjenigen übereinstimmen, die nach § 11 oder § 12 des Arzneimittelgesetzes für die Packungsbeilage vorgeschrieben sind.

(3) Für die wissenschaftliche Information und Werbung beim Arzt und Apotheker sind außerdem die Angaben nach den §§ 14 und 26, für die Werbung außerhalb der Fachkreise ist § 32 zu beachten.

(4) Die nach Abs. 1 und §§ 14 und 26 vorgeschriebenen Angaben müssen von den übrigen Werbeaussagen deutlich abgesetzt, abgegrenzt und gut lesbar sein.

(5) Nach einer Werbung in audiovisuellen Medien ist folgender Text einzublenden, der im Fernsehen vor neutralem Hintergrund gut lesbar wiederzugeben und gleichzeitig zu sprechen ist: „Zu Risiken und Nebenwirkungen lesen Sie die Packungsbeilage und fragen Sie Ihren Arzt oder Apotheker." Die Angaben nach Abs. 1 können entfallen.

§ 4 Werbung mit „Neu"

(1) Als „neu" darf ein Fertigarzneimittel nur innerhalb eines Jahres nach der Ausbietung bezeichnet werden. Im übrigen muß aus der Werbung und der wissenschaftlichen Information deutlich ersichtlich sein, in welcher Hinsicht das Präparat neu ist. Diese Angaben müssen deshalb in einem unmittelbaren Zusammenhang mit der Bezeichnung „neu" stehen.

(2) Bei der Einführung eines neuen Arzneimittels muß sichergestellt werden, daß zunächst die in Frage kommenden Fachkreise ausreichend über die Eigenschaften informiert werden, bevor Informationen über die Einführung eines solchen Arzneimittels dem Publikum in dem jeweils zulässigen Rahmen zugeleitet werden.

§ 5 Vergleichende Werbung   **4.1**

Unzulässig ist in der Regel die bezugnehmende Werbung.

(1) Als bezugnehmende Werbung gilt:

1. Die anlehnende Werbung, das heißt die unbefugte Ausnutzung der Arbeitsergebnisse oder Leistungen von Mitbewerbern in der eigenen Werbung. Es ist unlauter, auf die gemeinsamen Vorzüge zweier Präparate hinzuweisen, um den guten Ruf des fremden Arzneimittels für das eigene nutzbar zu machen.
2. Die vergleichende Werbung, das heißt die Gegenüberstellung oder der Vergleich des eigenen Erzeugnisses mit Präparaten anderer Unternehmen. Es ist unlauter, das eigene Präparat als besser hinzustellen oder das fremde herabzusetzen. Eine Anfrage über die eigene Ware berechtigt in der Regel nicht dazu, auf Konkurrenzerzeugnisse einzugehen.
3. Die persönliche bezugnehmende Werbung, das heißt die Werbung durch Hinweise auf persönliche Verhältnisse eines Mitbewerbers.

(2) Eine bezugnehmende Werbung kann zulässig sein, wenn hierfür ein hinreichender Anlaß besteht, insbesondere als Vergleich auf ausdrückliches Verlangen, Abwehrvergleich, Systemvergleich, Fortschrittsvergleich oder Vergleich von Warenarten, sofern die von der Rechtsprechung geforderten Voraussetzungen gegeben sind.

§ 5a

Die Hervorhebung der Tatsache, daß das eigene Präparat bestimmte Stoffe oder Stoffgruppen, die Bestandteile von Erzeugnissen anderer Firmen sind, nicht enthält, ist unzulässig, es sei denn, daß ein solcher Hinweis für die Aufklärung zur zweckentsprechenden Anwendung erforderlich ist.

§ 6 Verantwortung

Für die Werbung ist ein Unternehmen auch dann verantwortlich, wenn es einen anderen (Werbeberater, Werbeagentur, Werbungsmittler oder dergleichen) beauftragt, sie zu gestalten oder durchzuführen.

§ 7 Anzeigengestaltung

Anzeigen sind so zu gestalten, daß sie von den Lesern sofort und deutlich als Werbung erkannt und nicht mit dem redaktionellen Teil verwechselt werden können.

§ 8 Werbegaben

(1) Es ist unzulässig, Werbegaben (Waren oder Leistungen) anzubieten, anzukündigen oder zu gewähren, es sei denn, daß es sich um Gegenstände von geringem Wert, die durch eine dauerhafte und deutlich sichtbare Bezeichnung des Werbenden oder des Arzneimittels oder beider gekennzeichnet sind, um geringwertige Kleinigkeiten oder um Werbegaben handelt, die als Zugaben zulässig wären.

4.1   (2) Bei der Werbung gegenüber den Fachkreisen ist die Abgabe von Werbegaben aller Art untersagt. Dies gilt nicht für Werbegaben im Sinne des Abs. 1 mit Gebrauchswert für die berufliche Tätigkeit der Fachkreise (z.B. Praxishilfen, Kalender, Notizbücher, Schreibmaterialien) sowie für die Abgabe von Broschüren.

Zweiter Abschnitt:
Regeln für die Meldung von Nebenwirkungen und Absatzdaten

§ 9 Nebenwirkungsmeldungen

(1) Der pharmazeutische Unternehmer hat der zuständigen Bundesoberbehörde und der Arzneimittelkommission der Deutschen Ärzteschaft unverzüglich jeden ihm bekanntgewordenen Verdachtsfall einer Nebenwirkung oder einer Wechselwirkung mit anderen Mitteln anzuzeigen, die die Gesundheit schädigen kann, sowie häufigen oder im Einzelfall in erheblichem Umfang beobachteten Mißbrauch, wenn durch ihn die Gesundheit von Mensch oder Tier unmittelbar oder mittelbar gefährdet werden kann.

(2) Um die Auswertung zu erleichtern, soll für Meldungen nach Abs. 1 der in Absprache zwischen dem Bundesgesundheitsamt, der Arzneimittelkommission der Deutschen Ärzteschaft und dem Bundesverband erstellte Fragebogen verwendet werden. Er ist soweit auszufüllen, wie dies aufgrund der bekannten Daten möglich ist. Zur Beurteilung des Falles bedeutsame Umstände sind erforderlichenfalls gesondert darzulegen. In dringenden Fällen kann bei der Nebenwirkungsmeldung zunächst von der Benutzung des Formblattes abgesehen werden.

(3) Der Stufenplanbeauftragte nach § 63a AMG ist dem BPI namhaft zu machen.

(4) Bei der Durchführung des Beschlusses gilt folgender Grundsatz:

Der Name des Berichtenden, der eine von ihm beobachtete Nebenwirkung mitteilt, kann nur dann bekanntgegeben werden, wenn der Betreffende damit einverstanden ist; im übrigen müssen die Bestimmungen des Datenschutzgesetzes und die ärztliche Schweigepflicht beachtet werden.

§ 10 Stufenplan

Die Mitgliedsfirmen des Bundesverbandes verpflichten sich, der Geschäftsführung Angaben über die Menge der in den Verkehr gebrachten Arzneimittel zur Bewertung von Arzneimittelrisiken oder im Rahmen eines Stufenplanverfahrens nach § 63 AMG auf jeweilige Anfrage in einer gesetzten Frist zur Verfügung zu stellen, wenn der Bundesverband für Mitgliedsfirmen koordinierend tätig wird. Die Geschäftsführung ist berechtigt, diese Angaben unter Wahrung der notwendigen Vertraulichkeit direkt oder kumulativ zusammengefaßt an die zuständige Bundesoberbehörde weiterzuleiten.

§ 11 Rote Hand

(1) Die Mitgliedsfirmen sind verpflichtet, für Mitteilungen von neuerkannten schwerwiegenden Nebenwirkungen, Zurückziehungen fehlerhafter Chargen oder andere Informationen, die den Arzt und/oder Apotheker erreichen sollen, um eine Gefährdung

des Patienten nach Möglichkeit auszuschließen, sowohl auf den Briefumschlägen als auch auf den Briefen das Symbol einer roten Hand mit der Aufschrift „Wichtige Information über ein Arzneimittel" zu benutzen. Die Gestaltung dieses Symbols ist vom Gesamtvorstand festgelegt worden. In dringenden Fällen können diese Mitteilungen auch mündlich, telegrafisch oder fernschriftlich gegeben werden.

4.1

(2) Andere wissenschaftliche Informationen, Anzeigen oder Werbeaussendungen dürfen weder mit diesen Briefumschlägen noch als Eilbrief, Einschreiben oder Telegramm zur Post gegeben werden oder als „Wichtige Mitteilung" gekennzeichnet werden.

Dritter Abschnitt:
Besondere Regeln für die wissenschaftliche Zusammenarbeit, Information und Werbung bei Ärzten

§ 12 Honorare

(1) Leistungen von Ärzten für pharmazeutische Unternehmen, wie begleitende diagnostische Maßnahmen, dokumentarische Arbeiten und didaktische Tätigkeiten, dürfen nur mit Geld und nur aufgrund einer schriftlichen Vereinbarung honoriert werden.

(2) Honorare im Sinne des Abs. 1 dürfen einen angemessenen Umfang nicht überschreiten und müssen der erbrachten Leistung entsprechen.

§ 13 Informationsveranstaltungen für Ärzte

(1) Für die Werbung bei Ärzten gilt der allgemeine Grundsatz, daß alle Werbemaßnahmen unterbleiben müssen, die dazu führen können, daß der Arzt in einen Konflikt mit seinen Berufspflichten gerät, sich insbesondere bei der Auswahl der von ihm zu verordnenden Arzneimittel der werbenden Firma gegenüber gebunden fühlt.

(2) Der Grundsatz des Absatzes 1 ist auch bei Betriebsbesichtigungen, anderen Veranstaltungen und der dabei gebotenen Bewirtung zu beachten. Bei Informationsveranstaltungen ist darauf zu achten, daß der Informationszweck im Vordergrund steht und der Charakter der Informationsveranstaltungen durch übermäßige Aufwendungen für Bewirtung usw. nicht beeinträchtigt wird. Bei Informationsveranstaltungen im Ausland dürfen Reisekosten nur für Referenten übernommen werden.

(3) Es ist unzulässig, Ärzten ein Entgelt (das heißt eine in einem Vermögensteil bestehende Gegenleistung) für die Verschreibung, Anwendung oder Empfehlung von Arzneimitteln anzubieten oder zu gewähren.

§ 14 Basisinformationen in der Arztwerbung

(1) Der Arzt muß vollständig über die für die Anwendung erheblichen Eigenschaften der Arzneimittel informiert werden, und zwar über die in § 3 vorgeschriebenen Angaben hinaus, insbesondere über

4.1   1. die Wirkungsweise des Arzneimittels,
2. die Dosierung,
3. sonstige bei der Anwendung zu beachtende besondere Umstände,
4. erforderlichenfalls die bei Nebenwirkungen zu ihrer Erkennung und Behebung
geeigneten Maßnahmen.

(2) Bei der Anzeigenwerbung genügt es, wenn jede Anzeige über die Angaben nach
§ 3 hinaus gegebenenfalls Hinweise auf besondere Umstände enthält (z.B. Wechselwirkungen mit anderen Arzneimitteln oder Alkohol), soweit deren Nichtbeachtung
gesundheitliche Schäden oder andere schwerwiegende Folgen (z.B. Beeinträchtigun-
gen der Verkehrstüchtigkeit) verursachen kann.

(3) Die Angaben nach § 3 und nach den vorstehenden Absätzen 1 und 2 sind entbehrlich bei

1. Sonderdrucken und Referaten von wissenschaftlichen Veröffentlichungen,
2. Werbegaben, wenn sie ausschließlich die Bezeichnung des Arzneimittels oder zusätzlich den Namen, die Firma oder das Warenzeichen des pharmazeutischen Unternehmens tragen.

§ 15 Fachinformation

Die Mitgliedsfirmen, die eine Gebrauchsinformation für Fachkreise (Fachinformation)
schaffen, dürfen diese nur mit dem im Anhang zu dieser Vorschrift festgehaltenen Inhalt versehen und entsprechend dem vom Gesamtvorstand vorgeschlagenen Muster
verwenden.

§ 16 Äußerungen Dritter

(1) Verwendet ein Unternehmen Äußerungen Dritter, insbesondere Veröffentlichungen in der Fachpresse oder sonstige wissenschaftliche Literatur, so ist es wettbewerbs-
rechtlich für deren Inhalt ebenso verantwortlich wie für selbst verfaßte Texte. Dies gilt
sowohl für Sonderdrucke und wörtliche Zitate als auch für die sonstige Auswertung.

(2) Im übrigen gelten folgende Grundsätze:

1. Gutachten dürfen nur verwendet werden, wenn sie von wissenschaftlich oder
fachlich hierzu berufenen Personen erstattet worden sind. Name, Beruf und
Wohnort des Gutachters sowie der Zeitpunkt der Ausstellung des Gutachtens sind
in der Werbung und in der wissenschaftlichen Information anzugeben. Das gleiche gilt für Berichte über Erfahrungen, die Ärzte bei der Anwendung eines Arzneimittels gemacht haben.
2. Die Namen von Ärzten dürfen nur mit deren Zustimmung erwähnt werden, soweit es sich nicht um berechtigte Bezugnahmen auf Veröffentlichungen in der
Fachpresse oder auf die sonstige wissenschaftliche Literatur handelt.
3. Wird auf das Schrifttum verwiesen oder eine Stelle aus dem Schrifttum angeführt,
sind der Name des Verfassers, der Zeitpunkt der Veröffentlichung und die Fundstelle zu nennen. Außerdem muß aus der Werbung und der wissenschaftlichen
Information hervorgehen, ob sich die Veröffentlichung auf das Arzneimittel selbst
oder nur auf seine Bestandteile oder sonstige in der Werbung und der wissenschaftlichen Information erwähnte Tatsachen bezieht.

4. In Verzeichnissen der in der Werbung und der wissenschaftlichen Information **4.1**
   verwerteten Literatur müssen die Veröffentlichungen über das Präparat und das
   sonstige Schrifttum getrennt geführt werden, um eine Irreführung des flüchtigen
   Lesers über den Umfang der Erfahrungen bei der Anwendung des Präparates in
   Klinik und Praxis zu vermeiden.

§ 17 Kassenzulassung – Wirtschaftlichkeit

(1) In der Kassenpraxis besteht grundsätzlich Verordnungsfreiheit. Deshalb ist es unzulässig, durch die Bezeichnung „Kassenpackung" oder durch Werbehinweise wie
„kassenüblich", „zur Kassenverordnung zugelassen" oder dergleichen den Eindruck
hervorzurufen, ein Präparat genieße eine Vorzugsstellung.

(2) Präparate, deren Verordnung in der Kassenpraxis ein für allemal wirtschaftlich ist,
gibt es nicht. Die Bezeichnung eines Präparates als wirtschaftlich ist deshalb als irreführende Angabe unzulässig. Es dürfen jedoch alle Tatsachen erwähnt werden, die
dazu beitragen können,

1. die Wiederherstellung der Gesundheit oder Arbeitsfähigkeit zu beschleunigen,
2. die Arbeitsfähigkeit des Patienten zu erhalten,
3. die Krankenhauseinweisung zu vermeiden oder den Krankenhausaufenthalt zu
   verkürzen,
4. die Behandlungskosten zu senken,

wobei zu berücksichtigen ist, daß es für die Beurteilung der Behandlung eines Arztes
nicht allein auf die Höhe der Arzneikosten ankommt.

§ 18 Preisausschreiben bei Ärzten

(1) Eine Werbung mit Preisausschreiben oder Auslobungen bei Ärzten ist nur dann
statthaft, wenn die Teilnehmer zu wissenschaftlichen Leistungen aufgefordert werden, die eng mit der Ausübung des ärztlichen Berufs zusammenhängen oder durch
die ärztliche Berufsausbildung und -ausübung erworbene Kenntnisse voraussetzen.
Die Bedeutung der wissenschaftlichen Leistungen und die ausgesetzten Preise dürfen
nicht in einem auffälligen Mißverhältnis zueinander stehen.
(2) Die Werbung mit dem Angebot von Gewinnen, deren Empfänger ausschließlich
durch eine Verlosung oder ein anderes, vom Zufall abhängiges Verfahren ermittelt
werden, ist unzulässig.

4.1   *§ 19 Muster*

(1) Maßgebend ist die Musterregelung in § 47 Abs. 3 und 4 AMG[1] unabhängig davon, ob die Fertigarzneimittel apothekenpflichtig oder freiverkäuflich sind.

(2) Die Behältnisse und äußeren Umhüllungen der Muster sind mit der deutlich lesbaren und dauerhaft angebrachten Schrift „Unverkäufliches Muster" zu versehen. Dies gilt nicht für Behältnisse bis zu 3 ml Rauminhalt und für Ampullen.

(3) Da sichergestellt sein muß, daß die Anforderungen von Mustern nur zur Information des Arztes geschieht, ist es unzulässig, das Angebot oder die Abgabe von Mustern mit dem Angebot oder der Abgabe von Werbegaben zu koppeln.

§ 20 Klinische Prüfung

Eine klinische Prüfung im Sinne des Arzneimittelgesetzes ist die Anwendung eines Arzneimittels zu dem Zweck, über die Behandlung im Einzelfall hinaus nach einer wissenschaftlichen Methodik (Prüfplan entsprechend § 40 Abs. 1 Nr. 7a AMG) Erkenntnisse über den therapeutischen Wert des Arzneimittels zu gewinnen.

§ 21 Klinische Prüfung Phase IV

(1) Das Streben nach Erkenntnisgewinn ist in der klinischen Prüfung Phase IV auf eine Vertiefung vorhandenen Wissens über ein zugelassenes Arzneimittel gerichtet, und zwar im Rahmen der erteilten Zulassung.

(2) Die vom pharmazeutischen Unternehmer zum Zweck der klinischen Prüfung Phase IV an Ärzte abgegebenen Arzneimittel müssen mit der Aufschrift „Zur klinischen Prüfung bestimmt" gekennzeichnet werden.

(3) Bei der Durchführung der klinischen Prüfung Phase IV finden die §§ 40 und 41 AMG Anwendung, mit Ausnahme von § 40 Abs. 1 Nr. 5 und 6.

---

[1] (3) Pharmazeutische Unternehmer dürfen Muster eines Fertigarzneimittels abgeben oder abgeben lassen an

1. Ärzte, Zahnärzte oder Tierärzte,
2. andere Personen, die die Heilkunde oder Zahnheilkunde berufsmäßig ausüben, soweit es sich nicht um verschreibungspflichtige Arzneimittel handelt,
3. Ausbildungsstätten für die Heilberufe.

Pharmazeutische Unternehmer dürfen Muster eines Fertigarzneimittels an Ausbildungsstätten für die Heilberufe nur in einem dem Zweck der Ausbildung angemessenen Umfang abgeben oder abgeben lassen.

(4) Pharmazeutische Unternehmer dürfen Muster eines Fertigarzneimittels an Personen nach Absatz 3 Satz 1 nur auf jeweilige schriftliche Anforderung, in der kleinsten Packungsgröße und in einem Jahr von einem Fertigarzneimittel nicht mehr als zwei Muster abgeben oder abgeben lassen. Das Muster dient insbesondere der Information des Arztes über den Gegenstand des Arzneimittels. Über die Empfänger von Mustern sowie über Art, Umfang und Zeitpunkt der Abgabe von Mustern sind gesondert für jeden Empfänger Nachweise zu führen und auf Verlangen der zuständigen Behörde vorzulegen.

§ 22 *Ausstellungen*

4.1

Für Ausstellungen, die in Verbindung mit ärztlichen Kongressen oder Fortbildungsveranstaltungen stattfinden, sind folgende Besonderheiten zu beachten:

1. An den Ständen dürfen Muster nicht abgegeben, sondern nur die Wünsche der Besucher entgegengenommen werden.
2. Als Werbegaben dürfen an Ständen nur die in § 8 genannten Gegenstände abgegeben werden. Es ist nicht gestattet, die Werbegaben an den Ständen auszustellen oder ihre Abgabe vor und während der Ausstellung anzukündigen.

§ 23 *Pharmaberater*

Ärztebesucher (Pharmaberater im Sinne des § 75 Arzneimittelgesetz) sind auf die Einhaltung des Kodex zu verpflichten. Als „Wissenschaftliche Mitarbeiter" dürfen nur solche Ärztebesucher bezeichnet werden, die über eine abgeschlossene medizinische oder naturwissenschaftliche Hochschulbildung verfügen.

§ 24 *Werbung bei Zahnärzten und Tierärzten*

(1) Die Bestimmungen dieses Abschnitts gelten auch für die Werbung und die wissenschaftliche Information bei Zahnärzten und Tierärzten. Außerdem sind sie auf entsprechende Maßnahmen bei Heilpraktikern sinngemäß anzuwenden, bei denen jedoch nur für rezeptfreie Arzneimittel geworben werden darf, zu deren Verordnung oder Anwendung sie berechtigt sind.

(2) Für die wissenschaftliche Information und Werbung bei Tierärzten findet § 3 Abs. 1 Nr. 9 keine Anwendung.

Vierter Abschnitt:
Besondere Regeln für die wissenschaftliche Information und Werbung bei Apothekern

§ 25 *Informationsveranstaltungen für Apotheker*

(1) Für die Werbung bei Apothekern gilt der allgemeine Grundsatz, daß alle Werbemaßnahmen unterbleiben müssen, die dazu führen können, daß der Apotheker in einen Konflikt mit seinen Berufspflichten gerät.

(2) Der Grundsatz des Absatzes 1 ist auch bei Betriebsbesichtigungen, anderen Veranstaltungen und der dabei gebotenen Bewirtung zu beachten. Bei Informationsveranstaltungen ist darauf zu achten, daß der Informationszweck im Vordergrund steht und der Charakter der Informationsveranstaltungen durch übermäßige Aufwendungen durch Bewirtung usw. nicht beeinträchtigt wird. Bei Informationsveranstaltungen im Ausland dürfen Reisekosten nur für Referenten übernommen werden.

4.1 (3) Apothekern darf ein Entgelt nicht dafür angeboten oder gewährt werden, daß sie Schaufenster oder Verkaufsräume zur Werbung für Arzneimittel zur Verfügung stellen. Als Entgelt ist jede in einem Vermögensvorteil bestehende Gegenleistung anzusehen.

§ 26 Basisinformationen in der Apothekerwerbung

Für die Werbung beim Apotheker gilt § 14 entsprechend mit Ausnahme von § 14 Abs. 1 Nr. 4.

§ 27 Fachinformation

Für die Werbung bei Apothekern gilt § 15 entsprechend.

§ 28 Äußerungen Dritter

Für die wissenschaftliche Information und Werbung bei Apothekern gilt § 16 sinngemäß.

§ 29 Preisausschreiben

(1) Die Werbung mit Preisausschreiben oder Auslobungen bei Apothekern ist nur dann statthaft, wenn die Teilnehmer zu fachlichen Leistungen aufgefordert werden, die eng mit der Ausübung des Apothekerberufs zusammenhängen oder durch die Berufsausbildung und -ausübung erworbene Kenntnisse voraussetzen. Die Bedeutung der fachlichen Leistungen und die ausgesetzten Preise dürfen nicht in einem auffälligen Mißverhältnis zueinander stehen.

(2) Die Werbung mit dem Angebot von Gewinnen, deren Empfänger ausschließlich durch eine Verlosung oder ein anderes, vom Zufall abhängiges Verfahren ermittelt werden, ist unzulässig.

(3) Bei Ausstellungen, die in Verbindung mit pharmazeutischen Kongressen oder Fortbildungsveranstaltungen stattfinden, dürfen Fertigarzneimittel nicht abgegeben werden. Für die Abgabe von Werbegaben gilt § 22 Nr. 2.

§ 30 Einzelhändler

Bei sonstigen Einzelhändlern darf nur für die Arzneimittel geworben werden, die außerhalb der Apotheken abgegeben werden dürfen. § 25 Abs. 3 gilt entsprechend.

Fünfter Abschnitt:
Besondere Regeln für die Publikumswerbung

§ 31 Publikumswerbung

(1) Publikumswerbung ist die Werbung bei Personen, die nicht zu den Fachkreisen gehören. Fachkreise sind die Angehörigen der Heilberufe einschließlich der Heilhilfsberufe, die Krankenanstalten und andere Einrichtungen des Gesundheitsdienstes, der pharmazeutische Großhandel und der Einzelhandel, soweit er zur Abgabe der Arzneimittel befugt ist, und sonstige Personen, die Arzneimittel in Ausübung ihres Berufes anwenden.

(2) Es gilt der allgemeine Grundsatz, daß an die Gestaltung der Publikumswerbung im Interesse des Verbraucherschutzes und der Gesundheitserziehung besondere Anforderungen zu stellen sind. Vor allem ist der Grundsatz der Wahrheit und Klarheit zu beachten. Der Verbraucher muß in die Lage versetzt werden, sich über die Eigenschaften eines Arzneimittels zu unterrichten. Die Werbung darf weder zu einem Fehlgebrauch von Arzneimitteln anregen noch von der rechtzeitigen Inanspruchnahme des Arztes abhalten.

§ 32 Basisinformationen

Jede Werbung außerhalb der Fachkreise muß die in § 3 vorgeschriebenen Angaben enthalten, wobei die Angaben nach § 3 Abs. 1 Nrn. 3 und 9 entfallen können. Dasselbe gilt für die nach § 3 Abs. 1 Nrn. 5 und 6 vorgeschriebenen Angaben, wenn sie nicht gemacht werden können. Auf die Angaben nach § 3 Abs. 1 Nrn. 1 bis 9 kann auch ganz verzichtet werden, wenn ausschließlich mit der Bezeichnung eines Arzneimittels oder zusätzlich mit dem Namen, der Firma oder dem Warenzeichen eines pharmazeutischen Unternehmers geworben wird. Für die Werbung in audiovisuellen Medien gilt § 3 Abs. 5.

§ 33 Verschreibungspflichtige Arzneimittel

(1) Für verschreibungspflichtige Arzneimittel darf nur bei Ärzten, Zahnärzten, Apothekern und Personen, die mit diesem Arzneimittel erlaubterweise Handel treiben, geworben werden.

(2) Für Arzneimittel, die dazu bestimmt sind, bei Menschen die Schlaflosigkeit oder psychische Störungen zu beseitigen oder die Stimmungslage zu beeinflussen, darf außerhalb der Fachkreise nicht geworben werden.

(3) Für Arzneimittel zur Erkennung, Verhütung und Beseitigung oder Linderung der in der Anlage zu § 12 des Heilmittelwerbegesetzes aufgeführten Krankheiten oder Leiden darf außerhalb der Fachkreise nicht geworben werden.

4.1 *§ 34 Besonderheiten bei der Publikumswerbung*

Außerhalb der Fachkreise darf nicht geworben werden

1. mit Gutachten, Zeugnissen, wissenschaftlichen oder fachlichen Veröffentlichungen sowie mit Hinweisen darauf,
2. mit Angaben, daß das Arzneimittel ärztlich, zahnärztlich, tierärztlich oder anderweitig fachlich empfohlen oder geprüft ist oder angewendet wird,
3. mit der Wiedergabe von Krankengeschichten sowie mit Hinweisen darauf,
4. mit der bildlichen Darstellung von Personen in der Berufskleidung oder bei der Ausübung der Tätigkeit von Angehörigen der Heilberufe, des Heilgewerbes oder des Arzneimittelhandels,
5. mit der bildlichen Darstellung

   a) von Veränderungen des menschlichen Körpers oder seiner Teile durch Krankheiten, Leiden oder Körperschäden,
   b) der Wirkung eines Arzneimittels durch vergleichende Darstellung des Körperzustandes oder des Aussehens vor und nach der Anwendung,
   c) des Wirkungsvorganges eines Arzneimittels am menschlichen Körper oder an seinen Teilen,

6. mit fremd- oder fachsprachlichen Bezeichnungen, soweit sie nicht in den allgemeinen deutschen Sprachgebrauch eingegangen sind,
7. mit einer Werbeaussage, die geeignet ist, Angstgefühle hervorzurufen oder auszunutzen,
8. durch Werbevorträge, mit denen ein Feilbieten oder eine Entgegennahme von Anschriften verbunden ist,
9. mit Veröffentlichungen, deren Werbezweck mißverständlich oder nicht deutlich erkennbar ist,
10. mit Veröffentlichungen, die dazu anleiten, bestimmte Krankheiten, Leiden, Körperschäden oder krankhafte Beschwerden beim Menschen selbst zu erkennen und mit den in der Werbung bezeichneten Arzneimitteln zu behandeln, sowie mit entsprechenden Anleitungen in audiovisuellen Medien,
11. mit Äußerungen Dritter, insbesondere mit Dank- und Anerkennungs- oder Empfehlungsschreiben, oder mit Hinweisen auf solche Äußerungen,
12. mit Werbemaßnahmen, die sich ausschließlich oder überwiegend an Kinder oder an Jugendliche unter 18 Jahren richten,
13. mit Preisausschreiben, Verlosungen und anderen Verfahren, deren Ergebnis vom Zufall abhängig ist,
14. durch die nicht verlangte Abgabe von Mustern oder Proben oder durch Gutscheine dafür.

Sechster Abschnitt:
Übergangsregelungen

§ 35

(1) Der Kodex der Mitglieder des Bundesverbandes der Pharmazeutischen Industrie e.V. in der von der Hauptversammlung am 30. Mai 1990 verabschiedeten Fassung tritt mit der Eintragung in das Register für Wettbewerbsregeln beim Bundeskartellamt in Kraft. Bis zum Inkrafttreten des Kodex gilt er in der Fassung vom 3./4. Juni 1987.

(2) Für fiktiv zugelassene Arzneimittel gilt § 2 Nr. 1 in der Fassung der Richtlinien für **4.1**
die wissenschaftliche Information und für die Arzneimittelwerbung vom 25. Mai
1973, solange diese Arzneimittel nach Art. 3 § 7 Abs. 1 bis 5 des Gesetzes zur Neuordnung des Arzneimittelrechts in den Verkehr gebracht werden dürfen.

(3) Werbematerial, das den Vorschriften des § 3 Abs. 5 nicht entspricht, jedoch den
Vorschriften des § 3 Abs. 4 Satz 1 in der bis zu dem Inkrafttreten dieser Bestimmung
geltenden Fassung, darf noch bis zum 31. Dezember 1990 verwendet werden.

Anhang zu §§ 15 und 27 des Kodex:
Gebrauchsinformation für Fachkreise (Fachinformation)

Die Hauptversammlung des Bundesverbandes der Pharmazeutischen Industrie e.V.
hat am 21. November 1980 eine Wettbewerbsregel „Gebrauchsinformation für Fachkreise" („Fachinformation") verabschiedet und in der Hauptversammlung am
27. November 1981 ergänzt. Der Bundesverband hielt eine freiwillige Regelung über
eine gesonderte Fachinformation aus mehreren Gründen für notwendig:

– Die Konzertierte Aktion im Gesundheitswesen hat in ihrer Herbstsitzung 1979 die
  Forderung nach einer systematisch aufgebauten und objektiven Information des
  Arztes über die therapeutischen Eigenschaften und unerwünschten Wirkungen
  von Arzneimitteln formuliert. Der Bundesverband hat dieser Forderung nicht nur
  zugestimmt, sondern an der Formulierung dieser Forderung mitgewirkt.
– Das Clofibrat-Verfahren hat gezeigt, daß eine Packungsbeilage patientengerechter
  gestaltet werden kann, wenn es daneben eine gesonderte Fachinformation gibt.
– Die Ärzteschaft wünscht sich seit langem eine systematisch aufgebaute Arztinfor-
  mation, in welcher der Arzt jeweils an derselben Stelle bestimmte Informationen
  findet.
– Es ist damit zu rechnen, daß bei einer Novellierung des Arzneimittelgesetzes eine
  Vorschrift aufgenommen werden wird, die neben einer Packungsbeilage eine gesonderte Fachinformation vorschreibt. Der Bundesverband ist der Meinung, daß
  er am besten auf die kommende Diskussion mit den gesetzgebenden Organen vorbereitet ist, indem er eigene Vorschläge unterbreitet und auf praktische Erfahrungen verweisen kann.

Die von der Hauptversammlung verabschiedete Wettbewerbsregel ist am 12. Februar
1982 in das Register für Wettbewerbsregeln eingetragen worden.

Auf der Hauptversammlung am 27. November 1981 ist die Präambel geändert und
klargestellt worden, wann eine neue Aussendung der „Gebrauchsinformation für
Fachkreise" bei Änderung der therapierelevanten Daten notwendig ist. In Ziff. 14
wurden außerdem die Preisangaben hinzugefügt.

Durch den Beschluß der Hauptversammlung vom 28. November 1986 ist der Anhang
zu §§ 15 und 27 des Kodex in Anpassung an § 11a AMG vollständig neu formuliert
und durch den Beschluß der Hauptversammlung vom 30. Mai 1990 den Änderungen
des § 11a aufgrund der Vierten AMG-Novelle angepaßt worden.

4.1 *Präambel*

Es ist eine wichtige Aufgabe des Herstellers, den Arzt und Apotheker und andere
Angehörige von Fachkreisen ausreichend über die Arzneimittel, die sie anwenden
oder abgeben, zu informieren. Die Fachkreise müssen in der Lage sein, bei der Anwendung oder Abgabe eines Arzneimittels die gewünschten medizinischen Wirkungen (Wirksamkeit bei einer gegebenen Indikation) und das Risiko möglicher unerwünschter Wirkungen gegeneinander abzuwägen. Indirekt folgt die Informationspflicht des pharmazeutischen Unternehmers auch aus den gesetzlichen Haftungsbe-
stimmungen. Aus diesem Grunde hat die Hauptversammlung des Bundesverbandes
bereits am 21. November 1980 (Bundesanzeiger Nr. 37 vom 24. 2. 1982) eine Wettbewerbsregel verabschiedet, wonach die Mitgliedsfirmen sich verpflichteten, neben der
Packungsbeilage eine für die Fachkreise bestimmte „Gebrauchsinformation für Fachkreise" (Fachinformation) zu formulieren und jeweils ein Belegexemplar den Stufen-
planbeteiligten nach §§ 62, 63 AMG zu übermitteln. Durch das Zweite Gesetz zur Änderung des Arzneimittelgesetzes vom 16. August 1986 ist eine entsprechende Bestimmung in das Arzneimittelgesetz (§ 11a) eingeführt worden. Dieser gesetzlichen
Bestimmung wird nunmehr die Wettbewerbsregel „Gebrauchsinformation für Fachkreise" des Bundesverbandes angepaßt und erhält danach folgenden Wortlaut:

Gebrauchsinformation für Fachkreise (Fachinformation)

I.

Die Mitglieder des Bundesverbandes sind verpflichtet, Ärzten, Zahnärzten, Tierärzten
und Apothekern und – soweit es sich nicht um verschreibungspflichtige Arzneimittel
handelt – anderen Personen, die die Heilkunde oder Zahnheilkunde berufsmäßig ausüben, für apothekenpflichtige Fertigarzneimittel, die der Zulassung unterliegen oder
von der Zulassung freigestellt sind, sofern es sich um Arzneimittel im Sinne des § 2
Abs. 1 und Abs. 2 Nr. 1 AMG handelt, auf Anforderung eine Gebrauchsinformation
für Fachkreise (Fachinformation) zur Verfügung zu stellen. Diese muß die Überschrift
„Fachinformation" tragen und folgende Angaben enthalten:

1. Bezeichnung des Arzneimittels
1a. Nur bei Monopräparaten: Angabe des arzneilich wirksamen Bestandteils mit
    dem Hinweis „Wirkstoff", es sei denn, daß diese Angabe in der Bezeichnung des
    Arzneimittels enthalten ist
2. Verschreibungsstatus/Apothekenpflicht
3. Zusammensetzung des Arzneimittels
3.1 Stoff- oder Indikationsgruppe
3.2 Bestandteile nach der Art und arzneilich wirksame Bestandteile nach Art und
    Menge
4. Anwendungsgebiete
5. Gegenanzeigen
6. Nebenwirkungen
7. Wechselwirkungen mit anderen Mitteln
8. Warnhinweise
9. Wichtigste Inkompatibilitäten
10. Dosierung mit Einzel- und Tagesgaben
11. Art und Dauer der Anwendung
12. Notfallmaßnahmen, Symptome und Gegenmittel

13. Pharmakologische und toxikologische Eigenschaften, Pharmakokinetik und Bio-   **4.1**
     verfügbarkeit, soweit diese Angaben für die therapeutische Verwendung erfor-
     derlich sind
14. Sonstige Hinweise
15. Dauer der Haltbarkeit
16. Besondere Lager- und Aufbewahrungshinweise
17. Darreichungsformen und Packungsgrößen
18. Stand der Information
19. Name oder Firma und Anschrift des pharmazeutischen Unternehmers

Weitere Angaben dürfen nicht gemacht werden. Satz 1 gilt nicht für Arzneimittel, die
nach § 21 Abs. 2 AMG einer Zulassung nicht bedürfen oder nach einer homöopathischen Verfahrenstechnik hergestellt sind.

Die vorgeschriebenen Überschriften sind auch dann abzudrucken, wenn einzelne Angaben entfallen.

II.

(1) Die Mitgliedsfirmen des Verbandes sind verpflichtet, die Änderungen der Fachinformation, die für die Therapie relevant sind, den Fachkreisen in geeigneter Form zugänglich zu machen. Die zuständige Bundesoberbehörde kann, soweit erforderlich,
durch Auflage bestimmen, in welcher Form die Änderungen allen oder bestimmten
Fachkreisen zugänglich zu machen sind. Ein Muster der Fachinformation oder geän-
derter Fassungen ist der zuständigen Bundesoberbehörde zu übersenden, soweit das
Arzneimittel nicht von der Zulassung freigestellt ist.

(2) Die Verpflichtung nach Ziff. I Abs. 1 Satz 1 kann bei Arzneimitteln, die ausschließlich von Angehörigen der Heilberufe verabreicht werden, auch durch Aufnahme der Angaben nach Ziff. I Abs. 1 Satz 2 in der Packungsbeilage erfüllt werden.
Die Packungsbeilage muß mit der Überschrift „Gebrauchsinformation und Fachinformation" versehen werden.

Erläuterungen zur „Gebrauchsinformation für Fachkreise"
(Fachinformation)

. . .

Verfahrensordnung für die Durchführung des Kodex der Mitglieder des
Bundesverbandes der Pharmazeutischen Industrie e.V.

(Stand: 25. November 1988)

. . .

5 Gesundheitsökonomie

5.1 Methoden zur Messung der Lebensqualität*

5.1.0 Einleitende Hinweise

Nachstehend werden die 10 bekanntesten Methoden zur Messung der Lebensqualitätsveränderung aufgeführt und kurz erklärt. Dabei werden zunächst die Patienten
(vor und nach der Arzneimitteltherapie oder mit und ohne Arzneimitteltherapie) nach
dem jeweils vorgegebenen Raster klassifiziert. Zur Aggregation der Einzelbeobach-
tungen wird ein Gewichtungsschema herangezogen. Man erhält damit 2 Größen (vor
und nach der Arzneimitteltherapie oder mit und ohne Arzneimitteltherapie), die die
gesamte (durchschnittliche) Lebensqualitätsverbesserung der Patienten aufgrund der
Arzneimitteltherapie widerspiegelt. Multipliziert man diese Größe mit den erwarteten
Lebensjahren der Patienten, so erhält man die qualitätsbereinigten Lebensjahre
(QALYs), die ein „durchschnittlicher" Patient mit und ohne Arzneimitteltherapie zu
erwarten hat.

5.1.1 Karnofsky-Index, Grad der Leistungsfähigkeit

Zustand	[%]	Beschreibung
A: Normale Arbeit und	100	Keine Beschwerden,
Aktivität ist möglich,		keine Krankheitsanzeichen
spezielle Hilfe ist	90	Fähig zu normaler Arbeit,
nicht nötig		geringe Symptome
	80	Erschwerte normale Aktivität,
		einige Krankheitszeichen
B: Arbeitsunfähigkeit, kann aber	70	Unfähig zu normaler Aktivität
zu Hause größtenteils für		oder Arbeit, besorgt Haushalt selbst
sich sorgen. Unterstützung	60	Braucht gelegentlich Hilfe, besorgt die
ist nötig		meisten Angelegenheiten selbst
	50	Braucht beträchtliche Hilfe
		und oft medizinische Pflege
C: Unfähig, für sich selbst zu	40	Behindert, braucht besondere
sorgen, braucht dauernde		Pflege und Hilfe
Pflege, Krankheit schreitet	30	Stark behindert,
rapide fort		Krankenhausaufnahme indiziert
	20	Sehr krank, stationär
		unterstützende Therapie notwendig
	10	Moribund
	0	Tot

Quelle: Karnofsky, DA, Burchenal JH (1961) The clinical evaluation of chemotherapeutic agents in cancer. In: MacLeod CM (ed) Evaluation of chemotherapeutic
agents. Columbia University Press, New York, pp 193–198

---

* Von J.-M. Graf von der Schulenburg. Die einzelnen Methoden sind der Broschüre
seines Mitarbeiters entnommen: Schöffski O (1990) Wirtschaftlichkeitsuntersuchungen von Arzneimitteln. Prinzipien, Methoden und Grenzen der Gesundheitsökonomie. Duphar med script, Bd. 7, S. 79–89.

5.1   5.1.2 ADL-Index für die Unabhängigkeit

baden/duschen:	– braucht Hilfe	u
	– braucht Hilfe bei nur einem Körperteil	u
	– braucht Hilfe bei mehreren Körperteilen sowie beim Ein- und Aussteigen	a
ankleiden:	– braucht keine Hilfe	u
	– braucht keine Hilfe außer beim Schnürsenkelbinden	u
	– kann sich nicht oder nicht ausreichend an- oder auskleiden	a
zur Toilette gehen:	– braucht keine Unterstützung, evtl. mechanische Fortbewegungshilfe nötig	u
	– braucht Unterstützung beim Gang zur Toilette, beim Säubern oder beim Ankleiden	a
	– kann nicht normale Toilette benutzen	a
aufstehen:	– braucht keine Hilfe beim Aufstehen oder Hinsetzen aus dem Bett oder vom Stuhl	u
	– braucht dabei Hilfe	a
	– kann gar nicht aufstehen	a
Kontinenz:	– völlige Kontrolle über Miktion und Defäkation	u
	– ist gelegentlich inkontinent	a
	– Dauerinkontinenz, Urinkatheter notwendig	a
essen:	– braucht keine Hilfe	u
	– braucht nur Hilfe beim Fleischschneiden oder Butterschmieren	a
	– muß gefüttert oder parenteral ernährt werden	a

u: unabhängig
a: abhängig

Daraus ergibt sich folgende ordinale Einleitung:

A: Unabhängig bei allen 6 Funktionen.
B: Unabhängig bei allen außer einer Funktion.
C: Unabhängig bei allen Merkmalen außer Baden und einer zusätzlichen Funktion.
D: Unabhängig bei allen Merkmalen außer Baden, Anziehen und einer zusätzlichen Funktion.
E: Unabhängig bei allen Merkmalen außer Baden, Anziehen, zur Toilette gehen und einer zusätzlichen Funktion.
F: Unabhängig bei allen Merkmalen außer Baden, Anziehen, zur Toilette gehen, Aufstehen und einer zusätzlichen Funktion.
G: Abhängig in allen 6 Funktionen.
sonst.: Abhängig in mindestens 2 Funktionen, aber nicht in C, D, E oder F einzuordnen.

Quelle: Katz S, Ford AB, Moskowitz RW et al. (1963) Studies of illness in the aged. The index of ADL: A standardized measure of biological and psychosocial function. J Am Med Assoc 185:95

5.1.3 QL-Index, eindimensionale Einschätzung der Lebensqualität   5.1

Bitte markieren Sie mit X die Position, die Ihrer Einschätzung nach der Lebensqualität der betrachteten Person während der letzten Wochen entspricht.

Die geringste Qualität wird jemandem zugeordnet, der völlig von anderen abhängig ist, schwer geistig behindert ist, seine Umgebung nicht wahrnimmt und sich in einer hoffnungslosen Situation befindet.

Die höchste Qualität wird jemandem zugeordnet, der körperlich und geistig unabhängig ist, gute soziale Kontakte unterhält, befähigt ist, viele Dinge zu tun, die seinen Wünschen entsprechen, und zukünftigen Ereignissen positiv und realistisch entgegengeht.

Geringste   [   ]   Höchste
Qualität   [   ]   Qualität

Wie sicher sind Sie sich bei der Einordnung?

1: absolut sicher
2: sehr sicher
3: ziemlich sicher
4: nicht sehr sicher
5: stark zweifelnd
6: überhaupt nicht sicher

Quelle: Spitzer WO, Dobson AJ, Hall J et al. (1981) Measuring quality of life of cancer patients. A concise QL-Index for use by physicians. J Chron Dis 34:589

**5.1   5.1.4 QL-Index, mehrdimensionale Einschätzung
der Lebensqualität**

Bitte kreuzen Sie 2, 1 oder 0 zur Einschätzung der Lebensqualität von Patienten an!

Activity: Während der letzten Woche hat der Patient
- bei einer normalen Beschäftigung ganztägig gearbeitet
oder seinen eigenen Haushalt geführt oder andere
unbezahlte Aktivitäten ausgeführt   2
- nur mit einer eingeschränkten Stundenzahl oder mit
wesentlicher fremder Hilfe diese Tätigkeiten ausgeführt   1
- diese Tätigkeiten überhaupt nicht ausgeführt   0

Daily Living: Während der letzten Woche konnte der Patient
- selbst essen, sich selbst waschen und anziehen sowie
öffentliche Verkehrsmittel benutzen oder selbst fahren   2
- dieses nur mit Unterstützung tun   1
- dieses überhaupt nicht allein tun und das Haus auch nicht
verlassen   0

Health: Während der letzten Woche hat der Patient
- sich die ganze Zeit „großartig" gefühlt   2
- sich mehr als gelegentlich „nicht auf der Höhe" gefühlt   1
- sich dauernd krank oder unwohl gefühlt   0

Support: Während der letzten Woche
- hatte der Patient gute Beziehungen zu mindestens einem
Familienmitglied oder Freund, von dem er auch unterstützt
wurde   2
- war die Unterstützung durch Familie oder Freunde
nur beschränkt   1
- hatte der Patient keine oder nur die notwendigste
Unterstützung durch Verwandte oder Bekannte   0

Outlook: Während der letzten Woche
- war der Patient ruhig, erwartungsvoll und hatte sein
Leben im Griff   2
- war der Patient ängstlich oder bedrückt   1
- war der Patient ernstlich verwirrt, ängstlich, bedrückt
oder unsicher   0

Quelle: Spitzer WO, Dobson AJ, Hall J et al. (1981) Measuring the quality of life of
cancer patients. A concise QL-Index for use by physicians. J Chron Dis 34:591

5.1.5 NHP, Gewichtung jeder „Ja"-Antwort   5.1

Funktion	Aussage	Gewichtung
Physische Mobilität	Ich kann überhaupt nicht gehen.	21,30
	Ich brauche Hilfe beim Spazierengehen.	12,69
	Ich kann mich schlecht selbst anziehen.	12,61
	Ich kann mich nur im Haus bewegen.	11,54
	Ich kann nicht lange stehen.	11,20
	Ich habe Schwierigkeiten beim Treppensteigen.	10,79
	Ich habe Schwierigkeiten beim Bücken.	10,57
	Ich kann schlecht nach Dingen greifen.	9,30
Schmerz	Ich habe dauernde Schmerzen.	20,86
	Ich habe unerträgliche Schmerzen.	19,74
	Ich habe Schmerzen in der Nacht.	12,91
	Ich habe Schmerzen beim Gehen.	11,22
	Ich habe Schmerzen beim Sitzen.	10,49
	Ich habe Schmerzen beim Positionswechsel.	9,99
	Ich habe Schmerzen beim Stehen.	8,96
	Ich habe Schmerzen beim Treppensteigen.	5,83
Schlaf	Ich liege fast die ganze Nacht wach.	27,26
	Ich brauche Tabletten zum Einschlafen.	22,37
	Ich schlafe schlecht während der Nacht.	21,70
	Ich brauche lange zum Einschlafen.	16,10
	Ich wache morgens sehr früh auf.	12,57
Soziale Isolation	Ich bin für andere Leute eine Last.	22,53
	Ich fühle mich einsam.	22,01
	Es gibt keinen, dem ich nahe bin.	20,13
	Es fällt mir schwer, Kontakte zu knüpfen.	19,36
	Ich komme schlecht mit anderen Leuten aus.	15,97
Emotionale Reaktion	Das Leben erscheint mir nicht lebenswert.	16,21
	Die Dinge geraten mir aus der Hand.	13,99
	Kummer hält mich nachts wach.	13,95
	Ich fühle mich morgens betrübt.	12,01
	Die Ereignisse machen mich fertig.	10,47
	Ich gerate leicht außer Fassung.	9,76
	Ich habe das Gefühl der Freude vergessen.	9.31
	Ich fühle mich an den Rand gedrängt.	7,22
	Die Tage ziehen nur so dahin.	7,08
Tatkraft	Ich bin immer müde.	39,20
	Mich belastet alles.	36,80
	Meine Kraft verläßt mich leicht.	24,00

Quelle: Hunt SM, McEwen J, McKenn SP (1986) Measuring health status. Croom Helm, London, pp 254–255

5.1   5.1.6 SIP, Kategorien und ausgewählte Beschreibungen

Kategorie	Ausgewählte Beschreibungen	Punkte
A Soziale Beziehungen	...	...
B Bewegung	Ich gehe kürzere Wege Ich gehe überhaupt nicht	3,3 9,2
C Schlafen und ausruhen	Ich lege mich während des Tages öfter hin Ich sitze halb eingeschlafen herum	4,6 8,1
D Nahrungsaufnahme	...	...
E Arbeitsleistung	Ich reagiere oft gereizt bei der Arbeit, kritisiere leicht Ich arbeite überhaupt nicht	7,1 8,6
F Hausarbeit	...	...
G Mobilität	Ich halte mich nur in einem Raum auf Meine Gesundheit zwingt mich oft beim Gehen anzuhalten	9,9 4,2
H Beweglichkeit	...	...
I Kommunikation	...	...
J Freizeit und Erholung	...	...
K Geistige Leistungsfähigkeit	...	...
L Familiäre Beziehungen	...	...
M Gefühle und Empfindungen	...	...
N Körperpflege	...	...

Quelle: Bergner M, Bobbitt RA, Pollard WE et al. (1976) The sickness impact profile:
Validation of a health status measure. Med Care 14:59

5.1.7 HSI, Klassifikation nach Funktionsfähigkeit   5.1

S_A: Well-being.
Analog zur Weltgesundheitsorganisation definiert als „positives körperliches, geistiges und soziales Wohlbefinden".

S_B: Dissatisfaction.
Alle subjektiven und sozialen Verhaltensindikatoren liegen in akzeptablen Grenzen, es existieren aber einige unerwünschte Zustände (z.B. Karies). Umfaßt den Großteil der Bevölkerung.

S_C: Discomfort.
Die täglichen Aktivitäten (Arbeit, Schule, Versorgung der Familie) können effizient ausgeführt werden, lediglich Erkältungen, Kopfschmerzen, Juckreiz oder Reizbarkeit führen zu Behinderungen.

S_D: Disability, minor.
Hier sind die täglichen Aktivitäten durch jedwede Art von Krankheiten nur noch eingeschränkt durchführbar.

S_E: Disability, major.
Eingeschränkte, nicht altersgerechte Leistung, die nur in besonderen Einrichtungen (z.B. Schulen/Arbeitsstätten für geistig/körperlich Behinderte) erbracht werden kann.

S_F: Disabled.
Völlige Unfähigkeit zur Durchführung der normalen Aktivitäten, Behandlung erfolgt ambulant bei freier Bewegungsfähigkeit.

S_G: Confined.
Nicht bettlägerig, aber Unterbringung in besonderen Institutionen

S_H: Confined, bedridden.
Bettlägerigkeit, zu Hause, im Krankenhaus oder Pflegeheim.

S_i Isolated.
Völlige Isolation von Familie und Freunden.

S_j Coma.
Dieser Zustand unterscheidet sich signifikant vom Tod nur durch Reversibilität.

S_K: Death.
Irreversibler Tod.

Quelle: Fanshel S, Bush JA (1970) A health-status index and its application to health-services outcomes. Operations Res 18:1029–1030

5.1   5.1.8 IWB, Funktionsniveaus

Mobilität	5: fährt Auto und benutzt Bus/Bahn ohne Hilfe
	4: fährt nicht selbst und braucht Hilfe beim Fahren mit Bus/Bahn
	3: ans Haus gebunden
	2: Krankenhaus
	1: spezielle Pflegeeinrichtung

Physische Aktivität	D: kann ohne physische Probleme gehen
	C: kann mit physischen Beschränkungen gehen
	B: kann sich mit Rollstuhl ohne Hilfe bewegen
	A: ans Bett gefesselt

Soziale Aktivität:	e: arbeitet, geht zur Schule, macht Hausarbeit oder andere Aktivitäten
	d: bewältigt diese Tätigkeiten mit gewissen Einschränkungen
	c: kann nur noch bestimmte Tätigkeiten oder Mengen bewältigen
	b: pflegt sich selbst, kann aber sonst keine Tätigkeiten bewältigen
	a: muß gepflegt werden

Funktions-niveau	Funktion	Relatives Gewicht	Funktions-niveau	Funktion	Relatives Gewicht
L43	5De	1,0000			
(kein Symptom/Problemfeld)					
L42	5De	0,7433	L21	3Cd	0,5704
L41	5Dd	0,6855	L20	3Cc	0,5552
L40	5Dc	0,6683	L19	3Cb	0,5824
L39	5Db	0,6955	L18	3Ca	0,5239
L38	5Da	0,6370	L17	3Bb	0,5950
L37	5Ce	0,6769	L16	3Ba	0,5364
L36	5Cd	0,6172	L15	3Ab	0,5715
L35	5Cc	0,6020	L14	3Aa	0,5129
L34	5Cb	0,6292	L13	2Db	0,6057
L33	5Ca	0,5707	L12	2Da	0,5471
L32	4Dd	0,6065	L11	2Cb	0,5394
L31	4Dc	0,5913	L10	2Ca	0,4808
L30	4Db	0,6185	L 9	2Bb	0,5520
L29	4Da	0,5600	L 8	2Ba	0,4934
L28	4Cd	0,5402	L 7	2Ab	0,5284
L27	4Cc	0,5250	L 6	2Aa	0,4699
L26	4Cb	0,5523	L 5	1Db	0,5732
L25	4Bc	0,5376	L 4	1Da	0,5147
L24	4Bb	0,5649	L 3	1Cb	0,5070
L23	3Db	0,6488	L 2	1Ca	0,4483
L22	3Da	0,5902	L 1	1Aa	0,4374
			L 0	tot	0,0000

Quelle: Kaplan RM, Bush JW, Berry CC (1976) Health status: Types of validity and the index of well-being. Health Serv Res 11:486–488

5.1.9 IWB, ausgewählte Symptom-/Problemfelder   5.1

Komplex-Nr.	Symptom-/Problemfeld	Korrekturwert
C 1	Sehschwierigkeiten, incl. Brille oder Kontaktlinsen tragen	0,0190
C 2	Schmerzen in einem oder beiden Augen (z.B. Brennen, Jucken)	0,0337
C 3	Hörschwierigkeiten, incl. Tragen eines Hörgeräts	0,0834
C 4	Ohrenschmerzen, Zahnschmerzen, Kieferschmerzen	0,0978
C 5	Entzündeter Rachen, Lippen, Gaumen, Zunge oder Erkältung	0,0933
C 6	Fehlende Zähne, incl. Brücken und Kronen	0,0715
C 7	Schmerz, Blutung, Juckreiz oder Ausfluß der Sexualorgane	–0,0920
C 8	Schmerz, Blutung oder Juckreiz am Rektum	–0,0379
C 9	Schmerz im Brustkorb, Magen, Rücken oder an den Hüften	–0,0382
C10	Husten und Fieber oder Schüttelfrost	0,0077
.	.	.
.	.	.
.	.	.
C30	Sprachschwierigkeiten wie Lispeln, Stottern oder Sprachunfähigkeit	0,0194
C31	Schwierigkeiten beim Lernen, Erinnern oder Denken	–0,0830
C32	Bewußtseinsstörungen wie Anfälle, Ohmacht oder Koma	–0,1507
C33	Angewiesen auf Medikamente oder spezielle Diät	0,1124
C34	Einatmen von unsauberer Luft	0,1555
C35	Keinerlei Symptome oder Probleme	0,2567
C36	Gefühl der Fassungslosigkeit, Weinen, Verstimmtheit (später aufgenommen)	. . .

Quelle: Kaplan RM, Bush, JW, Berry CC (1976) Health status: Types of validity and the index of well-being. Health Serv Res 11:490

5.1   5.1.10   Rosser-Matrix, Schmerz- und Behinderungsgrade

Behinderung	*Schmerz*
I. Keine Behinderung	
II. Geringfügige gesellschaftliche Behinderung	A. Kein Schmerz
III. Schwere gesellschaftliche Behinderung und/oder leichte Beeinträchtigung bei der Arbeitsverrichtung	B. Mild
Fähig zur Verrichtung von Hausarbeit außer besonders schwerer Aufgaben	C. Mäßig
IV. Starke Beeinträchtigung bei der Arbeitsverrichtung/-wahl	D. Schwer
Hausfrauen und alte Menschen sind nur noch zur Verrichtung leichter Hausarbeiten fähig, können aber noch Einkäufe tätigen	
V. Keine Möglichkeit zur Ausübung bezahlter Tätigkeiten	
Keine Möglichkeit der Teilnahme an weiterer Ausbildung	
Alte Leute sind bis auf kurze Spaziergänge an das Haus gebunden, sie können aber nicht mehr allein Einkaufen gehen	
Hausfrauen sind nur zur einfachsten Hausarbeit fähig	
VI. An den Stuhl oder den Rollstuhl gebunden, häusliche Bewegung ist nur noch mit Unterstützung möglich	
VII. An das Bett gebunden	
VIII. Bewußtlos	

Rosser-Matrix   **5.1**

a) Matrix zur Einordnung einer Patientengesamtheit

	A	B	C	D	Gesamt
I	Gesund				
II					
III					
IV					
V					
VI					
VII					
VIII					
Gesamt		–	–	–	

b) Bewertungsmatrix zur Gewichtung bei der Aggregation

	A	B	C	D
I	1,000	0,995	0,990	0,967
II	0,990	0,986	0,973	0,932
III	0,980	0,972	0,956	0,912
IV	0,964	0,956	0,942	0,870
V	0,946	0,935	0,900	0,700
VI	0,875	0,845	0,680	0,000
VII	0,677	0,564	0,000	–1,486
VIII	–1,028	–	–	–

Fixpunkte: Gesund = 1, Tot = 0.

Quelle: Kind P, Rosser R, Williams A (1982) Valuation of quality of life. Some psychometric evidence. In: Jones-Lee MW (ed) The value of life and safety. North
Holland, Amsterdam, pp 159–160

6 Ethikinstitutionen

6.1 Verzeichnis bedeutender akademischer Ethikinstitutionen (national/international)

6.1 Verzeichnis bedeutender akademischer Ethikinstitutionen (national/international)

National

Akademie für Ethik in der Medizin (AEM)

Sitz:	Göttingen
Präsident:	Prof. Dr. Hans-Konrat Wellmer
Publikationsorgan:	Zeitschrift „Ethik in der Medizin", Springer-Verlag (vierteljährlich)
Anschrift:	Humboldtallee 36
	3400 Göttingen
	(Informationsbroschüre erhältlich)

Zentrum für Medizinische Ethik Bochum

Sitz:	Bochum
Direktoren:	Prof. Dr. Herbert Viefhues
	Prof. Dr. Hans-Martin Sass
Publikationsorgan:	„Bochumer Materialien zur Medizinethik" (über 70 Hefte seit 1989)
Anschrift:	Ruhr-Universität
	Postfach 102148
	4630 Bochum
	(Materialienverzeichnis erhältlich)

Deutsche Gesellschaft für Medizinrecht (DGMR)

Sitz:	Heidelberg
Präsident:	Prof. Dr. Dr. Adolf Laufs
Publikationsorgan:	„Medizinrecht (MedR)" Springer-Verlag
Anschrift:	Friedrich-Ebert-Platz 2
	6900 Heidelberg
	(Informationsmaterial erhältlich)

Zentrale Ethikkommission der Bundesärztekammer

Sitz:	Köln
Vorsitzender:	Prof. Dr. Hanns P. Wolff
Anschrift:	Haedenkampstr. 4
	5000 Köln

Für Studierende der Medizin, Philosophie, Theologie, Biologie, Sozialwissenschaften oder Jura:

Studentenverband Ethik in der Medizin (SEM)

Sitz:	Freiburg i. Br.
Organisation:	Bundesvorstand und Regionalgruppen
Anschrift:	Hegarstr. 7a
	7800 Freiburg i. Br.
	(Informationsbroschüre erhältlich)

6.1   International

Kennedy Institute of Ethics

Sitz: Washington/DC
Direktor: Prof. Dr. Robert Veatch
Publikationsorgan: „Kennedy Institute of Ethics Journal"
                               Johns Hopkins University Press (vierteljährlich)
                               National Reference Center for Bioethics Literature
                               (Datenbank Bioethicsline[1])
Anschrift: Georgetown University
                               Poulton Hall, 37th and P Streets NW
                               Washington/DC 20057, USA
                               (Informationsmaterial erhältlich)

The Hastings Center

Sitz: New York
Direktor: Prof. Dr. Daniel Callahan
Publikationsorgan: „Hastings Center Report" (zweimonatlich)
Anschrift: 255 Elm Road
                               Briarcliff Manor/NY 10510, USA
                               (Informationsbroschüre erhältlich)

European Society for Philosophy of Medicine and Health Care (ESPMH)

Sitz: Maastricht
Präsident: Prof. Dr. Anne Fagot-Largeault
Publikationsorgan: „ESPMH Newsletter" (viermonatlich)
Anschrift: Universität Nijmegen
                               PO Box 9101
                               6500 HB Nijmegen, Niederlande
                               (Informationsmaterial erhältlich)

Weltweites Verzeichnis

Ein weltweites Verzeichnis von Ethikinstitutionen ist in Form der Broschüre
„International Directory of Bioethics Organizations" (2. Aufl. 1992) erhältlich beim:

                               National Reference Center for Bioethics Literature
                               Kennedy Institute of Ethics
                               Georgetown University
                               Washington/DC 20057, USA
                               Telefax 001/202/687-6770

---

[1] Von Deutschland aus über DIMDI abrufbar.